# OCP Oracle Database 11*g*
## Administração II
(Guia do Exame 1Z0-053)

## O autor

**Bob Bryla** é professional certificado Oracle 9*i*, 10*g* e 11*g* com mais de 20 anos de experiência em design de banco de dados, desenvolvimento de aplicativos de banco de dados e administração de banco de dados Oracle. Ele é Oracle DBA e principal designer de banco de dados para Internet na Lands' End in Dodgeville, Wisconsin. Bryla também é editor técnico de inúmeras obras da Oracle Press e Apress, além de autor de diversos guias de estudo para certicação Oracle 10*g* e 11*g*. Ele também gosta de assistir a filmes de ficção científica e estudar videografia no seu tempo livre.

## O editor técnico

**Gavin Powell** é bacharel em Ciências da Computação e tem 20 anos de experiência no setor de TI. Ele presta consultoria em Oracle DBA e marketing na Internet, é escritor bem-sucedido de livros técnicos sobre computação (com mais de 20 obras publicadas) e também é compositor, performer e cantor amador. Entre em contato com Gavin em ezpowell@ezpowell.com, gavinpowell@bellsouth.net ou http://oracledba.ezpowell.com.

B915o    Bryla, Bob
       OCP Oracle Database 11g : administração II : guia do exame 1Z0-053 / Bob Bryla ; tradução Teresa Cristina Felix de Sousa ; revisão técnica Denis Dias de Souza Abrantes. – Porto Alegre : Bookman, 2010.
       688 p. ; 25 cm. + CD-ROM.

      ISBN 978-85-7780-630-0

      1. Oracle Database – Guia. 2. Exame 1Z0-053. I. Título.

                                        CDU 004.65(036) Oracle

Catalogação na publicação: Renata de Souza Borges – CRB 10/1922

BOB BRYLA

# OCP Oracle Database 11g Administração II
## (Guia do Exame 1Z0-053)
Preparação completa para o exame

Tradução:
Teresa Cristina Felix de Sousa

Revisão técnica:
Denis Dias de Souza Abrantes
Bacharel em Ciências da Computação pela UNISANTA – SP
Profissional Certificado em Oracle Application Server 10g
Consultor de Vendas da Oracle no Brasil

2010

Obra originalmente publicada sob o título
*OCP Oracle Database 11g Administration II Exam Guide (Exam 1Z0-053)*

ISBN 978-0-07-159709-8

Copyright © 2009 by The McGraw-Hill Companies, Inc.

Capa: *Gustavo Demarchi*

Leitura final: *Théo Amon*

Editora Sênior: *Arysinha Jacques Affonso*

Editora Júnior: *Elisa Viali*

Editoração eletrônica: *Techbooks*

Oracle é marca registrada da Oracle Corporation e/ou suas afiliadas. Todas as outras marcas registradas são propriedade de seus donos.

As capturas de tela de software registrado da Oracle foram reproduzidas neste livro com permissão da Oracle Corporation e/ou de suas afiliadas.

Reservados todos os direitos de publicação, em língua portuguesa, à
ARTMED® EDITORA S.A.
(BOOKMAN® COMPANHIA EDITORA é uma divisão da ARTMED® EDITORA S. A.)
Av. Jerônimo de Ornelas, 670 – Santana
90040-340 – Porto Alegre – RS
Fone: (51) 3027-7000    Fax: (51) 3027-7070

É proibida a duplicação ou reprodução deste volume, no todo ou em parte, sob quaisquer formas ou por quaisquer meios (eletrônico, mecânico, gravação, fotocópia, distribuição na Web e outros), sem permissão expressa da Editora.

SÃO PAULO
Av. Angélica, 1.091 – Higienópolis
01227-100 – São Paulo – SP
Fone: (11) 3665-1100    Fax: (11) 3667-1333

SAC 0800 703-3444

IMPRESSO NO BRASIL
*PRINTED IN BRAZIL*

Para a turma lá de casa: eu não conseguiria fazer isso sem vocês! E sem os nachos. E sem o Metallica.

# Agradecimentos

Muitos manuais técnicos exigem o conhecimento especializado de mais de um profissional, e este não é exceção. Agradeço a John Watson, que forneceu alguns materiais de última hora para me ajudar a finalizar tudo antes do prazo final!

Agradeço também aos editores da International Typesetting and Composition, por preencherem as lacunas dos meus cursos de inglês na faculdade, Carly Stapleton e Tim Green, por (tentarem) me manter no prazo, e Gavin Powell, pelos excelentes conselhos quando a teoria se encontrou com a prática.

Vários colegas de trabalho na Lands' End foram fontes de inspiração e orientação, principalmente Brook Swenson, Karen Shelton e Dan Schwickrath. Nesse caso, o todo é realmente maior que a soma das suas partes.

Se você tiver dúvidas ou comentários sobre qualquer parte deste livro, entre em contato comigo, enviando um e-mail (em inglês) para rjbryla@centurytel.net.

# Introdução

Se você está lendo este livro, está bem encaminhado para obter a certificação da Oracle – uma das mais importantes certificações para profissionais de banco de dados Oracle. Você pode traçar vários caminhos para os três níveis de certificação: o Oracle Certified Associate (OCA), Oracle Certified Professional (OCP) e Oracle Certified Master (OCM).

Para obter o OCA, você passou por dois exames até agora e, possivelmente, por alguns cursos online ou orientados por instrutores. A próxima etapa, o OCP, exige um curso online ou orientado por instrutor, mais o exame 1Z0-053: Oracle Database 11g Administration II. Este livro abrange todos os requisitos para o 1Z0-053 e pode ser um complemento importante para o treinamento ministrado por instrutores. As perguntas de exame, que constam no final de cada capítulo, refletem as perguntas do exame real; o CD incluso neste livro contém outro exame de exemplo e, depois que se registrar em nosso site, você poderá receber outro exame gratuitamente. Após ler este livro do início ao fim, testar todos os seus exemplos e exercícios e passar nos exames incluídos, você terá dado um passo importante para passar no exame 1Z0-053 e obter sua credencial OCP. Os Oracle Certified Professionals estão entre os profissionais mais bem pagos no setor da TI, mais do que os profissionais certificados pela Microsoft, Sun e Cisco. Boa sorte em sua jornada para a certificação!

## Conteúdo deste livro

Esta obra é uma revisão abrangente para o Exame Oracle Database 11g Administration II destinada a profissionais já certificados como OCAs. Cada capítulo abrange um aspecto importante do exame, dando ênfase ao *por que* e a *como fazer*. Todos os objetivos do exame são cuidadosamente abordados no livro.

## Conteúdo do CD-ROM

Para obter mais informações sobre o CD, consulte o apêndice, "Sobre o CD", no final deste livro.

## Checklist de preparação para o exame

No final desta introdução, você encontrará um checklist de preparação para o exame. Essa tabela permite que você relacione os objetivos do exame oficial com os objetivos apresentados e discutidos neste livro. Essa lista também permite avaliar seu nível de conhecimento sobre cada objetivo no início de seus estudos. Assim, você saberá o quanto avançou e aplicará o tempo necessário nas seções mais difíceis ou desconhecidas. São fornecidas as referências para cada objetivo exatamente como apresentadas pelo fornecedor, inclusive a seção do manual de estudos que cobre o objetivo em questão, assim como uma referência ao capítulo e à página.

## Conteúdo de cada capítulo

Este livro inclui recursos que chamam sua atenção para itens importantes, reforçam pontos fundamentais e fornecem dicas úteis para o exame. Veja o que você encontrará em cada capítulo:

- Cada capítulo começa com os **Objetivos da Certificação** — o que você precisa saber para passar na parte do exame relacionada ao tópico do capítulo. Os títulos dos objetivos identificam os objetivos existentes dentro do capítulo, para que você reconheça sempre o objetivo quando se deparar com ele.

- As notas das seções **Dica de exame** chamam a atenção para informações e possíveis armadilhas do exame. Essas dicas foram escritas pelos autores que se submeteram ao exame e receberam sua certificação — existem pessoas mais indicadas para lhe indicar os temas com os quais você deve se preocupar? Eles sabem muito bem tudo aquilo que você vai enfrentar.

> **dica de exame**
> 
> Lembre-se da precedência dos diversos pontos em que as configurações da globalização podem ser especificadas. No servidor, as configurações da instância têm prioridade sobre as configurações do banco de dados, mas todas as configurações do servidor podem ser substituídas no lado cliente: primeiro pelo ambiente, e depois nos níveis de sessão e instrução.

- **Exercícios** permitem que você obtenha a experiência prática necessária para passar nos exames. Eles ajudam a dominar as habilidades que serão exigidas no teste. Para um bom desempenho, não apenas leia os exercícios, realize-os no tempo necessário. Aprender dessa maneira é um modo eficaz de aumentar sua competência com um produto.
- As notas de **Na prática** descrevem os problemas que surgem no cenário real. Elas fornecem uma perspectiva valiosa sobre tópicos relacionados à certificação e ao produto; apontam erros comuns e solucionam perguntas que surgem de discussões e da experiência no trabalho.
- **Resumo da certificação** é uma revisão sucinta do capítulo e uma recapitulação dos pontos importantes, relacionados ao exame.
- A seção **Exercício de dois minutos**, no final de cada capítulo, é um checklist dos principais assuntos. Utilize-o para uma revisão rápida antes do teste.
- A seção **Teste** contém perguntas semelhantes às incluídas no exame de certificação. As respostas para essas perguntas e as respectivas explicações encontram-se no final de cada capítulo. Ao fazer o Teste após concluir cada capítulo, você vai reforçar o que aprendeu, além de conhecer melhor a estrutura das questões do exame.

## Algumas dicas

Após terminar de ler este livro, reserve algum tempo para fazer uma revisão completa. Consulte o livro várias vezes e utilize todos os métodos que ele oferece para rever o material:

1. **Leia novamente todas as seções Exercício de dois minutos ou peça para alguém testar seu conhecimento** Você também pode usar o conteúdo destas seções para fazer uma recapitulação rápida antes do exame. Convém preparar alguns *flashcards* feitos em fichas de 15×10 cm com o conteúdo do material das seções Exercício de dois minutos.
2. **Releia as Dicas de Exame** Lembre que essas notas foram escritas por autores que já passaram no exame. Eles sabem o que você deve esperar e observar.
3. **Refaça os testes** Convém fazer o teste imediatamente depois de ler o capítulo porque as perguntas ajudam a reforçar o que você aprendeu. Entretanto, é ainda melhor voltar, mais tarde, e considerar todas as perguntas contidas no livro de uma só vez. Imagine-se fazendo o exame real. Ao examinar as perguntas pela primeira vez, marque as respostas em um papel separado. Assim, você poderá percorrer as perguntas quantas vezes forem necessárias para ter certeza de que domina o material.
4. **Complete os exercícios** Você fez os exercícios ao ler cada capítulo? Se não fez, faça-os! Esses exercícios foram elaborados para cobrir os tópicos do exame e, para você conhecer esse material, nada é melhor do que praticar. Certifique-se

de entender por que você está executando cada etapa em cada exercício. Se você não entender muito bem algum aspecto, leia novamente a respectiva seção no capítulo.

## Checklist de preparação para o Exame 1Z0-053

| Objetivo Oficial | Capítulo | Página |
|---|---|---|
| **Arquitetura do banco de dados e o ASM** | | |
| Descrever o ASM | 1 | 47 |
| Configurar arquivos de parâmetros de inicialização para instâncias do ASM e do banco de dados | 1 | 54 |
| Inicializar e desligar instâncias do ASM | 1 | 62 |
| Administrar grupo de discos do ASM | 1 | 64 |
| **Configuração da possibilidade de recuperação do banco de dados** | | |
| Configurar vários destinos do arquivo de log de arquivamento para aumentar a disponibilidade | 2 | 101 |
| Definir, aplicar e utilizar a política de retenção | 2 | 105 |
| Configurar a área de recuperação flash | 2 | 107 |
| Usar a área de recuperação flash | 2 | 111 |
| **Utilização do catálogo de recuperação do RMAN** | | |
| Identificar situações que exigem o catálogo de recuperação do RMAN | 3 | 126 |
| Criar e configurar um catálogo de recuperação | 3 | 128 |
| Sincronizar o catálogo de recuperação | 3 | 131 |
| Criar e utilizar os scripts armazenados do RMAN | 3 | 139 |
| Fazer backup do catálogo de recuperação | 3 | 143 |
| Criar e utilizar o catálogo privado virtual | 3 | 146 |
| Configurar especificações do backup | | |
| Configurar as definições de backup | 3 | 150 |
| Alocar canais para usar ao fazer um backup | 3 | 157 |
| Configurar a otimização do backup | 3 | 157 |
| **Utilização do RMAN para criar backups** | | |
| Criar backups de cópia-imagem | 4 | 177 |
| Criar um backup integral do banco de dados | 4 | 180 |
| Ativar o backup incremental rápido | 4 | 186 |
| Criar backup duplex e conjuntos de backup | 4 | 190 |
| Criar backup de arquivamento para retenção de longo prazo | 4 | 194 |
| Criar um backup de múltiplas seções, compactado e criptografado | 4 | 197 |
| Relatar sobre e manter backups | 4 | 204 |

## Checklist de preparação para o Exame 1Z0-053

| Objetivo Oficial | Capítulo | Página |
|---|---|---|
| **Utilização do RMAN para fazer recuperação** | | |
| Fazer uma recuperação completa de uma perda de arquivo de dados crítico ou não crítico, usando o RMAN | 5 | 224 |
| Fazer uma recuperação incompleta, usando o RMAN | 5 | 228 |
| Recuperar usando os backups atualizados no modo incremental | 5 | 233 |
| Alternar para cópias-imagem para obter uma rápida recuperação | 5 | 235 |
| Restaurar um banco de dados em um novo host | 5 | 242 |
| Recuperar usando o backup do arquivo de controle | 5 | 245 |
| Fazer uma recuperação de desastre | 5 | 249 |
| **Operação de backup e recuperação gerenciada pelo usuário** | | |
| Recuperar a partir de um arquivo temporário perdido | 6 | 265 |
| Recuperar a partir de um grupo de redo logs perdido | 6 | 267 |
| Recuperar a partir da perda do arquivo de senhas | 6 | 272 |
| Fazer uma recuperação completa do banco de dados gerenciada pelo usuário | 6 | 276 |
| Fazer uma recuperação incompleta do banco de dados gerenciada pelo usuário | 6 | 283 |
| Fazer backups gerenciados pelo usuário e pelo servidor | 6 | 288 |
| Identificar a necessidade do modo de backup | 6 | 291 |
| Fazer o backup e recuperação de um arquivo de controle | 6 | 292 |
| **Utilização do RMAN para duplicar um banco de dados** | | |
| Criar um banco de dados duplicado no RMAN | 7 | 310 |
| Usar um banco de dados duplicado | 7 | 323 |
| **Recuperação pontual de um tablespace** | | |
| Identificar as situações que exigem TSPITR | 7 | 325 |
| Fazer um TSPITR automatizado | 7 | 327 |
| **Monitoramento e ajuste o RMAN** | | |
| Monitorar sessões e jobs do RMAN | 8 | 338 |
| Ajustar o RMAN | 8 | 345 |
| Configurar o RMAN para I/O assíncrono | 8 | 350 |
| **Utilização da tecnologia de flashback** | | |
| Restaurar tabelas eliminadas a partir da Lixeira | 9 | 363 |
| Fazer uma consulta de flashback | 9 | 372 |
| Usar o Flashback Transaction | 9 | 378 |

## Checklist de preparação para o Exame 1Z0-053

| Objetivo Oficial | Capítulo | Página |
|---|---|---|
| **Operações adicionais de flashback** | | |
| Executar operações Flashback Table | 9 | 387 |
| Configurar e monitorar o Flashback Database e executar operações de Flashback Database | 9 | 394 |
| Configurar e utilizar um Flashback Data Archive | 9 | 389 |
| **Gerenciamento de memória** | | |
| Implementar o gerenciamento automático de memória | 10 | 414 |
| Configurar manualmente os parâmetros da SGA | 10 | 423 |
| Configurar o gerenciamento automático de memória da PGA | 10 | 427 |
| **Gerenciar o desempenho do banco de dados** | | |
| Usar o Supervisor de Ajuste SQL | 11 | 441 |
| Usar o Supervisor de Ajuste SQL para ajustar uma carga de trabalho | 11 | 450 |
| Conhecer noções básicas sobre o Database Replay | 11 | 459 |
| **Gerenciamento do espaço** | | |
| Gerenciar a alocação de espaço retomável | 12 | 473 |
| Descrever os conceitos de tablespaces e bancos de dados transportáveis | 12 | 479 |
| Recuperar o espaço perdido com tabelas e índices usando a funcionalidade de compressão de segmentos | 12 | 495 |
| **Gerenciamento de recursos** | | |
| Conhecer noções básicas sobre o Resource Manager | 12 | 505 |
| Criar e usar componentes do Resource Manager | 12 | 508 |
| **Diagnóstico de banco de dados** | | |
| Configurar o Automatic Diagnostic Repository | 13 | 530 |
| Usar o Workbench de Suporte | 13 | 536 |
| Fazer uma recuperação de mídia em bloco | 13 | 547 |
| **Automatização de tarefas com o Scheduler** | | |
| Criar um job, um programa ou um agendamento | 14 | 568 |
| Usar uma agenda baseada em tempo ou em evento para executar jobs do Scheduler | 14 | 575 |
| Criar jobs leves | 14 | 579 |
| Usar cadeias de jobs para executar uma sequência de tarefas relacionadas | 14 | 583 |
| **Administração do Scheduler** | | |
| Criar janelas e classes de jobs | 14 | 586 |
| Usar os conceitos avançados do Scheduler para priorizar os jobs | 14 | 592 |

## Checklist de preparação para o Exame 1Z0-053

| Objetivo Oficial | Capítulo | Página |
|---|---|---|
| **Globalização** | | |
| Personalizar o comportamento dependente do idioma para o banco de dados e sessões individuais | 15 | 608 |
| Trabalhar com os conjuntos de caracteres do banco de dados e do NLS | 15 | 624 |

# Sumário Resumido

1 Arquitetura do Banco de Dados e o ASM .................................................................. 31
2 Configurando a Capacidade de Recuperação do Banco de Dados ........................... 91
3 Criando e Mantendo um Catálogo do RMAN ......................................................... 125
4 Criando Backups do RMAN ..................................................................................... 173
5 Recuperação Usando os Backups do RMAN .......................................................... 223
6 Operação de Backup e Recuperação Gerenciada pelo Usuário ............................. 263
7 Recursos Diversos do RMAN ................................................................................... 309
8 Monitorando e Ajustando o RMAN ........................................................................ 337
9 Configurando e Usando Flashback ......................................................................... 361
10 Técnicas de Gerenciamento de Memória ............................................................... 413
11 Usando os Supervisores de Ajuste do Banco de Dados ......................................... 439
12 Gerenciamento de Espaço em Disco e de Recursos .............................................. 471
13 Configurando Diagnósticos de Banco de Dados .................................................... 529
14 Usando o Scheduler para Automatização de Tarefas ............................................ 567
15 Globalização do Banco de Dados ............................................................................ 607

**Apêndice A** ................................................................................................. 639
    **Glossário** ............................................................................................ 643
    **Índice** ................................................................................................. 663

# Sumário

Agradecimentos ........................................................................................................... vii
Introdução .................................................................................................................... ix

**1 Arquitetura do Banco de Dados e o ASM** ........................................................... **31**
   Noções básicas sobre a arquitetura do banco de dados e o ASM ......................... 32
      Estruturas lógicas de armazenamento do Oracle .......................................... 33
      Estruturas físicas de armazenamento do Oracle ........................................... 36
      Estruturas de memória do Oracle ................................................................ 41
   Descrição do ASM .................................................................................................. 47
      Arquitetura do ASM ..................................................................................... 48
      **Exercício 1-1:** Encontre novos processos relacionados ao ASM nas
         instâncias do ASM e RDBMS .................................................................. 49
      Criando uma instância do ASM ................................................................... 51
   Configurar arquivos de parâmetros de inicialização para instâncias do ASM
     e do banco de dados ............................................................................................ 54
      Componentes da instância do ASM ............................................................. 55
      Visões dinâmicas de desempenho do ASM .................................................. 57
      **Exercício 1-2:** Consulte grupos de discos e dispositivos raw disponíveis .... 57
      Formatos de nome de arquivo do ASM ....................................................... 58
      Tipos de arquivo e modelos do ASM ........................................................... 61

Inicializar e desligar instâncias do ASM ............................................................................ 62
        **Exercício 1-3:** Interrompa a instância do ASM com conexões ativas ........................ 63
Administrar grupos de discos ASM ....................................................................................... 64
        Arquitetura do grupo de discos ................................................................................ 65
        Espelhamento de grupos de discos e grupos de falha .............................................. 65
        Rebalanceamento dinâmico de grupos de discos .................................................... 66
        Fast Mirror Resync de grupo de discos ..................................................................... 68
        Alterando grupos de discos ....................................................................................... 69
        Enterprise Manager Database Control e grupos de discos ASM ............................... 71
        Usando o comando asmcmd ..................................................................................... 74
        **Exercício 1-4:** Use o utilitário asmcmd para criar um backup do SPFILE ................ 76
    ✓ Exercício de dois minutos ................................................................................... 78
  *P&R* Teste ................................................................................................................ 81
        Prática ........................................................................................................................ 84
        Respostas do Teste .................................................................................................... 85
        Resposta da Prática .................................................................................................... 88

## 2 Configurando a Capacidade de Recuperação do Banco de Dados ............................ 91
Configurando a capacidade de recuperação do banco de dados ......................................... 92
        Backups lógicos ......................................................................................................... 93
        Backups físicos .......................................................................................................... 94
        Visão geral do comando RMAN ................................................................................ 97
Configurar vários destinos de logs arquivados para aumentar a disponibilidade ................ 101
        Configurando o modo ARCHIVELOG ...................................................................... 101
        Alavancando vários destinos de arquivamento ....................................................... 102
        **Exercício 2-1:** Identifique os destinos dos arquivos de log arquivados .................. 103
Definir, aplicar e usar a política de retenção ....................................................................... 105
        **Exercício 2-2:** Consulte e modifique a política de retenção ................................. 106
Configurar a área de recuperação flash ............................................................................... 107
Usar a área de recuperação flash ......................................................................................... 111
        **Exercício 2-3:** Consulte a localização, o conteúdo e o tamanho da
        área de recuperação flash ........................................................................................ 111
    ✓ Exercício de dois minutos ................................................................................. 114
  *P&R* Teste .............................................................................................................. 117
        Prática ...................................................................................................................... 120
        Respostas do Teste .................................................................................................. 121
        Resposta da Prática .................................................................................................. 124

## 3 Criando e Mantendo um Catálogo do RMAN ........................................................... 125
Identificar situações que exigem o catálogo de recuperação do RMAN ............................. 126
        Usando o arquivo de controle para metadados do RMAN .................................... 127
        Usando o catálogo de recuperação para metadados do RMAN ............................ 127
Criar e configurar um catálogo de recuperação ................................................................. 128
        Configurar o banco de dados de catálogos de recuperação ................................... 128
        Criar o proprietário do catálogo de recuperação .................................................... 129
        Criar o catálogo de recuperação .............................................................................. 130

Sincronizar o catálogo de recuperação ............................................................................ 131
    Registrando um banco de dados .................................................................. 132
    Mudando o DBID de um banco de dados ..................................................... 133
    Cancelando o registro de um banco de dados ............................................... 136
    Catalogando arquivos de backup adicionais .................................................. 136
    **Exercício 3-1:** Catalogue arquivos de backup adicionais ................................ 137
    Ressincronizar manualmente o catálogo de recuperação ............................... 138
Criar e utilizar os scripts armazenados do RMAN ............................................................ 139
    Criando scripts armazenados do RMAN ....................................................... 139
    Executando scripts armazenados do RMAN .................................................. 140
    **Exercício 3-2:** Crie um script armazenado com parâmetros ......................... 140
    Recuperando metadados de scripts armazenados do RMAN ......................... 141
    Gerenciando scripts armazenados do RMAN ................................................ 142
Fazer backup do catálogo de recuperação ....................................................................... 143
    Fazendo o backup do catálogo de recuperação ............................................ 143
    Recuperando a partir de um catálogo de recuperação perdido ..................... 144
    Exportando e importando o catálogo de recuperação .................................. 144
    Eliminando um catálogo de recuperação ..................................................... 145
    Atualizando o catálogo de recuperação ....................................................... 146
Criar e utilizar o catálogo privado virtual ........................................................................ 146
    Noções básicas sobre os catálogos privados virtuais ..................................... 146
    Criando e gerenciando um catálogo privado virtual ..................................... 147
Configurar as definições de backup ................................................................................ 150
    Tipos de backups do RMAN ......................................................................... 150
    Destinos dos backups do RMAN .................................................................. 152
    Configurações persistentes do RMAN .......................................................... 153
    Backups automáticos do arquivo de controle ............................................... 156
Alocar canais para usar ao fazer um backup ................................................................... 157
Configurar a otimização do backup ................................................................................ 157
    ✓ Exercício de dois minutos ........................................................................ 159
    *P&R* Teste ................................................................................................... 163
    Respostas do Teste ...................................................................................... 169

**4 Criando Backups do RMAN** ........................................................................................ **173**
Usando o RMAN para criar backups ............................................................................... 175
Criar backups de cópia-imagem ..................................................................................... 177
    Criando conjuntos de backups ..................................................................... 177
    **Exercício 4-1:** Crie um conjunto de backup compactado ............................. 178
    Criando cópias-imagem ............................................................................... 179
Criar um backup integral do banco de dados ................................................................. 180
    Backups integrais de bancos de dados ......................................................... 181
    Backups completos ...................................................................................... 181
    **Exercício 4-2:** Faça um backup completo de dois tablespaces ..................... 182
    Backups incrementais .................................................................................. 183

Ativar o backup incremental rápido .................................................................................. 186
    Noções básicas sobre o rastreamento de mudanças de bloco ................................. 186
    Ativando o backup incremental rápido ..................................................................... 187
    **Exercício 4-3:** Realoque o arquivo de rastreamento de mudança em bloco............ 188
    Monitorando o rastreamento de mudança de bloco ................................................. 190
Criar backup duplex e conjuntos de backup ......................................................................... 190
    Criando backups duplexados ..................................................................................... 191
    **Exercício 4-4:** Configure várias localizações em disco para um backup
        de disco duplexado ................................................................................................ 192
    Criando backups de conjuntos de backup ................................................................ 193
    Fazendo o backup de tablespaces somente leitura .................................................. 194
Criar backup de arquivamento para armazenamento prolongado ......................................... 194
    Noções básicas sobre o backup de arquivamento ................................................... 194
    Fazendo um backup de arquivamento ...................................................................... 195
    Gerenciando backups de arquivamento ................................................................... 196
Criar um backup de múltiplas seções, compactado e criptografado .................................... 197
    Criando um backup de múltiplas seções .................................................................. 198
    Compactando backups ............................................................................................. 200
    Criptografando backups ............................................................................................ 200
Relatórios sobre backups e sua manutenção ....................................................................... 204
    Usando o comando LIST .......................................................................................... 204
    Usando o comando REPORT ................................................................................... 206
    Usando o comando DELETE .................................................................................... 208
    Usando o comando CROSSCHECK ........................................................................ 208
    ✓ Exercício de dois minutos ...................................................................................... 212
  **P&R** Teste ............................................................................................................................ 215
    Respostas do Teste .................................................................................................. 220

## 5 Recuperação Usando os Backups do RMAN .......................................................... 223
Fazer uma recuperação completa de uma perda de arquivo de dados crítico
    ou não crítico usando o RMAN ...................................................................................... 224
    Usando os comandos RESTORE e RECOVER do RMAN ...................................... 224
    Fazendo uma recuperação completa de um arquivo de dados não crítico ............... 226
    **Exercício 5-1:** Restaure e recupere o tablespace USERS ................................... 226
    Fazendo uma recuperação completa de um arquivo de dados crítico ..................... 228
Fazer uma recuperação incompleta usando o RMAN ........................................................... 228
    Criando pontos de restauração ................................................................................. 229
    Fazendo uma recuperação incompleta gerenciada pelo servidor ............................ 230
    **Exercício 5-2:** Faça uma recuperação incompleta para restaurar o
        tablespace EXAMPLE ............................................................................................ 231
Recuperar usando os backups atualizados no modo incremental ........................................ 233
    Recuperando cópias-imagem ................................................................................... 233
    Implementando uma estratégia de cópia-imagem ................................................... 234
Alternar para cópias-imagem para obter uma rápida recuperação ....................................... 235
    Fazendo uma mudança rápida para cópias-imagem ............................................... 236
    **Exercício 5-3:** Use o comando SWITCH para recuperar um arquivo
        de dados rapidamente ........................................................................................... 236

**Exercício 5-4:** Use o comando SWITCH após criar o arquivo de dados do tablespace USERS na localização original ...... 239
Usando o SET NEWNAME do RMAN com a mudança rápida ............... 241
Restaurar um banco de dados em um novo host ...... 242
Noções básicas sobre a restauração em um novo host ...... 242
Preparando o novo host ...... 242
Restaurando e recuperando no novo host ...... 242
Recuperar usando o backup do arquivo de controle ...... 245
Restaurando o SPFILE a partir do backup automático ...... 245
Restaurando o arquivo de controle a partir do backup automático ...... 246
**Exercício 5-5:** Restaure o arquivo de controle a partir do backup automático ...... 246
Fazer uma recuperação de desastre ...... 249
Fazendo uma recuperação no modo NOARCHIVELOG ...... 249
Usando backups incrementais no modo NOARCHIVELOG ...... 250
Fazendo uma recuperação do banco de dados inteiro ...... 250
✓ Exercício de dois minutos ...... 253
P&R Teste ...... 256
Respostas do Teste ...... 260

# 6 Operação de Backup e Recuperação Gerenciada pelo Usuário ...... 263
Fazer uma recuperação a partir de um arquivo temporário perdido ...... 265
Perda de um arquivo temporário ...... 265
**Exercício 6-1:** Crie um arquivo temporário de substituição para o tablespace TEMP ...... 265
Inicializando um banco de dados sem um arquivo temporário ...... 266
Fazer uma recuperação a partir de um grupo de redo logs perdido ...... 267
Noções básicas sobre o status dos grupos de logs ...... 267
Recuperação a partir de falhas de membros do grupo de logs ...... 268
Recuperação a partir da perda de um grupo de logs inteiro ...... 269
Fazer uma recuperação a partir da perda do arquivo de senhas ...... 272
Revisão dos métodos de autenticação ...... 272
Recriando um arquivo de senhas ...... 273
**Exercício 6-2:** Recrie o arquivo de senhas depois de uma exclusão acidental ...... 275
Fazer uma recuperação completa do banco de dados gerenciada pelo usuário ...... 276
Fazendo uma recuperação completa de um banco de dados fechado ...... 277
**Exercício 6-3:** Faça uma recuperação completa do banco de dados ...... 280
Fazendo uma recuperação completa de um banco de dados aberto ...... 282
Fazer uma recuperação incompleta do banco de dados gerenciada pelo usuário ...... 283
Escolhendo o método de PITR ...... 284
Fazendo uma recuperação incompleta, baseada em tempo, gerenciada pelo usuário ...... 285
**Exercício 6-4:** Faça uma recuperação incompleta baseada em tempo ...... 285
Fazer backups gerenciados pelo usuário e pelo servidor ...... 288
Identificando os arquivos para o backup manual ...... 288
Backup de um banco de dados no modo NOARCHIVELOG ...... 289
Backup de um banco de dados no modo ARCHIVELOG ...... 290
Identificar a necessidade do modo de backup ...... 291

Fazer Backup e recuperação de um arquivo de controle ................................................ 292
    Backup do arquivo de controle no modo ARCHIVELOG............................................ 292
    Recuperação do arquivo de controle .................................................................... 293
    **Exercício 6-5:** Recupere a partir da perda de todos os arquivos de controle ............ 295
  ✓ Exercício de dois minutos ................................................................................. 297
*P&R* Teste ........................................................................................................... 301
    Respostas do Teste ............................................................................................. 305

## 7 Recursos Diversos do RMAN ........................................................................... 309
Criar um banco de dados duplicado no RMAN .......................................................... 310
    Usando o RMAN para criar um banco de dados duplicado ..................................... 311
    Usando o Enterprise Manager para criar um banco de dados duplicado ................. 318
    **Exercício 7-1:** Clone um banco de dados em execução .......................................... 322
Usar um banco de dados duplicado........................................................................... 323
    **Exercício 7-2:** Recupere uma tabela eliminada usando um
    banco de dados clonado .................................................................................... 323
Identificar as situações que exigem TSPITR ............................................................... 325
Fazer uma TSPITR automatizada ............................................................................... 327
    Verificação das dependências do tablespace ......................................................... 327
    Identificação de objetos perdidos depois da TSPITR............................................... 328
    Fazendo uma TSPITR automatizada ..................................................................... 328
  ✓ Exercício de dois minutos ................................................................................. 331
*P&R* Teste ........................................................................................................... 333
    Respostas do Teste ............................................................................................. 335

## 8 Monitorando e Ajustando o RMAN ................................................................ 337
Monitorar sessões e jobs do RMAN........................................................................... 338
    Usando as visões V$SESSION e V$PROCESS ......................................................... 339
    **Exercício 8-1:** Monitore os canais do RMAN ........................................................ 339
    **Exercício 8-2:** Monitore diversos jobs do RMAN.................................................. 341
    Usando a visão V$SESSION_LONGOPS................................................................ 341
    Alavancando os logs de erro e mensagens do RMAN............................................ 343
    **Exercício 8-3:** Depure parte de uma sessão do RMAN ........................................ 344
Ajustar o RMAN ....................................................................................................... 345
    Identificando as etapas de backup e recuperação ................................................. 346
    Paralelizando conjuntos de backup ...................................................................... 346
    Noções básicas sobre a multiplexação do RMAN .................................................. 347
    Ajustando os canais do RMAN ............................................................................. 348
    Ajustando o comando BACKUP .......................................................................... 349
    Configurando o LARGE_POOL_SIZE .................................................................... 349
Configurar o RMAN para I/O assíncrono.................................................................... 350
    Noções básicas sobre I/O síncrono e assíncrono ................................................... 350
    Monitorando o I/O assíncrono............................................................................. 351
    Monitorando o I/O síncrono ................................................................................ 351
  ✓ Exercício de dois minutos ................................................................................. 353
*P&R* Teste ........................................................................................................... 355
    Respostas do Teste ............................................................................................. 358

## 9 Configurando e Usando Flashback ... 361
### Restaurar tabelas eliminadas a partir da lixeira ... 363
#### Noções básicas sobre a lixeira ... 363
#### Consultando a lixeira ... 364
#### Exercício 9-1: Mova objetos para a lixeira ... 365
#### Restaurar tabelas a partir da lixeira ... 367
#### Exercício 9-2: Restaure uma tabela a partir da lixeira, mantendo os nomes originais dos objetos dependentes ... 368
#### Resgate de espaço na lixeira ... 369
#### Ignorando a lixeira ... 370
#### Acessando tabelas na lixeira ... 371
### Executar um Flashback Query ... 372
#### Configurando os parâmetros de flashback ... 372
#### Usando o Flashback Query ... 373
#### Usando o Flashback Version Query ... 375
### Usar o Flashback Transaction ... 378
#### Noções básicas sobre o Flashback Transaction Query ... 379
#### Pré-requisitos do Flashback Transaction Query ... 380
#### Usando o Flashback Transaction Query ... 380
#### Usando o EM com o Flashback Transaction Query ... 381
#### Escolhendo opções de reversão de transações ... 385
### Executar operações de Flashback Table ... 387
#### Noções básicas sobre o Flashback Table ... 387
#### Configurando o Flashback Table ... 387
#### Usando o Flashback Table ... 388
#### Exercício 9-3: Usar o Flashback Table em uma tabela ... 388
### Configurar e utilizar um Flashback Data Archive ... 389
#### Noções básicas sobre o Flashback Data Archive ... 389
#### Criando um arquivo ... 390
#### Usando visões do dicionário de dados para o Flashback Data Archive ... 391
#### Atribuindo permissões do Flashback Data Archive ... 392
#### Gerenciando Flashback Data Archives ... 392
#### Atribuindo uma tabela a um Flashback Data Archive ... 392
#### Consultando os Flashback Data Archives ... 393
### Configurar, monitorar o Flashback Database e executar operações do Flashback Database ... 394
#### Noções básicas sobre o Flashback Database ... 394
#### Configurando o Flashback Database ... 394
#### Usando o Flashback Database ... 395
#### Executando um Flashback Database ... 395
#### Excluindo tablespaces do Flashback Database ... 396
#### Usando pontos de restauração garantidos ... 397
#### Monitorando o Flashback Database ... 398
#### ✓ Exercício de dois minutos ... 401
#### P&R Teste ... 406
#### Respostas do Teste ... 409

## 10 Técnicas de Gerenciamento de Memória ........... 413
Implementar o gerenciamento automático de memória ........... 414
Noções básicas sobre as estruturas de memória do Oracle ........... 415
Configurando o gerenciamento automático de memória ........... 418
**Exercício 10-1:** Ative o gerenciamento automático de memória ........... 420
Monitorando o gerenciamento automático de memória ........... 422
Configurar manualmente os parâmetros da SGA ........... 423
Noções básicas sobre o gerenciamento automático de memória compartilhada ........... 424
Alternando para o ASMM ........... 424
**Exercício 10-2:** Ative o gerenciamento automático de memória compartilhada ........... 425
Ajustando os componentes da SGA ........... 427
Configurar o gerenciamento automático de memória da PGA ........... 427
Noções básicas sobre os componentes da PGA ........... 428
Configurando o gerenciamento de memória PGA ........... 428
Gerenciando a memória da PGA ........... 429
✓ Exercício de dois minutos ........... 433
**P&R** Teste ........... 435
Respostas do Teste ........... 437

## 11 Usando os Supervisores de Ajuste do Banco de Dados ........... 439
Usar o Supervisor de Ajuste SQL ........... 441
Visão geral do Supervisor de Ajuste SQL ........... 441
Usando o Supervisor de Ajuste SQL ........... 442
**Exercício 11-1:** Execute o Supervisor de Ajuste SQL para uma instrução SQL ........... 448
Usar o Supervisor de Acesso SQL para ajustar uma carga de trabalho ........... 450
Noções básicas sobre o Supervisor de Acesso SQL ........... 450
Usando o Supervisor de Acesso SQL com o EM ........... 451
Usando o Supervisor de Acesso SQL com o DBMS_ADVISOR ........... 456
Noções básicas sobre o Database Replay ........... 459
Captura de carga de trabalho do Database Replay ........... 459
Pré-processamento de carga de trabalho do Database Replay ........... 460
Repetição da carga de trabalho do Database Replay ........... 461
Análise e relatórios do Database Replay ........... 462
✓ Exercício de dois minutos ........... 464
**P&R** Teste ........... 466
Respostas do Teste ........... 468

## 12 Gerenciamento de Espaço em Disco e de Recursos ........... 471
Gerenciar a alocação de espaço retomável ........... 473
Noções básicas sobre a alocação de espaço retomável ........... 473
Configurando a alocação de espaço retomável ........... 474
Usando a alocação de espaço retomável ........... 475
**Exercício 12-1:** Configure a alocação de espaço retomável para o usuário HR ........... 476
Descrever os conceitos de tablespaces e bancos de dados transportáveis ........... 479
Configurando tablespaces transportáveis ........... 479
Transportando tablespaces ........... 482
**Exercício 12-2:** Transporte um tablespace usando SQL e PL/SQL ........... 491

Recuperar o espaço perdido com tabelas e índices usando a funcionalidade
de compressão de segmentos .................................................................. 495
    Noções básicas sobre a compressão de segmentos ............................... 495
    Automatizando o Supervisor de Segmento ............................................ 497
    Comprimindo segmentos ....................................................................... 497
    **Exercício 12-3:** Faça uma análise de segmentos e execute operações
    de compressão ....................................................................................... 499
Noções básicas sobre o Resource Manager ................................................... 505
    Conhecimentos gerais sobre a terminologia do Resource Manager ....... 506
    Noções gerais sobre os métodos de alocação do Resource Manager ..... 507
Criar e usar os componentes do Resource Manager ..................................... 508
    Noções básicas sobre o DEFAULT_PLAN ............................................... 508
    Criando um novo plano de recursos ...................................................... 511
    Criando e atribuindo grupos de consumidores ..................................... 512
    Noções básicas sobre os métodos de alocação de recursos .................. 512
    Ativando planos de recursos ................................................................... 514
    **Exercício 12-4:** Crie e utilize um novo plano do Gerenciador de Recursos ............ 514
    Noções básicas sobre as visões do Gerenciador de Recursos ................ 516
    Monitorando o Gerenciador de Recursos .............................................. 517
    ✓ Exercício de dois minutos ................................................................... 520
  **P&R** Teste ..................................................................................................... 524
    Respostas do Teste ................................................................................. 527

## 13 Configurando Diagnósticos de Banco de Dados ........................................ 529
Configurar o Automatic Diagnostic Repository .............................................. 530
    Noções básicas sobre o ADR .................................................................. 530
    Usando a ferramenta ADRCI .................................................................. 533
Usar o Workbench de Suporte ........................................................................ 536
    Noções básicas sobre alertas, problemas e incidentes .......................... 536
    Gerenciando solicitações de serviço ...................................................... 538
    Usando o Health Monitor ....................................................................... 544
Fazer uma recuperação de mídia em bloco .................................................... 547
    Noções gerais sobre danos em blocos ................................................... 547
    Usando o parâmetro DB_BLOCK_CHECKING ....................................... 548
    Usando a recuperação de mídia em bloco ............................................ 548
    Usando o Supervisor de Recuperação de Dados ................................... 551
    **Exercício 13-1:** Use o Supervisor de Recuperação de Dados ................ 553
    ✓ Exercício de dois minutos ................................................................... 559
  **P&R** Teste ..................................................................................................... 562
    Respostas do Teste ................................................................................. 564

## 14 Usando o Scheduler para Automatização de Tarefas ............................... 567
Criar um job, programa ou agendamento ...................................................... 568
    Noções básicas sobre a arquitetura do Scheduler ................................. 568
    Jobs ......................................................................................................... 569
    Programas ............................................................................................... 571
    Agendas .................................................................................................. 571

Classes de job .......... 572
Janelas .......... 573
Privilégios .......... 574
Usar uma agenda baseada em tempo ou em evento para executar jobs do Scheduler .......... 575
Criando e agendando jobs baseados em tempo .......... 575
**Exercício 14-1:** Crie um job com a API do Scheduler .......... 575
Criando e agendando jobs baseados em evento .......... 576
Usando programas e agendas .......... 577
Criar jobs leves .......... 579
Noções básicas sobre os jobs leves .......... 580
Usando jobs leves .......... 581
**Exercício 14-2:** Crie e execute um job leve .......... 581
Usar cadeias de jobs para executar uma sequência de tarefas relacionadas .......... 583
Noções básicas sobre cadeias de jobs .......... 583
Criando a cadeia .......... 583
Definindo etapas da cadeia .......... 584
Definindo regras da cadeia .......... 585
Iniciando a cadeia .......... 585
Monitorando cadeias de jobs .......... 586
Criar janelas e classes de jobs .......... 586
Criando janelas .......... 587
Criando classes de jobs .......... 588
Jobs pré-configurados .......... 589
Usar os conceitos avançados do Scheduler para priorizar os jobs .......... 592
Usando classes, janelas e o Resource Manager .......... 592
✓ Exercício de dois minutos .......... 596
**P&R** Teste .......... 599
Respostas do Teste .......... 603

## 15 Globalização do Banco de Dados .......... 607
Personalizar o comportamento dependente do idioma para o banco de dados e sessões individuais .......... 608
Capacidades de globalização .......... 609
Usando os recursos de suporte à globalização .......... 615
**Exercício 15-1:** Defina as configurações da globalização e do ambiente do cliente .......... 620
**Exercício 15-2:** Controle a globalização dentro da sessão .......... 621
Trabalhando com os conjuntos de caracteres do banco de dados e do NLS .......... 624
Classificação e seleção linguísticas .......... 624
Locale Builder .......... 626
Usando fusos horários .......... 626
**Exercício 15-3:** Ajuste os fusos horários .......... 628
✓ Exercício de dois minutos .......... 631
**P&R** Teste .......... 633
Respostas do Teste .......... 636

**Apêndice A** ................................................................................................ **639**
  Sobre o CD ............................................................................................ 639
  Requisitos do sistema ........................................................................... 639
  Instalando e executando o MasterExam ............................................. 640
      MasterExam .................................................................................. 640
  Livro eletrônico .................................................................................... 640
  Ajuda ..................................................................................................... 640
  Removendo a(s) instalação(ões) .......................................................... 640
  Suporte técnico ..................................................................................... 641
      Suporte técnico para o LearnKey ................................................ 641

**Glossário** .................................................................................................. **643**
**Índice** ......................................................................................................... **663**

# 1
# Arquitetura do Banco de Dados e o ASM

## OBJETIVOS DE CERTIFICAÇÃO

- 1.01 Noções básicas sobre a arquitetura do banco de dados e o ASM
- 1.02 Descrição do ASM
- 1.03 Configurar arquivos de parâmetros de inicialização para instâncias do ASM e do banco de dados
- 1.04 Inicializar e desligar instâncias do ASM
- 1.05 Administrar grupo de discos ASM
- ✓ Exercício de dois minutos
- P&R Teste

O Gerenciamento Automático do Armazenamento (ASM – Automatic Storage Management) é uma tecnologia importante do Oracle Database que você pode utilizar em seu ambiente, mesmo que esse ambiente só possua um único banco de dados e uma só instância do banco de dados. A integração entre o sistema de arquivos do servidor e um gerenciador de volumes construído especificamente para os arquivos do Oracle Database facilita muito a tarefa de gerenciamento e ajuste do disco: cada arquivo sofre striping e espelhamento para otimizar o desempenho. Além disso, quase todas as tarefas de gerenciamento de volume do ASM podem ocorrer enquanto o volume estiver online. Por exemplo, você pode expandir um volume ou até movê-lo para outro disco enquanto os usuários o estiverem acessando, com mínimo impacto sobre o desempenho. Os recursos de multiplexação de um cluster ASM minimizam a possibilidade de perda de dados e, em geral, são mais eficientes do que o esquema manual que posiciona os arquivos críticos e os backups em unidades físicas distintas. E se isso não for suficiente, é possível também utilizar uma instância do ASM e os respectivos grupos de discos para atender a mais de uma instância de banco de dados, otimizando ainda mais seu investimento no hardware de disco.

Antes de começar uma explicação detalhada do funcionamento do ASM e de como é possível alavancá-lo em seu ambiente, este capítulo apresentará uma visão geral sucinta da arquitetura do Oracle Database, inclusive as estruturas de memória da instância e as estruturas lógicas e físicas do banco de dados. É necessário ter um conhecimento sólido da arquitetura do Oracle Database (se você ainda não adquiriu esse conhecimento no curso anterior) para entender e valorizar plenamente o funcionamento do ASM.

Após descrever o funcionamento do ASM, o capítulo ensinará a configurar uma instância do ASM, seus grupos de discos associados e os parâmetros de inicialização necessários. A inicialização e o desligamento de uma instância do ASM ocorrem de modo semelhante ao de uma instância do banco de dados, com algumas diferenças relevantes. Finalmente, você conhecerá algumas situações administrativas comuns do ASM, que englobam a inclusão de grupos de discos, eliminação de grupos de discos e rebalanceamento de um grupo de discos.

## OBJETIVO DA CERTIFICAÇÃO 1.01

### NOÇÕES BÁSICAS SOBRE A ARQUITETURA DO BANCO DE DADOS E O ASM

Para mergulhar nos detalhes específicos do ASM, você deve ter um conhecimento sólido do Oracle Database e de suas estruturas associadas de memória e processos. Esta seção começa com as estruturas físicas de armazenamento do Oracle, como os arquivos de dados, arquivos de controle, arquivos de redo log e arquivos de redo logs arquivados. A seção também abrange arquivos não pertencentes ao banco de dados necessários para trabalhar com o Oracle Database, como os arquivos de inicialização e de log. Em seguida, a seção examina as principais estruturas de memória em uma instância do Oracle. Por último, serão apresentadas as relações existentes entre as estruturas físicas de armazenamento e as estruturas de memória.

## Estruturas lógicas de armazenamento do Oracle

Os arquivos de dados do Oracle Database são agrupados em um ou mais tablespaces. *Arquivos de dados* são estruturas físicas subdivididas em *extensões* e *blocos*. Um *tablespace* pode ser visto como um envoltório lógico de um grupo de arquivos de dados. Em cada tablespace, existem estruturas lógicas do banco de dados, como *tabelas* e *índices*. Outro termo empregado é *segmento* que, no Oracle Database, é utilizado para descrever o espaço físico ocupado por uma tabela ou um índice. O modo como o Oracle Database é dividido em compartimentos propicia um controle mais eficiente sobre o uso do espaço em disco. A Figura 1-1 apresenta a relação entre as estruturas lógicas de armazenamento em um banco de dados.

### Tablespaces

Um *tablespace* do Oracle consiste em um ou mais arquivos de dados; um arquivo de dados pode ser uma parte de um e somente um tablespace. Para uma instalação do Oracle 11*g*, são criados, no mínimo, dois tablespaces: o tablespace SYSTEM e o tablespace SYSAUX. Uma instalação padrão do Oracle 11*g* cria seis tablespaces.

O Oracle 11*g* (e, originalmente, o Oracle 10*g*) permite criar um tipo especial de tablespace, chamado *tablespace bigfile,* que pode ter até 128 TB (terabytes) de tamanho. O uso de bigfiles torna o gerenciamento de tablespaces totalmente transparente para o administrador do banco de dados (DBA – database administrator); em outras palavras, o DBA pode gerenciar o tablespace como uma unidade, sem se preocupar com o tamanho e a estrutura dos arquivos de dados subjacentes.

A utilização dos Oracle Managed Files (OMF) pode facilitar ainda mais o gerenciamento dos arquivos de dados do tablespace. Com os OMF, o DBA especifica uma ou mais localizações no sistema de arquivos, onde residirão os arquivos de dados, de controle

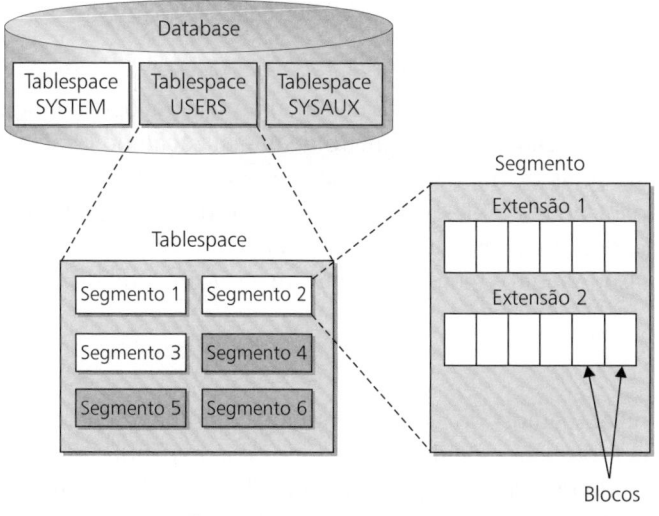

**Figura 1.1** *Estruturas lógicas de armazenamento.*

e de redo log, e o Oracle processará automaticamente a nomeação e o gerenciamento desses arquivos.

Se um tablespace for *temporário,* somente os segmentos gravados no tablespace serão temporários; o tablespace em si é permanente. É possível utilizar um tablespace temporário para operações de classificação e para as tabelas que irão existir apenas durante a sessão do usuário. Dedicar um tablespace para esses tipos de operações ajuda a reduzir a disputa de I/O ocorrida entre os segmentos temporários e permanentes armazenados em outro tablespace, como as tabelas.

Os tablespaces podem ser *gerenciados pelo dicionário* ou *gerenciados localmente*. Em um tablespace gerenciado pelo dicionário, o gerenciamento de extensões é registrado nas tabelas do dicionário de dados. Portanto, mesmo que todas as tabelas de aplicativos estejam no tablespace USERS, o tablespace SYSTEM também será acessado para gerenciar os comandos Data Manipulation Language (DML) nas tabelas dos aplicativos. Uma vez que todos os usuários e aplicativos devem utilizar o tablespace SYSTEM para o gerenciamento de extensões, isso gera um possível gargalo para os aplicativos que fazem intenso trabalho de operações de gravação. Em um tablespace gerenciado localmente, o Oracle mantém um bitmap no cabeçalho de cada arquivo de dados (dentro de um tablespace) para rastrear a disponibilidade de espaço. Somente as quotas são gerenciadas no dicionário de dados, o que reduz drasticamente a disputa de tabelas do dicionário de dados.

A partir do Oracle 9*i*, se o tablespace SYSTEM for gerenciado localmente, todos os outros tablespaces também deverão ser gerenciados dessa forma se for necessário executar operações de leitura e gravação nesses tablespaces. Os tablespaces gerenciados pelo dicionário devem ser somente leitura nos bancos de dados com um tablespace SYSTEM gerenciado localmente.

## *Blocos*

Um *bloco* do banco de dados é a menor unidade de armazenamento no Oracle. O tamanho de um bloco é um número específico de bytes de armazenamento em um determinado tablespace, dentro do banco de dados.

Para propiciar um desempenho eficiente de I/O de disco, geralmente o tamanho do bloco Oracle é um múltiplo do tamanho de bloco do sistema operacional. O tamanho de bloco padrão é especificado pelo parâmetro de inicialização do Oracle, DB_BLOCK_SIZE. A maioria dos sistemas operacionais aceitará a definição de até outros quatro tamanhos de bloco para outros tablespaces no banco de dados. Alguns sistemas operacionais sofisticados permitirão cinco tamanhos de bloco. Os blocos nos tablespaces SYSTEM, SYSAUX e em quaisquer outros temporários devem ter o tamanho definido pelo parâmetro DB_BLOCK_SIZE.

## *Extensões*

A *extensão* é o nível seguinte do agrupamento lógico no banco de dados, e consiste em um ou mais blocos do banco de dados. Quando você expandir um objeto do banco de dados, o espaço adicionado ao objeto será alocado como uma extensão. As extensões são gerenciadas pelo Oracle no nível do arquivo de dados.

## Segmentos

O próximo nível de agrupamento lógico é o *segmento*, ou seja, um grupo de extensões que formam um objeto do banco de dados que o Oracle trata como uma unidade, como uma tabela ou um índice. Consequentemente, esta é geralmente a menor unidade de armazenamento com a qual um usuário final do banco de dados lidará. Em um banco de dados Oracle, são encontrados quatro tipos de segmentos: segmentos de dados, segmentos de índice, segmentos temporários e segmentos de undo.

Cada tabela em um banco de dados reside em um *segmento de dados* individual, que consiste em uma ou mais extensões; o Oracle aloca mais de um segmento para uma tabela se ela for uma tabela particionada ou uma tabela em cluster. Os segmentos de dados abrangem os segmentos de LOB (*large object* – objetos grandes), que armazenam os dados de LOB referenciados por uma coluna localizadora do LOB em um segmento de tabela (se o LOB não estiver armazenado inline na tabela).

Cada índice é armazenado em um *segmento de índice* próprio. Como acontece com as tabelas particionadas, cada partição de um índice particionado é armazenada em um segmento exclusivo. Nessa categoria, estão incluídos os segmentos de índice de LOBs. As colunas de uma tabela não relacionadas a LOBs, as colunas de LOBs de uma tabela, e os índices associados do LOB podem residir em um tablespace próprio (segmentos distintos) para melhorar o desempenho.

Quando a instrução SQL de um usuário precisar de espaço em disco para concluir uma operação, como uma operação de classificação que não pode se acomodar na memória, o Oracle alocará um *segmento temporário*. Os segmentos temporários só existirão pelo tempo de duração dessa instrução SQL.

A partir do Oracle 10*g*, os segmentos de rollback manuais existem apenas no tablespace SYSTEM, e geralmente o DBA não precisa manter o segmento de rollback SYSTEM. Nos releases anteriores do Oracle, era criado um segmento de rollback para salvar os valores anteriores de uma operação DML no banco de dados, caso a operação tivesse sofrido rollback, e para manter os dados da imagem "de antes" para propiciar visões de leitura consistente dos dados da tabela aos outros usuários que estivessem acessando a tabela. Os segmentos de rollback também eram utilizados durante a recuperação do banco de dados para reverter as transações sem commit que estavam ativas quando a instância do banco de dados falhava ou era encerrada de modo repentino.

No Oracle 10*g*, o recurso Gerenciamento de Undo Automático (Automatic Undo Management) trata da alocação e do gerenciamento automáticos de segmentos de rollback dentro de um tablespace de undo. Os segmentos de undo, dentro de um tablespace de undo, são estruturados de modo semelhante aos segmentos de rollback, exceto pelo fato de que os detalhes de como esses segmentos serão gerenciados são controlados pelo Oracle, em vez de serem gerenciados (em geral, de modo ineficiente) pelo DBA. Os segmentos de undo automático foram disponibilizados a partir do Oracle 9*i*, mas os segmentos de rollback gerenciados manualmente ainda se encontram disponíveis no Oracle 10*g*. Entretanto, essa funcionalidade foi descontinuada a partir do Oracle 10*g* e não estará disponível nos próximos releases. No Oracle 11*g*, o Gerenciamento de Undo Automático é ativado por padrão; além disso, uma procedure PL/SQL (Procedural

Language/ Structured Query Language) é fornecida para ajudá-lo a dimensionar o tablespace UNDO.

*Se você estiver iniciando com o Oracle Database 11g, tudo o que você realmente precisa saber é que o rollback manual é redundante e não estará disponível no próximo release. Além disso, o undo automático é padrão no Oracle Database 11g.*

## Estruturas físicas de armazenamento do Oracle

O Oracle Database usa algumas estruturas físicas de armazenamento em disco para armazenar e gerenciar os dados de transações do usuário. Algumas dessas estruturas de armazenamento, como os arquivos de dados, arquivos de redo e arquivos de redo logs arquivados, guardam os dados do usuário. Outras estruturas, como os arquivos de controle, mantêm o estado dos objetos do banco de dados. O arquivo de alerta baseado em texto e os arquivos de rastreamento contêm informações de log de eventos rotineiros e condições de erro no banco de dados. A Figura 1-2 apresenta a relação existente entre essas estruturas físicas e as estruturas lógicas de armazenamento examinadas na seção "Estruturas lógicas de armazenamento do Oracle".

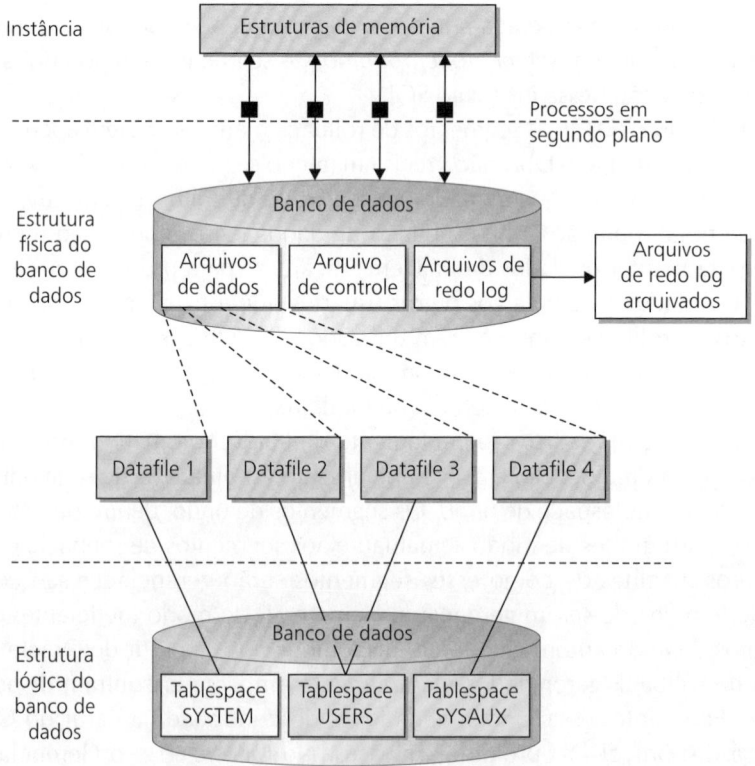

**Figura 1-2** *Estruturas físicas de armazenamento do Oracle.*

## Arquivos de dados

O Oracle Database deve conter pelo menos um *arquivo de dados*. Um arquivo de dados do Oracle corresponde a um único arquivo de sistema operacional no disco. Cada arquivo de dados no Oracle Database é membro de um e somente um tablespace; entretanto, um tablespace pode consistir em vários arquivos de dados. A exceção é um tablespace bigfile, que consiste em exatamente um arquivo de dados.

Um arquivo de dados do Oracle pode se expandir automaticamente quando atingir o seu espaço alocado, se o DBA criou o arquivo de dados com o parâmetro AUTOEXTEND. O DBA também pode limitar a abrangência da expansão de um arquivo de dados específico por meio do parâmetro MAXSIZE. Seja qual for o caso, o tamanho do arquivo de dados é, em última análise, limitado pelo volume do disco no qual ele reside.

O arquivo de dados é o local de armazenamento definitivo de todos os dados contidos no banco de dados. Os blocos mais acessados em um arquivo de dados são armazenados em cache na memória. De modo semelhante, os novos blocos de dados não são imediatamente escritos no arquivo de dados; eles são gravados no arquivo de dados somente quando o processo database writer estiver ativo. Entretanto, para que a transação de um usuário seja considerada concluída, as alterações efetuadas na transação devem ser gravadas nos arquivos de redo log.

## Arquivos de redo log

Sempre que forem adicionados, removidos ou alterados dados em uma tabela, índice ou em outro objeto do Oracle, uma entrada será gravada no *arquivo de redo log* atual. O Oracle Database deve possuir pelo menos dois arquivos de redo log, porque ele utiliza esses arquivos de modo circular. Quando um arquivo de redo log é preenchido com entradas de redo log, o arquivo de log atual é marcado como ACTIVE, se ele ainda for necessário para a recuperação da instância; caso contrário, ele será marcado como INACTIVE. O próximo arquivo de log na sequência é reutilizado a partir do início do arquivo e é marcado como CURRENT.

Em termos ideais, a informações contidas em um arquivo de redo log nunca são utilizadas. Entretanto, quando ocorre uma falta de energia ou quando outro tipo de falha no servidor ocasiona a falha da instância do Oracle, os blocos de dados novos ou atualizados no cache de buffer do banco de dados podem não ter sido gravados ainda nos arquivos de dados. Quando a instância do Oracle for reinicializada, as entradas no arquivo de redo log serão aplicadas aos arquivos de dados do banco de dados em uma operação de *roll-forward* para restaurar o estado do banco de dados até o ponto em que a falha ocorreu.

Para fazer uma recuperação a partir da perda de um arquivo de redo log dentro de um grupo de redo log, várias cópias de um arquivo de redo log podem existir em diferentes discos físicos. Mais adiante neste capítulo, você saberá como os arquivos de redo log, arquivos de redo log arquivados e arquivos de controle podem ser *multiplexados* para garantir a disponibilidade e a integridade dos dados do banco de dados do Oracle. Em termos sucintos, a multiplexação significa ter uma ou várias cópias de uma estrutura para se obter desempenho e disponibilidade.

## Arquivos de controle

O Oracle Database tem pelo menos um *arquivo de controle* que mantém os metadados do banco de dados. Metadados são os dados sobre a estrutura física do próprio banco de dados (as definições de tabelas e campos). Entre outros aspectos, o arquivo de controle contém o nome do banco de dados, a data de criação do banco de dados, e os nomes e as localizações de todos os arquivos de dados e arquivos de redo log. Além disso, o arquivo de controle preserva as informações utilizadas pelo Recovery Manager (RMAN), como as configurações persistentes do RMAN e os tipos de backups realizados no banco de dados. Sempre que ocorrerem alterações na estrutura do banco de dados, as informações sobre essas mudanças serão imediatamente refletidas no arquivo de controle.

Por ser muito crítico para a operação do banco de dados, o arquivo de controle também pode ser multiplexado (é possível copiar um ou mais arquivos de controle). Contudo, independentemente da quantidade de cópias do arquivo de controle associadas a uma instância, apenas um dos arquivos de controle é designado como primário para fins de recuperação dos metadados do banco de dados.

O comando ALTER DATABASE BACKUP CONTROLFILE TO TRACE é outra forma de backup do arquivo de controle, que gera um script SQL que você pode utilizar para recriar o arquivo de controle do banco de dados, por ocasião da perda de todas as versões binárias multiplexadas do arquivo de controle devido a uma falha catastrófica.

Esse arquivo de rastreamento também pode ser usado, por exemplo, para recriar um arquivo de controle se for necessário renomear o banco de dados ou alterar alguns limites do banco de dados que não poderiam ser modificados, de outra forma, sem recriar o banco de dados inteiro.

## Arquivos de log arquivados

O Oracle Database pode funcionar em um de dois modos: ARCHIVELOG ou NOARCHIVELOG. Quando o banco de dados estiver no modo NOARCHIVELOG, a reutilização circular dos arquivos de redo log (também conhecidos como arquivos de redo log *online*) significa que as entradas de redo (o conteúdo das transações anteriores) não estarão mais disponíveis se ocorrer uma falha na unidade de disco ou uma falha relacionada a outras mídias. Trabalhar no modo NOARCHIVELOG não protege a integridade do banco de dados por ocasião de uma falha na instância ou no sistema, tendo em vista que todas as transações que sofreram commit mas ainda não foram gravadas nos arquivos de dados estão disponíveis somente nos arquivos de redo log online. Sendo assim, a recuperação de uma falha estará limitada às entradas existentes atualmente nos redo logs online. Se o último backup dos arquivos de dados falhar antes do primeiro arquivo de redo log, não será possível recuperar o banco de dados.

Em contraste, o modo ARCHIVELOG envia um arquivo de redo log preenchido para um ou mais destinos especificados e pode ficar disponível para a reconstrução do banco de dados a qualquer momento, se ocorrer uma falha na mídia do banco de dados. Por exemplo, se a unidade de disco contendo os arquivos de dados falhar, o conteúdo desse banco de dados poderá ser recuperado até determinado ponto no tempo antes da falha, dependendo da disponibilidade de um backup recente dos arquivos de dados, dos arquivos de redo log e dos arquivos de log arquivados, gerados a partir do backup.

O uso de vários destinos dos arquivos de log para os arquivos de redo log preenchidos é crítico para um dos recursos de alta disponibilidade do Oracle, conhecido atualmente como *Oracle Data Guard,* e anteriormente como Oracle Standby Database.

### Arquivos de parâmetros de inicialização

Quando uma instância do banco de dados é inicializada, a memória da instância do Oracle é alocada, e um de dois tipos de *arquivos de parâmetros de inicialização* é aberto: um arquivo baseado em texto, chamado *init<SID>.ora* (conhecido comumente como init.ora ou um PFILE), ou um arquivo de parâmetros do servidor (SPFILE). Primeiramente, a instância procura um SPFILE na localização padrão do sistema operacional ($ORACLE_HOME/dbs no Unix, por exemplo) como spfile<SID>.ora ou spfile.ora. Se nenhum desses arquivos existir, a instância vai procurar um PFILE chamado init<SID>.ora. Como alternativa, o comando STARTUP pode especificar explicitamente um PFILE a ser usado na inicialização do Oracle.

Independentemente de seus formatos, os arquivos de parâmetros de inicialização especificam as localizações dos arquivos de rastreamento, arquivos de redo log preenchidos, e outros arquivos. Esses arquivos também definem os limites para os tamanhos das diversas estruturas existentes na SGA (System Global Area – Área Global do Sistema), e a quantidade de usuários que podem se conectar simultaneamente com o banco de dados.

Até o Oracle9*i*, o uso do arquivo init.ora era a única maneira de especificar parâmetros de inicialização para a instância. Embora seja fácil editá-lo com um editor de texto, o arquivo tem algumas desvantagens. Se um parâmetro dinâmico do sistema for alterado na linha de comando, com o comando ALTER SYSTEM, o DBA deverá mudar o arquivo init.ora para que o novo valor do parâmetro entre em vigor na próxima vez em que a instância for reinicializada.

Um SPFILE facilita e torna mais eficaz o gerenciamento de parâmetros para o DBA. Se um SPFILE estiver sendo utilizado na instância em execução, qualquer comando ALTER SYSTEM que altere um parâmetro de inicialização poderá mudar automaticamente o parâmetro de inicialização no SPFILE, mudar somente a instância em execução, ou ambos. Nenhuma edição do SPFILE é necessária ou sequer possível sem danificar o próprio SPFILE.

Mesmo não sendo possível espelhar um arquivo de parâmetro ou um SPFILE isoladamente, você poderá fazer um backup de um SPFILE para um arquivo init.ora. O init.ora e o SPFILE da instância do Oracle devem ser copiados em backup usando os comandos convencionais do sistema operacional, ou, no caso de um SPFILE, usando o Recovery Manager.

Quando a DBCA (ferramenta Database Configuration Assistant) for utilizada para criar um banco de dados, um SPFILE será gerado, por padrão.

### Arquivos de alerta e de log de rastreamento

Quando as coisas não derem certo, o Oracle poderá, e geralmente fará isso, gravar mensagens no *log de alerta,* e, no caso de processos em segundo plano e sessões do usuário, ele gravará nos arquivos de *log de rastreamento.*

O arquivo de log de rastreamento, localizado no diretório especificado pelo parâmetro de inicialização BACKGROUND_DUMP_DEST, contém as mais importantes mensagens de status de rotina, além das condições de erros críticos. Quando o banco de dados é inicializado ou desligado, uma mensagem é gravada no log de alerta, juntamente com uma lista dos parâmetros de inicialização que são diferentes de seus valores padrão. Além disso, quaisquer comandos ALTER DATABASE ou ALTER SYSTEM emitidos pelo DBA serão gravados. Também são gravadas aqui as operações relacionadas aos tablespaces e aos respectivos arquivos de dados, como adicionar um tablespace, eliminar um tablespace e adicionar um arquivo de dados a um tablespace. Condições de erro, como o esgotamento de espaço nos tablespaces, redo logs danificados, e outras condições, também são registradas nesse arquivo – todas condições críticas.

Os arquivos de rastreamento dos processos em segundo plano da instância do Oracle também estão localizados em BACKGROUND_DUMP_DEST. Por exemplo, os arquivos de rastreamento do PMON (monitor de processos) e SMON (monitor do sistema) conterão uma entrada quando ocorrer um erro ou quando o SMON precisar fazer uma recuperação da instância; os arquivos de rastreamento do QMON (monitor de filas) conterá mensagens informativas quando ele gerar um novo processo.

Também são criados arquivos de rastreamento para as sessões individuais dos usuários ou para as conexões com o banco de dados. Esses arquivos de rastreamento estão localizados no diretório especificado pelo parâmetro de inicialização USER_DUMP_DEST. Os arquivos de rastreamento dos processos do usuário são criados em duas situações: quando ocorre algum tipo de erro em uma sessão do usuário devido a problema de privilégio, esgotamento de espaço, e outros problemas; ou podem ser criados explicitamente com o comando:

ALTER SESSION SET SQL_TRACE=TRUE;

A informação de rastreamento é gerada para cada instrução SQL executada pelo usuário, o que pode ser útil ao se ajustar a instrução SQL de um usuário.

É possível excluir ou renomear um arquivo de log arquivado a qualquer momento: ele será recriado na próxima vez em que uma mensagem de log de alerta for gerada. Geralmente, o DBA configurará um job em lote diário (através de um mecanismo do sistema operacional, o mecanismo interno de agendamento do Oracle Database, ou usando o agendador do Oracle Enterprise Manager) para renomear e arquivar o log de alerta diariamente.

A partir do Oracle Database 11g Release 1, os diagnósticos de uma instância são centralizados em um único diretório, especificado pelo parâmetro de inicialização DIAGNOSTIC_DEST; o USER_DUMP_DEST e o BACKGROUND_DUMP_DEST são ignorados.

## *Arquivos de backup*

Os arquivos de backup podem se originar em algumas fontes, como os comandos de cópia do sistema operacional ou do Oracle RMAN. Se o DBA fizer um backup "a frio", os arquivos de backup serão apenas cópias dos arquivos de dados do sistema operacional, de redo log, de controle, de redo logs arquivados e de outros arquivos.

Além das cópias bit-a-bit dos arquivos de dados (o padrão no RMAN), o RMAN pode gerar backups completos e incrementais dos arquivos de dados, arquivos de controle, arquivos de redo logs arquivados e SPFILEs que estiverem em um formato especial, denominado *conjuntos de backup*, legíveis somente no RMAN. Os backups de conjuntos de backup do RMAN são geralmente menores do que os arquivos de dados originais, uma vez que o RMAN não copia no backup os blocos não utilizados. O RMAN é o padrão para o gerenciamento de backup e recuperação, exceto nas situações em que o processamento de backup do RMAN surtir um efeito prejudicial sobre o desempenho.

## Estruturas de memória do Oracle

O Oracle utiliza a memória física do servidor para armazenar muitos itens para uma instância do Oracle: o próprio código executável do Oracle, informações das sessões, os processos individuais associados ao banco de dados e informações compartilhadas entre os processos (como os bloqueios em objetos do banco de dados). Além disso, as estruturas de memória contêm instruções SQL dos usuários e do dicionário de dados, juntamente com as informações armazenadas em cache que, em algum momento, são guardadas permanentemente no disco, como os blocos de dados dos segmentos do banco de dados e informações sobre as transações concluídas no banco de dados. A área de dados alocada para uma instância do Oracle é chamada de *SGA (System Global Area – Área Global do Sistema)*. Os executáveis do Oracle residem na área de código do software. Adicionalmente, uma área denominada *PGA (Program Global Area – Área Global de Programas)* é privativa para os processos de cada servidor e processos em segundo plano; uma PGA é alocada para cada processo de sessão do usuário ou do servidor.

A Figura 1-3 apresenta as relações existentes entre essas estruturas de memória do Oracle.

### *SGA — Área Global do Sistema*

A SGA é um grupo de estruturas compartilhadas de memória para uma instância do Oracle, compartilhada pelos usuários da instância do banco de dados. Quando uma instância do Oracle é inicializada, a memória é alocada para a SGA com base nos valores especificados no arquivo de parâmetros de inicialização ou que estejam codificados no software do Oracle. Alguns dos parâmetros que controlam as diversas partes da SGA são dinâmicos; entretanto, se o parâmetro SGA_MAX_SIZE for especificado, o tamanho total de todas as áreas da SGA não deverá exceder o valor do SGA_MAX_SIZE. Se o SGA_MAX_SIZE não for especificado, mas o parâmetro SGA_TARGET for incluído, o Oracle ajustará automaticamente os tamanhos dos componentes da SGA, de modo que a quantidade total da memória alocada seja igual ao SGA_TARGET. SGA_TARGET é um parâmetro dinâmico que pode ser alterado quando a instância estiver em execução. O parâmetro MEMORY_TARGET, novo no Oracle 11g, equilibra toda a memória disponível para o Oracle entre a SGA e a PGA para otimizar o desempenho.

A memória na SGA é alocada em unidades de *grânulos*. Um grânulo pode ter 4 ou 16 MB, dependendo do tamanho total da SGA. Se a SGA for menor ou igual a 128 MB, um grânulo terá 4 MB; de outra forma, terá 16 MB. Algumas das próximas subseções discutirão sobre o modo como o Oracle usa cada seção existente na SGA.

## SGA

| Memória compartilhada | | | |
|---|---|---|---|
| Cache de buffer do banco de dados (tamanho padrão) | RECYCLE Buffer Pool | Pool compartilhado | Pool reservado |
| | KEEP Buffer Pool | Cache do dicionário de dados | Cache de biblioteca |
| Cache de buffer do banco de dados (tamanho em nK) | | | Área de SQL compartilhada |
| Cache de buffer do banco de dados (tamanho em nK) | | | |
| Large Pool | | | Procedures e pacotes PL/SQL |
| Java Pool | | Estruturas de controle | |
| Streams Pool | | | |
| Cache de buffer de redo log | | SGA fixa | |

Área de Código do Software

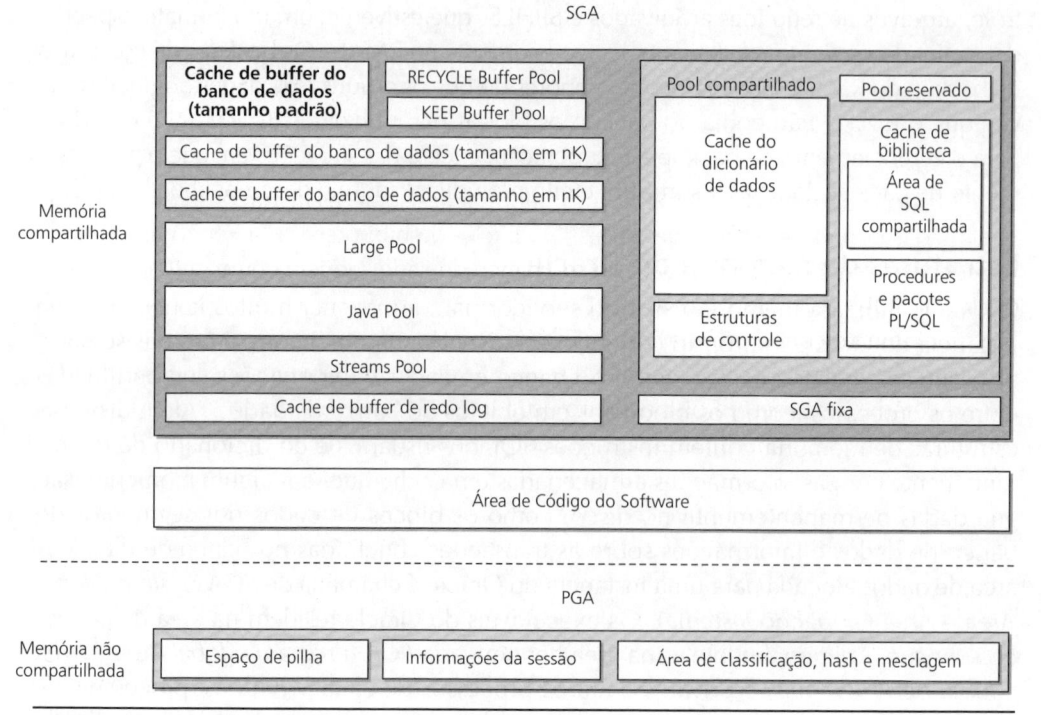

## PGA

| Memória não compartilhada | | |
|---|---|---|
| Espaço de pilha | Informações da sessão | Área de classificação, hash e mesclagem |

**Figura 1-3** *Estruturas lógicas da memória do Oracle.*

**Caches de buffer** O *cache de buffer* do banco de dados armazena os blocos de dados do disco que foram recentemente lidos para atender a uma instrução SELECT ou que contêm blocos modificados ou adicionados por uma instrução DML. A partir do Oracle9*i*, a área de memória na SGA que armazena esses blocos de dados é dinâmica. Este é um aspecto positivo, considerando que podem existir tablespaces no banco de dados com tamanhos de bloco diferentes do padrão. O Oracle aceita tablespaces de até cinco tamanhos de bloco diferentes (um tamanho de bloco para o padrão e até quatro outros distintos). Cada tamanho de bloco exige um cache de buffer próprio. À medida que as necessidades de processamento e das transações mudarem durante o dia ou ao longo da semana, os valores de DB_CACHE_SIZE e DB_nK_CACHE_SIZE podem ser alterados dinamicamente, sem precisar reinicializar a instância, para melhorar o desempenho de um tablespace com determinado tamanho de bloco.

O Oracle pode utilizar dois caches adicionais com o mesmo tamanho de bloco do padrão (DB_CACHE_SIZE): o pool de buffer KEEP e o pool de buffer RECYCLE. A partir do Oracle9*i*, os dois pools alocam memória independentemente dos outros caches existentes na SGA.

Quando uma tabela é criada, é possível especificar o pool no qual residirão os blocos de dados da tabela por meio da cláusula BUFFER_POOL_KEEP ou BUFFER_POOL_RECYCLE dentro da cláusula STORAGE. Para as tabelas mais utilizadas durante o dia, seria vantajoso colocá-las no pool de buffer KEEP para minimizar o I/O necessário para recuperar os blocos contidos nas tabelas.

**Shared Pool** O *shared pool* contém dois subcaches importantes: o cache de biblioteca e o cache de dicionário de dados. O shared pool é dimensionado pelo parâmetro de inicialização SHARED_POOL_SIZE. Este é outro parâmetro dinâmico que pode ser redimensionado, desde que o tamanho total da SGA seja inferior ao SGA_MAX_SIZE ou SGA_TARGET.

O *cache de biblioteca* armazena as informações sobre as instruções SQL e PL/SQL executadas contra um banco de dados. No cache de biblioteca, por ser compartilhado por todos os usuários, diversos usuários do banco de dados podem compartilhar a mesma instrução SQL.

Juntamente com a própria instrução SQL, o plano de execução da instrução SQL é armazenado no cache de biblioteca. Na segunda vez em que uma instrução SQL idêntica for executada, pelo mesmo ou por outro usuário, o plano de execução já estará calculado, o que reduz o tempo de execução da consulta ou da instrução DML.

Se o tamanho do cache de biblioteca for muito pequeno, os planos de execução mais utilizados poderão ser descarregados do cache, exigindo recarregamentos frequentes das instruções SQL no cache de biblioteca.

O *dicionário de dados* é um conjunto de tabelas do banco de dados, pertencentes aos esquemas SYS e SYSTEM, que contêm os metadados sobre o banco de dados, as respectivas estruturas e os privilégios e as funções dos usuários do banco de dados. O *cache do dicionário de dados* guarda um subconjunto das colunas das tabelas do dicionário de dados depois que forem lidas pela primeira vez para o cache do buffer. Os blocos de dados das tabelas do dicionário de dados são sempre usados para ajudar no processamento das consultas dos usuários e de outros comandos DML.

Se o cache do dicionário de dados for muito pequeno, as solicitações de informações do dicionário de dados acarretarão I/O adicional; essas solicitações do dicionário de dados associadas à I/O são conhecidas como *chamadas recursivas* e devem ser evitadas dimensionando-se o cache do dicionário de dados corretamente.

**Buffer de Redo Log** O *buffer de redo log* armazena as alterações mais recentes efetuadas nos blocos de dados nos arquivos de dados. Quando um terço do buffer de redo log estiver preenchido, ou a cada 3 segundos, o Oracle gravará os registros de redo log nos arquivos de redo log. Além disso, a partir do Oracle Database 10g, o processo Log Writer (LGWR) gravará os registros de redo log nos arquivos de redo log quando existir 1 MB de redo armazenado no buffer de redo log. Após gravadas nos arquivos de redo log, as entradas no buffer redo log são críticas para a recuperação do banco de dados se a instância falhar antes dos blocos de dados modificados serem transferidos do cache de buffer para os arquivos de dados. A transação com commit de um usuário não será considerada concluída até que as entradas de redo log tenham sido gravadas com êxito nos arquivos de redo log.

**Large Pool** O *large pool* é uma área opcional da SGA, utilizada para as transações que interagem com mais de um banco de dados, buffers de mensagens para processos executando consultas paralelas, e operações paralelas de backup e restauração do RMAN.

Como o próprio nome indica, o large pool disponibiliza grandes blocos de memória para as operações que necessitam alocá-los de uma só vez.

O parâmetro de inicialização LARGE_POOL_SIZE controla o tamanho do large pool e passou a ser um parâmetro dinâmico a partir do Oracle9i Release 2.

**Java pool**   O *Java pool* é utilizado pela Oracle JVM (Java Virtual Machine) para todos os códigos e dados Java em uma sessão do usuário. Armazenar código e dados Java no Java pool é parecido com o armazenamento de código SQL e PL/SQL no shared pool.

**Streams pool**   Uma novidade no Oracle 10g, o *streams pool* é dimensionado pelo parâmetro de inicialização STREAMS_POOL_SIZE. O streams pool guarda dados e estruturas de controle para oferecer suporte para os recursos do Oracle Streams do Oracle Enterprise Edition. O Oracle Streams gerencia o compartilhamento de dados e eventos em um ambiente distribuído. Se o parâmetro de inicialização STREAMS_POOL_SIZE não for inicializado ou se for definido como zero, a memória utilizada nas operações do Streams será alocada a partir do shared pool e poderá usar até 10% do shared pool.

## *PGA – Área Global de Programa*

PGA é uma área da memória que aloca seções dinâmicas de si mesma, de modo privado, para um conjunto de processos de conexão. A configuração da PGA depende da configuração da conexão do banco de dados Oracle: *servidor compartilhado* ou *servidor dedicado*.

Em uma configuração de servidor compartilhado, diversos usuários compartilham uma conexão com o banco de dados, minimizando o uso da memória no servidor, mas possivelmente afetando o tempo de resposta às solicitações do usuário. Em um ambiente de servidor compartilhado, a SGA (e não a PGA) guarda as informações persistentes da sessão de um usuário. Os ambientes de servidor compartilhado são perfeitos para um grande número de conexões simultâneas com o banco de dados com solicitações raras ou de curta duração.

Em um ambiente de servidor dedicado, cada processo de usuário estabelece uma conexão própria com o banco de dados; a PGA contém a memória da sessão para essa configuração, e também engloba uma área de classificação utilizada sempre que a solicitação de um usuário exigir uma operação de classificação, mesclagem de bitmaps ou de join hash.

A partir do Oracle9i, o parâmetro PGA_AGGREGATE_TARGET, aliado ao parâmetro de inicialização WORKAREA_SIZE_POLICY, pode facilitar a administração do sistema, permitindo que o DBA defina um tamanho total para todas as áreas de trabalho, e deixando o Oracle gerenciar e alocar a memória entre todos os processos do usuário. Como mencionado anteriormente neste capítulo, o parâmetro MEMORY_TARGET gerencia a memória da PGA e SGA como um todo, para otimizar o desempenho. O parâmetro MEMORY_TARGET pode ajudar a gerenciar o dimensionamento total da PGA e SGA. Em geral, a PGA era automatizada no Oracle9i. A SGA foi automatizada no 10g. Com a chegada do 11g, a soma da SGA e PGA também já está automatizada. Até mesmo DBAs experientes consideram a estruturação da memória automatizada mais eficiente para gerenciar as alocações de memória.

## Área de código de software

As áreas de código de software armazenam os arquivos executáveis do Oracle, em execução como parte de uma instância do Oracle. Essas áreas de código têm natureza estática e só mudam quando é instalado um novo release do software. Geralmente, as áreas de código de software do Oracle estão localizadas em uma área privilegiada da memória, isoladamente dos outros programas do usuário.

O código do software do Oracle é rigorosamente somente leitura e pode ser instalado como compartilhável ou não compartilhável. Instalar o código do software do Oracle como compartilhável economiza memória quando várias instâncias do Oracle estão em execução no mesmo servidor, no mesmo nível de release de software.

## Processos em segundo plano

Quando uma instância do Oracle é inicializada, vários processos em segundo plano são iniciados. Um *processo em segundo plano* é um bloco de código executável, elaborado para realizar uma tarefa específica. A Figura 1-4 mostra a relação existente entre os processos em segundo plano, o banco de dados e uma SGA do Oracle. Ao contrário de

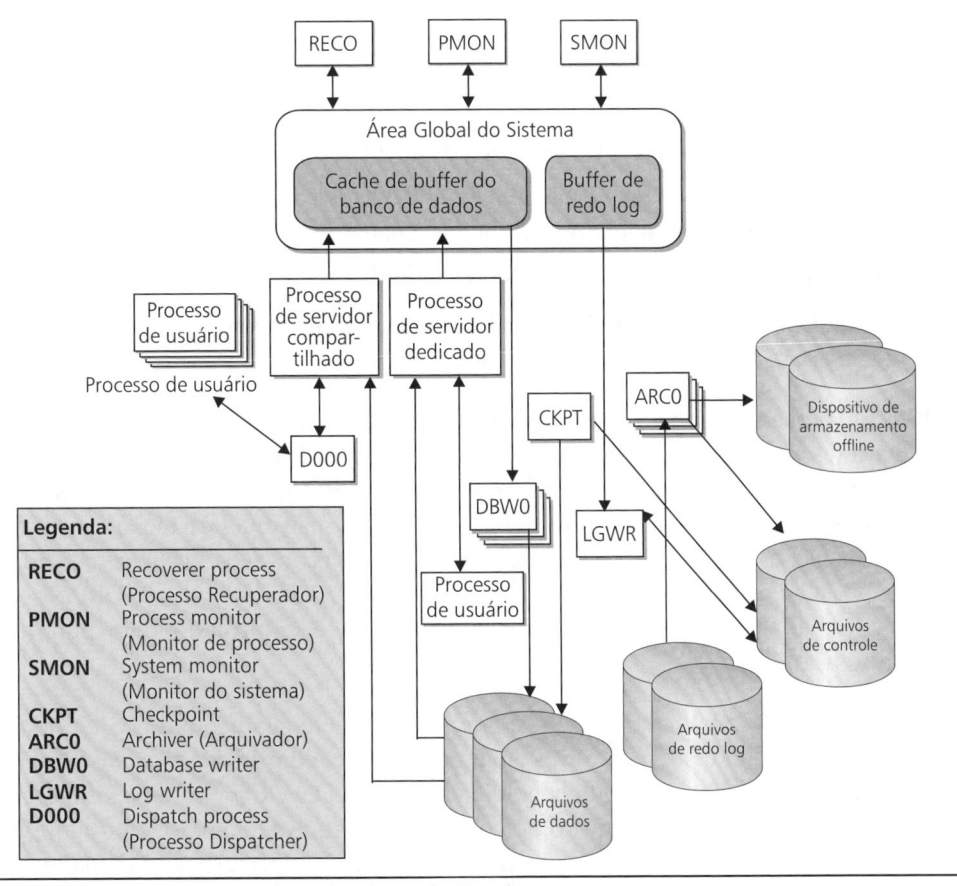

**Figura 1-4** *Processos em segundo plano do Oracle.*

um processo em primeiro plano, como uma sessão do SQL *Plus ou um navegador web, um processo em segundo plano trabalha nos bastidores. Juntos, a SGA e os processos em segundo plano formam uma instância do Oracle.

**SMON**   Se ocorrer uma falha no sistema ou na instância, ocasionada por falta de energia ou falha na CPU, o SMON, o processo *monitor do sistema*, executa uma recuperação de falha, aplicando as entradas existentes nos arquivos de redo log online aos arquivos de dados. Além disso, os segmentos temporários em todos os tablespaces são expurgados durante a reinicialização do sistema.

Uma das tarefas de rotina do SMON é juntar regularmente o espaço livre nos tablespaces se o tablespace for gerenciado por dicionário (o que deve ser raro ou inexistente em um banco de dados Oracle 11*g*).

**PMON**   Se a conexão do usuário cair ou se o processo de usuário falhar de alguma outra maneira, o PMON, o *monitor de processo,* faz o trabalho de limpeza. Ele limpa o cache de buffer do banco de dados e todos os outros recursos que a conexão do usuário estava utilizando. Por exemplo, suponha que uma sessão do usuário esteja atualizando algumas linhas em uma tabela, colocando um bloqueio em uma ou mais linhas. Uma tempestade elétrica derruba a energia da mesa do usuário, e a sessão do SQL *Plus desaparece quando a estação de trabalho é desligada. No prazo de milissegundos, o PMON detectará que a conexão não existe mais e executará as seguintes tarefas:

- Aplicará rollback na transação que estava em andamento quando faltou energia.
- Marcará os blocos da transação como disponíveis no cache de buffer.
- Removerá os bloqueios sobre as linhas afetadas na tabela.
- Removerá o ID do processo desconectado da lista de processos ativos.

O PMON também interagirá com os *listeners*, fornecendo informações sobre o status da instância para as solicitações de conexão recebidas.

**DBW*n***   O processo *database writer* conhecido como DBWR nas versões anteriores do Oracle, grava (escreve) os blocos de dados novos ou modificados (conhecidos como *blocos sujos)* existentes no cache de buffer nos arquivos de dados. Usando o algoritmo LRU (Least Recently Used), o DBW*n* escreve primeiramente os blocos mais antigos e menos ativos. Consequentemente, os blocos mais solicitados, mesmo que estejam sujos, ficam na memória.

É possível inicializar até 20 processos DBW*n*, do DBW0 ao DBW9 e do DBWa ao DBWj. O número de processos DBW*n* é controlado pelo parâmetro `DB_WRITER_PROCESSES`.

**LGWR**   O LGWR, ou *Log Writer*, é responsável pelo gerenciamento do buffer de redo log; ele é um dos processos mais ativos em uma instância, com atividade intensa de DML. Uma transação não é considerada concluída até que o LGWR grave com êxito as informações de redo, inclusive o registro de commit, nos arquivos de redo log. Além disso, os buffers sujos no cache de buffer não podem ser gravados nos arquivos de dados pelo DBW*n* antes que o LGWR grave as informações de redo.

Se os arquivos de redo log estiverem agrupados, e um dos arquivos de redo log multiplexados em um grupo for danificado, o LGWR gravará nos membros restantes do grupo e registrará um erro no arquivo de log de alerta. Se todos os membros de um grupo estiverem inutilizados, o processo LGWR falhará e a instância inteira ficará travada até que o problema seja corrigido.

**ARCn** Se o banco de dados estiver no modo ARCHIVELOG, o *processo arquivador (archiver process),* ou ARCn, copiará os redo logs em um ou mais diretórios de destino, dispositivos ou localizações da rede sempre que um redo log ficar totalmente preenchido e as informações de redo começarem a preencher o redo log seguinte, em sequência. O ideal é que o processo de arquivamento termine antes que o redo log preenchido seja necessário novamente; caso contrário, ocorrerão sérios problemas de desempenho – os usuários não conseguirão concluir suas transações até que as entradas sejam gravadas nos arquivos de redo log, e o arquivo de redo log não estará pronto para aceitar novas entradas porque ainda está sendo gravado no local de arquivamento. Existem pelo menos três soluções possíveis para esse problema: aumentar o tamanho dos arquivos de redo log, aumentar o número de grupos de redo log, e aumentar a quantidade de processos ARCn. Podem ser inicializados até 10 processos ARCn para cada instância, aumentando o valor do parâmetro de inicialização LOG_ARCHIVE_MAX_PROCESSES.

**CKPT** O *processo checkpoint ,* ou CKPT, ajuda a reduzir o tempo necessário para a recuperação da instância. Durante um checkpoint, o CKPT atualiza o cabeçalho do arquivo de controle e os arquivos de dados para refletir o último *SCN (System Change Number)* bem-sucedido. Um checkpoint ocorre automaticamente sempre que um arquivo de redo log é preenchido e o Oracle começa a preencher o seguinte de forma circular.

Os processos DBWn escrevem rotineiramente os buffers sujos para antecipar o checkpoint a partir do qual a recuperação da instância pode iniciar, reduzindo o *Tempo Médio de Recuperação (Mean Time to Recovery – MTTR).*

**RECO** O *recoverer process,* ou RECO, trata das falhas das transações distribuídas (ou seja, as transações que contêm as mudanças efetuadas nas tabelas de mais de um banco de dados). Se uma tabela no banco de dados CCTR (contact center) for alterada juntamente com uma tabela no banco de dados WHSE (data warehouse), e a conexão de rede entre os bancos de dados falhar antes da atualização da tabela no banco de dados WHSE, o RECO forçará um rollback na transação com falha.

## OBJETIVO DA CERTIFICAÇÃO 1.02

### DESCRIÇÃO DO ASM

O ASM é uma solução de multiplexação que automatiza o layout dos arquivos de dados, arquivos de controle e arquivos de redo log, distribuindo-os em todos os discos disponíveis. Quando forem adicionados novos discos ao cluster do ASM, os arquivos do banco de dados serão automaticamente redistribuídos em todos os volumes de disco para obter o desempenho ideal. Os recursos de multiplexação de um cluster ASM minimizam a possibilidade de perda de dados e, em geral, são mais eficientes do que um esquema manual que coloca os arquivos críticos e os backups em unidades físicas diferentes. Um dos principais componentes de um disco ASM é o *grupo de discos,* um conjunto de discos que o ASM gerencia como uma unidade.

Ao criar um novo tablespace ou outra estrutura de bancos de dados, como um arquivo de controle ou arquivo de redo log, você pode especificar um grupo de discos como área de armazenamento da estrutura de banco de dados, em vez de um arquivo do sistema operacional. O ASM combina a facilidade de uso do OMF com os recursos de espelhamento e striping para fornecer um sistema de arquivos robusto e um gerenciador de volumes lógicos que pode inclusive suportar vários nós em um Oracle Real Application Cluster (RAC). O ASM evita a necessidade de comprar um gerenciador de volumes lógicos de terceiros.

O ASM não somente otimiza o desempenho, distribuindo automaticamente os objetos do banco de dados por vários dispositivos, como também aumenta a disponibilidade, permitindo que novos dispositivos de disco sejam adicionados ao banco de dados sem desligá-lo; o ASM reequilibra automaticamente a distribuição dos arquivos com mínima intervenção.

As seções a seguir examinam a arquitetura do ASM, mostram como criar um tipo especial de instância do Oracle para suportar o ASM, e como inicializar e desligar uma instância do ASM.

## Arquitetura do ASM

O ASM divide os arquivos de dados e outras estruturas do banco de dados em extensões, e divide as extensões entre todos os discos contidos no grupo de discos para otimizar o desempenho e a confiabilidade. Em vez de espelhar volumes de disco inteiros, o ASM espelha os objetos do banco de dados para propiciar a flexibilidade de espelhar ou fazer striping dos objetos do banco de dados, de modo diferente, de acordo com os seus tipos. Opcionalmente, é possível não fazer o striping nos objetos, se o hardware de disco subjacente já estiver habilitado para RAID, se pertencer à SAN (storage area network) ou a um dispositivo NAS (network-attached storage).

O rebalanceamento automático é outro recurso importante do ASM. Quando é necessário aumentar o espaço em disco, dispositivos adicionais de disco podem ser incluídos no grupo de discos, e o ASM move um número proporcional de arquivos de um ou mais discos já existentes para os novos discos, para manter o equilíbrio geral de I/O em todos os discos. Isso acontece em segundo plano, enquanto os objetos do banco de dados contidos nos arquivos do disco ainda se encontram online e disponíveis para os usuários. Se o impacto sobre o subsistema de I/O for alto durante uma operação de rebalanceamento, a velocidade desse rebalanceamento poderá ser reduzida por meio de um parâmetro de inicialização.

O ASM exige um tipo especial de instância do Oracle para fornecer a interface entre uma instância tradicional do Oracle e o sistema de arquivos; os componentes do ASM são fornecidos com o Oracle Database e estão sempre disponíveis como uma opção quando você estiver selecionando o tipo de armazenamento para o banco de dados inteiro, no processo de criação do banco de dados.

Entretanto, o uso do ASM não impede que você combine grupos de discos ASM com técnicas de gerenciamento manual de arquivos de dados do Oracle. Por exemplo, todos os seus tablespaces podem estar armazenados no ASM, mas um tablespace pode ser criado no sistema de arquivos do servidor para facilitar o transporte para outro banco de dados. Porém, a facilidade de uso e o desempenho do ASM justificam o uso dos grupos de discos ASM para atender a todas as suas necessidades de armazenamento.

Dois processos em segundo plano do Oracle lançados no Oracle Database 10*g* dão suporte às instâncias ASM: o *rebalancer* (RBAL) e o ARB*n*. O RBAL coordena a atividade de disco dos grupos de discos, fazendo um rebalanceamento quando um disco é adicionado ou removido. O ARB*n*, onde *n* pode ser um número de 0 a 9, executa o movimento de extensão entre os discos no grupo de discos.

Para os bancos de dados que utilizam discos ASM, existem dois novos processos em segundo plano a partir do Oracle Database 10*g:* ASMB e RBAL. O ASMB propicia a comunicação entre o banco de dados e a instância do ASM, enquanto o RBAL se encarrega da abertura e fechamento dos discos no grupo de discos, em nome do banco de dados. É um processo idêntico ao RBAL em uma instância do ASM, mas executa uma função diferente, porém relacionada. Em outras palavras, o processo se comporta de modo diferente dependendo do tipo de instância.

### EXERCÍCIO 1-1

### Encontre novos processos relacionados ao ASM nas instâncias do ASM e RDBMS

Para este exercício, identifique os novos processos em segundo plano em um servidor Linux para ambas as instâncias do RDBMS e do ASM. No Linux, cada processo do Oracle possui uma thread própria. Você pode unir as visões dinâmicas de desempenho V$BGPROCESS e V$SESSION, ou usar o comando ps -ef do Linux e procurar os nomes de comandos contendo os nomes de instâncias do ASM ou do RDBMS.

1. Procure no /etc/oratab o nome das instâncias do ASM e RDBMS através de uma consulta:

   ```
   [oracle@dw -]$ tail /etc/oratab
   #
   # Multiple entries with the same $ORACLE_SID are not allowed.
   #
   #
   +ASM:/u01/app/oracle/product/11.1.0/db_1:Y
   dw:/u01/app/oracle/product/11.1.0/db_1:Y
   [oracle@dw -]$
   ```

2. Defina a variável de ambiente ORACLE_SID da instância do RDBMS; nesse caso, ela é DW:

   ```
   [oracle@dw -]$ export ORACLE SID=DW
   ```

3. Estabeleça conexão com a instância do RDBMS e consulte as visões V$SESSION e V$BGPROCESS para obter a lista dos processos em execução:

```
[oracle@dw -]$ sqlplus / as sysdba

SQL*Plus: Release 11.1.0.6.0 - production on Sun Feb 10 22:22:51 2008

Copyright (c) 1982, 2007, Oracle. All rights reserved.

Connected to:
Oracle Database 11g Enterprise Edition Release 11.1.0.6.0 - Production
With the Partitioning, OLAP, Data Mining and
 Real Application Testing options

SQL> select sid, serial#, process, name, description
  2>    from v$session join v$bgprocess using(paddr) ;

       SID    SERIAL# PROCESS    NAME  DESCRIPTION
---------- ---------- ---------- ----- -------------------------------
       169          1 7113       PMON  process cleanup
       168          1 7117       VKTM  Virtual Keeper of TiMe process
       167          1 7129       DIAG  diagnosibility process
       166          1 7131       DBRM  Resource Manager process
       164          3 7141       PSP0  process spawner 0
       162          1 7157       DSKM  slave DiSKMon process
       165          1 7151       DIA0  diagnosibility process 0
       163          1 7153       MMAN  Memory Manager
       162          1 7157       DBW0  db writer process 0
       148          9 7291       ARC0  Archival Process 0
       146          1 7293       ARC1  Archival Process 1
       147          1 7295       ARC2  Archival Process 2
       145          1 7297       ARC3  Archival Process 3
       160          1 7164       LGWR  Redo etc.
       161          1 7166       CKPT  checkpoint
       141          5 7359       CTWR  Change Tracking Writer
       150          2 7236       RVWR  Recovery Writer
       138          1 7370       FBDA  Flashback Data Archiver Process
       158          1 7170       SMON  System Monitor Process
       136          1 7372       SMCO  Space Manager Process
       159          1 7172       RECO  distributed recovery
       119       1030 7847       CJQ0  Job Queue Coordinator
       140          7 7375       QMNC  AQ Coordinator
       155          1 7174       RBAL  ASM Rebalance master
       157          1 7180       ASMB  ASM Background
       156          1 7182       MMON  Manageability Monitor Process
       154          1 7184       MMNL  Manageability Monitor Process 2

27 rows selected.
SQL>
```

Observe os processos RBAL e ASMB perto do final da lista.

4. Você pode usar a coluna PID para identificar o número do processo do Linux e consultar diretamente esse processo:

```
SQL> !ps -f -p 7174
UID         PID  PPID  C STIME TTY          TIME CMD
oracle     7174     1  0 21:34 ?        00:00:00 ora_rbal_dw
SQL>
```

5. Em seguida, procure os processos em segundo plano do ASM, definindo a variável de ambiente ORACLE_SID para a instância do ASM (+ASM):

```
[oracle@dw -]$ export ORACLE_SID=+ASM
```

6. Conecte-se na instância do ASM e consulte as visões V$SESSION e V$BGPROCESS para obter a lista de processos em execução:

```
[oracle@dw -]$ sqlplus / as sysasm
. . .
SQL> select sid, serial#, process, name, description
2> from v$session join v$bgprocess using(paddr) ;

       SID    SERIAL#  PROCESS    NAME  DESCRIPTION
---------- ---------- ---------- ----- ------------------------------
       114          1 6926       PMON  process cleanup
       113          1 6928       VKTM  Virtual Keeper of TiMe process
       105          1 6950       RBAL  ASM Rebalance master
       106          1 6946       CKPT  checkpoint
       107          1 6944       LGWR  Redo etc.
       109          1 6940       MMAN  Memory Manager
       109          1 6940       DSKM  slave DiSKMon process
       104          1 6948       SMON  System Monitor Process
       103          1 6952       GMON  diskgroup monitor
       108          1 6942       DBW0  db writer process 0
       111          1 6934       PSP0  process spawner 0
       112          1 6932       DIAG  diagnosibility process
       110          3 6938       DIA0  diagnosibility process 0
        98         36 9858       ASMB  ASM Background
14 rows selected.

SQL>
```

Observe os novos processos RBAL e ASMB na lista. O processo ARB*n* começa quando a operação de rebalanceamento é iniciada.

## Criando uma instância do ASM

O ASM exige uma instância dedicada do Oracle para gerenciar os grupos de discos. Geralmente, uma instância do ASM tem uma quantidade de memória menor do que uma instância do RDBMS, na faixa de 60 a 120 MB, e é configurada automaticamente quando o ASM é especificado como a opção de armazenamento de arquivos do banco de dados. Quando o software Oracle é instalado e uma instância do ASM ainda não existir, será exibida a tela do Oracle Universal Installer apresentada na Figura 1-5.

Como exemplo de dispositivos de disco utilizados para criar grupos de discos ASM, suponha que seu servidor Linux tenha alguns dispositivos de disco raw, com as capacidades listadas na Tabela 1-1.

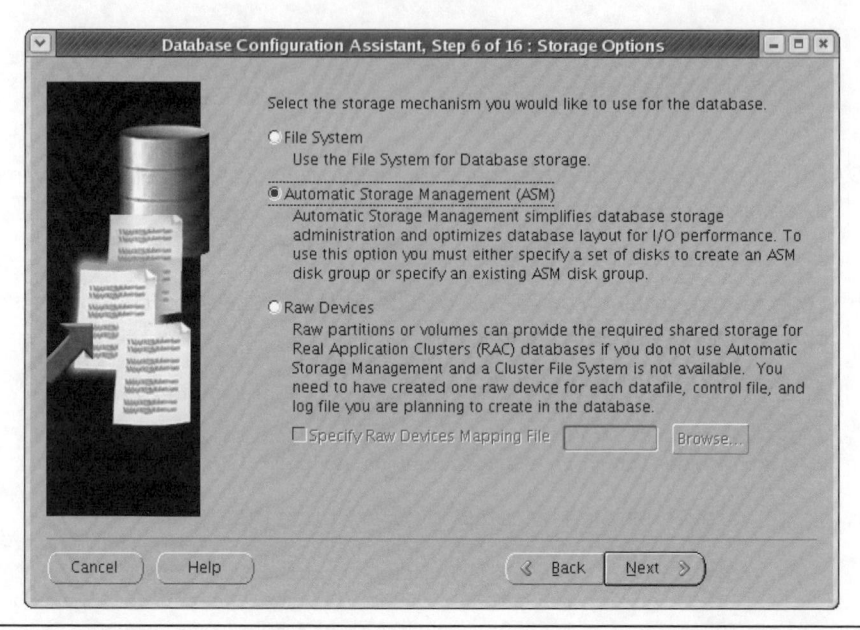

**Figura 1-5** *Especificando o ASM como método de armazenamento de arquivos do banco de dados.*

Configure o primeiro grupo de discos dentro do Oracle Universal Installer (OUI), como mostra a Figura 1-6.

O nome do primeiro grupo de discos é DATA, e você usará o /dev/raw/raw1 e /dev/raw/raw2 para criar o grupo de discos de redundância normal. Se for selecionado um número insuficiente de discos raw para o nível de redundância necessário, o OUI gerará uma mensagem de erro. Após a criação do banco de dados, a instância normal e a do ASM serão inicializadas.

Uma instância do ASM possui algumas outras características peculiares. Apesar de ter um arquivo de parâmetros de inicialização e um arquivo de senhas, ela não possui um

**TABELA 1-1** *Discos raw para grupos de discos ASM*

| Nome do dispositivo | Capacidade |
|---|---|
| /dev/raw/raw1 | 12 GB |
| /dev/raw/raw2 | 12 GB |
| /dev/raw/raw3 | 12 GB |
| /dev/raw/raw4 | 12 GB |
| /dev/raw/raw5 | 4 GB |
| /dev/raw/raw6 | 4 GB |
| /dev/raw/raw7 | 4 GB |
| /dev/raw/raw8 | 4 GB |

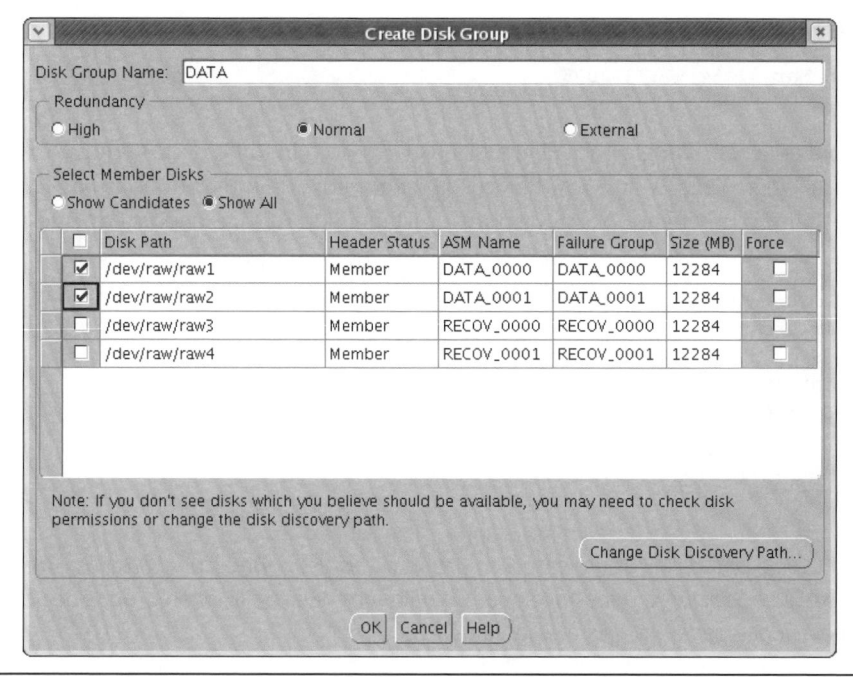

**Figura 1-6** *Configurando o grupo de discos inicial do ASM com o OUI.*

dicionário de dados e, por conseguinte, todas as conexões com uma instância do ASM ocorrem através do SYS e SYSTEM usando apenas a autenticação do sistema operacional. Só é possível se conectar com uma instância do ASM através do comando CONNECT / AS SYSASM. Todo nome de usuário/senha incluído no comando CONNECT é ignorado. Comandos de grupo de discos, como CREATE DISKGROUP, ALTER DISKGROUP e DROP DISKGROUP, são válidos somente em uma instância do ASM. Finalmente, uma instância do ASM encontra-se em um estado NOMOUNT ou MOUNT; ela nunca estará em um estado OPEN.

A partir do Oracle Database 11*g*, um novo privilégio de sistema, denominado SYSASM, separa o privilégio de administração do banco de dados, SYSDBA, do privilégio de administração do armazenamento do ASM. O grupo de sistema operacional, OSASM, concede automaticamente o privilégio SYSASM ao usuário do sistema operacional; portanto, para um grupo de discos ASM, use os seguintes comandos para estabelecer conexão com uma instância do ASM com o privilégio SYSASM, usando a autenticação do sistema operacional:

```
export ORACLE_SID=+ASM
sqlplus / as sysasm
```

Embora você também possa utilizar o privilégio SYSDBA no Oracle Database 11*g* Release 1, o Oracle gravará uma mensagem no log de alerta informando que o privilégio SYSDBA foi substituído na instância do ASM por comandos administrativos e será removido em um release posterior.

Veja o que você encontrará no log de alerta da instância do ASM:

```
Sun Mar 02 14:57:33 2008
WARNING: Deprecated privilege SYSDBA for command 'CREATE USER'
```

Conceder o privilégio SYSASM a um usuário do banco de dados equivale a conceder o privilégio SYSDBA ou SYSOPER; neste exemplo, crie o usuário marthag e conceda a esse usuário o privilégio SYSASM sobre a instância do ASM, e depois conecte-se como marthag:

```
SQL> create user marthag identified by tarese3;
User created.
SQL> grant sysasm to marthag;
Grant succeeded.
SQL> connect marthag as sysasm;
Enter password:
Connected.
SQL>
```

> **na prática**
>
> *No Oracle Database 11g Release 1, o grupo do sistema operacional para os usuários SYSASM e SYSDBA é o mesmo: dba. Os próximos releases exigirão grupos de sistemas operacionais separados para esses usuários.*

Considerando que uma instância do ASM não possui dicionário de dados, somente o arquivo de senhas da instância do ASM é atualizado com o novo usuário e com o privilégio SYSASM. Como você já deve supor, é possível emitir o comando REVOKE para revogar o privilégio SYSASM de um usuário. Assim como acontece com uma instância do RDBMS, você pode consultar a visão dinâmica de desempenho, V$PWFILE_USERS, para saber quais usuários têm os privilégios SYSDBA, SYSASM ou SYSOPER na instância do ASM:

```
SQL> select * from v$pwfile_users;

USERNAME                        SYSDBA   SYSOPER  SYSASM
------------------------------  -------  -------  -------
SYS                             TRUE     TRUE     TRUE
MARTHAG                         FALSE    FALSE    TRUE
BOBBYB                          FALSE    FALSE    TRUE

SQL>
```

## OBJETIVO DA CERTIFICAÇÃO 1.03

### CONFIGURAR ARQUIVOS DE PARÂMETROS DE INICIALIZAÇÃO PARA INSTÂNCIAS DO ASM E DO BANCO DE DADOS

As seções a seguir examinam os novos parâmetros de inicialização relacionados ao ASM e os parâmetros de inicialização existentes que possuem novos valores para suportar uma instância do ASM. Existem algumas advertências para os processos de inicialização e desligamento de uma instância do ASM, sendo a mais importante delas o fato de que você não pode desligar uma instância do ASM que esteja gerenciando discos em uma instância ativa do RDBMS (você precisa desligar primeiramente o banco de dados). Esta seção também discute as convenções de nomeação empregadas pelo Oracle para os nomes de arquivo do ASM e quando é possível utilizar nomes de arquivos abreviados do ASM. Nenhuma discussão do ASM estaria completa sem uma análise abrangente das respectivas visões dinâmicas de desempenho.

## Componentes da instância do ASM

As instâncias do ASM não podem ser acessadas através dos diversos métodos disponíveis em um banco de dados tradicional. Esta seção discorre sobre os privilégios existentes relacionados aos privilégios SYSDBA, SYSOPER e SYSASM. A seção também distingue a instância do ASM pelos parâmetros de inicialização (lançados no Oracle Database 10*g* e otimizados no Oracle Database 11*g)* novos e expandidos, disponíveis apenas para uma instância do ASM. No final desta seção, você conhecerá os procedimentos para inicializar e interromper uma instância do ASM, assim como as dependências existentes entre as instâncias do ASM e do banco de dados atendidas por esses parâmetros.

### *Acessando uma instância do ASM*

Como mencionado anteriormente neste capítulo, uma instância do ASM não tem um dicionário de dados, de modo que o acesso à instância é restrito aos usuários que podem se autenticar junto ao sistema operacional – em outras palavras, conectando-se como SYSDBA, SYSASM ou SYSOPER por meio de um usuário do sistema operacional do grupo dba.

Os usuários que se conectam à uma instância do ASM como SYSDBA ou SYSASM (lembre-se de que o uso do SYSDBA foi obsoletado a partir do Oracle Database 11*g)* podem executar todas as operações do ASM, como criar e excluir grupos de discos, assim como adicionar e remover discos de grupos de discos.

Os usuários SYSOPER têm um conjunto muito mais limitado de comandos disponíveis em uma instância do ASM. Em geral, os comandos disponíveis para os usuários SYSOPER só concedem privilégios suficientes para executar operações de rotina em uma instância do ASM já configurada e estável. A lista a seguir contém as operações disponíveis como SYSOPER:

- Iniciar e desligar uma instância do ASM
- Montar ou desmontar um grupo de discos
- Alterar o status do disco de um grupo de discos, de ONLINE para OFFLINE, ou vice-versa
- Rebalancear um grupo de discos
- Fazer uma verificação de integridade de um grupo de discos
- Acessar as visões dinâmicas de desempenho V$ASM_*

### Parâmetros de inicialização do ASM

Alguns parâmetros de inicialização são específicos para as instâncias do ASM ou têm novos valores dentro de uma instância do ASM. É altamente recomendado um SPFILE, em vez de um arquivo de parâmetros de inicialização, para uma instância do ASM. Por exemplo, parâmetros como ASM_DISKGROUPS serão automaticamente configurados quando um grupo de discos for adicionado ou eliminado, possivelmente evitando a necessidade de mudar esse valor manualmente. Os parâmetros de inicialização relacionados ao ASM serão cobertos nas seções a seguir.

**INSTANCE_TYPE** Para uma instância do ASM, o parâmetro INSTANCE_TYPE tem o valor ASM. Para a instância tradicional do Oracle, o padrão é RDBMS.

**DB_UNIQUE_NAME** O valor padrão do parâmetro DB_UNIQUE_NAME é +ASM e é o nome único para uma instância do ASM dentro de um cluster ou em um único nó.

**ASM_POWER_LIMIT** Para garantir que as operações de rebalanceamento não interfiram nas demandas de I/O dos usuários, o parâmetro ASM_POWER_LIMIT controla a velocidade dessas operações. Os valores variam de 1 a 11, sendo 11 o valor mais alto possível. O valor padrão é 1 (baixa sobrecarga de I/O). Por ser um parâmetro dinâmico, você pode defini-lo com um valor baixo durante o dia e com um valor mais alto para o período noturno (presumindo-se que você não esteja trabalhando com um sistema que opere 24 horas por dia), sempre que for necessário fazer uma operação de rebalanceamento de discos.

**ASM_DISKSTRING** O parâmetro ASM_DISKSTRING especifica uma ou mais strings dependentes do sistema operacional para limitar os dispositivos de disco que podem ser utilizados para criar grupos de discos. Se esse valor for NULL, todos os discos visíveis para uma instância do ASM são candidatos em potencial para a criação de grupos de discos. Para os exemplos deste capítulo apresentados para o servidor de testes, o valor do parâmetro ASM_DISKSTRING é /dev/raw/*:

```
SQL> select name, type, value from v$parameter
  2    where name = 'asm_diskstring';

NAME                 TYPE VALUE
---------------      ---- -------------------------
asm_diskstring       2    /dev/raw/*
```

**ASM_DISKGROUPS** O parâmetro ASM_DISKGROUPS especifica uma lista contendo os nomes dos grupos de discos a serem automaticamente montados pela instância do ASM durante o processo de inicialização, ou pelo comando ALTER DISKGROUP ALL MOUNT. Mesmo que a lista esteja vazia na inicialização da instância, qualquer grupo de discos existente poderá ser montado de forma manual.

**LARGE_POOL_SIZE** O parâmetro LARGE_POOL_SIZE é útil para as instâncias normais e do ASM; entretanto, esse pool é utilizado de modo diferente para uma instância do ASM. Todos os pacotes internos do ASM são executados a partir desse pool, de modo que esse parâmetro deve ser definido com, no mínimo, 12 MB para uma instância individual, e com 16 MB para uma instância do RAC.

**ASM_PREFERRED_READ_FAILURE_GROUPS** O parâmetro `ASM_PREFERRED_READ_FAILURE_GROUPS`, novidade no Oracle Database 11g, contém uma lista de grupos de falha preferidos para uma instância específica do banco de dados ao se utilizarem instâncias do ASM em cluster. Este parâmetro é específico da instância: cada instância pode especificar um grupo de falha, posicionado o mais próximo possível do nó da instância para aumentar o desempenho – por exemplo, um grupo de falha no disco local do servidor.

## Visões dinâmicas de desempenho do ASM

Algumas visões dinâmicas de desempenho novas estão associadas às instâncias do ASM. A Tabela 1-2 contém as visões dinâmicas comuns de desempenho relacionadas ao ASM. Serão fornecidas outras explicações, mais adiante no capítulo.

**TABELA 1-2** *Visões dinâmicas de desempenho relacionadas ao ASM*

| Nome da visão | Usada no banco de dados padrão? | Descrição |
| --- | --- | --- |
| `V$ASM_DISK` | Sim | Uma linha para cada disco descoberto pela instância do ASM, usado por um grupo de discos ou não. Para uma instância de banco de dados, uma linha para cada grupo de discos usado pela instância. |
| `V$ASM_DISKGROUP` | Sim | Para uma instância do ASM, uma linha para cada grupo de discos contendo características gerais do grupo de discos. Para uma instância do banco de dados, uma linha para cada grupo de discos em uso, quer esteja montado ou não. |
| `V$ASM_FILE` | Não | Uma linha para cada arquivo em todos os grupos de discos montados. |
| `V$ASM_OPERATION` | Não | Uma linha para cada operação demorada em execução na instância do ASM. |
| `V$ASM_TEMPLATE` | Sim | Uma linha para cada modelo em cada grupo de discos montado na instância do ASM. Para uma instância do banco de dados, uma linha para cada modelo de cada grupo de discos montado. |
| `V$ASM_CLIENT` | Sim | Uma linha para cada banco de dados usando grupos de discos gerenciados pela instância do ASM. Para a instância do banco de dados, uma linha para a instância do ASM, se existir algum arquivo do ASM aberto. |
| `V$ASM_ALIAS` | Não | Uma linha para cada alias em todo grupo de discos montado. |

### EXERCÍCIO 1-2

### Consulte grupos de discos e dispositivos raw disponíveis

Neste exercício, você descobrirá os nomes de grupos de discos e os respectivos dispositivos subjacentes associados; em seguida, você verificará a lista de dispositivos raw no servidor Linux.

1. Conecte-se à instância de seu banco de dados (NÃO à instância do ASM) e consulte a visão dinâmica de desempenho V$ASM_DISK:

```
SQL> select group_number, disk_number, mount_status, name, path
  1  from v$asm_disk
  2  order by group_number, disk_number;

GROUP_NUMBER    DISK_NUMBER    MOUNT_STATUS   NAME            PATH
------------    -----------    ------------   ------------    -------------
0               0              CLOSED                         /dev/raw/raw7
0               1              CLOSED                         /dev/raw/raw8
0               2              CLOSED                         /dev/raw/raw5
0               3              CLOSED                         /dev/raw/raw6
1               0              CACHED         DATA_0000       /dev/raw/raw1
1               1              CACHED         DATA_0001       /dev/raw/raw2
2               0              CACHED         RECOV_0000      /dev/raw/raw3
2               1              CACHED         RECOV_0001      /dev/raw/raw4

8 rows selected
```

Observe que quatro dos oitos dispositivos raw disponíveis estão sendo utilizados em grupos de discos ASM.

2. Na linha de comando do Linux, consulte os grupos de discos raw disponíveis com o comando raw:

```
[root@dw ~]# raw -qa
/dev/raw/raw1:  bound to major 8, minor 49
/dev/raw/raw2:  bound to major 8, minor 65
/dev/raw/raw3:  bound to major 8, minor 81
/dev/raw/raw4:  bound to major 8, minor 97
/dev/raw/raw5:  bound to major 8, minor 113
/dev/raw/raw6:  bound to major 8, minor 129
/dev/raw/raw7:  bound to major 8, minor 145
/dev/raw/raw8:  bound to major 8, minor 161
[root@dw ~]#
```

## Formatos de nome de arquivo do ASM

As melhores práticas da Oracle recomendam que os arquivos do ASM sejam criados como OMFs, para que os detalhes do verdadeiro nome do arquivo dentro do grupo de discos não sejam necessários na maioria das funções administrativas. Quando um objeto em um grupo de discos ASM é eliminado, o arquivo é automaticamente excluído. Determinados comandos revelam os nomes reais dos arquivos, como o ALTER DATABASE BACKUP CONTROLFILE TO TRACE, assim como algumas visões dinâmicas de desempenho e do dicionário de dados. Por exemplo, a visão dinâmica de desempenho V$DATAFILE mostra os verdadeiros nomes dos arquivos dentro de cada grupo de discos. Veja um exemplo:

```
SQL> select file#, name, blocks from v$datafile;
```

```
    FILE# NAME                                            BLOCKS
--------- ----------------------------------------- ----------
        1 +DATA/dw/datafile/system.256.627432971         89600
        2 +DATA/dw/datafile/sysaux.257.627432973         77640
        3 +DATA/dw/datafile/undotbs1.258.627432975       12800
        4 +DATA/dw/datafile/users.259.627432977            640
        5 +DATA/dw/datafile/example.265.627433157        12800
        6 /u05/oradata/dmarts.dbf                        32000
        8 /u05/oradata/xport.dbf                         38400

7 rows selected.
```

Há seis formatos diferentes para os nomes de arquivo ASM. Nas seções a seguir, você conhecerá os diversos formatos e o contexto no que eles podem ser utilizados – como uma referência a um arquivo já existente, durante a operação de criação de um arquivo individual ou de vários arquivos.

### Nomes totalmente qualificados

Os nomes de arquivos ASM totalmente qualificados são utilizados somente ao fazer referência a um arquivo existente. Um nome de arquivo ASM totalmente qualificado tem o formato:

```
+group/dbname/file type/tag.file.incarnation
```

onde *group* é o nome do grupo de discos, *dbname* é o banco de dados ao qual o arquivo pertence, *file type* é o tipo de arquivo do Oracle, *tag* é a informação específica do tipo de arquivo, e o par *file.incarnation* garante a exclusividade. Eis um exemplo de um arquivo ASM do tablespace USERS:

```
+DATA/dw/datafile/users.259.627432977
```

O nome do grupo de discos é + DATA, o nome do banco de dados é DW, é um arquivo de dados do tablespace USERS, e o par file number/incarnation 259.627432977 garante exclusividade se você decidir criar outro arquivo de dados ASM para o tablespace USERS.

### Nomes numéricos

Os nomes numéricos são utilizados somente ao fazer referência a um arquivo ASM existente. Isso permite citar um arquivo ASM somente pelo nome do grupo de discos e pelo par file number/incarnation. O nome numérico do arquivo ASM na seção anterior é:

```
+DATA.259.627432977
```

### Alias

Um alias pode ser usado ao fazer referência a um objeto existente ou ao criar um arquivo ASM individual. Por meio do comando ALTER DISKGROUP ADD ALIAS, é possível criar um nome mais legível para um arquivo ASM novo ou já existente. O alias pode ser diferenciado de um nome de arquivo ASM comum porque ele não termina com um par de números (o par file number/incarnation), como mostrado a seguir:

```
SQL> alter diskgroup data
  2      add directory '+data/purch';
Diskgroup altered.

SQL> alter diskgroup data
  2      add alias '+data/purch/users.dbf'
  3      for '+data/dw/datafile/users.259.627432977';
Diskgroup altered.

SQL>
```

### Alias com nomes de modelos

Um alias com um modelo pode ser utilizado apenas ao criar um novo arquivo ASM. Os modelos representam uma forma simples e rápida de especificar um tipo de arquivo e uma marcação ao criar um novo arquivo ASM.

Eis um exemplo de um alias que usa um modelo para um novo tablespace no grupo de discos +DATA:

```
SQL> create tablespace users2 datafile '+data(datafile)';
Tablespace created.
```

O modelo DATAFILE especifica o striping no modo COARSE, MIRROR para um grupo de redundância normal, e HIGH para um grupo de alta redundância; é o padrão para um arquivo de dados. Como o nome não foi totalmente qualificado, o nome ASM para esse grupo de discos será:

```
+DATA/dw/datafile/users2.267.627782171
```

Para conhecer mais detalhes sobre os modelos ASM, consulte a seção "Tipos de arquivo e modelos do ASM", mais adiante neste capítulo.

### Nomes incompletos

O formato de um nome de arquivo incompleto pode ser usado nas operações de criação de um ou vários arquivos. Somente o nome do grupo de discos é especificado, e é utilizado um modelo padrão, dependendo do tipo de arquivo, como mostrado a seguir:

```
SQL> create tablespace users5 datafile '+data1';
Tablespace created.
```

### Nomes incompletos com modelo

Assim como acontece nos nomes de arquivo ASM incompletos, um nome de arquivo incompleto com um modelo pode ser usado nas operações de criação de um ou vários arquivos. Independentemente do verdadeiro tipo de arquivo, o nome do modelo determina as características do arquivo.

Embora seja criado um tablespace no exemplo a seguir, as características de striping e espelhamento de um arquivo de log online (striping no modo fine) são aplicadas ao novo tablespace em vez dos atributos do arquivo de dados (striping no modo coarse):

```
SQL> create tablespace users6 datafile '+data1(onlinelog) ';
Tablespace created.
```

## Tipos de arquivo e modelos do ASM

No ASM, há suporte para todos os tipos de arquivos utilizados pelo banco de dados, exceto os executáveis do sistema operacional. A Tabela 1-3 contém a lista completa dos tipos de arquivo ASM; as colunas Tipo de Arquivo ASM e Marcação são aquelas apresentadas anteriormente na seção "Formatos de nome de arquivo do ASM".

Os modelos padrão de arquivos ASM citados na última coluna da Tabela 1-3 constam na Tabela 1-4.

Quando um novo grupo de discos é criado, um conjunto de modelos de arquivos ASM copiado dos modelos padrão apresentados na Tabela 1-4 é gravado com o grupo de discos; consequentemente, as características dos modelos individuais podem ser alteradas e se aplicar apenas ao grupo de discos em que residem. Em outras palavras, o modelo de sistema DATAFILE no grupo de discos +DATA1 pode ter o striping padrão no modo coarse, mas o modelo DATAFILE no grupo de discos + DATA2 pode ter o striping no modo fine. Você pode criar modelos próprios em cada grupo de discos, conforme a necessidade.

Quando um arquivo de dados ASM é criado com o modelo DATAFILE, por padrão o arquivo de dados tem 100 MB e é autoextensível. O tamanho máximo é de 32767 MB (32 GB).

**TABELA 1-3** *Tipos de arquivo ASM*

| Tipo de arquivo Oracle | Tipo de arquivo ASM | Marcação | Modelo padrão |
|---|---|---|---|
| Arquivos de controle | controlfile | cf (control file) ou bcf (backup control file) | CONTROLFILE |
| Arquivos de dados | datafile | *tablespace name.file#* | DATAFILE |
| Logs online | online_log | *log_thread#* | ONLINELOG |
| Logs arquivados | archive_log | parâmetro | ARCHIVELOG |
| Arquivos temporários | temp | *tablespace name.file#* | TEMPFILE |
| Parte de backup de arquivo de dados do RMAN | backupset | Especificado pelo cliente | BACKUPSET |
| Parte de backup incremental do RMAN | backupset | Especificado pelo cliente | BACKUPSET |
| Parte de backup de log de arquivamento do RMAN | backupset | Especificado pelo cliente | BACKUPSET |
| Cópia de arquivo de dados do RMAN | datafile | *tablespace name.file#* | DATAFILE |
| Parâmetros de inicialização | init | spfile | PARAMETERFILE |
| Configuração de Broker | drc | drc | DATAGUARDCONFIG |
| Logs de flashback | rlog | *thread#_log#* | FLASHBACK |
| Change tracking bitmap | ctb | bitmap | CHANGETRACKING |
| Backup automático | autobackup | Especificado pelo cliente | AUTOBACKUP |
| Conjunto de dump do Data Pump | dumpset | dump | DUMPSET |
| Arquivos de dados válidos para todas as plataformas | | | XTRANSPORT |

**TABELA 1-4** *Padrões de modelo de arquivo ASM*

| Modelo de sistema | Redundância externa | Redundância normal | Redundância alta | Striping |
|---|---|---|---|---|
| CONTROLFILE | Desprotegido | Espelhamento bidirecional | Espelhamento tridirecional | Fine |
| DATAFILE | Desprotegido | Espelhamento bidirecional | Espelhamento tridirecional | Coarse |
| ONLINELOG | Desprotegido | Espelhamento bidirecional | Espelhamento tridirecional | Fine |
| ARCHIVELOG | Desprotegido | Espelhamento bidirecional | Espelhamento tridirecional | Coarse |
| TEMPFILE | Desprotegido | Espelhamento bidirecional | Espelhamento tridirecional | Coarse |
| BACKUPSET | Desprotegido | Espelhamento bidirecional | Espelhamento tridirecional | Coarse |
| XTRANSPORT | Desprotegido | Espelhamento bidirecional | Espelhamento tridirecional | Coarse |
| PARAMETERFILE | Desprotegido | Espelhamento bidirecional | Espelhamento tridirecional | Coarse |
| DATAGUARDCONFIG | Desprotegido | Espelhamento bidirecional | Espelhamento tridirecional | Coarse |
| FLASHBACK | Desprotegido | Espelhamento bidirecional | Espelhamento tridirecional | Fine |
| CHANGETRACKING | Desprotegido | Espelhamento bidirecional | Espelhamento tridirecional | Coarse |
| AUTOBACKUP | Desprotegido | Espelhamento bidirecional | Espelhamento tridirecional | Coarse |
| DUMPSET | Desprotegido | Espelhamento bidirecional | Espelhamento tridirecional | Coarse |

## OBJETIVO DA CERTIFICAÇÃO 1.04

### INICIALIZAR E DESLIGAR INSTÂNCIAS DO ASM

Uma instância do ASM é inicializada quase como uma instância do banco de dados, exceto pelo fato de que o comando STARTUP está predefinido com STARTUP MOUNT. Como não existe um arquivo de controle, banco de dados ou dicionário de dados a ser montado, são montados os grupos de discos ASM no lugar de um banco de dados. O comando STARTUP NOMOUNT inicializa a instância, mas não monta quaisquer discos ASM. Além disso, é possível especificar STARTUP RESTRICT para impedir temporariamente que as instâncias do banco de dados se conectem com a instância do ASM para montar os grupos de discos.

A execução de um comando SHUTDOWN sobre uma instância do ASM falhará se existir alguma instância do RDBMS conectada; é necessário desligar primeiramente as instâncias do RDBMS dependentes. A única exceção para esse caso é se você usar o comando SHUTDOWN ABORT sobre a instância do ASM, o que acaba obrigando todos os bancos de dados dependentes a executar um SHUTDOWN ABORT após perder a conexão com a instância do ASM e gerar uma mensagem de erro ORA-15064.

> **Na prática**
>
> *Use SHUTDOWN ABORT somente quando não houver outra opção. Um SHUTDOWN ABORT literalmente derruba os processos no nível do sistema operacional. Toda atividade de alteração pendente no banco de dados sofrerá rollback na reinicialização. Na realidade, a reinicialização fará o trabalho que algo como um SHUTDOWN ABORT fará de qualquer maneira. A única diferença é que com o SHUTDOWN ABORT você pode perder seu banco de dados. A recuperação no RMAN é possível, mas evitável. E às vezes você pode descobrir que quem configurou seus backups não o fez com o padrão que a maioria dos DBAs esperaria.*

Na maioria das instâncias do ASM que compartilham grupos de discos, como em um ambiente RAC, a falha de uma instância do ASM não ocasiona a falha das instâncias do banco de dados. Em vez disso, outra instância do ASM executa uma operação de recuperação da instância com falha. As falhas de instâncias do RDBMS conectadas não afetam as instâncias do ASM.

### EXERCÍCIO 1-3

#### Interrompa a instância do ASM com conexões ativas

Neste exercício, descubra o que acontece quando você tenta interromper uma instância do ASM com clientes ativos do banco de dados.

1. Procure em /etc/oratab o nome da instância do ASM:

```
[oracle@dw ~]$ cat /etc/oratab
#
# This file is used by ORACLE utilities.  It is created by root.sh
# and updated by the Database Configuration Assistant when creating
# a database.

# A colon, ':', is used as the field terminator.  A new line terminates
# the entry.  Lines beginning with a pound sign, '#', are comments.
#
# Entries are of the form:
#   $ORACLE_SID:$ORACLE_HOME:<N|Y>:
#
# The first and second fields are the system identifier and home
# directory of the database respectively.  The third filed indicates
# to the dbstart utility that the database should , "Y", or should not,
# "N", be brought up at system boot time.
#
# Multiple entries with the same $ORACLE_SID are not allowed.
```

```
#
#
+ASM:/u01/app/oracle/product/11.1.0/db_1:Y
dw:/u01/app/oracle/product/11.1.0/db_1:Y
[oracle@dw ~]$
```

2. Defina a variável de ambiente ORACLE_SID para a instância do ASM:

```
[oracle@dw -]$ export ORACLE SID=+ASM
```

3. Conecte-se à instância do ASM:

```
[oracle@dw ~]$ sqlplus / as sysasm

SQL*Plus: Release 11.1.0.6.0 - Production on Sun Feb 10 22:22:51 2008

Copyright (c) 1982, 2007, Oracle.  All rights reserved.


Connected to:
Oracle Database 11g Enterprise Edition Release 11.1.0.6.0 - Production
With the Partitioning, OLAP, Data Mining and
 Real Application Testing options
SQL>
```

4. Tente desligar a instância do ASM:

```
SQL> shutdown immediate
ORA-15097: cannot SHUTDOWN ASM instance with connected RDBMS instance
SQL>
```

Observe que o uso do SHUTDOWN ABORT obrigará a instância do ASM a desligar, mas, em algum momento, forçará um SHUTDOWN ABORT implícito sobre cada instância acoplada do banco de dados.

## OBJETIVO DA CERTIFICAÇÃO 1.05

### ADMINISTRAR GRUPOS DE DISCOS ASM

O uso de grupos de discos ASM propicia diversas vantagens: aumento do desempenho de I/O, da disponibilidade, e facilidade para adicionar um disco em um grupo de discos ou adicionar um grupo de discos totalmente novo. Tudo isso lhe permite gerenciar mais bancos de dados ao mesmo tempo. Conhecer os componentes de um grupo de discos e configurar corretamente um grupo de discos são objetivos importantes para um DBA bem-sucedido.

Esta seção examina de modo mais minucioso os detalhes da estrutura de um grupo de discos. Também discorre sobre os diversos tipos de tarefas administrativas relacionadas aos grupos de discos, e mostra como os discos são atribuídos aos grupos de falha; como os grupos de discos são espelhados; e como eles são criados, eliminados e alterados.

Você verá alguns dispositivos de disco não espelhados utilizados em um servidor Linux para demonstrar como os grupos de discos são criados e mantidos, em um exercício prático de laboratório. Você também examinará de modo sucinto a interface do EM Database Control com o ASM; na linha de comando, você terá uma introdução ao utilitário de linha de comando `asmcmd` que você pode utilizar para procurar, copiar e gerenciar objetos do ASM.

## Arquitetura do grupo de discos

Como definido anteriormente neste capítulo, um grupo de discos é um conjunto de discos físicos gerenciados como uma entidade única. Todo disco ASM, como parte de um grupo de discos, tem um nome de disco ASM que é atribuído pelo DBA ou automaticamente quando é atribuído ao grupo de discos.

Os arquivos contidos em um grupo de discos são distribuídos pelos discos por meio de striping no modo coarse ou no modo fine. O *striping no modo coarse* distribui os arquivos em unidades de 1 MB por todos os discos. O striping no modo coarse é adequado para um sistema com um alto grau de pequenas solicitações de I/O simultâneas, como um ambiente de OLTP (Online Transaction Processing). Como alternativa, o *striping no modo fine* distribui os arquivos em unidades de 128 KB e é adequado para os ambientes tradicionais de data warehouse ou sistemas OLTP com baixo nível de simultaneidade; esse recurso maximiza o tempo de resposta às solicitações individuais de I/O.

## Espelhamento de grupos de discos e grupos de falha

Para definir o tipo de espelhamento dentro de um grupo de discos, você deve agrupar os discos em grupos de falha. Um *grupo de falha* é um ou mais discos dentro de um grupo de discos, que compartilham um recurso comum, como uma controladora de disco, cuja falha poderia tornar um conjunto inteiro de discos indisponível para o grupo. Na maioria das vezes, uma instância do ASM não reconhece as dependências do hardware e software em determinado disco. Portanto, a menos que você atribua especificamente um disco a um grupo de falha, cada disco em um grupo de discos será atribuído a um grupo de falha próprio.

Após a definição de um grupo de falha, você poderá definir o espelhamento para o grupo de discos; o número de grupos de falha disponíveis dentro de um grupo de discos pode restringir o tipo de espelhamento disponível para o grupo de discos. Existem três tipos de espelhamento: redundância externa, redundância normal e redundância alta

### Redundância externa

A *redundância externa* exige apenas um local de disco e pressupõe que o disco não seja crítico para a operação contínua do banco de dados ou que o disco é gerenciado externamente com hardware de alta disponibilidade, como uma controladora RAID.

### Redundância normal

A *redundância normal* dispõe do espelhamento bidirecional e exige pelo menos dois grupos de falha dentro de um grupo de discos. Uma falha ocorrida em um dos discos pertencentes a um grupo de falha não acarreta qualquer paralisação no grupo de discos ou qualquer perda de dados, exceto um leve impacto sobre o desempenho nas consultas contra objetos no grupo de discos; quando todos os discos no grupo de falha estiverem online, geralmente o desempenho da leitura aumenta porque os dados solicitados estarão disponíveis em mais de um disco.

### Redundância alta

A *redundância alta* propicia um espelhamento tridirecional e exige pelo menos três grupos de falha dentro de um grupo de discos. Uma falha de discos em dois dos três grupos de falha é, na maioria das vezes, transparente para os usuários do banco de dados, como ocorre no espelhamento com redundância normal.

O espelhamento é gerenciado em um nível muito baixo. As extensões, não os discos, são espelhados. Além disso, cada disco terá uma combinação de extensões primárias e espelhadas (secundárias e terciárias). Embora aconteça uma pequena sobrecarga no gerenciamento do espelhamento no nível de extensões, há também a vantagem da distribuição da carga do disco com falha em todos os outros discos, e não em um único disco.

## Rebalanceamento dinâmico de grupos de discos

Sempre que você alterar a configuração de um grupo de discos – adicionando ou removendo um grupo de falha ou um disco dentro de um grupo de falha – ocorrerá automaticamente um rebalanceamento dinâmico para realocar proporcionalmente os dados dos outros membros do grupo de discos no novo membro desse grupo. Esse rebalanceamento acontece enquanto o banco de dados estiver online e disponível para os usuários. Qualquer impacto no I/O do banco de dados pode ser controlado ajustando-se o valor do parâmetro de inicialização ASM_POWER_LIMIT com um valor mais baixo.

O rebalanceamento dinâmico evita não somente a tarefa cansativa e geralmente propensa a erros de identificar os pontos de alto volume de I/O em um grupo de discos, como também favorece um método automático de migrar um banco de dados inteiro de um conjunto de discos mais lentos para um conjunto de discos mais velozes, enquanto o banco de dados inteiro permanece online. Os discos mais velozes são adicionados como um novo grupo de falha no grupo de discos já existente, com discos mais lentos, e ocorre o rebalanceamento automático. Após o término das operações de rebalanceamento, os grupos de falha contendo os discos mais lentos serão eliminados, deixando um grupo de discos apenas com os discos velozes. Para agilizar ainda mais essa operação, é possível iniciar as operações de ADD e DROP com o mesmo comando ALTER DISKGROUP.

Por exemplo, suponha que você queira criar um novo grupo de discos com redundância alta para guardar os tablespaces para um novo sistema de autorização de cartão de crédito. Na visão V$ASM_DISK, você pode exibir todos os discos descobertos com o parâmetro de inicialização ASM_DISKSTRING, juntamente com o status do disco (em outras palavras, se ele está atribuído a um grupo de discos já existente ou se está sem atribuição). Eis o comando:

```
SQL> select group_number, disk_number, name,
  2      failgroup, create_date, path from v$asm_disk;
GROUP_NUMBER DISK_NUMBER NAME       FAILGROUP   CREATE_DA PATH
------------ ----------- ---------- ----------- --------- -------------
           0           0                                  /dev/raw/raw8
           0           1                                  /dev/raw/raw7
           0           2                                  /dev/raw/raw6
           0           3                                  /dev/raw/raw5
           2           1 RECOV_0001 RECOV_0001  08-JUL-07 /dev/raw/raw4
           2           0 RECOV_0000 RECOV_0000  08-JUL-07 /dev/raw/raw3
           1           1 DATA_0001  DATA_0001   08-JUL-07 /dev/raw/raw2
           1           0 DATA_0000  DATA_0000   08-JUL-07 /dev/raw/raw1

8 rows selected.

SQL>
```

Dos oitos discos disponíveis para o ASM, apenas quatro são atribuídos a dois grupos de discos, DATA e RECOV, cada qual com um grupo de falha próprio. É possível obter o nome do grupo de disco na visão V$ASM_DISKGROUP:

```
SQL> select group_number, name, type, total_mb, free_mb
  2    from v$asm_diskgroup;

GROUP_NUMBER NAME       TYPE    TOTAL_MB    FREE_MB
------------ ---------- ------ ---------- ----------
           1 DATA       NORMAL      24568      20798
           2 RECOV      NORMAL      24568      24090

SQL>
```

Se você tivesse alguns discos e grupos de discos ASM, poderia ter feito um join das duas visões na coluna GROUP_NUMBER e filtrado o resultado da consulta por essa coluna. Além disso, é possível constatar na visão V$ASM_DISKGROUP que os dois grupos de discos são grupos de redundância normal, cada qual formado por dois discos.

Sua primeira etapa é criar o grupo de discos na instância do ASM:

```
SQL> create diskgroup data2 high redundancy
  2       failgroup fg1 disk '/dev/raw/raw5' name d2a
  3       failgroup fg2 disk '/dev/raw/raw6' name d2b
  4       failgroup fg3 disk '/dev/raw/raw7' name d2c
  5       failgroup fg4 disk '/dev/raw/raw8' name d2d;

Diskgroup created.

SQL>
```

Ao examinar as visões dinâmicas de desempenho, você verá o novo grupo de discos disponível em V$ASM_DISKGROUP e os grupos de falha em V$ASM_DISK:

```
SQL> select group_number, name, type, total_mb, free_mb
  2    from v$asm_diskgroup;
GROUP_NUMBER NAME       TYPE    TOTAL_MB   FREE_MB
------------ ---------- ------  ---------- ----------
           1 DATA       NORMAL     24568    20798
           2 RECOV      NORMAL     24568    24090
           3 DATA2      HIGH       16376    16221

SQL> select group_number, disk_number, name,
  2        failgroup, create_date, path from v$asm_disk;

GROUP_NUMBER DISK_NUMBER NAME       FAILGROUP    CREATE_DA PATH
------------ ----------- ---------- ------------ --------- -------------
           3           3 D2D        FG4          13-JUL-07 /dev/raw/raw8
           3           2 D2C        FG3          13-JUL-07 /dev/raw/raw7
           3           1 D2B        FG2          13-JUL-07 /dev/raw/raw6
           3           0 D2A        FG1          13-JUL-07 /dev/raw/raw5
           2           1 RECOV_0001 RECOV_0001   08-JUL-07 /dev/raw/raw4
           2           0 RECOV_0000 RECOV_0000   08-JUL-07 /dev/raw/raw3
           1           1 DATA_0001  DATA_0001    08-JUL-07 /dev/raw/raw2
           1           0 DATA_0000  DATA_0000    08-JUL-07 /dev/raw/raw1

8 rows selected.

SQL>
```

Após o término da configuração do novo grupo de discos, você pode criar um tablespace no grupo de discos, na instância do banco de dados:

```
SQL> create tablespace users3 datafile '+DATA2';
Tablespace created.
```

Como os arquivos ASM podem ser OMFs, não é necessário especificar quaisquer outras características ao criar o tablespace.

### Fast Mirror Resync de grupo de discos

O espelhamento dos arquivos nos grupos de discos aumenta o desempenho e a disponibilidade; entretanto, quando um disco com falha em um grupo de discos for corrigido e voltar ao modo online, o reespelhamento do novo disco inteiro pode demorar. Há ocasiões em que um disco em um grupo de discos precisa ficar offline devido a uma falha da controladora de disco; o disco inteiro não necessita de um reespelhamento, e somente os dados alterados durante a paralisação do disco com falha precisarão ser ressincronizados. Consequentemente, você pode utilizar o recurso de fast mirror resync (ressincronização rápida de espelhamento), lançado no Oracle Database 11g.

Para implementar o fast mirror resync, defina a janela de tempo em que o ASM não eliminará automaticamente o disco no grupo de discos quando ocorrer uma parada planejada ou não planejada. Durante a falha transiente, o ASM rastreia todos os blocos de dados modificados, de modo que quando o disco não disponível voltar online apenas os blocos alterados precisem ser reespelhados, e não o disco inteiro.

Para definir uma janela de tempo para o grupo de discos DATA, você deve primeiramente definir o nível de compatibilidade do grupo de discos com 11.1 ou acima para as instâncias do RDBMS e do ASM (isso deve ser feito apenas uma vez para o grupo de discos):

```
SQL> alter diskgroup data set attribute
  2      'compatible.asm' = '11.1.0.0.0';

Diskgroup altered.

SQL> alter diskgroup data set attribute
  2      'compatible.rdbms' = '11.1.0.0.0';

Diskgroup altered.

SQL>
```

A consequência do uso de um nível de compatibilidade mais elevado para as instâncias do RDBMS e do ASM é que somente outras instâncias com um número de versão 11.1.0.0.0 ou acima poderão acessar esse grupo de discos. Em seguida, defina o atributo do grupo de discos DISK_REPAIR_TIME, como neste exemplo:

```
SQL> alter diskgroup data set attribute
  2      'disk_repair_time' = '2.5h';

Diskgroup altered.

SQL>
```

O tempo de reparo padrão do disco é de 3,6 horas, o que deve ser mais do que adequado para a maioria das falhas (transientes) planejadas e não planejadas. Assim que o disco voltar ao modo online, execute este comando para notificar à instância do ASM que o disco DATA_0001 já está online:

```
SQL> alter diskgroup data online disk data_0001;

Diskgroup altered.

SQL>
```

Este comando inicializa o procedimento em segundo plano para copiar todas as extensões alteradas nos discos restantes do grupo de discos para o disco DATA_0001 que já voltou a estar online.

## Alterando grupos de discos

É possível adicionar e eliminar discos de um grupo de discos; além disso, a maioria das características de um grupo de discos pode ser alterada sem recriar o grupo ou impactar as transações dos usuários sobre objetos nesse grupo de discos.

Quando um disco é adicionado a um grupo de discos, ocorre uma operação de rebalanceamento em segundo plano depois que o novo disco é formatado para uso no grupo de discos. Como mencionado anteriormente neste capítulo, a velocidade do rebalanceamento é controlada pelo parâmetro de inicialização ASM_POWER_LIMIT.

Usando o mesmo exemplo da seção anterior, suponha que você decida melhorar as características de I/O do grupo de discos DATA, adicionado ao grupo o último disco raw, como mostrado a seguir:

```
SQL> alter diskgroup data
  2      add failgroup d1fg3 disk '/dev/raw/raw8' name d1c;

Diskgroup altered.
```

O comando retorna imediatamente e as operações de formatação e rebalanceamento prosseguem em segundo plano. Em seguida, verifique o status da operação de rebalanceamento na visão V$ASM_OPERATION:

```
SQL> select group_number, operation, state, power, actual,
  2      sofar, est_work, est_rate, est_minutes from v$asm_operation;

GROUP_NUMBER OPERA STAT POWER ACTUA SOFAR EST_WORK EST_RATE EST_MINUTES
------------ ----- ---- ----- ----- ----- -------- -------- -----------
           1 REBAL RUN      1     1     3      964       60          16
```

Como a estimativa de término do rebalanceamento é de 16 minutos, você decide alocar mais recursos para a operação de rebalanceamento, mudando o limite de energia dessa operação específica:

```
SQL> alter diskgroup data rebalance power 8;
Diskgroup altered.
```

A verificação do status da operação de rebalanceamento confirma que o tempo de término previsto foi reduzido para 4 em vez de 16 minutos:

```
SQL> select group_number, operation, state, power, actual,
  2      sofar, est_work, est_rate, est_minutes from v$asm_operation;

GROUP_NUMBER OPERA STAT POWER ACTUA SOFAR EST_WORK EST_RATE EST_MINUTES
------------ ----- ---- ----- ----- ----- -------- -------- -----------
           1 REBAL RUN      8     8    16      605      118           4
```

Cerca de 4 minutos depois, verifique o status mais uma vez:

```
SQL> /
no rows selected
```

Finalmente, é possível confirmar a configuração do novo disco nas visões V$ASM_DISK e V$ASM_DISKGROUP:

```
SQL> select group_number, disk_number, name,
  2      failgroup, create_date, path from v$asm_disk;

GROUP_NUMBER DISK_NUMBER NAME       FAILGROUP   CREATE_DA PATH
------------ ----------- ---------- ----------- --------- ---------------
           1           2 D1C        D1FG3       13-JUL-07 /dev/raw/raw8
           3           2 D2C        FG3         13-JUL-07 /dev/raw/raw7
           3           1 D2B        FG2         13-JUL-07 /dev/raw/raw6
           3           0 D2A        FG1         13-JUL-07 /dev/raw/raw5
           2           1 RECOV_0001 RECOV_0001  08-JUL-07 /dev/raw/raw4
           2           0 RECOV_0000 RECOV_0000  08-JUL-07 /dev/raw/raw3
```

```
                  1            1 DATA_0001  DATA_0001  08-JUL-07 /dev/raw/raw2
                  1            0 DATA_0000  DATA_0000  08-JUL-07 /dev/raw/raw1

8 rows selected.

SQL> select group_number, name, type, total_mb, free_mb
  2    from v$asm_diskgroup;

GROUP_NUMBER NAME       TYPE     TOTAL_MB   FREE_MB
------------ ---------- ------ ---------- ----------
           1 DATA       NORMAL      28662      24814
           2 RECOV      NORMAL      24568      24090
           3 DATA2      HIGH        12282      11820

SQL>
```

Observe que o grupo de discos DATA continua com redundância normal, embora possua três grupos de falha. Entretanto, o desempenho de I/O das instruções SELECT sobre os objetos no grupo de discos DATA irá melhorar, devido às cópias adicionais das extensões disponíveis no grupo de discos.

Na Tabela 1-5, constam outros comandos ALTER de grupo de discos.

## Enterprise Manager Database Control e grupos de discos ASM

O Enterprise Manager (EM) Database Control também pode ser utilizado para administrar grupos de discos. Para um banco de dados que usa grupos de discos ASM, o link Disk Groups na guia Administration o direciona para uma página de login da instância do ASM, mostrada na Figura 1-7. Convém lembrar que a autenticação para uma instância do ASM usa somente a autenticação do sistema operacional. A Figura 1-8 apresenta a homepage da instância do ASM.

Depois da autenticação junto à instância do ASM, é possível executar as mesmas operações realizadas na linha de comando anteriormente neste capítulo – montar e desmontar grupos de discos, adicionar grupos de discos, adicionar ou excluir membros de grupos de disco etc. A Figura 1-9 mostra a guia Disk Groups da página de administracão ASM, enquanto a Figura 1-10 apresenta as estatísticas e opções do grupo de discos DATA.

Na página apresentada na Figura 1-10, é possível constatar que o novo disco do grupo de discos é muito menor do que os outros discos do grupo; isto pode afetar o desempenho

**TABELA 1-5** *Comandos* ALTER DISKGROUP

| Comando ALTER DISKGROUP | Descrição |
|---|---|
| ALTER DISKGROUP ... DROP DISK | Remove um disco de um grupo de falha dentro de um grupo de discos e faz um rebalanceamento automático |
| ALTER DISKGROUP ... DROP ... ADD | Elimina um disco de um grupo de falha e adiciona outro disco, tudo no mesmo comando |
| ALTER DISKGROUP ... MOUNT | Disponibiliza um grupo de discos para todas as instâncias |
| ALTER DISKGROUP ... DISMOUNT | Torna um grupo de discos indisponível para todas as instâncias |
| ALTER DISKGROUP ... CHECK ALL | Verifica a consistência interna do grupo de discos |

**Figura 1-7**  *Página de login da instância do AMS do EM Database Control.*

e desperdiçar espaço em disco no grupo. Para remover um grupo de falha, no EM Database Control, marque a caixa de seleção do disco membro e clique no botão Remove.

Outras páginas relacionadas ao ASM do EM Database Control indicam o tempo de resposta de I/O do grupo de discos, os modelos definidos para o grupo de discos, os parâmetros de inicialização em vigor para a instância do ASM em questão, e muito mais.

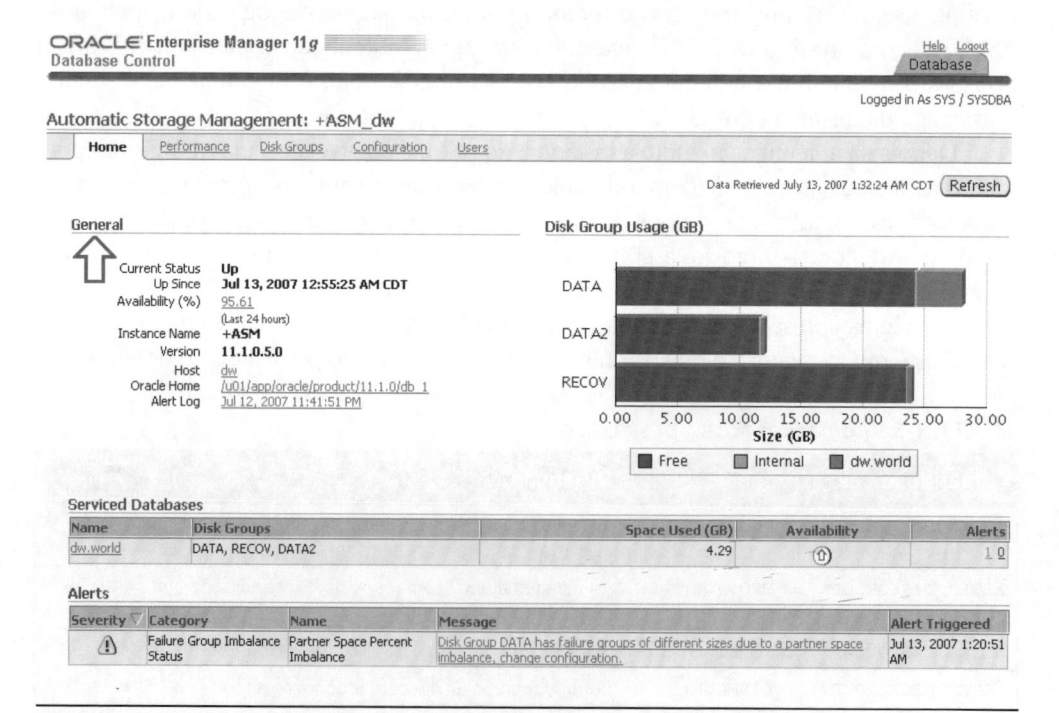

**Figura 1-8**  *Homepage da instância do AMS do EM Database Control.*

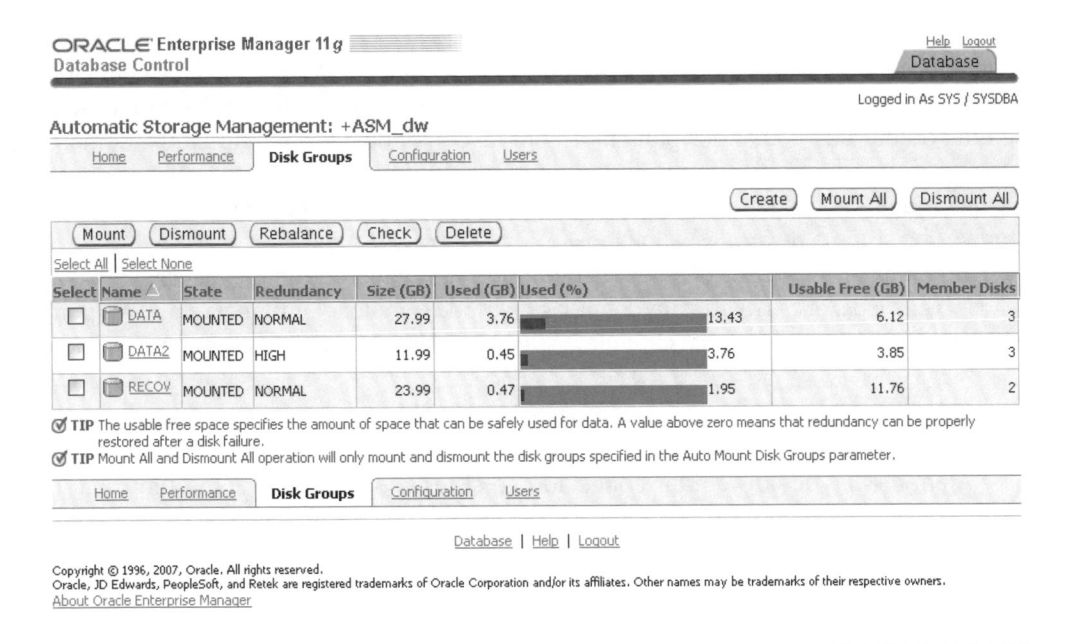

CAPÍTULO 1   ARQUITETURA DO BANCO DE DADOS E O ASM   **73**

**Figura 1-9**   *Página de administração de grupos de discos ASM do EM Database Control.*

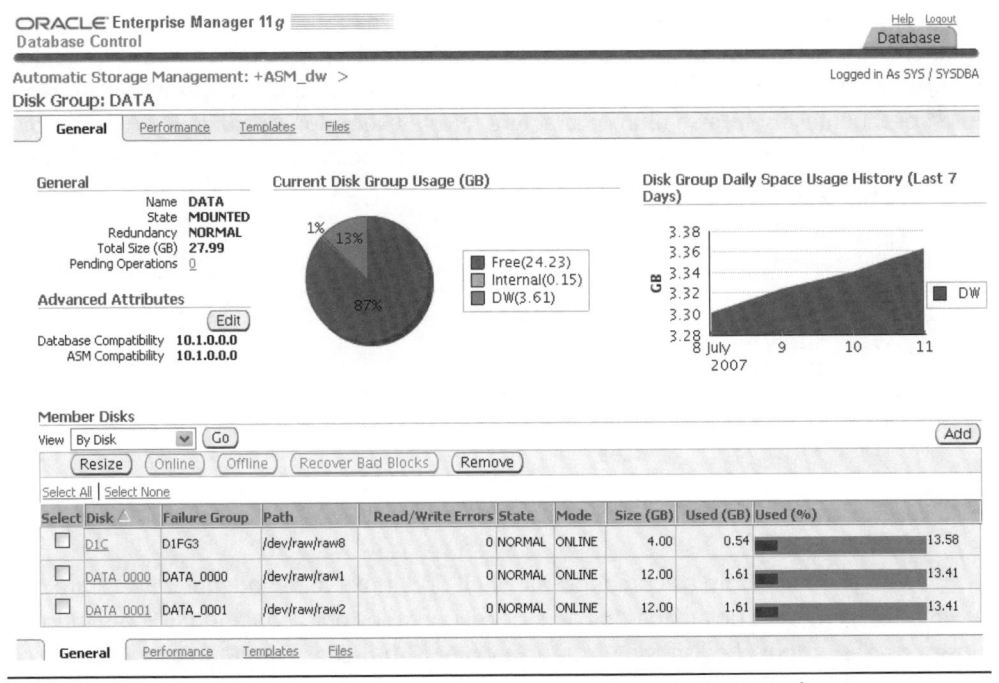

**Figura 1-10**   *Estatísticas de grupos de discos ASM do EM Database Control.*

## Usando o comando asmcmd

O utilitário `asmcmd`, lançado no Oracle 10g Release 2, é um utilitário de linha de comando que facilita a navegação e manutenção de objetos nos grupos de discos ASM, por meio de um conjunto de comandos parecidos com os comandos de shell do Linux, como o `ls` e `mkdir`. A natureza hierárquica dos objetos mantidos pela instância do ASM se presta a um conjunto de comandos semelhantes aos que você utilizaria para navegar e manter arquivos no sistema de arquivos do Linux.

Para utilizar o `asmcmd`, você deve garantir que as variáveis de ambiente ORACLE_BASE, ORACLE_HOME e ORACLE_SID estejam definidas de modo a indicar a instância do ASM; para a instância do ASM usada neste capítulo, essas variáveis estão definidas assim:

```
ORACLE_BASE=/u01/app/oracle
ORACLE_HOME=/u01/app/oracle/product/11.1.0/db_1
ORACLE_SID=+ASM
```

Além disso, você deve estar conectado ao sistema operacional como um usuário no grupo dba, considerando que o utilitário `asmcmd` se conecta ao banco de dados com o privilégio SYSDBA. Geralmente, o usuário do sistema operacional é o *oracle*, mas pode ser qualquer outro usuário do grupo dba.

Você pode usar o utilitário `asmcmd` um comando de cada vez, usando o formato `asmcmd comando`, ou pode inicializar o `asmcmd` no modo interativo, digitando apenas `asmcmd` no prompt do shell do Linux. Para obter uma lista dos comandos disponíveis, digite `help` diante do prompt ASMCMD>. A Tabela 1-6 lista os comandos `asmcmd` e uma descrição sucinta dos respectivos objetivos; os comandos `asmcmd` disponíveis apenas no Oracle Database 11g estão indicados na coluna do meio com um S de sim.

Ao inicializar o utilitário `asmcmd`, você começará na raiz do sistema de arquivos da instância do ASM; diferentemente de um sistema de arquivos do Linux, a raiz é designada por um sinal de + (adição), em vez de uma barra diagonal (/), embora os níveis de diretórios subsequentes usem esse último caractere. Neste exemplo, inicialize o `asmcmd` e consulte os grupos de discos existentes, juntamente com o espaço total em disco utilizado dentro de todos os grupos de discos:

```
[oracle@dw ~]$ asmcmd
ASMCMD> ls -l
State    Type    Rebal  Unbal  Name
MOUNTED  NORMAL  N      N      DATA/
MOUNTED  HIGH    N      N      DATA2/
MOUNTED  NORMAL  N      N      RECOV/
ASMCMD> du
Used_MB        Mirror_used_MB
   2143                  4399
ASMCMD> pwd
+
ASMCMD>
```

Como acontece com os comandos de shell do Linux, você pode incluir -l para obter uma listagem mais detalhada dos objetos recuperados pelo comando. O comando `ls` mostra os três grupos de discos na instância do ASM utilizados em todo este capítulo: +DATA, +DATA2 e +RECOV.

**TABELA 1-6**  *Resumo do comando* `asmcmd`

| Comando `asmcmd` | Somente no 11g | Descrição |
|---|---|---|
| `cd` | | Muda para o diretório especificado. |
| `cp` | S | Copia arquivos entre grupos de discos ASM, ambos na mesma instância e nas instâncias remotas. |
| `du` | | Exibe recursivamente o uso do espaço total em disco no diretório atual e em todos os subdiretórios. |
| `exit` | | Encerra o `asmcmd` e retorna ao prompt do shell do sistema operacional. |
| `find` | | Localiza todas as ocorrências do nome (inclusive caracteres especiais) começando com o diretório especificado. |
| `help` | | Lista os comandos `asmcmd`. |
| `ls` | | Lista o conteúdo do diretório atual. |
| `lsct` | | Lista informações sobre os bancos de dados clientes do ASM. |
| `lsdg` | | Lista todos os grupos de discos e respectivos atributos. |
| `lsdsk` | S | Lista todos os grupos visíveis para esta instância do ASM. |
| `md_backup` | S | Cria um script de backup de metadados para os grupos de discos especificados. |
| `md_restore` | S | Restaura grupos de discos a partir de um backup. |
| `mkalias` | | Cria um alias para os nomes de arquivo ASM gerados pelo sistema. |
| `mkdir` | | Cria um diretório do ASM. |
| `pwd` | | Exibe o diretório atual do ASM. |
| `remap` | S | Corrige um intervalo de blocos físicos danificados em um disco. |
| `rm` | | Remove arquivos ou diretórios do ASM. |
| `rmalias` | | Remove um alias do ASM, mas não o destino do alias. |

Observe também que o comando `du` mostra apenas o espaço em disco utilizado e o espaço em disco total usado nos grupos de discos espelhados; para obter a quantidade de espaço disponível em cada grupo de discos, use, em substituição, o comando `lsdg`.

Neste exemplo, você deseja localizar todos os arquivos que possuem a string `user` no nome de arquivo:

```
ASMCMD> pwd
+
ASMCMD> find . user*
+DATA/DW/DATAFILE/USERS.259.627432977
+DATA/DW/DATAFILE/USERS2.267.627782171
+DATA/purch/users.dbf
+DATA2/DW/DATAFILE/USERS3.256.627786775
ASMCMD> ls -l +DATA/purch/users.dbf
Type       Redund  Striped  Time      Sys  Name
                                      N    users.dbf =>
                                           +DATA/DW/DATAFILE/
USERS.259.627432977
ASMCMD>
```

Observe a linha com +DATA/purch/users.dbf: o comando find localiza todos os objetos do ASM; nesse caso, ele encontra um alias e os arquivos de dados que correspondem ao padrão.

### EXERCÍCIO 1-4

**Use o utilitário asmcmd para criar um backup do SPFILE**

Neste exercício, localize o SPFILE na hierarquia de arquivos do ASM e faça uma cópia de backup para um sistema de armazenamento externo à instância do ASM. Você usará neste exercício o comando cp para fazer o backup do SPFILE do banco de dados para o diretório /tmp no sistema de arquivos do host.

1. Inicie na raiz do sistema de arquivos e navegue até o grupo de discos DATA da instância dw:

```
[oracle@dw ~]$ asmcmd
ASMCMD> pwd
+
ASMCMD> ls
DATA/
RECOV/
ASMCMD> cd data/dw
ASMCMD> pwd
+data/DW
ASMCMD> ls
CONTROLFILE/
DATAFILE/
ONLINELOG/
PARAMETERFILE/
TEMPFILE/
spfiledw.ora
```

2. Use o comando cp para copiar o SPFILE:

```
ASMCMD> cp spfiledw.ora /tmp/BACKUPspfiledw.ora
source +data/DW/spfiledw.ora
target /tmp/BACKUPspfiledw.ora
copying file(s)...
file, /tmp/BACKUPspfiledw.ora, copy committed.
ASMCMD> exit
[oracle@dw ~]$ ls -l /tmp/BACKUP*
-rw-r-----   1 oracle oinstall 2560 Jan 27 09:47
/tmp/BACKUPspfiledw.ora
[oracle@dw ~]$
```

Este exercício mostra como todos os arquivos do banco de dados dw estão armazenados dentro do sistema de arquivos do ASM. Parece que estão armazenados em um sistema de arquivos tradicional do host, mas, em vez disso, são gerenciados pelo ASM, que propicia os recursos internos de desempenho e redundância (otimizados para uso com o Oracle Database 11*g*), facilitando um pouco mais a vida do DBA no gerenciamento de arquivos de dados.

## RESUMO DA CERTIFICAÇÃO

Este capítulo começou com um exame da arquitetura do Oracle Database. Uma parte desse material foi discutida no curso anterior, mas uma revisão é sempre útil para a administração cotidiana do banco de dados. Mais importante ainda: conhecer a arquitetura básica dos tablespaces é um prerrequisito para entender como os grupos de discos ASM armazenarão e gerenciarão os tablespaces do Oracle. Além disso, conhecer a arquitetura básica dos processos em segundo plano do Oracle se ajusta com perfeição ao entendimento dos processos em segundo plano relacionados ao ASM disponíveis nas instâncias do ASM e do RDBMS.

Em seguida, o capítulo analisou a criação de uma instância do ASM e a definição de vários parâmetros de inicialização relacionados ao ASM, armazenados preferivelmente em um SPFILE. Como acontece com uma instância do RDBMS, algumas visões dinâmicas de desempenho contêm informações sobre grupos de discos ASM, discos individuais dentro dos grupos de discos, e sobre os arquivos armazenados dentro de cada grupo de discos. A visão dinâmica de desempenho V$ASM_FILE apresenta detalhes dos arquivos contidos em um grupo de discos, como os conjuntos de backup do RMAN, arquivos de redo log online, arquivos de redo logs arquivados e arquivos de dados.

O capítulo também discorreu sobre a inicialização e o desligamento de uma instância do ASM. Como um DBA, você deve conhecer as dependências existentes entre a instância do ASM e quaisquer instâncias do RDBMS conectadas aos grupos de discos na instância do ASM quando você desliga ou inicializa uma instância do ASM.

Finalmente, o capítulo apresentou uma visão abrangente da administração dos grupos de discos ASM. Essas tarefas administrativas englobam como usar de modo mais eficiente os três tipos de espelhamento disponíveis em um grupo de discos ASM: de redundância externa, normal e alta. Além disso, o capítulo discutiu alguns recursos disponíveis a partir do Oracle Database 11g, como o fast mirror resync de grupos de discos, a minimização do tempo necessário para ressincronizar um grupo de discos quando um disco do grupo fica offline ou indisponível de alguma outra forma que não falhas de mídia. O utilitário de linha de comando asmcmd oferece uma visão da estrutura dos grupos de discos ASM usando comandos conhecidos do Unix, como ls, mkdir e cp.

## ✓ EXERCÍCIO DE DOIS MINUTOS

### Noções básicas sobre a arquitetura do banco de dados e sobre o ASM

❏ As estruturas lógicas do banco de dados Oracle abrangem tablespaces, segmentos, extensões e blocos, em ordem de granularidade crescente.

❏ Um banco de dados deve possuir, no mínimo, um tablespace SYSTEM e um SYSAUX.

❏ As estruturas físicas do banco de dados Oracle abrangem arquivos de dados, arquivos de redo log, arquivos de controle, arquivos de log arquivados, arquivos de parâmetros de inicialização, arquivos de alerta/rastreamento e arquivos de backup.

❏ As estruturas de memória do Oracle incluem a SGA (System Global Área), a PGA (Program Global Área) e a área de código do software.

❏ Os principais processos em segundo plano do Oracle são o SMON, PMON, DBW*n*, LGWR, ARC*n*, CKPT e RECO.

❏ Os processos em segundo plano que suportam instâncias do ASM são RBAL e ARB*n*; os bancos de dados que utilizam discos ASM tem os processos em segundo plano ASMB e RBAL.

### Descrição do ASM

❏ O ASM exige uma instância dedicada para o gerenciamento dos discos compartilhados, chamada de instância ASM.

❏ O rebalanceamento automático de discos em um grupo de discos ASM acontece em segundo plano quando os discos são adicionados ou removidos de um grupo de discos ASM.

❏ O processo em segundo plano RBAL em uma instância do ASM coordena a atividade dos discos em grupos de discos; os processos ARB*n* executam a movimentação de extensões entre os discos de um grupo de discos.

❏ O processo em segundo plano ASMB em uma instância do RDBMS se encarrega da comunicação entre o banco de dados e a instância do ASM; o processo em segundo plano RBAL abre e fecha os discos no grupo de discos da instância RDBMS.

❏ Uma instância do ASM possui um arquivo de parâmetros de inicialização e um arquivo de senhas, mas como não existem arquivos de dados nessa instância, não há, por conseguinte, um dicionário de dados; todas as conexões com uma instância do ASM usam a autenticação do sistema operacional.

❏ O novo privilégio SYSASM em uma instância do ASM facilita a separação da administração do banco de dados e do armazenamento nessa instância.

### Configurar arquivos de parâmetros de inicialização para instâncias do ASM e do banco de dados

- Para uma instância do ASM, o parâmetro de inicialização INSTANCE_TYPE é ASM; para uma instância do RDBMS, o valor é RDBMS.
- O DB_UNIQUE_NAME é +ASM para uma instância do ASM.
- O ASM_POWER_LIMIT controla a velocidade das operações de rebalanceamento e varia de 1 a 11.
- O ASM_PREFERRED_READ_FAILURE GROUPS contém uma lista dos grupos de falha preferidos para uma instância do RDBMS quando você utiliza instâncias do ASM em cluster.
- Todas as visões dinâmicas de desempenho relacionadas ao ASM estão disponíveis em instâncias do ASM e do RDBMS, exceto as visões V$ASM_FILE, V$ASM_OPERATION e V$ASM_ALIAS.
- Um nome de arquivo totalmente qualificado do ASM tem o formato *+group/dbname/file type/tag.file.incarnation*.
- Os nomes de arquivo numéricos do ASM são válidos somente para os arquivos existentes do ASM.
- Modelos ASM são uma forma rápida de especificar tipos de redundância e striping em um grupo de discos ASM.
- Os tipos de redundância de um grupo de discos ASM são: externa, normal e alta.
- O striping de grupos de discos ASM pode ser no modo fine ou coarse.

### Inicializar e desligar instâncias do ASM

- Uma instância do ASM se encontra no estado MOUNT quando você utiliza o comando STARTUP. Uma instância do ASM não pode estar no estado OPEN, como é possível em uma instância do RDBMS.
- Usar STARTUP RESTRICT em uma instância do ASM impede que as instâncias do banco de dados acessem os grupos de discos controlados por essa instância do ASM.
- Executar uma operação de SHUTDOWN ABORT sobre uma instância do ASM aplica essa mesma operação a todas as instâncias do RDBMS conectadas.

### Administrar grupos de discos ASM

- O striping no modo coarse distribui os arquivos em unidades de 1 MB por todos os discos; o striping no modo fine distribui os arquivos em unidades de 128 KB.

- O striping no modo coarse é adequado para ambientes com alto nível de pequenas solicitações de I/O, como em um ambiente OLTP. O striping no modo fine é adequado para um ambiente de data warehouse e maximiza o tempo de resposta para as solicitações individuais de I/O.
- Um grupo de falha é um ou mais discos em um grupo de discos que compartilham um recurso comum, como uma controladora de disco.
- A redundância externa é adequada para os grupos de discos não críticos ou para discos gerenciados externamente por uma controladora RAID.
- A redundância normal oferece o espelhamento bidirecional e exige dois grupos de falha dentro de um grupo de discos.
- A redundância alta oferece o espelhamento tridirecional com, no mínimo, três grupos de falha em um grupo de discos.
- O espelhamento é gerenciado em um nível muito baixo. As extensões são espelhadas, e não os discos.
- Cada disco em um grupo de disco tem uma combinação de extensões primárias e espelhadas.
- O rebalanceamento dinâmico ocorre automaticamente em um grupo de discos para realocar proporcionalmente os dados de outros membros do grupo de discos para o novo membro do grupo.
- Geralmente, os arquivos ASM são OMF (Oracle Managed Files – Arquivos Gerenciados pelo Oracle), mas podem ser gerenciados manualmente.
- O fast mirror resync (ressincronização rápida de espelhamento), disponível a partir do Oracle Database 11g, agiliza o espelhamento do disco por ocasião de uma falha em um disco, como defeito na controladora. Somente os dados modificados precisam ser ressincronizados quando o disco volta ao modo online.
- O valor padrão do tempo de reparo de disco é de 3,6 horas, controlado pelo parâmetro de inicialização DISK_REPAIR_TIME.
- É possível monitorar as operações de rebalanceamento de disco na visão dinâmica de desempenho V$ASM_OPERATION.
- Você pode usar o utilitário de linha de comando asmcmd para navegar em e manter objetos dentro de grupos de discos ASM.
- Os novos comandos asmcmd do Oracle Database 11g são cp, lsdsk, md_backup, md_restore e remap.

## TESTE

As perguntas a seguir o ajudarão a avaliar seu conhecimento sobre o material apresentado neste capítulo. Leia com atenção todas as opções porque pode haver mais de uma resposta correta. Escolha todas as respostas certas de cada pergunta:

### Noções básicas sobre a arquitetura do banco de dados e o ASM

1. Quais dos seguintes tablespaces são necessários em uma instalação do Oracle Database 11*g*? (Escolha todas as respostas aplicáveis.)

    A. USERS
    B. SYSTEM
    C. SYSAUX
    D. TEMP
    E. UNDOTBS1
    F. RMAN

2. Qual é o número máximo de processos DBW*n* (database writer) em uma instância do banco de dados Oracle?

    A. 1
    B. 10
    C. 20
    D. Nenhum; os processos database writer existem apenas em uma instância do ASM

### Descrição do ASM

3. Quais dos seguintes processos em segundo plano existem nas instâncias do ASM e do RDBMS e também têm suporte para grupos de discos ASM? (Escolha todas as respostas aplicáveis.)

    A. ASMB
    B. RBAL
    C. ARB*n*
    D. LGWR
    E. ARC*n*

4. Em qual nível o ASM executa o espelhamento?

    A. No nível do objeto de banco de dados
    B. No nível do tablespace
    C. No nível do volume de disco
    D. O ASM não executa o espelhamento, ele apenas suporta o hardware de disco que já é habilitado para RAID.

### Configurar os arquivos de parâmetros de inicialização para instâncias do ASM e do banco de dados

5. Qual é o valor de INSTANCE_TYPE no arquivo init.ora ou SPFILE para uma instância do ASM?

   A. RDBMS
   B. ASM
   C. +ASM
   D. NOMOUNT
   E. Não existe o parâmetro de inicialização INSTANCE_TYPE

6. Você se conecta a uma instância do ASM com instâncias do RDBMS conectadas como SYSOPER e executa o seguinte comando:

   SQL> shutdown immediate

   O que acontece?

   A. A instância do ASM é imediatamente desligada, e todas as instâncias do RDBMS conectadas são desligadas com a opção ABORT.
   B. A instância do ASM é imediatamente desligada, e todas as instâncias do RDBMS conectadas são desligadas com a opção IMMEDIATE.
   C. O comando é ignorado, uma vez que o privilégio SYSOPER não abrange a inicialização ou o desligamento de uma instância do ASM.
   D. A instância do ASM não é desligada porque existe pelo menos uma instância do RDBMS conectada.

7. O valor do parâmetro de inicialização ASM_DISKGROUPS na instância do ASM é:
   DATA, RECOV, DATA2

   O que acontece quando a instância do ASM é inicializada? (Escolha a melhor resposta.)

   A. Nada acontece até você emitir os comandos ALTER DISKGROUP MOUNT.
   B. A instância do ASM monta automaticamente os grupos de discos e você pode montar manualmente quaisquer grupos de discos não contidos na lista.
   C. ASM_DISKGROUPS só é válido para as instâncias do RDBMS.
   D. Os dispositivos de disco DATA, RECOV e DATA2 estão disponíveis para criar novos grupos de discos.

8. Quais dos seguintes parâmetros são necessários para uma instância do ASM? (Escolha todas as respostas aplicáveis.)

   A. INSTANCE_NAME
   B. INSTANCE_TYPE
   C. ASM_DISKGROUPS
   D. ASM_POWER_LIMIT
   E. ASM_PREFERRED_READ_FAILURE_GROUPS

## Inicializar e desligar instâncias do ASM

9. O que acontece com o estado de uma instância do ASM quando uma instância do RDBMS conectada falha?

    A. Isso não afeta a instância do ASM.
    B. A instância do ASM falha.
    C. A instância do ASM é automaticamente desligada.
    D. Todas as outras instâncias do RDBMS conectadas são pausadas até que a instância do RDBMS com falha seja reinicializada.
    E. A instância do ASM executa uma recuperação de instância sobre a instância do RDBMS com falha, além de continuar atendendo os outros clientes RDBMS.

10. Quais dos seguintes estados são válidos para uma instância do ASM? (Escolha todas as respostas aplicáveis.)

    A. OPEN
    B. MOUNT
    C. NOMOUNT
    D. RESTRICT

## Administrar grupos de discos ASM

11. Qual é a diferença entre striping no modo coarse e no modo fine para os arquivos em um grupo de discos?

    A. Striping no modo coarse distribui arquivos em unidades de 1 MB por todos os discos, e striping no modo fine distribui arquivos em unidades de 64 KB.
    B. Striping no modo coarse distribui arquivos em unidades de 1 MB por todos os discos, e striping no modo fine distribui arquivos em unidades de 128 KB.
    C. Striping no modo coarse distribui arquivos em unidades de 64 MB por todos os discos, e striping no modo fine distribui arquivos em unidades de 1 MB.
    D. Striping no modo coarse distribui arquivos em unidades de 4 MB por todos os discos, e striping no modo fine distribui arquivos em unidades de 128 KB.

12. Em que situação você usaria o striping no modo fine para um objeto em um grupo de discos ASM? (Escolha todas as respostas aplicáveis.)

    A. Um ambiente tradicional de data warehouse
    B. Um sistema OLTP com baixa concorrência
    C. Um sistema OLTP com alta concorrência
    D. Um ambiente híbrido, formado por data warehouse e OLTP
    E. Um ambiente com alto grau de pequenas solicitações simultâneas de I/O

13. Quando é adequado utilizar um nome de arquivo incompleto do ASM? (Escolha todas as respostas aplicáveis.)
    A. Em operações de criação de arquivo individual.
    B. Em operações de criação de vários arquivos.
    C. Para fazer referência a objetos individuais do banco de dados.
    D. Para fazer referência ao mesmo objeto compartilhado por várias instâncias RDBMS não RAC.

14. Para utilizar o espelhamento bidirecional (redundância normal) em um novo grupo de discos, quantos grupos de falha são necessários?
    A. Um grupo de falha com dois discos na mesma controladora.
    B. Dois grupos de falha.
    C. Três ou mais grupos de falha.
    D. O espelhamento bidirecional tem suporte somente no nível de sistema operacional, usando uma solução de hardware RAID ou de espelhamento de software.

15. Quais das seguintes afirmações são verdadeiras em relação aos objetos e alias ASM? (Escolha todas as respostas aplicáveis.)
    A. Você pode utilizar o comando ALTER DISKGROUP ADD ALIAS para adicionar um alias mais legível para um objeto existente.
    B. Você pode utilizar um alias para fazer referência a um objeto existente.
    C. Você pode utilizar um alias para criar um novo objeto.
    D. Você pode utilizar um alias ao criar vários objetos.
    E. Geralmente, um alias contém um par pontilhado de números no final.
    F. Você pode utilizar um único alias para fazer referência a um grupo de objetos existentes.

16. Quais são as características padrão de um arquivo ASM criado sem opções?
    A. O objeto ASM sofre striping, mas não espelhamento.
    B. O objeto ASM sofre striping e espelhamento, por padrão.
    C. O objeto ASM sofre espelhamento, mas não striping.
    D. O objeto ASM não sofre nem espelhamento, nem striping.

# PRÁTICA

Para o grupo de discos DATA2 criado anteriormente neste capítulo, na seção "Rebalanceamento dinâmico de grupos de discos", remova um dos grupos de falha. O espaço em disco está disputado e você não precisa da redundância quadridirecional para o grupo de discos.

# RESPOSTAS DO TESTE

*Noções básicas sobre a arquitetura do banco de dados e sobre o ASM*

1. ☑ **B** e **C**. Ambos os tablespaces, SYSTEM e SYSAUX, são obrigatórios.

    ☒ **A**, **D**, **E** e **F** estão incorretas. Embora o tablespace USERS seja altamente recomendável para colocar as tabelas dos aplicativos nos respectivos tablespaces, ele não é obrigatório; TEMP, USERS e UNDOTBS1 são criados em uma instalação padrão do Oracle Database 11*g*. Nenhum tablespace do RMAN é criado nem é necessário em uma instalação do Oracle Database 11*g*.

2. ☑ **C**. Os processos de database writer são o DBW0 ao DBW9, e, se necessário, o DBWa ao DBWj na maioria das plataformas de sistemas operacionais.

    ☒ **A**, **B** e **D** estão incorretas. Os database writers existem apenas em uma instância RDBMS.

*Descrição do ASM*

3. ☑ **B**. Apenas o processo RBAL existe em ambas as instâncias, ASM e RDBMS, para as operações do ASM. O RBAL coordena a atividade dos discos dos grupos de discos em uma instância do ASM. O RBAL abre e fecha os discos de um grupo de discos em uma instância do RDBMS, pelo banco de dados.

    ☒ **A** está incorreta porque o ASMB existe apenas em uma instância do RDBMS que usa discos ASM. **C** está incorreta porque o ARB*n* existe apenas em uma instância do ASM e executa a movimentação das extensões entre os discos nos grupos de discos. **D** está incorreta porque o LGWR só existe em uma instância do RDBMS e não está relacionado ao ASM; ele grava informações de redo nos arquivos de redo log online. **E** está incorreta porque o ARC*n* só existe em uma instância do RDBMS e não está associado ao ASM; ele grava os arquivos de redo log online em arquivos de redo logs arquivados quando o banco de dados está no modo ARCHIVELOG.

4. ☑ **A**. O ASM espelha apenas os objetos do banco de dados.

    ☒ **B**, **C** e **D** estão incorretas. O ASM espelha objetos do banco de dados para propiciar a flexibilidade para espelhar ou distribuir cada objeto do banco de dados de modo diferente, de acordo com o respectivo tipo. O ASM não precisa espelhar um objeto específico se este objeto já estiver espelhado pelo hardware do RAID ou pelo sistema operacional.

*Configurar arquivos de parâmetros de inicialização para as instâncias do ASM e do banco de dados*

5. ☑ **B**. Como esperado, INSTANCE_TYPE tem um valor de ASM para uma instância do ASM.

    ☒ **A**, **C**, **D** e **E** estão incorretas. **A** só é válida para uma instância (banco de dados) do RDBMS. **C** é o valor de DB_UNIQUE_NAME em uma instância do ASM. **D** é uma opção do comando STARTUP.

6. ☑ **D.** Todas as instâncias RDBMS conectadas devem ser desligadas para permitir o desligamento de uma instância do ASM com a opção `IMMEDIATE`. Se você paralisar uma instância do ASM com a opção `ABORT`, todas as instâncias RDBMS conectadas serão paralisadas.

☒ **A** está incorreta porque as instâncias RDBMS só serão desligadas com a opção `ABORT` se a instância do ASM também for desligada com a opção `ABORT` ou se a instância do ASM falhar. **B** está incorreta porque, primeiramente, você deve desligar explicitamente as instâncias RDBMS conectadas. **C** está incorreta porque o privilégio SYSOPER, embora não seja tão poderoso quanto o SYSDBA ou o SYSASM, tem o poder de inicializar e parar as instâncias do ASM.

7. ☑ **B.** A instância ASM monta automaticamente os grupos de discos especificados, e você pode montar manualmente quaisquer grupos de discos que não constem na lista.

☒ **A** está incorreta porque o `ASM_DISKGROUPS` facilita a montagem automática dos grupos de discos especificados durante a inicialização. **C** está incorreta porque `ASM_DISKGROUPS` só é válido para as instâncias do ASM. **D** está incorreta porque o parâmetro `ASM_DISKGROUPS` contém os grupos de discos existentes, não os dispositivos raw disponíveis para grupos de discos.

8. ☑ **B.** É necessário apenas o parâmetro `INSTANCE_TYPE`, e seu valor deve ser ASM.

☒ **A**, **C**, **D** e **E** estão incorretas. O `ASM_DISKGROUPS` pode estar vazio, mas, nesse caso, você deverá montar manualmente os grupos de discos após a inicialização de uma instância do ASM. O `ASM_POWER_LIMIT` será predefinido com 1 se ele não for definido; o `ASM_PREFERRED_READ_FAILURE_GROUPS`, novidade no Oracle Database 11g, especifica um grupo de falha preferido mais próximo do nó da instância, para melhorar o desempenho em um ambiente do ASM em cluster.

## Inicializar e desligar instâncias do ASM

9. ☑ **A.** A instância do ASM continua atendendo aos outros clientes RDBMS. Quando o cliente RDBMS com falha for reinicializado e se recuperar, a instância do ASM estará preparada para atender à instância RDBMS recuperada.

☒ **B**, **C**, **D** e **E** estão incorretas. A falha de uma ou mais instâncias RDBMS conectadas não afeta o status de uma instância do ASM, que não executa recuperação de nenhuma instância RDBMS conectada.

10. ☑ **B**, **C** e **D.** Você pode colocar a instância do ASM no modo `NOMOUNT`; a instância é inicializada, mas nenhum disco ASM é montado. O estado `MOUNT` monta todos os discos ASM no parâmetro de inicialização `ASM_DISKGROUPS`; você pode usar `STARTUP RESTRICT` para impedir temporariamente que as instâncias RDBMS acessem os grupos de discos montados.

☒ **A** está incorreta. As instâncias do ASM não podem estar no modo `OPEN`, como é possível nas instâncias RDBMS.

## Administrar grupos de discos do ASM

11. ☑ **B.** O striping no modo coarse distribui arquivos em unidades de 1MB por todos os discos, e o striping no modo fine, em unidades de 128 KB. Lembre-se de que o striping ocorre no nível do objeto de banco de dados, não no nível do arquivo ou do grupo de falha de disco.

    ☒ **A**, **C** e **D** estão incorretas. Nenhuma dessas combinações de striping está disponível para os arquivos em um grupo de discos ASM.

12. ☑ **A** e **B.** O striping no modo fine é adequado para os ambientes tradicionais de data warehouse ou sistemas OLTP com baixa simultaneidade; isso maximiza o tempo de resposta para as solicitações de I/O individuais.

    ☒ **C**, **D** e **E** estão incorretas. O striping no modo coarse é mais adequado para os sistemas com alto grau de pequenas solicitações simultâneas de I/O. Um ambiente híbrido de data warehouse e OLTP indicaria uma combinação de striping no modo fine e coarse, dependendo do objeto. Lembre-se de que você pode distribuir individualmente diferentes tipos de objeto dentro do mesmo grupo de discos. Por exemplo, você pode ter um tablespace para as transações OLTP com striping no modo coarse e outro tablespace para um esquema de estrelas do data warehouse com striping no modo fine.

13. ☑ **A** e **B.** Você pode utilizar um nome de arquivo incompleto do ASM ao criar um ou vários arquivos. Por exemplo, você pode criar um tablespace e especificar apenas o nome do grupo de discos; a instância do ASM usa o OMF para qualificar totalmente o nome interno do tablespace dentro do grupo de discos.

    ☒ **C** está incorreta porque você não pode resolver um objeto individual do banco de dados com um nome incompleto, como um nome de grupo de discos. **D** está incorreta porque é possível compartilhar um grupo de discos entre instâncias do RDBMS em um ambiente RAC, mas não entre instâncias RDBMS independentes.

14. ☑ **B.** Um grupo de discos com espelhamento bidirecional exige dois grupos de falha.

    ☒ **A** está incorreta porque dois discos em uma única controladora têm um único ponto de falha e não aceitarão o espelhamento bidirecional. **C** está incorreta porque três ou mais grupos de falha são adequados para os grupos de discos de redundância alta. **D** está incorreta porque você pode utilizar soluções RAID de sistema operacional para qualquer tipo de solução de espelhamento de grupos de discos ASM, embora geralmente você use soluções do sistema operacional ou de RAID de hardware para os grupos de discos definidos com redundância externa.

**15.** ☑ **A, B** e **C.** Use o comando ALTER DISKGROUP ADD ALIAS para adicionar um alias para um objeto existente; você pode usar um alias para fazer referência a um objeto existente ou ao criar um novo objeto.

☒ **D** está incorreta porque é possível criar um alias somente para um objeto individual. **E** está incorreta porque os aliases não terminam em um par pontilhado de números; em geral, você criará um alias mais legível para um nome de objeto totalmente qualificado que já contém um par pontilhado de números no final. **F** está incorreta porque um alias individual só pode fazer referência a um único objeto do banco de dados dentro de um grupo de discos.

**16.** ☑ **B.** Por padrão, todos os objetos do ASM sofrem striping e espelhamento; não é possível desativar o striping, mas é possível desativar o espelhamento usando a cláusula EXTERNAL REDUNDANCY ao criar um grupo de discos.

☒ **A, C** e **D** estão incorretas. Você pode desativar o espelhamento, mas o striping sempre ocorre em um grupo de discos para se obter desempenho.

## RESPOSTA DA PRÁTICA

O espaço de disco está reduzido, de modo que você não necessita de quatro membros para o grupo de discos DATA2. Execute uma consulta que junte as visões V$ASM_DISKGROUP e V$ASM_DISK para confirmar a lista de discos ASM que formam o grupo de discos DATA2:

```
SQL> select dg.name diskgroup, dg.type, d.disk_number,
  2         d.name asmdisk, d.failgroup, d.path
  3  from v$asm_diskgroup dg join v$asm_disk d using(group_number)
  4  where dg.name = 'DATA2';

DISKGROUP       TYPE     DISK_NUMBER ASMDISK      FAILGROUP        PATH
--------------- -------- ----------- ------------ ---------------- ----------------
DATA2           HIGH               0 D2A          FG1              /dev/raw/raw5
DATA2           HIGH               3 D2D          FG4              /dev/raw/raw8
DATA2           HIGH               2 D2C          FG3              /dev/raw/raw7
DATA2           HIGH               1 D2B          FG2              /dev/raw/raw6

SQL>
```

Para um grupo de discos de redundância alta, são necessários apenas três grupos de falha, de modo que você elimina o grupo de discos e o recria com apenas três membros:

```
SQL> drop diskgroup data2;
Diskgroup dropped.
```

Se o grupo de discos tiver quaisquer objetos de banco de dados diferentes de metadados de grupo de discos, você deverá especificar a cláusula INCLUDING CONTENTS no comando DROP DISKGROUP. Trata-se de uma proteção extra para garantir que os grupos de discos com objetos de banco de dados não sejam eliminados por engano. Eis o comando para recriar o grupo de discos com três discos:

```
SQL> create diskgroup data2 high redundancy
  2     failgroup fg1 disk '/dev/raw/raw5' name d2a
  3     failgroup fg2 disk '/dev/raw/raw6' name d2b
  4     failgroup fg3 disk '/dev/raw/raw7' name d2c;

Diskgroup created.
SQL> select group_number, disk_number, name,
  2          failgroup, create_date, path from v$asm_disk;

GROUP_NUMBER DISK_NUMBER NAME         FAILGROUP    CREATE_DA PATH
------------ ----------- ------------ ------------ --------- -------------
           0           3                           24-FEB-08 /dev/raw/raw8
           3           2 D2C          FG3          24-FEB-08 /dev/raw/raw7
           3           0 D2A          FG1          24-FEB-08 /dev/raw/raw5
           3           1 D2B          FG2          24-FEB-08 /dev/raw/raw6
           2           1 RECOV_0001   RECOV_0001   09-AUG-07 /dev/raw/raw4
           2           0 RECOV_0000   RECOV_0000   09-AUG-07 /dev/raw/raw3
           1           1 DATA_0001    DATA_0001    10-AUG-07 /dev/raw/raw2
           1           0 DATA_0000    DATA_0000    10-AUG-07 /dev/raw/raw1

8 rows selected.
SQL>
```

# 2
# Configurando a Capacidade de Recuperação do Banco de Dados

## OBJETIVOS DE CERTIFICAÇÃO

2.01　Configurando a capacidade de recuperação do banco de dados

2.02　Configurar vários destinos de logs arquivados para aumentar a disponibilidade

2.03　Definir, aplicar e utilizar a política de retenção

2.04　Configurar a área de recuperação flash

2.05　Usar a área de recuperação flash

✓　Exercício de dois minutos

P&R　Teste

O Oracle dispõe de diversos procedimentos e opções de backup que ajudam a proteger o bancos de dados. Quando corretamente implementadas, essas opções permitirão fazer o backup dos bancos de dados e recuperá-los de modo fácil e eficiente. A partir do Oracle Database 10g, é possível utilizar o Recovery Manager (RMAN) para executar quase todas as suas operações de backup e recuperação. Quando não for possível usar o RMAN para a recuperação, como é o caso de um banco de dados que não está no modo ARCHIVELOG, você pode executar a operação de backup e recuperação gerenciada pelo usuário discutida no Capítulo 6.

A primeira parte deste capítulo faz uma recapitulação dos dois tipos de backups disponíveis: *lógico* e *físico*. Um backup lógico abrange objetos individuais, como uma tabela ou um esquema; um backup físico engloba os objetos com granularidade no nível de sistema de arquivos, como os arquivos de dados que formam um tablespace. Um backup físico de um banco de dados pode ocorrer com o banco de dados online ou offline. Use o RMAN para todos os backups online, exceto para o backup de tablespaces quando estiverem no modo de backup (ALTER TABLESPACE BEGIN BACKUP).

Este capítulo traz uma introdução ao RMAN; contudo, para utilizar o RMAN para o backup ou recuperação de um banco de dados, você deve executar algumas etapas. Primeiramente, seu banco de dados deve estar no modo ARCHIVELOG. Depois, certifique-se de que a política de retenção e o número de destinos de arquivos de log arquivados são adequados para seu ambiente.

Este capítulo apresenta uma visão geral resumida dos comandos do RMAN que você usará regularmente. A manutenção do catálogo do RMAN, criação de backups do RMAN e uso desses backups para recuperação serão discutidos nos Capítulos 3, 4 e 5, respectivamente. Após a discussão, no Capítulo 6, sobre a operação de backup e recuperação gerenciada pelo usuário, você encontrará no Capítulo 7 uma abordagem dos diversos recursos do RMAN, e, no Capítulo 8, as metodologias de ajuste do RMAN.

Para encerrar o capítulo, você aprenderá a configurar e usar a área de recuperação flash, para simplificar a localização dos backups dos bancos de dados e automatizar o espaço em disco alocado para os arquivos de recuperação.

## OBJETIVOS DA CERTIFICAÇÃO 2.01

### CONFIGURANDO A CAPACIDADE DE RECUPERAÇÃO DO BANCO DE DADOS

O Oracle oferece capacidades de backups lógico e físico. O RMAN pode executar backups lógicos e físicos incrementais ou completos. Você deve conhecer as implicações e usos desses dois tipos de backup para desenvolver a solução mais adequada para seus aplicativos.

Uma estratégia de backup robusta abrange os dois tipos de backup. Em geral, os bancos de dados de produção dependem dos backups físicos como seu método principal de backup, enquanto os backups lógicos servem como método secundário. Para os bancos de dados de desenvolvimento e para alguns bancos com pequena movimentação de dados, os backups lógicos representam uma solução viável.

Seu plano de backup e recuperação deve englobar, no mínimo, as seguintes tarefas:

- **Configuração** – Defina os destinos do backup, a políticas de criptografia e retenção.
- **Agendamento** – Automatize os backups para minimizar erros humanos e intervenção manual.
- **Teste** – Execute operações rotineiras de backup e recuperação para certificar-se de que seu plano de backup funciona antes de você passar por um desastre real.
- **Monitoramento** – Minimize os recursos usados para executar um backup suficiente e reduzir o impacto sobre os outros usuários do banco de dados.
- **Restauração** – Restaure os arquivos de seu banco de dados no sistema de arquivos (arquivos de dados, logs de arquivamento e outros), a partir de um backup anterior.
- **Recuperação** – Faça uma recuperação do banco de dados até o momento da falha, aplicando as entradas dos redo logs arquivados para restaurar os arquivos do banco de dados e reverter as alterações efetuadas no backup restaurado. Aprenda a recuperar o banco de dados.

Também é possível utilizar as ferramentas de backup e recuperação, como o RMAN, em situações não emergenciais. Por exemplo, você pode tirar um snapshot de um banco de dados inteiro armazenado em determinada localização e restaurá-lo em outra localização para desenvolvedores ou para fins de teste.

As seções a seguir apresentam informações sobre os backups lógico e físico, distinguindo entre backups online e offline, e focando os backups online no restante do capítulo e deste livro. Por último, você encontrará uma visão geral sucinta dos comandos do RMAN. Os detalhes sobre o uso do RMAN para seu ambiente de backup e recuperação serão cobertos nos Capítulos 3, 4, 5, 7 e 8.

## Backups lógicos

Um backup lógico de um banco de dados abrange a leitura de um conjunto de linhas do banco de dados e a gravação dessas linhas em um arquivo. Esses registros são lidos independentemente de sua localização física. No Oracle, o utilitário Data Pump Export faz esse tipo de backup de banco de dados. Para recuperar usando o arquivo gerado no Data Pump Export, use o Data Pump Import.

> *Os utilitários Import e Export do Oracle, disponíveis anteriormente ao Oracle Database 10g, ainda são fornecidos como parte da instalação do Oracle 11g, mas não há mais suporte para eles. É recomendável que os usuários dos utilitários Export e Import usem, em substituição, o Data Pump Export e o Data Pump Import.*

O utilitário Data Pump Export do Oracle consulta o banco de dados, inclusive o dicionário de dados, e grava a saída em um arquivo XML chamado *arquivo de dump de exportação*. Você pode exportar o banco de dados completo, usuários ou tablespaces específicos, ou tabelas específicas. Durante as exportações, você pode decidir entre exportar ou não as informações do dicionário de dados associadas às tabelas, como concessões, índices e restrições. O arquivo gravado pelo Data Pump Export conterá os comandos necessários para recriar totalmente todos os objetos e dados escolhidos.

Após a exportação dos dados através do Data Pump Export, eles podem ser importados com o utilitário Data Pump Import. O Data Pump Import lê um arquivo de dump criado pelo Data Pump Export e executa os comandos ali encontrados. Por exemplo, esses comandos podem incluir um comando CREATE TABLE, seguido por um comando INSERT para carregar os dados na tabela.

> **na prática**
>
> *Os utilitários Data Pump Export e Import podem utilizar uma conexão de rede para uma operação de exportação e importação simultâneas, evitando o uso de arquivos intermediários do sistema operacional e reduzindo o tempo total de exportação e importação.*

Os dados exportados não precisam ser importados no mesmo banco de dados ou no mesmo esquema utilizado para gerar o arquivo de dump de exportação. Você pode usar o arquivo de dump de exportação para criar um conjunto duplicado dos objetos exportados sob outro esquema ou em um banco de dados separado.

É possível importar todos os dados exportados ou parte desses dados. Se você importar o arquivo de dump de exportação inteiro de uma exportação completa, todos os objetos do banco de dados, inclusive os tablespaces, arquivos de dados e usuários, serão criados durante o processo de importação. Entretanto, é sempre útil criar antecipadamente os tablespaces e usuários para especificar a distribuição física dos objetos em outro banco de dados. Este é um método que modifica a estrutura física de um banco de dados.

Para importar parte dos dados do arquivo de dump de exportação, os tablespaces, arquivos de dados e usuários que conterão e armazenarão esses dados devem ser configurados antes da importação.

## Backups físicos

Os backups físicos abrangem a cópia dos arquivos que constituem o banco de dados. Esses backups também são chamados de *backups via sistema de arquivos* porque envolvem o uso de comandos de backup de arquivos do sistema operacional. No Oracle, há suporte para dois tipos diferentes de backups de arquivos físicos: *backups offline* e *backups online* (também conhecidos como backups *a frio* e backups *a quente,* respectivamente). Você pode usar o RMAN (coberto neste capítulo e nos Capítulos 3, 4, 5, 7 e 8) para executar todos os backups físicos. Você pode optar por criar seus próprios scripts para executar os backups físicos, mas isso impedirá que você tire proveito dos diversos benefícios da abordagem RMAN.

## Backups offline

Backups offline consistentes ocorrem quando o banco de dados é desligado normalmente (ou seja, não devido a uma falha da instância) usando a opção NORMAL, IMMEDIATE ou TRANSACTIONAL do comando SHUTDOWN. Enquanto o banco de dados estiver offline, os seguintes arquivos devem ser copiados em backup:

- Todos os arquivos de dados
- Todos os arquivos de controle
- Todos os arquivos de redo log arquivados
- O arquivo init.ora ou o arquivo de parâmetros do servidor (SPFILE)
- Arquivos em formato texto, como o arquivo de senhas e o tnsnames.ora

> *Você nunca haverá de querer ou precisar fazer um backup dos arquivos de redo log online. Embora se obtenha uma pequena economia de tempo na restauração de um backup a frio após um desligamento normal, o risco de perda das transações que sofreram commit supera a conveniência. Seus redo logs online devem ser espelhados e multiplexados, para que você evite, de certa maneira, as chances de perda do arquivo de log online atual.*

Fazer o backup desses arquivos com o banco de dados fechado permite obter uma imagem ou um snapshot fixo e consistente do banco de dados, conforme ele se encontrava no momento de seu fechamento. O conjunto completo desses arquivos pode ser restaurado posteriormente, a partir dos backups armazenados em disco ou fita, e para que o banco de dados funcione, basta reiniciá-lo. *Não é uma operação válida fazer um backup via sistema de arquivos de um banco de dados aberto ou a não ser que um backup online dos arquivos de dados dos tablespaces esteja em andamento, com esses tablespaces configurados no modo de backup.*

Um tablespace no modo de backup alterna os seus arquivos de dados para offline, para fins de leitura e gravação de dados. Todas as mudanças efetuadas no tablespace enquanto estiver no modo de backup serão gravadas nos arquivos de log. Com isso, você terá arquivos de dados estáticos, que podem ser copiados via sistema de arquivos e utilizados, mais tarde, para uma operação de recuperação e para a restauração de entradas de log. Quando um tablespace for alternado para o modo normal de operação, todas as alterações temporárias implementadas nos arquivos de log serão aplicadas (recuperadas) no arquivo de dados que foi colocado no modo online.

Os backups offline ocorridos depois do desligamento do banco de dados com a opção ABORT também são considerados inconsistentes e podem exigir mais esforço para seu uso durante as operações de recuperação – se os backups estiverem utilizáveis. Um banco de dados reinicializado após uma falha necessita dos arquivos de redo log online para a recuperação de falha, mas como você não faz o backup desses arquivos online, a perda de dados após restaurar um backup offline inconsistente é praticamente certa.

### Backups online

É possível utilizar os backups online em qualquer banco de dados em execução no modo ARCHIVELOG. Nesse modo, os redo logs online são arquivados, gerando um log de todas as transações ocorridas no banco de dados.

O Oracle grava nos arquivos de redo log online, de modo cíclico: após preencher o primeiro arquivo de log, ele começa a gravar no segundo, até que este também esteja preenchido; em seguida, ele vai para o terceiro, e assim sucessivamente. Quando o último arquivo de redo log online estiver cheio, o processo em segundo plano, Log Writer (LGWR), começará a substituir o conteúdo do primeiro arquivo de redo log.

Quando o Oracle é executado no modo ARCHIVELOG, o processo em segundo plano ARC*n* (archiver – arquivador) faz uma cópia de cada arquivo de redo log antes de substituí-lo. Esses arquivos de redo logs arquivados são geralmente gravados em um dispositivo de disco, e também podem ser gravados diretamente em um dispositivo de fita, mas o espaço em disco é tão barato que o custo adicional de arquivamento em disco é compensado pela economia de tempo e trabalho quando for necessário acionar uma operação de recuperação de falha.

> **na prática**
>
> *A maioria dos bancos de dados de produção, principalmente aqueles que têm suporte para aplicativos de processamento de transações, deve ser executada no modo* ARCHIVELOG*; para utilizar o RMAN, é necessário que o banco de dados esteja nesse modo.*

Você pode fazer backups via sistema de arquivos de um banco de dados aberto, desde que esse banco de dados esteja no modo ARCHIVELOG. Um backup online envolve a alteração de um tablespace para um estado de backup, o backup de seus arquivos de dados, e a posterior restauração do tablespace a seu estado normal.

> **na prática**
>
> *Ao usar o utilitário RMAN, não é necessário definir cada tablespace no estado de backup. O RMAN lê os blocos de dados do mesmo modo como o Oracle os utiliza nas consultas.*

O banco de dados pode ser totalmente recuperado a partir de um backup online e, através dos redo logs arquivados, ele pode ser restaurado até um determinado ponto no tempo anterior à falha. Quando o banco de dados for reaberto, as transações com commit existentes no banco de dados no momento da falha terão sido restauradas, as transações que não sofreram commit terão sido registradas nos arquivos de redo log, e os arquivos de dados serão revertidos.

Com o banco de dados aberto, é possível fazer o backup dos seguintes arquivos:

- Todos os arquivos de dados
- Todos os arquivos de redo logs arquivados
- O arquivo de controle, por meio do comando ALTER DATABASE BACKUP CONTROLFILE
- O SPFILE

Os procedimentos de backup online são muito poderosos por dois motivos: primeiro, eles permitem uma recuperação pontual completa. Segundo, permitem que o banco de dados permaneça aberto durante o backup via sistema de arquivos. Até mesmo os bancos de dados que não puderem ser desligados devido a exigências dos usuários também poderão se beneficiar dos backups via sistema de arquivos. Manter o banco de dados aberto também evita que a SGA (System Global Area) da instância do banco de dados seja esvaziada quando o banco de dados for desligado e reinicializado. Impedir o esvaziamento da memória SGA aumentará o desempenho do banco de dados porque reduzirá o volume de I/O necessário para o banco de dados no processo de reinicialização.

> **dica de exame**
> *O RMAN faz automaticamente o backup do arquivo de controle e do SPFILE, sempre que o banco de dados inteiro ou o tablespace* `SYSTEM` *forem copiados em um backup.*

*Você pode utilizar a opção* `FLASHBACK DATABASE`*, lançada no Oracle Database 10g, para reverter o banco de dados no tempo, sem depender dos backups físicos. Para usar o comando* `FLASHBACK DATABASE`*, deve existir uma área de recuperação flash definida, a execução deve estar ocorrendo no modo* `ARCHIVELOG`*, e o comando* `ALTER DATABASE FLASHBACK ON` *deve ter sido emitido enquanto o banco de dados estava montado, mas não aberto. Os logs gravados na área de recuperação flash são utilizados pelo Oracle ao longo da operação do* `FLASHBACK DATABASE`*. A configuração e o uso da área de recuperação flash serão discutidos no final deste capítulo.*

## Visão geral do comando RMAN

Inicialize o RMAN na linha de comando do sistema operacional com o comando `RMAN`. (Consulte a seção "Configurar a área de recuperação flash", mais adiante neste capítulo, para obter instruções sobre o uso do Enterprise Manager para executar operações do RMAN em uma GUI.) Nas seções a seguir, você aprenderá a inicializar o RMAN na linha de comando e encontrará uma visão geral resumida da estrutura dos comandos do prompt `RMAN>`. Geralmente, você escreverá seus comandos do RMAN em scripts para evitar erros de operações repetitivas. A maioria dos DBAs executa comandos do RMAN ad-hoc, principalmente ao recuperar um banco de dados.

### Iniciando o RMAN

Eis uma chamada comum e simples do RMAN que conecta a um catálogo de recuperação remoto (os catálogos de recuperação, esquemas em outros bancos de dados que armazenam informações sobre o backup e a estrutura do banco de dados de origem, serão cobertos no Capítulo 3):

```
[oracle@dw -]$ rman target / catalog rman/rman@rac
```

Neste exemplo, a opção `target` é usada para estabelecer conexão com o banco de dados por meio da autenticação do sistema operacional, e a opção `catalog` é utilizada para conexão com um catálogo de recuperação existente em outro banco de dados. Os conceitos do catálogo de recuperação do RMAN serão discutidos com detalhes no Capítulo 3.

Embora existam 13 opções diferentes da linha de comando do RMAN disponíveis ao inicializar o RMAN, você encontrará a seguir as mais comuns:

- `target` Identifica a string de conexão do banco de dados Oracle a ser copiado em backup.
- `catalog` Especifica um banco de dados do catálogo de recuperação para informações de backup.
- `nocatalog` Usa o arquivo de controle para informações de backup.
- `cmdfile` Especifica um arquivo de entrada contendo uma lista de comandos do RMAN.
- `log` Define o nome do arquivo de log de mensagens do RMAN.

As opções `cmdfile` e `log` facilitam a reutilização de uma lista de comandos do RMAN várias vezes, e a execução do RMAN a partir de um processo em lote.

### Tipos de comandos do RMAN

Os dois tipos básicos de comandos do RMAN são: *standalone* e *job*. Os comandos standalone são executados somente no prompt RMAN> e são independentes. Exemplos de comandos standalone são: CHANGE, CONNECT, CREATE SCRIPT e CREATE CATALOG.

Ao contrário, os comandos job são geralmente agrupados e executados dentro de um bloco de comandos que usa o comando RUN. Dentro do bloco de comandos, a falha de qualquer comando do bloco encerra a sua execução. Um exemplo de comando do RMAN que só pode ser utilizado como um comando job é ALLOCATE CHANNEL: a alocação de canais só é válida pela duração do bloco de comandos. (Você usaria CONFIGURE CHANNEL, um comando standalone, para criar um canal padrão.) Um *canal* do RMAN é um stream de dados do banco de dados para um dispositivo, e corresponde a uma única sessão do servidor de banco de dados.

Eis um exemplo de alguns comandos em execução dentro de um bloco de comandos para fazer o backup do banco de dados, forçar o arquivamento do arquivo de redo log online atual, e remover os backups obsoletos:

```
RMAN> run
2> {
3>     backup as compressed backupset database;
4>     sql 'alter system archive log current';
5>     delete noprompt obsolete;
6> }
Starting backup at 15-MAR-08
using channel ORA_DISK_1
channel ORA_DISK_1: starting compressed full datafile backup set
. . .
```

Observe que o RMAN utiliza o canal padrão quando você não aloca explicitamente um canal; nesse caso, é a área de recuperação flash.

Alguns comandos funcionam simultaneamente como standalone e job – em outras palavras, você pode utilizá-los no prompt de comando RMAN> ou dentro de um bloco de comandos. Por exemplo, você pode usar o BACKUP DATABASE como um comando standalone ou dentro de um bloco de comandos; quando você executar o BACKUP DATABASE como um comando standalone, o RMAN alocará automaticamente um ou mais canais com base nos padrões especificados por CONFIGURE CHANNEL e se você está usando ou não uma área de recuperação flash.

A Tabela 2-1 apresenta uma lista de comandos do RMAN que você usará habitualmente, juntamente com algumas opções comuns e advertências de cada comando. Para obter uma lista completa de todos os comandos do RMAN e as respectivas sintaxes, consulte a publicação *Oracle Database Backup and Recovery Reference, 11g Release 1*.

**TABELA 2-1** *Comandos comuns do RMAN*

| Comando do RMAN | Descrição |
|---|---|
| @ | Executa um script de comandos do RMAN no caminho especificado após o caractere @. Se nenhum caminho for especificado, será presumido o diretório a partir do qual o RMAN foi chamado. |
| ADVISE FAILURE | Exibe as opções de reparo para a falha detectada. |
| ALLOCATE CHANNEL | Cria uma conexão entre o RMAN e uma instância do banco de dados, iniciando uma sessão do servidor do banco de dados, que executa o trabalho de backup, restauração ou recuperação de um backup do RMAN. |
| BACKUP | Faz um backup do RMAN, com ou sem os redo logs arquivados. Inclui no backup arquivos de dados e cópias de arquivos de dados, ou faz um backup incremental de nível 0 ou 1. Faz um backup de um banco de dados inteiro ou de um único tablespace ou arquivo de dados. Valida os blocos a serem incluídos no backup com a cláusula VALIDATE. |
| CREATE SCRIPT | Cria um script armazenado no catálogo de recuperação. |
| CATALOG | Adiciona ao repositório informações sobre as cópias dos arquivos e sobre os backups gerenciados pelo usuário. |
| CHANGE | Muda o status de um backup contido no repositório do RMAN. Útil para excluir explicitamente um backup de uma operação de restauração ou recuperação, ou para notificar ao RMAN que um arquivo de backup foi removido de modo inadvertido ou deliberado por um comando do sistema operacional fora do RMAN. |
| CONFIGURE | Configura os parâmetros persistentes para o RMAN. Os parâmetros configurados estarão disponíveis durante cada sessão subsequente do RMAN, a menos que sejam explicitamente removidos ou modificados. |
| CONVERT | Converte formatos do arquivo de dados para transportar tablespaces ou bancos de dados inteiros entre plataformas. |
| CREATE CATALOG | Cria o catálogo do repositório contendo os metadados do RMAN para um ou mais bancos de dados de destino. É altamente recomendável que esse catálogo não seja armazenado em um desses bancos de dados de destino. |
| CROSSCHECK | Compara o registro dos backups no repositório do RMAN com os arquivos reais contidos no disco ou na fita. Os objetos são marcados como EXPIRED, AVAILABLE, UNAVAILABLE ou OBSOLETE. Se o objeto não estiver disponível para o RMAN, será marcado como UNAVAILABLE. |
| DELETE | Exclui os arquivos de backup ou cópias e marca-os como DELETED no arquivo de controle do banco de dados de destino. Se um repositório for utilizado, o registro do arquivo de backup será removido. |

*(continua)*

**TABELA 2-1** *Comandos comuns do RMAN (continuação)*

| Comando do RMAN | Descrição |
|---|---|
| DROP DATABASE | Exclui o banco de dados de destino do disco e cancela o respectivo registro. O banco de dados de destino deve ser montado no modo EXCLUSIVE. Todos os arquivos de dados, redo logs online e arquivos de controle são excluídos. Todos os metadados armazenados no catálogo de recuperação são removidos. |
| DUPLICATE | Usa backups do banco de dados de destino (ou utiliza o próprio banco de dados em tempo real) para criar um banco de dados duplicado. |
| FLASHBACK DATABASE | Executa uma operação de flashback database, uma novidade lançada no Oracle 10*g*. O banco de dados é restaurado até um ponto no passado pelo SCN (System Change Number) ou pelo número da sequência de log usando os logs de Flashback para desfazer as mudanças antes do SCN ou do número da sequência de log, e, em seguida, os redo logs arquivados são aplicados para avançar o banco de dados para um estado consistente. |
| LIST | Exibe informações sobre os conjuntos de backup e cópias-imagem registrados no repositório (o catálogo) do RMAN do banco de dados de destino. Consulte REPORT para identificar relações complexas existentes entre os conjuntos de backup. |
| RECOVER | Faz uma recuperação completa ou incompleta em um arquivo de dados, um tablespace ou no banco de dados inteiro. Também pode aplicar backups incrementais a uma cópia-imagem do arquivo de dados para avançá-la no tempo. |
| REGISTER DATABASE | Registra um banco de dados de destino no repositório do RMAN. |
| REPAIR FAILURE | Repara uma ou mais falhas registradas no ADR (automated diagnostic repository). |
| REPORT | Faz uma análise detalhada do repositório do RMAN. Por exemplo, este comando pode identificar os arquivos que necessitam de um backup para atender à política de retenção ou os arquivos de backup que podem ser excluídos. |
| RESTORE | Restaura em disco os arquivos a partir de cópias-imagem ou de conjuntos de backup, geralmente depois de uma falha de mídia. Pode ser utilizado para validar uma operação de restauração sem efetivamente executar essa restauração ao incluir a opção PREVIEW. |
| RUN | Executa uma sequência de instruções do RMAN como um grupo quando esses comandos são digitados entre chaves: {execute estes comandos}. As chaves formam um grupo de comandos, permitindo que você substitua os parâmetros padrão do RMAN durante a execução do grupo. |
| SET | Define as configurações do RMAN pela duração da sessão do RMAN, como o disco alocado ou os canais de fita. As configurações persistentes são atribuídas com o comando CONFIGURE. |
| SHOW | Apresenta todas as definições configuradas do RMAN ou cada uma delas. |
| SHUTDOWN | Desliga o banco de dados de destino a partir do RMAN. Idêntico ao comando SHUTDOWN dentro do SQL *Plus. |
| STARTUP | Inicializa o banco de dados de destino e tem as mesmas opções e função do comando STARTUP do SQL *Plus. |
| SQL | Executa comandos SQL que não podem ser direta ou indiretamente executados usando-se os comandos padrão do RMAN; por exemplo, pode executar o SQL 'ALTER TABLESPACE USERS OFFLINE IMMEDIATE'; dentro do RMAN, antes de restaurar e recuperar o tablespace USERS. |
| TRANSPORT TABLESPACE | Cria conjuntos de tablespaces transportáveis a partir do backup para um ou mais tablespaces. |
| VALIDATE | Examina um conjunto de backup e relata se os respectivos dados estão intactos e consistentes. |

## OBJETIVO DA CERTIFICAÇÃO 2.02

### CONFIGURAR VÁRIOS DESTINOS DE LOGS ARQUIVADOS PARA AUMENTAR A DISPONIBILIDADE

A preparação do RMAN para uso em seu ambiente consiste em duas etapas básicas: passar o banco de dados para o modo ARCHIVELOG (se ainda não estiver) e configurar o número e tipo de destinos de logs arquivados para maximizar a capacidade de recuperação e a disponibilidade. Nas duas seções a seguir, você aprenderá a configurar o modo ARCHIVELOG e determinar o conjunto ideal de destinos de logs arquivados.

### Configurando o modo ARCHIVELOG

Só é possível fazer backups offline consistentes com o banco de dados desligado. Entretanto, você pode fazer backups de arquivos físicos de um banco de dados aberto, desde que esse banco de dados esteja em execução no modo ARCHIVELOG e o backup seja corretamente executado. Esses backups são chamados de *backups online*.

O Oracle grava nos arquivos de redo log online de forma cíclica: após preencher o primeiro arquivo de log, ele começa a gravar no segundo, até que este esteja preenchido, e depois grava no terceiro, e assim por diante. Quando o último arquivo de redo log online estiver cheio, o processo em segundo plano LGWR substituirá o conteúdo do primeiro arquivo de redo log.

Quando o Oracle é executado no modo ARCHIVELOG, o processo em segundo plano ARC*n* faz uma cópia de cada arquivo de redo log depois que o processo LGWR termina de gravá-lo. Esses arquivos de redo logs arquivados são geralmente gravados em um dispositivo de disco. Como alternativa, eles podem ser gravados diretamente em um dispositivo de fita, mas isso pode exigir muito esforço do operador e muito provavelmente retardará o funcionamento de um banco de dados ocupado, ao esperar que o processo termine de gravar um arquivo de redo log na fita. O mais provável é que você grave seus arquivos de redo logs arquivados em disco e os envie para a fita ou exclua-os assim que a política de retenção for atendida.

Para fazer uso do recurso ARCHIVELOG, coloque primeiramente o banco de dados no modo ARCHIVELOG. Antes de inicializar o banco de dados no modo ARCHIVELOG, verifique se você está utilizando uma das seguintes configurações, listadas da mais para a menos recomendável:

- Habilite o arquivamento somente para a área de recuperação flash; use o espelhamento de disco sobre os discos contendo a área de recuperação flash. O parâmetro DB_RECOVERY_FILE_DEST especifica o local no sistema de arquivos ou o grupo de discos ASM contendo a área de recuperação flash (consulte a seção "Configurar a área de recuperação flash", mais adiante neste capítulo).

- Habilite o arquivamento na área de recuperação flash e defina pelo menos um parâmetro LOG_ARCHIVE_DEST_*n* para outra localização fora dessa área. (Você aprenderá a alavancar vários destinos de arquivo posteriormente no capítulo, na seção "Alavancando vários destino de arquivo".)

- Defina pelo menos dois parâmetros LOG_ARCHIVE_DEST_$n$ para arquivar em destinos de área de recuperação não flash.

Os exemplos a seguir pressupõem que tenha sido selecionada a melhor configuração, uma única área de recuperação flash, com espelhamento de disco. A lista a seguir apresenta as etapas necessárias para colocar um banco de dados no modo ARCHIVELOG; primeiro, desligue o banco de dados e, em seguida, emita estes comandos:

```
SQL> shutdown immediate
SQL> startup mount
SQL> alter database archivelog;
SQL> alter database open;
```

> **na prática**
> 
> *Para ver o redo log online atualmente ativo e o respectivo número de sequência, consulte a visão dinâmica V$LOG.*

Se você ativar o arquivamento sem especificar quaisquer localizações, os arquivos de log arquivados residirão em uma localização padrão, dependente de plataforma; nas plataformas Unix e Linux, a localização padrão é $ORACLE_HOME/dbs.

Cada um dos arquivos de redo log arquivados contém os dados de um único redo log online. Esses arquivos são numerados em sequência, na ordem em que foram criados. O tamanho dos arquivos de redo log arquivados varia, mas não excede o tamanho dos arquivos de redo log online. Quando um arquivo de redo log online atinge seu tamanho máximo especificado, o arquivo de redo log é copiado para um novo arquivo de log de arquivamento, e o arquivo de redo log é reciclado para ser reutilizado pelas novas entradas de redo log.

Se o espaço no diretório de destino dos arquivos de redo log se esgotar, o processo ARC$n$ interromperá o processamento dos dados de redo log online e o banco de dados ficará paralisado até você liberar espaço no diretório de destino. Verifique se há espaço suficiente disponível no diretório de destino.

Esta situação pode ser resolvida adicionando-se mais espaço ao disco de destino do arquivo de redo log arquivado ou fazendo-se um backup dos arquivos de redo log arquivados e, em seguida, removendo-os desse diretório. Se você estiver usando a área de recuperação flash para seus arquivos de redo log arquivados, o banco de dados emitirá um alerta de aviso (via e-mail ou na homepage do Enterprise Manager) quando o espaço disponível nessa área for inferior a 15%, e emitirá um alerta crítico quando o espaço disponível for inferior a 3%.

Tomar uma atitude no nível de 15%, como aumentar o tamanho ou mudar a localização da área de recuperação flash, pode, na maioria das vezes, evitar interrupções do serviço, pressupondo-se que nenhum processo pesado (como um código SQL não testado, em execução na produção) esteja consumindo espaço na área de recuperação flash.

## Alavancando vários destinos de arquivamento

Você pode utilizar dois conjuntos distintos de parâmetros de inicialização relacionados ao arquivamento, dependendo da edição do Oracle Database em uso, do número necessário de destinos de arquivos de log arquivados, e se esses destinos de arquivos de log arquivados são apenas locais ou locais e remotos ao mesmo tempo.

### Destinos somente locais

Se você estiver usando apenas destinos de disco locais (ou seja, não está utilizando um banco de dados standby como destino dos arquivos de redo log arquivados) e não mais que duas localizações de disco locais, você poderá usar os parâmetros LOG_ARCHIVE_DEST e LOG_ARCHIVE_DUPLEX_DEST. Eis um exemplo de como definir esses dois parâmetros para uma localização de arquivo em duas unidades de disco distintas:

```
LOG_ARCHIVE_DEST = '/u01/app/oracle/arch'
LOG_ARCHIVE_DUPLEX_DEST = '/u03/app/oracle/arch'
```

Observe que os discos podem ser locais para o servidor executando o Oracle Database 11g, ou podem estar em um servidor de armazenamento baseado em rede, posicionado a centenas de quilômetros de distância.

### EXERCÍCIO 2-1

### Identifique os destinos dos arquivos de log arquivados

Neste exercício, você identificará as localizações dos arquivos de redo log arquivados e determinará o número mínimo de destinos de arquivamento necessários.

1. Conecte-se ao seu banco de dados com o SQL *Plus e encontre o valor dos parâmetros LOG_ARCHIVE_*:

```
SQL> show parameter log_archive_

NAME                                 TYPE        VALUE
------------------------------------ ----------- ---------------
log_archive_config                   string
log_archive_dest                     string
log_archive_dest_1                   string      SERVICE=RAC1
log_archive_dest_10                  string
log_archive_dest_2                   string
log_archive_dest_3                   string
log_archive_dest_4                   string
log_archive_dest_5                   string
log_archive_dest_6                   string
log_archive_dest_7                   string
log_archive_dest_8                   string
log_archive_dest_9                   string
log_archive_dest_state_1             string      enable
log_archive_dest_state_10            string      enable
log_archive_dest_state_2             string      enable
log_archive_dest_state_3             string      enable
log_archive_dest_state_4             string      enable
log_archive_dest_state_5             string      enable
log_archive_dest_state_6             string      enable
log_archive_dest_state_7             string      enable
```

```
log_archive_dest_state_8       string      enable
log_archive_dest_state_9       string      enable
log_archive_duplex_dest        string
log_archive_format             string      %t_%s_%r.dbf
log_archive_local_first        boolean     TRUE
log_archive_max_processes      integer     4
log_archive_min_succeed_dest   integer     1
log_archive_start              boolean     FALSE
log_archive_trace              integer     0
SQL>
```

Para este banco de dados, parece existir apenas um destino de arquivo de log arquivado, e trata-se de um destino remoto. Apenas um destino remoto deve suceder para que o arquivamento seja considerado bem-sucedido.

2. Um segundo destino de arquivo de log arquivado estará disponível se existir uma área de recuperação flash definida. Consulte os parâmetros relacionados a essa área:

```
SQL> show parameter db_recov

NAME                                 TYPE         VALUE
------------------------------------ ------------ --------------
db_recovery_file_dest                string       +RECOV
db_recovery_file_dest_size           big integer  8G
SQL>
```

> **na prática**
>
> Ao usar o Oracle Database 11g Enterprise Edition, os parâmetros LOG_ARCHIVE_DEST e LOG_ARCHIVE_DUPLEX_DEST foram substituídos pelos parâmetros mais recentes, LOG_ARCHIVE_DEST_n.

### Destinos locais e remotos

É possível especificar até 10 destinos de arquivos de log arquivados, locais ou remotos. Se especificados, você deve usar o parâmetro LOCATION para um destino em disco, ou o parâmetro SERVICE para informar uma instância de banco de dados remota como destino.

Neste exemplo, existem dois destinos de arquivos de log arquivados em disco, e um terceiro é uma instância standby cujo nome de serviço é STNDBY_CLEVELAND:

```
LOG_ARCHIVE_DEST_1 = 'LOCATION=/u01/app/oracle/arch'
LOG_ARCHIVE_DEST_2 = 'LOCATION=/u03/app/oracle/arch'
LOG_ARCHIVE_DEST_3 = 'SERVICE=STNDBY_CLEVELAND'
```

### Definindo os destinos mínimos bem-sucedidos

Independentemente de você utilizar o parâmetro LOG_ARCHIVE_DEST ou LOG_ARCHIVE_DEST_n, você pode usar o parâmetro LOG_ARCHIVE_MIN_SUCCEED_DEST para especificar o número de destinos para os quais os processos ARC*n* devem copiar com êxito um arquivo de redo log para arquivar arquivos de log, antes de reciclar o arquivo de redo log online para reutilização. Em outras palavras, se você definir vários destinos, pode parecer aceitável, sob o ponto de vista da recuperação, ter apenas dois destinos disponíveis em determinado momento. Alguns destinos podem estar temporariamente indisponíveis devido a problemas na rede ou a um servidor standby com falha. Nesse caso, dois destinos disponíveis podem ser suficientes para um possível cenário de recuperação.

O valor do parâmetro LOG_ARCHIVE_MIN_SUCCEED_DEST não pode exceder o número total de destinos ativados. Além disso, se você estiver usando o LOG_ARCHIVE_DEST_n com mais destinos designados como MANDATORY do que o número de destinos especificados por LOG_ARCHIVE_MIN_SUCCEED_DEST, o parâmetro LOG_ARCHIVE_MIN_SUCCEED_DEST será ignorado.

Além disso, se algum destino de log arquivado for designado como MANDATORY, uma falha nesse destino impedirá que os arquivos de log online sejam sobregravados até a correção da falha. Nesse caso, o parâmetro LOG_ARCHIVE_MIN_SUCCEED_DEST também será ignorado.

Finalmente, se você estiver utilizando o LOG_ARCHIVE_DEST, o Oracle presumirá que se trata de uma localização obrigatória (especificada com o parâmetro MANDATORY). O comportamento será o mesmo, como se você tivesse especificado um destino usando LOG_ARCHIVE_DEST_n com o parâmetro MANDATORY.

## OBJETIVO DA CERTIFICAÇÃO 2.03

### DEFINIR, APLICAR E USAR A POLÍTICA DE RETENÇÃO

Os backups podem ser automaticamente mantidos e gerenciados através de um de dois métodos: por uma *janela de recuperação* ou por *redundância*. Ao utilizar uma janela de recuperação, o RMAN manterá a quantidade de backups necessários para trazer o banco de dados a determinado ponto no tempo dentro da janela de recuperação. Por exemplo, com uma janela de recuperação de sete dias, o RMAN manterá cópias-imagem, backups incrementais e redo logs arquivados suficientes para garantir que o banco de dados seja restaurado e recuperado para um determinado ponto no tempo dentro dos últimos sete dias. Os backups que não forem necessários para respaldar essa janela de recuperação serão marcados como OBSOLETE e automaticamente removidos pelo RMAN se você estiver usando uma área de recuperação flash e o espaço em disco for necessário para os novos backups.

Ao contrário, uma política de retenção de redundância instrui o RMAN a manter o número especificado de backups (cópias de arquivos de dados e do arquivo de controle). Todas as cópias ou backups extras além do número especificado na política de redundância são marcados como OBSOLETE. Como acontece em uma janela de recuperação, os backups obsoletos são automaticamente removidos se o espaço em disco for necessário e se for utilizada a área de recuperação flash. Caso contrário, você pode usar o comando DELETE OBSOLETE para remover manualmente os arquivos de backup e atualizar o catálogo.

Se a política de retenção for definida com NONE, nenhum backup ou cópia será considerado obsoleto, e o DBA deverá remover manualmente os backups desnecessários do catálogo e do disco. Por padrão, a política de retenção é uma única cópia (com política de retenção definida com 1). Você pode definir essa política com 2 cópias por meio do seguinte comando do RMAN:

```
RMAN> configure retention policy to redundancy 2;
```

O exemplo a seguir define a política de retenção com uma janela de recuperação de 4 dias:

```
RMAN> configure retention policy to recovery window of 4 days;
old RMAN configuration parameters:
CONFIGURE RETENTION POLICY TO REDUNDANCY 2;
new RMAN configuration parameters:
CONFIGURE RETENTION POLICY TO RECOVERY WINDOW OF 4 DAYS;
new RMAN configuration parameters are successfully stored
RMAN>
```

As melhores práticas do Oracle recomendam o uso de uma janela de recuperação ou de um período de tempo em que seja possível revelar quaisquer problemas no banco de dados, como uma tabela eliminada por engano ou linhas excluídas de uma tabela, e fazer uma recuperação pontual para um momento anterior à ocorrência do erro.

Em alguns ambientes, talvez seja conveniente desativar totalmente a política de retenção. Isso é útil em um ambiente no qual um sistema de backup fora do RMAN armazena os backups de disco em fita e os exclui. Consequentemente, o RMAN não precisa decidir quando um backup se torna obsoleto e, por conseguinte, não é necessária qualquer política de retenção. Resultado: os detalhes dos backups do RMAN são mantidos pelo tempo especificado pelo parâmetro de inicialização CONTROL_FILE_RECORD_KEEP_TIME. Veja como é possível desativar a política de retenção:

```
RMAN> configure retention policy to none;
```

### EXERCÍCIO 2-2

#### Consulte e modifique a política de retenção

Neste exercício, você identificará a atual política de retenção do RMAN e a modificará.

Inicialize o RMAN e estabeleça conexão com o catálogo de recuperação (neste exemplo, o catálogo de recuperação pertence ao usuário RMAN no banco de dados com um ID de sistema [SID] RAC [se você não tiver configurado um catálogo de recuperação, poderá usar, em substituição, NOCATALOG]):

```
[oracle@dw ~]$ rman target / catalog rman/rman@rac

Recovery Manager: Release 11.1.0.6.0 -
      Production on Mon Mar 17 00:32:38 2008

Copyright (c) 1982, 2007, Oracle.  All rights reserved.

connected to target database: DW (DBID=3048318127)
connected to recovery catalog database
RMAN>
```

1. Exiba a política de retenção existente:

   ```
   RMAN> show retention policy;
   RMAN configuration parameters for database
       with db_unique_name DW are:
   CONFIGURE RETENTION POLICY TO REDUNDANCY 1;
   RMAN>
   ```

2. Mude a política de retenção para uma janela de recuperação de 10 dias:

   ```
   RMAN> configure retention policy to recovery window of 10 days;

   old RMAN configuration parameters:
   CONFIGURE RETENTION POLICY TO REDUNDANCY 1;
   new RMAN configuration parameters:
   CONFIGURE RETENTION POLICY TO RECOVERY WINDOW OF 10 DAYS;
   new RMAN configuration parameters are successfully stored
   starting full resync of recovery catalog
   full resync complete
   RMAN>
   ```

## OBJETIVO DA CERTIFICAÇÃO 2.04

### CONFIGURAR A ÁREA DE RECUPERAÇÃO FLASH

A área de recuperação flash, disponível a partir do Oracle Database 10g, é um local de armazenamento unificado para todos os arquivos relacionados à recuperação em um banco de dados Oracle. Com a queda dos preços de espaço de disco, a conveniência, o aumento de disponibilidade e a redução dos tempos de recuperação tornam uma solução de backup baseada totalmente em disco mais interessante do que o backup de fita.

A área de recuperação flash pode residir em um único diretório do sistema de arquivos ou como um grupo de discos ASM. Em uma instalação padrão do Oracle Database 11g, é possível configurar facilmente a área de recuperação flash depois de especificar uma localização para os arquivos de dados do banco de dados. A Figura 2-1 apresenta as janelas em que é possível informar a localização da área de recuperação flash e o respectivo tamanho. Neste exemplo, a área de recuperação flash residirá no grupo de discos ASM +RECOV, com um tamanho máximo de 8 GB.

Todos os arquivos necessários para recuperar um banco de dados a partir de uma falha de mídia ou de um erro lógico estão contidos na área de recuperação flash. Os arquivos que podem residir nessa área são divididos em duas categorias: *permanentes* ou *transientes*. Os arquivos permanentes estão sendo utilizados ativamente pela instância do banco de dados, e os arquivos transientes são necessários somente quando você precisa recuperar o banco de dados inteiro ou parte dele.

Os seguintes itens permanentes são armazenados na área de recuperação flash:

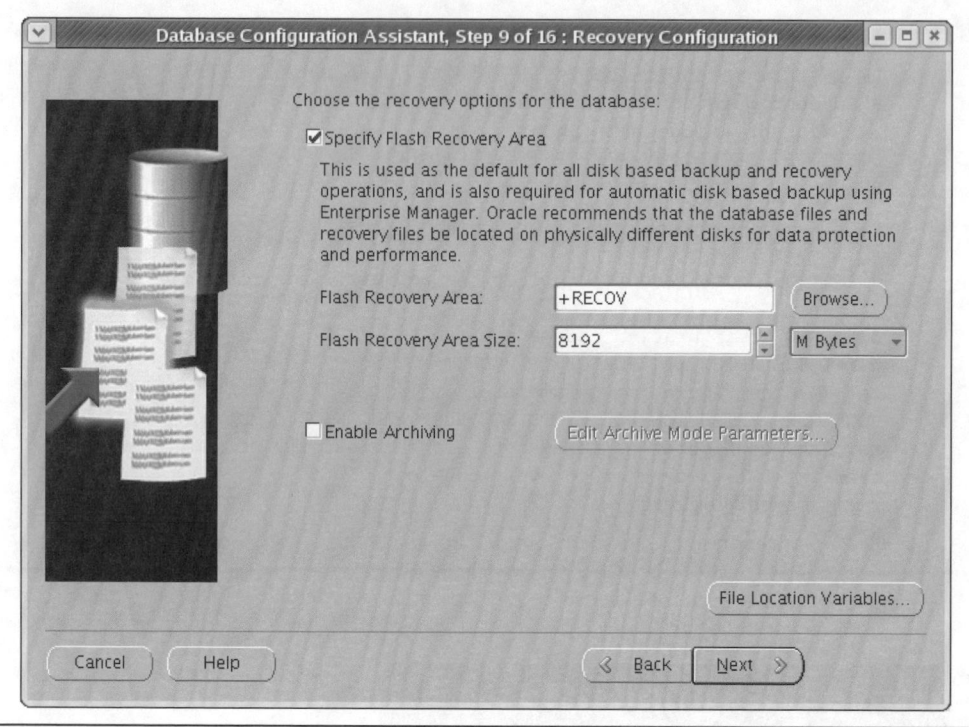

Figura 2-1 *Janela Recovery Configuration and Locations para instalação do banco de dados.*

- **Arquivo de controle** – O Oracle armazena uma cópia do arquivo de controle na área de recuperação flash durante o processo de instalação.
- **Arquivos de redo log online** – Você pode armazenar uma cópia espelhada de cada grupo de arquivos de redo log na área de recuperação flash.

Os seguintes itens transientes são armazenados na área de recuperação flash:

- **Arquivos de redo log arquivados** – Quando você configurar a área de recuperação flash, um conjunto de arquivos de redo log arquivados é armazenado nessa área.
- **Logs de flashback** – Os logs de flashback são armazenados na área de recuperação flash quando o recurso Flashback Database é ativado.
- **Backups automáticos de arquivos de controle** – O RMAN armazena backups automáticos de arquivos de controle na área de recuperação flash. Quando o RMAN fizer o backup do primeiro arquivo de dados, que faz parte do tablespace SYSTEM, o arquivo de controle será automaticamente incluído no backup do RMAN.
- **Cópias dos arquivos de dados** – Quando você usa o comando do RMAN BACKUP AS COPY, as cópias do arquivo de dados são armazenadas na área de recuperação flash, por padrão.
- **Conjuntos de backup do RMAN** – Os arquivos criados com o comando BACKUP AS BACKUPSET são armazenados na área de recuperação flash.

- **Arquivos do RMAN** – Por padrão, o RMAN usa a área de recuperação flash como uma área de preparação para a operação de backup e recuperação dos arquivos de log arquivados a partir do disco ou fita.

Três parâmetros de inicialização controlam as localizações padrão dos novos arquivos de controle, arquivos de redo log online e arquivos de dados: DB_CREATE_FILE_DEST, DB_RECOVERY_FILE_DEST e DB_CREATE_ONLINE_LOG_DEST_n. DB_CREATE_FILE_DEST especifica a localização padrão dos arquivos de dados gerenciados pelo Oracle, se você não informar explicitamente um destino. DB_CREATE_ONLINE_LOG_DEST_n especifica até cinco localizações para os arquivos de redo log online; se esse parâmetro não for especificado e você criar arquivos de redo log novos ou adicionais, o Oracle usará o DB_CREATE_FILE_DEST como destino. Finalmente, o DB_RECOVERY_FILE_DEST especifica a localização padrão para a área de recuperação flash. Se você utilizar o DB_RECOVERY_FILE_DEST, também deverá especificar o DB_RECOVERY_FILE_DEST_SIZE. Veja um exemplo dos valores desses parâmetros em uma instalação padrão do Oracle Database 11*g*:

```
SQL> show parameter db_create

NAME                                 TYPE        VALUE
------------------------------------ ----------- ---------------
db_create_file_dest                  string      +DATA
db_create_online_log_dest_1          string
db_create_online_log_dest_2          string
db_create_online_log_dest_3          string
db_create_online_log_dest_4          string
db_create_online_log_dest_5          string

SQL> show parameter db_recovery

NAME                                 TYPE        VALUE
------------------------------------ ----------- ---------------
db_recovery_file_dest                string      +RECOV
db_recovery_file_dest_size           big integer 8G
SQL>
```

Observe que nenhum dos parâmetros DB_CREATE_ONLINE_LOG_DEST_n foi especificado. Consequentemente, o Oracle armazenará os arquivos de redo log online na localização informada pelo parâmetro DB_CREATE_FILE_DEST. Entretanto, existe apenas um conjunto de arquivos de redo log online. Você deve estar se perguntando se isso não é um convite ao desastre, caso ocorra uma falha na mídia. Entretanto, se o grupo de discos +DATA for espelhado, existirão basicamente duas ou mais cópias de cada arquivo de redo log online.

*Para otimizar ainda mais o uso do espaço em disco para as operações de recuperação, uma área de recuperação flash pode ser compartilhada por mais de um banco de dados.*

Quando a área de recuperação flash estiver configurada, o parâmetro de inicialização LOG_ARCHIVE_DEST_10 será automaticamente definido com a localização dessa área. Os processos em segundo plano ARC*n* correspondentes criam arquivos de log arquivados na área de recuperação flash e em quaisquer outras localizações definidas pelo parâmetro de inicialização LOG_ARCHIVE_DEST_n.

Se você não especificar uma área de recuperação flash durante o processo de instalação, poderá usar o Enterprise Manager Database Control para criar ou configurar essa área. Na homepage, selecione a guia Availability, e clique no link Recovery Settings para abrir a janela apresentada na Figura 2-2.

Essa janela Recovery Settings permite não somente ajustar a localização e o tamanho da área de recuperação flash, como também informa o uso do disco da área de recuperação flash, classificado pelo tipo de arquivo.

O tamanho recomendado da área de recuperação flash é a soma do tamanho do banco de dados, o tamanho dos backups incrementais e o tamanho de todos os arquivos de log arquivados não copiados para a fita ou para outra localização em disco (se é que foram copiados). Você pode guardar todos os seus arquivos de recuperação na área de recuperação flash, de acordo com a janela de recuperação. O tamanho mínimo dessa área deve ser pelo menos suficientemente grande para armazenar todos os arquivos de redo log arquivados, não copiados na fita ou em outra localização em disco.

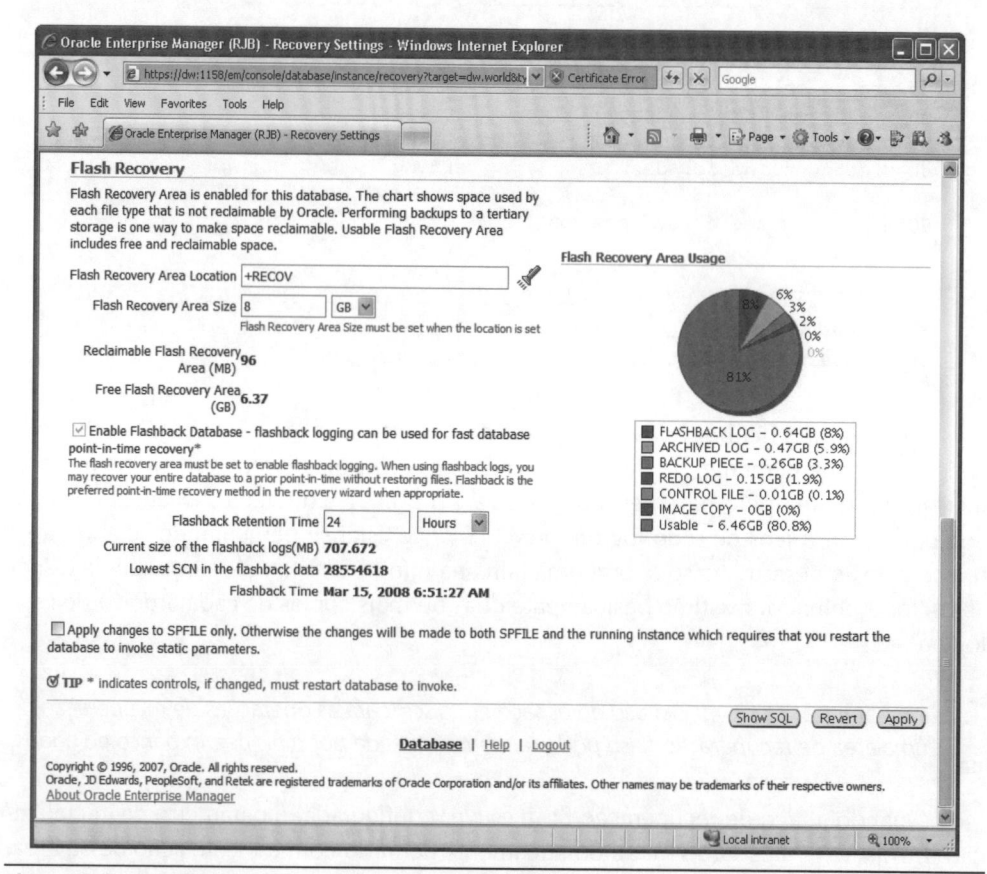

**Figura 2-2**  *Configurando a área de recuperação flash na página Recovery Settings do EM.*

## OBJETIVO DA CERTIFICAÇÃO 2.05

### USAR A ÁREA DE RECUPERAÇÃO FLASH

O parâmetro de inicialização DB_RECOVERY_FILE_DEST_SIZE também pode auxiliar no gerenciamento do tamanho da área de recuperação flash. Seu objetivo principal é limitar a quantidade de espaço em disco usada pela área no grupo de discos ou no diretório do sistema de arquivos especificado. Contudo, essa quantidade pode ser temporariamente aumentada assim que um alerta for recebido, para dar ao DBA tempo adicional para alocar mais espaço em disco ou realocar a área de recuperação flash.

Além de receber um aviso ou alerta crítico, você pode ser um pouco mais próativo ao monitorar o tamanho da área de recuperação flash. Na visão dinâmica de desempenho V$RECOVERY_FILE_DEST, você encontrará o total utilizado e o espaço reclamável no sistema de arquivos de destino. Além disso, você pode utilizar a visão V$FLASH_RECOVERY_AREA_USAGE para ver a divisão do uso por tipo de arquivo.

### EXERCÍCIO 2-3

#### Consulte a localização, o conteúdo e o tamanho da área de recuperação flash

Neste exercício, use as visões dinâmicas de desempenho V$RECOVERY_FILE_DEST e V$FLASH_RECOVERY_AREA para determinar o tamanho atual da área de recuperação flash. Em seguida, reduza esse tamanho para 4GB.

1. Consulte a visão V$RECOVERY_FILE_DEST no SQL *Plus para ver a respectiva localização e o tamanho máximo:

   ```
   SQL> select * from v$recovery_file_dest;

   NAME            SPACE_LIMIT SPACE_USED SPACE_RECLAIMABLE NUMBER_OF_FILES
   --------------- ----------- ---------- ----------------- ---------------
   +RECOV          8589934592  1595932672         71303168              13
   The flash recovery area is less than 20 percent used.
   ```

2. Faça a divisão por tipo de arquivo dentro da área de recuperação flash, na visão V$FLASH_RECOVERY_AREA_USAGE:

   ```
   SQL> select * from v$flash_recovery_area_usage;

   FILE_TYPE       PERCENT_SPACE_USED PERCENT_SPACE_RECLAIMABLE
   NUMBER_OF_FILES
   --------------- ------------------ -------------------------
   CONTROL FILE                   .12                         0
   1
   REDO LOG                      1.87                         0
   3
   ARCHIVED LOG                   .83                         1
   7
   ```

```
BACKUP PIECE                    15.75                           0
2
IMAGE COPY                          0                           0
0
FLASHBACK LOG                       0                           0
0
FOREIGN ARCHIVE                     0                           0
0
D LOG

7 rows selected.

SQL>
```

3. Mude o tamanho da área de recuperação flash para 4GB:

   ```
   SQL> alter system set db_recovery_file_dest_size = 4g scope=both;
   System altered.
   SQL>
   ```

   Observe que DB_RECOVERY_FILE_DEST_SIZE é um parâmetro dinâmico e, por conseguinte, entra em vigor imediatamente (sem a reinicialização do banco de dados).

---

O Oracle também se encarrega de uma parte do gerenciamento automático do espaço na área de recuperação flash. Para isso, ele rastreia os arquivos que não são mais necessários para a recuperação ou para outras funções de flashback. Se não existir espaço disponível suficiente para novos arquivos, o Oracle exclui os arquivos obsoletos mais antigos e grava uma mensagem no log de alerta. Quando houver pouco espaço em disco na área de recuperação flash, e espaço insuficiente para os novos arquivos, será gravada uma mensagem no log de alerta, um alerta será anunciado na homepage do Enterprise Manager DB Control, e uma linha será adicionada à visão do dicionário de dados DBA_OUTSTANDING_ALERTS. Se o espaço disponível for de 15% ou menos (85% ou mais utilizados), será emitida uma mensagem de aviso. Quando esse espaço disponível alcançar 3% ou menos (97% ou mais ocupados), será emitido um aviso crítico.

A coluna SUGGESTED_ACTION na visão do dicionário de dados DBA_OUTSTANDING_ALERTS fornece uma possível ação corretiva para um problema de espaço em disco; contudo, para resolver problemas de espaço na área de recuperação flash, as possíveis ações corretivas se enquadrarão em uma das seguintes categorias:

- Adicionar espaço em disco à área de recuperação flash e ajustar a DB_RECOVERY_FILE_DEST_SIZE.
- Fazer backup dos arquivos em uma fita terciária ou em um dispositivo de disco, e remover os arquivos da área de recuperação flash.
- Examinar e excluir os arquivos da área de recuperação flash, usando os comandos REPORT OBSOLETE e DELETE OBSOLETE do RMAN.

- Mudar a política de retenção do RMAN.

O uso do RMAN com a área de recuperação flash será discutido com mais detalhes nos Capítulos 4 e 5.

## RESUMO DA CERTIFICAÇÃO

Este capítulo apresentou inicialmente uma visão geral dos tipos de backups que você pode e deve executar periodicamente: lógico e físico. Os backups físicos podem ser online ou offline. Entretanto, devido às exigências comerciais de funcionamento ininterrupto, as rotinas de backups offline deram passagem aos backups online, e a ferramenta RMAN do Oracle pode ser utilizada para fazer backups online.

Embora o RMAN seja coberto com muito mais detalhes neste livro, este capítulo apresentou uma visão geral da inicialização do RMAN com algumas opções básicas de linha de comando. Os comandos do RMAN são classificados em duas categorias abrangentes: comandos standalone e de job, que podem ser executados na linha de comando do RMAN ou como um processo de lote. O capítulo também abordou os tipos de políticas de retenção que podem ser configuradas dentro do RMAN, de acordo com sua disponibilidade e necessidades de recuperação.

Em seguida, você conheceu outros pré-requisitos necessários para que você execute seu primeiro comando do RMAN, como configurar o banco de dados no modo ARCHIVELOG (se ainda não estiver) e especificar o número e tipo adequados de destinos de arquivo de log arquivado.

Finalmente, você examinou o uso e a configuração da área de recuperação flash, como essa área automatiza as operações de backup e recuperação, e como monitorar o espaço em disco disponível na área de recuperação flash.

## ✓ EXERCÍCIO DE DOIS MINUTOS

### Configurar a capacidade de recuperação do banco de dados

❏ Uma estratégia de backup robusta inclui backups lógicos e físicos.

❏ Um backup lógico de um banco de dados envolve a leitura de um conjunto de linha do banco de dados e a gravação destas linhas em um arquivo.

❏ O utilitário Data Pump Export do Oracle consulta o dicionário e grava a saída em um arquivo XML, chamado de *arquivo de dump de exportação*.

❏ Após a sua exportação por meio do utilitário Data Pump Export, os dados podem ser importados através do utilitário Data Pump Import.

❏ Os backups físicos consistem em copiar os arquivos que formam o banco de dados.

❏ Backups offline consistentes ocorrem quando o banco de dados foi desligado normalmente (ou seja, não devido a uma falha na instância) usando-se a opção NORMAL, IMMEDIATE ou TRANSACTIONAL do comando SHUTDOWN.

❏ Você pode utilizar os backups online em qualquer banco de dados em execução no modo ARCHIVELOG.

❏ No modo ARCHIVELOG, os redo logs online são arquivados, criando um log de todas as transações ocorridas dentro do banco de dados.

❏ Você pode fazer backups no sistema de arquivos de um banco de dados aberto, desde que esse banco de dados esteja em execução no modo ARCHIVELOG.

❏ É possível recuperar totalmente o banco de dados a partir de um backup online, e esse banco de dados pode ser avançado, através dos redo logs arquivados, até o momento anterior à falha.

❏ Os dois tipos básicos de comandos do RMAN são comandos *standalone* e de *job*.

❏ A preparação para usar o RMAN em seu ambiente consiste em duas etapas principais: mudar o banco de dados para o modo ARCHIVELOG (se ainda não estiver) e configurar o número e os tipos de destinos de log arquivado para maximizar a capacidade de recuperação e a disponibilidade.

❏ Quando o Oracle for executado no modo ARCHIVELOG, o processo em segundo plano, ARC*n*, fará uma cópia de cada arquivo de redo log depois que o processo LGWR terminar de gravar no arquivo.

### Configurar vários destinos de logs arquivados para aumentar a disponibilidade

❏ Mudar o banco de dados para o modo ARCHIVELOG aumenta a capacidade de recuperação do banco de dados e permite usar o RMAN como uma ferramenta de backup e recuperação para backups online.

- O parâmetro de inicialização DB_RECOVERY_FILE_DEST especifica a localização da área de recuperação flash, que pode ser em um sistema de arquivos ou em um grupo de discos ASM.
- Defina pelo menos um parâmetro LOG_ARCHIVE_DEST_n para uma localização fora da área de recuperação flash.
- Defina pelo menos dois parâmetros LOG_ARCHIVE_DEST_n para arquivar em destinos de área de recuperação não flash.
- Para um ou dois destinos de arquivo de log arquivado, você pode utilizar o LOG_ARCHIVE_DEST e LOG_ARCHIVE_DUPLEX_DEST.
- Para mais de dois destinos de arquivos de log arquivados com pelo menos um destino remoto, use LOG_ARCHIVE_DEST_n.
- Use o LOG_ARCHIVE_MIN_SUCCEED_DEST para garantir que um número mínimo de destinos de arquivos de log arquivados seja acessado pelo ARC*n*.

### Definir, aplicar e usar a política de retenção

- O RMAN pode manter e gerenciar backups por meio de uma janela de recuperação ou por redundância.
- O uso da política de retenção NONE depende de uma janela de recuperação gerenciada externamente ou da redundância.
- A política de retenção padrão do RMAN é 1 cópia.
- O parâmetro de inicialização CONTROL_FILE_RECORD_KEEP_TIME controla por quanto tempo as informações de backup do RMAN serão mantidas no arquivo de controle do banco de dados de destino se o catálogo de recuperação não for utilizado.

### Configurar a área de recuperação flash

- A área de recuperação flash é um local de armazenamento unificado para todos os arquivos relacionados à recuperação em um banco de dados Oracle.
- Todos os arquivos necessários para recuperar um banco de dados a partir de uma falha na mídia ou de um erro lógico estão contidos na área de recuperação flash.
- Os itens permanentes mantidos na área de recuperação flash são: uma cópia do arquivo de controle e cópias espelhadas dos arquivos de redo log online.
- Os itens permanentes mantidos na área de recuperação flash são: os arquivos de redo log arquivados, logs de flashback, backups automáticos de arquivos de controle, cópias de arquivos de dados, e arquivos do RMAN utilizados para preparar uma operação de backup ou de recuperação usando os arquivos de log arquivados.
- O parâmetro de inicialização DB_CREATE_FILE_DEST especifica a localização padrão dos objetos do banco de dados que não informam explicitamente uma localização.

- O parâmetro de inicialização DB_CREATE_ONLINE_LOG_DEST_n especifica um destino padrão para um conjunto de arquivos de redo log arquivados.
- O parâmetro de inicialização DB_RECOVERY_FILE_DEST especifica a localização da área de recuperação flash.
- O parâmetro de inicialização DB_RECOVERY_FILE_DEST_SIZE especifica o tamanho máximo da área de recuperação flash.
- Quando a área de recuperação flash estiver configurada, o parâmetro de inicialização LOG_ARCHIVE_DEST_10 será automaticamente definido com a localização dessa área.
- O tamanho recomendado para a área de recuperação flash é a soma do tamanho do banco de dados com o tamanho dos backups incrementais e o tamanho de todos os arquivos de log arquivados não copiados em fita ou em outro local no disco.

*Usar a área de recuperação flash*

- O parâmetro de inicialização DB_RECOVERY_FILE_DEST_SIZE pode ser aumentado temporariamente, assim que for recebido um alerta, para conceder ao DBA tempo adicional para alocar mais espaço de disco ao grupo de discos ou para realocar a área de recuperação flash.
- A visão dinâmica de desempenho V$RECOVERY_FILE_DEST mostra o total utilizado e o espaço reclamável no sistema de arquivos de destino ou na área de recuperação flash.
- O Oracle gerencia o espaço na área de recuperação flash e rastreia os arquivos que não são mais necessários para a recuperação ou para outras funções de flashback.
- A visão do dicionário de dados DBA_OUTSTANDING_ALERTS contém uma possível ação corretiva para o gerenciamento do espaço na área de recuperação flash quando a quantidade de espaço disponível nessa área é de 15% ou menos do tamanho total da área de recuperação flash.

# TESTE

As perguntas a seguir o ajudarão a avaliar seu conhecimento sobre o material apresentado neste capítulo. Leia com atenção todas as opções porque pode haver mais de uma resposta correta. Escolha todas as respostas certas de cada pergunta.

*Configurar a capacidade de recuperação do banco de dados*

1. Qual das seguintes afirmações não é verdadeira em relação aos backups de banco de dados?
   A. Um backup offline consistente ocorre depois de um comando SHUTDOWN NORMAL, IMMEDIATE ou TRANSACTIONAL.
   B. A partir do Oracle 11g, o RMAN suporta apenas os backups online.
   C. Um backup de banco de dados físico copia um ou mais arquivos que formam o banco de dados.
   D. Um backup lógico do banco de dados lê um conjunto de linhas do banco de dados e as grava em um arquivo.
   E. Um backup lógico do banco de dados lê um conjunto de linhas e as grava em um grupo de discos ASM.
   F. Os backups online só podem ocorrer quando o banco de dados estiver no modo ARCHIVELOG.

2. Quais dos seguintes objetos podem ser copiados em backup pelo RMAN enquanto o banco de dados estiver aberto? (Escolha todas as respostas aplicáveis.)
   A. Arquivos de redo log arquivados
   B. Arquivos de redo log online
   C. Arquivos de senhas
   D. Tablespaces
   E. Tabelas e índices
   F. Arquivos de controle
   G. Arquivos de parâmetros do servidor (SPFILEs)
   H. Arquivos de dados

3. Quais dos seguintes comandos não são comandos standalone do RMAN? (Escolha todas as respostas aplicáveis.)
   A. BACKUP DATABASE
   B. ALLOCATE CHANNEL
   C. CONNECT
   D. CREATE CATALOG
   E. CREATE SCRIPT

*Configurar vários destinos de logs arquivados para aumentar a disponibilidade*

4. Escolha, na lista a seguir, os quatro melhores comandos que você emitiria para ativar o modo ARCHIVELOG, e coloque-os na ordem correta:

   1. `STARTUP MOUNT`
   2. `SHUTDOWN ABORT`
   3. `ALTER DATABASE ARCHIVELOG;`
   4. `STARTUP FORCE`
   5. `ALTER DATABASE ENABLE ARCHIVELOG;`
   6. `ALTER SYSTEM SWITCH LOGFILE;`
   7. `SHUTDOWN NORMAL`
   8. `ALTER DATABASE OPEN;`
   9. `SHUTDOWN IMMEDIATE`

   A. 2, 1, 3, 8
   B. 9, 3, 1, 8
   C. 4, 5, 7, 6
   D. 7, 1, 3, 8
   E. 9, 1, 3, 8

5. Qual dos seguintes parâmetros de inicialização não é válido?

   A. `LOG_ARCHIVE_DEST_3 = '/rmtdisk/u01/app/oracle/flash'`
   B. `LOG_ARCHIVE_DUPLEX_DEST = '+DATA'`
   C. `LOG_ARCHIVE_DEST = 'SERVICE=RMTDB99'`
   D. `LOG_ARCHIVE_DEST = '/rmtdisk/u01/app/oracle/flash'`
   E. `LOG_ARCHIVE_DEST_10 = 'SERVICE=RMTDB99'`
   F. `LOG_ARCHIVE_DEST_10 = '/rmtdisk/u01/app/oracle/flash'`

6. Seu SPFILE contém os seguintes valores de parâmetro:
   ```
   LOG_ARCHIVE_DEST_1 = 'LOCATION=/u01/app/oracle/arch'
   LOG_ARCHIVE_DEST_2 =
        'LOCATION=/u03/app/oracle/arch MANDATORY'
   LOG_ARCHIVE_DEST_3 = 'SERVICE=STNDBY_CLEVELAND MANDATORY'
   LOG_ARCHIVE_MIN_SUCCEED_DEST = 1
   ```
   Você não está utilizando uma área de recuperação flash. A unidade de disco contendo o diretório /u03/app/oracle/arch falha. O que acontece com os processos de arquivo e com o banco de dados?

   A. O banco de dados faz uma pausa porque o `LOG_ARCHIVE_DEST_2` é obrigatório (especificado com `MANDATORY`).
   B. O banco de dados continua a execução normal, com as duas localizações de arquivo restantes, porque pelo menos uma outra localização está marcada como `MANDATORY`.
   C. O banco de dados continua a execução normal, com as duas localizações de arquivo restantes, porque `LOG_ARCHIVE_MIN_SUCCEED_DEST` é 1.

CAPÍTULO 2 CONFIGURANDO A CAPACIDADE DE RECUPERAÇÃO DO BANCO DE DADOS **119**

    D. O banco de dados não será inicializado, a menos que o LOG_ARCHIVE_MIN_SUCCEED_DEST esteja definido com, pelo menos, o número das localizações obrigatórias (especificadas com MANDATORY).

## *Definir, aplicar e usar a política de retenção*

7. Qual dos seguintes comandos do RMAN não configura corretamente uma política de retenção? (Escolha a melhor resposta.)

    A. CONFIGURE RETENTION POLICY TO RECOVERY WINDOW OF 100 DAYS;
    B. CONFIGURE RETENTION POLICY TO NONE;
    C. CONFIGURE RETENTION POLICY TO REDUNDANCY WINDOW OF 2 DAYS;
    D. CONFIGURE RETENTION POLICY TO REDUNDANCY 2;

8. Se você desativar a política de retenção do RMAN, por quanto tempo os detalhes dos backups do RMAN serão mantidos?

    A. Até a área de recuperação flash estar cheia
    B. Pelo tempo especificado pelo parâmetro de inicialização CONTROL_FILE_RECORD_KEEP_TIME
    C. Até o banco de dados ser desligado
    D. Indefinidamente

## *Configurar a área de recuperação flash*

9. Quais dos seguintes itens são permanentes e armazenados na área de recuperação flash? (Escolha todas as respostas aplicáveis.)

    A. Arquivo de controle
    B. Arquivos de redo log arquivados
    C. Arquivos de redo log online
    D. Backup de arquivo de controle
    E. Conjuntos de backup do RMAN

10. Quais do seguintes itens são transientes e armazenados na área de recuperação flash? (Escolha todas as respostas aplicáveis.)

    A. Arquivo de controle
    B. Arquivos de redo log arquivados
    C. Arquivos de redo log online
    D. Backup de arquivo de controle
    E. Conjuntos de backup do RMAN

11. Se você especificar o parâmetro de inicialização DB_RECOVERY_FILE_DEST, que outro parâmetro de inicialização deve ser definido?

    A. DB_CREATE_FILE_DEST
    B. DB_CREATE_ONLINE_LOG_DEST_*n*
    C. DB_RECOVERY_FILE_DEST_SIZE
    D. Não é necessário definir nenhum outro parâmetro

*Usar a área de recuperação flash*

12. Você acabou de receber um alerta informando que a área de recuperação flash está abaixo de 3% do espaço disponível. Que visão e coluna você pode consultar para obter uma possível ação corretiva para essa condição do espaço? (Escolha a melhor resposta.)

   A. V$FLASH_RECOVERY_AREA_USAGE,PERCENT_SPACE_RECLAIMABLE
   B. DBA_OUTSTANDING_ALERT, SUGGESTED_ACTIONS
   C. DBA_OUTSTANDING_ALERTS, SUGGESTED_ACTIONS
   D. DBA_OUTSTANDING_ALERTS, SUGGESTED_ACTION

# PRÁTICA

Chame o RMAN na linha de comando; estabeleça conexão ao banco de dados usando a autenticação do sistema operacional; faça um backup completo compactado usando um catálogo remoto; exiba uma lista de backups e exclua todos os backups obsoletos.

# RESPOSTAS DO TESTE

*Configurar a capacidade de recuperação do banco de dados*

1. ☑ **B**. O RMAN pode executar backups online e offline.

    ☒ Todas as demais afirmações sobre os backups online e offline são verdadeiras.

2. ☑ **A, D, F, G** e **H**. O RMAN pode fazer backup de arquivos de redo log arquivados, e depois excluí-los da área de recuperação flash. Os tablespaces podem ter seus backups individuais feitos pelo RMAN. Os arquivos de controle podem ser copiados em backup explicitamente durante um backup do RMAN, ou implicitamente, quando o tablespace SYSTEM fizer parte de um backup, ou definindo-se o backup automático do arquivo de controle do RMAN com CONFIGURE CONTROLFILE AUTOBACKUP ON. O SPFILE, mas não um PFILE (arquivo texto de parâmetros) estático, também pode ser incluído no backup do RMAN. Os arquivos de dados individuais também podem ser copiados no backup.

    ☒ **B** está incorreta porque você nunca deve fazer um backup de redo logs online, e o RMAN não os incluirá no backup de qualquer forma. **C** está incorreta porque o RMAN não fará o backup de um arquivo do sistema operacional, como um arquivo de senhas; você pode copiar esse arquivo no backup manualmente. **E** está incorreta porque o RMAN não pode incluir no backup tabelas e índices individuais. O melhor backup para esses objetos lógicos é o backup lógico usando o expdp.

3. ☑ **B**. O comando ALLOCATE CHANNEL só pode ser utilizado em um bloco de comandos. É possível definir um canal padrão para um comando standalone, por meio do comando CONFIGURE CHANNEL.

    ☒ **A, C, D** e **E** são comandos standalone; BACKUP DATABASE pode ser utilizado como um comando standalone ou de job.

*Configurar vários destinos de logs arquivados para aumentar a disponibilidade*

4. ☑ **E**. Os comandos corretos e a sequência para ativar o modo ARCHIVELOG são:
    SHUTDOWN IMMEDIATE
    STARTUP MOUNT
    ALTER DATABASE ARCHIVELOG;
    ALTER DATABASE OPEN;

    ☒ Todas as outras combinações se encontram na sequência incorreta ou incluem etapas incorretas ou desnecessárias. Você não pode usar o SHUTDOWN ABORT, porque o banco de dados ficará em um estado inutilizável até a sua recuperação (ou reinicialização), portanto você não pode ativar o modo ARCHIVELOG sem etapas adicionais. STARTUP FORCE executa um SHUTDOWN ABORT e um STARTUP, o que deixa o banco de dados no modo OPEN, e, sendo assim, este comando não é necessário. ENABLE ARCHIVELOG não é uma palavra-chave válida no comando ALTER DATABASE. SHUTDOWN NORMAL é uma maneira de desligar normalmente o banco de dados, mas depois você deverá esperar até que todos os usuários se desconectem do banco de dados. `ALTER SYSTEM SWITCH LOGFILE` é um comando válido, mas não faz parte do processo de mudança do banco de dados para o modo `ARCHIVELOG`.

5. ☑ **C**. Se você utilizar o `LOG_ARCHIVE_DEST` ou o `LOG_ARCHIVE_DUPLEX_DEST`, os locais devem ser um dispositivo de disco (sistema de arquivos ou disco ASM). O destino não pode ser outra instância do Oracle.

☒ **A, B, D, E** e **F** estão incorretas. Quando você usa `LOG_ARCHIVE_DEST_n`, o destino pode ser um sistema de arquivos ou um serviço do banco de dados. Por padrão, se existir uma área de recuperação flash definida, `LOG_ARCHIVE_DEST_10` indicará essa área; mas é possível substituir isso por qualquer local de disco ou serviço válido.

6. ☑ **A**. Todos os destinos de arquivo marcados como `MANDATORY` devem estar disponíveis quando o ARC*n* tentar arquivar um redo log preenchido.

☒ **B** está incorreta porque todos os locais obrigatórios (especificados com `MANDATORY`) devem estar disponíveis quando o ARC*n* precisar arquivar um arquivo de redo log cheio. **C** está incorreta porque todos os locais obrigatórios (especificados com `MANDATORY`) devem estar disponíveis e o número de locais disponíveis deve ser maior ou igual ao número de locais especificados no `LOG_ARCHIVE_MIN_SUCCEED_DEST`. **D** está incorreta porque `LOG_ARCHIVE_MIN_SUCCEED_DEST` pode ser qualquer inteiro e não está relacionado com a quantidade de parâmetros do `LOG_ARCHIVE_DEST_n` definidos com `MANDATORY`; os dois parâmetros funcionam independentemente para garantir um número mínimo de locais de arquivamento disponíveis.

### Definir, aplicar e usar a política de retenção

7. ☑ **C**. `REDUNDANCY WINDOW OF 2 DAYS` apresenta uma sintaxe incorreta.

☒ **A, B** e **D** são comandos válidos do RMAN. Você pode definir a política de retenção do RMAN com o número total de cópias de cada arquivo do banco de dados, com o número de dias no passado para os quais você pode restaurar o banco de dados após um erro lógico, ou você pode desativar totalmente a política de retenção e gerenciá-la externamente a partir do RMAN.

8. ☑ **B**. Quando não existir uma política de retenção, o RMAN manterá os detalhes dos backups do RMAN durante o tempo especificado pelo parâmetro de inicialização, `CONTROL_FILE_RECORD_KEEP_TIME`.

☒ **A, C** e **D** estão incorretas. O arquivo de controle ou o catálogo de recuperação ainda contém as informações sobre os backups RMAN, e essas informações estarão disponíveis durante o tempo especificado pelo parâmetro `CONTROL_FILE_RECORD_KEEP_TIME`.

*Configurar a área de recuperação flash*

9. ☑ **A e C**. Uma cópia espelhada do arquivo de controle e uma cópia espelhada de cada arquivo de redo log online são armazenadas na área de recuperação flash.

   ☒ **B**, **D** e **E** não são considerados itens permanentes.

10. ☑ **B**, **D** e **E**. Os arquivos de redo log arquivados, backups do arquivo de controle e conjuntos de backup do RMAN são considerados transientes e armazenados na área de recuperação flash.

    ☒ **A** e **C** não são considerados itens transientes.

11. ☑ **C**. Ao especificar a localização da área de recuperação flash com o parâmetro DB_RECOVERY_FILE_DEST, defina também o parâmetro DB_RECOVERY_FILE_DEST_SIZE para limitar a quantidade de espaço utilizada pela área de recuperação flash no sistema de arquivos de destino.

    ☒ **A** está incorreta porque DB_CREATE_FILE_DEST especifica uma localização padrão para todo objeto do banco de dados criado sem uma localização explícita. **B** está incorreta porque DB_CREATE_ONLINE_LOG_DEST_n especifica a localização para os arquivos de redo log adicionais novos ou online. **D** está incorreta porque você deve especificar um tamanho para a área de recuperação flash.

*Usar a área de recuperação flash*

12. ☑ **D**. A coluna REASON em DBA_OUTSTANDING_ALERTS contém uma descrição para o alerta, e SUGGESTED_ACTION fornece uma recomendação de ação corretiva. Essas descrições também constam na seção de alertas da homepage do Enterprise Manager Database Control.

    ☒ **A** está incorreta porque a coluna PERCENT_SPACE_RECLAIMABLE não fornece quaisquer recomendações, apenas uma quantidade do espaço em disco que pode ser recuperável para objetos que podem estar obsoletos na área de recuperação flash. **B** e **C** estão incorretas porque não existe a visão de dicionário de dados DBA_OUTSTANDING_ALERT nem a coluna SUGGESTED_ACTIONS na visão DBA_OUTSTANDING_ALERTS.

## RESPOSTA DA PRÁTICA

```
[oracle@dw ~]$ rman target / catalog rman/rman@rac

Recovery Manager: Release 11.1.0.6.0 -
          Production on Sat Mar 15 09:56:57 2008
Copyright (c) 1982, 2007, Oracle.  All rights reserved.

connected to target database: DW (DBID=3048318127)
connected to recovery catalog database

RMAN> backup as compressed backupset database;

Starting backup at 15-MAR-08
starting full resync of recovery catalog
full resync complete
allocated channel: ORA_DISK_1
. . .
Starting Control File and SPFILE Autobackup at 15-MAR-08
piece handle=+RECOV/dw/autobackup/2008_03_15/
          s_649418404.388.649418419 comment=NONE
Finished Control File and SPFILE Autobackup at 15-MAR-08

RMAN> list backup;

List of Backup Sets
===================
BS Key  Type LV Size       Device Type Elapsed Time Completion Time
------- ---- -- ---------- ----------- ------------ ---------------
7915    Full    92.09M     DISK        00:00:47     14-MAR-08
        BP Key: 7920   Status: AVAILABLE  Compressed: YES
                  Tag: TAG20080314T234623
 . . .

RMAN> delete noprompt obsolete;

RMAN retention policy will be applied to the command
RMAN retention policy is set to redundancy 1
using channel ORA_DISK_1
Deleting the following obsolete backups and copies:
Type                 Key    Completion Time    Filename/Handle
-------------------- ------ ------------------ --------------------
Archive Log          7897   14-MAR-08
             /u01/app/oracle/product/11.1.0/db_1/
             dbs/arch1_1362_630244724.dbf
 . . .
Deleted 9 objects

RMAN>
```

# 3
# Criando e Mantendo um Catálogo do RMAN

## OBJETIVOS DE CERTIFICAÇÃO

3.01    Identificar situações que exigem o catálogo de recuperação do RMAN

3.02    Criar e configurar um catálogo de recuperação

3.03    Sincronizar o catálogo de recuperação

3.04    Criar e utilizar os scripts armazenados do RMAN

3.05    Fazer backup do catálogo de recuperação

3.06    Criar e utilizar o catálogo privado virtual

3.07    Configurar as definições de backup

3.08    Alocar canais para usar ao fazer um backup

3.09    Configurar a otimização do backup

✓    Exercício de dois minutos

P&R    Teste

Se você já estiver preparado para fazer alguns backups com o RMAN, terá que aguardar até o próximo capítulo. Este capítulo prepara o terreno para os backups no RMAN criando o *catálogo de recuperação*. Sem um catálogo de recuperação, suas informações de backup estarão limitadas às informações do RMAN armazenadas no arquivo de controle do banco de dados de destino. Você aprenderá a fazer isso na linha de comando e no Oracle Enterprise Manager.

Em seguida, você aprenderá a registrar e cancelar o registro de um banco de dados no catálogo de recuperação. Assim que um banco de dados estiver registrado junto ao catálogo de recuperação, você conhecerá as situações nas quais você pode precisar ressincronizar as informações de backup do RMAN no arquivo de controle do banco de dados de destino com o catálogo de recuperação. Na maioria das vezes, o próprio RMAN faz a sincronização automaticamente.

Os scripts armazenados do RMAN facilitam ainda mais o seu trabalho, salvando as sequências de comandos mais utilizadas em um catálogo de recuperação; o uso de scripts armazenados é uma das diversas vantagens de um catálogo de recuperação para backups do RMAN em relação a um arquivo de controle do banco de dados de destino.

Para dividir o trabalho entre vários DBAs em sua corporação, o catálogo de recuperação do RMAN possui o conceito de um *catálogo privado virtual*: cada DBA pode exibir e acessar somente as informações de backup pelas quais ele é responsável. Esse catálogo permite uma única localização para todas as informações de backup do banco de dados de destino, além de separar as obrigações, da mesma forma como o Oracle Database Vault pode restringir um DBA a acessar apenas a parte do banco de dados pela qual estiver encarregado.

Depois, você examinará as opções de configuração disponíveis no RMAN quando você estiver conectado a um banco de dados de destino; cada banco de dados de destino possui um conjunto próprio de parâmetros configuráveis, como o nível de compressão, backups automáticos do arquivo de controle e tipos de canais.

Por último, o capítulo apresentará uma discussão sucinta de alguns outros temas: como alocar canais para um backup do RMAN e como ignorar os arquivos idênticos àqueles já copiados nos conjuntos de backup anteriores (para economizar tempo de backup).

### OBJETIVO DA CERTIFICAÇÃO 3.01

### IDENTIFICAR SITUAÇÕES QUE EXIGEM O CATÁLOGO DE RECUPERAÇÃO DO RMAN

O RMAN sempre armazena seus *metadados* (informações sobre a estrutura do banco de dados, conjuntos de backup e cópias-imagem) no arquivo de controle do banco de dados de destino. Entretanto, existem algumas vantagens e desvantagens quanto ao armazenamento desses metadados em um catálogo de recuperação guardado em um banco de dados separado. As duas seções seguintes discutirão os prós e contras de usar um catálogo de recuperação.

## Usando o arquivo de controle para metadados do RMAN

A Oracle recomenda enfaticamente o uso de um catálogo de recuperação, mas isso traz algumas desvantagens. Quer você utilize um catálogo de recuperação ou não, as informações de backup do RMAN serão sempre armazenadas no arquivo de controle do banco de dados de destino. Embora as informações do RMAN contidas no arquivo de controle sejam obsoletadas com base no parâmetro de inicialização CONTROL_FILE_RECORD_KEEP_TIME, isso não será problemático se você usar uma política de retenção do RMAN que tenha uma janela de recuperação (RECOVERY WINDOW) inferior ao parâmetro CONTROL_FILE_RECORD_KEEP_TIME. Além disso, é mais fácil gerenciar um arquivo de controle como o único repositório de informações do RMAN, uma vez que você não precisa de outro banco de dados, que, por sua vez, também precisaria de backup. Finalmente, se você estiver espelhando o arquivo de controle para várias localizações e criar um backup offsite desse arquivo de controle após cada mudança da estrutura do banco de dados ou backup do RMAN, então você muito provavelmente nunca perderá esse arquivo e conseguirá sempre restaurar o banco de dados com êxito a partir de uma falha de mídia ou até mesmo de uma perda completa do banco de dados. Usar um banco de dados do catálogo de recuperação também significa que existe outro banco de dados para você copiar em backup periodicamente.

## Usando o catálogo de recuperação para metadados do RMAN

Se você gerencia mais de um banco de dados em seu ambiente, e deseja guardar as informações de recuperação por muito tempo, isso justificará o uso de um catálogo de recuperação. Um único catálogo de recuperação pode armazenar informações do RMAN para um número praticamente ilimitado de bancos de dados de destino. Além disso, todas as informações contidas no arquivo de controle do banco de dados de destino residem no catálogo de recuperação do RMAN depois que você executa a primeira operação RESYNC CATALOG.

Usar scripts armazenados é outro motivo para fazer uso de um catálogo de recuperação; não é possível armazenar scripts no arquivo de controle do banco de dados de destino. Você pode salvar uma sequência de comandos como um único script, para facilitar a execução da sequência de comandos solicitada, ou talvez em um agendamento específico. Um script pode ser associado a um banco de dados de destino específico (um script local) ou pode estar disponível para todos os bancos de dados de destino (um script global).

Partindo da premissa de que é possível guardar os metadados de vários bancos de dados em um único catálogo de recuperação, você pode utilizar as visões RC_, como RC_ARCHIVED_LOG, RC_BACKUP_FILES e RC_DATABASE, no banco de dados do catálogo de recuperação para recuperar os metadados de todos os bancos de dados de destino. De outra forma, ao usar o arquivo de controle do banco de dados de destino, você deverá se conectar com cada banco de dados de destino separadamente e consultar as visões V$ baseadas nesse arquivo.

Finalmente, o uso de um catálogo de recuperação lhe permite emitir os seguintes comandos do RMAN:

- `BACKUP... KEEP UNTIL TIME` – Manter um backup por um período de tempo diferente da política de retenção configurada.
- `BACKUP... KEEP FOREVER` – Manter um backup indefinidamente ou até você removê-lo manualmente.
- `REPORT SCHEMA...AT` – Mostrar a estrutura do banco de dados em um momento específico no passado.

## OBJETIVO DA CERTIFICAÇÃO 3.02

### CRIAR E CONFIGURAR UM CATÁLOGO DE RECUPERAÇÃO

Quer você utilize um repositório para os metadados de um único ou de uma centena de bancos de dados, a instalação do repositório é simples e só precisa ser feita uma vez. Os exemplos a seguir pressupõem que já exista uma instalação padrão de um banco de dados Oracle 11g. O próprio banco de dados de repositório pode ser utilizado em outras aplicações se nenhuma degradação considerável do desempenho ocorrer quando o RMAN precisar atualizar os metadados no repositório.

> **na prática**
>
> *Usar um banco de dados de destino do RMAN como repositório é fortemente desaconselhável. A perda do banco de dados de destino impede qualquer possibilidade de uma recuperação bem-sucedida do banco de dados no RMAN porque os metadados do repositório desaparecem com o banco de dados de destino. Se ambos desaparecerem, você precisará manter backups manuais do banco de dados de destino para a recuperação do repositório.*

A sequência de comandos a seguir cria um tablespace e um usuário para manter os metadados no banco de dados de repositório. Neste e em todos os exemplos subsequentes, será usado um banco de dados com um ID de sistema (SID) de RCAT para todas as operações do repositório. São necessárias três etapas básicas: configurar o banco de dados do catálogo de recuperação, criar o proprietário do catálogo de recuperação e criar o próprio catálogo de recuperação.

### Configurar o banco de dados de catálogos de recuperação

O tablespace que armazena o banco de dados de repositório exige pelo menos 125 MB para guardar as entradas do catálogo de recuperação; veja a seguir os requisitos adicionais mínimos de espaço para o repositório, por tablespace:

- 90 MB no tablespace `SYSTEM`
- 5 MB no tablespace `TEMP`
- 5 MB no tablespace `UNDO`

- 15 MB no tablespace padrão RMAN para cada banco de dados registrado no catálogo de recuperação
- 1 MB para cada arquivo de redo log online

Um espaço disponível de 125 MB será suficiente, na maioria dos casos, durante o primeiro ano, e ativar as extensões automáticas de 50 MB cada será o bastante, no longo prazo, dependendo da quantidade de banco de dados gerenciados no catálogo de recuperação. Resumindo, trata-se de uma quantidade irrisória de espaço em disco quando comparada com um data warehouse de terabytes!

Conecte-se ao banco de dados de repositório com privilégios de SYSDBA e crie o catálogo de recuperação no tablespace RMAN, como mostrado a seguir:

```
[oracle@oc1 ~]$ sqlplus / as sysdba

SQL*Plus: Release 11.1.0.6.0 -
            Production on Tue Aug 28 20:56:24 2007

Copyright (c) 1982, 2007, Oracle.  All rights reserved.

Connected to:
Oracle Database 11g Enterprise Edition Release 11.1.0.6.0 -
   Production
With the Partitioning, Real Application Clusters, OLAP,
    Data Mining and Real Application Testing options

SQL> create tablespace rman datafile '+data'
  2  size 125m autoextend on;

Tablespace created.

SQL>
```

## Criar o proprietário do catálogo de recuperação

Criar um proprietário do catálogo de recuperação é tão fácil quanto criar qualquer usuário do banco de dados. Neste exemplo, criamos o usuário RMAN para gerenciar o catálogo de recuperação. Você também poderia facilmente criar um usuário chamado FRED como detentor desse catálogo. O uso de RMAN como proprietário do catálogo de recuperação facilita identificar o objetivo da conta:

```
SQL> create user rman
  2     identified by rman
  3     default tablespace rman
  4     quota unlimited on rman;

User altered.

SQL> grant recovery_catalog_owner to rman;

Grant succeeded.

SQL>
```

A atribuição RECOVERY_CATALOG_OWNER inclui os seguintes privilégios de sistema:

- ALTER SESSION
- CREATE CLUSTER
- CREATE DATABASE LINK
- CREATE PROCEDURE
- CREATE SEQUENCE
- CREATE SESSION
- CREATE SYNONYM
- CREATE TABLE
- CREATE TRIGGER
- CREATE TYPE
- CREATE VIEW

Mais adiante neste capítulo, você aprenderá a criar os proprietários do catálogo virtual, cada qual possuindo um catálogo privado virtual. Isso permite a divisão das responsabilidades entre vários DBAs, e o gerenciamento de vários bancos de dados usando o mesmo repositório do RMAN.

## Criar o catálogo de recuperação

Agora que a conta do usuário RMAN já existe no banco de dados de repositório, você pode iniciar o RMAN, conectar-se ao catálogo e inicializar o repositório com o comando CREATE CATALOG:

```
[oracle@dw ~]$ rman catalog rman/rman@rcat

Recovery Manager: Release 11.1.0.6.0 -
    Production on Tue Aug 28 21:24:30 2007
Copyright (c) 1982, 2007, Oracle.  All rights reserved.

connected to recovery catalog database
RMAN> create catalog;
recovery catalog created
RMAN>
```

A partir de então, usar o repositório é tão fácil quanto especificar o nome de usuário e senha do repositório na linha de comando do RMAN com o parâmetro CATALOG, ou emitir o comando CONNECT CATALOG em uma sessão do RMAN. No Oracle Enterprise Manager, você pode persistir as credenciais do repositório, como demonstra a Figura 3-1.

Nas próximas sessões do EM, toda operação de backup ou recuperação do RMAN usará automaticamente o catálogo de recuperação.

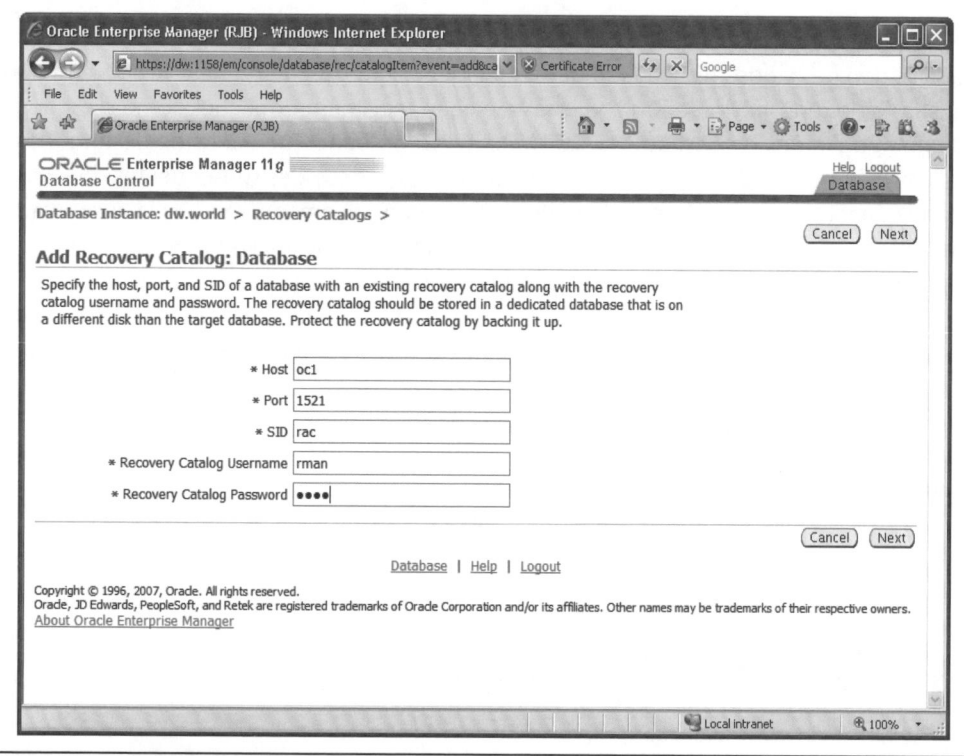

Figura 3-1  *Persistindo as credenciais do repositório do RMAN.*

## OBJETIVO DA CERTIFICAÇÃO 3.03

### SINCRONIZAR O CATÁLOGO DE RECUPERAÇÃO

Após configurar o catálogo de recuperação, você pode registrar um ou mais bancos de dados junto a esse catálogo. O processo de registro propaga as informações de backup e a estrutura do banco de dados de destino para o catálogo de recuperação. Em geral, o RMAN salva a maioria das informações do arquivo de controle no catálogo de recuperação; entretanto, algumas operações exigem a atualização manual dos metadados no próprio catálogo de recuperação.

As seções a seguir discutirão sobre temas relacionados com a sincronização do catálogo de recuperação: registrar um banco de dados, cancelar o registro de um banco de dados e ressincronizar o catálogo de recuperação. Além disso, você aprenderá a alterar o identificador do banco de dados (DBID – database identifier) de um banco de dados duplicado para registrá-lo junto ao catálogo de recuperação; o DBID de cada banco de dados registrado no catálogo de recuperação deve ser único.

## Registrando um banco de dados

Cada banco de dados cujo backup ou recuperação será executado pelo RMAN deve ser registrado no repositório do RMAN; essa operação registra informações como o esquema do banco de dados de destino e o DBID exclusivo do banco de dados de destino. Basta registrar o banco de dados de destino uma única vez; as sessões subsequentes do RMAN que se conectarem a esse banco de dados farão automaticamente referência aos metadados corretos existentes no repositório. O banco de dados deve estar no estado MOUNT ou OPEN para que o respectivo registro seja bem-sucedido.

O exemplo a seguir estabelece conexão com o banco de dados de destino, usando a autenticação do sistema operacional, e conecta-se com o repositório através de autenticação por senha:

```
[oracle@dw ~]$ rman target / catalog rman@rcat

Recovery Manager: Release 11.1.0.6.0 -
     Production on Tue Aug 28 21:34:08 2007

Copyright (c) 1982, 2007, Oracle.  All rights reserved.

connected to target database: DW (DBID=3048318127)
recovery catalog database Password: **********
connected to recovery catalog database

RMAN> register database;

database registered in recovery catalog
starting full resync of recovery catalog
full resync complete

RMAN>
```

Todos os bancos de dados registrados junto ao repositório devem ter DBIDs únicos; a tentativa de registrar novamente o banco de dados resulta na emissão da seguinte mensagem de erro:

```
RMAN> register database;

RMAN-00571: ===========================================================
RMAN-00569: =============== ERROR MESSAGE STACK FOLLOWS ===========
RMAN-00571: ===========================================================
RMAN-03009: failure of register command on default channel
     at 03/31/2008 21:38:44
RMAN-20002: target database already registered in recovery catalog

RMAN>
```

Evidentemente, você pode usar o Enterprise Manager (EM) para registrar o banco de dados; a Figura 3-2 apresenta a página Recovery Catalog Settings, onde é possível especificar um catálogo de recuperação e registrar o banco de dados. Se você não incluir essa etapa no processo de registro, todos os backups executados no EM não serão registrados no catálogo de recuperação.

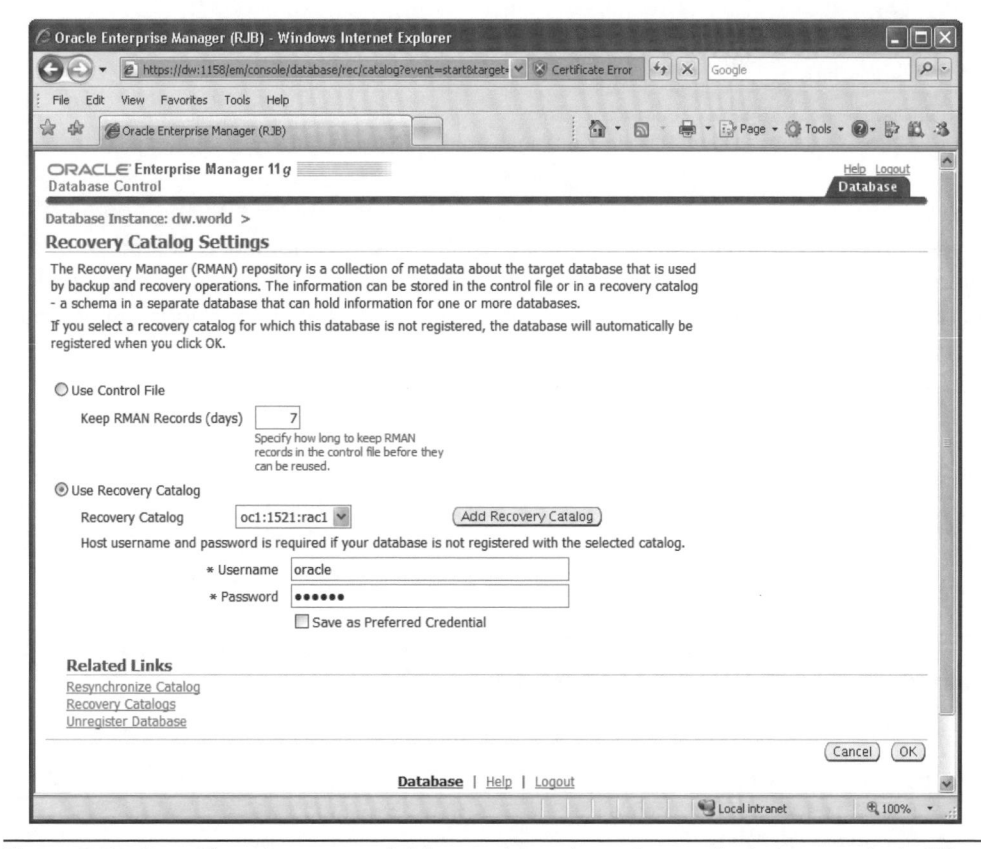

**Figura 3-2** *Especificando um repositório e registrando um banco de dados através do EM.*

## Mudando o DBID de um banco de dados

Na seção anterior, você tentou registrar o mesmo banco de dados duas vezes no catálogo de recuperação. O RMAN impediu o registro duplicado porque já existia um banco de dados com o mesmo DBID no catálogo de recuperação. E se você duplicasse um banco de dados e quisesse utilizar o mesmo catálogo de recuperação para os dois bancos de dados? Use o utilitário DBNEWID emitindo o comando `nid` no prompt da linha de comando.

Executar o comando `nid` sem quaisquer parâmetros exibirá os possíveis parâmetros:

```
[oracle@oc1 ~]$ nid

DBNEWID: Release 11.1.0.6.0 - Production on Mon Mar 31 23:18:39 2008

Copyright (c) 1982, 2007, Oracle.  All rights reserved.

Keyword     Description                     (Default)
----------------------------------------------------
TARGET      Username/Password               (NONE)
DBNAME      New database name               (NONE)
```

```
LOGFILE      Output Log                               (NONE)
REVERT       Revert failed change                     NO
SETNAME      Set a new database name only             NO
APPEND       Append to output log                     NO
HELP         Displays these messages                  NO

[oracle@oc1 ~]$
```

TARGET especifica, obviamente, o nome de usuário e senha do banco de dados. Como alternativa, você pode especificar DBNAME para criar um novo nome de banco de dados, adicionalmente ao DBID; para mudar apenas o nome do banco de dados, especifique SETNAME=Y.

Eis o DBID para o banco de dados DW antes de você alterá-lo:

```
SQL> select dbid, name from v$database;

     DBID NAME
---------- ---------
 423043877 DW

SQL>
```

O banco de dados cujo nome e DBID serão modificados deve ser desligado e reinicializado no modo MOUNT, como neste exemplo:

```
SQL> shutdown immediate
Database closed.
Database dismounted.
ORACLE instance shut down.
SQL> startup mount
ORACLE instance started.

Total System Global Area  669581312 bytes
Fixed Size                  1302008 bytes
Variable Size             524288520 bytes
Database Buffers          138412032 bytes
Redo Buffers                5578752 bytes
Database mounted.
SQL> quit
```

Em seguida, execute o comando nid no prompt da linha de comando; você quer mudar apenas o DBID:

```
[oracle@dw ~]$ nid target=system/syspass@dw

DBNEWID: Release 11.1.0.6.0 - Production on Tue Apr 1 15:15:20 2008

Copyright (c) 1982, 2007, Oracle.  All rights reserved.

Connected to database DW (DBID=423043877)

Connected to server version 11.1.0

Control Files in database:
```

```
    +DATA/dw/controlfile/current.276.650894245
    +RECOV/dw/controlfile/current.475.650894245

Change database ID of database DW? (Y/[N]) => y

Proceeding with operation
Changing database ID from 423043877 to 423071368
    Control File +DATA/dw/controlfile/current.276.650894245 - modified
    Control File +RECOV/dw/controlfile/current.475.650894245 - modified
    Datafile +DATA/dw/datafile/system.272.650894145 - dbid changed
    Datafile +DATA/dw/datafile/sysaux.273.650894147 - dbid changed
    Datafile +DATA/dw/datafile/undotbs1.274.650894147 - dbid changed
    Datafile +DATA/dw/datafile/users.275.650894147 - dbid changed
    Datafile +DATA/dw/datafile/example.281.650894303 - dbid changed
    Datafile +DATA/dw/datafile/rman.283.650895919 - dbid changed
    Datafile +DATA/dw/tempfile/temp.280.650894293 - dbid changed
    Control File +DATA/dw/controlfile/current.276.650894245 - dbid changed
    Control File +RECOV/dw/controlfile/current.475.650894245 - dbid changed
    Instance shut down

Database ID for database DW changed to 423071368.
All previous backups and archived redo logs for this database are unusable.
Database is not aware of previous backups and archived logs
         in Recovery Area.
Database has been shutdown, open database with RESETLOGS option.
Successfully changed database ID.
DBNEWID - Completed successfully.

[oracle@rmanrep ~]$
```

Por último, abra o banco de dados com a opção RESETLOGS:

```
SQL> startup mount
ORACLE instance started.

Total System Global Area  636100608 bytes
Fixed Size                  1301784 bytes
Variable Size             415236840 bytes
Database Buffers          213909504 bytes
Redo Buffers                5652480 bytes
Database mounted.
SQL> alter database open resetlogs;
Database altered.
SQL>
```

Eis o DBID do banco de dados DW depois da alteração:

```
SQL> select dbid, name from v$database;

      DBID NAME
---------- ---------
 423071368 DW

SQL>
```

O uso do comando DBNEWID apresenta pelo menos uma desvantagem. Como todos os arquivos de backup contêm o antigo DBID, os backups anteriores são inúteis; após alterar o DBID, abra o banco de dados pela primeira vez com a opção RESETLOGS, como mostrou o exemplo anterior. Além disso, você deve fazer um backup completo do banco de dados, uma vez que agora os backups anteriores não podem mais ser utilizados.

### Cancelando o registro de um banco de dados

Para migrar as informações de seu backup de um catálogo de recuperação para outro, devido a problemas de espaço no catálogo atual ou um banco de dados registrado incorretamente, você pode cancelar o registro de um banco de dados em um catálogo de recuperação usando, obviamente, o comando UNREGISTER. Neste exemplo, conecte-se ao banco de dados de destino e ao catálogo de recuperação, e execute o comando UNREGISTER:

```
[oracle@dw ~]$ rman target / catalog rman/rman@rcat

Recovery Manager: Release 11.1.0.6.0 - Production on Tue Apr 1 16:14:37 2008

Copyright (c) 1982, 2007, Oracle.  All rights reserved.

connected to target database: DW (DBID=3048318127)
connected to recovery catalog database

RMAN> unregister database;

database name is "DW" and DBID is 3048318127

Do you really want to unregister the database (enter YES or NO)? yes
database unregistered from the recovery catalog

RMAN>
```

Depois que você cancelar o registro de seu banco de dados, os metadados do backup ainda permanecerão armazenados no arquivo de controle pelo número de dias especificado pelo parâmetro de inicialização CONTROL_FILE_RECORD_KEEP_TIME. Se você registrar novamente o banco de dados, o Oracle preencherá o catálogo de recuperação com os metadados do arquivo de controle da estrutura do banco de dados e relacionados ao backup. Para adicionar informações sobre quaisquer backups não contidos no arquivo de controle quando você registrar novamente o banco de dados, você poderá adicionar manualmente os metadados do backup com o comando CATALOG, como explica a seção a seguir.

### Catalogando arquivos de backup adicionais

Se você criou backups fora do RMAN ou registrou seu banco de dados e os backups do RMAN já tinham sido obsoletados do arquivo de controle, use o comando CATALOG para adicionar esses backups ao catálogo de recuperação do RMAN. O comando CATALOG pode incluir os seguintes tipos de arquivos de backup no catálogo de recuperação, com a respectiva palavra-chave do comando CATALOG:

- **Cópias de arquivos de dados** – DATAFILECOPY
- **Partes de backup** – BACKUPPIECE
- **Cópias de arquivo de controle** – CONTROLFILECOPY
- **Arquivos de redo log arquivados** – ARCHIVELOG

Por exemplo, talvez você precise registrar um destino adicional de arquivo de log arquivado no catálogo de recuperação além daqueles existentes na área de recuperação flash já registrados. Se você quiser catalogar alguns dos arquivos de backup em uma localização específica de um grupo de discos ASM (Automatic Storage Management) ou em uma localização do sistema de arquivos, use a opção START WITH. Este exemplo utiliza essa opção para catalogar todos os arquivos de backup no grupo de discos ASM +DATA2:

```
RMAN> catalog start with '+DATA2';
```

*na prática*

*O nome de arquivo ou o caminho de arquivo especificado na cláusula START WITH é apenas um prefixo, e não são permitidos caracteres especiais.*

### EXERCÍCIO 3-1

#### Catalogue arquivos de backup adicionais

Neste exercício, o banco de dados DW tem um destino adicional de log arquivado em /u02/oradata/archivelog, e esses arquivos de log arquivados foram criados antes do registro do banco de dados no catálogo de recuperação. Consulte o local no sistema de arquivos usando o comando ls do Unix e adicione todos os arquivos de log arquivados deste local ao catálogo de recuperação:

1. Procure no sistema de arquivos uma lista de arquivos de backup:

    ```
    [oracle@dw ~]$ ls -l /u02/oradata/archivelog
    total 38020
    -rw-r-----  1 oracle oinstall 2012672 Apr  5 12:01 1_1461_630244724.dbf
    -rw-r-----  1 oracle oinstall 1712288 Apr  5 12:11 1_1462_630244724.dbf
    -rw-r-----  1 oracle oinstall 2115360 Apr  5 12:23 1_1463_630244724.dbf
    [oracle@dw ~]$
    ```

2. Conecte-se ao RMAN e use o comando CATALOG START WITH para adicionar esses arquivos de redo log arquivados ao catálogo de recuperação:

    ```
    [oracle@dw ~]$ rman target / catalog rman/rman@rcat

    Recovery Manager: Release 11.1.0.6.0 - Production on Sat Apr 5
    12:08:09 2008
    ```

```
Copyright (c) 1982, 2007, Oracle.  All rights reserved.

connected to target database: DW (DBID=3048318127)
connected to recovery catalog database

RMAN> catalog start with '/u02/oradata/archivelog';

searching for all files that match the pattern /u02/oradata/archivelog

List of Files Unknown to the Database
=====================================
File Name: /u02/oradata/archivelog/1_1462_630244724.dbf
File Name: /u02/oradata/archivelog/1_1463_630244724.dbf
File Name: /u02/oradata/archivelog/1_1461_630244724.dbf

Do you really want to catalog the above files (enter YES or NO)? yes
cataloging files...
cataloging done

List of Cataloged Files
=======================
File Name: /u02/oradata/archivelog/1_1462_630244724.dbf
File Name: /u02/oradata/archivelog/1_1463_630244724.dbf
File Name: /u02/oradata/archivelog/1_1461_630244724.dbf
RMAN>
```

Se você cancelar por engano ou intencionalmente o registro do banco de dados, poderá registrá-lo novamente. Entretanto, é possível que alguns metadados do backup tenham sido obsoletados do arquivo de controle porque a repetição do registro usa os metadados do arquivo de controle. Se existir uma área de recuperação flash, você poderá recatalogar facilmente todos os backups nessa área, usando a opção RECOVERY AREA do comando CATALOG:

```
RMAN> catalog recovery area noprompt;
```

A palavra-chave NOPROMPT, como você esperava, cataloga cada backup sem pedir confirmação.

## Ressincronizar manualmente o catálogo de recuperação

Algumas situações podem exigir a ressincronização dos metadados contidos no arquivo de controle do banco de dados de destino com o catálogo de recuperação. Por exemplo, o banco de dados do catálogo de recuperação pode não estar disponível para um ou mais de seus backups devido a um problema na rede ou porque o banco de dados do catálogo de recuperação está desligado. Nessa situação, o RMAN registra as informações de backup somente no arquivo de controle do banco de dados de destino. O RMAN sempre registra as informações nesse arquivo, mesmo que o catálogo de recuperação não esteja disponível!

> **dica de exame**
> *O catálogo de recuperação do RMAN registra informações sobre as estruturas do banco de dados de destino, redo logs arquivados e backups quando você executa um comando* BACKUP *do RMAN ou faz uma ressincronização manual.*

Além disso, você pode fazer backups esporádicos e depender dos arquivos de redo log arquivados para um cenário de recuperação. Isso não é um problema em si, mas a lista de arquivos recentes de redo log arquivados não é registrada automaticamente no catálogo de recuperação.

Por fim, você pode ocasionalmente fazer mudanças na estrutura física do banco de dados de destino. Essas informações são automaticamente registradas no arquivo de controle do banco de dados de destino, mas não no catálogo de recuperação.

A ressincronização manual do catálogo de recuperação é um processo simples. Após inicializar o RMAN (e conectar-se a um catálogo de recuperação, evidentemente), execute o comando RESYNC CATALOG, como neste exemplo:

```
RMAN> resync catalog;
starting full resync of recovery catalog
full resync complete
RMAN>
```

## OBJETIVO DA CERTIFICAÇÃO 3.04

### CRIAR E UTILIZAR OS SCRIPTS ARMAZENADOS DO RMAN

Como mencionado anteriormente neste capítulo, os scripts armazenados do RMAN ajudam a automatizar grupos repetidos de comandos do RMAN, facilitando a tarefa cotidiana de ser um Oracle DBA. Os scripts armazenados representam uma alternativa eficiente para os scripts que você armazena em um sistema de arquivos tradicional. O script é armazenado com o catálogo de recuperação (em outras palavras, você não o perderá ao mover o banco de dados do catálogo de recuperação); também é possível controlar o acesso a esses scripts, restringindo um script a um único banco de dados de destino ou a todos os bancos de dados gerenciados dentro do catálogo de recuperação.

### Criando scripts armazenados do RMAN

É possível criar um script do RMAN com o comando CREATE SCRIPT ou CREATE GLOBAL SCRIPT. O parâmetro GLOBAL especifica que o script estará disponível para todos os bancos de dados de destino do RMAN que compartilhem o catálogo de recuperação em questão. Para criar um script como global ou local, você deve estar conectado com o banco de dados de destino e com o catálogo de recuperação. Este exemplo cria um script global chamado GLOBAL_BACKUP_DB que gera um backup completo incluindo os arquivos de log arquivados:

```
RMAN> CREATE GLOBAL SCRIPT
2>       global_backup_db { BACKUP DATABASE PLUS ARCHIVELOG; }

created global script global_backup_db

RMAN>
```

Para disponibilizar um script apenas para um banco de dados de destino específico, omita a palavra-chave GLOBAL. Se já existir um script do RMAN em um arquivo texto em um sistema de arquivos, você poderá importá-lo para um script global ou local do RMAN através da seguinte sintaxe:

```
RMAN> create script global_backup_db from file
2>       '/home/rjb/dbscripts/global_bak.rman';
```

## Executando scripts armazenados do RMAN

A execução de um script armazenado global ou local do RMAN é muito simples; contudo, você deve executar o script dentro de um bloco do comando RUN. A sintaxe é a seguinte:

```
RUN
{   ...outros comandos...;
    EXECUTE [GLOBAL] SCRIPT scriptname;
    ...outros comandos...;
}
```

Veja como executar o script global criado na seção anterior:

```
RMAN> run { execute script global_backup_db; }
```

Você também pode utilizar parâmetros no script armazenado do RMAN. Em outras palavras, se um ou dois valores mudarem dentro do script, como o valor de um canal específico ou o valor de um objeto a ser copiado em backup, use o caractere & como um indicador de substituição, como você faria em um script do SQL *Plus.

---
**EXERCÍCIO 3-2**
---

### Crie um script armazenado com parâmetros

Neste exercício, você automatizará o backup de tablespaces individuais e criará um script global do RMAN para fazer essa tarefa, com um parâmetro que solicitará o nome de um tablespace.

1. Crie um script armazenado global com o parâmetro &1 representando o nome do tablespace:

   ```
   RMAN> create global script backup_ts
   2>        {
   3>            backup tablespace &1;
   Enter value for 1: users
   4>        }
   ```

```
created global script backup_ts

RMAN>
```

Observe que o valor padrão do parâmetro tablespace é USERS.

2. Execute o script armazenado, e substitua o valor padrão atribuído ao tablespace quando você recriou o script pelo tablespace SYSTEM:

```
RMAN> run {execute script backup_ts;}

executing global script: backup_ts

Enter value for 1: system

Starting backup at 19-APR-08
allocated channel: ORA_DISK_1
channel ORA_DISK_1: SID=127 device type=DISK
channel ORA_DISK_1: starting compressed full datafile backup set
channel ORA_DISK_1: specifying datafile(s) in backup set
input datafile file number=00001 name=+DATA/dw/datafile/
system.256.630244579
channel ORA_DISK_1: starting piece 1 at 19-APR-08
channel ORA_DISK_1: finished piece 1 at 19-APR-08
piece handle=+RECOV/dw/backupset/
     2008_04_19/nnndf0_tag20080419t190155_0.534.65247
925 tag=TAG20080419T190155 comment=NONE
channel ORA_DISK_1: backup set complete, elapsed time: 00:00:25
Finished backup at 19-APR-08

Starting Control File and SPFILE Autobackup at 19-APR-08
piece handle=+RECOV/dw/autobackup/
     2008_04_19/s_652474951.533.652474959 comment=NONE
Finished Control File and SPFILE Autobackup at 19-APR-08
RMAN>
```

## Recuperando metadados de scripts armazenados do RMAN

É possível recuperar o conteúdo de scripts armazenados do RMAN por meio dos comandos PRINT e LIST: o comando PRINT apresenta o conteúdo de um script individual, e o comando LIST exibe os nomes dos scripts globais ou de scripts globais e locais.

O exemplo a seguir utiliza o comando LIST SCRIPT NAMES para exibir os scripts globais e locais:

```
RMAN> list script names;

List of Stored Scripts in Recovery Catalog

    Scripts of Target Database DW

       Script Name
       Description
       ---------------------------------------------------------------
```

```
            local_backup_db

Global Scripts

    Script Name
    Description
    ----------------------------------------------------------
    backup_ts

    global_backup_db
```

RMAN>

O comando LIST GLOBAL SCRIPT NAMES retorna apenas os nomes de scripts globais.

Para exibir o conteúdo do script, use o comando PRINT. Tendo em vista que um script global e um script local podem ter o mesmo nome, qualifique o comando PRINT com a opção GLOBAL para imprimir a versão global e não a local. Este exemplo recupera o conteúdo do script global_backup_db:

```
RMAN> print global script global_backup_db;

printing stored global script: global_backup_db
{ BACKUP DATABASE PLUS ARCHIVELOG; }

RMAN>
```

Você pode direcionar através do spool o conteúdo de um script global ou local para um arquivo, usando a opção TO FILE do comando PRINT:

```
RMAN> print global script global_backup_db
2>      to file '/tmp/save_script.rman';

global script global_backup_db written to file /tmp/save_script.rman

RMAN>
```

## Gerenciando scripts armazenados do RMAN

Também é fácil excluir ou substituir scripts armazenados. Para substituir um script armazenado, use o comando REPLACE [GLOBAL] SCRIPT. Neste exemplo, você quer modificar o script global backup_ts de modo a incluir no backup o tablespace SYSTEM, adicionalmente ao tablespace necessário:

```
RMAN> replace global script backup_ts
2>    {
3>       backup tablespace system, &1;

Enter value for 1: users
4>    }

replaced global script backup_ts

RMAN>
```

Como já era de se prever, use o comando DELETE SCRIPT para excluir um script global ou local:

```
RMAN> delete script local_backup_db;

deleted script: local_backup_db

RMAN>
```

## OBJETIVO DA CERTIFICAÇÃO 3.05

### FAZER BACKUP DO CATÁLOGO DE RECUPERAÇÃO

Por residir em um banco de dados Oracle, o catálogo de recuperação deve ser copiado em backup e restaurado como qualquer outro banco de dados. Você deve saber recriar um catálogo de recuperação quando seus backups do banco de dados do catálogo de recuperação estiverem incompletos. Além disso, talvez seja necessário mover o catálogo de recuperação para outro banco de dados ou eliminá-lo de um banco de dados. Esses temas, além da atualização de um catálogo de recuperação, serão discutidos nas seções a seguir.

### Fazendo o backup do catálogo de recuperação

Embora esta recomendação já tenha sido incluída neste e em outros capítulos – e em outros livros relacionados ao assunto – compensa acrescentar mais um lembrete: não guarde o catálogo de recuperação no banco de dados de destino. Se você perder esse banco de dados, também perderá o catálogo de recuperação, e você vai depender de uma cópia de backup ou multiplexada do arquivo de controle do banco de dados de destino para recriar o catálogo de recuperação e restaurar o banco de dados, presumindo-se que você disponha de backups adequados e que todas as mudanças estruturais efetuadas no banco de dados de destino tenham ocorrido na janela do parâmetro de inicialização CONTROL_FILE_RECORD_KEEP_TIME.

Depois desse lembrete para que você guarde o catálogo de recuperação em outro banco de dados, lembre-se também de fazer o backup do banco de dados que contém o catálogo de recuperação, usando, evidentemente, o RMAN, para garantir que os metadados desse catálogo e as informações dos backups sejam registrados no arquivo de controle do banco de dados do catálogo de recuperação. Veja a seguir a configuração recomendada pela Oracle para assegurar um banco de dados de catálogo de recuperação que possa ser recuperado:

1. Configure o banco de dados no modo ARCHIVELOG.
2. Defina o parâmetro RETENTION POLICY do RMAN com REDUNDANCY acima de 1.
3. Faça o backup do catálogo de recuperação em disco e fita depois do backup de cada banco de dados de destino (em outras palavras, dois tipos de mídia distintos).

4. Use `BACKUP DATABASE PLUS ARCHIVELOG` ao fazer o backup do catálogo de recuperação.

5. Use `CONFIGURE CONTROLFILE AUTOBACKUP ON` para ter certeza de que o arquivo de controle seja incluído em cada backup do RMAN.

Essa configuração garante a possibilidade de recuperação por ocasião de uma perda total de um banco de dados de destino ou de um banco de dados do catálogo de recuperação. Se você perder o banco de dados de destino e o banco de dados do catálogo de recuperação ao mesmo tempo, é provável que você esteja usando o banco de dados de destino para o catálogo de recuperação, e, como último lembrete, *não faça isso!*

## Recuperando a partir de um catálogo de recuperação perdido

Caso você perca o banco de dados do catálogo de recuperação, a operação de recuperação será quase idêntica à recuperação de qualquer outro banco de dados que possui backups adequados (criados no RMAN) e estejam em execução no modo `ARCHIVELOG`. Por exemplo, é possível restaurar um backup do arquivo de controle (ou usar um arquivo de controle multiplexado), e depois restaurar e executar uma recuperação total através dos backups do catálogo de recuperação, gerados no RMAN, acrescidos dos arquivos de redo log arquivados. Se você tiver o luxo de ter dois bancos de dados de catálogo de recuperação, poderá salvar os metadados do RMAN de um catálogo de recuperação no banco de dados do outro catálogo de recuperação.

Se não existirem backups do banco de dados do catálogo de recuperação, suas opções serão bastante restritas, mas nem tudo estará perdido. Examine as etapas a seguir para recuperar a maioria, se não todos os metadados de seus backups do banco de dados de destino:

1. Recrie o banco de dados do catálogo de recuperação.
2. Registre o banco de dados de destino junto ao novo catálogo de recuperação.
3. Execute uma operação `RESYNC CATALOG` para copiar todas as informações de backup disponíveis do arquivo de controle do banco de dados de destino.
4. Use o comando `CATALOG START WITH` para adicionar informações sobre todos os backups disponíveis do banco de dados de destino no catálogo de recuperação.

Considerando que os arquivos do backup físico anterior do banco de dados de destino contêm o DBID do destino, e o RMAN identifica cada banco de dados em seu catálogo de recuperação com o DBID, o comando `CATALOG START WITH` poderá atribuir facilmente cada backup ao respectivo banco de dados de destino associado no catálogo de recuperação.

## Exportando e importando o catálogo de recuperação

Como para quaisquer outros bancos de dados, você pode utilizar os utilitários de exportação e importação do Oracle Data Pump, `expdp` e `impdp`, para criar backups lógicos do catálogo de recuperação. Use esse backup lógico para mover o catálogo de recuperação para outro banco de dados. Para isso, siga estas etapas gerais:

1. Use um utilitário de exportação para copiar o esquema do catálogo de recuperação para um arquivo de dump de exportação.
2. Crie o proprietário do catálogo de recuperação no banco de dados do catálogo de destino, com as permissões adequadas; consulte a seção "Criar o proprietário do catálogo de recuperação", apresentada anteriormente neste capítulo.
3. Use o utilitário de importação correspondente para copiar o esquema do catálogo de recuperação para o banco de dados do catálogo de destino.

Na próxima vez em que você abrir o RMAN, conecte-se ao mesmo banco de dados de destino, mas a um banco de dados do catálogo de recuperação diferente. Entretanto, embora o nome do banco de dados do catálogo de recuperação seja diferente, os metadados do banco de dados de destino são idênticos aos metadados contidos no catálogo de recuperação anterior.

*Você também pode utilizar tablespaces transportáveis para mover um esquema de catálogo de recuperação de um banco de dados para outro.*

Não é necessário executar o comando CREATE CATALOG do RMAN nessa situação; as tabelas, colunas e visões do banco de dados original já existem.

## Eliminando um catálogo de recuperação

Após mover com êxito o catálogo de recuperação, você pode eliminá-lo do banco de dados do catálogo de recuperação anterior. Evidentemente, você usará o comando DROP CATALOG para remover o catálogo do banco de dados do catálogo de recuperação anterior. Na realidade, você deverá executar o comando duas vezes para confirmar a ação de exclusão, como neste exemplo:

```
RMAN> connect catalog rman/rman@rcat

connected to recovery catalog database

RMAN> drop catalog;

recovery catalog owner is rman
enter DROP CATALOG again to confirm catalog removal

RMAN> drop catalog;

recovery catalog dropped

RMAN>
```

Convém observar que não é necessário conectar-se ao banco de dados de destino para eliminar um catálogo de recuperação. Além disso, para garantir que todos os vestígios do proprietário do catálogo de recuperação sejam removidos do banco de dados do catálogo de recuperação anterior, não remova manualmente o esquema do proprietário do catálogo de recuperação. Em substituição, use o comando DROP CATALOG.

## Atualizando o catálogo de recuperação

Para oferecer suporte para um cliente mais recente do RMAN (por exemplo, seu catálogo de recuperação do RMAN está na versão 10g e um novo cliente do RMAN está na versão 11g), use o comando UPGRADE CATALOG para atualizar os pacotes locais e o esquema. Como acontece com o comando DROP CATALOG, você deverá submeter a instrução duas vezes, e não há necessidade de se conectar com o banco de dados de destino. Veja um exemplo:

```
RMAN> upgrade catalog;

recovery catalog owner is RMAN
enter UPGRADE CATALOG command again to confirm catalog upgrade

RMAN> upgrade catalog;

recovery catalog upgraded to version 11.01.00.06
DBMS_RCVMAN package upgraded to version 11.01.00.06
DBMS_RCVCAT package upgraded to version 11.01.00.06

RMAN>
```

Será exibida uma mensagem de erro se você tentar fazer um downgrade da versão do catálogo de recuperação. Entretanto, se a versão não mudou, o comando UPGRADE CATALOG prosseguirá, caso todos os pacotes necessários não estejam instalados.

## OBJETIVO DA CERTIFICAÇÃO 3.06

### CRIAR E UTILIZAR O CATÁLOGO PRIVADO VIRTUAL

Em diversas organizações, um único DBA não pode gerenciar os backups de todos os bancos de dados dentro da organização gerados pelo RMAN. Além disso, a legislação relativamente recente Sarbanes-Oxley exige que um departamento de TI implemente mais rigor à segurança e ao acesso a cada banco de dados, de modo que um DBA possa ver apenas os bancos de dados e os backups de bancos de dados de sua responsabilidade. A partir do Oracle Database 11g, é possível criar um *catálogo privado virtual* do RMAN para facilitar e impor essas divisões de responsabilidades. Nas seções a seguir, você obterá mais detalhes sobre os catálogos privados virtuais do RMAN, aprenderá a criar e gerenciar um catálogo privado virtual e verá um catálogo privado virtual em ação.

### Noções básicas sobre os catálogos privados virtuais

Um catálogo privado virtual é idêntico, em termos funcionais, ao catálogo de recuperação discutido neste capítulo inteiro; sob o prisma de um DBA individual, ele se parece com um único catálogo contendo apenas seus metadados do banco de dados e as informações de backup do RMAN. A partir desse ponto, o catálogo de recuperação discutido anteriormente no capítulo será chamado de *catálogo de base*. Cada catálogo privado virtual é uma partição lógica do catálogo de base. Cada proprietário de catálogo virtual depende de uma conta separada do Oracle e de várias visões e sinônimos no banco de dados do catálogo de recuperação.

Como feito anteriormente neste capítulo, o proprietário do catálogo de recuperação de base cria o catálogo de base e concede a atribuição RECOVERY_CATALOG_OWNER a cada conta do Oracle que possuirá um catálogo privado virtual. Se os bancos de dados já estiverem registrados no catálogo de recuperação de base, o proprietário do catálogo de base poderá conceder acesso a um banco de dados registrado para um proprietário do catálogo privado virtual; como alternativa, o proprietário do catálogo de recuperação de base pode conceder o privilégio REGISTER ao proprietário do catálogo privado virtual, para que este possa registrar o novo banco de dados no catálogo privado virtual.

## Criando e gerenciando um catálogo privado virtual

As seções a seguir ensinam a configurar um catálogo privado virtual, a criar o proprietário do catálogo privado virtual e a conceder os privilégios pertinentes ao proprietário do catálogo privado virtual. Em seguida, o proprietário do catálogo privado virtual criará um catálogo privado virtual e registrará um ou mais bancos de dados. Como alternativa, o proprietário do catálogo de base pode conceder privilégios de catálogo para um banco de dados já registrado a um proprietário de catálogo virtual.

Nos exemplos das seções a seguir, o proprietário do catálogo de base para o banco de dados RCAT criará um proprietário do catálogo privado virtual, VPC1, e concederá o privilégio REGISTER DATABASE ao VPC1. O DBA do banco de dados HR no servidor srv04 usará o VPC1 para criar um catálogo privado virtual e registrar o banco de dados HR.

> **dica de exame**
> 
> O proprietário do catálogo de recuperação de base ou um proprietário do catálogo privado virtual pode consultar a coluna da visão para obter uma lista dos bancos de dados registrados. O proprietário do catálogo privado virtual verá apenas os bancos de dados por ele registrados ou aos quais ele pode ter acesso.

### Criando proprietários de catálogo privado virtual

No banco de dados do catálogo de recuperação, a primeira etapa é criar uma conta do Oracle, detentora do catálogo privado virtual:

```
[oracle@rmanrep ~]$ sqlplus / as sysdba

SQL*Plus: Release 11.1.0.6.0 - Production on Tue Apr 22 18:24:39 2008

Copyright (c) 1982, 2007, Oracle.  All rights reserved.

Connected to:
Oracle Database 11g Enterprise Edition Release 11.1.0.6.0 - Production
```

```
With the Partitioning, OLAP, Data Mining
            and Real Application Testing options

SQL> create user vpc1 identified by vpc1
  2  default tablespace users
  3  quota unlimited on users;

User created.
SQL>
```

### Concedendo permissões a proprietários de catálogos privados virtuais

Em seguida, você concederá o privilégio RECOVERY_CATALOG_OWNER ao VPC1, o proprietário do novo catálogo privado virtual:

```
SQL> grant recovery_catalog_owner to vpc1;

Grant succeeded.

SQL>
```

Observe que o usuário VPC1 não é o proprietário do catálogo de recuperação inteiro; o nome da atribuição é um pouco confuso. Na verdade, ele significa que o VPC1 pode criar seu próprio catálogo de recuperação privado, que é um subconjunto lógico do catálogo de recuperação de base.

Opcionalmente, o proprietário do catálogo de recuperação de base já pode conceder permissão sobre os catálogos existentes através do comando GRANT CATALOG do RMAN. Neste exemplo, o proprietário do catálogo de base dá permissão ao VPC1 sobre o banco de dados DW, que já está registrado no catálogo de recuperação:

```
RMAN> grant catalog for database dw to vpc1;

Grant succeeded.

RMAN>
```

Se o proprietário do catálogo de recuperação de base quiser que o usuário VPC1 registre os próprios bancos de dados, ele deverá conceder o privilégio REGISTER DATABASE ao VPC1, como no exemplo a seguir:

```
RMAN> grant register database to vpc1;

Grant succeeded.

RMAN>
```

### Criando um catálogo privado virtual

Agora que o usuário VPC1 tem privilégios adequados para criar e preencher um catálogo virtual, a próxima etapa é conectar-se ao RMAN como usuário VPC1 e criar o catálogo.

A título de conveniência, o usuário VPC1 conectou-se simultaneamente com o banco de dados de destino, HR, e com o catálogo de recuperação. A etapa seguinte é criar o próprio catálogo privado virtual (basta fazer isso uma única vez, do mesmo modo como você só registra um banco de dados uma vez):

```
[oracle@srv04 ~]$ echo $ORACLE_SID
hr
[oracle@srv04 ~]$ rman target / catalog vpc1/vpc1@rcat

Recovery Manager: Release 11.1.0.6.0 -
          Production on Tue Apr 22 18:45:09 2008

Copyright (c) 1982, 2007, Oracle.  All rights reserved.

connected to target database: HR (DBID=3318356692)
connected to recovery catalog database

RMAN> create virtual catalog;

found eligible base catalog owned by RMAN
created virtual catalog against base catalog owned by RMAN

RMAN>
```

Se a versão do cliente do RMAN for anterior ao Oracle Database 11*g*, você deverá usar, em substituição, um prompt SQL para executar uma stored procedure para criar o catálogo virtual, como a seguir:

```
SQL> exec rman.dbms_rcvcat.create_virtual_catalog;
```

Eliminar um catálogo privado virtual é idêntico a eliminar um catálogo de base; tome cuidado para não executar o comando DROP CATALOG como proprietário do catálogo de base!

## Usando um catálogo privado virtual

Depois que todas as permissões foram concedidas e o catálogo privado virtual foi criado, o usuário VPC1 poderá registrar um banco de dados:

```
[oracle@srv04 ~]$ rman target / catalog vpc1/vpc1@rcat;

Recovery Manager: Release 11.1.0.6.0 -
          Production on Tue Apr 22 18:57:40 2008

Copyright (c) 1982, 2007, Oracle.  All rights reserved.

connected to target database: HR (DBID=3318356692)
connected to recovery catalog database

RMAN> register database;

database registered in recovery catalog
starting full resync of recovery catalog
full resync complete

RMAN>
```

Para conhecer os bancos de dados que o VPC1 pode gerenciar através do catálogo privado virtual do RMAN, conecte-se ao banco de dados do catálogo de recuperação e consulte a visão DBINC:

```
[oracle@srv04 ~]$ sqlplus vpc1/vpc1@rcat

SQL*Plus: Release 11.1.0.6.0 - Production on Tue Apr 22 19:00:30 2008

Copyright (c) 1982, 2007, Oracle.  All rights reserved.


Connected to:
Oracle Database 11g Enterprise Edition Release 11.1.0.6.0 - Production
With the Partitioning, OLAP, Data Mining and
        Real Application Testing options

SQL> select distinct db_name from dbinc;

DB_NAME
--------
DW
HR

SQL>
```

Observe que você deve utilizar DISTINCT na instrução SELECT. A visão DBINC tem uma linha para cada versão de um banco de dados de destino; se você não usar DISTINCT, aparecerá mais de uma linha por banco de dados.

## OBJETIVO DA CERTIFICAÇÃO 3.07

### CONFIGURAR AS DEFINIÇÕES DE BACKUP

É possível que as definições de configurações do RMAN lhe pareçam complicadas, em princípio, até que você perceba que as configurações pré-definidas para o RMAN não exigem muitas mudanças para obterem êxito na execução de backups completos e incrementais em disco. As seções a seguir reiteram alguns conceitos e recursos chave do RMAN, examinam mais detalhadamente a especificação de destinos alternativos de backup, abordam a persistência de algumas configurações do RMAN e ensinam a certificar-se de que o arquivo de controle seja incluído em todos os backups.

### Tipos de backups do RMAN

No RMAN, há suporte para alguns métodos diferentes de backup, de acordo com suas necessidades de disponibilidade, com o tamanho almejado de sua janela de recuperação e com o tempo de paralisação aceitável enquanto o banco de dados ou uma parte dele estiver submetido a uma operação de recuperação.

### Backups consistentes e inconsistentes

É possível classificar um backup físico como *consistente* ou *inconsistente*. Em um backup consistente, todos os arquivos de dados têm o mesmo SCN (System Change Number). Em outras palavras, todas as alterações ocorridas nos redo logs foram aplicadas aos arquivos de dados. Considerando que um banco de dados aberto com transações que não sofreram commit pode ter alguns blocos sujos no cache de buffer, é raro que um backup de um banco de dados aberto seja considerado consistente. Consequentemente, os backups consistentes são realizados quando o banco de dados está fechado normalmente ou quando ele se encontra em um estado montado (MOUNT).

Ao contrário, um backup inconsistente é aquele realizado com o banco de dados aberto e com usuários acessando esse banco de dados. Uma operação de recuperação usando um backup inconsistente dependerá dos arquivos de redo log arquivados e online para colocar o banco de dados em um estado consistente, antes de sua abertura. Isso acontece porque os SCNs dos arquivos de dados geralmente não coincidem quando ocorre um backup inconsistente. Consequentemente, para usar um método de backup inconsistente, é necessário que o banco de dados esteja no modo ARCHIVELOG. Além disso, os tablespaces no modo de backup podem gerar muitas entradas de redo log e as entradas de log recicladas podem desaparecer.

### Backups completos e incrementais

Os backups completos abrangem todos os blocos de cada arquivo de dados existente em um tablespace ou banco de dados; é basicamente uma cópia de cada bit de um ou mais arquivos de dados no banco de dados. Um comando do RMAN ou do sistema operacional pode ser usado para executar um backup completo, se bem que os backups realizados fora do RMAN devem ser catalogados junto ao RMAN para serem utilizados em uma operação de recuperação do RMAN. Entretanto, é possível recuperar manualmente um banco de dados sem usar o RMAN.

No Oracle 11g, os backups incrementais podem ser de nível 0 ou de nível 1. Um backup de nível 0 é um backup completo de todos os blocos contidos no banco de dados, que pode ser utilizado em conjunto com os backups de nível 1 incrementais, cumulativos ou diferenciais em uma operação de recuperação do banco de dados. Uma vantagem que se destaca ao se utilizar um backup incremental em uma estratégia de recuperação é que os arquivos de redo log arquivados e online podem não ser necessários para restaurar um banco de dados ou um tablespace a um estado consistente; os backups incrementais podem ter alguns ou todos os blocos necessários. Os backups incrementais só podem ser executados dentro do RMAN.

### Cópias-imagem

Cópias-imagem são backups completos criados por comandos do sistema operacional ou por comandos BACKUP AS COPY do RMAN. Embora um backup completo criado com um comando cp do Linux possa ser registrado posteriormente no catálogo do RMAN como um backup do banco de dados, fazer o mesmo backup de cópias-imagem no RMAN tem a vantagem de verificar os blocos danificados à medida que forem lidos pelo RMAN e registrar as informações dos blocos corrompidos no dicionário de dados. Cópias-imagem representam o formato padrão de arquivo de backup no RMAN.

Este é um excelente recurso do RMAN no Oracle 11*g* pelo seguinte motivo: se você adicionar outro arquivo de dados a um tablespace, precisará lembrar-se de incluí-lo também no comando cp de seu script do Linux. Ao criar cópias-imagem no RMAN, todos os arquivos de dados serão automaticamente incluídos no backup. Se você se esquecer de adicionar o novo arquivo de dados a um script do Linux, a operação de recuperação será extremamente inconveniente, na melhor das hipóteses, e um verdadeiro desastre, no pior dos casos.

### *Conjuntos e partes de backup*

Ao contrário das cópias-imagem, que podem ser criadas na maioria dos ambientes de backup, os conjuntos de backup podem ser gerados e restaurados somente com o RMAN. Um *conjunto de backup* é um backup de um banco de dados inteiro ou parte dele, executado pelo RMAN, consistindo em uma ou mais *partes de backup*. Cada parte de backup pertence a apenas um conjunto de backup, e pode conter os backups de um ou mais arquivos de dados contidos no banco de dados. Todos os conjuntos e partes de backup são registrados no repositório do RMAN, da mesma maneira que qualquer outro backup iniciado pelo RMAN.

### *Backups compactados*

Para qualquer backup do RMAN no Oracle 11*g* que cria um conjunto de backup, a compressão está disponível para reduzir o espaço em disco ou fita necessário para armazenar o backup. Os backups compactados são utilizáveis apenas pelo RMAN, e não exigem um processamento especial quando utilizados em uma operação de recuperação; o RMAN descompacta automaticamente o backup. Criar backups compactados é tão fácil quanto especificar AS COMPRESSED BACKUPSET no comando BACKUP do RMAN.

## Destinos dos backups do RMAN

Os destinos de backup do RMAN englobam diretórios no sistema de arquivos do disco, uma biblioteca de mídias baseada em fita, ou a área de recuperação flash. As melhores práticas da Oracle recomendam o uso de uma área de recuperação flash por vários motivos; o Capítulo 2 discutiu os detalhes da configuração e uso da área de recuperação flash e dos parâmetros de inicialização DB_RECOVERY_FILE_DEST e DB_RECOVERY_FILE_DEST_SIZE. Um dos vários benefícios da área de recuperação flash inclui a nomeação automática dos arquivos de backup. Além disso, o RMAN exclui automaticamente os arquivos obsoletos existentes na área de recuperação flash quando há necessidade de espaço.

Para facilitar uma situação de recuperação totalmente baseada em disco, a área de recuperação flash deve ser suficientemente grande para conter uma cópia de todos os arquivos de dados, arquivos de backup incremental, redo logs online, redo logs arquivados não em fita, backups automáticos do arquivo de controle e do arquivo de parâmetros do servidor (SPFILE). Usar uma janela de recuperação maior ou menor ou ajustar a política de redundância exigirá um ajuste no tamanho da área de recuperação flash. Se a área tiver um tamanho limitado devido a restrições do espaço em disco, deverá existir pelo menos espaço suficiente para armazenar os arquivos de log arquivados que ainda não foram copiados em fita. A visão dinâmica de desempenho V$RECOVERY_FILE_DEST exibe informações sobre o número de arquivos existentes na área de recuperação flash, o espaço atualmente em uso e o espaço total disponível na área.

A área de recuperação flash usa automaticamente o OMF (Oracle Managed Files). Como parte da estrutura de gerenciamento simplificada do Oracle 11*g*, não é necessário definir explicitamente quaisquer parâmetros de inicialização LOG_ARCHIVE_DEST_*n* se você precisar apenas de uma localização para os arquivos de redo log arquivados; se o banco de dados estiver no modo ARCHIVELOG, e uma área de recuperação flash estiver definida, o parâmetro de inicialização LOG_ARCHIVE_DEST_10 será implicitamente definido como a área de recuperação flash.

Como você constatou em diversos exemplos, o RMAN usa a área de recuperação flash de modo muito organizado – com diretórios distintos para os logs arquivados, conjuntos de backup, cópias-imagem, arquivos de rastreamento de mudanças em bloco e backups automáticos do arquivo de controle e SPFILE. Além disso, cada subdiretório é nomeado com a data do backup (por exemplo, +RECOV/dw/autobackup/2008_09_28), facilitando a localização do conjunto de backup ou da cópia-imagem quando for necessário.

Diversos bancos de dados, inclusive um banco de dados primário e em standby, podem compartilhar a mesma área de recuperação flash. Até com o mesmo DB_NAME, desde que o parâmetro DB_UNIQUE_NAME seja diferente, nenhum conflito ocorrerá. O RMAN usa o DB_UNIQUE_NAME para distinguir os backups entre os bancos de dados que utilizam a mesma área de recuperação flash.

## Configurações persistentes do RMAN

Para facilitar ainda mais o trabalho do DBA, algumas configurações do RMAN podem ser *persistidas*. Em outras palavras, essas configurações permanecerão em vigor entre as sessões do RMAN. No exemplo a seguir, o comando SHOW ALL é usado para exibir as configurações padrão do RMAN:

```
RMAN> show all;

RMAN configuration parameters for database with db_unique_name DW are:
CONFIGURE RETENTION POLICY TO REDUNDANCY 1;
CONFIGURE BACKUP OPTIMIZATION ON;
CONFIGURE DEFAULT DEVICE TYPE TO DISK; # default
CONFIGURE CONTROLFILE AUTOBACKUP ON;
CONFIGURE CONTROLFILE AUTOBACKUP FORMAT FOR DEVICE TYPE DISK TO '%F';
         # default
CONFIGURE DEVICE TYPE DISK BACKUP TYPE TO
             COMPRESSED BACKUPSET PARALLELISM 1;
CONFIGURE DATAFILE BACKUP COPIES FOR DEVICE TYPE DISK TO 1; # default
CONFIGURE ARCHIVELOG BACKUP COPIES FOR DEVICE TYPE DISK TO 1; # default
CONFIGURE MAXSETSIZE TO UNLIMITED; # default
CONFIGURE ENCRYPTION FOR DATABASE OFF; # default
CONFIGURE ENCRYPTION ALGORITHM 'AES128'; # default
CONFIGURE COMPRESSION ALGORITHM 'BZIP2'; # default
```

```
CONFIGURE ARCHIVELOG DELETION POLICY TO NONE; # default
CONFIGURE SNAPSHOT CONTROLFILE NAME TO
   '/u01/app/oracle/product/11.1.0/db_1/dbs/snapcf_dw.f'; # default

RMAN>
```

Os parâmetros definidos com os respectivos valores padrão apresentam # default no final da definição da configuração. É fácil examinar esses parâmetros e alterá-los no EM, como demonstra a Figura 3-3.

A próximas seções examinarão algumas das configurações persistentes mais comuns do RMAN.

### Política de retenção

Os backups podem ser automaticamente preservados e gerenciados através de um de dois métodos: por meio de uma *janela de recuperação* ou por *redundância*. Ao utilizar uma janela de recuperação, o RMAN preservará a quantidade de backups necessária para res-

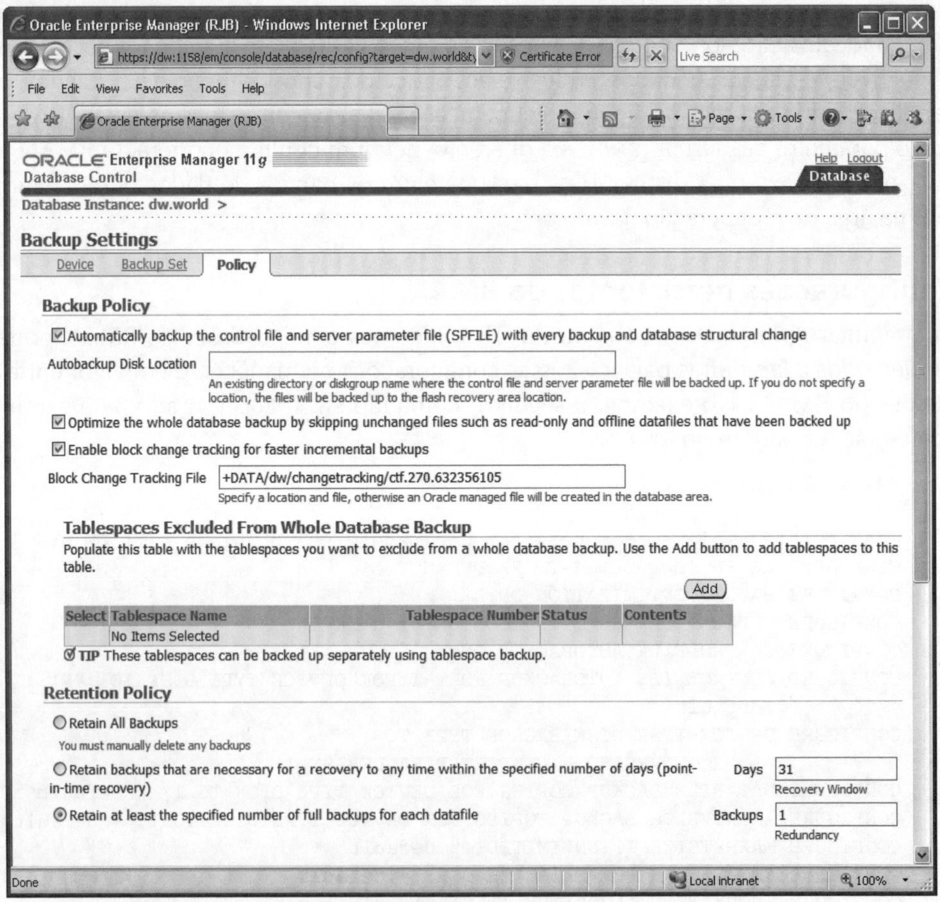

**Figura 3-3**  *Parâmetros persistentes do RMAN no EM.*

suscitar o banco de dados até determinado ponto no tempo, no âmbito da janela de recuperação. Por exemplo, com uma janela de recuperação de sete dias, o RMAN manterá suficientes cópias-imagem, backups incrementais e redo logs arquivados para garantir que o banco de dados seja restaurado até um determinado ponto no tempo dos últimos sete dias. Os backups desnecessários para respaldar essa janela de recuperação serão marcados como obsoletos (OBSOLETE) e automaticamente removidos pelo RMAN se uma área de recuperação flash for utilizada e espaço em disco for necessário para novos backups.

Ao contrário, uma política de retenção por redundância instrui o RMAN a preservar o número especificado de backups ou cópias de cada arquivo de dados e arquivo de controle. Todas as cópias ou backups extras além do número informado na política por redundância serão marcados como OBSOLETE. Como acontece com a janela de recuperação, os backups obsoletos são automaticamente removidos se o espaço em disco for necessário e se for utilizada uma área de recuperação flash. Caso contrário, você pode emitir o comando DELETE OBSOLETE para remover os arquivos de backup e atualizar o catálogo.

Se a política de retenção estiver definida com NONE, nenhum backup ou cópia será considerado obsoleto, e o DBA deverá remover manualmente os backups desnecessários do catálogo e do disco.

O exemplo a seguir define a política de retenção com uma janela de recuperação de quatro dias (a partir de uma política por redundância padrão de uma cópia):

```
RMAN> configure retention policy to recovery window of 4 days;

new RMAN configuration parameters:
CONFIGURE RETENTION POLICY TO RECOVERY WINDOW OF 4 DAYS;
new RMAN configuration parameters are successfully stored

RMAN>
```

## *Tipo de dispositivo*

Se o tipo de dispositivo padrão estiver definido com DISK e nenhum parâmetro de nome de caminho for especificado, o RMAN usará a área de recuperação flash para todos os backups; é possível substituir facilmente a localização do backup no disco no EM, como mostra a Figura 3-4. Como ocorre em muitas tarefas administrativas simplificadas do Oracle 11*g*, não há necessidade de alocar ou desalocar um canal específico para backups, a menos que você esteja utilizando um dispositivo de fita.

Embora a configuração de um dispositivo de fita seja específica de sua instalação, em geral você configurará um dispositivo de fita como demonstrado a seguir:

```
RMAN> configure channel device type sbt
2>     parms='ENV=<parâmetros específicos do fornecedor>';
```

*sbt é o tipo de dispositivo utilizado para qualquer subsistema de backup em fita, independentemente do fornecedor.*

Mesmo sendo possível usar a área de recuperação flash para restaurar e recuperar um banco de dados totalmente a partir do disco, em determinado momento torna-se ineficiente manter todos os seus backups no disco, principalmente se a janela de recupe-

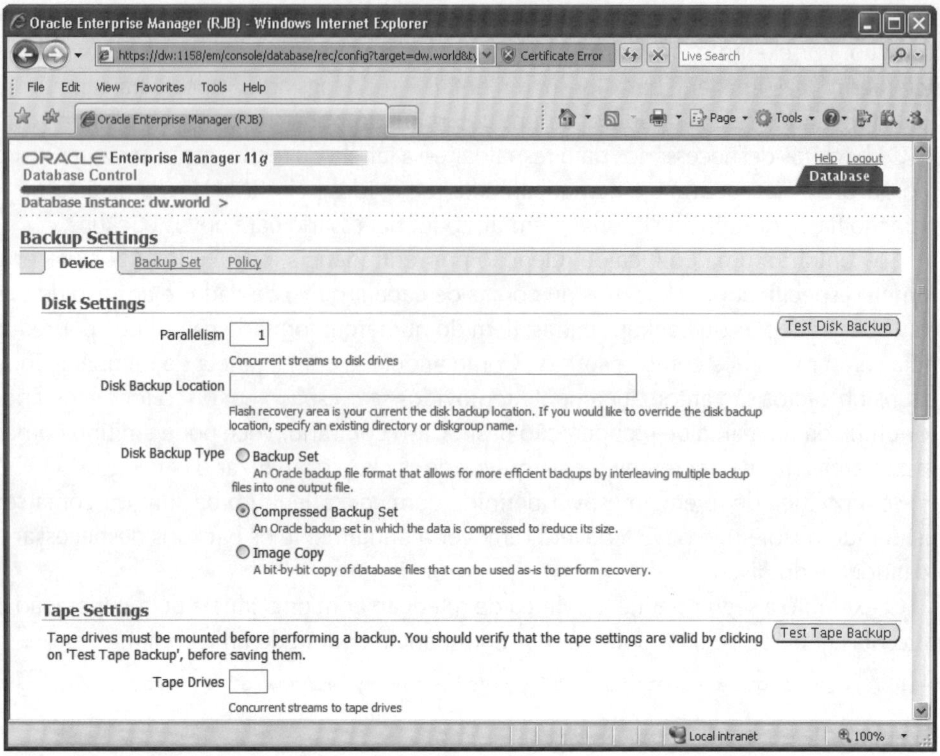

**Figura 3-4**  *Configurando destino do backup no EM.*

ração for grande. Consequentemente, você pode fazer cópias dos arquivos de backup em fita, e o RMAN se encarregará de rastrear a localização dos backups caso você precise restaurar ou recuperar o banco de dados a partir da fita, ou restaurar os redo logs arquivados para avançar uma cópia-imagem existente na área de recuperação flash.

## Backups automáticos do arquivo de controle

Tendo em vista a importância do arquivo de controle, você deve incluí-lo no backup pelo menos sempre que ele mudar em função de modificações implementadas na estrutura do banco de dados. Por padrão, o backup do arquivo de controle não acontece automaticamente. Trata-se de um padrão esquisito, considerando a importância do arquivo de controle e a quantidade pequena de espaço em disco necessária para o seu backup. Felizmente, o RMAN pode ser facilmente configurado para fazer automaticamente o backup do arquivo de controle sempre que um backup bem-sucedido precisar ser registrado no repositório ou quando uma mudança estrutural afetar o conteúdo do arquivo de controle (ou seja, nos casos em que o backup do arquivo de controle precisar ocorrer para garantir uma recuperação com êxito, se e quando for necessária uma operação de recuperação):

```
RMAN> configure controlfile autobackup on;

new RMAN configuration parameters:
```

```
CONFIGURE CONTROLFILE AUTOBACKUP ON;
new RMAN configuration parameters are successfully stored

RMAN>
```

A partir de então, todo backup do RMAN incluirá automaticamente uma cópia do arquivo de controle, que também será incluído em backup sempre que um novo tablespace for criado ou outro arquivo de dados for adicionado a um tablespace já existente.

## OBJETIVO DA CERTIFICAÇÃO 3.08

### ALOCAR CANAIS PARA USAR AO FAZER UM BACKUP

No RMAN, é possível alocar canais de duas maneiras diferentes: definindo os canais com o comando CONFIGURE ou com ALLOCATE CHANNEL dentro de um bloco RUN para substituir o canal padrão ou se nenhum canal padrão estiver definido. Como mencionado anteriormente no capítulo, não é necessário especificar quaisquer canais se o destino for um local em disco.

Eis a linha do comando SHOW ALL que especifica o tipo de dispositivo padrão. Observe que nenhum canal padrão está definido, uma vez que o tipo de dispositivo padrão é DISK:

```
CONFIGURE DEFAULT DEVICE TYPE TO DISK; # default
```

## OBJETIVO DA CERTIFICAÇÃO 3.09

### CONFIGURAR A OTIMIZAÇÃO DO BACKUP

No Oracle Database 11g, o RMAN aceita a *otimização de backup*. Em outras palavras, o comando BACKUP do RMAN salta os backups de um ou mais arquivos quando já existirem arquivos idênticos incluídos em backups no dispositivo especificado, como um disco ou uma fita. O RMAN considera a política de retenção e as capacidades de duplexação de backup do RMAN para determinar se existem backups suficientes de determinado arquivo.

Por padrão, a otimização de backup estará desativada, mas é possível ativá-la com o seguinte comando CONFIGURE:

```
RMAN> configure backup optimization on;

new RMAN configuration parameters:
CONFIGURE BACKUP OPTIMIZATION ON;
new RMAN configuration parameters are successfully stored
starting full resync of recovery catalog
full resync complete

RMAN>
```

## RESUMO DA CERTIFICAÇÃO

Este capítulo iniciou com uma visão geral das vantagens e desvantagens do uso de um catálogo de recuperação do RMAN em relação ao uso de um arquivo de controle para informações de backup.

Mesmo que a manutenção de outro banco de dados para armazenar as informações do catálogo de recuperação exija mais trabalho, essa desvantagem é relativamente pequena quando comparada com as vantagens obtidas com a facilidade de uso e com capacidades de recuperação mais poderosas.

Em seguida, pressupondo que você acabará querendo e precisando de um catálogo de recuperação, você examinou o processo da criação de um catálogo de recuperação e registrou um ou mais bancos de dados de destino junto ao catálogo de recuperação. Além disso, você aprendeu a incluir os metadados de backups criados fora do RMAN (no catálogo de recuperação), aumentando ainda mais a importância de um repositório central de metadados.

Os scripts armazenados, outro recurso disponível somente com um catálogo de recuperação, ajudam a automatizar algumas tarefas rotineiras que consistem em diversas etapas ou comandos, todas armazenadas em um único comando. Os scripts armazenados podem ser locais (específicos para um único banco de dados) ou disponíveis para todos os bancos de dados registrados no catálogo.

Para o caso do catálogo de recuperação desaparecer ou ser danificado (o que nunca deve acontecer porque você faz backup de seu catálogo de recuperação com a mesma frequência com que copia em backup seu banco de dados de destino), você examinou algumas situações diferentes de recuperação de desastres e aprendeu alguns métodos de reduzir o impacto de uma perda total ou parcial do catálogo de recuperação.

Para facilitar a divisão da mão de obra e das responsabilidades quando houver mais de um DBA na organização, use o conceito dos catálogos privados virtuais. A configuração de um catálogo privado virtual para cada DBA na organização é simples e restringe o acesso somente aos bancos de dados pelos quais o DBA é responsável, além de manter, simultaneamente, todas as informações de backup dos bancos de dados no mesmo catálogo de recuperação.

Por último, você conheceu os tipos de backup e as definições das configurações do RMAN, inclusive aprendendo a persistir configurações do RMAN, como os tipos de dispositivos e canais, e também a garantir que o arquivo de controle seja incluído no backup periodicamente. Para aqueles que estiverem se perguntando quando começarão realmente a fazer backups, agora que conhecem os princípios básicos, o comando BACKUP será examinado com detalhes no próximo capítulo.

## ✓ EXERCÍCIO DE DOIS MINUTOS

### Identificar situações que exigem o catálogo de recuperação do RMAN

- ❏ Se seus backups são simples e o banco de dados não é de missão crítica, provavelmente o arquivo de controle será suficiente para os metadados do RMAN.
- ❏ Se existirem vários bancos de dados a serem incluídos no backup, e você preferir usar os scripts armazenados, o catálogo de recuperação será altamente recomendável de acordo com as melhores práticas da Oracle.
- ❏ Ter um repositório central de metadados facilita os relatórios do backup, porque basta utilizar um conjunto de visões RC_ em um único banco de dados para consultar as informações de backup.
- ❏ Somente quando você utiliza um catálogo de recuperação estarão disponíveis alguns comandos úteis do RMAN, como o comando BACKUP . . . KEEP FOREVER.

### Criar e configurar um catálogo de recuperação

- ❏ As três etapas básicas para criar um catálogo de recuperação são: 1) configurar um banco de dados novo ou já existente; 2) criar o proprietário do catálogo de recuperação; 3) criar o próprio catálogo.
- ❏ Apenas 125 MB de espaço em disco são necessários para a implantação inicial do catálogo de recuperação.
- ❏ A atribuição predefinida RECOVERY_CATALOG_OWNER contém todos os privilégios necessários para gerenciar um catálogo de recuperação, como ALTER SESSION, CREATE SESSION e CREATE TABLE.
- ❏ Use o comando CREATE CATALOG para criar o catálogo de recuperação.
- ❏ Você pode utilizar o Enterprise Manager para persistir as credenciais do catálogo de recuperação.

### Sincronizar o catálogo de recuperação

- ❏ A sincronização inicial do catálogo de recuperação utiliza o arquivo de controle do banco de dados de destino.
- ❏ Cada banco de dados a ser incluído no backup deve ser registrado junto ao catálogo de recuperação através do comando REGISTER DATABASE.
- ❏ O banco de dados de destino deve estar no estado MOUNT ou OPEN para se registrar com êxito junto ao catálogo de recuperação.
- ❏ Você pode usar o utilitário DBNEWID (digite nid na linha de comando) para alterar o valor do DBID de um banco de dados. Você também pode mudar o nome do banco de dados como uma opção adicional.
- ❏ Após modificar o DBID de um banco de dados, você deve reabri-lo com RESETLOGS, e depois fazer um backup completo do banco de dados.

- Você pode cancelar o registro de um banco de dados em um catálogo de recuperação por meio do comando UNREGISTER DATABASE.
- Você pode catalogar vários tipos de arquivos de backup no RMAN: cópias de arquivos de dados, partes de backup, cópias de arquivo de controle e arquivos de redo log arquivados.
- Uma das muitas vantagens do uso de uma área de recuperação flash é o fato de que essa área facilita a recatalogação de todos os arquivos de backup na área, através do comando CATALOG RECOVERY AREA.
- A ressincronização manual do catálogo de recuperação é necessária quando esse catálogo não está disponível durante um backup do RMAN. Isso se aplica quando você quiser catalogar arquivos de redo log arquivados ou implementar alterações físicas no banco de dados de destino.

### Criar e utilizar os scripts armazenados do RMAN
- Crie scripts armazenados com o comando CREATE SCRIPT ou CREATE GLOBAL SCRIPT.
- Scripts locais estão disponíveis somente para o banco de dados de destino.
- Scripts globais estão disponíveis para qualquer banco de dados de destino ou até mesmo quando você não estiver conectado com nenhum banco de dados de destino.
- Execute um script global ou local dentro de um bloco do comando RUN.
- Execute scripts com o comando EXECUTE [GLOBAL] SCRIPT.
- O caractere de substituição & permite substituir um valor padrão quando o script for executado.
- O comando LIST [GLOBAL] SCRIPT NAMES apresenta uma lista dos scripts globais ou globais e locais existentes no repositório.
- O comando PRINT exibe o conteúdo de um script global ou local.
- Você pode usar REPLACE [GLOBAL] SCRIPT para substituir o conteúdo de um script global ou local.
- DELETE SCRIPT exclui um script do catálogo de recuperação.

### Fazer backup do catálogo de recuperação
- O banco de dados do catálogo de recuperação é incluído em um backup como qualquer outro banco de dados existente no ambiente.
- O catálogo de recuperação deve estar no modo ARCHIVELOG.
- Os utilitários expdp e impdp podem criar backups lógicos do catálogo de recuperação, que podem ser utilizados em uma situação de recuperação de desastre ou para mover o catálogo de recuperação para outro banco de dados.

- O uso de tablespaces transportáveis é outra maneira de mover o catálogo de recuperação para outro banco de dados.
- Use o comando DROP CATALOG para eliminar um catálogo de recuperação. Não elimine manualmente esquemas e pacotes contidos no banco de dados do catálogo de recuperação.
- Execute o comando UPGRADE CATALOG para dar suporte a um cliente do RMAN de uma versão posterior à do banco de dados do catálogo de recuperação.

*Criar e utilizar um catálogo privado virtual*
- Um catálogo privado virtual facilita a divisão das responsabilidades entre vários DBAs.
- Um ou mais catálogos privados virtuais compartilham o mesmo catálogo de recuperação de base.
- Conceda a atribuição RECOVERY_CATALOG_OWNER a cada conta de usuário do Oracle que possuirá um catálogo privado virtual.
- O proprietário do catálogo de recuperação de base pode conceder permissões sobre bancos de dados registrados existentes aos proprietários de catálogos privados virtuais através do comando GRANT CATALOG.
- Assim que você conceder a um usuário a atribuição RECOVERY_CATALOG_OWNER, o usuário criará um catálogo virtual com o comando CREATE VIRTUAL CATALOG.
- O proprietário do catálogo privado virtual usa o comando REGISTER DATABASE para registrar um novo banco de dados, exatamente como um usuário do catálogo de recuperação de base o faria.
- Você pode consultar a visão do dicionário de dados DBINC para conhecer os bancos de dados acessíveis para o proprietário do catálogo privado virtual.

*Configurar as definições de backup*
- Os backups do RMAN podem ser completos ou incrementais.
- Os backups incrementais podem ser de nível 0 ou de nível 1. Os backups de nível 0 são backups completos que você pode utilizar como parte de uma estratégia de backup diferencial, incremental ou incremental cumulativo de nível 1.
- As cópias-imagem do RMAN são cópias exatas dos arquivos de dados. O uso do RMAN para fazer cópias de arquivos de dados tem a vantagem adicional de verificar a presença de corrupção de dados em cada bloco lido.
- O RMAN pode utilizar a compressão de backup para economizar espaço no dispositivo de destino, e ele descompacta automaticamente o backup durante uma operação de recuperação.

- O uso de uma área de recuperação flash no RMAN propicia duas vantagens: o RMAN nomeia automaticamente os arquivos de backup na área de recuperação flash e exclui também automaticamente os arquivos obsoletos de backup quando houver pouco espaço nessa área.
- Mais de um banco de dados pode utilizar a mesma área de recuperação flash.
- O comando SHOW ALL lista todas as configurações persistentes do RMAN.
- Use CONFIGURE CONTROLFILE AUTOBACKUP ON para garantir a existência de uma cópia de backup do arquivo de controle do banco de dados de destino depois de cada operação de backup.

### Alocar canais para usar ao fazer um backup

- Os canais podem ser persistidos com o comando CONFIGURE ou atribuídos dentro de blocos RUN usando-se o comando ALLOCATE CHANNEL.
- Usar DISK como o tipo de dispositivo padrão não exige qualquer alocação de canais.

### Configurar a otimização do backup

- O RMAN usa a otimização de backup para saltar os backups de um ou mais arquivos se arquivos idênticos foram incluídos no backup em disco ou fita.
- A otimização de backup considera as políticas de duplexação e retenção antes de saltar um arquivo de origem.
- Defina a otimização de backup no RMAN com o comando CONFIGURE BACKUP OPTIMIZATION ON.

# TESTE

As perguntas a seguir o ajudarão a avaliar seu conhecimento sobre o material apresentado neste capítulo. Leia com atenção todas as opções porque pode haver mais de uma resposta correta. Escolha todas as respostas certas de cada pergunta.

*Identificar situações que exigem o catálogo de recuperação do RMAN*

1. Quais das seguintes respostas são bons motivos para usar um catálogo de recuperação em vez do arquivo de controle do banco de dados de destino? (Escolha três respostas.)
   A. Você pode guardar os scripts armazenados no catálogo de recuperação.
   B. Você economiza espaço no arquivo de controle do banco de dados de destino utilizado para as informações de backup do RMAN.
   C. É mais fácil manter um catálogo de recuperação do que um arquivo de controle em cada banco de dados de destino.
   D. O catálogo de recuperação pode apresentar dados sobre tablespaces e arquivos de dados contidos no banco de dados de destino em qualquer momento do tempo a partir de sua criação.
   E. Um catálogo de recuperação pode ser utilizado para gerenciar as informações do RMAN para mais de um banco de dados.

2. Se você não utilizar um catálogo de recuperação, qual visão do dicionário de dados ou visões dinâmicas de desempenho você deve consultar para recuperar informações de backup do RMAN? (Escolha a melhor resposta.)
   A. As visões `V$` em cada destino, como `V$BACKUP_SET` e `V$DATAFILE_COPY`
   B. As visões `RC_` em cada destino
   C. As visões `DBA_` em cada destino
   D. `V$CONTROLFILE`

*Criar e configurar um catálogo de recuperação*

3. O nome do serviço de rede do banco de dados de destino é DW, e o nome do serviço de rede do banco de dados do catálogo de recuperação é RCAT. A variável de ambiente `ORACLE_SID` tem um valor de `RCAT`. Qual dos seguintes conjuntos de comandos criará com êxito um catálogo de recuperação?
   A. `connect catalog rman/rmanpass`
      `create catalog;`
   B. `connect catalog rman/rmanpass@rcat`
      `create catalog@rcat;`
   C. `connect catalog rman/rmanpass@dw`
      `create catalog;`
   D. `create catalog rman/rmanpass@rcat;`

4. Qual das seguintes atribuições você deve conceder ao proprietário do catálogo de recuperação? (Escolha a melhor resposta.)

A. `RECOVERY_CATALOG`
B. `CATALOG_OWNER`
C. `RECOVERY_CATALOG_OWNER`
D. `DBA`

## Sincronizar o catálogo de recuperação

5. Qual das seguintes situações não ocorre quando você registra um banco de dados de destino junto a um banco de dados do catálogo de recuperação usando o comando `REGISTER DATABASE`?

   A. O catálogo de recuperação é sincronizado com a estrutura do banco de dados a partir do arquivo de controle.
   B. As informações sobre os backups manuais de tablespaces são registradas no catálogo de recuperação.
   C. Os dados sobre os backups recentes são copiados do arquivo de controle para as tabelas do catálogo de recuperação.
   D. As linhas dos metadados são criadas para o banco de dados de destino no catálogo de recuperação.

6. Qual é a diferença entre uma ressincronização do catálogo de recuperação parcial e completa? (Escolha duas respostas.)

   A. Uma ressincronização parcial ocorre quando os registros do RMAN foram obsoletados do arquivo de controle do banco de dados de destino por causa do valor de `CONTROL_FILE_RECORD_KEEP_TIME`.
   B. Uma ressincronização parcial utiliza o arquivo de controle do banco de dados de destino atual, e uma ressincronização completa usa um backup do arquivo de controle.
   C. Uma ressincronização completa utiliza o arquivo de controle do banco de dados de destino atual, e uma ressincronização parcial usa um backup do arquivo de controle.
   D. Uma ressincronização completa inclui informações sobre a estrutura do banco de dados e não apenas os backups recentes.

## Criar e utilizar os scripts armazenados do RMAN

7. Qual é a diferença entre um script local e global do RMAN?

   A. Um script local só estará disponível para um único banco de dados de destino.
   B. Um script global faz referência a uma lista de comandos existentes em um arquivo externo.
   C. Um script local faz referência a uma lista de comandos existentes em um arquivo externo.
   D. Um script global pode executar comandos sobre vários bancos de dados de destino simultaneamente.
   E. Um script local só estará disponível para o usuário que o criou. Um script global estará disponível para todos os usuários.

8. Você cria e executa um script armazenado local usando os seguintes comandos:
```
create script full_backup
{
   backup as compressed backupset database;
   delete noprompt obsolete;
}
execute script full_backup;
```
O que acontece quando você executa esses comandos?

A. O script não é executado porque ele deve ser executado dentro de um bloco RUN.

B. Ocorre um backup completo e todos os backups anteriores e redo logs arquivados fora do período de retenção ou da política de retenção são excluídos.

C. A etapa da criação do script falha porque você deve alocar explicitamente um ou mais canais para um script armazenado.

D. O script não é executado porque é necessário especificar um banco de dados de destino ao utilizar um script local.

## Fazer backup do catálogo de recuperação

9. Você perdeu os mais recentes arquivos de redo log arquivados do banco de dados do catálogo de recuperação, assim como o tablespace contendo o catálogo do RMAN. Você pode fazer uma restauração incompleta do banco de dados do catálogo de recuperação até determinado ponto no tempo depois que os bancos de dados de destino foram registrados junto ao catálogo de recuperação. Quais comandos você pode utilizar para ressincronizar os metadados e as informações de backup do banco de dados de destino com o banco de dados do catálogo de recuperação?

A. O comando CREATE CATALOG para recriar o banco de dados do catálogo de recuperação.

B. O comando REGISTER DATABASE para registrar novamente as informações do arquivo de controle do banco de dados de destino.

C. O comando RESYNC CATALOG para atualizar o catálogo de recuperação com os mais recentes registros do arquivo de controle do banco de dados de destino, e o comando CATALOG START WITH para registrar os backups adicionais que não são mais necessários no arquivo de controle do banco de dados de destino.

D. Os comandos CREATE CATALOG e REGISTER DATABASE para ressincronizar o banco de dados de destino junto ao catálogo de recuperação.

10. Sob quais circunstâncias você usaria o comando UPGRADE CATALOG do RMAN?

A. Após fazer mudanças estruturais no banco de dados do catálogo de recuperação.

B. Ao usar uma versão do catálogo de recuperação anterior à exigida pelo cliente do banco de dados de destino do RMAN.

C. Ao usar uma versão do cliente do banco de dados de destino do RMAN anterior à exigida pelo catálogo de recuperação.

D. Após implementar mudanças estruturais no banco de dados de destino.

*Criar e utilizar um catálogo privado virtual*

11. Você criou um catálogo privado virtual para dividir as tarefas administrativas do RMAN entre vários DBAs para 20 bancos de dados diferentes. Qual atribuição você deverá conceder a cada proprietário de catálogo virtual para que uma pessoa acesse os bancos de dados registrados já existentes?

   A. SELECT_CATALOG_ROLE
   B. REGISTER_CATALOG_OWNER
   C  VPC_OWNER
   D. RECOVERY_CATALOG_OWNER

12. O proprietário do banco de dados do catálogo virtual, VPC1, tem o privilégio RECOVERY_CATALOG_OWNER sobre o banco de dados CATDB2, além do privilégio REGISTER DATABASE. Qual dos seguintes conjuntos de comandos permitirá que um cliente do RMAN 11g crie um catálogo virtual, registre um novo banco de dados DW e crie um backup completo do banco de dados?

   A. RMAN> connect catalog vpcl/vpclpwd@dw
      RMAN> create virtual catalog;
      RMAN> connect target system/syspwd@catdb2;
      RMAN> register database;
      RMAN> backup database;
   B. RMAN> connect catalog vpcl/vpclpwd@catdb2
      RMAN> exec
          catowner.dbms_rcvcat.create_virtual_catalog;
      RMAN> connect target system/syspwd@dw;
      RMAN> register database;
      RMAN> backup database;
   C. RMAN> connect catalog vpcl/vpclpwd@catdb2
      RMAN> create virtual catalog;
      RMAN> connect target system/syspwd@dw;
      RMAN> grant catalog for database DW to vpcl;
      RMAN> backup database;
   D. RMAN> connect catalog vpcl/vpclpwd@catdb2
      RMAN> create virtual catalog;
      RMAN> connect target system/syspwd@dw;
      RMAN> register database;
      RMAN> backup database;

*Configurar as definições de backup*

13. Você executa o seguinte comando do RMAN:

    `RMAN> configure controlfile autobackup on;`

    Sob quais condições o RMAN fará o backup do arquivo de controle e do SPFILE? (Escolha todas as respostas aplicáveis.)

    A. Quando terminar um backup do RMAN
    B. Quando você inicializar o RMAN
    C. Quando você se conectar com um banco de dados de destino
    D. Quando você fizer o backup do tablespace SYSTEM
    E. Quando você executar o comando BACKUP CURRENT CONTROLFILE;
    F. Quando alguma das senhas dos DBAs for alterada
    G. Quando você mudar o tamanho da área de recuperação flash
    H. Quando você adicionar um tablespace

14. Quais dos seguintes objetos não podem ser incluídos em um backup pelo RMAN através do comando BACKUP? (Escolha todas as respostas aplicáveis.)

    A. DATAFILE
    B. DATABASE
    C. INSTANCE
    D. CURRENT CONTROLFILE
    E. SPFILE
    F. TABLESPACE
    G. ARCHIVELOG
    H. CONTROLFILE
    I. REDOLOG

15. Identifique na lista a seguir as afirmações verdadeiras sobre o gerenciamento de configurações persistentes do RMAN. (Escolha todas as respostas aplicáveis.)

    A. SHOW ALL lista todas as configurações atuais do banco de dados de destino.
    B. Você pode utilizar o comando CONFIGURE ... CLEAR para definir um valor de configuração para uma string vazia.
    C. SHOW ALL exibe os valores de configurações aplicáveis a todos os bancos de dados de destino.
    D. Você pode utilizar o comando CONFIGURE ... CLEAR para definir um valor de configuração com o respectivo valor padrão.
    E. SHOW ALL lista todas as configurações do RMAN que forem diferentes do valor padrão.

### Alocar canais para usar ao fazer um backup

16. O que acontece quando você executa os seguintes comandos do RMAN?

    ```
    RMAN> run
    { configure channel ch2 device type disk;
      backup database; }
    ```

    A. É criado um backup completo do banco de dados na área de recuperação flash.
    B. O banco de dados é copiado em backup para todos os canais padrão configurados fora do bloco RUN e para o canal adicional dentro do bloco RUN.
    C. O comando falha porque você não pode utilizar CONFIGURE dentro de um bloco RUN.
    D. O comando falha porque você não pode utilizar BACKUP dentro de um bloco RUN.

### Configurar a otimização de backup

17. Você configurou a otimização de backup para seu banco de dados por meio de CONFIGURE BACKUP OPTIMIZATION ON. Em qual dos seguintes comandos o RMAN não saltará um backup se os arquivos forem idênticos?

    A. BACKUP DATABASE;
    B. BACKUP TABLESPACE USERS;
    C. BACKUP ARCHIVELOG ALL;
    D. BACKUP BACKUPSET ALL;

# RESPOSTAS DO TESTE

## Identificar situações que exigem o catálogo de recuperação do RMAN

1. ☑ **A**, **D** e **E**. O uso de um catálogo de recuperação permite criar e manter scripts armazenados. Além disso, ele guarda um histórico corrente de todas as mudanças efetuadas nos tablespaces e arquivos de dados do banco de dados a partir da criação do catálogo de recuperação. Finalmente, você pode armazenar as informações da recuperação de mais de um banco de dados no catálogo de recuperação.

    ☒ **B** não é um bom motivo para utilizar um catálogo de recuperação porque as informações do repositório do RMAN são sempre armazenadas no arquivo de controle, mesmo que você utilize um catálogo de recuperação. **C** também não é um bom motivo, porque um catálogo de recuperação exige mais configuração e manutenção, além de um backup de outro banco de dados. Adicionalmente, é mais fácil gerenciar o arquivo de controle, e seu tamanho pode ser controlado com o parâmetro CONTROL_FILE_RECORD_KEEP_TIME. É muito mais simples exportar uma cópia do arquivo de controle sempre que a estrutura do banco de dados mudar, usando ALTER DATABASE BACKUP CONTROLFILE TO TRACE.

2. ☑ **A**. Quando você não utiliza um catálogo de recuperação, as informações sobre os backups do RMAN estão disponíveis em cada destino individual em visões dinâmicas de desempenho, como V$BACKUP_SET e V$DATAFILE_COPY. Essas visões são alimentadas a partir do arquivo de controle do banco de dados de destino.

    ☒ **B** está incorreta porque as visões RC_ existem apenas no banco de dados que contém o catálogo de recuperação. **C** está incorreta porque as visões DBA_ não mantêm informações do RMAN. **D** está incorreta porque V$CONTROLFILE contém apenas as localizações de cada cópia do arquivo de controle do banco de dados de destino.

## Criar e configurar um catálogo de recuperação

3. ☑ **A**. A variável de ambiente ORACLE_SID está definida. Portanto, o comando CONNECT do RMAN usa automaticamente o valor de ORACLE_SID para estabelecer conexão com o catálogo de recuperação.

    ☒ **B** está incorreta porque não é necessário especificar o nome do banco de dados do catálogo de recuperação no comando CREATE CATALOG. **C** está incorreta porque cria o catálogo de recuperação no banco de dados de destino. **D** está incorreta porque você não pode combinar os comandos CONNECT CATALOG e CREATE CATALOG.

4. ☑ **C**. A atribuição predefinida RECOVERY_CATALOG_OWNER abrange os privilégios de sistema ALTER SESSION, CREATE CLUSTER, CREATE DATABASE LINK, CREATE PROCEDURE, CREATE SEQUENCE, CREATE SESSION, CREATE SYNONYM, CREATE TABLE, CREATE TRIGGER, CREATE TYPE e CREATE VIEW.

☒ **A** e **B** estão incorretas porque as atribuições `RECOVERY_CATALOG` e `CATALOG_OWNER` não existem. **D** está incorreta porque fornece ao proprietário do catálogo de recuperação mais privilégios de sistema do que o necessário.

### Sincronizar o catálogo de recuperação

5. ☑ **B**. Quaisquer backups manuais executados fora do RMAN ou obsoletados do arquivo de controle do banco de dados de destino antes da criação do catálogo de recuperação devem ser registrados manualmente junto ao catálogo de recuperação.

    ☒ **A**, **C** e **D** são etapas que ocorrem quando você registra um banco de dados junto a um catálogo de recuperação.

6. ☑ **B** e **D**. Uma ressincronização total gera um snapshot do arquivo de controle e sincroniza as informações da estrutura do banco de dados, assim como as informações sobre os backups no arquivo de controle do banco de dados de destino, que não constam no catálogo de recuperação. Uma ressincronização parcial compara o arquivo de controle do banco de dados de destino diretamente com o arquivo de controle.

    ☒ **A** está incorreta porque os registros do RMAN obsoletados do arquivo de controle podem ser adicionados manualmente ao catálogo de recuperação. **C** está incorreta porque uma ressincronização total usa uma cópia do arquivo de controle (um snapshot do arquivo de controle) para fazer a comparação, o que não ocorre em uma ressincronização parcial.

### Criar e utilizar os scripts armazenados do RMAN

7. ☑ **A**. Um script local só está disponível para o banco de dados que estava conectado quando o script foi criado.

    ☒ **B** e **C** estão incorretas porque ambos os scripts, globais e locais, são armazenados no catálogo de recuperação. **D** está incorreta porque todo script opera sobre um único banco de dados de cada vez. **E** está incorreta porque os scripts locais e globais estão disponíveis para qualquer usuário que se autentique junto ao catálogo de recuperação.

8. ☑ **A**. Os scripts armazenados, sejam locais ou globais, devem ser executados dentro de um bloco `RUN`, como mostrado a seguir:
    ```
    run {execute script full_backup;}
    ```
    ☒ **B** está incorreta porque um script deve ser incluído em um bloco `RUN`. **C** está incorreta porque você pode incluir uma alocação de canal ou utilizar o canal padrão no bloco `RUN` contendo o comando `EXECUTE SCRIPT`. **D** está incorreta porque os scripts locais e globais são aplicáveis apenas ao banco de dados de destino atualmente conectado.

## Fazer backup do catálogo de recuperação

9. ☑ **C**. O comando `RESYNC CATALOG` sincroniza as informações do arquivo de controle do banco de dados de destino com o banco de dados do catálogo de recuperação, e o comando `CATALOG START WITH` adiciona as informações de backup que não são mais necessárias ao arquivo de controle do banco de dados de destino.

   ☒ **A** está incorreta porque não é necessário recriar o catálogo de recuperação, basta ressincronizá-lo. **B** está incorreta porque o próprio banco de dados já está registrado junto ao catálogo de recuperação. **D** está incorreta porque não é necessário recriar o catálogo de recuperação ou registrar novamente o banco de dados de destino.

10. ☑ **B**. Quando a versão do esquema do catálogo de recuperação é anterior à do cliente do RMAN, use `UPGRADE CATALOG`.

    ☒ **A** e **D** estão incorretas porque mudanças estruturais efetuadas no banco de dados indicam que você deve fazer o backup de seu arquivo de controle, mas isso não aciona uma atualização do catálogo de recuperação. **C** está incorreta porque você pode utilizar clientes do RMAN mais antigos do que a versão do banco de dados do catálogo de recuperação, embora alguns recursos do cliente do RMAN mais recente não estarão disponíveis, como o flashback database.

## Criar e utilizar um catálogo privado virtual

11. ☑ **D**. Para permitir o acesso a um catálogo privado virtual, você deve conceder a atribuição `RECOVERY_CATALOG_OWNER` como um comando SQL a cada usuário que acessará o catálogo.

    ☒ **A** está incorreta porque `SELECT_CATALOG_ROLE` permite acesso ao dicionário de dados de um banco de dados e não controla o acesso aos catálogos virtuais do RMAN. **B** e **C** estão incorretas porque essas atribuições não existem em uma instalação padrão do banco de dados.

12. ☑ **D**. Para criar o catálogo virtual, conecte-se ao catálogo de base, crie o catálogo virtual, conecte-se ao banco de dados de destino, registre o banco de dados e, por último, faça o backup. Crie o catálogo virtual apenas uma vez, e cada banco de dados de destino deve ser registrado uma única vez. As operações de backup subsequentes podem ocorrer após a conexão com o catálogo de base e banco de dados de destino.

    ☒ **A** está incorreta porque o catálogo de base e o catálogo virtual estão na instância com o nome de serviço CATDB2, não o banco de dados de destino DW. **B** está incorreta porque `EXEC CATOWNER.DBMS_RCVCAT.CREATE_VIRTUAL_CATALOG` serve apenas para os clientes anteriores do 11g e deve ser executado pelo proprietário de catálogo virtual em um prompt `SQL>`. **C** está incorreta porque `GRANT CATALOG FOR DATABASE DW TO VPC1` deve ser executado pelo proprietário do catálogo de base e somente se o banco de dados já estiver registrado no catálogo de base.

### Configurar as definições do backup

**13.** ☑ **A, E e H.** O RMAN faz o backup do arquivo de controle atual e do SPFILE (se você o utiliza) após um backup com êxito, quando você copiar explicitamente o arquivo de controle atual e quando a estrutura do banco de dados for alterada.

☒ **B, C, D, F e G** estão incorretas. O RMAN não inclui no backup o arquivo de controle em nenhuma dessas circunstâncias.

**14.** ☑ **C, H, I.** C não pode ser incluído no backup porque o RMAN copia os bancos de dados no backup; uma instância abrange as estruturas de memória do Oracle e não pode ser copiada em backup. **H** não pode ser copiado em backup porque CONTROLFILE não é uma opção válida; use CURRENT CONTROLFILE para o backup do arquivo de controle. **I** não pode ser incluído no backup porque você nunca deve fazer o backup dos arquivos de redo log online.

☒ **A, B, D, E, F e G** podem ser incluídos em backup e, portanto, estão incorretos. Todos os demais objetos listados, o arquivo de controle atual, o SPFILE, o banco de dados inteiro, um arquivo de dados individual, um tablespace individual, ou um ou mais arquivos de redo log arquivados podem ser incluídos em backup pelo RMAN.

**15.** ☑ **A e D.** O comando SHOW ALL apresenta todas as configurações do destino conectado; use CONFIGURE ... CLEAR para redefinir um valor de configuração com o respectivo padrão.

☒ **B** está incorreta porque CONFIGURE ... CLEAR redefine a configuração com seu valor padrão. **C** está incorreta porque SHOW ALL só funciona se você estiver conectado com um banco de dados de destino. **E** está incorreta porque SHOW ALL lista todos os valores de configurações, independentemente de terem sido alterados em relação ao padrão.

### Alocar canais para usar ao fazer um backup

**16.** ☑ **C.** Você pode usar CONFIGURE apenas no prompt de comandos do RMAN para definir valores padrão, e ele não pode ser utilizado dentro de um bloco RUN.

☒ **A** está incorreta porque o comando CONFIGURE não pode ser utilizado dentro de um bloco RUN. **B** está incorreta pelo mesmo motivo; além disso, todos os canais alocados dentro de um bloco RUN substituem o canal padrão. **D** está incorreta porque você pode utilizar BACKUP como um comando isolado ou dentro de um bloco RUN.

### Configurar a otimização de backup

**17.** ☑ **B.** A otimização de backup não é usada para o backup dos tablespaces individuais.

☒ **A, C e D** estão incorretas. A otimização de backup é utilizada para todos esses comandos.

# 4
# Criando Backups do RMAN

## OBJETIVOS DE CERTIFICAÇÃO

| | | | |
|---|---|---|---|
| 4.01 | Criar backups de cópia-imagem | 4.06 | Criar um backup de múltiplas seções, compactado e criptografado |
| 4.02 | Criar um backup integral do banco de dados | 4.07 | Relatórios sobre backups e sua manutenção |
| 4.03 | Ativar o backup incremental rápido | ✓ | Exercício de dois minutos |
| 4.04 | Criar backup duplex e conjuntos de backup | P&R | Teste |
| 4.05 | Criar backup de arquivamento para armazenamento prolongado | | |

Este capítulo contém tudo o que você estava esperando: vamos aprender a criar backups no Recovery Manager (RMAN). Você verá que é possível criar vários tipos diferentes de backups no RMAN e alavancar os diversos recursos novos do Oracle Database 11g para tornar os backups menores e menos demorados.

No RMAN, há suporte para alguns métodos de backup que podem ser utilizados de acordo com suas necessidades de disponibilidade, com o tamanho almejado da janela de recuperação e com o nível de paralisação aceitável enquanto o banco de dados ou parte dele é submetido a uma operação de recuperação. Você saberá mais detalhes sobre a configuração e o uso da recuperação no Capítulo 5.

Primeiramente, você aprenderá a criar backups de cópia-imagem – em outras palavras, cópias exatas dos arquivos de dados de seu banco de dados. Embora seja possível fazer cópias dos arquivos do banco de dados manualmente, o RMAN propicia alguns benefícios adicionais. Você também encontrará uma visão geral dos outros tipos de backups do RMAN: backups completos de banco de dados, assim como backups completos de banco de dados que você pode utilizar como parte de uma estratégia de backup incremental. O RMAN tem vários recursos que podem agilizar ainda mais um backup incremental, como criar um arquivo de rastreamento de mudanças em bloco para marcar os blocos do arquivo de dados que foram modificados a partir do último backup.

Em seguida, você aprenderá a criar um backup de arquivamento para guardar por um período prolongado. As necessidades comerciais e as mudanças recentes implementadas na manutenção de registros e na legislação exigem um período de retenção para os dados corporativos que frequentemente excede a política de retenção configurada para o RMAN. Um backup de arquivamento do RMAN oferece um snapshot consistente e simples de seu banco de dados em um momento do passado.

A partir do Oracle Database 11g, o RMAN fornece melhorias, como os backups de múltiplas seções para ambientes VLDB (very large database – banco de dados muito grande). Nas versões anteriores do RMAN, o backup de um tablespace bigfile demorava muito tempo porque o RMAN só conseguia processar esse tablespace de modo serial. No Oracle Database 11g, o RMAN pode fazer o backup de arquivos de dados muito grandes como um backup de múltiplas seções, alavancando diversos dispositivos de saída (vários canais direcionados para um disco ou fita) para reduzir drasticamente o tempo necessário para fazer o backup do arquivo de dados, entre outras vantagens. As técnicas alternativas de compressão RMAN e os métodos de criptografia reduzem ainda mais o tamanho do backup e tornam os backups indisponíveis para pessoas não autorizadas, usando senhas ou a wallet de criptografia do banco de dados.

Por último, você verá um roteiro abrangente das capacidades informativas do RMAN. Como uma ferramenta poderosa de backup, o RMAN dispõe de muitos comandos e várias visões úteis do dicionário de dados, o que facilita a identificação do estado e do conteúdo dos backups, no banco de dados de destino ou no próprio repositório.

## USANDO O RMAN PARA CRIAR BACKUPS

Raros motivos o levarão a não utilizar o RMAN como sua principal ferramenta de gerenciamento de backups. Incluímos a seguir alguns dos mais importantes recursos do RMAN, que não estão disponíveis nas ferramentas tradicionais de backup ou que estão limitados por restrições significativas nas ferramentas convencionais de backup:

- **Ignorar blocos sem uso**  Os blocos que nunca foram utilizados para gravações, como aqueles posicionados acima da marca d'água superior (HWM – high water mark) em uma tabela, não são incluídos em backup pelo RMAN quando o backup é um conjunto de backup do RMAN. Os métodos tradicionais de backup não têm como saber quais blocos foram utilizados.

- **Compactação de backup**  Além de ignorar os blocos nunca utilizados, o RMAN também pode usar um dos dois modos de compactação binária específicos do Oracle para economizar espaço no dispositivo de backup. Embora as técnicas de compressão específicas do sistema operacional estejam disponíveis com as ferramentas tradicionais de backup, os algoritmos de compressão utilizados pelo RMAN são personalizados para maximizar a compactação dos tipos comuns de dados encontrados em blocos de dados do Oracle. Mesmo ocorrendo um pequeno aumento no tempo de CPU durante uma operação de backup ou recuperação compactado, a quantidade de mídia usada no backup pode ser bastante reduzida, assim como acontece uma redução no uso de banda da rede se o backup for executado através da rede. É possível configurar várias CPUs para um backup do RMAN para ajudar a diminuir a sobrecarga da compressão.

- **Backups de bancos de dados abertos**  Os backups de tablespaces podem ser executados no RMAN sem a cláusula BEGIN/END BACKUP com ALTER TABLESPACE. Entretanto, seja no RMAN ou em uma ferramenta tradicional de backup, o banco de dados deve estar no modo ARCHIVELOG.

- **Backups verdadeiramente incrementais**  Em qualquer backup incremental do RMAN, os blocos inalterados desde o último backup não serão gravados no arquivo de backup. Isso economiza muito espaço em disco, tempo de I/O e tempo de CPU. Nas operações de restauração e recuperação, o RMAN tem suporte para *backups atualizados no modo incremental*. Os blocos de dados de um backup incremental são aplicados a um backup anterior para possivelmente reduzir o tempo e o número de arquivos que devem ser acessados para executar uma operação de recuperação. Você encontrará um exemplo de um backup atualizado no modo incremental mais adiante neste capítulo.

- **Recuperação no nível de bloco**  Para ajudar a evitar a paralisação durante uma operação de recuperação, o RMAN oferece suporte para a *recuperação em nível de bloco* nas operações de recuperação que precisem restaurar ou corrigir apenas um pequeno número de blocos identificados como danificados durante a operação de backup. O restante do tablespace e os objetos dentro do tablespace podem permanecer online enquanto o RMAN corrige os blocos danificados. Até mesmo as linhas de uma tabela que não estiverem sendo corrigidas pelo RMAN ficam disponíveis para os aplicativos e usuários. Você conhecerá a recuperação em nível de bloco no Capítulo 5.

- **Vários canais de I/O** Durante uma operação de backup ou recuperação, o RMAN pode utilizar vários canais de I/O em processos distintos do sistema operacional, realizando assim I/O concorrente. Os métodos de backup tradicionais, como um comando `cp` do Unix ou um `export` do Oracle, são geralmente operações de processo único.

- **Independência de plataforma** Os backups gravados com comandos do RMAN têm uma sintaxe idêntica, independentemente da plataforma de hardware ou software utilizada. Em outras palavras, os scripts do RMAN independem da plataforma. A única diferença recai sobre a configuração dos canais de gerenciamento de mídia. Se você não utilizar o RMAN, algo como um script do Unix contendo diversos comandos `cp` não será executado de maneira alguma se o script de backup for transferido para uma plataforma Windows.

- **Suporte para gerenciador de fitas** Todos os principais sistemas de backup corporativos têm suporte ao RMAN através de um driver de gerenciamento de mídia de terceiros, oferecido pelo fornecedor da fita de backup.

- **Catalogação** Um registro de todos os backups do RMAN é inserido no arquivo de controle do banco de dados de destino e, como opção, em um catálogo de recuperação armazenado em outro banco de dados. Isso torna as operações de restauração e recuperação relativamente simples em relação aos backups de rastreamento manual, em nível de sistema operacional, que utilizam os comandos "copy". As vantagens e a configuração revisada do catálogo são discutidas no Capítulo 3.

- **Capacidades de criação de scripts** Os scripts do RMAN podem ser gravados em um catálogo de recuperação para serem recuperados durante uma sessão de backup. A forte integração da linguagem de scripts, a facilidade na manutenção dos scripts no RMAN, e o recurso de agendamento do Oracle tornam o RMAN uma escolha mais eficiente em relação ao armazenamento de scripts tradicionais em um diretório do sistema operacional, com os mecanismos de agendamento internos do próprio sistema operacional.

- **Backups criptografados** O RMAN usa a criptografia de backup integrada ao Oracle Database 11*g* para armazenar backups criptografados. O armazenamento de backups criptografados em fita exige a opção Advanced Security.

Em alguns casos raros, um método tradicional de backup pode oferece alguma vantagem em relação ao RMAN. Por exemplo, não há suporte no RMAN para o backup de arquivos de senhas e de outros arquivos não pertencentes ao banco de dados, como o tnsnames.ora, listener.ora e sqlnet.ora. Entretanto, esses arquivos têm uma natureza relativamente estática, e podem ter uma operação fácil de backup e recuperação por meio de um método tradicional de backup, como o comando `cp` do Unix.

## OBJETIVO DA CERTIFICAÇÃO 4.01

## CRIAR BACKUPS DE CÓPIA-IMAGEM

No RMAN, há suporte para alguns métodos de backup diferentes. A escolha do método depende de suas necessidades de disponibilidade, do tamanho almejado da janela de recuperação, e da janela de paralisação aceitável enquanto o banco de dados (ou uma parte dele) estiver sob a uma operação de recuperação.

O RMAN armazena seus backups em um de dois formatos: conjuntos de backup ou cópias-imagem. Esta seção destaca e define as diferenças entre esses dois formatos, e outros exemplos de cada tipo de backup são fornecidos mais adiante neste capítulo.

### Criando conjuntos de backups

Um *conjunto de backup* é um objeto específico do RMAN; somente o RMAN pode criar e ler conjuntos de backup. Como você já aprendeu no Capítulo 3, um conjunto de backup é um conjunto de arquivos, chamados de *partes de backup*, que pode ser armazenado em um sistema de arquivos ou em um disco ASM (Automatic Storage Management). Cada parte de backup pode conter um ou mais backups de arquivos do banco de dados. Todos os conjuntos de backup e respectivas partes são registrados no repositório do RMAN, assim como qualquer outro backup iniciado pelo RMAN.

Por padrão, os backups em disco são predefinidos como um tipo de backup de conjunto de backup:

```
CONFIGURE DEVICE TYPE DISK PARALLELISM 1 BACKUP TYPE TO
BACKUPSET; # default
```

Consequentemente, o seguinte comando de backup não necessita do qualificador AS BACKUPSET, mas você pode especificá-lo, se preferir, principalmente se ele estiver em um script global que pode ser executado em uma sessão do RMAN com predefinições diferentes:

```
RMAN> backup as backupset format '/u01/hr/backups/userbak.set'
2>tablespace sysaux;
```

A cláusula FORMAT pode usar variáveis de substituição para distinguir os conjuntos de backup por banco de dados, por parte, e assim por diante. Eis alguns exemplos de tipos de variáveis de substituição:

- %d – Nome do banco de dados
- %e – Número sequencial do log arquivado
- %f – Número absoluto do arquivo
- %F – Combina o DBID, dia, mês, ano e número sequencial, separados por hífens
- %c – Número de cópia das várias cópias em um backup duplexado
- %I – Identificador do banco de dados (DBID – database identifier)

- **%n** – Nome do banco de dados com oito caracteres
- **%p** – Número da parte dentro do conjunto de backup
- **%s** – Número do conjunto de backup
- **%t** – Timestamp do conjunto de backup
- **%U** – Nome de arquivo exclusivo, gerado pelo sistema (padrão)

### EXERCÍCIO 4-1

#### Crie um conjunto de backup compactado

Neste exercício, você criará um backup do RMAN para o diretório /u06/backup que inclui o nome do banco de dados, o número do conjunto de backup, o timestamp do conjunto de backup e o número da parte contida no conjunto de backup. Você criará um segundo backup do RMAN usando a localização padrão do backup e o formato de conjunto de backup.

1. Conecte-se ao banco de dados de destino e ao catálogo de recuperação no banco de dados HR:

   ```
   [oracle@srv04 ~]$ rman target / catalog rman/rman@rcat

   Recovery Manager: Release 11.1.0.6.0 -
        Production on Sat May 3 21:15:51 2008

   Copyright (c) 1982, 2007, Oracle.  All rights reserved.

   connected to target database: HR (DBID=3318356692)
   connected to recovery catalog database

   RMAN>
   ```

2. Execute o backup do RMAN e especifique explicitamente AS COMPRESSED BACKUPSET, mesmo que este já seja o padrão:

   ```
   RMAN> backup as compressed backupset
   2>      format '/u06/backup/rman_%d_%s_%t_%p.bkupset'
   3>      tablespace users;

   Starting backup at 03-MAY-08
   using channel ORA_DISK_1
   channel ORA_DISK_1: starting compressed full datafile backup set
   channel ORA_DISK_1: specifying datafile(s) in backup set
   input datafile file number=00004 name=/u01/app/oracle/oradata/
   hr/users01.dbf
   channel ORA_DISK_1: starting piece 1 at 03-MAY-08
   channel ORA_DISK_1: finished piece 1 at 03-MAY-08
   piece handle=/u06/backup/rman_HR_2_653777029_1.bkupset
   tag=TAG20080503T204349 comment=NONE
   channel ORA_DISK_1: backup set complete, elapsed time: 00:00:04
   Finished backup at 03-MAY-08

   RMAN>
   ```

3. Execute novamente o backup do RMAN, dessa vez fazendo o backup do tablespace SYSAUX e usando a localização e o formato padrão:

```
RMAN> backup as compressed backupset tablespace sysaux;

Starting backup at 03-MAY-08
using channel ORA_DISK_1
channel ORA_DISK_1: starting compressed full datafile backup set
channel ORA_DISK_1: specifying datafile(s) in backup set
input datafile file number=00002
name=/u01/app/oracle/oradata/hr/sysaux01.dbf
channel ORA_DISK_1: starting piece 1 at 03-MAY-08
channel ORA_DISK_1: finished piece 1 at 03-MAY-08
piece handle=/u01/app/oracle/flash_recovery_area
   /HR/backupset/2008_05_03/o1_mf_nnndf_TAG20080503T210504_
41t6hb0w_.bkp
tag=TAG20080503T210504 comment=NONE
channel ORA_DISK_1: backup set complete, elapsed time: 00:00:56
Finished backup at 03-MAY-08

RMAN>
```

O parâmetro FORMAT pode ser fornecido de duas maneiras: no ALLOCATE CHANNEL e como parte dos comandos CONFIGURE. O FORMAT padrão aplica-se somente ao backup automático do arquivo de controle, como neste exemplo:

```
CONFIGURE CONTROLFILE AUTOBACKUP FORMAT FOR
    DEVICE TYPE DISK TO '%F'; # default
```

## Criando cópias-imagem

Uma *cópia-imagem* é uma cópia exata de um arquivo de dados de um tablespace, de um arquivo de redo log arquivado ou de um arquivo de controle. Embora seja possível utilizar um comando do sistema operacional para fazer uma cópia, usar o comando BACKUP AS COPY do RMAN propicia as vantagens adicionais da verificação de blocos e do registro automático do backup no arquivo de controle e no catálogo de recuperação (se estiver configurado). Outro benefício derivado da criação de cópias-imagem é a possibilidade de utilizá-las fora do RMAN se, por algum motivo, uma operação de recuperação precisar ocorrer fora do RMAN.

Existe uma restrição aplicável ao uso de cópias-imagem, no sentido de que essas cópias só podem ser gravadas em disco. Entretanto, isso pode se tornar uma vantagem: mesmo que o espaço em disco seja pouco e precioso em relação ao armazenamento em fita, o tempo de restauração é muito menor, uma vez que o arquivo utilizado na recuperação já existe no disco.

Você pode usar a cópia-imagem de disco em uma situação de recuperação através de dois métodos: usando um comando do RMAN ou um comando SQL. No RMAN, use o comando SWITCH. No exemplo a seguir, o disco contendo o tablespace STAR_SCHEMA desapareceu e você quer alternar para uma cópia de backup:

```
RMAN> sql "alter tablespace star_schema offline immediate";
RMAN> switch tablespace star_schema to copy;
RMAN> recover tablespace star_schema;
RMAN> sql "alter tablespace star_schema online";
```

Como alternativa, no prompt SQL, você pode usar o comando ALTER DATABASE RENAME FILE, desde que o tablespace contendo o arquivo de dados esteja offline ou o banco de dados esteja no modo MOUNT.

Por último, saiba que uma cópia-imagem de um tablespace ou de um arquivo de redo log arquivado contém todos os blocos existentes no tablespace ou no arquivo de redo log arquivado. Uma cópia-imagem de um arquivo de dados pode ser utilizada como um backup incremental de nível 0, desde que você adicione o parâmetro INCREMENTAL LEVEL 0:

```
RMAN> backup incremental level 0
2> as copy
3> tablespace sysaux;
Starting backup at 13-NOV-08
allocated channel: ORA_DISK_1
channel ORA_DISK_1: SID=118 device type=DISK
channel ORA_DISK_1: starting datafile copy

input datafile file number=00002
        name=+DATA/dw/datafile/sysaux.257.630244581

output file name=+RECOV/dw/datafile/sysaux.421.670716759
        tag=TAG20081113T221210 RECID=12 STAMP=670716858

channel ORA_DISK_1: datafile copy complete, elapsed time: 00:01:46

Finished backup at 13-NOV-08

RMAN>
```

## OBJETIVO DA CERTIFICAÇÃO 4.02

### CRIAR UM BACKUP INTEGRAL DO BANCO DE DADOS

Um backup do RMAN pode ser de cinco tipos diferentes:

- Backup integral de banco de dados
- Backup completo
- Backup incremental de nível 0
- Backup diferencial incremental de nível 1
- Backup cumulativo incremental de nível 1

Nas seções a seguir, você aprenderá as diferenças entre esses tipos de backups e como executá-los.

## Backups integrais de bancos de dados

O backup integral do banco de dados abrange uma cópia de todos os arquivos de dados contidos no banco de dados mais o arquivo de controle. Você também pode incluir os arquivos de redo log arquivados e o arquivo de parâmetros do servidor (SPFILE).

Se seu dispositivo padrão de backup for um disco, o seguinte comando fará o backup de seu banco de dados como cópias-imagem, incluindo todos os arquivos do banco de dados, o arquivo de controle, todos os arquivos de redo log arquivados e o SPFILE:

```
RMAN> backup as copy database spfile plus archivelog;
```

Mesmo se a configuração CONTROLFILE AUTOBACKUP estiver definida com OFF, o RMAN fará o backup do arquivo de controle atual sempre que o arquivo de dados #1 estiver incluído no backup. Portanto, o backup integral do banco de dados em um backup completo do banco de dados inclui o arquivo de dados #1 e, consequentemente, inclui no backup o arquivo de controle. Além disso, a configuração CONTROLFILE AUTOBACKUP definida com ON resulta em um ganho de desempenho inexpressivo em qualquer backup do RMAN, a menos que o espaço em disco esteja extremamente reduzido e o arquivo de controle esteja muito grande depois de vários backups do RMAN e um longo período de retenção desse arquivo.

Se você incluir a cláusula DELETE INPUT no comando BACKUP apresentado anteriormente, o RMAN excluirá os arquivos de log arquivados de todos os destinos após o backup desses arquivos. Se você estiver usando uma área de recuperação flash, essa cláusula é geralmente desnecessária, porque o RMAN exclui automaticamente os arquivos obsoletos na área de recuperação flash quando houver pouco espaço disponível.

Finalmente, você pode fazer o backup de um backup anterior de um banco de dados (cópias-imagem ou conjunto de backup) em outro local (como uma fita) com o seguinte comando:

```
backup copy of database;
```

## Backups completos

Um backup completo é diferente de um backup integral do banco de dados. e pode consistir em um único arquivo de dados ou tablespace, enquanto um backup integral do banco de dados abrange todos os arquivos de dados contidos em um banco de dados. Para os backups completos de tablespaces ou de arquivos de redo log arquivados, o RMAN copia todos os blocos de dados em um conjunto de backup; os blocos nunca utilizados são ignorados. Para uma cópia-imagem, todos os blocos são incluídos, sejam eles utilizados ou não.

**na ⓟrática**

*Um backup completo de um objeto individual do banco de dados é um subconjunto lógico de um backup integral do banco de dados. Ao executar a recuperação do banco de dados, o RMAN pode utilizar um backup completo mais recente de um tablespace do que a parte mais recente do backup, que o RMAN usa de um backup mais antigo de um backup integral do banco de dados. Isso ocorre porque um backup integral do banco de dados é um snapshot do banco de dados inteiro. Você grava o arquivo de dados e deixa o processo automático de recuperação ressincronizar os dados nos arquivos de dados, entradas de redo logs e arquivo de controle.*

Um backup completo de um objeto individual do banco de dados é muito parecido com um backup integral do banco de dados, exceto pelo fato de que a palavra-chave TABLESPACE substitui a palavra-chave DATABASE no comando BACKUP. Isso acontece porque você está fazendo o backup de tablespaces individuais.

---

**EXERCÍCIO 4-2**

### Faça um backup completo de dois tablespaces

Neste exercício, você fará um backup completo dos tablespaces USERS e SYSAUX no mesmo comando BACKUP.

1. Conecte-se ao RMAN e execute o comando BACKUP com os tablespaces separados por vírgulas:

```
RMAN> backup tablespace sysaux, users;

Starting backup at 04-MAY-08
using channel ORA_DISK_1
channel ORA_DISK_1: starting full datafile backup set
channel ORA_DISK_1: specifying datafile(s) in backup set
input datafile file number=00002
name=/u01/app/oracle/oradata/hr/sysaux01.dbf
input datafile file number=00004
name=/u01/app/oracle/oradata/hr/users01.dbf
channel ORA_DISK_1: starting piece 1 at 04-MAY-08
channel ORA_DISK_1: finished piece 1 at 04-MAY-08
piece handle=/u01/app/oracle/flash_recovery_area/
HR/backupset/2008_05_04/o1_mf_nnndf_TAG20080504T101253_41vnnjbx_.bkp
tag=TAG20080504T101253 comment=NONE
channel ORA_DISK_1: backup set complete, elapsed time: 00:01:37
Finished backup at 04-MAY-08

RMAN>
```

Perceba que o arquivo de controle e o SPFILE não são incluídos nesse backup, a menos que a configuração CONTROLFILE AUTOBACKUP esteja definida com ON ou o arquivo de dados #1 esteja incluído no backup; por padrão, essa configuração é definida com OFF, como neste exemplo.

No Oracle Enterprise Manager Database Control, é possível fazer um backup completo ad-hoc ou agendado de um tablespace usando uma ferramenta GUI, como na Figura 4-1.

Um backup completo não pode fazer parte de uma estratégia de backup incremental; em outras palavras, um backup completo existe isoladamente, a despeito dos outros backups incrementais sendo executados para os mesmos objetos. Na próxima seção, você aprenderá a configurar uma estratégia de backup incremental.

## Backups incrementais

Como mencionado no Capítulo 3, um backup incremental pode ser de dois tipos: nível 0 ou nível 1. Um backup incremental de nível 0 inclui todos os blocos contidos nos arquivos de dados especificados, exceto os blocos nunca utilizados. Além disso, um backup de nível 0 é fisicamente idêntico a um backup completo dos mesmos arquivos de dados, exceto pelo fato de um backup completo não pode ser usado em uma estratégia de backup incremental – ele existe isoladamente. Um backup de nível 1 pode ser de dois tipos: um backup diferencial, que inclui no backup os blocos alterados a partir do último backup de nível 0 ou 1; ou um backup cumulativo, que abrange todos os blocos modificados desde o último backup de nível 0.

Use as seguintes palavras-chave no comando BACKUP do RMAN, para especificar um backup incremental de nível 0 ou 1:

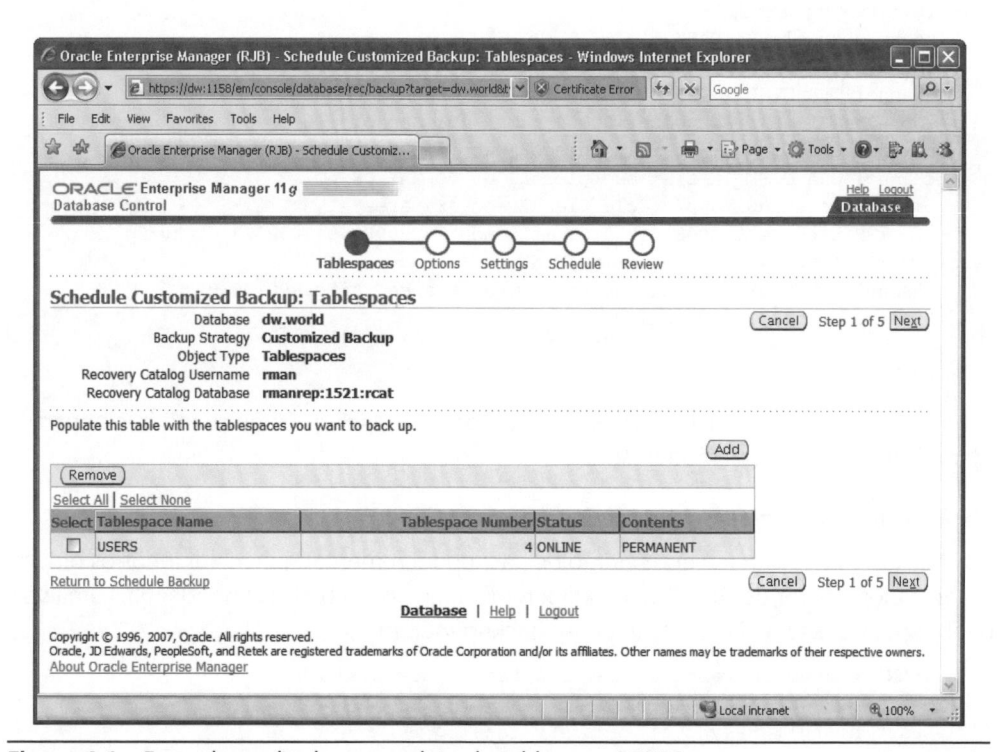

**Figura 4-1** *Fazendo um backup completo do tablespace USERS.*

```
INCREMENTAL LEVEL [0|1]
```

Nas seções a seguir, você aprenderá a configurar uma estratégia de backup incremental para o tablespace USERS.

### Backups incrementais de nível 0

Um backup de nível 0 inclui todos os blocos contidos em um objeto do banco de dados, exceto os que nunca foram utilizados acima da HWM. Os backups de níveis subsequentes usam o backup de nível 0 mais recente como base de comparação ao identificar os blocos modificados.

A frequência de execução de um backup de nível 0 depende do quanto o objeto do banco de dados, como um tablespace, é modificado entre os backups. Muito provavelmente, um tablespace contendo tabelas totalmente substituídas semanalmente teria backups de nível 0 mais frequentes do que um tablespace contendo tabelas raramente alteradas por seus aplicativos – por exemplo, apenas 5% das linhas da tabela, toda semana, mas as mudanças podem depender da distribuição dos blocos dessas linhas.

Neste exemplo, você executará o primeiro backup de nível 0 do tablespace USERS em sua estratégia de backup incremental:

```
RMAN> backup incremental level 0 tablespace users;

Starting backup at 04-MAY-08
starting full resync of recovery catalog
full resync complete
using channel ORA_DISK_1
channel ORA_DISK_1: starting incremental level 0 datafile backupset
channel ORA_DISK_1: specifying datafile(s) in backupset
input datafile file number=00004 name=/u01/app/oracle/oradata/hr/users01.dbf
channel ORA_DISK_1: starting piece 1 at 04-MAY-08
channel ORA_DISK_1: finished piece 1 at 04-MAY-08
piece handle=/u01/app/oracle/flash_recovery_area
    /HR/backupset/2008_05_04/o1_mf_nnnd0_TAG20080504T092723_41vkyx2g_.bkp
tag=TAG20080504T092723 comment=NONE
channel ORA_DISK_1: backupset complete, elapsed time: 00:00:02
Finished backup at 04-MAY-08

RMAN>
```

Os backups de nível 1 subsequentes usarão esse backup como ponto inicial para a identificação dos blocos modificados.

### Backups incrementais diferenciais

Um backup *diferencial* é o tipo padrão de backup incremental que inclui todos os blocos modificados a partir do último backup incremental de nível 0 ou 1. Usando mais uma vez o tablespace USERS, veja como fazer um backup incremental:

```
RMAN> backup incremental level 1 tablespace users;
Starting backup at 04-MAY-08
starting full resync of recovery catalog
```

```
full resync complete
using channel ORA_DISK_1
channel ORA_DISK_1: starting incremental level 1 datafile backupset
channel ORA_DISK_1: specifying datafile(s) in backupset
input datafile file number=00004
name=/u01/app/oracle/oradata/hr/users01.dbf
channel ORA_DISK_1: starting piece 1 at 04-MAY-08
channel ORA_DISK_1: finished piece 1 at 04-MAY-08
piece handle=/u01/app/oracle/flash_recovery_area

/HR/backupset/2008_05_04/o1_mf_nnnd1_TAG20080504T113026_41vs5tcj_.bkp
tag=TAG20080504T113026 comment=NONE
channel ORA_DISK_1: backupset complete, elapsed time: 00:00:03
Finished backup at 04-MAY-08

RMAN>
```

*Prática* — *O diferencial é o tipo de backup incremental padrão. Diferentemente da maioria dos comandos do Oracle, que permitem utilizar uma palavra-chave representando o padrão, não é possível especificar a palavra no comando do* backup *RMAN.*

### Backups incrementais cumulativos

Os backups incrementais *cumulativos* copiam todos os blocos modificados a partir do último backup incremental de nível 0. Um backup incremental cumulativo de nível 1 é executado da mesma maneira que um backup diferencial de nível 1, exceto pelo fato de que a palavra-chave CUMULATIVE é especificada, como neste exemplo:

```
RMAN> backup incremental level 1 cumulative tablespace users;

Starting backup at 04-MAY-08
starting full resync of recovery catalog
full resync complete
using channel ORA_DISK_1
channel ORA_DISK_1: starting incremental level 1 datafile backupset
channel ORA_DISK_1: specifying datafile(s) in backupset
input datafile file number=00004
name=/u01/app/oracle/oradata/hr/users01.dbf
channel ORA_DISK_1: starting piece 1 at 04-MAY-08
channel ORA_DISK_1: finished piece 1 at 04-MAY-08
piece
handle=/u01/app/oracle/flash_recovery_area
/HR/backupset/2008_05_04/o1_mf_nnnd1_TAG20080504T113943_41vsq1oc_.bkp

tag=TAG20080504T113943 comment=NONE
channel ORA_DISK_1: backupset complete, elapsed time: 00:00:03
Finished backup at 04-MAY-08

RMAN>
```

A decisão quanto ao uso do backup cumulativo ou diferencial se baseia parcialmente em onde você quer aplicar os ciclos da CPU e quanto espaço de disco você tem disponível. O uso de backups cumulativos indica que cada backup incremental se tornará progressivamente maior e demorará mais tempo até que outro backup incremental de nível 0 seja executado. Isso pode ser vantajoso no sentido de que serão necessários apenas dois conjuntos de backup durante uma operação de restauração e recuperação. Por outro lado, os backups diferenciais registram somente as mudanças ocorridas a partir do último backup, de modo que cada conjunto de backup pode ser menor ou maior do que o anterior, sem sobreposição nos blocos de dados incluídos no backup. Entretanto, uma operação de restauração e recuperação pode exigir mais tempo se for necessário restaurar a partir de vários conjuntos de backup, em vez de apenas dois.

## OBJETIVO DA CERTIFICAÇÃO 4.03

### ATIVAR O BACKUP INCREMENTAL RÁPIDO

Outro modo de aumentar o desempenho dos backups incrementais é ativar o recurso de *rastreamento de mudança de blocos*. Para um backup incremental tradicional, o RMAN deve inspecionar cada bloco do tablespace ou arquivo de dados a ser copiado no backup para detectar se o bloco foi alterado desde o último backup. Para um banco de dados muito grande, o tempo necessário para verificar os blocos no banco de dados pode facilmente ultrapassar o tempo necessário para fazer o próprio backup.

Ao ativar o recurso de rastreamento de mudança de bloco, o RMAN detecta quais blocos foram modificados dentro de um arquivo de dados usando o *arquivo de rastreamento de mudanças*. Mesmo ocorrendo uma pequena sobrecarga no uso do espaço e na manutenção do arquivo de rastreamento sempre que um bloco for modificado, tudo isso compensa se forem executados backups incrementais frequentes no banco de dados.

Após a ativação do rastreamento de mudança de bloco, o RMAN poderá executar os backups incrementais rápidos. Além disso, a recuperação do banco de dados será mais veloz, tendo em vista que uma quantidade bem menor de blocos modificados precisará ser aplicada a um arquivo de dados restaurado. As seções a seguir explicam como funciona o rastreamento de mudança de bloco, ensinam a ativar o rastreamento de mudança de bloco e os backups incrementais rápidos, e mostram como acompanhar se esse rastreamento de mudança de bloco está funcionando bem em seu banco de dados.

### Noções básicas sobre o rastreamento de mudanças de bloco

Assim que você criar um arquivo de rastreamento de mudanças de bloco para seu banco de dados, a manutenção do arquivo de rastreamento será automática e transparente. O tamanho do arquivo de rastreamento é proporcional ao tamanho do banco de dados, ao número e instâncias (no caso de um banco de dados RAC [Real Application Cluster]), e ao número dos backups anteriores mantidos no arquivo de rastreamento de mudanças de bloco. (O Oracle mantém até oito backups anteriores no arquivo de rastreamento de mudanças em bloco.) O primeiro backup incremental de nível 0 lê cada bloco contido no arquivo de dados, e os backups incrementais de nível 1 subsequentes usam o arquivo de rastreamento de mudanças em bloco.

As atualizações efetuadas no arquivo de rastreamento de mudanças em bloco ocorrem paralelamente à criação do redo para os arquivos de redo log online. A Figura 4-2 mostra uma transação com commit na SGA que, além de gerar o redo no arquivo de redo log online, também é processada pelo processo CTWR (Change Tracking Writer) e registrada no arquivo de rastreamento de mudanças.

## Ativando o backup incremental rápido

É possível ativar ou desativar o rastreamento de mudança de bloco com o comando ALTER DATABASE. Em sua forma mais simples, o comando a seguir é utilizado para criar e ativar o rastreamento de mudança de bloco:

```
alter database enable block change tracking;
```

Se você não especificar o nome do arquivo de rastreamento, o Oracle criará esse arquivo na localização especificada pelo parâmetro de inicialização DB_CREATE_FILE_DEST como um OMF (Oracle Managed File). Para especificar explicitamente o nome e o local do arquivo de rastreamento, use a cláusula USING FILE. Este exemplo cria um arquivo de rastreamento de mudanças em bloco no grupo de discos DATA e ativa o rastreamento de mudança de bloco:

```
SQL> alter database enable block change tracking
  2       using file '+DATA';
Database altered.
SQL>
```

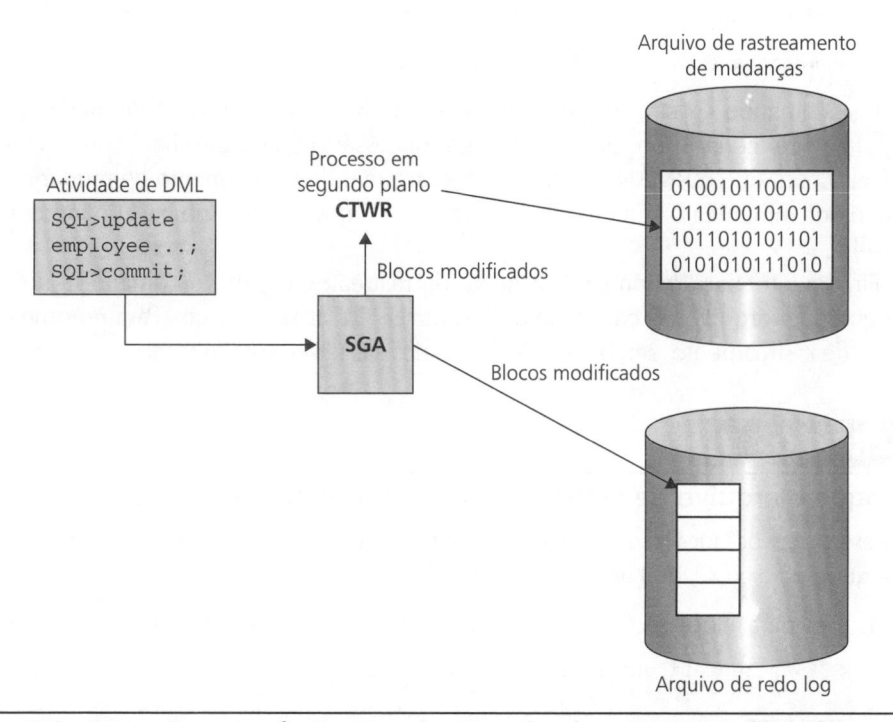

**Figura 4-2**  *Transações que sofreram commit e o arquivo de rastreamento de mudanças.*

Como o arquivo de rastreamento passou a existir no grupo de discos ASM, você poderá descobrir seu tamanho e sua localização dentro do grupo de discos DATA por meio do utilitário `asmcmd`:

```
[oracle@dw ~]$ asmcmd
ASMCMD> cd data/dw
ASMCMD> ls
CHANGETRACKING/
CONTROLFILE/
DATAFILE/
ONLINELOG/
PARAMETERFILE/
TEMPFILE/
spfiledw.ora
ASMCMD> cd changetracking
ASMCMD> ls -s
Block_Size  Blocks     Bytes      Space     Name
       512   22657  11600384   25165824    ctf.270.632356105
ASMCMD>
```

Na próxima vez em que um backup incremental de nível 1 for executado após um backup inicial de nível 0, o RMAN deverá usar apenas o conteúdo do arquivo ctf.270.632356105 (um arquivo OMF armazenado no diretório DW/CHANGETRACKING do grupo de discos DATA), para detectar quais blocos devem ser copiados no backup. O espaço necessário para o arquivo de rastreamento de mudanças em bloco é de aproximadamente 1/30.000 do tamanho do banco de dados.

É possível desativar o rastreamento de mudança de bloco com este comando:

```
alter database disable block change tracking;
```

Esse comando ALTER DATABASE elimina o arquivo de rastreamento de mudanças em bloco. Se você recriá-lo posteriormente, será necessário criar outro backup incremental de nível 0 para que o RMAN possa utilizar o arquivo de rastreamento de mudanças em bloco, o que minimiza o número de blocos a serem lidos no próximo backup incremental de nível 1.

Finalmente, para renomear o arquivo de rastreamento, use o comando que renomeia qualquer arquivo do banco de dados: ALTER DATABASE RENAME. Para renomear um arquivo de rastreamento, seu banco de dados deve estar no estado MOUNT.

### EXERCÍCIO 4-3

#### Realoque o arquivo de rastreamento de mudança em bloco

Neste exercício, você localizará o arquivo de rastreamento de mudanças em bloco e migrará esse arquivo para outro local no sistema de arquivos do mesmo servidor.

1. Descubra a localização do arquivo atual de rastreamento de mudanças em bloco:

    ```
    SQL> select filename from v$block_change_tracking;

    FILENAME
    ```

```
    ----------------------------------------
    /u01/oradata/db_block_trk.chg

    SQL>
```

2. Desligue o banco de dados e reinicialize-o no modo MOUNT:

    ```
    SQL> shutdown immediate
    Database closed.
    Database dismounted.
    ORACLE instance shut down.
    SQL> startup mount
    ORACLE instance started.

    Total System Global Area   636100608 bytes
    Fixed Size                   1301784 bytes
    Variable Size              473957096 bytes
    Database Buffers           155189248 bytes
    Redo Buffers                 5652480 bytes
    Database mounted.
    SQL>
    ```

3. Realoque o arquivo atual de rastreamento de mudanças em bloco na nova localização por meio dos comandos do sistema operacional; usando o SQL *Plus na maioria das plataformas, você poderá executar os comandos do sistema operacional no prompt SQL>:

    ```
    SQL> ! mv /u01/oradata/db_block_trk.chg /u04/oradata/
    db_block_trk.chg
    SQL>
    ```

4. Mude a localização do arquivo no arquivo de controle do banco de dados de destino:

    ```
    SQL> alter database rename file '/u01/oradata/db_block_trk.chg'
      2>    to '/u04/oradata/db_block_trk.chg';

    Database altered.

    SQL>
    ```

5. Inicialize o banco de dados:

    ```
    SQL> alter database open;

    Database altered.

    SQL>
    ```

6. Verifique a nova localização do arquivo de rastreamento de mudanças em bloco:

    ```
    SQL> select filename from v$block_change_tracking;

    FILENAME
    ----------------------------------------
    /u04/oradata/db_block_trk.chg

    SQL>
    ```

Se não for possível paralisar o banco de dados por apenas alguns minutos, a única alternativa será eliminar e recriar o arquivo de rastreamento de mudanças em bloco em uma nova localização, enquanto o banco de dados estiver aberto, através do comando ALTER DATABASE [ENABLE|DISABLE] BLOCK CHANGE TRACKING.

### Monitorando o rastreamento de mudança de bloco

A visão dinâmica de desempenho V$BLOCK_CHANGE_TRACKING contém o nome e tamanho do arquivo de rastreamento de mudanças em bloco, além do status do rastreamento de mudanças:

```
SQL> select filename, status, bytes from v$block_change_tracking;

FILENAME                                         STATUS     BYTES
-----------------------------------------------  ---------  ----------
+DATA/dw/changetracking/ctf.270.632356105        ENABLED    11599872
SQL>
```

Para constatar os benefícios do rastreamento de mudança de bloco, use a seguinte consulta na visão dinâmica de desempenho V$BACKUP_DATAFILE para calcular a porcentagem dos blocos lidos e o número de blocos copiados no backup durante um backup incremental de nível 1:

```
select file#, avg(datafile_blocks) blocks,
  avg(blocks_read) blocks_read,
  avg(blocks_read/datafile_blocks)*100 pct_read,
  avg(blocks) blocks_backed_up
from v$backup_datafile
where used_change_tracking = 'YES'
  and incremental_level = 1
group by file#
order by file#
;
```

A visão dinâmica de desempenho V$BACKUP_DATAFILE contém uma linha para cada arquivo de dados copiado em backup no RMAN. Essa consulta refina ainda mais os resultados para escolher os backups que utilizaram o rastreamento de mudança de bloco durante um backup incremental de nível 1.

## OBJETIVO DA CERTIFICAÇÃO 4.04

### CRIAR BACKUP DUPLEX E CONJUNTOS DE BACKUP

O RMAN dispõe de algumas opções para fazer várias cópias de seu backup simultaneamente, para criar backups dos conjuntos de backup existentes, e para ignorar os backups desnecessários de tablespaces somente leitura. Cada um desses tópicos será discutido nas seções a seguir, acompanhados dos exemplos pertinentes.

## Criando backups duplexados

Para fazer simultaneamente vários backups do mesmo conjunto de backup, configure o RMAN para criar até quatro cópias duplexadas de cada parte do backup. Como acontece na maioria dos comandos do RMAN, você pode especificar um valor padrão para o parâmetro COPIES no comando CONFIGURE, como no exemplo a seguir:

```
RMAN> configure datafile backup copies
2>         for device type sbt to 3;

new RMAN configuration parameters:
CONFIGURE DATAFILE BACKUP COPIES FOR DEVICE TYPE 'SBT_TAPE' TO 3;
new RMAN configuration parameters are successfully stored
starting full resync of recovery catalog
full resync complete

RMAN>
```

A duplexação tem algumas restrições: não é possível duplexar backups para a área de recuperação flash, nem duplexar cópias-imagem – somente os conjuntos de backup. Para os backups de discos duplexados, especifique vários locais para um backup por meio da cláusula FORMAT. Você pode especificar vários locais no comando BACKUP ou ao definir os valores padrão para um tipo de dispositivo DISK no comando CONFIGURE.

Neste exemplo, você fará o backup do tablespace USERS em duas localizações de disco diferentes simultaneamente:

```
RMAN> backup as compressed backupset
2>      device type disk
3>      copies 2
4>      tablespace users
5>      format '/u01/oradata/bkup/%U', '/u04/oradata/bkup/%U';

Starting backup at 05-MAY-08
starting full resync of recovery catalog
full resync complete
allocated channel: ORA_DISK_1
channel ORA_DISK_1: SID=134 device type=DISK
channel ORA_DISK_1: starting compressed full datafile backupset
channel ORA_DISK_1: specifying datafile(s) in backupset
input datafile file number=00004 name=/u01/app/oracle/oradata/
hr/users01.dbf
channel ORA_DISK_1: starting piece 1 at 05-MAY-08
channel ORA_DISK_1: finished piece 1 at 05-MAY-08 with 2 copies
         and tag TAG20080505T215539
piece handle=/u01/oradata/bkup/0vjfl32r_1_1 comment=NONE
piece handle=/u04/oradata/bkup/0vjfl32r_1_2 comment=NONE
channel ORA_DISK_1: backupset complete, elapsed time: 00:00:09
Finished backup at 05-MAY-08

RMAN>
```

Embora exista o mesmo formato para cada cópia do conjunto de backup, o formato padrão do RMAN, %U, é uma forma abreviada de %u_%p_%c. Você deve se lembrar de nossa discussão sobre as variáveis de substituição do RMAN que o %c se converte em um número de cópia em uma operação de backup duplexado.

### EXERCÍCIO 4-4

#### Configure várias localizações em disco para um backup de disco duplexado

Neste exercício, você usará o comando CONFIGURE do RMAN para definir as localizações padrão do disco para os backups duplexados, de modo a não precisar especificar a cláusula FORMAT em cada operação de BACKUP para o tipo de dispositivo DISK.

1. Conecte-se ao RMAN e exiba os valores padrão atuais do RMAN:

```
RMAN> show all;

RMAN configuration parameters for database with db_unique_name HR are:
CONFIGURE RETENTION POLICY TO REDUNDANCY 1; # default
CONFIGURE BACKUP OPTIMIZATION OFF; # default
CONFIGURE DEFAULT DEVICE TYPE TO DISK; # default
CONFIGURE CONTROLFILE AUTOBACKUP OFF; # default
CONFIGURE CONTROLFILE AUTOBACKUP FORMAT FOR
    DEVICE TYPE DISK TO '%F'; # default
CONFIGURE DEVICE TYPE DISK PARALLELISM 1
    BACKUP TYPE TO BACKUPSET; # default
CONFIGURE DATAFILE BACKUP COPIES FOR DEVICE TYPE DISK TO 1; # default
CONFIGURE ARCHIVELOG BACKUP COPIES FOR
    DEVICE TYPE DISK TO 1; # default
CONFIGURE MAXSETSIZE TO UNLIMITED; # default
CONFIGURE ENCRYPTION FOR DATABASE OFF; # default
CONFIGURE ENCRYPTION ALGORITHM 'AES128'; # default
CONFIGURE COMPRESSION ALGORITHM 'BZIP2'; # default
CONFIGURE ARCHIVELOG DELETION POLICY TO NONE; # default
CONFIGURE SNAPSHOT CONTROLFILE NAME TO
 '/u01/app/oracle/product/11.1.0/db_1/dbs/snapcf_hr.f'; # default
RMAN>
```

2. Mude o valor do tipo de dispositivo DISK de modo a incluir duas localizações do backup e duas cópias como padrão:

```
RMAN> configure datafile backup copies for device type disk to 2;

starting full resync of recovery catalog
full resync complete
new RMAN configuration parameters:
CONFIGURE DATAFILE BACKUP COPIES FOR DEVICE TYPE DISK TO 2;
new RMAN configuration parameters are successfully stored
starting full resync of recovery catalog
full resync complete

RMAN> configure channel device type disk
2>       format '/u01/oradata/bkup/%U', '/u04/oradata/bkup/%U';

new RMAN configuration parameters:
```

```
CONFIGURE CHANNEL DEVICE TYPE DISK FORMAT
    '/u01/oradata/bkup/%U',
    '/u04/oradata/bkup/%U';
new RMAN configuration parameters are successfully stored
released channel: ORA_DISK_1
starting full resync of recovery catalog
full resync complete

RMAN>
```

3. Faça um backup do tablespace USERS e confirme que o RMAN deve criar duas cópias do conjunto de backup:

```
RMAN> backup as compressed backupset tablespace users;

Starting backup at 05-MAY-08
allocated channel: ORA_DISK_1
channel ORA_DISK_1: SID=134 device type=DISK
channel ORA_DISK_1: starting compressed full datafile backupset
channel ORA_DISK_1: specifying datafile(s) in backupset
input datafile file number=00004 name=/u01/app/oracle/oradata/hr/
users01.dbf
channel ORA_DISK_1: starting piece 1 at 05-MAY-08
channel ORA_DISK_1: finished piece 1 at 05-MAY-08
    with 2 copies and tag TAG20080505T223400
piece handle=/u01/oradata/bkup/10jfl5ao_1_1 comment=NONE
piece handle=/u04/oradata/bkup/10jfl5ao_1_2 comment=NONE
channel ORA_DISK_1: backupset complete, elapsed time: 00:00:08
Finished backup at 05-MAY-08

RMAN>
```

## Criando backups de conjuntos de backup

Uma opção para criar uma segunda cópia de um backup é gerar um backup dos conjuntos de backup já existentes. Isso ajuda principalmente se você se esquecer de duplexar um backup anterior e não quiser fazer novamente um backup demorado. Se seus conjuntos de backup estiverem guardados em disco (você não pode fazer backup de conjuntos de backup existentes armazenados em fita), você poderá usar o comando BACKUP . . . BACKUPSET para copiar todos os conjuntos de backup em um único disco, em outro disco ou em fita. Este comando copia todos os conjuntos de backup existentes, baseados em disco, no dispositivo de fita ou no canal padrão:

```
RMAN> backup device type sbt backupset all;
```

Para manter os conjuntos de backup recentes no disco e os conjuntos de backup mais antigos em fita, use as opções COMPLETED e DELETE INPUT. No exemplo a seguir, todos os conjuntos de backup com mais de duas semanas são copiados em um backup em fita e excluídos do disco:

```
RMAN> backup device type sbt backupset
2>       completed before  'sysdate-14,
3>       delete input;
```

### Fazendo o backup de tablespaces somente leitura

Como você já deve supor, o backup de tablespaces somente leitura deve acontecer com uma frequência suficiente para atender ao período de retenção configurado no RMAN. Você pode instruir o RMAN a ignorar um tablespace somente leitura usando a opção SKIP READONLY do comando BACKUP.

Se você configurou o RMAN para otimização de backup (discutida no Capítulo 3), o RMAN só fará o backup dos tablespaces somente leitura quando não existirem backups suficientes do tablespace para satisfazer a política de retenção.

## OBJETIVO DA CERTIFICAÇÃO 4.05

### CRIAR BACKUP DE ARQUIVAMENTO PARA ARMAZENAMENTO PROLONGADO

Os backups de arquivamento, uma novidade no Oracle Database 11g, propiciam a flexibilidade de tirar um snapshot do banco de dados e guardá-lo indefinidamente ou durante um período de tempo específico. As seções a seguir explicam como funcionam os backups de arquivamento, como executar um backup de arquivamento e como gerenciar essa modalidade de backups por meio do comando CHANGE.

### Noções básicas sobre o backup de arquivamento

Por padrão, o RMAN guarda os backups e os arquivos de log arquivados não somente para atender ao período de retenção configurado, como também para propiciar um mecanismo para restaurar seu banco de dados até um ponto no tempo entre o backup e o momento atual. O RMAN usa uma combinação de backups completos, backups incrementais e arquivos de redo log arquivados.

Em determinadas situações, talvez seja conveniente guardar um snapshot do banco de dados em um determinado momento no tempo, para fins de arquivamento ou regulatórios. Isso gera duas complicações com a configuração padrão do RMAN. Primeiramente, é bem provável que seu snapshot ultrapasse a política de retenção, e certamente você não vai querer que o snapshot anual de seu banco de dados desapareça no fim de semana! Em segundo lugar, você não deseja que o RMAN mantenha arquivos de redo log arquivados de um, dois ou mais anos se você não pretende restaurar o banco de dados até um ponto no tempo entre o snapshot e o momento atual.

O RMAN supre a necessidade de um snapshot do banco de dados através do *backup de arquivamento*. Se você rotular um backup como um backup de arquivamento, o RMAN não considerará o backup obsoleto com base na política de retenção configurada; em vez disso, o RMAN marcará um backup de arquivamento como obsoleto após um período de tempo especificado. Como alternativa, você pode especificar que o RMAN deve manter o backup de arquivamento indefinidamente.

*Prática*  *Você pode utilizar um backup de arquivamento para migrar uma cópia do banco de dados para outro sistema, para fins de teste, sem afetar a política de retenção do banco de dados original. Após criar o banco de dados no sistema de teste, você poderá excluir o backup de arquivamento.*

## Fazendo um backup de arquivamento

Há uma restrição ao backup de arquivamento: não é possível utilizar a área de recuperação flash para armazenar um backup de arquivamento. Se existir uma área de recuperação flash configurada, você deverá usar o parâmetro FORMAT para especificar uma localização alternativa no disco para o backup. Além disso, um dispositivo de fita pode ser a melhor opção para o armazenamento de longo prazo dos backups de arquivamento.

Este exemplo gera um backup de arquivamento a ser mantido por um ano, incluindo a cláusula KEEP UNTIL:

```
RMAN> backup as compressed backupset
2>      database format '/u04/oradata/archbak/%U'
3>      tag save1yr
4>      keep until time 'sysdate+365'
5>      ;

Starting backup at 06-MAY-08
starting full resync of recovery catalog
full resync complete
current log archived

using channel ORA_DISK_1
backup will be obsolete on date 06-MAY-09
archived logs required to recover from this backup will be backed up
channel ORA_DISK_1: starting compressed full datafile backupset
channel ORA_DISK_1: specifying datafile(s) in backupset
input datafile file number=00002
name=/u01/app/oracle/oradata/hr/sysaux01.dbf
input datafile file number=00001
name=/u01/app/oracle/oradata/hr/system01.dbf
input datafile file number=00003
name=/u01/app/oracle/oradata/hr/undotbs01.dbf
input datafile file number=00005
name=/u01/app/oracle/oradata/hr/example01.dbf
input datafile file number=00004 name=/u01/app/oracle/oradata/hr/users01.dbf
channel ORA_DISK_1: starting piece 1 at 06-MAY-08
channel ORA_DISK_1: finished piece 1 at 06-MAY-08
        with 2 copies and tag SAVE1YR
piece handle=/u04/oradata/archbak/11jfnj56_1_1 comment=NONE
piece handle=/u04/oradata/archbak/11jfnj56_1_2 comment=NONE
channel ORA_DISK_1: backupset complete, elapsed time: 00:02:56

current log archived
```

```
. . .
using channel ORA_DISK_1
backup will be obsolete on date 06-MAY-09
archived logs required to recover from this backup will be backed up
channel ORA_DISK_1: starting compressed full datafile backupset
channel ORA_DISK_1: specifying datafile(s) in backupset
including current control file in backupset
channel ORA_DISK_1: starting piece 1 at 06-MAY-08
channel ORA_DISK_1: finished piece 1 at 06-MAY-08
with 2 copies and tag SAVE1YR
piece handle=/u04/oradata/archbak/14jfnjd0_1_1 comment=NONE
piece handle=/u04/oradata/archbak/14jfnjd0_1_2 comment=NONE
channel ORA_DISK_1: backupset complete, elapsed time: 00:00:02
Finished backup at 06-MAY-08

RMAN>
```

Considerando que o banco de dados HR tem uma área de recuperação flash definida, use a cláusula FORMAT para especificar uma localização na qual armazenar o backup de arquivamento. O RMAN também inclui no backup todos os logs arquivados, o que é necessário para usar o backup em uma provável situação futura de recuperação.

Como alternativa, você pode executar o mesmo backup, mas guardá-lo indefinidamente:

```
 RMAN> backup as compressed backupset
 2>      database format '/u04/oradata/archbak/%U'
 3>      tag saveforever
 4>      keep forever;
. . .
using channel ORA_DISK_1
backup will never be obsolete
archived logs required to recover from this backup will be backed up
. . .
```

## Gerenciando backups de arquivamento

Em algumas situações, convém mudar o status de um backup. Por exemplo, é conveniente modificar o período de retenção de um backup de arquivamento, mudar um backup de arquivamento para um backup padrão, ou um backup consistente para um backup de arquivamento. O comando CHANGE é utilizado para executar essa tarefa. Embora o comando CHANGE tenha várias outras aplicações possíveis (como alterar a disponibilidade de um backup ou a prioridade das falhas no banco de dados), esta seção discute a relação desse comando com os backups de arquivamento.

Este exemplo altera o backup criado anteriormente com a tag SAVEFOREVER de modo a se enquadrar na política de retenção existente:

```
RMAN> change backup tag 'saveforever' nokeep;

starting full resync of recovery catalog
full resync complete
using channel ORA_DISK_1
```

```
keep attributes for the backup are deleted
backupset key=3321 RECID=26 STAMP=654037077
keep attributes for the backup are deleted
backupset key=3344 RECID=27 STAMP=654037106
keep attributes for the backup are deleted
backupset key=3345 RECID=28 STAMP=654037128
keep attributes for the backup are deleted
backupset key=3346 RECID=29 STAMP=654037151

RMAN>
```

De acordo com a política de retenção e com os backups mais antigos ou mais recentes desse banco de dados, o backup poderá ser excluído na próxima inicialização do RMAN. O backup pode ser mantido por mais tempo se a política de retenção configurada precisar dele.

Você também pode utilizar o comando CHANGE para mudar todos os backups de determinado tipo. Por exemplo, para remover a marcação de arquivamento de todas as cópias-imagem do banco de dados, use o parâmetro NOKEEP:

```
change copy of database nokeep;
```

## OBJETIVO DA CERTIFICAÇÃO 4.06

### CRIAR UM BACKUP DE MÚLTIPLAS SEÇÕES, COMPACTADO E CRIPTOGRAFADO

Nas versões anteriores do RMAN (antes do Oracle Database 11*g*), o uso de tablespaces bigfile tinha uma grande vantagem e uma grande desvantagem. A grande vantagem era a possibilidade de se ter um banco de dados com um tamanho muito maior do que nas versões anteriores do Oracle (até 1022 tablespaces bigfile, de até 128 terabytes cada). A grande desvantagem residia no fato de que um backup de um único tablespace bigfile era extremamente lento porque o RMAN só podia fazer o backup utilizando um único canal. Em geral, a operação de backups simultâneos de quatro arquivos de dados de 32 TB demora menos tempo do que um processo de backup de um único arquivo de dados de 128 TB. Consequentemente, algumas organizações (com uma grande quantidade de dados) ficavam relativamente restritas a um tamanho máximo de tablespaces bigfile.

A partir do Oracle Database 11*g*, o RMAN solucionou o problema do backup de tablespaces bigfile oferecendo suporte para os *backups de múltiplas seções*, que geram um conjunto de backup de várias partes a partir de um único arquivo de dados e usam vários canais, em disco ou fita, para incluir no backup cada parte do arquivo de dados simultaneamente.

Esta seção ensina não somente a criar um backup de múltiplas seções como também a compactar os backups com novos algoritmos de compressão. A seção também examina como garantir a privacidade dos dados em seu backup, criptografando-os por dois métodos distintos.

## Criando um backup de múltiplas seções

É fácil criar um backup de múltiplas seções, mas é necessário especificar o tamanho da seção em cada comando BACKUP. Além disso, você pode executar o comando VALIDATE do RMAN por seção. As novas visões do dicionário de dados, V$ e RC_, ajudam a identificar quais backups têm múltiplas seções e quanto blocos existem em cada seção de um backup de múltiplas seções.

### Especificando o tamanho da seção

Para criar um backup de múltiplas seções, inclua o parâmetro SECTION SIZE no comando BACKUP. O tamanho da seção pode ser especificado em kilobytes, megabytes ou gigabytes. Veja a sintaxe geral para especificar um backup de múltiplas seções:

```
BACKUP <opções do backup> SECTION SIZE <tamanho> [K|M|G]
```

No esquema HR do banco de dados de exemplo, o tablespace USERS tem aproximadamente 25 MB e queremos copiá-lo em backup com um tamanho de seção de 10 MB:

```
RMAN> backup tablespace users
2>         section size 10m;

Starting backup at 07-MAY-08
starting full resync of recovery catalog
full resync complete
allocated channel: ORA_DISK_1
channel ORA_DISK_1: SID=116 device type=DISK
channel ORA_DISK_1: starting full datafile backupset
channel ORA_DISK_1: specifying datafile(s) in backupset
input datafile file number=00004
name=/u01/app/oracle/oradata/hr/users01.dbf
backing up blocks 1 through 1280
channel ORA_DISK_1: starting piece 1 at 07-MAY-08
channel ORA_DISK_1: finished piece 1 at 07-MAY-08
piece handle=/u01/oradata/bkup/1cjfq4mm_1_1
      tag=TAG20080507T195357 comment=NONE
channel ORA_DISK_1: backupset complete, elapsed time: 00:00:04
channel ORA_DISK_1: starting full datafile backupset
channel ORA_DISK_1: specifying datafile(s) in backupset
input datafile file number=00004
      name=/u01/app/oracle/oradata/hr/users01.dbf
backing up blocks 1281 through 2560
channel ORA_DISK_1: starting piece 2 at 07-MAY-08
channel ORA_DISK_1: finished piece 2 at 07-MAY-08
piece handle=/u01/oradata/bkup/1cjfq4mm_2_1
    tag=TAG20080507T195357 comment=NONE
channel ORA_DISK_1: backupset complete, elapsed time: 00:00:03
channel ORA_DISK_1: starting full datafile backupset
channel ORA_DISK_1: specifying datafile(s) in backupset
input datafile file number=00004
      name=/u01/app/oracle/oradata/hr/users01.dbf
backing up blocks 2561 through 2912
channel ORA_DISK_1: starting piece 3 at 07-MAY-08
```

```
channel ORA_DISK_1: finished piece 3 at 07-MAY-08
piece handle=/u01/oradata/bkup/1cjfq4mm_3_1
    tag=TAG20080507T195357 comment=NONE
channel ORA_DISK_1: backupset complete, elapsed time: 00:00:01
Finished backup at 07-MAY-08

RMAN>
```

Este backup criou três partes de backup: as duas primeiras com 10 MB cada e a terceira parte de aproximadamente 5 MB, com o restante do arquivo de dados.

> **Na prática**
>
> *Não use um valor alto no paralelismo em seus backups de múltiplas seções para copiar um arquivo grande em um número pequeno de discos. A concorrência de I/O de vários processos do RMAN acessando o mesmo disco anulará os ganhos de tempo obtidos com o uso de um valor alto para o paralelismo.*

### Validando um backup com um tamanho de seção

Você também pode usar o parâmetro SECTION SIZE no comando VALIDATE. Os benefícios das operações em paralelo para a validação de blocos de arquivos de dados são os mesmos propiciados pelo uso do comando BACKUP: será necessário muito menos tempo para verificar se os blocos de um arquivo de dados são legíveis e têm checksums válidos. Este exemplo valida o arquivo de dados copiado em backup na seção anterior:

```
RMAN> validate tablespace users
2>       section size 10m;

Starting validate at 08-MAY-08
starting full resync of recovery catalog
full resync complete
using channel ORA_DISK_1
channel ORA_DISK_1: starting validation of datafile
channel ORA_DISK_1: specifying datafile(s) for validation
input datafile file number=00004 name=/u01/app/oracle/oradata/hr/users01.dbf
validating blocks 1 through 1280
channel ORA_DISK_1: validation complete, elapsed time: 00:00:01
channel ORA_DISK_1: starting validation of datafile
channel ORA_DISK_1: specifying datafile(s) for validation
input datafile file number=00004 name=/u01/app/oracle/oradata/hr/users01.dbf
validating blocks 1281 through 2560
channel ORA_DISK_1: validation complete, elapsed time: 00:00:01
channel ORA_DISK_1: starting validation of datafile
channel ORA_DISK_1: specifying datafile(s) for validation
input datafile file number=00004 name=/u01/app/oracle/oradata/hr/users01.dbf
validating blocks 2561 through 2912
channel ORA_DISK_1: validation complete, elapsed time: 00:00:01
List of Datafiles
=================
File Status Marked Corrupt Empty Blocks Blocks Examined High SCN
---- ------ -------------- ------------ --------------- --------
4    OK     0              573          2910            1045509
   File Name: /u01/app/oracle/oradata/hr/users01.dbf
```

```
Block Type    Blocks Failing    Blocks Processed
----------    --------------    ----------------
Data          0                 2121
Index         0                 33
Other         0                 183

Finished validate at 08-MAY-08

RMAN>
```

### Visões do dicionário de dados para múltiplas seções

As visões V$BACKUP_SET e RC_BACKUP_SET têm uma coluna MULTI_SECTION que indica se o backup é um backup de múltiplas seções. De modo semelhante, as visões V$BACKUP_DATAFILE e RC_BACKUP_DATAFILE têm uma coluna SECTION_SIZE que informa o número de blocos existentes em cada parte de um backup de múltiplas seções. Lembre-se de que as visões V$ existem no banco de dados de destino e as visões RC_, no banco de dados do catálogo de recuperação.

## Compactando backups

Além de ignorar os blocos não utilizados durante o backup, o RMAN também pode aplicar um dos dois métodos de compressão de bloco usados em um backup quando você especifica o parâmetro COMPRESSED: BZIP2 ou ZLIB. Por padrão, o RMAN usa o BZIP2, como mostrado a seguir:

```
CONFIGURE COMPRESSION ALGORITHM 'BZIP2'; # default
```

O algoritmo ZLIB é muito mais veloz do que o BZIP2, mas não possui muito poder de compactação. Além disso, só é possível utilizá-lo se você definir o parâmetro de inicialização COMPATIBLE com 11.1.0 ou acima.

Obviamente, o algoritmo BZIP2 cria backups muito menores, mas exige mais tempo de CPU para compactar os blocos. Se não houver um número excessivo de processos do servidor exigindo recursos da CPU quando seus backups forem executados, use o ZLIB ou o BZIP2. Por outro lado, se existir muito espaço em disco disponível e o caminho da rede do banco de dados para a localização de seu backup não estiver congestionado, provavelmente será mais rápido não utilizar a compressão.

A despeito do método de compressão utilizado, a restauração de um backup compactado não requer qualquer conhecimento do método de compressão usado durante o backup original. O RMAN detecta automaticamente o método de compressão aplicado e descompacta adequadamente.

## Criptografando backups

Para garantir a segurança e privacidade de seus backups, você pode criptografá-los de três maneiras: por meio de criptografia transparente, criptografia por senha ou criptografia em modo duplo. Por padrão, a criptografia estará desativada:

```
CONFIGURE ENCRYPTION FOR DATABASE OFF; # default
CONFIGURE ENCRYPTION ALGORITHM 'AES128'; # default
```

Nas seções a seguir, você aprenderá a ativar cada tipo de criptografia.

### Utilizando a criptografia transparente

É possível definir a criptografia transparente (baseada em wallets) como o método de criptografia padrão do RMAN com o comando CONFIGURE, como demonstrado a seguir:

```
RMAN> configure encryption for database on;

starting full resync of recovery catalog
full resync complete
new RMAN configuration parameters:
CONFIGURE ENCRYPTION FOR DATABASE ON;
new RMAN configuration parameters are successfully stored
starting full resync of recovery catalog
full resync complete

RMAN>
```

Convém lembrar que a wallet do banco de dados também deve estar aberta. Se não estiver, provavelmente você pensará que tudo está saindo como planejado – até o processo de criptografia tentar inicializar. Isso está indicado na mensagem de erro de falha de backup na saída a seguir:

```
RMAN> backup as compressed backupset tablespace users;

Starting backup at 09-MAY-08
allocated channel: ORA_DISK_1
channel ORA_DISK_1: SID=106 device type=DISK
channel ORA_DISK_1: starting compressed full datafile backup set
channel ORA_DISK_1: specifying datafile(s) in backup set
input datafile file number=00004 name=+DATA/dw/datafile/
users.259.632441707
channel ORA_DISK_1: starting piece 1 at 09-MAY-08
RMAN-00571: ===========================================================
RMAN-00569: =========== ERROR MESSAGE STACK FOLLOWS ===========
RMAN-00571: ===========================================================
RMAN-03009: failure of backup command on
ORA_DISK_1 channel at 05/09/2008 20:04:31
ORA-19914: unable to encrypt backup
ORA-28365: wallet is not open

RMAN>
```

Abrir a wallet no prompt SQL> normaliza o funcionamento de tudo:

```
SQL> alter system set encryption wallet open
  2     identified by "fre#3dXX0";

System altered.
```

```
SQL>
. . .
RMAN> backup as compressed backupset tablespace users;

Starting backup at 09-MAY-08
using channel ORA_DISK_1
. . .
channel ORA_DISK_1: starting piece 1 at 09-MAY-08
channel ORA_DISK_1: finished piece 1 at 09-MAY-08
piece handle=+RECOV/dw/backupset/2008_05_09/
     nnndf0_tag20080509t201659_0.550.654293845 tag=TAG20080509T201659
     comment=NONE
channel ORA_DISK_1: backupset complete, elapsed time: 00:00:07
Finished backup at 09-MAY-08

RMAN>
```

Evidentemente, mesmo que a criptografia transparente não seja o padrão, é possível ativá-la apenas pela duração de um único backup. Como no exemplo anterior, a wallet de banco de dados deve estar aberta. Eis um exemplo:

```
RMAN> set encryption on;
executing command: SET encryption
RMAN> backup as compressed backupset tablespace users;

Starting backup at 09-MAY-08
using channel ORA_DISK_1
. . .
channel ORA_DISK_1: backupset complete, elapsed time: 00:00:04
Finished backup at 09-MAY-08

RMAN> set encryption off;
executing command: SET encryption
RMAN>
```

Para restaurar ou recuperar a partir de um backup criptografado, a wallet do banco de dados deve estar aberta e o padrão de criptografia deve estar ativado (ON) ou você deve utilizar SET ENCRYPTION ON antes da operação de recuperação.

### Usando criptografia por senha

Para ativar a criptografia por senha para um backup especificado, use o comando SET ENCRYPTION, como mostrado a seguir:

```
RMAN> set encryption identified by "F45$Xa98";

executing command: SET encryption

RMAN> backup as compressed backupset tablespace users;
. . .
```

> *Na prática*
> 
> *A criptografia por senha é inerentemente menos segura e confiável do que a criptografia transparente (baseada em wallet), considerando que uma senha pode ser perdida, esquecida ou facilmente interceptada. Use a criptografia por senha somente quando os backups precisarem ser transportáveis para outro banco de dados.*

Para restaurar esse backup, no mesmo banco de dados (se a criptografia baseada em wallet estiver desativada) ou em outro banco de dados, informe a senha da criptografia com SET DECRYPTION:

```
RMAN> set decryption identified by "F45$Xa98";
executing command: SET decryption
RMAN >
```

Se você estiver recuperando um ou mais tablespaces ou o banco de dados inteiro a partir de backups que possuem senhas diferentes, poderá especificar convenientemente todas as senhas de uma só vez com SET DECRYPTION:

```
RMAN> set decryption identified by "F45$Xa98", "XX407$9!@";

executing command: SET decryption

RMAN>
```

O RMAN testará uma senha de cada vez para cada backup criptografado até encontrar uma combinação, e encerrará com um erro somente se nenhuma senha combinar com nenhuma senha definida em nenhum dos backups.

### Usando a criptografia de modo duplo

Você pode usar a criptografia transparente e a criptografia por senha ao mesmo tempo. Isso é útil se for necessário utilizar seu backup para restaurar ou recuperar dentro do mesmo banco de dados, e ocasionalmente pode ser utilizado para recuperar outro banco de dados. Quando os dois métodos estiverem em vigor, você poderá usar a senha ou a wallet de banco de dados para restaurar o backup. Ao recuperar em um banco de dados remoto, especifique a senha antes da recuperação, como a seguir:

```
RMAN> set encryption on;

executing command: SET encryption
RMAN> set encryption identified by "F45$Xa98";

executing command: SET encryption

RMAN >
```

Para utilizar apenas a criptografia por senha para um backup, inclua a cláusula ONLY em SET ENCRYPTION:

```
RMAN> set encryption identified by "F45$Xa98" only;
```
Como resultado, mesmo que ENCRYPTION esteja predefinida com ON (e, portanto, use wallet), todos os backups subsequentes usarão a criptografia por senha até você desativá-la ou sair do RMAN.

## OBJETIVO DA CERTIFICAÇÃO 4.07

### RELATÓRIOS SOBRE BACKUPS E SUA MANUTENÇÃO

Após concluir com êxito seus backups, provavelmente você precisará descobrir os backups disponíveis, os obsoletos e aqueles que devem ser executados para satisfazer a política de retenção. O RMAN tem os comandos LIST e REPORT para extrair esses metadados do catálogo de recuperação ou do arquivo de controle do banco de dados de destino.

O comando LIST fornece informações básicas sobre conjuntos de backup, cópias-imagem, cópias de proxy e scripts armazenados registrados no catálogo de recuperação. Por sua vez, o comando REPORT apresenta uma análise mais detalhada das informações de backup contidas no catálogo de recuperação. Por exemplo, o comando REPORT NEED BACKUP lista todos os arquivos de dados que não têm backups suficientes para atender à política de retenção do banco de dados. Já o comando REPORT OBSOLETE identifica os arquivos que não são mais necessários para atender à política de retenção do banco de dados, como cópias adicionais dos arquivos de dados ou arquivos de redo log arquivados que foram substituídos por um backup mais recente dos arquivos de dados. Se existir pouco espaço em disco, você pode usar DELETE OBSOLETE para remover esses arquivos.

Em algum momento, você poderá perder um disco contendo backups devido a uma falha de hardware. Além disso, as fitas contendo backups podem às vezes apresentar desgastes e não serem mais graváveis ou legíveis. Consequentemente, você deve executar periodicamente o comando CROSSCHECK para assegurar que a existência e a integridade desses backups constem no catálogo de recuperação. Os arquivos não mais disponíveis para recuperar são marcados como EXPIRED, e é possível removê-los com o comando DELETE EXPIRED.

As seções a seguir descreverão cada um desses comandos com diversos exemplos.

### Usando o comando LIST

O comando LIST exibe informações sobre conjuntos de backup e cópias-imagem existentes no repositório, e também pode armazenar o conteúdo de scripts armazenados no catálogo do repositório. O exemplo a seguir apresenta um resumo dos backups, e depois lista os nomes dos scripts armazenados:

```
RMAN> list backup summary;

starting full resync of recovery catalog
full resync complete
```

```
List of Backups
===============
Key      TY LV S Device Type Completion Time #Pieces #Copies
Compressed Tag
-------- -- -- - ----------- --------------- ------- ------- ----
3690     B  F  A DISK        08-MAY-08       1       1       YES

 TAG20080508T234536
3691     B  F  A DISK        08-MAY-08       1       1       YES

 TAG20080508T234536
3692     B  F  A DISK        08-MAY-08       1       1       YES

 TAG20080508T234536
3693     B  F  A DISK        08-MAY-08       1       1       YES

 TAG20080508T234536
3908     B  F  A DISK        09-MAY-08       1       1       YES

 TAG20080509T202532
3928     B  F  A DISK        09-MAY-08       1       1       NO

 TAG20080509T202558

RMAN> list script names;

List of Stored Scripts in Recovery Catalog

    Scripts of Target Database DW

       Script Name
       Description
       -----------------------------------------------------------
       local_backup_db


    Global Scripts

       Script Name
       Description
       -----------------------------------------------------------
       backup_ts

       global_backup_db

RMAN>
```

Outra variação do comando LIST é LIST FAILURE, que exibe as falhas do banco de dados; LIST FAILURE, ADVISE FAILURE e REPAIR FAILURE serão discutidos no Capítulo 13.

## Usando o comando REPORT

Diferentemente do comando LIST, o comando REPORT faz uma análise mais detalhada das informações existentes no catálogo de recuperação, como quais arquivos precisam de mais backups para satisfazer a política de retenção definida. O exemplo seguinte muda a política de retenção para duas cópias, e depois consulta o catálogo de recuperação para ver quais arquivos de dados não possuem duas cópias:

```
RMAN> configure retention policy to redundancy 2;

old RMAN configuration parameters:
CONFIGURE RETENTION POLICY TO REDUNDANCY 1;
new RMAN configuration parameters:
CONFIGURE RETENTION POLICY TO REDUNDANCY 2;
new RMAN configuration parameters are successfully stored
starting full resync of recovery catalog
full resync complete

RMAN> report need backup;

RMAN retention policy will be applied to the command
RMAN retention policy is set to redundancy 2
Report of files with less than 2 redundant backups
File #bkps Name
---- ----- ------------------------------------------------------
1    1     +DATA/dw/datafile/system.256.630244579
3    1     +DATA/dw/datafile/undotbs1.258.630244583
5    1     +DATA/dw/datafile/example.265.630244801
6    1     +DATA/dw/datafile/users_crypt.267.630456963
7    1     +DATA/dw/datafile/inet_star.268.632004213
8    1     +DATA/dw/datafile/inet_intl_star.269.632009933
9    1     /u02/oradata/xport_dw.dbf
10   1     +DATA/dw/datafile/dmarts.271.633226419

RMAN>
```

Como esse relatório indica, os arquivos de dados dos tablespaces USERS e SYSAUX têm cópias de backup suficientes para satisfazer a política de retenção.

Este exemplo revela como os arquivos de dados eram em 30/8/2007 e depois consulta o status atual desses arquivos de dados:

```
RMAN> report schema at time='30-aug-2007';

Report of database schema for database with db_unique_name DW

List of Permanent Datafiles
===========================
File Size(MB) Tablespace             RB segs Datafile Name
---- -------- -------------------    ------- -----------------------------
1    750      SYSTEM                 YES
                                     +DATA/dw/datafile/system.256.630244579
2    829      SYSAUX                 NO
                                     +DATA/dw/datafile/sysaux.257.630244581
```

```
3       60       UNDOTBS1              YES
                          +DATA/dw/datafile/undotbs1.258.630244583
4       5        USERS                 NO
                          +DATA/dw/datafile/users.259.632441707
5       100      EXAMPLE               NO
                          +DATA/dw/datafile/example.265.630244801
6       500      USERS_CRYPT           NO
                          +DATA/dw/datafile/users_crypt.267.630456963

List of Temporary Files
=======================
File Size(MB) Tablespace         Maxsize(MB) Tempfile Name
---- -------- ------------------ ----------- -----------------------
1       60       TEMP                  32767
                          +DATA/dw/tempfile/temp.264.630244787

RMAN> report schema;
Report of database schema for database with db_unique_name DW

List of Permanent Datafiles
===========================
File Size(MB) Tablespace         RB segs Datafile Name
---- -------- ------------------ ------- -----------------------
1       750      SYSTEM                YES
                          +DATA/dw/datafile/system.256.630244579
2       829      SYSAUX                NO
                          +DATA/dw/datafile/sysaux.257.630244581
3       60       UNDOTBS1              YES
                          +DATA/dw/datafile/undotbs1.258.630244583
4       5        USERS                 NO
                          +DATA/dw/datafile/users.259.632441707
5       100      EXAMPLE               NO
                          +DATA/dw/datafile/example.265.630244801
6       500      USERS_CRYPT           NO
                          +DATA/dw/datafile/users_crypt.267.630456963
7       100      INET_STAR             NO
                          +DATA/dw/datafile/inet_star.268.632004213
8       50       INET_INTL_STAR        NO
                          +DATA/dw/datafile/inet_intl_star.269.632009933
List of Temporary Files
=======================
File Size(MB) Tablespace         Maxsize(MB) Tempfile Name
---- -------- ------------------ ----------- -------------------
1       60       TEMP                  32767
                          +DATA/dw/tempfile/temp.264.630244787
RMAN>
```

Em algum momento entre 30/8/2007 e a data atual, os tablespaces INET_STAR e INET_INTL_STAR foram criados.

Você também pode consultar o catálogo de recuperação no Enterprise Manager Database Control (ou Grid Control se estiver usando o Oracle RAC). Na homepage do banco de dados, selecione a guia Availability e clique no link Manage Current Backups.

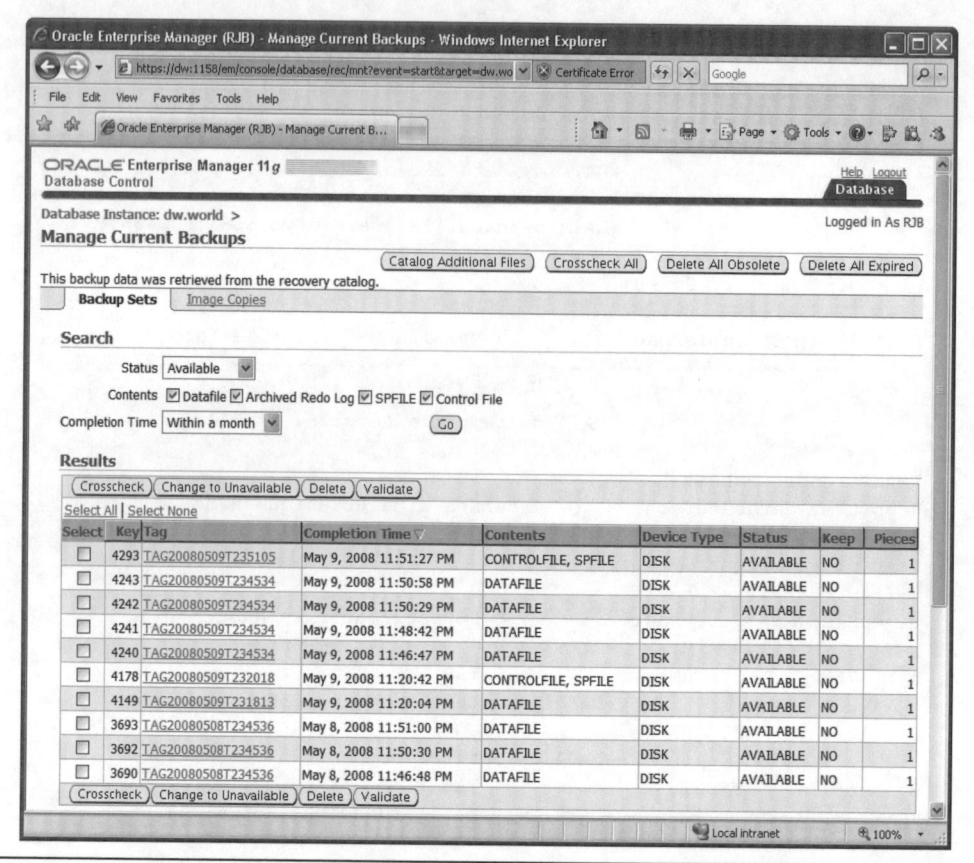

**Figura 4-3** *Consultando o catálogo de recuperação no EM Database Control.*

Na Figura 4-3, você encontrará a lista atual de conjuntos de backup e cópias-imagem registrados no catálogo de recuperação.

### Usando o comando DELETE

Após identificar os arquivos de dados e arquivos de redo log arquivados obsoletos (definidos pela política de retenção de seu banco de dados), você poderá removê-los manualmente com o comando DELETE OBSOLETE. É possível remover os arquivos obsoletos um de cada vez ou remover todos os backups obsoletos com o seguinte comando:

```
RMAN> delete noprompt obsolete;
```

Se você estiver usando uma área de recuperação flash, o RMAN removerá automaticamente os arquivos obsoletos quando houver pouco espaço disponível nessa área.

### Usando o comando CROSSCHECK

Ocasionalmente, é possível que uma fita de backup desapareça ou um disco contendo arquivos de backup falhe. Para manter o catálogo de recuperação atualizado, use o comando CROSSCHECK para marcar os backups ausentes como EXPIRED. No exemplo a seguir, um diretório de backup no sistema de arquivos /u05 falhou. Um backup do tablespace USERS nesse sistema de arquivos e o backup estão registrados no catálogo de recuperação. Para sincronizar o catálogo de recuperação com os backups ainda válidos e existentes, use o comando CROSSCHECK:

```
RMAN> crosscheck backup;

using channel ORA_DISK_1
crosschecked backup piece: found to be 'AVAILABLE'
backup piece
handle=+RECOV/dw/backupset/2008_05_09/
    nnndf0_tag20080509t234534_0.430.654306351 RECID=590 STAMP=654306351
crosschecked backup piece: found to be 'AVAILABLE'
backup piece handle=+RECOV/dw/backupset/2008_05_09/
    nnndf0_tag20080509t234534_0.555.654306439 RECID=591 STAMP=654306439
crosschecked backup piece: found to be 'AVAILABLE'
backup piece handle=+RECOV/dw/backupset/2008_05_09/
    nnndf0_tag20080509t234534_0.558.654306543 RECID=592 STAMP=654306542
crosschecked backup piece: found to be 'AVAILABLE'
backup piece handle=+RECOV/dw/backupset/2008_05_09/
    nnndf0_tag20080509t234534_0.363.654306657 RECID=593 STAMP=654306656
crosschecked backup piece: found to be 'AVAILABLE'
backup piece handle=+RECOV/dw/autobackup/2008_05_09/
    s_654306665.566.654306687 RECID=594 STAMP=654306686
crosschecked backup piece: found to be 'EXPIRED'
backup piece handle=/u05/oradata/rmtbak/jojg18cv_1_1 RECID=595
STAMP=654352823
crosschecked backup piece: found to be 'AVAILABLE'
backup piece handle=+RECOV/dw/autobackup/2008_05_10/
s_654352833.562.654352853 RECID=596 STAMP=654352852
Crosschecked 7 objects

RMAN>
```

O RMAN identifica o backup em /u05/oradata/rmtbak como EXPIRED. Assim que você marcar os backups expirados como EXPIRED no catálogo de recuperação com o comando CROSSCHECK, você poderá remover as entradas existentes no catálogo de recuperação usando o comando DELETE EXPIRED:

```
RMAN> delete expired backup;

using channel ORA_DISK_1

List of Backup Pieces
BP Key  BS Key  Pc# Cp# Status      Device Type Piece Name
------- ------- --- --- ----------- ----------- ----------
4560    4557    1   1   EXPIRED     DISK
                                                /u05/oradata/rmtbak/jojg18cv_1_1

Do you really want to delete the above objects (enter YES or NO)? yes
deleted backup piece
backup piece handle=/u05/oradata/rmtbak/
```

```
            jojg18cv_1_1 RECID=595 STAMP=654352823
Deleted 1 EXPIRED objects

RMAN>
```

Nem sempre é necessário excluir os backups expirados. Se o disco ou a fita se tornar disponível posteriormente, você poderá executar o CROSSCHECK novamente. O RMAN localizará o backup e o marcará como AVAILABLE; por conseguinte, será possível reutilizá-lo em uma operação de recuperação.

## RESUMO DA CERTIFICAÇÃO

Este capítulo examinou a mecânica dos backups, após uma introdução abrangente aos principais recursos do RMAN: compactação de backup otimizada, backups incrementais, operações simultâneas e recursos avançados de criação de scripts. Raras situações exigem um método de backup não associado ao RMAN, e este método não poderia fazer rapidamente o backup de um banco de dados ainda disponível para os usuários.

A primeira parte do capítulo discutiu os princípios básicos da criação de um conjunto de backup (o padrão) ou de cópias-imagem. Você pode criar cópias-imagem dos arquivos de dados do banco de dados e de redo logs arquivados por meio dos comandos do sistema operacional. Entretanto, o RMAN propicia algumas vantagens ao executar uma cópia-imagem, como a verificação de blocos e a compactação e descompactação de conjuntos de backup. Ao compactar um backup, o RMAN dispõe de dois métodos diferentes de criptografia, de acordo com o espaço em disco disponível e com a concorrência de CPU.

Em seguida, o capítulo explicou as diferenças tênues entre um backup integral de banco de dados, um backup completo e um backup incremental. Um backup integral de banco de dados é um snapshot de todos os arquivos de dados, do arquivo de controle e de todos os arquivos de redo log arquivados. Ao contrário, um backup completo é um backup total de um ou mais objetos individuais do banco de dados, e não pode fazer parte de uma estratégia de backup incremental. Os backups incrementais podem ser de nível 0 ou nível 1. Os backups de nível 0 são equivalentes lógicos aos backups completos, mas podem ser utilizados como base para os backups incrementais de nível 1, que podem ser cumulativos ou diferenciais.

O RMAN tem alguns recursos que tornam os backups mais confiáveis e exigem menos tempo para o seu término. Os backups incrementais utilizam um arquivo de rastreamento de mudanças em bloco para identificar quais blocos de dados foram modificados desde o último backup incremental. Consequentemente, o RMAN não precisa ler todos os blocos em cada arquivo de dados para copiar no backup somente os blocos alterados. Os backups duplexados reduzem o tempo necessário para fazer várias cópias dos arquivos de dados. Você pode enviar uma cópia para um disco local simultaneamente ao envio de outra cópia para um disco offsite, tudo isso em menos tempo do que se exige para fazer dois backups sequenciais ou um backup local, seguido por uma cópia do backup em um local offsite. Para reduzir ainda mais o tempo de conclusão dos backups, o RMAN pode deixar de incluir no backup os tablespaces somente leitura, usando a opção SKIP READONLY ou configurando o recurso de otimização de backup.

Os backups de arquivamento, outro recurso novo do RMAN a partir do Oracle Database 11g, nunca expiram e oferecem um snapshot do banco de dados para fins de conformidade com as normas. Considerando que eles fornecem um snapshot do banco de dados em determinado momento no passado, com um período de retenção específico ou um período de retenção indefinido, você pode manter a área de recuperação sem os arquivos de redo log arquivados que, de outra forma, precisariam permanecer na área de recuperação flash durante uma janela de recuperação equivalente.

Os backups de múltiplas seções do RMAN permitem fazer o backup e validar backups de arquivos de dados muito grandes em seções. Nas versões anteriores, os arquivos de dados grandes (como os encontrados nos tablespaces bigfile) exigiam um tempo proibitivamente longo para o backup porque o RMAN só podia alocar um thread para o backup do arquivo de dados sequencialmente.

Para aumentar a segurança dos backups, o RMAN pode utilizar a criptografia por senha ou baseada em wallet, ou ambas ao mesmo tempo. A criptografia baseada em wallet é o método preferido, mas quando for necessário restaurar os arquivos de dados em outro banco de dados, aplicar uma senha forte (de alta segurança) mantém o backup seguro até que você esteja preparado para restaurá-lo em um banco de dados de destino.

Finalmente, você conheceu os dois comandos utilizados para consultar o conteúdo do catálogo de recuperação: LIST e REPORT. O comando LIST apresenta uma visão de alto nível dos backups, incluindo conjuntos de backup, cópias-imagem e scripts armazenados. O comando REPORT apresenta uma análise detalhada dos backups, como a identificação dos backups ausentes ou dos objetos do banco de dados que devem ser reincluídos em um backup para satisfazer a política de retenção configurada. Ao identificar backups adicionais, você pode usar o comando DELETE para removê-los. Use também o comando DELETE para remover os backups do catálogo de recuperação que foram identificados como ausentes com o comando CROSSCHECK.

## ✓ EXERCÍCIO DE DOIS MINUTOS

*Criar backups de cópia-imagem*
- ❑ Os backups do RMAN são conjuntos de backup ou cópias-imagem.
- ❑ Os conjuntos de backup podem ser criados e lidos somente pelo RMAN.
- ❑ A cláusula FORMAT do comando BACKUP especifica as variáveis de substituição para o nome de arquivo do backup de destino.
- ❑ É possível criar cópias-imagem de arquivos de dados, arquivos de redo log arquivados e arquivos de controle.
- ❑ Cópias-imagem só podem ser gravadas em disco.
- ❑ Use o comando SWITCH para alternar de modo fácil e rápido entre um arquivo de dados e a respectiva cópia-imagem durante uma operação de recuperação.

*Criar um backup integral do banco de dados*
- ❑ Um backup integral do banco de dados engloba todos os arquivos de dados mais o arquivo de controle.
- ❑ Um backup completo de um arquivo de dados é um subconjunto lógico de um backup integral do banco de dados.
- ❑ Um backup completo não pode ser utilizado como base para uma estratégia de backup incremental.
- ❑ Um backup incremental pode ser de nível 0 ou de nível 1.
- ❑ Um backup incremental de nível 0 pode ser utilizado como base para uma estratégia de backup incremental.
- ❑ Os backups diferenciais copiam todos os blocos modificados a partir do último backup incremental de nível 0 ou de nível 1.
- ❑ Os backups incrementais cumulativos incluem todos os blocos modificados a partir do último backup de nível 0.

*Ativar o backup incremental rápido*
- ❑ Ative o backup incremental rápido criando um arquivo de rastreamento de mudanças em bloco.
- ❑ Faça um backup incremental de nível 0 antes de configurar o RMAN para utilizar um arquivo de rastreamento de mudanças em bloco.
- ❑ A visão do dicionário de dados V$BLOCK_CHANGE_TRACKING informa o nome e o status do arquivo de rastreamento de mudanças em bloco.

*Criar um backup duplexado e conjuntos de backup*
- ❑ Os backups duplexados podem reduzir consideravelmente o tempo necessário para criar várias cópias do mesmo backup.

- Os backups não podem ser duplexados para a área de recuperação flash, e não é possível duplexar cópias-imagem.
- Use o comando BACKUP . . . BACKUPSET para criar uma cópia de um backup do RMAN em disco ou fita.
- O RMAN não incluirá no backup os tablespaces somente leitura se você utilizar a opção SKIP READONLY no comando BACKUP.
- Se você configurar o RMAN para otimização de backup, ele incluirá no backup apenas as cópias adicionais dos tablespaces somente leitura para atender à política de retenção configurada.

*Criar um backup de arquivamento para armazenamento prolongado*
- Um backup de arquivamento é um snapshot do banco de dados em determinado momento, criado para atender a demandas de arquivamento ou regulatórias.
- Os backups de arquivamento facilitam a migração de uma cópia do banco de dados para outro sistema, sem afetar a política de retenção do banco de dados original.
- Para criar um backup de arquivamento, especifique a opção KEEP UNTIL TIME ou KEEP FOREVER no comando BACKUP.
- O backup de arquivamento do RMAN também inclui os logs arquivados necessários para utilizar o backup em uma situação de recuperação.
- Você pode usar o comando CHANGE para mudar o status de um backup de arquivamento.

*Criar um backup de múltiplas seções, compactado e criptografado*
- Os backups de múltiplas seções do RMAN podem reduzir bastante o tempo necessário para o backup de arquivos de dados muito grandes em vários destinos.
- Você pode executar o comando VALIDATE para backups de múltiplas seções.
- O parâmetro SECTION SIZE determina o tamanho de cada seção em um backup de múltiplas seções ou em uma operação de validação.
- As visões V$BACKUP_SET e RC_BACKUP_SET contêm uma coluna MULTI_SECTION para indicar se o backup é de múltiplas seções.
- As visões V$BACKUP_DATAFILE e RC_BACKUP_DATAFILE contêm uma coluna SECTION_SIZE com o número de blocos existentes em cada parte de um backup de múltiplas seções.
- O RMAN pode compactar os backups dos blocos utilizados através de BZIP2 ou ZLIB.
- O ZLIB é mais veloz, mas compacta menos. O BZIP2 é mais lento, mas compacta mais.

- A criptografia transparente utiliza uma wallet de banco de dados para criptografar um backup, e este só pode ser restaurado no banco de dados de origem.
- A criptografia por senha usa uma senha para criptografar um backup, e este pode ser restaurado no banco de dados de origem e em outro banco de dados.
- Você pode utilizar a criptografia transparente e a criptografia por senha no mesmo backup.
- A criptografia transparente pode ser ativada para um único backup usando-se o comando SET ENCRYPTION.

### *Relatórios sobre backups e sua manutenção*

- O comando LIST fornece informações básicas sobre a disponibilidade dos conjuntos de backup, cópias-imagem, cópias de proxy e scripts armazenados.
- O comando REPORT apresenta uma visão mais detalhada das informações de backup contidas no catálogo de recuperação.
- Você pode utilizar o comando REPORT para identificar os backups obsoletos.
- Use o comando REPORT para identificar os arquivos de dados que necessitam de mais cópias de backup para satisfazer a política de retenção.
- O comando CROSSCHECK valida as entradas de backup no catálogo de recuperação em relação à existência dos backups em disco ou fita.
- O comando DELETE OBSOLETE remove os backups obsoletos do catálogo de recuperação e da localização do backup.
- Você pode remover os backups expirados com o comando DELETE EXPIRED.

## TESTE

As perguntas a seguir o ajudarão a avaliar seu conhecimento sobre o material apresentado neste capítulo. Leia com atenção todas as opções porque pode haver mais de uma resposta correta. Escolha todas as respostas certas de cada pergunta.

### Criar backups de cópia-imagem

1. Qual das seguintes respostas é a variável de substituição padrão para a cláusula FORMAT do comando BACKUP?

   A. %t
   B. %d
   C. %u
   D. %U
   E. %I

2. Quais das seguintes opções são candidatas a cópias-imagem do RMAN? (Escolha duas respostas.)

   A. Arquivos de dados
   B. Arquivos de redo log arquivados
   C. Arquivos de redo log online
   D. Arquivos de senhas

3. O tablespace BI_HR em seu banco de dados encontra-se em um disco com falha, mas você possui uma cópia-imagem e todos os arquivos de redo log necessários na área de recuperação flash. Coloque a seguinte sequência de comandos do RMAN na ordem correta para recuperar com êxito o tablespace BI_HR:

   1. `recover tablespace bi_hr;`
   2. `sql "alter tablespace bi_hr online";`
   3. `switch tablespace bi_hr to copy;`
   4. `sql "alter tablespace bi_hr offline immediate";`

   A. 4, 3, 2, 1
   B. 4, 3, 1, 2
   C. 3, 4, 1, 2
   D. 4, 1, 3, 2

### Criar um backup integral do banco de dados

4. Você executa o seguinte comando para criar um backup integral do banco de dados:

   `RMAN> backup as copy database spfile plus archivelog delete input;`

   Qual é a função da cláusula DELETE INPUT?

   A. Após o término do backup, o RMAN exclui os arquivos de log arquivados de todos os destinos de arquivos de log arquivados, exceto a área de recuperação flash.

B. Após o término do backup, o RMAN exclui os arquivos de log arquivados somente da área de recuperação flash.

C. Após o término do backup, o RMAN exclui os arquivos de log arquivados da área de recuperação flash e de quaisquer destinos de arquivos de log arquivados.

D. O RMAN exclui todas as cópias obsoletas de backups de banco de dados após o término da operação de backup.

5. Qual é a diferença entre um backup completo e um backup integral do banco de dados? (Escolha a melhor resposta.)

A. Um backup integral do banco de dados pode ser utilizado como base para uma estratégia de backup incremental, mas um backup completo do banco de dados não pode.

B. Um backup completo do banco de dados pode ser utilizado como base para uma estratégia de backup incremental, mas um backup integral do banco de dados não pode.

C. Um backup integral do banco de dados só pode ser uma cópia-imagem. Um backup completo pode ser uma cópia-imagem ou um conjunto de backup.

D. Um backup completo consiste em um backup de um ou mais arquivos de dados ou tablespaces, enquanto um backup integral do banco de dados contém todos os arquivos de dados, para todos os tablespaces, além do arquivo de controle.

6. Quais são as afirmações corretas sobre o backup incremental de nível 0? (Escolha todas as respostas corretas.)

A. Um backup de nível 0 inclui todos os blocos contidos em um arquivo de dados, inclusive os blocos nunca utilizados.

B. Um backup de nível 0 inclui todos os blocos contidos em um arquivo de dados, exceto os blocos nunca utilizados.

C. Um backup de nível 0 pode ser utilizado com um backup cumulativo de nível 1.

D. Um backup de nível 0 pode ser utilizado com um backup diferencial de nível 1.

E. Um backup de nível 0 de um arquivo de dados tem informações adicionais que o distinguem de um backup completo do mesmo arquivo de dados.

7. Identifique a afirmação verdadeira relacionada aos backups incremental e diferencial.

A. Um backup diferencial é o tipo padrão de backup incremental e inclui todos os blocos modificados desde o último backup incremental de nível 0 ou de nível 1.

B. Um backup cumulativo é o tipo padrão de backup incremental e inclui todos os blocos modificados desde o último backup incremental de nível 0 ou de nível 1.

C. Um backup diferencial é o tipo padrão de backup incremental e inclui todos os blocos modificados desde o último backup incremental de nível 0.

D. Um backup cumulativo é o tipo padrão de backup incremental e inclui todos os blocos modificados desde o último backup incremental de nível 1.

## *Ativar o backup incremental rápido*

8. Qual é o método utilizado pelo RMAN para ativar o backup incremental rápido? (Escolha a melhor resposta.)

    A. Backups incrementais diferenciais de nível 1.
    B. Arquivo de rastreamento de mudanças em bloco.
    C. Conjuntos de backup duplexados.
    D. Backups integrais de bancos de dados como base para um backup incremental.

9. Você cria um arquivo de rastreamento de mudanças em bloco para seu banco de dados. O que acontece se você executar o seguinte comando? (Escolha a melhor resposta.)

    ```
    RMAN> backup incremental level 1 database;
    ```

    A. O comando falha porque você precisa executar primeiramente um backup de nível 0 para inicializar o arquivo de rastreamento de mudanças em bloco.
    B. Um backup incremental de nível 0 é automaticamente executado antes de um backup de nível 1, para que o RMAN inicialize o arquivo de rastreamento de mudanças em bloco.
    C. O RMAN gera uma mensagem de aviso indicando que o arquivo de rastreamento de mudanças em bloco deve ser inicializado.
    D. O backup é executado com êxito, mas não utiliza o arquivo de rastreamento de mudanças em bloco.

## *Criar backup duplexado e conjuntos de backup*

10. Ao criar um conjunto de backup duplexado, qual é o número máximo de cópias de cada parte do backup que pode ser criado com um único comando BACKUP?

    A. Duas para as localizações em disco e quatro para os destinos em fita.
    B. No máximo quatro.
    C. Duas para as localizações em fita e quatro para as localizações em disco.
    D. O número máximo é limitado apenas pelo número de discos ou unidades de fita de destino.

11. Qual dos seguintes backups duplexados será executado com êxito? (Escolha todas as respostas corretas.)

    A. Uma cópia-imagem duplexada para quatro unidades de fita
    B. Um conjunto de backup duplexado para duas unidades de fita
    C. Um conjunto de backup duplexado para oito discos NAS
    D. Uma cópia-imagem duplexada para quatro unidades de disco
    E. Um conjunto de backup duplexado para dois sistemas de arquivos em servidores distintos

### Criar backup de arquivamento para armazenamento prolongado

12. Identifique as afirmações verdadeiras relacionadas aos backups de arquivamento. (Escolha todas as respostas corretas.)

    A. Os backups de arquivamento podem ser mantidos indefinidamente.
    B. Para eliminar o backup de arquivamento, use o comando
       CHANGE . . . DROP.
    C. Os backups de arquivamento incluem todos os redo logs arquivados a partir da data de arquivamento até a data atual.
    D. Após criar um backup de arquivamento, você deverá mantê-lo pelo período de retenção especificado ou eliminá-lo.
    E. Você pode utilizar um backup de arquivamento para migrar uma cópia do banco de dados, sem interferir na política de retenção.
    F. É possível modificar o período de retenção de um backup de arquivamento após ele ser criado.

### Criar um backup de múltiplas seções, compactado e criptografado

13. Você tem um arquivo de dados do tablespace smallfile USERS, cujo tamanho é de 90 MB, e você executa o seguinte comando do RMAN:

    ```
    RMAN> backup tablespace users section size 40m;
    ```

    Quantas seções esse backup criará?

    A. O comando não é executado porque os backups de múltiplas seções só se aplicam a tablespaces bigfile.
    B. Duas seções de 45 MB cada.
    C. Duas seções de 40 MB cada e uma seção de 10 MB.
    D. O comando não é executado porque só é possível fazer o backup integral do banco de dados como um backup de múltiplas seções.

14. Identifique a afirmação correta sobre as visões dinâmicas de desempenho e do dicionário de dados relacionadas aos backups de múltiplas seções.

    A. As visões V$BACKUP_SET e RC_BACKUP_SET têm uma coluna chamada MULTI_SECTION. As visões V$BACKUP_DATAFILE e RC_BACKUP_DATAFILE têm uma coluna chamada SECTION_SIZE.
    B. As visões V$BACKUP_SET e RC_BACKUP_SET têm uma coluna chamada SECTION_SIZE. As visões V$BACKUP_DATAFILE e RC_BACKUP_DATAFILE têm uma coluna chamada MULTI_SECTION.
    C. As visões V$BACKUP_SET e V$BACKUP_DATAFILE têm uma coluna chamada MULTI_SECTION. As visões RC_BACKUP_SET e RC_BACKUP_DATAFILE têm uma coluna chamada SECTION_SIZE.
    D. As visões V$BACKUP_SET e V$BACKUP_DATAFILE têm uma coluna chamada SECTION_SIZE. As visões RC_BACKUP_SET e RC_BACKUP_DATAFILE têm uma coluna chamada MULTI_SECTION.

## Relatórios sobre backups e sua manutenção

15. Que comando do RMAN você utilizaria para descobrir quais arquivos de dados necessitam de outro backup para satisfazer a política de retenção?
    A. REPORT NEED BACKUP
    B. LIST NEED BACKUP
    C. CROSSCHECK NEED BACKUP
    D. CONFIGURE RETENTION POLICY

16. Um de seus backups em disco está ausente, e depois que você executou o comando CROSSCHECK esse backup foi marcado como EXPIRED. Posteriormente, você encontra esse arquivo de backup em outro disco e move-o para sua localização inicial. Você executa o comando CROSSCHECK novamente. Qual é o status do backup?
    A. O backup está marcado como OBSOLETE.
    B. O backup está marcado como AVAILABLE.
    C. O backup continua marcado como EXPIRED até o próximo backup incremental.
    D. Não é possível mudar o status de um backup, a menos que ele esteja armazenado na área de recuperação flash.

## RESPOSTAS DO TESTE

### Criar backups de cópia-imagem

1. ☑ **D**. `%U` é o padrão e é um nome de arquivo exclusivo, gerado pelo sistema, equivalente a `%u_%p_%c`.

   ☒ **A**, **B**, **C** e **E** estão incorretas. Essas opções são válidas no comando `FORMAT` mas não são o padrão.

2. ☑ **A** e **B**. Além dos arquivos de dados e dos arquivos de redo log arquivados, é possível criar cópias-imagem dos arquivos de controle.

   ☒ **C** e **D** não podem ser incluídas em backup como cópias-imagem. Na realidade, elas sequer podem ser copiadas em backup pelo RMAN.

3. ☑ **B**. Todos esses comandos podem ser executados no prompt do RMAN e disponibilizam com êxito o tablespace `BI_HR` novamente para os usuários.

   ☒ **A**, **C** e **D** não recuperam corretamente o tablespace usando cópias-imagem.

### Criar um backup integral do banco de dados

4. ☑ **C**. Quando o backup for concluído com êxito, o RMAN excluirá todos os arquivos de redo log arquivados de todos os destinos, inclusive da área de recuperação flash.

   ☒ **A** e **B** estão incorretas porque o RMAN exclui os arquivos de redo log arquivados de todos os destinos. **D** está incorreta porque o comando `DELETE INPUT` é aplicável somente aos arquivos de redo log arquivados pertinentes a esse backup.

5. ☑ **D**. Um backup integral do banco de dados também pode incluir arquivos de redo log arquivados e o SPFILE.

   ☒ **A** e **B** estão incorretas porque podem ser a base de uma estratégia de backup incremental, desde que você utilize o parâmetro `INCREMENTAL LEVEL 0` no comando `BACKUP`. **C** está incorreta porque um backup integral do banco de dados e um backup completo podem ser cópias-imagem ou conjuntos de backup.

6. ☑ **B**, **C** e **D**. Um backup de nível 0 inclui todos os blocos existentes em um arquivo de dados, exceto os blocos nunca utilizados. Ele também pode ser usado com backups cumulativos e incrementais de nível 1.

   ☒ **A** está incorreta porque o backup de nível 0 exclui os blocos nunca utilizados. **E** está incorreta porque um backup de nível 0 é fisicamente idêntico ao backup completo do mesmo arquivo de dados; a diferença está nos metadados armazenados no catálogo de recuperação.

7. ☑ **A**. Um backup diferencial é o padrão e copia todos os blocos modificados desde o último backup de nível 0 ou de nível 1. Não é possível especificar a palavra-chave `DIFFERENTIAL`, o que é o padrão.

   ☒ **B** está incorreta porque um backup cumulativo não é o padrão e copia apenas os blocos modificados a partir do último backup de nível 0. **C** está incorreta porque os backups diferenciais também copiam os blocos modificados a partir do último backup incremental de nível 1. **D** está incorreta porque um backup cumulativo não é o tipo padrão de backup incremental e copia apenas os blocos modificados a partir do último backup de nível 0.

### *Ativar o backup incremental rápido*

8. ☑ **B**. O RMAN usa um arquivo de rastreamento de mudanças em bloco para indicar quais blocos necessitam de backup a partir do último backup incremental de nível 0.

    ☒ **A** está incorreta porque, embora os backups incrementais diferenciais reduzam o tempo do backup, este não é o mecanismo para diferenciar quais blocos foram modificados a partir do último backup de nível 0. **C** e **D** estão incorretas pelo mesmo motivo.

9. ☑ **D**. Mesmo que o arquivo de rastreamento de mudanças em bloco exista, o RMAN não o utiliza antes de você executar o primeiro backup incremental de nível 0.

    ☒ **A** está incorreta porque, embora o arquivo de rastreamento de mudanças em bloco não seja usado, o backup ainda é executado com êxito. **B** está incorreta porque o RMAN não executará automaticamente um backup de nível 0. **C** está incorreta porque o RMAN usa ou não o arquivo de rastreamento de mudanças em bloco de modo transparente.

### *Criar backup duplexado e conjuntos de backup*

10. ☑ **B**. O RMAN cria no máximo quatro cópias para as localizações em disco ou em fita.

    ☒ **A**, **C** e **D** estão incorretas. Não há diferença entre os backups duplexados em fita ou disco, e o limite é de duas a quatro cópias.

11. ☑ **B** e **E**. Os backups duplexados podem incluir apenas conjuntos de backup e não podem residir na área de recuperação flash.

    ☒ **A** e **D** estão incorretas porque não é possível duplexar cópias-imagem. **C** está incorreta porque você pode duplexar apenas quatro cópias de um único backup.

### *Criar backup de arquivamento para armazenamento prolongado*

12. ☑ **A**, **E** e **F**. Os backups de arquivamento podem ser guardados por um período de tempo indefinido ou mantidos por um período de tempo específico usando a cláusula `KEEP UNTIL`. Além disso, você pode utilizar um backup de arquivamento para migrar um banco de dados, e pode mudar o período de retenção quantas vezes forem necessárias após a sua criação.

    ☒ **B** está incorreta porque a cláusula certa é `CHANGE . . . NOKEEP`. **C** está incorreta porque somente os redo logs arquivados necessários para o snapshot são incluídos no backup. **D** está incorreta porque você pode modificar facilmente o período de retenção de qualquer backup de arquivamento.

### Criar um backup de múltiplas seções, compactado e criptografado

13. ☑ **C.** O RMAN faz o backup do arquivo de dados em múltiplos do tamanho da seção, e o restante reside na última seção.

    ☒ **A** está incorreta porque você pode usar os backups de múltiplas seções para qualquer tipo de tablespace. **B** está incorreta porque o RMAN não arredonda o tamanho da seção para criar tamanhos iguais de seção na saída. **D** está incorreta porque você pode incluir no backup um tablespace individual ou o banco de dados inteiro como um backup de múltiplas seções.

14. ☑ **C.** SECTION_SIZE indica o tamanho da seção da parte do backup. MULTI_SECTION tem um valor YES ou NO para indicar se o backup é de múltiplas seções.

    ☒ **A, B** e **D** estão incorretas. Cada uma dessas respostas tem uma combinação inválida de colunas e as respectivas visões associadas.

### Relatórios sobre backups e sua manutenção

15. ☑ **A.** O comando REPORT NEED BACKUP identifica os arquivos de dados que precisam de pelo menos um backup adicional para satisfazer a política de retenção configurada.

    ☒ **B** e **C** apresentam uma sintaxe incorreta. **D** define a política de retenção do banco de dados, mas não determina quais arquivos de dados não possuem backups suficientes para satisfazer a política de retenção.

16. ☑ **B.** Quando o comando CROSSCHECK for executado novamente, ele encontrará o arquivo em sua localização inicial e o marcará como AVAILABLE.

    ☒ **A** está incorreta porque os backups são marcados como OBSOLETE somente quando um backup mais recente é executado e identifica cópias mais antigas fora da política de retenção. **C** está incorreta porque o comando CROSSCHECK muda imediatamente o status de quaisquer backups disponíveis no momento. **D** está incorreta porque o status de um backup independe de seu local de armazenamento.

# 5
# Recuperação Usando os Backups do RMAN

## OBJETIVOS DE CERTIFICAÇÃO

5.01 Fazer uma recuperação completa de uma perda de arquivo de dados crítico ou não crítico usando o RMAN

5.02 Fazer uma recuperação incompleta usando o RMAN

5.03 Recuperar usando os backups atualizados no modo incremental

5.04 Alternar para cópias-imagem para obter uma rápida recuperação

5.05 Restaurar um banco de dados em um novo host

5.06 Recuperar usando o backup do arquivo de controle

5.07 Fazer uma recuperação de desastre

✓ Exercício de dois minutos

P&R Teste

Neste capítulo, você aprenderá a usar o RMAN em um cenário de recuperação. Isto é necessário caso você perca um arquivo de dados não crítico, crítico, um arquivo de controle ou, possivelmente, o banco de dados inteiro.

Este capítulo tratará de situações de recuperação para um banco de dados em execução no modo ARCHIVELOG. Evidentemente, se ainda não ficou claro até agora, seu banco de dados já deve estar executando no modo ARCHIVELOG, tendo em vista todas as vantagens e as poucas desvantagens apresentadas nos capítulos anteriores. Entretanto, se você ainda não estiver no modo ARCHIVELOG, serão apresentadas suas opções de recuperação e aquelas do modo NOARCHIVELOG.

As cópias-imagem desempenham um papel importante nos cenário de backup e recuperação. Você aprenderá a recuperar uma cópia-imagem para agilizar ainda mais a recuperação de seu banco de dados por ocasião de uma falha de mídia. Além disso, você aprenderá a alternar para uma cópia-imagem e voltar a partir dessa cópia.

Após criar seus backups, convém verificar se é possível utilizá-los para recuperar o banco de dados. Você aprenderá a restaurar um banco de dados em um novo host para testar seus cenários de recuperação ou mover um banco de dados de produção para um novo host.

Por último, você aprenderá a fazer uma recuperação incompleta e recuperar seu banco de dados até um ponto no tempo no passado. Esse recurso é útil quando você se deparar com danos lógicos em seu banco de dados, inclusive, mas não apenas, erros do usuário ou do DBA que seriam meramente recriados com uma recuperação completa. Uma recuperação incompleta também pressupõe a impossibilidade de utilizar outras opções menos drásticas, como usar o flashback de tabela ou SELECT ... AS OF.

## OBJETIVO DA CERTIFICAÇÃO 5.01

## FAZER UMA RECUPERAÇÃO COMPLETA DE UMA PERDA DE ARQUIVO DE DADOS CRÍTICO OU NÃO CRÍTICO USANDO O RMAN

Nas seções a seguir, você aprenderá a utilizar os comandos RESTORE e RECOVER para um banco de dados em execução no modo ARCHIVELOG. Primeiramente, você conhecerá as funções básicas do RESTORE e RECOVER e como elas funcionam. Em seguida, você aprenderá a recuperar com êxito arquivos de dados não críticos e críticos.

### Usando os comandos RESTORE e RECOVER do RMAN

Em geral, a recuperação a partir de uma falha do banco de dados é um processo de duas etapas: restaurar um ou mais arquivos do banco de dados a partir da localização de um backup e aplicar os arquivos de redo log arquivados e online para atualizar o banco de dados inteiro ou arquivos de dados individuais até o SCN (System Change Number) especificado, que geralmente é o SCN mais recente (a última transação que sofreu commit).

O comando RESTORE é a primeira etapa em todo processo de recuperação. Quando você emite um comando RESTORE, o RMAN recupera um ou mais arquivos de dados do disco ou da fita, juntamente com todos os arquivos de redo log arquivados necessários durante a operação de recuperação. Se os arquivos do backup estiverem em fita, aloque os canais de fita necessários também.

Quando você emite o comando RECOVER, o RMAN aplica as alterações que sofreram commit nos arquivos de redo log arquivados e online aos arquivos de dados restaurados. Um cenário de recuperação de desastre é acionado quando a maioria dos arquivos de dados do banco de dados desaparecer ou estiver danificada. O processo de recuperação pode ser tão simples quanto o exemplo a seguir (a saída do comando foi excluída para melhorar a legibilidade):

```
SQL> shutdown immediate;
SQL> startup mount;
[oracle@srv04 -]$ rman target / catalog rman/rman@rcat
RMAN> restore database;
RMAN> recover database;
RMAN> sql 'alter database open';
```

Usar o Database Control para fazer uma operação de recuperação também é fácil. A Figura 5-1 apresenta as etapas, que são simples mas não tão fácil quanto digitar dois ou três comandos SQL e do RMAN.

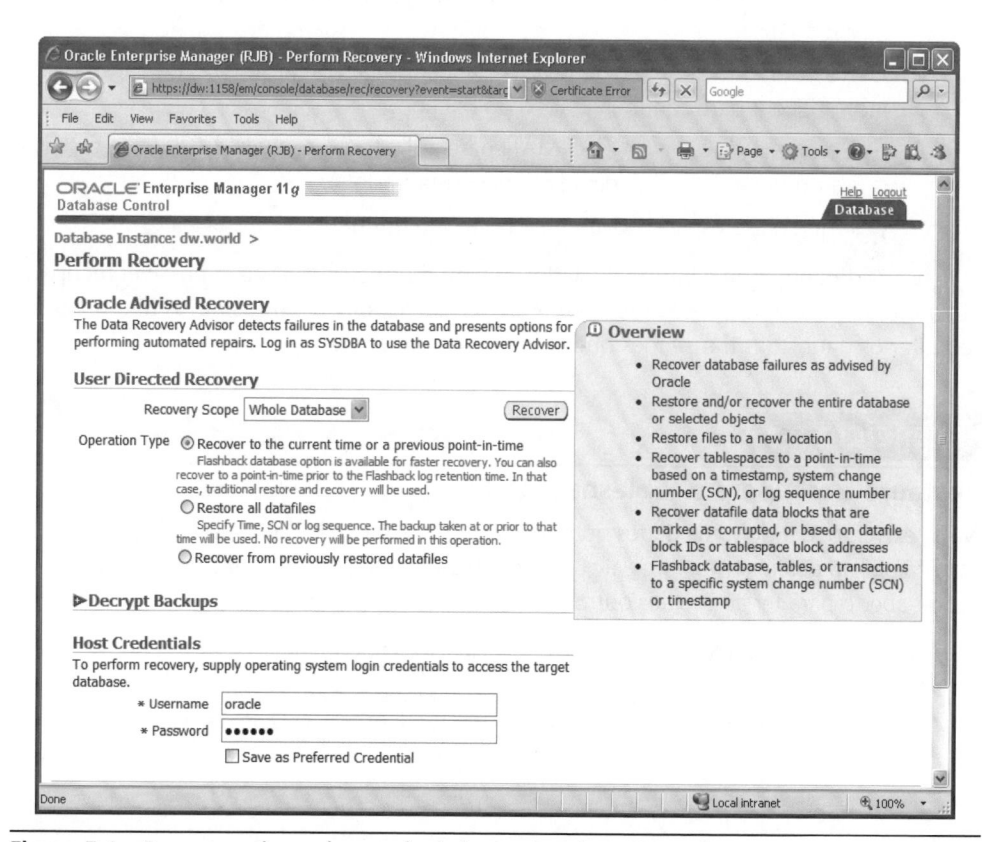

**Figura 5-1** *Recuperando um banco de dados no Database Control.*

O processo de recuperação é um pouco diferente, dependendo se ocorreu uma perda de um arquivo de dados crítico ou não crítico. Se você perder um arquivo de dados crítico, deverá desligar e inicializar o banco de dados no modo MOUNT antes de recuperar o banco de dados. Para um arquivo de dados não crítico, faça uma recuperação enquanto os usuários estiverem conectados e utilizando outros arquivos de dados disponíveis.

## Fazendo uma recuperação completa de um arquivo de dados não crítico

Se você perder um arquivo de dados que não faz parte do tablespace SYSTEM ou UNDO, ele será considerado não crítico (embora os usuários deste arquivo de dados perdido possam não concordar com essa avaliação). Quando o banco de dados estiver no modo ARCHIVELOG, um arquivo de dados danificado ou ausente que não faz parte do tablespace SYSTEM ou UNDO afetará apenas os objetos contidos nesse arquivo.

As etapas básicas para a recuperação de um arquivo de dados de um tablespace não crítico são:

1. Se o banco de dados estiver aberto, coloque o tablespace contendo o arquivo de dados danificado ou ausente no modo offline, com o comando ALTER TABLESPACE.
2. Use o comando RESTORE do RMAN para carregar o(s) arquivo(s) de dados para o tablespace a partir da localização do backup.
3. Use o comando RECOVER do RMAN para aplicar os arquivos de redo log arquivados e online ao(s) arquivo(s) de dados restaurado(s).
4. Coloque o tablespace novamente no modo online.

Considerando que o banco de dados está no modo ARCHIVELOG, é possível recuperar até a última transação que sofreu commit. Em outras palavras, os usuários não precisam redigitar os dados das transações que sofreram commit anteriormente.

### EXERCÍCIO 5-1

**Restaure e recupere o tablespace USERS**

Neste exercício, o arquivo de dados do tablespace USERS foi excluído por engano pelo administrador do sistema. Restaure e recupere o tablespace enquanto o banco de dados ainda estiver aberto para ter acesso aos outros tablespaces.

1. Conecte-se ao RMAN e coloque o tablespace USERS offline:

```
RMAN> sql "alter tablespace users offline immediate";
sql statement: alter tablespace users offline immediate
RMAN>
```

Os usuários tentando acessar o tablespace enquanto ele estiver offline receberão uma mensagem parecida com esta:

```
SQL> select * from sales_data;
             *
ERROR at line 1:
ORA-00376: file 4 cannot be read at this time
ORA-01110: data file 4: '/u01/app/oracle/oradata/hr/users01.dbf'

SQL>
```

2. Restaure o tablespace USERS:

```
RMAN> restore tablespace users;

Starting restore at 24-MAY-08
allocated channel: ORA_DISK_1
channel ORA_DISK_1: SID=129 device type=DISK

channel ORA_DISK_1: starting datafile backup set restore
channel ORA_DISK_1: specifying datafile(s) to restore from backup set
channel ORA_DISK_1: restoring datafile 00004 to
      /u01/app/oracle/oradata/hr/users01.dbf
channel ORA_DISK_1: reading from backup piece
/u01/oradata/bkup/1sjh6l0u_1_1
channel ORA_DISK_1: piece handle=/u01/oradata/bkup/1sjh6l0u_1_1
                      tag=TAG20080524T170221
channel ORA_DISK_1: restored backup piece 1
channel ORA_DISK_1: restore complete, elapsed time: 00:00:15
Finished restore at 24-MAY-08
RMAN>
```

3. Recupere o tablespace USERS para aplicar os arquivos de redo log arquivados e online:

```
RMAN> recover tablespace users;

Starting recover at 24-MAY-08
using channel ORA_DISK_1

starting media recovery
media recovery complete, elapsed time: 00:00:00

Finished recover at 24-MAY-08

RMAN>
```

4. Recoloque o tablespace USERS online:

```
RMAN> sql "alter tablespace users online";

sql statement: alter tablespace users online

RMAN>
```

5. Confirme que os usuários podem acessar novamente o tablespace USERS:

```
SQL> select * from sales_data;

SALES_ID SALE_DATE TRAN_AMT
-------- --------- --------
     202 15-MAR-08  1402.12
 . . .
```

## Fazendo uma recuperação completa de um arquivo de dados crítico

O procedimento para recuperar um arquivo de dados crítico é parecido com o utilizado para a recuperação de um arquivo de dados não crítico, exceto pelo fato de que o banco de dados deve ser desligado e aberto no modo MOUNT para executar a operação de recuperação. Se o arquivo de dados perdido pertencer ao tablespace SYSTEM, muito provavelmente a instância falhará ou será automaticamente desligada. Veja a seguir as etapas para recuperar um arquivo de dados crítico:

1. Desligue o banco de dados com o comando SHUTDOWN ABORT se ele ainda não estiver desligado.
2. Reabra o banco de dados com STARTUP MOUNT.
3. Use o comando RESTORE do RMAN para copiar (restaurar) o(s) arquivo(s) de dados para o tablespace crítico a partir da localização do backup.
4. Use o comando RECOVER do RMAN para aplicar os arquivos de redo log arquivados ou online.
5. Reabra o banco de dados para os usuários com ALTER DATABASE OPEN.

Serão recuperadas todas as transações com commit até o momento da falha, para que os usuários não precisem redigitar os dados. No caso do tablespace SYSTEM, você pode não ter nenhuma transação de usuário, mas não perderá os objetos novos criados a partir do último backup.

### OBJETIVO DA CERTIFICAÇÃO 5.02

## FAZER UMA RECUPERAÇÃO INCOMPLETA USANDO O RMAN

Em algum momento, você pode precisar restaurar um banco de dados até determinado ponto no passado. Por exemplo, é possível que os aplicativos tenham efetuado várias alterações incorretas no banco de dados nas últimas 24 horas, e você pode não conseguir reverter facilmente os erros com um flashback de tabela, ou talvez não tenha o flashback configurado para o banco de dados.

O uso de pontos de restauração facilita ainda mais uma recuperação pontual, seja uma recuperação incompleta no RMAN ou um flashback database. Após conhecer os pontos de restauração, você fará uma recuperação incompleta usando um deles.

## Criando pontos de restauração

É possível criar dois tipos de pontos de restauração – a partir de um momento específico ou com um número SCN no passado. O tipo que você usará vai depender do ambiente em questão e da opção mais conveniente. Se você não especificar nenhuma das opções, o Oracle usará o SCN atual e presumirá que você deseja que o tempo de restauração seja o atual. Lembre-se de que é possível recuperar o SCN na V$DATABASE:

```
SQL> select current_scn from v$database;

CURRENT_SCN
-----------
   34674668

SQL>
```

Para criar um ponto de restauração para o momento atual ou SCN, use este formato do comando CREATE RESTORE POINT:

```
SQL> create restore point good_for_now;

Restore point created.

SQL>
```

Para criar um ponto de restauração para um SCN específico, use a sintaxe AS OF:

```
SQL> create restore point good_for_now as of scn 34674668;

Restore point created.

SQL>
```

> **a prática**
>
> *Os pontos de restauração também são úteis para utilizar a tecnologia de flashback do Oracle a fim de retornar uma tabela ou um banco de dados a um ponto no tempo no passado.*

O Oracle guarda os pontos de restauração durante, pelo menos, o tempo especificado no parâmetro de inicialização CONTROL_FILE_RECORD_KEEP_TIME. Se você quiser explicitamente manter um ponto de restauração por mais tempo, use a palavra-chave PRESERVE ao criar o ponto de restauração:

```
SQL> create restore point good_for_now preserve;

Restore point created.

SQL>
```

Como você já previa, é possível remover explicitamente um ponto de restauração com o comando DROP RESTORE POINT:

```
SQL> drop restore point good_for_now;

Restore point dropped.

SQL>
```

## Fazendo uma recuperação incompleta gerenciada pelo servidor

Para fazer uma recuperação incompleta gerenciada pelo servidor (RMAN) – diferentemente de uma recuperação gerenciada pelo usuário, coberta no Capítulo 6 – execute as seguintes etapas:

1. Determine o ponto de destino da restauração (SCN, data/hora, ponto de restauração ou número de sequência de log).
2. Defina as variáveis NLS no prompt do sistema operacional, se estiver usando uma recuperação incompleta baseada em tempo:
   - NLS_LANG
   - NLS_DATE_FORMAT
3. Pare e reinicialize o banco de dados no modo MOUNT.
4. Usando o bloco RUN do RMAN, emita os comandos SET UNTIL, RESTORE e RECOVER.
5. Opcionalmente, abra o banco de dados no modo READ ONLY para verificar se o ponto de restauração era o almejado.
6. Abra o banco de dados com RESETLOGS.

É importante especificar as variáveis NLS de forma correta, para que o RMAN interprete corretamente as strings de data informadas; eis alguns exemplos de valores:

```
$ export NLS_LANG = american_america.us7ascii
$ export NLS_DATE_FORMAT = "Mon DD YYYY HH24:MI:SS"
```

Observe também que abrir o banco de dados no modo READ ONLY depois de uma recuperação incompleta permite executar outra recuperação incompleta para um SCN ou um tempo antes ou depois do SCN, ou tempo original. Assim que você abrir o banco de dados para leitura/gravação com RESETLOGS, a sequência de log atual será definida com 1 e todas as informações de redo não aplicadas durante a recuperação serão descartadas. Isso impedirá que você faça outra recuperação usando um redo gerado depois do SCN ou do timestamp de sua recuperação incompleta.

## EXERCÍCIO 5-2

### Faça uma recuperação incompleta para restaurar o tablespace EXAMPLE

Neste exercício, você criará um ponto de restauração e o utilizará posteriormente para recuperação da exclusão inadvertida de tabelas e visões no tablespace EXAMPLE.

1. Crie um ponto de restauração para o SCN atual:

   ```
   SQL> create restore point before_disaster_strikes;

   Restore point created.

   SQL>
   ```

2. Elimine "por engano" algumas tabelas e visões no tablespace EXAMPLE:

   ```
   SQL> drop table hr.job_history;

   Table dropped.

   SQL> drop view hr.emp_details_view;

   View dropped.

   SQL>
   ```

3. Desligue a instância e reinicialize o banco de dados no modo MOUNT:

   ```
   SQL> shutdown immediate
   Database closed.
   Database dismounted.
   ORACLE instance shut down.
   SQL> startup mount
   ORACLE instance started.

   Total System Global Area   636100608 bytes
   Fixed Size                   1301784 bytes
   Variable Size              490734312 bytes
   Database Buffers           138412032 bytes
   Redo Buffers                 5652480 bytes
   Database mounted.
   SQL>
   ```

4. No prompt do RMAN, crie um bloco RUN que use o ponto de restauração criado anteriormente para restaurar e recuperar o banco de dados até o momento do ponto de restauração:

   ```
   RMAN> run
   2>   {
   3>     set until restore point before_disaster_strikes;
   4>     restore database;
   5>     recover database;
   6>   }

   executing command: SET until clause
   ```

```
starting full resync of recovery catalog
full resync complete

Starting restore at 25-MAY-08
allocated channel: ORA_DISK_1
channel ORA_DISK_1: SID=151 device type=DISK
channel ORA_DISK_1: starting datafile backup set restore
channel ORA_DISK_1: specifying datafile(s) to restore from backup set
channel ORA_DISK_1: restoring datafile 00001 to
     /u01/app/oracle/oradata/hr/system01.dbf
channel ORA_DISK_1: restoring datafile 00002 to
     /u01/app/oracle/oradata/hr/sysaux01.dbf
channel ORA_DISK_1: restoring datafile 00003 to
     /u01/app/oracle/oradata/hr/undotbs01.dbf
channel ORA_DISK_1: restoring datafile 00004 to
     /u01/app/oracle/oradata/hr/users01.dbf
channel ORA_DISK_1: restoring datafile 00005 to
     /u01/app/oracle/oradata/hr/example01.dbf
channel ORA_DISK_1: reading from backup piece
/u01/oradata/bkup/1ujh9bkl_1_1
channel ORA_DISK_1: piece handle=/u01/oradata/bkup/1ujh9bkl_1_1
              tag=TAG20080525T174036
channel ORA_DISK_1: restored backup piece 1
channel ORA_DISK_1: restore complete, elapsed time: 00:03:27
Finished restore at 25-MAY-08

Starting recover at 25-MAY-08
using channel ORA_DISK_1

starting media recovery
media recovery complete, elapsed time: 00:00:12

Finished recover at 25-MAY-08

RMAN>
```

5. Abra o banco de dados com RESETLOGS:

   ```
   SQL> alter database open resetlogs;

   Database altered.

   SQL>
   ```

6. Verifique se a tabela eliminada ainda existe:

   ```
   SQL> select * from hr.job_history;

   EMPLOYEE_ID START_DAT END_DATE  JOB_ID     DEPARTMENT_ID
   ----------- --------- --------- ---------- -------------
           102 13-JAN-93 24-JUL-98 IT_PROG               60
           101 21-SEP-89 27-OCT-93 AC_ACCOUNT           110
           101 28-OCT-93 15-MAR-97 AC_MGR               110
           201 17-FEB-96 19-DEC-99 MK_REP                20
           114 24-MAR-98 31-DEC-99 ST_CLERK              50
   ```

```
    122 01-JAN-99 31-DEC-99 ST_CLERK              50
    200 17-SEP-87 17-JUN-93 AD_ASST               90
    176 24-MAR-98 31-DEC-98 SA_REP                80
    176 01-JAN-99 31-DEC-99 SA_MAN                80
    200 01-JUL-94 31-DEC-98 AC_ACCOUNT            90

10 rows selected.

SQL>
```

Existem métodos menos drásticos disponíveis para restaurar e recuperar essas tabelas e visões, como o flashback database, restaurar e recuperar o tablespace com o banco de dados ainda online ou recuperar as tabelas da Lixeira. Cada situação de recuperação deve ser avaliada separadamente, ponderando-se os seguintes fatores:

- Tempo para obter os arquivos de backup necessários à recuperação. Se esses arquivos estiverem armazenados em fita, em um local externo, esse tempo pode ser inaceitável.
- Tempo para restaurar e recuperar o banco de dados inteiro, assim que os arquivos de recuperação estiverem disponíveis.
- Tempo da execução da recuperação pelo DBA.
- Tempo de redigitação dos dados perdidos por parte dos usuários.
- Tolerância para a paralisação do banco de dados.

## OBJETIVO DA CERTIFICAÇÃO 5.03

## RECUPERAR USANDO OS BACKUPS ATUALIZADOS NO MODO INCREMENTAL

O uso de cópias-imagem em sua estratégia de backup e recuperação reduz consideravelmente o tempo necessário para restaurar um arquivo de dados ou o banco de dados inteiro. As cópias-imagem já se encontram no formato nativo de arquivo de dados do Oracle e não precisam ser recriadas a partir de um conjunto de backup compactado ou descompactado do RMAN. O RMAN pode melhorar esse aspecto ainda mais, porque é possível atualizar uma cópia-imagem, de maneira incremental, por meio de um backup incremental. Nas seções a seguir, você conhecerá mais detalhes sobre como recuperar uma cópia-imagem, e examinará um exemplo de estratégia de cópia-imagem.

### Recuperando cópias-imagem

Quando você atualizar uma cópia-imagem com um backup incremental, qualquer cenário de recuperação que utilizar a cópia-imagem deverá aplicar apenas os arquivos de redo log arquivados e online a partir do último backup incremental. Não há mais necessidade de fazer outra cópia-imagem completa do arquivo de dados ou banco de dados.

Não existem diferenças entre uma recuperação incremental de cada arquivo de dados e uma cópia-imagem completa.

Se existir mais de uma cópia-imagem de um arquivo de dados, o RMAN determinará automaticamente qual delas deve ser utilizada – geralmente, a versão criada mais recentemente ou atualizada de modo incremental. Se o processo de recuperação de uma cópia-imagem falhar ao aplicar um backup incremental, como a indisponibilidade temporária do backup incremental, basta reiniciar o processo de recuperação quando o backup incremental estiver disponível novamente. O RMAN recomeçará a partir do ponto onde ele parou.

### Implementando uma estratégia de cópia-imagem

Veja um script de exemplo do RMAN para implementar uma estratégia de cópia-imagem atualizada diariamente, de forma incremental, depois que você criar a cópia-imagem do banco de dados inteiro:

```
run {
    recover copy of database
        with tag 'inc_upd';
    backup incremental level 1
        for recover of copy
        with tag 'inc_upd'
        database;
}
```

Veja a seguir um detalhamento do que acontece nesse bloco RUN. Na primeira execução desse bloco, não existe uma cópia-imagem de nível 0 a ser restaurada e, de modo semelhante, ainda nenhum backup incremental de nível 0, de modo que você receberá as seguintes mensagens:

```
Starting recover at 25-MAY-08
using channel ORA_DISK_1
no copy of datafile 1 found to recover
no copy of datafile 2 found to recover
no copy of datafile 3 found to recover
no copy of datafile 4 found to recover
no copy of datafile 5 found to recover
Finished recover at 25-MAY-08

Starting backup at 25-MAY-08
using channel ORA_DISK_1
no parent backup or copy of datafile 2 found
no parent backup or copy of datafile 1 found
no parent backup or copy of datafile 3 found
no parent backup or copy of datafile 5 found
no parent backup or copy of datafile 4 found
channel ORA_DISK_1: starting datafile copy
. . .
```

O RMAN cria automaticamente um backup de nível 0 quando ocorre um backup de nível 1 sem que exista um backup de nível 0. Na próxima vez que você executar o script, o backup de nível 0 existirá, mas não ainda um backup incremental de nível 0. Sendo assim, o comando RECOVER no bloco RUN ainda gera estas mensagens:

```
Starting recover at 25-MAY-08
using channel ORA_DISK_1
no copy of datafile 1 found to recover
no copy of datafile 2 found to recover
no copy of datafile 3 found to recover
no copy of datafile 4 found to recover
no copy of datafile 5 found to recover
Finished recover at 25-MAY-08

Starting backup at 25-MAY-08
using channel ORA_DISK_1
channel ORA_DISK_1: starting incremental level 1 datafile backup set
. . .
```

Na terceira e sucessivas chamadas desse bloco RUN, o comando RECOVER atualizará a cópia-imagem com o backup de nível 1 mais recente, e ocorrerá outro backup incremental de nível 1, que será aplicado na próxima vez que esse bloco RUN for executado. Consequentemente, toda operação de recuperação ocorrida depois da terceira chamada desse script envolverá nada mais do que cópias-imagem, um único backup incremental e todos os arquivos de redo log arquivados e online gerados a partir do último backup incremental de nível 1.

*na prática*

*Certifique-se de usar as tags com uma estratégia de cópia-imagem atualizada de modo incremental. Sem as tags, seria utilizado um backup incremental mais recente e possivelmente incorreto para recuperar as cópias-imagem.*

### OBJETIVO DA CERTIFICAÇÃO 5.04

## ALTERNAR PARA CÓPIAS-IMAGEM PARA OBTER UMA RÁPIDA RECUPERAÇÃO

Assim que você começar a fazer cópias-imagem e até atualizá-las de modo incremental, poderá usá-las em uma operação de restauração e recuperação para recuperar rapidamente um banco de dados inteiro ou uma parte dele. Para agilizar ainda mais a recuperação de seu banco de dados, você pode fazer uma alternação rápida para cópias-imagem. Em outras palavras, você pode utilizar as cópias-imagem diretamente, pular a etapa de restauração e aplicar apenas a etapa da recuperação. Depois que os arquivos de dados originais estiverem reparados ou restaurados, você poderá facilmente alternar de volta, com pouco ou nenhum impacto sobre os usuários que estiverem utilizando outros arquivos de dados. O banco de dados não precisa ser desligado, a menos que você esteja alternando para as cópias-imagem de arquivos de dados do tablespace SYSTEM ou UNDO.

O uso do comando SET NEWNAME dentro do bloco RUN, para especificar uma localização alternativa para a cópia-imagem de substituição, permite que o RMAN facilite mais a mudança para as cópias-imagem.

### Fazendo uma mudança rápida para cópias-imagem

Quando ocorrer um desastre e você perder um único arquivo de dados, ou até mesmo todos os arquivos de dados, as cópias-imagem reduzirão bastante o tempo necessário para restaurar seu banco de dados. Após alternar para uma cópia-imagem, muito provavelmente você voltará às localizações dos arquivos de dados originais depois que a falha da mídia for reparada. Você aprenderá aqui a alternar para uma cópia-imagem e depois retornar.

#### Alternar para uma cópia-imagem

As etapas para alternar para uma cópia do arquivo de dados são muito simples. Evidentemente, essa operação pressupõe que você já tenha as cópias-imagem dos arquivos de dados danificados ou perdidos, assim como todos os arquivos de redo log arquivados e online desde que a cópia-imagem foi criada. Eis as etapas:

1. Coloque em modo offline o(s) tablespace(s) contendo os arquivos de dados ausentes. Você pode utilizar uma das visões dinâmicas de desempenho, V$RECOVER_FILE, V$DATAFILE_HEADER ou V$TABLESPACE, para identificar os arquivos de dados que precisam de recuperação.

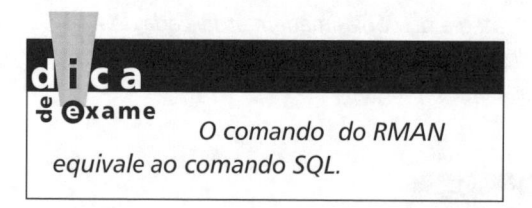

2. Use o comando SWITCH TO ... COPY do RMAN para indicar a cópia-imagem dos arquivos de dados ausentes.

3. Recupere os arquivos de dados através do comando RECOVER do RMAN.

4. Coloque novamente o(s) tablespace(s) no modo online.

> **dica de exame** *O comando do RMAN equivale ao comando SQL.*

---

**EXERCÍCIO 5-3**

### Use o comando SWITCH para recuperar um arquivo de dados rapidamente

O arquivo de dados do tablespace USERS desaparece misteriosamente. Os usuários começam a reclamar imediatamente, informando a exibição desta mensagem quando tentam criar ou atualizar uma tabela:

```
ERROR at line 1:
ORA-01116: error in opening database file 4
ORA-01110: data file 4: '/u01/app/oracle/oradata/hr/users01.dbf'
ORA-27041: unable to open file
Linux Error: 2: No such file or directory
Additional information: 3
```

Além disso, você encontra esta mensagem no log de alerta. Esse alerta também deve estar visível como um alerta na homepage do Enterprise Manager:

```
Fri May 30 19:45:13 2008
Checker run found 1 new persistent data failures
```

Descubra o número do arquivo de dados que deve ser restaurado, alterne para uma cópia-imagem e, em seguida, recupere o arquivo de dados e coloque o tablespace novamente online:

1. Como você já sabe que o arquivo de dados #4 está com problemas, consulte a visão V$TABLESPACE para confirmar se o tablespace USERS é o culpado:

```
SQL> select ts#, name
  2  from v$tablespace
  3  where ts# = 4;

       TS# NAME
---------- --------------------
         4 USERS

SQL>
```

A visão dinâmica de desempenho V$DATAFILE_HEADER também indica um erro, mas nem sempre identifica o nome do tablespace:

```
SQL> select file#, status, error, recover, tablespace_name, name
  2  from v$datafile_header
  3  where recover = 'YES'
  4    or (recover is null and error is not null);

     FILE# STATUS  ERROR              REC TABLESPACE_NAME NAME
---------- ------- ------------------ --- --------------- ------
         4 ONLINE  CANNOT OPEN FILE

SQL>
```

2. Coloque o tablespace USERS no modo offline pelo prompt SQL:

```
SQL> alter tablespace users offline immediate;

Tablespace altered.

SQL>
```

Como alternativa, você pode colocar o tablespace no modo offline usando o comando SQL do RMAN.

3. Alterne para a cópia do arquivo de dados do tablespace USERS:

```
RMAN> switch tablespace users to copy;

datafile 4 switched to datafile copy
    "/u01/oradata/bkup/data_D-HR_I-3318356692_TS-USERS_FNO-4_37jhmn1m"
starting full resync of recovery catalog
full resync complete

RMAN>
```

Convém observar a possibilidade de se utilizar o comando SWITCH com o parâmetro DATAFILE ou TABLESPACE, o que for mais fácil ou conveniente. Além disso, você não precisa saber onde se encontra a cópia do seu arquivo de dados. O RMAN sabe onde esse arquivo reside e o alternará, e atualizará o arquivo de controle e o catálogo de recuperação automaticamente com a nova localização.

4. Recupere o tablespace USERS usando os arquivos de redo log arquivados e online recentes:

```
RMAN> recover tablespace users;

Starting recover at 30-MAY-08
using channel ORA_DISK_1

starting media recovery
media recovery complete, elapsed time: 00:00:20

Finished recover at 30-MAY-08

RMAN>
```

5. Finalmente, recoloque o tablespace USERS online:

```
RMAN> sql "alter tablespace users online";

sql statement: alter tablespace users online

RMAN>
```

Como alternativa, você evidentemente pode recolocar o tablespace online no prompt SQL.

## Alternar de volta para a localização original

Assim que o banco de dados estiver copiado no backup e em execução após alternar uma cópia-imagem, provavelmente você mudará o arquivo de dados para sua localização original depois que o disco de origem for corrigido. Isso acontece principalmente se a cópia-imagem para a qual você alternou residir na área de recuperação flash. A área de recuperação flash é utilizada basicamente para recuperação e armazenamento de arquivos de controle multiplexados e arquivos de redo log arquivados, e essa área pode residir em um disco mais lento. Para mover o tablespace e seus arquivos de dados associados de volta para a localização original, siga estas etapas:

1. Crie uma cópia-imagem dos arquivos de dados na localização original.
2. Coloque o tablespace offline.
3. Use o comando SWITCH TO ... COPY para retornar ao arquivo de dados restaurado (recriado).
4. Recupere os arquivos de dados.
5. Recoloque o tablespace online.

É possível executar a maioria dessas etapas enquanto os usuários ainda estiverem utilizando a cópia-imagem original. O tablespace voltará a ficar indisponível durante a recuperação. Essa etapa deve ser curta se não foram criados muitos arquivos de redo log arquivados a partir da criação da cópia-imagem na localização original.

### EXERCÍCIO 5-4

### Use o comando SWITCH após criar o arquivo de dados do tablespace USERS na localização original

Neste exercício, você retornará o arquivo de dados do tablespace USERS para a localização original, após a correção do disco original (ou depois de você descobrir por que os arquivos de dados estão desaparecendo do disco de origem). Atualmente, as localizações de arquivos de dados de cada tablespace são:

```
SQL> select file#, df.name, ts#, ts.name
  2  from v$datafile df join v$tablespace ts using(ts#);

     FILE# NAME                                    TS# NAME
---------- ------------------------------- ---------- ------------
         1 /u01/app/oracle/oradata/h                0 SYSTEM
           r/system01.dbf
         2 /u01/app/oracle/oradata/h                1 SYSAUX
           r/sysaux01.dbf
         3 /u01/app/oracle/oradata/h                2 UNDOTBS1
           r/undotbs01.dbf
         4 /u01/oradata/bkup/data_D-                4 USERS
           HR_I-3318356692_TS-USERS_
           FNO-4_37jhmn1m
         5 /u01/app/oracle/oradata/h                6 EXAMPLE
           r/example01.dbf
SQL>
```

1. Crie uma cópia-imagem do arquivo de dados para a localização original:

```
RMAN> backup as copy tablespace users
2>      format '/u01/app/oracle/oradata/hr/users01.dbf';

Starting backup at 30-MAY-08
using channel ORA_DISK_1
channel ORA_DISK_1: starting datafile copy
input datafile file number=00004
   name=/u01/oradata/bkup/data_D-HR_I-3318356692_TS-USERS_FNO-4_37jhmn1m
output file name=/u01/app/oracle/oradata/hr/users01.dbf
tag=TAG20080530T211450 RECID=36 STAMP=656111726
channel ORA_DISK_1: datafile copy complete, elapsed time: 00:00:16
Finished backup at 30-MAY-08

RMAN>
```

Repare que você pode dar à cópia-imagem o nome que desejar. Neste caso, você usará o nome original do arquivo de dados para manter a consistência com os outros nomes de arquivo de dados.

2. Coloque o tablespace USERS no modo offline em preparação para o comando SWITCH:

   ```
   RMAN> sql "alter tablespace users offline";

   sql statement: alter tablespace users offline
   starting full resync of recovery catalog
   full resync complete

   RMAN>
   ```

3. Alterne para a cópia recém-criada:

   ```
   RMAN> switch tablespace users to copy;

   datafile 4 switched to datafile copy
            "/u01/app/oracle/oradata/hr/users01.dbf"
   starting full resync of recovery catalog
   full resync complete

   RMAN>
   ```

4. Recupere o arquivo de dados em sua nova localização:

   ```
   RMAN> recover tablespace users;

   Starting recover at 30-MAY-08
   using channel ORA_DISK_1

   starting media recovery
   media recovery complete, elapsed time: 00:00:00

   Finished recover at 30-MAY-08

   RMAN>
   ```

5. Recoloque o tablespace USERS no modo online:

   ```
   RMAN> sql "alter tablespace users online";

   sql statement: alter tablespace users online
   starting full resync of recovery catalog
   full resync complete

   RMAN>
   ```

6. Confirme se o arquivo de dados do tablespace USERS retornou à localização original:

   ```
   SQL> select file#, df.name, ts#, ts.name
     2  from v$datafile df join v$tablespace ts using(ts#)
     3  where ts.name = 'USERS';

        FILE# NAME                                    TS# NAME
   ---------- ------------------------------   ---------- ------------
            4 /u01/app/oracle/oradata/h                 4 USERS
              r/users01.dbf

   SQL>
   ```

7. Crie uma nova cópia-imagem para ser lida quando ou se o arquivo de dados desaparecer novamente, embora você possa utilizar a cópia-imagem da qual você acabou de alternar:

```
RMAN> backup as copy tablespace users;

Starting backup at 30-MAY-08
starting full resync of recovery catalog
full resync complete
using channel ORA_DISK_1
channel ORA_DISK_1: starting datafile copy
input datafile file number=00004
name=/u01/app/oracle/oradata/hr/users01.dbf
output file name=/u01/oradata/bkup/
   data_D-HR_I-3318356692_TS-USERS_FNO-4_39jhn16a
tag=TAG20080530T220810 RECID=38 STAMP=656114935
channel ORA_DISK_1: datafile copy complete, elapsed time: 00:00:26
Finished backup at 30-MAY-08

RMAN>
```

## Usando o SET NEWNAME do RMAN com a mudança rápida

Uma das diversas opções do comando SET no RMAN é o comando SET NEWNAME. Dentro de um bloco RUN, o SET NEWNAME facilita especificar um ou mais novos destinos de arquivos de dados como uma preparação para os comandos subsequentes RESTORE e SWITCH. Veja a seguir um bloco RUN do RMAN para especificar uma nova localização para o arquivo de dados restaurado do tablespace USERS:

```
run {
   sql "alter tablespace users offline immediate";
   set newname
      for datafile '/u01/app/oracle/oradata/hr/users01.dbf'
         to '/u06/oradata/users01.dbf';
   restore tablespace users;
   switch datafile all;
   recover tablespace users;
   sql "alter tablespace users online";
}
```

Observe que o comando SWITCH é usado praticamente de modo idêntico ao da seção anterior. A diferença é que este exemplo restaura um arquivo de dados a partir de um backup (muito provavelmente de um conjunto de backup) para uma localização alternativa, em vez de alternar para uma cópia-imagem já existente. O resultado do comando SWITCH, quer seja em um bloco RUN ou em um comando isolado, é atualizar o arquivo de controle (e o catálogo de recuperação, se você o estiver usando) com os novos nomes de arquivo.

Se você não especificasse o comando SET no exemplo anterior, o RMAN restauraria o arquivo de dados do tablespace USERS em sua localização original, e o comando SWITCH não executaria qualquer ação.

## OBJETIVO DA CERTIFICAÇÃO 5.05

### RESTAURAR UM BANCO DE DADOS EM UM NOVO HOST

O RMAN pode facilitar a restauração de um banco de dados em um novo host de várias maneiras, e há vários motivos para fazer isso. As seções a seguir examinarão os motivos pelos quais você deve e não deve restaurar e recuperar um banco de dados em um novo host. Além disso, você aprenderá as etapas para preparar o host e fazer a operação de restauração e recuperação.

### Noções básicas sobre a restauração em um novo host

Para fazer um teste de recuperação de desastre em outro host ou para mover um banco de dados permanentemente para outro host, o melhor método é usar os comandos RESTORE e RECOVER do RMAN. Entretanto, aplicar os procedimentos descritos nas seções a seguir manterá o identificador do banco de dados original (DBID) e, por conseguinte, acarreta um conflito no repositório do RMAN, uma vez que o banco de dados restaurado com o mesmo DBID será considerado o banco de dados de destino atual. Consequentemente, esses procedimentos não devem ser utilizados para criar um segundo banco de dados permanente – para essa finalidade, use o comando DUPLICATE do RMAN. Os procedimentos para emitir o comando DUPLICATE serão descritos no Capítulo 7.

### Preparando o novo host

Para preparar o novo host para receber o banco de dados restaurado e recuperado, siga estas etapas:

1. Registre o DBID do banco de dados de origem. Use este comando para consultar o DBID:

```
SQL> select dbid from v$database;

      DBID
----------
3318356692

SQL>
```

2. Copie o arquivo de parâmetros de inicialização do banco de dados de origem para o novo host.
3. Verifique se todos os backups do banco de dados de origem estão disponíveis para o novo host. *Não* estabeleça conexão com o catálogo de recuperação.

### Restaurando e recuperando no novo host

Embora sejam necessárias diversas etapas para restaurar e recuperar no novo host, cada etapa é simples:

1. Configure as variáveis de ambiente no novo host.
2. Conecte-se ao novo banco de dados de destino com NOCATALOG.
3. Defina o DBID.
4. Inicialize a instância com NOMOUNT.
5. Restaure o SPFILE a partir do backup.
6. Desligue a nova instância.
7. Edite o PFILE.
8. Inicialize a instância com NOMOUNT (novamente).
9. Crie um bloco RUN do RMAN para restaurar o arquivo de controle.
10. Crie um bloco RUN do RMAN para restaurar e recuperar o banco de dados.
11. Abra o banco de dados com RESETLOGS.

As seções a seguir apresentam uma visão geral sucinta de cada etapa.

**1. Configure as variáveis de ambiente no novo host.** Defina a variável de ambiente (nos sistemas Unix ou Linux) ORACLE_SID:

```
[oracle@srv04]$ export ORACLE SID=hr
```

**2. Conecte-se ao novo banco de dados de destino com NOCATALOG.** Conecte-se ao novo banco de dados de destino, mas não com o catálogo de recuperação, como neste exemplo:

```
[oracle@srv04]$ rman target /
```

**3. Defina o DBID.** Dentro do RMAN, defina o DBID. Você descobriu o DBID anteriormente consultando V$DATABASE:

```
RMAN> set dbid 3318356692;
```

**4. Inicialize a instância no modo NOMOUNT.** Inicialize o banco de dados no modo NOMOUNT:

```
RMAN> startup nomount
```

O RMAN retornará uma mensagem de aviso e usará um arquivo de parâmetros padrão, uma vez que o arquivo de parâmetros ainda não foi restaurado.

**5. Restaure o SPFILE.** Dentro de um bloco RUN do RMAN, restaure o SPFILE usando um comando semelhante ao seguinte:

```
RMAN> restore spfile to pfile '?/oradata/testrecov/initorcl.ora'
   2     from autobackup;
```

Observe que você está restaurando o SPFILE para um PFILE, para permitir edições posteriormente.

**6. Desligue a nova instância.** Desligue a nova instância com SHUTDOWN IMMEDIATE ou SHUTDOWN ABORT. Como ABORT exige uma recuperação ao reinicializar, IMMEDIATE é a opção preferível.

**7. Edite o PFILE.** Edite o PFILE recém-criado para mudar localizações específicas do servidor para os parâmetros de inicialização, como estas:
- FILE
- LOG_ARCHIVE_DEST_*
- CONTROL_FILES

**8. Inicialize a instância no modo NOMOUNT.** Inicialize a instância no modo NOMOUNT novamente. Use o arquivo de controle editado porque o arquivo de controle ainda não foi restaurado:

```
SQL> startup force nomount pfile = '?/oradata/testrecov/initorcl.ora';
```

**9. Crie um bloco RUN do RMAN.** Agora que o banco de dados está usando o arquivo de parâmetros restaurado e editado, você pode executar um bloco RUN do RMAN para restaurar o arquivo de controle e mudar o banco de dados restaurado para o modo MOUNT:

```
run {
    restore controlfile from autobackup;
    alter database mount;
}
```

O RMAN restaurará o arquivo de controle na localização especificada para CONTROL_FILES no arquivo de parâmetros de inicialização. Lembre-se de que alguns comandos, como ALTER DATABASE, operam de modo idêntico no prompt SQL> e no prompt RMAN> – conveniente, mas às vezes confuso.

**10. Crie e execute o script de recuperação do RMAN.** Crie um bloco RUN do RMAN contendo os comandos SET NEWNAME adequados para especificar as novas localizações para cada arquivo de dados, como neste exemplo:

```
set newname for datafile 1 to '?/oradata/testrecov/users01.dbf';
```

O script também deve incluir comandos ALTER DATABASE ... RENAME para os arquivos de redo log online:

```
sql "alter database rename file
        ''/u01/app/oracle/oradata/orcl/redo01.log'' to
        ''?/oradata/testrecov/redo01.log'' ";
```

Limite a recuperação ao último arquivo de redo log arquivado, uma vez que os arquivos de redo log online da nova instância não são válidos. O RMAN falhará se ele tentar recuperar além do último arquivo de redo log arquivado:

```
set until scn 49382031;
```

Finalmente, restaure o banco de dados. Em seguida, use o comando `SWITCH` para mudar os nomes dos arquivos de dados no arquivo de controle para seus novos nomes e localizações, e depois recupere o banco de dados:

```
restore database;
switch datafile all;
recover database;
```

**11. Abra o banco de dados com RESETLOGS.** Por último, abra o banco de dados com a opção `RESETLOGS` e você poderá prosseguir o teste do banco de dados restaurado e recuperado:

```
RMAN> alter database open resetlogs;
```

## OBJETIVO DA CERTIFICAÇÃO 5.06

### RECUPERAR USANDO O BACKUP DO ARQUIVO DE CONTROLE

Em raras instâncias, você pode perder todas as cópias do arquivo de controle atual. Isso é raro porque o seu arquivo de controle deve estar duplexado em várias localizações. Mesmo se você realmente perder todas as cópias do arquivo de controle atual, deverá ter pelo menos um backup automático desse arquivo no backup mais recente do RMAN. Além disso, se você estiver usando um catálogo de recuperação, todos os metadados do seu arquivo de controle mais recente estarão nesse catálogo.

O SPFILE também é suscetível a perdas se ele não existir em um sistema de arquivos com espelhamento ou em um grupo de discos espelhados ASM. Quando o RMAN faz um backup automático de um arquivo de controle, tanto o arquivo de controle atual quanto o SPFILE são incluídos no backup.

Nas seções a seguir, você aprenderá a recuperar o arquivo de controle e o SPFILE se todas as versões online desses dois arquivos desaparecerem.

### Restaurando o SPFILE a partir do backup automático

Para restaurar o SPFILE a partir do backup automático, defina primeiramente o DBID se a instância não estiver em execução quando o SPFILE desaparecer:

```
RMAN> set dbid 3318356692;
```

Em seguida, reinicialize o banco de dados com o SPFILE padrão, como você fez anteriormente neste capítulo ao restaurar e recuperar um banco de dados em um novo host:

```
RMAN> startup force nomount;
```

Depois, restaure o SPFILE a partir do backup automático para a localização original:

```
RMAN> restore spfile from autobackup;
```

Finalmente, inicialize o banco de dados:

```
RMAN> startup force;
```

## Restaurando o arquivo de controle a partir do backup automático

A restauração do arquivo de controle a partir de um backup automático se assemelha às etapas executadas para restaurar um SPFILE a partir de um backup automático. Veja exemplos de comandos do RMAN:

```
RMAN> startup nomount;
RMAN> restore controlfile from autobackup;
RMAN> alter database mount;
RMAN> recover database;
RMAN> alter database open resetlogs;
```

Tendo em vista que não existe um arquivo de controle, você deve abrir o banco de dados com NOMOUNT e depois restaurar o arquivo de controle. Após montar o banco de dados, você deverá recuperá-lo, porque o arquivo de controle do backup contém informações sobre a versão anterior do banco de dados. Pelo mesmo motivo, você deve abrir o banco de dados com RESETLOGS.

O RMAN restaura o arquivo de controle nas localizações especificadas pelo parâmetro de inicialização CONTROL_FILES. Se uma ou mais dessas localizações ainda não estiver(em) disponível(eis), edite o parâmetro CONTROL_FILES para especificar localizações alternativas ou restaure temporariamente o arquivo de controle em outra localização:

```
RMAN> restore controlfile to '/u06/oradata/rest_cf.dbf' from autobackup;
```

### EXERCÍCIO 5-5

**Restaure o arquivo de controle a partir do backup automático**

Neste exercício, todas as cópias do arquivo de controle foram excluídas, por engano, por um administrador de sistemas muito ávido por liberar espaço em disco. Restaure e recupere o banco de dados com um arquivo de controle restaurado a partir de um backup automático de arquivo de controle e SPFILE:

1. Identifique os locais onde todas as cópias dos arquivo de controle costumavam residir:

    ```
    SQL> show parameter control_files

    NAME                                 TYPE        VALUE
    ------------------------------------ ----------- ------------------------------
    control_files                        string      /u01/app/oracle/oradata/hr/con
                                                     trol01.ctl, /u02/app/oracle/or
                                                     adata/hr/control02.ctl, /u03/a
                                                     pp/oracle/oradata/hr/control03
                                                     .ctl
    SQL>
    ```

2. Desligue a instância (se ainda não estiver desligada), e reabra-a no modo NOMOUNT:

    ```
    SQL> connect / as sysdba
    Connected.
    SQL> shutdown immediate;
    ORA-00210: cannot open the specified control file
    ORA-00202: control file: '/u01/app/oracle/oradata/hr/control01.ctl'
    ORA-27041: unable to open file
    ```

```
Linux Error: 2: No such file or directory
Additional information: 3
SQL> startup force nomount;
ORACLE instance started.

Total System Global Area   636100608 bytes
Fixed Size                   1301784 bytes
Variable Size              448791272 bytes
Database Buffers           180355072 bytes
Redo Buffers                 5652480 bytes
SQL>
```

3. Inicialize o RMAN e restaure o arquivo de controle a partir do backup automático para os locais originais:

```
[oracle@srv04 ~]$ rman target / catalog rman/rman@rcat

Recovery Manager: Release 11.1.0.6.0 -
        Production on Sat May 31 23:20:20 2008

Copyright (c) 1982, 2007, Oracle.  All rights reserved.

connected to target database: HR (not mounted)
connected to recovery catalog database

RMAN> restore controlfile from autobackup;

Starting restore at 31-MAY-08
allocated channel: ORA_DISK_1
channel ORA_DISK_1: SID=152 device type=DISK

recovery area destination: /u01/app/oracle/flash_recovery_area
database name (or database unique name) used for search: HR
channel ORA_DISK_1: AUTOBACKUP
/u01/app/oracle/flash_recovery_area/HR/autobackup
   /2008_05_31/o1_mf_s_656205340_4448nf6k_.bkp found in the
recovery area
channel ORA_DISK_1: looking for AUTOBACKUP on day: 20080531
channel ORA_DISK_1: restoring control file from AUTOBACKUP
/u01/app/oracle/flash_recovery_area/HR/autobackup
   /2008_05_31/o1_mf_s_656205340_4448nf6k_.bkp
channel ORA_DISK_1: control file restore from AUTOBACKUP complete
output file name=/u01/app/oracle/oradata/hr/control01.ctl
output file name=/u02/app/oracle/oradata/hr/control02.ctl
output file name=/u03/app/oracle/oradata/hr/control03.ctl
Finished restore at 31-MAY-08

RMAN>
```

Alguns aspectos merecem observações aqui. O RMAN pode se conectar com a instância mesmo que ela não esteja montada. Na verdade, o RMAN precisa se conectar com um banco de dados não montado para restaurar o arquivo de controle. O RMAN encontra o backup automático do arquivo de controle na área de recuperação flash e grava esse backup nos três destinos de arquivo de controle especificados pelo parâmetro de inicialização CONTROL_FILES.

4. Monte o banco de dados, recupere-o (para sincronizar os arquivos de dados com o arquivo de controle restaurado) e abra o banco de dados com RESETLOGS:

```
RMAN> alter database mount;

database mounted
released channel: ORA_DISK_1

RMAN> recover database;

Starting recover at 31-MAY-08
Starting implicit crosscheck backup at 31-MAY-08
allocated channel: ORA_DISK_1
channel ORA_DISK_1: SID=152 device type=DISK
Crosschecked 11 objects
Finished implicit crosscheck backup at 31-MAY-08

Starting implicit crosscheck copy at 31-MAY-08
using channel ORA_DISK_1
Crosschecked 1 objects
Finished implicit crosscheck copy at 31-MAY-08

searching for all files in the recovery area
cataloging files...
cataloging done

List of Cataloged Files
=======================
File Name:
/u01/app/oracle/flash_recovery_area/HR/autobackup
        /2008_05_31/o1_mf_s_656205340_4448nf6k_.bkp

using channel ORA_DISK_1

starting media recovery

archived log for thread 1 with sequence 20 is already on disk as file
        /u01/app/oracle/oradata/hr/redo02.log
archived log file name=/u01/app/oracle/oradata/hr/redo02.log
        thread=1 sequence=20
media recovery complete, elapsed time: 00:00:01
Finished recover at 31-MAY-08

RMAN> alter database open resetlogs;

database opened
new incarnation of database registered in recovery catalog
RPC call appears to have failed to start on channel default
RPC call OK on channel default
starting full resync of recovery catalog
full resync complete

RMAN>
```

## OBJETIVO DA CERTIFICAÇÃO 5.07

### FAZER UMA RECUPERAÇÃO DE DESASTRE

A recuperação de desastre pode ser executada de várias maneiras. Se você estiver executando o banco de dados no modo NOARCHIVELOG, o mais provável é que você se depare com uma perda de dados quando um arquivo de dados, arquivo de controle ou todos os arquivos relacionados ao banco de dados desaparecerem. Em outras palavras, executar o banco de dados no modo NOARCHIVELOG é um desastre esperando para acontecer.

Se você tiver bons motivos para uma execução no modo NOARCHIVELOG (e há poucos motivos para isso), ainda poderá recuperar alguns ou a maioria dos dados, dependendo do modo como seus backups foram realizados recentemente. Se fizer backups incrementais no modo NOARCHIVELOG, você poderá restaurar mais dados com commit do usuário.

Geralmente, seu banco de dados é executado no modo ARCHIVELOG, mas você também pode perder cada arquivo de banco de dados no banco de dados de destino. Se você tiver um conjunto intacto de arquivos de dados, arquivos de redo log arquivados e pelo menos um backup automático do arquivo de controle, poderá recuperar todas as transações com commit até, e inclusive, o último arquivo de redo log arquivado.

Nas seções a seguir, você aprenderá a maximizar a capacidade de recuperação de um banco de dados no modo NOARCHIVELOG e conhecerá as etapas necessárias para recuperar totalmente um banco de dados em execução no modo ARCHIVELOG.

### Fazendo uma recuperação no modo NOARCHIVELOG

Como mencionado várias vezes neste livro, se não diversas vezes neste capítulo, é altamente recomendável que seu banco de dados esteja em execução no modo ARCHIVELOG. Se não estiver e você perder até mesmo um simples arquivo de dados, vai precisar restaurar o banco de dados a partir do backup completo mais recente, inclusive de todos os arquivos de controle e arquivos de dados. Embora o seguinte procedimento seja simples, os usuários do banco de dados devem reinserir todas as alterações efetuadas desde o último backup:

1. Desligue a instância, se ainda não estiver desligada.
2. Usando os comandos do sistema operacional, restaure todos os arquivos de dados e arquivos de controle para as suas localizações originais, ou nas novas localizações se as originais não estiverem mais disponíveis.
3. Atualize o parâmetro CONTROL_FILES no arquivo restaurado de parâmetros de inicialização se o arquivo de controle restaurado estiver em uma nova localização.
4. Inicialize o banco de dados com STARTUP MOUNT.
5. Use ALTER DATABASE RENAME para mudar a localização dos arquivos de dados e dos arquivos de redo log online se a localização original não estiver mais disponível.

6. Execute o comando RECOVER DATABASE UNTIL CANCEL para simular uma recuperação incompleta e redefinir os arquivos de redo log online; especifique CANCEL imediatamente.

7. Abra o banco de dados com ALTER DATABASE OPEN RESETLOGS.

## Usando backups incrementais no modo NOARCHIVELOG

Se você estiver executando o banco de dados no modo NOARCHIVELOG e fizer backups incrementais periodicamente, poderá fazer backups incrementais de nível 0 e aplicar os backups incrementais de nível 1 para recuperar seu banco de dados até o ponto no tempo do último backup incremental. Os backups incrementais devem ser backups consistentes – em outras palavras, você executou backups com o banco de dados no estado MOUNT. Além disso, o banco de dados deve ser desligado com NORMAL, IMMEDIATE ou TRANSACTIONAL para garantir que todos os arquivos de dados e o arquivo de controle (e todas as cópias multiplexadas dos arquivos de controle) tenham os SCNs (System Change Numbers) sincronizados.

Use os seguintes comandos do RMAN para restaurar e recuperar o banco de dados com todos os backups incrementais:

```
startup force nomount; # se o arquivo de controle também estiver perdido
restore controlfile;
alter database mount;
restore database;
recover database noredo;
alter database open resetlogs;
```

Você só deve especificar NOREDO no comando RECOVER DATABASE se os arquivos de redo log online estiverem perdidos. Se os arquivos atuais de redo log online contiverem todas as alterações ocorridas desde o último backup incremental, não será necessário especificar NOREDO, e todas as transações com commit dos arquivos de redo log online serão aplicadas aos arquivos de dados restaurados após a aplicação dos backups incrementais.

## Fazendo uma recuperação do banco de dados inteiro

Neste cenário, seu pior pesadelo aconteceu: você perdeu o banco de dados de destino inteiro, o banco de dados do catálogo de recuperação, todos os arquivos de controle, todos os arquivos de redo log online e todos os arquivos de parâmetros. Entretanto, nem tudo está perdido, porque o banco de dados estava no modo ARCHIVELOG e você possui um dos backups automáticos de seu arquivo de controle, um backup de todos os arquivos de dados, juntamente com todos os arquivos de redo log arquivados criados a partir do último backup. Consequentemente, é possível restaurar o banco de dados praticamente da mesma maneira como você restaura e recupera um banco de dados em um novo host, como apresentado anteriormente neste capítulo.

Estas etapas pressupõem que o software do banco de dados Oracle já esteja instalado no novo host e que a estrutura de diretórios no novo host seja idêntica à do antigo host. Veja as etapas com os comandos relevantes obrigatórios:

1. Conecte ao RMAN sem conectar-se com o catálogo de recuperação, usando CONNECT TARGET /.
2. Defina o DBID do banco de dados, com SET DBID.
3. Inicialize o banco de dados com STARTUP NOMOUNT. O RMAN usa um SPFILE padrão porque esse arquivo ainda não foi restaurado.
4. Restaure o SPFILE com RESTORE SPFILE FROM AUTOBACKUP.
5. Reinicialize com o novo SPFILE usando STARTUP FORCE NOMOUNT.
6. Restaure o arquivo de controle a partir de um backup automático, usando RESTORE CONTROLFILE FROM AUTOBACKUP.
7. Monte o banco de dados com ALTER DATABASE MOUNT.
8. Restaure e recupere o banco de dados com RESTORE DATABASE e RECOVER DATABASE.
9. Abra o banco de dados com RESETLOGS.

## RESUMO DA CERTIFICAÇÃO

No início, este capítulo descreveu o tipo mais básico de operação de recuperação de um banco de dados no modo ARCHIVELOG. Para um arquivo de dados não crítico, coloque o tablespace contendo o arquivo de dados no modo offline, restaure o arquivo de dados ausente ou danificado e recupere o arquivo de dados usando os arquivos de redo log arquivados e online. Para um arquivo de dados crítico, o procedimento é praticamente o mesmo, exceto pelo fato de que você deve desligar o banco de dados e inicializá-lo no modo MOUNT antes de começar a operação de recuperação.

Em algumas ocasiões, talvez seja conveniente executar uma recuperação incompleta, geralmente para reverter permanentemente o banco de dados no tempo devido a diversas alterações incorretas ocorridas no banco de dados que não podem ser revertidas através da tecnologia Oracle Flashback. Você aprendeu a criar um política de restauração como um marcador para um SCN ou um ponto no tempo, e depois aprendeu a utilizar esse ponto de restauração mais tarde para uma operação de recuperação incompleta.

As cópias-imagem desempenham um papel importante em seu plano de recuperação de desastre. Para agilizar ainda mais o processo de recuperação, você pode aplicar os backups incrementais subsequentes a uma cópia-imagem, de modo que qualquer operação de recuperação usando a cópia-imagem utilize somente os arquivos de redo log arquivados e online para recuperar o banco de dados. Você conheceu um script para manter as cópias-imagem atualizadas a cada backup incremental.

Assim que você criar as cópias-imagem e as mantiver atualizadas com as atualizações incrementais, há de querer utilizá-las. Geralmente, você restaurará um conjunto de backup ou uma cópia-imagem. Um método ainda mais veloz é utilizar a cópia-imagem existente e aplicar as atualizações incrementais recentes e os arquivos de redo log arquivados. Você aprendeu a alternar para uma cópia-imagem, recuperar uma cópia-imagem e alterná-la para sua localização original.

Ao usar o bloco RUN do RMAN, você pode emitir o comando SET NEWNAME para especificar uma localização alternativa para um arquivo de dados durante uma operação de recuperação. Assim que o RMAN restaurar o arquivo de dados, use o comando SWITCH para atualizar o arquivo de controle e o catálogo de recuperação com a nova localização para o arquivo de dados.

Se você não estiver movendo permanentemente um banco de dados para um novo host, poderá utilizar os comandos RESTORE e RECOVER do RMAN para criar uma cópia do banco de dados em um novo host de modo fácil e rápido. Use o DBID original no banco de dados copiado e certifique-se de não estabelecer conexão com um catálogo de recuperação com o banco de dados copiado. Caso contrário, você comprometerá a integridade dos metadados de backup do banco de dados de origem.

Em seguida, você viu as etapas necessárias para recuperar usando um backup do arquivo de controle e um backup do SPFILE. O procedimento é basicamente o mesmo, e reitera a importância de se espelhar o arquivo de controle e garantir que você configure os backups do RMAN com AUTOBACKUP definido com ON.

Por último, você conheceu as etapas de alto nível necessárias para recuperar a partir do pior desastre: a perda de todos os arquivos de dados, arquivos de controle e SPFILEs. O procedimento é relativamente simples e minimiza a perda de dados, desde que o banco de dados esteja em execução no modo ARCHIVELOG. Muitas (se não todas) as etapas necessárias para se executar uma recuperação de desastre foram discutidas em seções separadas, anteriormente no capítulo.

## ✓ EXERCÍCIO DE DOIS MINUTOS

### Fazer uma recuperação completa de uma perda de arquivo de dados crítico ou não crítico, usando o RMAN

- ❏ Use os comandos RESTORE e RECOVER do RMAN para uma recuperação completa a partir de uma perda de arquivos de dados críticos e não críticos.
- ❏ Os arquivos de dados dos tablespaces SYSTEM e UNDO são críticos.
- ❏ Ao restaurar e recuperar um arquivo de dados crítico, o banco de dados deve estar no modo MOUNT.
- ❏ Você pode recuperar totalmente um arquivo de dados se o banco de dados estiver no modo ARCHIVELOG.

### Fazer uma recuperação incompleta, usando o RMAN

- ❏ Use pontos de restauração para recuperar um banco de dados para um SCN ou um momento no passado.
- ❏ Use CREATE RESTORE POINT para criar um ponto de restauração.
- ❏ Você deve abrir o banco de dados com RESETLOGS se você fizer uma recuperação incompleta.

### Recuperar usando os backups atualizados no modo incremental

- ❏ É possível recuperar cópias-imagem com os backups incrementais de nível 1 mais recentes.
- ❏ O RMAN determina automaticamente a melhor cópia-imagem a ser utilizada, se existir mais de uma disponível.
- ❏ Use tags com uma estratégia de cópias-imagem atualizadas no modo incremental para garantir que o backup incremental correto atualize a cópia-imagem.

### Alternar para cópias-imagem, para obter uma rápida recuperação

- ❏ O uso de cópias-imagem pula a etapa da restauração e economiza tempo de recuperação.
- ❏ Use o comando SWITCH TO ... COPY do RMAN para alternar para a cópia-imagem mais recente de arquivo de dados, tablespace ou banco de dados.
- ❏ O RMAN aplica automaticamente backups incrementais e os arquivos de redo log arquivados quando você faz uma recuperação com uma cópia-imagem.
- ❏ Use as visões dinâmicas de desempenho V$TABLESPACE e V$DATAFILE_HEADER para determinar o número do tablespace e arquivo de dados que necessita de recuperação.
- ❏ Após alternar para uma cópia-imagem, você pode retornar a uma cópia-imagem na localização original quando essa localização estiver disponível.

- Use o comando SET NEWNAME no RMAN para identificar novas localizações para os arquivos de dados restaurados.
- Depois que você restaurar um ou mais arquivos de dados com o comando RESTORE, use o comando SWITCH para atualizar o arquivo de controle e o catálogo de recuperação com as novas localizações dos arquivos de dados.

### Restaurar um banco de dados em um novo host

- Restaurar um banco de dados em um novo host é adequado para a recuperação de desastre testando ou movendo permanentemente o banco de dados para um novo host.
- O comando DUPLICATE é mais adequado para fazer uma cópia permanente do banco de dados com o novo DBID.
- Ao se conectar com o novo banco de dados, não se conecte ao catálogo de recuperação.
- O script de recuperação do RMAN usa SET NEWNAME para especificar novas localizações para cada arquivo de dados.
- Restaure o banco de dados para o SCN do último arquivo de redo log arquivado.
- Você deve abrir o novo banco de dados com RESETLOGS.

### Recuperar usando o backup do arquivo de controle

- Você pode utilizar um backup automático do RMAN para restaurar um SPFILE ou arquivo de controle quando todas as cópias online desaparecerem.
- O RMAN restaura o arquivo de controle em todas as localizações especificadas pelo parâmetro de inicialização CONTROL_FILES.
- Se o SPFILE desaparecer, o RMAN usará um SPFILE padrão quando você inicializar o banco de dados no modo NOMOUNT.
- Use RESTORE SPFILE FROM AUTOBACKUP para restaurar o SPFILE.
- Use RESTORE CONTROLFILE FROM AUTOBACKUP para restaurar o arquivo de controle.
- Ao restaurar um arquivo de controle a partir do backup automático, você deve abrir o banco de dados com RESETLOGS.
- Opcionalmente, você pode restaurar uma cópia do arquivo de controle em uma localização alternativa.

### Fazer uma recuperação de desastre

- Uma provável perda de dados ocorrerá se você perder todos os arquivos de dados e arquivos de controle no modo NOARCHIVELOG.

- Para fazer uma recuperação de desastre no modo NOARCHIVELOG, use comandos do sistema operacional para copiar os arquivos de backup do banco de dados para a localização original ou alternativa.
- Use RECOVER DATABASE UNTIL CANCEL para simular uma recuperação incompleta e reinicializar os arquivos de redo log online.
- Após o término da operação de recuperação, abra o banco de dados com RESETLOGS.
- Você pode utilizar backups incrementais no modo NOARCHIVELOG para minimizar a perda de dados.
- Especifique NOREDO no comando RECOVER DATABASE se todos os arquivos de redo log online desaparecerem.

## TESTE

As perguntas a seguir o ajudarão a avaliar seu conhecimento sobre o material apresentado neste capítulo. Leia com atenção todas as opções porque pode haver mais de uma resposta correta. Escolha todas as respostas certas de cada pergunta.

*Fazer uma recuperação completa de uma perda de arquivo de dados crítico ou não crítico, usando o RMAN*

1. Qual é a diferença entre um arquivo de dados crítico e não crítico em um cenário de recuperação?
    A. Para recuperar um arquivo de dados crítico, apenas o tablespace contendo o arquivo de dados crítico deve estar offline.
    B. Para recuperar um arquivo de dados não crítico, o tablespace SYSTEM e o tablespace contendo o arquivo de dados crítico devem estar offline.
    C. Para recuperar um arquivo de dados crítico, o banco de dados deve estar no modo NOMOUNT. Para recuperar um arquivo de dados não crítico, o banco de dados deve estar no modo MOUNT.
    D. Para recuperar um arquivo de dados crítico, o banco de dados deve estar no modo MOUNT. Para recuperar um arquivo de dados não crítico, o banco de dados pode estar aberto.

2. Quais tablespaces contêm arquivos de dados críticos que devem ser recuperados quando o banco de dados estiver offline?
    A. SYSTEM e SYSAUX
    B. SYSTEM e UNDO
    C. SYSTEM, SYSAUX e UNDO
    D. SYSTEM e USERS

3. Durante a recuperação completa de um arquivo de dados não crítico, quais das seguintes etapas não são necessárias? (Escolha duas respostas.)
    A. Usar o comando RESTORE do RMAN para carregar os arquivos de dados ausentes a partir do backup.
    B. Reabrir o banco de dados com RESETLOGS.
    C. Desligar o banco de dados e reabrir no modo MOUNT.
    D. Colocar no modo offline o tablespace contendo os arquivos de dados ausentes ou danificados, antes da operação de recuperação, e recolocar no modo online após o término da recuperação.
    E. Usar o comando RECOVER do RMAN para aplicar as transações com commit a partir dos arquivos de redo log arquivados e online.

## Fazer uma recuperação incompleta, usando o RMAN

4. Qual dos seguintes métodos pode ser utilizado para recuperar o SCN (System Change Number) atual?

    A. Consultar a coluna CURRENT_SCN da visão V$DATAFILE_HEADER.
    B. Consultar a coluna CURRENT_SCN da visão V$INSTANCE.
    C. Consultar a coluna LAST_SCN da visão V$DATABASE.
    D. Consultar a coluna CURRENT_SCN da visão V$DATABASE.
    E. Inicializar o RMAN e conectar-se ao banco de dados de destino; são exibidos o SCN atual e o DBID.

5. Qual dos seguintes comandos CREATE RESTORE POINT preservará o ponto de restauração além do tempo especificado pelo parâmetro de inicialização CONTROL_FILE_RECORD_KEEP_TIME?

    A. CREATE RESTORE POINT SAVE_IT_PAST KEEP
    B. CREATE RESTORE POINT SAVE_IT_PAST AS OF SCN 3988943
    C. CREATE RESTORE POINT SAVE_IT_NOW PRESERVE
    D. CREATE RESTORE POINT SAVE_IT_NOW UNTIL FOREVER

6. Quais variáveis de ambiente do sistema operacional devem ser definidas quando você usa a recuperação incompleta baseada no tempo do RMAN? (Escolha duas respostas.)

    A. ORACLE_SID
    B. NLS_LANG
    C. ORACLE_BASE
    D. NLS_DATE_FORMAT
    E. NLS_TIME_FORMAT

## Recuperar usando os backups atualizados no modo incremental

7. Você está implementando uma estratégia de backup atualizado no modo incremental usando o seguinte script do RMAN:

    ```
    run {
         recover copy of database
            with tag 'inc_upd';
         backup incremental level 1
            for recover of copy
            with tag 'inc_upd'
            database;
    }
    ```

    Quantas vezes você precisa executar esse script para que a cópia-imagem seja atualizada com um backup incremental de nível 1?

    A. Uma vez
    B. Duas vezes
    C. Três vezes
    D. Pelo menos quatro vezes

### Alternar para cópias-imagem para obter uma rápida recuperação

8. O comando `SWITCH` do RMAN equivale a qual comando SQL?

    A. `ALTER SYSTEM RENAME FILE`
    B. `ALTER DATABASE ARCHIVELOG`
    C. `ALTER DATABASE OPEN RESETLOGS`
    D. `ALTER SYSTEM SWITCH LOGFILE`

9. Você tem esses dois comandos dentro de um bloco `RUN` do RMAN:

    ```
    set newname for datafile '/u01/ordata/dw/users04.dbf'
        to '/u06/oradata/dw/users04.dbf';
    restore tablespace users;
    ```

    O que acontece quando o comando `RESTORE` é executado?

    A. O comando falha e o bloco `RUN` é encerrado, porque você deve executar primeiramente um comando `SWITCH`.
    B. O arquivo de controle é atualizado com a nova localização do arquivo de dados.
    C. A versão mais recente dos arquivos de dados para o tablespace `USERS` é restaurada na localização /u01/oradata/dw.
    D. A versão mais recente dos arquivos de dados para o tablespace `USERS` é restaurada na localização /u06/oradata/dw.

### Restaurar um banco de dados em um novo host

10. Quais das seguintes respostas são motivos válidos para restaurar backups do seu banco de dados em um novo host? (Escolha todas as respostas aplicáveis.)

    A. Criar um novo nó em um ambiente RAC
    B. Testar seu plano de recuperação de desastre
    C. Criar outra cópia de seu banco de dados
    D. Quando o comando `DUPLICATE` não estiver disponível
    E. Mover permanentemente seu banco de dados para um novo host

11. Ao restaurar um banco de dados em um novo host, qual é o primeiro comando que você deve executar como parte do processo de restauração?

    A. `STARTUP NOMOUNT`
    B. `SET DBID`
    C. `RESTORE SPFILE FROM AUTOBACKUP`
    D. `RESTORE CONTROLFILE FROM AUTOBACKUP`

## Recuperar usando um backup do arquivo de controle

12. Coloque os seguintes comandos na ordem correta para restaurar um arquivo de controle a partir de um backup automático do RMAN:
    1. RECOVER DATABASE
    2. ALTER DATABASE OPEN RESETLOGS
    3. STARTUP NOMOUNT
    4. ALTER DATABASE MOUNT
    5. RESTORE CONTROLFILE FROM AUTOBACKUP
    A. 5, 3, 4, 1, 2
    B. 3, 5, 4, 1, 2
    C. 3, 5, 4, 2, 1
    D. 5, 1, 3, 4, 2

13. Quando você executa o comando RMAN RESTORE CONTROLFILE, onde o RMAN coloca a versão anterior do arquivo de controle? (Escolha a melhor resposta.)
    A. Em todas as localizações disponíveis definidas pelo parâmetro de inicialização CONTROL_FILES
    B. Na área de recuperação flash
    C. Em localizações definidas pelo parâmetro de inicialização CONTROL_FILES, a menos que substituídas pela cláusula TO '<nome_do_arquivo>'
    D. Na primeira localização definida pelo parâmetro de inicialização CONTROL_FILES

## Fazer uma recuperação de desastre

14. Seu banco de dados está executando no modo NOARCHIVELOG e você faz backups incrementais ocasionais de nível 1 no modo MOUNT. Até que ponto no tempo é possível recuperar o banco de dados se você perder um arquivo de dados do tablespace USERS?
    A. Você pode recuperar o banco de dados inteiro até o ponto no tempo do último backup incremental de nível 1.
    B. Você pode recuperar o banco de dados inteiro até o ponto no tempo do último backup incremental de nível 0.
    C. Você pode recuperar o tablespace USERS até o ponto no tempo do último backup incremental de nível 1.
    D. Você pode recuperar o tablespace USERS até o ponto no tempo do último backup incremental de nível 0.

## RESPOSTAS DO TESTE

*Fazer uma recuperação completa de uma perda de arquivo de dados crítico ou não crítico, usando o RMAN*

1. ☑ **D**. Quando você restaurar e recuperar um arquivo de dados crítico, o banco de dados inteiro deve ser desligado e reaberto no modo MOUNT para abrir o arquivo de controle e disponibilizar as localizações dos arquivos de dados para o RMAN.

    ☒ **A** está incorreta porque o banco de dados inteiro deve estar offline ao se recuperar um arquivo de dados crítico. **B** está incorreta porque a recuperação de um arquivo de dados não crítico exige apenas que o tablespace contendo o arquivo de dados ausente ou danificado esteja offline. **C** está incorreta porque o banco de dados deve estar no modo MOUNT para recuperar um arquivo de dados crítico, e pode estar no modo OPEN para recuperar um arquivo de dados não crítico.

2. ☑ **B**. Os tablespaces SYSTEM e UNDO contêm arquivos de dados críticos e, por conseguinte, exigem que o banco de dados esteja no modo MOUNT durante o processo de recuperação.

    ☒ **A**, **C** e **D** estão incorretas porque os tablespaces SYSAUX e USERS não contêm arquivos de dados críticos.

3. ☑ **B** e **C**. O banco de dados não precisa ser reaberto com RESETLOGS porque você está fazendo uma recuperação incompleta. Para um arquivo de dados não crítico, apenas o tablespace contendo o arquivo de dados ausente ou danificado deve estar offline.

    ☒ **A**, **D** e **E** estão incorretas. Todas essas etapas são obrigatórias.

*Fazer uma recuperação incompleta, usando o RMAN*

4. ☑ **D**. V$DATABASE contém o mais recente SCN na coluna CURRENT_SCN.

    ☒ **A** e **B** estão incorretas porque a coluna CURRENT_SCN não existe na V$DATAFILE_HEADER ou V$INSTANCE. **C** está incorreta porque a V$DATABASE não possui uma coluna chamada LAST_SCN. **E** está incorreta porque quando o RMAN é inicializado, ele exibe somente o DBID e não o SCN atual.

5. ☑ **C**. A palavra-chave PRESERVE mantém o ponto de restauração depois do tempo especificado pelo CONTROL_FILE_RECORD_KEEP_TIME.

    ☒ **A** está incorreta porque a palavra-chave KEEP não é válida para o comando. **B** está incorreta porque PRESERVE não foi especificado. **D** está incorreta porque UNTIL FOREVER não é válido para o comando.

6. ☑ **B** e **D**. Tanto NLS_LANG quanto NLS_DATE_FORMAT devem ser definidos para que o RMAN interprete corretamente as strings de data fornecidas durante a operação de recuperação.

☒ **A**, **C** e **E** estão incorretas. ORACLE_SID e ORACLE_BASE são necessários para estabelecer conexão com o banco de dados e com o software do banco de dados corretos, mas não estão diretamente relacionados com a recuperação baseada em tempo do RMAN. NLS_TIME_FORMAT não é uma variável de ambiente válida.

## *Recuperar usando os backups atualizados no modo incremental*

7. ☑ **C**. Na primeira vez em que um script é executado, não existe uma cópia-imagem de nível 0, nem um backup incremental de nível 1. Na sua segunda execução, a cópia-imagem de nível 0 (zero) já existe, mas não o backup incremental de nível 1 para ser aplicado a essa cópia. Na terceira e seguinte execução, o primeiro backup incremental de nível 1 é aplicado à cópia-imagem.

   ☒ **A**, **B** e **D** informam o número incorreto de execuções.

## *Alternar para cópias-imagem, para obter uma rápida recuperação*

8. ☑ **A**. Ambos os comandos, SWITCH do RMAN e ALTER SYSTEM RENAME FILE do SQL, atualizam a localização do arquivo de dados no arquivo de controle e no catálogo de recuperação.

   ☒ **B** está incorreta porque esse comando coloca o banco de dados no modo ARCHIVELOG. **C** está incorreta porque o comando é utilizado somente depois da recuperação incompleta. **D** está incorreta porque o comando alterna os arquivos de redo log online, não os nomes dos bancos de dados.

9. ☑ **D**. O comando SET NEWNAME especifica a nova localização do arquivo de dados, e RESTORE posiciona a versão do backup do arquivo de dados na nova localização.

   ☒ **A** está incorreta porque o arquivo de dados deve ser restaurado para que o arquivo de controle seja atualizado com SWITCH. **B** está incorreta porque somente o SWITCH atualizará o arquivo de controle com a nova localização. **C** está incorreta porque o comando RESTORE usa a nova localização especificada com SET NEWNAME.

## *Restaurar um banco de dados em um novo host*

10. ☑ **B** e **E**. Restaurar o banco de dados em um novo host é adequado para testar seu plano de recuperação de desastre ou para mover permanentemente o banco de dados para um novo host, uma vez que o procedimento mantém o DBID existente.

    ☒ **A** está incorreta porque você não precisa restaurar cópias dos arquivos de dados para os novos nós em um ambiente RAC, apenas uma nova instância deve ser criada. **C** está incorreta porque o DBID permanece o mesmo no novo banco de dados, e isso acarretará conflitos no catálogo de recuperação. **D** está incorreta porque o comando DUPLICATE está sempre disponível no RMAN para permitir que você faça uma segunda cópia do banco de dados, além das modificações necessárias no DBID no novo banco de dados.

**11.** ☑ **B**. O DBID deve ser definido primeiro, para que os arquivos de dados corretos, o SPFILE e o arquivo de controle sejam restaurados a partir da localização do backup do banco de dados de origem.

☒ **A**, **C** e **D** estão incorretas. Todas essas etapas são válidas para restaurar um banco de dados em um novo host, mas devem ser executadas após a definição do DBID.

*Recuperar usando o backup do arquivo de controle*

**12.** ☑ **B**. A sequência especificada está correta. Você deve abrir o banco de dados com RESETLOGS porque o arquivo de controle restaurado tem informações sobre uma versão anterior do banco de dados.

☒ **A**, **C** e **D** especificam uma sequência incorreta de comandos.

**13.** ☑ **C**. O comando restaura o arquivo de controle a partir do backup automático para todas as localizações definidas pelo parâmetro de inicialização CONTROL_FILES. Se alguma dessas localizações não estiver disponível, mude o valor do parâmetro CONTROL_FILES ou use a opção TO '<nome_do_arquivo>'.

☒ **A** está incorreta porque o comando falhará se alguma das localizações definidas pelo parâmetro CONTROL_FILES não estiver disponível. **B** está incorreta porque o backup automático do arquivo de controle muito provavelmente procederá da área de recuperação flash. **D** está incorreta porque o RMAN restaura o arquivo de controle em todas as localizações definidas pelo CONTROL_FILES.

*Fazer uma recuperação de desastre*

**14.** ☑ **A**. Se você não estiver executando no modo ARCHIVELOG, deverá restaurar o banco de dados inteiro, inclusive os arquivos de controle. Você poderá recuperá-lo até o momento do último backup incremental de nível 1 no modo MOUNT.

☒ **B** está incorreta porque é possível aplicar backups incrementais de nível 1 ao banco de dados, até mesmo no modo NOARCHIVELOG. **C** e **D** estão incorretas porque você deve recuperar o banco de dados inteiro ao executar no modo NOARCHIVELOG.

# 6
# Operação de Backup e Recuperação Gerenciada pelo Usuário

## OBJETIVOS DE CERTIFICAÇÃO

6.01 Fazer uma recuperação a partir de um arquivo temporário perdido

6.02 Fazer uma recuperação a partir de um grupo de redo logs perdido

6.03 Fazer uma recuperação a partir da perda do arquivo de senhas

6.04 Fazer uma recuperação completa do banco de dados gerenciada pelo usuário

6.05 Fazer uma recuperação incompleta do banco de dados gerenciada pelo usuário

6.06 Fazer backups gerenciados pelo usuário e pelo servidor

6.07 Identificar a necessidade do modo de backup

6.08 Fazer backup e recuperação de um arquivo de controle

✓ Exercício de dois minutos

P&R Teste

No Capítulo 5, você conheceu os detalhes do uso do RMAN para a recuperação de seu banco de dados, o que a Oracle considera uma operação de *recuperação gerenciada pelo servidor*. Por outro lado, usar os comandos do sistema operacional e SQL para restaurar e recuperar o banco de dados é conhecido como uma operação de *backup e recuperação gerenciada pelo usuário*. Neste capítulo, o foco está sobre a operação de backup e recuperação gerenciada pelo usuário, mesmo que algumas situações apresentadas aqui pareçam semelhantes com os cenários discutidos no Capítulo 5 usando-se os comandos equivalentes do RMAN.

Geralmente, a perda ou os danos de dados são classificados em três categorias distintas: erro do usuário, erro de aplicativo ou falha de mídia. O erro do usuário ocorre quando um DBA ou um administrador de sistema exclui ou substitui por engano um arquivo de dados ou outro arquivo relacionado com o Oracle. Erros de aplicativo, como um script de backup com um erro lógico, podem copiar em backup o arquivo incorreto ou excluir um arquivo que deveria ter sido mantido. A falha de mídia se aplica a falhas de hardware que tornam um arquivo de dados temporária ou permanentemente indisponível. Isso inclui, mas não está limitado a, falha de controladores, de disco e de rede. Para essas três categorias, os procedimentos de recuperação são os mesmos depois que os problemas de hardware forem resolvidos.

Você deve se lembrar da diferença entre as etapas de *restauração* e *recuperação* quando um arquivo de dados desaparece ou é danificado. O conceito de trazer um banco de dados novamente online a partir de um desastre é geralmente conhecido como uma *recuperação*. Entretanto, as convenções de nomeação da Oracle subdividem esse processo em duas etapas, restaurar e recuperar. Em resumo, o processo de restauração copia um arquivo de backup no local se, por exemplo, um arquivo de dados desaparecer ou se for danificado. Em seguida, a recuperação aplica as informações dos redo logs arquivados e, possivelmente, online para restaurar o estado do banco de dados ao momento da falha, ou para qualquer ponto anterior ao momento da falha.

Outro aspecto importante ao considerar as falhas do banco de dados são as falhas *críticas* versus *não críticas*. Para as falhas não críticas, o banco de dados pode continuar funcionando para todos ou para a maioria dos usuários. Por exemplo, você pode perder apenas uma cópia de um grupo de redo logs multiplexados ou um arquivo de dados de um tablespace usado apenas por um aplicativo. As falhas críticas impedem a execução do banco de dados, o que ocorre com, por exemplo, a perda de um arquivo de dados do tablespace SYSTEM ou de todos os arquivos de controle.

Esta primeira parte do capítulo ensina a recuperar a partir da perda de um ou mais arquivos de dados em um tablespace temporário; para isso, não é necessário desligar o banco de dados. De modo semelhante, você aprenderá a recuperar a partir da perda de um membro do grupo de redo logs ou de um grupo de redo logs inteiro (um grupo de redo logs pode ter um ou mais membros, e cada um deles é um arquivo de redo log).

Em seguida, você aprenderá a diferença entre recuperação completa e incompleta e quando cada método é adequado a seu ambiente. A recuperação incompleta é necessária quando ocorre uma falha de mídia e um ou mais arquivos de redo log arquivados ou online deixam de estar disponíveis para o processo de recuperação. Além disso, você pode fazer uma recuperação incompleta para restaurar o banco de dados a um ponto no tempo antes de um usuário (ou outro DBA) ter eliminado ou modificado incorretamente objetos, e outros métodos de recuperação menos drásticos não estiverem disponíveis.

Finalmente, você aprenderá a recuperar a partir da perda de um ou mais arquivos de controle. O ideal é que você faça espelhamento do seu arquivo de controle várias vezes; contudo, se você se deparar com a pior das hipóteses, poderá usar um backup do arquivo de controle para minimizar ou evitar a paralisação e a perda de dados.

## OBJETIVO DA CERTIFICAÇÃO 6.01

### FAZER UMA RECUPERAÇÃO A PARTIR DE UM ARQUIVO TEMPORÁRIO PERDIDO

A recuperação a partir da perda de um ou mais arquivos temporários é um processo simples. Lembre-se de que um arquivo temporário é idêntico a um arquivo de dados, exceto pelo fato de que ele pertence a um tablespace temporário. O impacto para um banco de dados em execução é mínimo, de acordo com o tipo de consultas. Em todos os casos, você pode recuperar o arquivo temporário com o banco de dados em funcionamento, mesmo que a localização original do arquivo não esteja disponível.

### Perda de um arquivo temporário

Uma das consequências da perda de um arquivo temporário é o fato de que as instruções SQL que necessitam de espaço em disco temporário para ordenação (em outras palavras, há memória insuficiente no espaço de memória do Oracle) falharão. Se um ou todos os arquivos de dados para o tablespace TEMP for(em) excluído(s) no nível do sistema operacional, você poderá criar um novo arquivo temporário no mesmo diretório que o original através do comando ALTER TABLESPACE. Se a localização do diretório original não estiver disponível, você poderá criá-lo em outra localização. Depois disso, você poderá eliminar o arquivo temporário original com um comando ALTER TABLESPACE semelhante.

## EXERCÍCIO 6-1

### Crie um arquivo temporário de substituição para o tablespace TEMP

Neste exercício, o arquivo temporário para o tablespace TEMP foi excluído por engano, de modo que você deve criar outro tablespace para substituí-lo enquanto o banco de dados ainda estiver em execução.

1. Identifique o nome do arquivo temporário para o tablespace TEMP:

    ```
    SQL> select file#, name from v$tempfile;

         FILE# NAME
    ```

```
          1 /u01/app/oracle/oradata/hr/temp01.dbf
```

2. Crie um novo arquivo temporário com outro nome para o tablespace TEMP:

```
SQL> alter tablespace temp add tempfile
  2     '/u01/app/oracle/oradata/hr/temp02.dbf'
  3     size 25m;

Tablespace altered.

SQL>
```

3. Elimine o arquivo temporário anterior, o que atualizará apenas o arquivo de controle porque o arquivo temporário original está ausente:

```
SQL> alter tablespace temp drop tempfile
  2     '/u01/app/oracle/oradata/hr/temp01.dbf';

Tablespace altered.

SQL>
```

4. Confirme se o tablespace TEMP contém apenas o arquivo temporário criado recentemente:

```
SQL> select file#, name from v$tempfile;

    FILE# NAME
---------- --------------------------------------------------
        2 /u01/app/oracle/oradata/hr/temp02.dbf

SQL>
```

### Inicializando um banco de dados sem um arquivo temporário

A recuperação da perda de um arquivo temporário ficará ainda mais fácil se você inicializar o banco de dados com um arquivo temporário ausente. O banco de dados será inicializado, e se a localização original do diretório em disco estiver disponível, o Oracle recriará todos os arquivos temporários ausentes, como você pode constatar no seguinte fragmento do log de alerta:

```
Re-creating tempfile /u01/app/oracle/oradata/hr/temp02.dbf
Re-creating tempfile /u01/app/oracle/oradata/hr/temp03.dbf
```

Se a localização original do diretório em disco não estiver mais disponível, o banco de dados também será inicializado, e você poderá utilizar as etapas da seção anterior para recriar o(s) arquivo(s) temporário(s) manualmente para o tablespace TEMP.

## OBJETIVO DA CERTIFICAÇÃO 6.02

## FAZER UMA RECUPERAÇÃO A PARTIR DE UM GRUPO DE REDO LOGS PERDIDO

A perda de um grupo de redo logs ou de um membro do grupo de redo logs pode significar perda de dados e um esforço considerável de recuperação. Também pode significar nenhuma perda de dados e um trabalho de recuperação mínimo, dependendo do status do grupo de redo logs e do fato de você ter perdido o grupo de logs inteiro ou apenas um membro de um grupo de logs. As seções a seguir examinarão o funcionamento dos grupos de logs e como os diversos status dos grupos de logs mudam à medida que o redo é gravado no grupo, como o banco de dados passa para o próximo grupo de redo logs e como um grupo de redo logs cheio é copiado no local de arquivamento.

Examinemos os tipos de falhas dos grupos de logs e como fazer uma recuperação a partir de cada uma delas. Na maioria das situações, a perda de dados é mínima ou inexistente, principalmente se você espelhar seus grupos de logs.

### Noções básicas sobre o status dos grupos de logs

Um grupo de redo logs pode ter um dentre seis status disponíveis na visão V$LOG, descritos na Tabela 6-1.

Em qualquer ponto no tempo, os status mais comuns são CURRENT, ACTIVE e INACTIVE. Um grupo de redo logs estará no estado UNUSED após a criação, e assim que ele for utilizado, nunca mais retornará a esse estado. Os estados CLEARING e CLEARING_CURRENT existem quando você recria um arquivo de log danificado, o que esperamos que não aconteça com frequência!

Nosso banco de dados de exemplo possui três grupos de arquivos de log, e a seguinte consulta à V$LOG apresenta o status de cada log:

```
SQL> select group#, sequence#, archived, status
  2  from v$log;

    GROUP#  SEQUENCE# ARC STATUS
---------- ---------- --- ----------------
         1         88 NO  CURRENT
         2         86 YES INACTIVE
         3         87 YES INACTIVE
SQL>
```

Os dois grupos de arquivos de log com o status INACTIVE foram arquivados. Dependendo da carga de I/O do sistema e de outros fatores, o status ARCHIVED será definido com NO até que o arquivo de log tenha sido gravado com êxito em todos os destinos obrigatórios de arquivos de log arquivados.

**TABELA 6-1** *Status de arquivo de log em* V$LOG

| Status do arquivo de log | Descrição do status |
|---|---|
| CURRENT | O Oracle está gravando nesse grupo de logs, que é necessário para a recuperação da instância |
| ACTIVE | Este grupo de logs é necessário para a recuperação da instância, mas o Oracle não está gravando no grupo. Ele pode ou não já estar arquivado. |
| INACTIVE | O grupo de logs não é necessário para a recuperação da instância, pode estar sendo usado para uma recuperação de mídia e pode ou não estar arquivado. |
| UNUSED | O grupo de logs ainda não foi utilizado. |
| CLEARING | O log está sendo esvaziado por ALTER DATABASE CLEAR LOGFILE. Após o seu esvaziamento, o status muda para UNUSED. |
| CLEARING_CURRENT | Ocorreu um erro durante a execução de ALTER DATABASE CLEAR LOGFILE. |

## Recuperação a partir de falhas de membros do grupo de logs

Se um membro de um grupo de logs for danificado ou desaparecer, o processo Log Writer (LGWR) continuará gravando no membro não danificado e não ocorrerá qualquer perda de dados ou interrupção no serviço. Entretanto, é importantíssimo que você corrija esse problema o mais rapidamente possível, porque o grupo de logs com apenas um membro é atualmente o único ponto de falha de seu banco de dados. Se ele desaparecer, seus esforços de recuperação aumentarão e, provavelmente, ocorrerá uma perda de transações com commit.

Neste exemplo, o segundo membro do terceiro grupo de arquivos de redo log foi danificado. As seguintes mensagens de erro devem ser exibidas no log de alerta. Você receberá mensagens semelhantes na homepage do Enterprise Manager Database Control, se ele estiver configurado:

```
Mon Jun 30 11:13:16 2008
Errors in file /u01/app/oracle/diag/rdbms/hr/hr/trace/hr_arc2 5718.trc:
ORA-00313: open failed for members of log group 3 of thread 1
ORA-00312: online log 3 thread 1: '/u06/app/oracle/oradata/hr/redo03.log'
ORA-27046: file size is not a multiple of logical block size
Additional information: 1
```

Também é possível identificar o membro do grupo de redo log perdido ou danificado, na visão V$LOGFILE:

```
SQL> select group#, status, member from v$logfile;

    GROUP# STATUS  MEMBER
---------- ------- ----------------------------------------
         3         /u01/app/oracle/oradata/hr/redo03.log
         2         /u01/app/oracle/oradata/hr/redo02.log
         1         /u01/app/oracle/oradata/hr/redo01.log
         1         /u06/app/oracle/oradata/hr/redo01.log
         2         /u06/app/oracle/oradata/hr/redo02.log
         3 INVALID /u06/app/oracle/oradata/hr/redo03.log

6 rows selected.
SQL>
```

A solução para este problema é simples. Elimine o membro inválido e adicione um novo membro ao grupo, como mostra este exemplo:

```
SQL> alter database drop logfile member
  2      '/u06/app/oracle/oradata/hr/redo03.log';

Database altered.

SQL> alter database add logfile member
  2      '/u06/app/oracle/oradata/hr/redo03a.log'
  3      to group 3;

Database altered.

SQL>
```

Observe que a redundância propiciada pelo grupo de arquivos de redo log corrigido não estará disponível até a próxima ativação desse grupo de arquivos de log. Se o próprio disco de destino não estiver danificado e o arquivo de redo log original estiver logicamente danificado por erros do usuário ou de um processo corrompido, você poderá reutilizar o arquivo de redo log incluindo a cláusula REUSE, como a seguir:

```
alter database add logfile member
    '/u06/app/oracle/oradata/hr/redo03.log'
    reuse to group 3;
```

## Recuperação a partir da perda de um grupo de logs inteiro

A perda de todos os membros de um grupo de redo logs pode não surtir efeito sobre o banco de dados ou pode acarretar a perda das transações com commit, o que vai depender do estado do grupo de redo logs. Os três possíveis estados de um grupo de redo logs são INACTIVE, ACTIVE e CURRENT.

### Recuperação a partir da perda de um grupo de redo logs no estado INACTIVE

A perda de todos os membros de um grupo de redo logs marcado como INACTIVE é a falha mais benigna do grupo de redo logs, embora você deva agir rapidamente antes que os processos do banco de dados Oracle precisem utilizar esse grupo novamente. Se o Oracle precisar usar o grupo de redo logs antes de sua correção, o banco de dados ficará paralisado até a correção do problema. O grupo não é necessário para a recuperação de falhas, porque se encontra no estado INACTIVE. Portanto, é possível esvaziar o grupo através do comando ALTER DATABASE CLEAR LOGFILE.

Um grupo de redo logs danificado com o status INACTIVE pode ou não estar arquivado. O status de arquivamento determina a forma do comando ALTER DATABASE CLEAR LOGFILE a ser utilizada.

**Esvaziando um grupo de redo logs arquivado e inativo** Se um grupo de redo logs inativo danificado foi arquivado, você pode identificar o número do grupo danificado no log de alerta ou na visão dinâmica de desempenho V$LOGFILE. Lembre-se de que é possível examinar a coluna ARCHIVED na visão dinâmica de desempenho V$LOG para determinar se o grupo de logs já foi arquivado.

Neste exemplo, o grupo de redo logs #1 está danificado, mas foi arquivado. Use o comando ALTER DATABASE, como mostrado a seguir:

```
SQL> alter database clear logfile group 1;

Database altered.

SQL>
```

Se a instância estiver desligada, inicialize o banco de dados no modo MOUNT e execute este comando. Caso contrário, você pode executar o comando quando o banco de dados estiver no modo OPEN. Todos os membros do grupo de arquivos de redo log são inicializados. Se algum ou todos os membros do grupo de redo logs estiver(em) ausente(s), é possível recriá-lo(s), desde que os diretórios de destino estejam disponíveis.

O grupo de redo logs foi arquivado. Sendo assim, não ocorrerá qualquer perda de dados e todos os backups em combinação com os arquivos de redo log arquivados poderão ser utilizados para uma recuperação completa do banco de dados. Até o banco de dados reutilizar o grupo de arquivos redo log, esse grupo terá o status UNUSED, como é possível constatar na seguinte consulta:

```
SQL> select group#, sequence#, archived, status from v$log;

    GROUP#   SEQUENCE# ARC STATUS
---------- ---------- --- ----------------
         1          0 YES UNUSED
         2         98 NO  CURRENT
         3         96 YES INACTIVE

SQL>
```

**Esvaziando um grupo de redo logs inativo não arquivado**   Se você tiver um grupo de redo logs inativo e não arquivado, você não perderá quaisquer transações com commit. Entretanto, você deverá fazer um backup completo após esvaziar o grupo de redo logs para assegurar a possibilidade de fazer uma recuperação completa. Você terá uma lacuna nos arquivos de redo log arquivados. Portanto, conseguirá fazer apenas a recuperação incompleta até o SCN (System Change Number) da última transação no arquivo de redo log arquivado criado antes do arquivo de log ausente.

Para esvaziar o segundo grupo de logs não arquivado, inicialize o banco de dados no modo MOUNT (se ainda não estiver) e use o seguinte comando:

```
alter database clear logfile unarchived group 2;
```

Observe a palavra-chave UNARCHIVED neste comando, que executa a mesma ação ocorrida quando você esvaziou um grupo de redo log arquivado, mas essa é a maneira do Oracle forçá-lo a confirmar que você terá uma lacuna em seus arquivos de redo log arquivados.

Após esvaziar o grupo de arquivos de log, faça um backup completo usando comandos do sistema operacional (lembre-se de que esta é uma recuperação gerenciada pelo usuário e não pelo servidor no RMAN). Assim você terá um backup para ser utilizado em uma recuperação completa, juntamente com todos os sucessivos arquivos de redo log arquivados.

Um fator complicador a ser considerado ao esvaziar um grupo de redo logs inativo não arquivado é se um arquivo de dados offline necessita do grupo de arquivos de log esvaziado antes de voltar online. Neste cenário, você deve eliminar o tablespace contendo o arquivo de dados offline e recriá-lo por meio de backups lógicos ou de algum outro método. Você não pode recuperar o arquivo de dados e, por conseguinte, o tablespace contendo esse arquivo, uma vez que o redo necessário para restaurar o arquivo de dados ao estado online desapareceu. O Oracle o obriga a confirmar que o seu arquivo de dados está irrecuperável nesse cenário também, e você deverá incluir as palavras-chave UNRECOVERABLE DATAFILE ao esvaziar o grupo de arquivos de log:

```
alter database clear logfile unarchived group 2 unrecoverable datafile;
```

A última etapa, após esvaziar o grupo de arquivos de redo log e de criar um backup, é fazer um backup do arquivo de controle em um diretório específico ou no diretório do arquivo de rastreamento:

```
alter database backup controlfile to trace;
```

### Recuperação a partir de um grupo de redo logs perdido, no estado ACTIVE

Se um grupo de redo logs danificados estiver no estado ACTIVE, o Oracle não está gravando atualmente nesse grupo, mas ele é necessário para a recuperação da instância. Experimente este comando:

```
alter system checkpoint;
```

Se o comando for executado com êxito, todas as mudanças com commit serão gravadas nos arquivos de dados em disco.

Em seguida, esvazie o grupo de arquivos de redo log como você fez com um grupo de redo logs inativo, e você não perderá as transações. Além disso, seu stream de arquivos de redo log arquivados permanecerá intacto.

Se o checkpoint falhar, faça uma recuperação incompleta usando o Flashback Database. Você também pode fazer uma recuperação incompleta usando todos os arquivos de redo log arquivados e online até, mas não inclusive, o grupo de redo logs danificados.

### Recuperação a partir de um grupo de redo logs perdido, no estado CURRENT

Um grupo de redo logs perdidos, no estado CURRENT, está sendo atualmente gravado pelo processo LGWR – ou ele *estava* sendo gravado no momento da falha. A instância falhará, e sua única opção será fazer uma recuperação incompleta usando o Flashback Database. Mais uma vez, você pode fazer o mesmo com todos os arquivos de redo log arquivados e online até, mas não inclusive, o grupo de redo logs danificados.

Após fazer a recuperação incompleta com o banco de dados no modo MOUNT, abra o banco de dados com RESETLOGS:

```
alter database open resetlogs;
```

Se a localização do grupo de arquivos de redo log online danificados estiver disponível, o Oracle reinicializará o grupo de redo logs juntamente com todos os outros grupos, redefinindo o número da sequência de logs com 1 e iniciando uma nova versão. Se a localização não estiver mais disponível, renomeie os arquivos de redo log online e direcione-os para uma nova localização, como no exemplo a seguir, antes de abrir o banco de dados com RESETLOGS:

```
alter database rename file '/u01/app/oracle/oradata/hr/redo02.log'
    to '/u02/app/oracle/oradata/hr/redo02.log';
alter database rename file '/u06/app/oracle/oradata/hr/redo02.log'
    to '/u07/app/oracle/oradata/hr/redo02.log';
```

Quando você abrir o banco de dados com RESETLOGS, o Oracle recriará e inicializará os arquivos de redo log online ausentes.

## OBJETIVO DA CERTIFICAÇÃO 6.03

### FAZER UMA RECUPERAÇÃO A PARTIR DA PERDA DO ARQUIVO DE SENHAS

A perda de um arquivo de senhas do Oracle é trivial quando comparada à perda de um arquivo de dados, um arquivo de redo log ou um arquivo de controle. Essa perda não acarretará o desligamento do banco de dados, mas impedirá a conexão de alguns ou todos os DBAs com o banco de dados quando ele não estiver aberto. Embora seja relativamente fácil recriar o banco de dados, faça uma cópia de backup do arquivo de senhas através de um utilitário de cópia do sistema operacional sempre que esse arquivo for modificado.

Nas seções a seguir, você encontrará uma revisão sucinta do modo como o arquivo de senhas autentica os usuários com privilégios; em seguida, você aprenderá a recriar o arquivo de senhas, quando e se ele desaparecer ou se for danificado.

### Revisão dos métodos de autenticação

É possível utilizar dois métodos distintos para autenticar um administrador de banco de dados: autenticação pelo sistema operacional (SO) ou autenticação pelo arquivo de senhas. O método a ser aplicado dependerá do fato de você dispor de uma conexão segura com o servidor (para administração remota) e de você optar por utilizar grupos do SO para gerenciar os privilégios dos DBAs.

Se você não tiver uma conexão remota segura, use um arquivo de senhas. Se tiver, ou se você estiver administrando o banco de dados localmente, você pode utilizar a autenticação pelo sistema operacional ou por um arquivo de senhas. A Figura 6-1 identifica as opções para um DBA ao escolher o método mais adequado a um ambiente específico.

Para uma conexão local com o servidor, o principal aspecto é a praticidade de usar a mesma conta do servidor do SO e do Oracle, em vez de manter um arquivo de senhas. Para um administrador remoto, a segurança da conexão é o fator decisivo para a escolha de um método de autenticação. Sem uma conexão segura, um hacker pode facilmente se passar

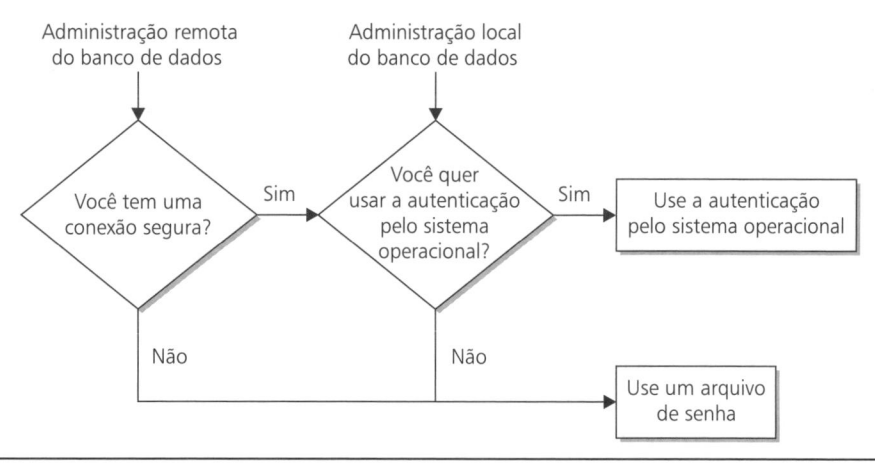

**Figura 6-1** *Fluxograma de métodos de autenticação.*

por um usuário com a mesma conta de um administrador no próprio servidor e, com isso, obter acesso total ao banco de dados com autenticação pelo sistema operacional.

> *Ao utilizar um arquivo de senhas para autenticação, certifique-se de que esse arquivo esteja em uma localização de diretório, acessível somente aos administradores do sistema operacional e ao usuário ou grupo que possui a instalação do software do Oracle.*

Um usuário pode ser um membro do grupo OSDBA ou OSOPER e ter uma entrada no arquivo de senhas. Nessa situação, a autenticação via SO tem prioridade e o usuário se conecta usando os privilégios atribuídos ao grupo, independentemente do nome de usuário e senha especificados.

Além dos privilégios adicionais disponíveis para os usuários que se conectam como SYSDBA ou SYSOPER, o esquema padrão também é diferente para esses usuários quando eles se conectam com o banco de dados. Os usuários que usam o privilégio SYSDBA ou SYSASM conectam-se como o usuário SYS. O privilégio SYSOPER define o usuário com PUBLIC:

```
SQL> connect rjb/rjb as sysdba
Connected.
SQL> show user
USER is "SYS"
SQL>
```

## Recriando um arquivo de senhas

Uma instalação padrão do banco de dados Oracle usando o Oracle Universal Installer com um banco de dados de exemplo, ou através do Database Creation Assistant, criará automaticamente um arquivo de senhas. Entretanto, em algumas ocasiões, talvez seja necessário recriar o arquivo de senhas se ele for excluído por engano ou danificado. O comando `orapwd` criará um arquivo de senhas com uma única entrada para o usuário SYS e outras opções quando você executar o comando `orapwd` sem quaisquer opções:

```
[oracle@dw ~]$ orapwd
Usage: orapwd file=<fname> password=<password>
       entries=<users> force=<y/n> ignorecase=<y/n> nosysdba=<y/n>

  where
    file - name of password file (required),
    password - password for SYS (optional),
    entries - maximum number of distinct DBA (required),
    force - whether to overwrite existing file (optional),
    ignorecase - passwords are case-insensitive (optional),
    nosysdba - whether to shut out the SYSDBA logon
      (optional Database Vault only).

  There must be no spaces around equal-to (=) characters.
[oracle@dw ~]$
```

A localização padrão do arquivo de senhas é $ORACLE_HOME/dbs no Unix ou Linux, e %ORACLE_HOME%\database no Windows. O nome do arquivo de senhas é a string "orapw" mais o nome da instância, com letras minúsculas. Por exemplo, o arquivo de senhas do banco de dados DW seria $ORACLE_HOME/dbs/orapwdw, e no Windows o padrão é PWD<*sid*>.ora.

Assim que você recriar o arquivo de senhas, deverá conceder os privilégios SYS-DBA, SYSOPER ou SYSASM aos usuários do banco de dados que tinham anteriormente esses privilégios. Além disso, não se preocupe se a senha que você informou no comando `orapwd` não for idêntica à utilizada pela conta SYS no banco de dados. Quando você se conectar usando CONNECT / AS SYSDBA, você estará utilizando a autenticação pelo sistema operacional. Quando se conectar usando CONNECT SYS/<*syspassword*> AS SYSDBA, a senha <*syspassword*> é a senha do SYS no banco de dados. Repetindo mais uma vez, se o banco de dados estiver desligado ou no modo MOUNT, use a autenticação pelo sistema operacional ou o arquivo de senhas. Também vale a pena repetir que a autenticação pelo sistema operacional tem prioridade sobre a autenticação pelo arquivo de senhas, de modo que se você atender aos requisitos para autenticação pelo sistema operacional, o arquivo de senhas não será utilizado para autenticação, mesmo que ele já exista.

> **na prática**
>
> *A partir do Oracle Database 11g, as senhas do banco de dados distinguem maiúsculas/minúsculas. Para desativar a distinção entre maiúsculas/minúsculas, defina o parâmetro de inicialização* SEC_CASE_SENSITIVE_LOGON *com* FALSE.

O parâmetro de inicialização do sistema REMOTE_LOGIN_PASSWORDFILE controla o modo como o arquivo de senhas é utilizado na instância do banco de dados. Há três valores possíveis: NONE, SHARED e EXCLUSIVE.

Se o valor for definido com NONE, o Oracle ignorará qualquer arquivo de senhas existente. Os usuários com privilégio devem ser autenticados por outros métodos, como a autenticação pelo sistema operacional, discutida na seção a seguir.

Com um valor definido com SHARED, diversos bancos de dados podem compartilhar o mesmo arquivo de senhas. Entretanto, somente o usuário SYS é autenticado com o arquivo de senhas, e a senha para o SYS não pode ser modificada (a menos que você recrie o arquivo de senhas). Consequentemente, este método não é o mais seguro, mas permite que o DBA mantenha mais de um banco de dados com uma única conta SYS.

*na prática*

*Se for necessário utilizar um arquivo de senhas compartilhado, certifique-se de que a senha do SYS tenha pelo menos oito caracteres e inclua uma combinação de caracteres maiúsculos e minúsculos do alfabeto, numéricos e especiais, para driblar um ataque de força bruta, como um ataque por dicionário.*

Um valor definido com EXCLUSIVE associa o arquivo de senhas a um único banco de dados, e as outras contas de usuários do banco de dados podem existir no arquivo de senhas. Assim que o arquivo de senhas for criado, use esse valor para maximizar a segurança das conexões de SYSDBA, SYSOPER ou SYSASM.

A visão dinâmica de desempenho V$PWFILE_USERS lista todos os usuários de banco de dados que possuem os privilégios SYSDBA, SYSOPER ou SYSASM, como apresentado a seguir:

```
SQL> select * from v$pwfile_users;

USERNAME                       SYSDB SYSOP SYSAS
------------------------------ ----- ----- -----
SYS                            TRUE  TRUE  FALSE
RJB                            TRUE  FALSE FALSE
```

## EXERCÍCIO 6-2

### Recrie o arquivo de senhas depois de uma exclusão acidental

Neste exercício, você recriará o arquivo de senhas para o banco de dados HR através do comando `orapwd`, e incluirá o usuário RJB na lista de usuários pertencentes ao grupo SYSDBA. Além disso, você atribuirá ao usuário SCOTT o privilégio SYSOPER:

1. Crie o novo arquivo de senhas com 10 entradas e a nova senha padrão para a conta SYS:

   ```
   [oracle@srv04 -]$ orapwd file=$ORACLE_HOME/dbs/orapwhr \
       password=bigsys entries=10
   ```

2. Estabeleça conexão como SYS e conceda o privilégio SYSDBA ao usuário RJB, e o privilégio SYSASM a SCOTT:

   ```
   [oracle@srv04 ~]$ sqlplus sys/bigsys as sysdba

   SQL*Plus: Release 11.1.0.6.0 - Production on Fri Jul 4 12:32:39 2008

   Copyright (c) 1982, 2007, Oracle.  All rights reserved.
   ```

```
Connected to:
Oracle Database 11g Enterprise Edition Release 11.1.0.6.0 -
Production
With the Partitioning, OLAP, Data Mining and Real Application
    Testing options

SQL> grant sysdba to rjb;

Grant succeeded.

SQL> grant sysoper to scott;

Grant succeeded.

SQL>
```

3. Confirme se os usuários RJB e SCOTT possuem os novos privilégios:

```
SQL> select * from v$pwfile_users;

USERNAME                        SYSDB SYSOP SYSAS
------------------------------  ----- ----- -----
SYS                             TRUE  TRUE  FALSE
RJB                             TRUE  FALSE FALSE
SCOTT                           FALSE TRUE  FALSE

SQL>
```

## OBJETIVO DA CERTIFICAÇÃO 6.04

### FAZER UMA RECUPERAÇÃO COMPLETA DO BANCO DE DADOS GERENCIADA PELO USUÁRIO

A recuperação é classificada em duas categorias gerais: *completa* e *incompleta*. Em primeiro lugar, se ocorrer uma falha de mídia em seu banco de dados, você vai preferir utilizar uma recuperação completa para restaurar o banco de dados ao estado em que se encontrava antes da falha. Isso incluiria a recuperação de todas as transações com commit. Em segundo lugar, e de modo contrário, é possível que a mídia do banco de dados esteja intacta, mas tenham ocorrido algumas mudanças ou danos lógicos no banco de dados, e não é fácil fazer uma reversão por meio de backups lógicos ou instruindo os usuários a reinserir os dados corretos para reverter as transações incorretas. Nessa segunda situação, considere o uso de uma recuperação incompleta, discutida mais adiante neste capítulo.

A seção a seguir apresenta uma revisão detalhada e exercícios práticos para uma recuperação completa do banco de dados, com o banco de dados fechado (desligado) e aberto (disponível para os usuários). É possível recuperar um banco de dados aberto, desde que o tablespace SYSTEM não esteja danificado.

> **dica de exame**
> 
> *O exame de certificação contém perguntas sobre quase todos os objetivos que exigem a execução de uma série de etapas para realizar uma tarefa. Este capítulo descreve como executar as etapas da recuperação completa ou incompleta na ordem correta.*

Esteja o banco de dados aberto ou fechado durante a recuperação completa, você deve executar as mesmas etapas básicas:

1. Identifique os arquivos necessários à recuperação.
2. Restaure os arquivos relacionados à recuperação que contêm transações com e sem commit.
3. Inicialize o banco de dados no modo MOUNT.
4. Coloque os arquivos de dados no modo online.
5. Aplique os arquivos de redo log arquivados e online para avançar o banco de dados; esse processo também é conhecido como *recuperação de cache*.
6. Abra o banco de dados para propiciar alta disponibilidade.
7. O Oracle aplica automaticamente blocos de undo para reverter as modificações sem commit, um processo conhecido como *recuperação de transações*.
8. Abra o banco de dados como leitura-gravação, se ele estava aberto como somente leitura. Os dados de undo são aplicados às transações sem commit, mesmo que o banco de dados esteja aberto como somente leitura.

Para a recuperação de um banco de dados aberto ou fechado, você pode recuperar o banco de dados inteiro de uma só vez ou pode recuperar um único tablespace ou arquivo de dados de cada vez. Antes de executar a etapa 3 da lista anterior, verifique se todos os arquivos de redo log arquivados necessários à recuperação completa ou incompleta foram restaurados da fita ou de um disco de backup; eles também devem estar disponíveis quando você executar o comando RECOVER no prompt SQL>.

## Fazendo uma recuperação completa de um banco de dados fechado

A expressão "recuperação de banco de dados fechado" chega a ser uma incoerência, se você ponderar que a instância do banco de dados ainda pode estar disponível quando um ou mais arquivos de dados se tornarem indisponíveis. Isso é uma vantagem, considerando que você pode consultar, em seguida, a visão dinâmica de desempenho V$RECOVER_FILE para saber quais arquivos necessitam de recuperação de mídia, e a visão V$RECOVERY_LOG para conhecer os arquivos de log arquivados necessários para recuperar o(s) arquivo(s) de dados restaurado(s).

Se um dos arquivos de dados do tablespace SYSTEM ficar indisponível ou estiver danificado, a instância falhará ou será desligada imediatamente. Mesmo que o tablespace

SYSTEM ou UNDO ainda esteja disponível, a instância também pode falhar. Nesse cenário, seria possível pressupor os arquivos de dados a serem recuperados examinando o log de alerta ou verificando se existem arquivos ausentes no sistema de arquivos do disco e restaurando-os a partir do backup. Se tudo o mais falhar, você poderá restaurar todos os arquivos de dados a partir do backup mais recente e recuperar o banco de dados inteiro.

### *Identificando os arquivos relacionados à recuperação*

Se seu banco de dados ainda estiver funcionando após a falha de mídia ou de um ou mais arquivos de dados, a visão dinâmica de desempenho V$RECOVER_FILE conterá uma lista dos arquivos de dados que precisam de recuperação.

Neste exemplo, um administrador do sistema exclui inadvertidamente um arquivo de dados do disco. Se ele não souber qual arquivo foi excluído, você poderá identificá-lo através da visão V$RECOVER_FILE:

```
SQL> select file#, error from v$recover_file;

     FILE# ERROR
---------- ----------------------------------------
         7 FILE NOT FOUND

SQL>
```

Combinar a V$RECOVER_FILE com a V$DATAFILE e a V$TABLESPACE ajuda a identificar o tablespace afetado:

```
SQL> select file#, d.name d_name, t.name t_name, status, error
  2  from v$recover_file r
  3     join v$datafile d using(file#)
  4     join v$tablespace t using(ts#)
  5  ;

FILE# D_NAME                          T_NAME      STATUS  ERROR
----- ------------------------------- ----------- ------- ---------------
    7 /u01/app/oracle/oradata/h       CHGTRK      ONLINE  FILE NOT FOUND
      r/chgtrk02.dbf

SQL>
```

Para recuperar este tablespace com êxito, serão necessários os arquivos de redo log arquivados e online. A V$RECOVERY_LOG informa os arquivos de redo log arquivados necessários:

```
SQL>  select archive_name from v$recovery_log;

ARCHIVE_NAME
--------------------------------------------------
/u01/app/oracle/flash_recovery_area/HR/archivelog
    /2008_07_05/o1_mf_1_120_46zc6k8m_.arc

SQL>
```

Neste exemplo, só é necessário um arquivo de redo log arquivado para recuperar o tablespace CHGTRK.

## Restaurando arquivos relacionados à recuperação

Após identificar o tablespace e os arquivos de dados, você poderá desligar o banco de dados (se ainda não o fez) e corrigir o problema que ocasionou a falha de mídia (isso inclui solicitar ao administrador do sistema que não exclua seus arquivos de dados). Copie o arquivo de dados do local do backup para a localização original, se essa localização estiver disponível. Caso contrário, você poderá copiar o arquivo de dados de backup para uma localização alternativa. Assim que o banco de dados for inicializado no modo MOUNT, renomeie o arquivo de dados como demonstrado a seguir, identificando a nova localização do arquivo de dados no arquivo de controle:

```
SQL> alter database rename file
  2    '/u01/app/oracle/oradata/hr/chgtrk02.dbf'
  3    to '/u09/oracle/oradata/hr/chgtrk02.dbf'
  4  ;
```

Além disso, verifique se todos os arquivos de redo log arquivados estão disponíveis na localização de arquivamento padrão. No caso de espaço insuficiente para todos os arquivos de redo log arquivados necessários, você poderá restaurá-los em um local que disponha de espaço em disco suficiente. Em seguida, você pode especificar a localização alternativa quando recuperar o arquivo de dados. Depois que todos os arquivos de dados necessários estiverem em suas localizações originais ou novas, você poderá restaurá-los online, como neste exemplo:

```
SQL> alter database datafile
  2    '/u09/oracle/oradata/hr/chgtrk02.dbf' online;
```

## Aplicando os arquivos de redo log

Após restaurar os arquivos de dados ausentes ou danificados e verificar se os arquivos de redo log arquivados estão no lugar, você poderá recuperar o banco de dados para trazer todos os arquivos de dados para o mesmo SCN, antes de abrir o banco de dados para os usuários. Como você já deve supor, o comando para recuperar o banco de dados é o RECOVER. Eis um exemplo:

```
SQL> recover automatic database;
```

Se você não incluir a palavra-chave AUTOMATIC, será orientado a aplicar cada arquivo de redo log arquivado e online. Para a recuperação completa, convém usar AUTOMATIC para que todos os arquivos de redo log arquivados e online sejam aplicados aos arquivos de dados. Entretanto, talvez você prefira ser solicitado a fornecer cada arquivo de log em duas situações: para especificar uma localização alternativa para um arquivo de log específico ou quando você estiver executando uma recuperação (incompleta) baseada em cancelamento, discutida mais adiante neste capítulo. Outra palavra-chave disponível no comando RECOVER é a FROM, que facilita especificar um local de origem alternativo para todos os arquivos de redo log arquivados.

Finalmente, você pode abrir o banco de dados, considerando que você executou essas tarefas com o banco de dados no modo MOUNT:

```
SQL> alter database open;
```

### EXERCÍCIO 6-3

**Faça uma recuperação completa do banco de dados**

Neste exercício, você criará, preencherá, eliminará, restaurará e recuperará o tablespace CHGTRK:

1. Crie o tablespace CHGTRK:

   ```
   SQL> create tablespace chgtrk
     2     datafile '/u01/app/oracle/oradata/hr/chktrk02.dbf'
     3     size 50m autoextend on next 25m;

   Tablespace created.

   SQL>
   ```

2. Faça o backup do tablespace após colocá-lo no modo BACKUP:

   ```
   SQL> alter tablespace chgtrk begin backup;

   Tablespace altered.

   SQL> ! cp /u01/app/oracle/oradata/hr/chgtrk02.dbf
           /u06/backup/chgtrk02.dbf.bak

   SQL> alter tablespace chgtrk end backup;

   Tablespace altered.

   SQL>
   ```

   Observe que é possível utilizar o ponto de exclamação no SQL *Plus para executar comandos do sistema operacional em plataformas Unix.

3. Crie algumas tabelas no tablespace CHGTRK para que a DDL (Data Definition Language) e o redo desse tablespace constem nos arquivos de redo log online e, ao fim, nos arquivos de redo log arquivados. Eis um exemplo:

   ```
   SQL> create table test_recov tablespace chgtrk
     2     as select * from dba_objects;
   ```

4. Force uma alternância de log e faça o arquivamento do atual arquivo de redo log online. Você também pode aguardar que o Oracle gere redo interno suficiente para criar os arquivos de redo log arquivados contendo o redo desse tablespace:

   ```
   SQL> alter system archive log current;

   System altered.

   SQL>
   ```

5. Elimine "por engano" o arquivo de dados do tablespace CHGTRK:

   ```
   [oracle@srv04 hr]$ rm /u01/app/oracle/oradata/hr/chgtrk02.dbf
   ```

Capítulo 6    Operação de Backup e Recuperação Gerenciada pelo Usuário    **281**

6. Verifique que não é mais possível criar objetos no tablespace CHGTRK:

```
SQL> create table temp_dba_objects
  2    tablespace chgtrk as select * from dba_objects;
create table temp_dba_objects tablespace chgtrk as select *
from dba_objects

      *
ERROR at line 1:
ORA-01116: error in opening database file 7
ORA-01110: data file 7: '/u01/app/oracle/oradata/hr/chgtrk02
.dbf'
ORA-27041: unable to open file
Linux Error: 2: No such file or directory
Additional information: 3

SQL>
```

7. Desligue o banco de dados e reinicialize-o no modo MOUNT:

```
SQL> shutdown immediate
Database closed.
Database dismounted.
ORACLE instance shut down.
SQL> startup mount
ORACLE instance started.

Total System Global Area  636100608 bytes
Fixed Size                  1301784 bytes
Variable Size             503317224 bytes
Database Buffers          125829120 bytes
Redo Buffers                5652480 bytes
Database mounted.
SQL>
```

8. Use as visões V$RECOVER_FILE e V$RECOVERY_LOG para identificar os arquivos de dados e arquivos de redo log necessários à recuperação:

```
SQL> select file#, d.name d_name, t.name t_name, status, error
  2  from v$recover_file r
  3    join v$datafile d using(file#)
  4    join v$tablespace t using(ts#)
  5  ;

   FILE# D_NAME                          T_NAME      STATUS  ERROR
   ----- ------------------------------- ----------- ------- --------
       7 /u01/app/oracle/oradata/h       CHGTRK      ONLINE  FILE NOT FOUND
         r/chgtrk02.dbf

SQL> select archive_name from v$recovery_log;

ARCHIVE_NAME
----------------------------------------------
/u01/app/oracle/flash_recovery_area/HR/archive
elog/2008_07_05/o1_mf_1_120_46zc6k8m_.arc

SQL>
```

9. A localização original do arquivo de dados está disponível, de modo que não há necessidade de informar uma nova localização com ALTER DATABASE RENAME FILE. Copie o backup do arquivo de dados para sua localização original:

   ```
   [oracle@srv04 hr]$ cp /u06/backup/chgtrk02.dbf.bak \
   >         /u01/app/oracle/oradata/hr/chgtrk02.dbf
   [oracle@srv04 hr]$
   ```

10. Coloque o arquivo de dados restaurado online:

    ```
    SQL> alter database datafile
      2         '/u01/app/oracle/oradata/hr/chgtrk02.dbf' online;

    Database altered.

    SQL>
    ```

11. Use o comando RECOVER e aplique automaticamente os arquivos de redo log arquivados necessários:

    ```
    SQL> recover automatic database;
    Media recovery complete.
    SQL>
    ```

12. Abra o banco de dados:

    ```
    SQL> alter database open;

    Database altered.

    SQL>
    ```

## Fazendo uma recuperação completa de um banco de dados aberto

Em várias situações, o banco de dados continuará disponível quando os arquivos de dados para os tablespaces não críticos forem danificados ou ficarem indisponíveis por algum outro motivo. As consultas sobre tabelas em um tablespace danificado retornarão erros. Qualquer tentativa de gravar em um tablespace danificado o colocará imediatamente no modo offline. Como acontece em uma recuperação de um banco de dados fechado, você deve consultar as visões V$RECOVER_FILE e V$RECOVERY_LOG para localizar os arquivos necessários à recuperação.

Com o banco de dados aberto, coloque no modo offline todos os tablespaces com arquivos de dados danificados:

```
SQL> alter tablespace chgtrk offline temporary;
```

Especificar TEMPORARY emite um checkpoint para os demais arquivos de dados online no tablespace, se existir algum. Isso pode economizar tempo no processo de recuperação se o problema de hardware com o arquivo de dados danificado for temporário, porque a recuperação de mídia pode não ser necessária.

Se o problema do hardware for permanente, você poderá restaurar o arquivo de dados danificado a partir do backup, exatamente como é possível fazer na recuperação completa de um banco de dados fechado. A diferença em relação à recuperação do banco de dados aberto reside no comando RECOVER – você recupera um tablespace e não o banco de dados inteiro:

```
SQL> recover automatic tablespace chgtrk;
SQL> alter tablespace chgtrk online;
```

Como você já deve pressupor, o uso de uma recuperação completa de um banco de dados aberto ou fechado depende basicamente do banco de dados estar aberto. Entretanto, se arquivos de dados suficientes estiverem ausentes ou danificados, o banco de dados não será de muito uso para a maioria de seus usuários, e o esforço de recuperação exigirá menos tempo se ele não estiver aberto. Além disso, se o tablespace SYSTEM estiver danificado ou indisponível, a instância do banco de dados falhará e você deverá fazer uma recuperação completa do banco de dados fechado.

## OBJETIVO DA CERTIFICAÇÃO 6.05

### FAZER UMA RECUPERAÇÃO INCOMPLETA DO BANCO DE DADOS GERENCIADA PELO USUÁRIO

Uma recuperação incompleta do banco de dados usa as mesmas etapas da recuperação completa, exceto pelo fato de você aplicar apenas os arquivos de redo log arquivados e online até o ponto no tempo almejado. A recuperação incompleta também é conhecida como recuperação pontual (PITR – point-in-time recovery). É possível recuperar um único tablespace ou o banco de dados inteiro até um SCN ou um ponto no tempo específico.

Se seu interesse é recuperar apenas um pequeno conjunto de tabelas logicamente isoladas até um ponto no tempo anterior, você poderá fazer a recuperação usando os recursos de Flashback Table do Oracle. Esse recurso pressupõe que você possui um tablespace de undo suficientemente grande contendo todas as transações de determinada tabela até um ponto no tempo necessário. Outro método a ser considerado é a funcionalidade Flashback Database do Oracle, que pode reduzir muito o tempo de recuperação se existir uma área de recuperação de flashback bastante grande e você tiver ativado o registro em log do Flashback Database.

Em outras palavras, considere a recuperação incompleta de banco de dados como último recurso. É possível restaurar a maior parte do banco de dados até o estado almejado, mas você pode perder diversas transações importantes. Sendo assim, o recurso Flashback Table pode ser uma alternativa mais eficiente. Se você tiver ativado o registro em log do Flashback, o Flashback Database poderá rejeitar algumas transações boas juntamente com as ruins. Entretanto, o tempo de recuperação é bastante reduzido porque não é necessário restaurar os arquivos de dados do backup antes da operação de recuperação. Além disso, fazer um flashback usando os logs de Flashback geralmente exige bem menos tempo do que aplicar os arquivos de redo log e redo logs arquivados aos arquivos de dados restaurados.

Veja a seguir algumas situações comuns para as quais você deverá fazer uma recuperação incompleta:

- Um arquivo de dados desaparece e um arquivo de redo log arquivado necessário está ausente.
- Você está utilizando um banco de dados como banco de dados de teste e precisa restaurar o estado desse banco de dados a um ponto no tempo no passado para permitir a repetição dos testes.
- Você precisa reverter um banco de dados a um ponto no tempo anterior a um erro grave cometido por um usuário.
- O banco de dados possui blocos corrompidos.

As seções a seguir apresentam algumas diretrizes para o tipo de recuperação incompleta a ser executado, o que geralmente depende do tipo de erro ocorrido. Além disso, você encontrará um exemplo de recuperação incompleta baseada em cancelamento. As operações de recuperação discutidas até então não especificaram um ponto de parada para a aplicação dos arquivos de redo log:

```
SQL> recover automatic database;
```

Como explicado anteriormente no capítulo, e você deve se lembrar, AUTOMATIC não solicita cada arquivo de redo log arquivado ou online, mas, sim, aplica todos os redo logs arquivados e online aos arquivos de dados para restaurar o banco de dados até a última transação com commit.

### Escolhendo o método de PITR

Ao escolher um método de recuperação incompleta ou pontual, há três opções:

- Especificar um tempo no qual parar
- Escolher um SCN no qual parar
- Especificar CANCEL durante o processo de recuperação

Você utilizaria uma recuperação incompleta, baseada no tempo, se você soubesse a hora do dia em que os danos ocorreram. Por exemplo, suponha que o departamento de digitação tenha começado a inserir as faturas incorretas no sistema às 9h da manhã, ou que uma falta de energia devido a uma tempestade às 11h da manhã acarretou uma falha temporária na controladora de disco que gravou dados aleatórios nos blocos de dados dos arquivos de dados do Oracle. Eis um exemplo de uma recuperação baseada no tempo:

```
SQL> recover database until time '2008-07-04:11:07:48';
```

A recuperação incompleta baseada no SCN funciona bem se seus aplicativos salvarem o SCN em pontos críticos em um fluxo de processos, ou os logs de alerta ou de rastreamento indicarem um erro grave a partir de um SCN específico. Veja um exemplo de como você aplicaria automaticamente todos os arquivos de redo log arquivados a um backup restaurado até o SCN 30412:

```
SQL> recover automatic database until change 30412;
```

Finalmente, você usaria a recuperação incompleta baseada em cancelamento se ocorresse um intervalo nos arquivos de redo log arquivados ao longo do processo de recuperação. Isso permite interromper o processo de recuperação antes do comando RECOVER tentar aplicar o arquivo ausente de redo log arquivado. Veja o exemplo:

```
SQL> recover database until cancel;
```

Observe que é possível utilizar a opção AUTOMATIC com todos os tipos de recuperação incompleta, assim como na recuperação completa. Deixar de especificar a opção AUTOMATIC permite um pouco mais de controle durante o processo de recuperação. Por exemplo, você ainda deseja parar a recuperação em determinado ponto no tempo, mas quer especificar um arquivo alternativo de redo log arquivado (de uma localização de arquivo de redo log duplexado) para um arquivo de redo log danificado na localização padrão.

Independentemente do método de recuperação incompleta aplicado, você deve abrir o banco de dados com RESETLOGS para recomeçar a sequência de logs em 1 com uma nova versão do banco de dados. Embora seja possível recuperar um banco de dados através das versões anteriores, é improvável que você use os backups órfãos das versões anteriores, porque existe um intervalo no fluxo de redo logs arquivados ou porque os dados do backup órfão são inúteis sob o prisma do negócio.

## Fazendo uma recuperação incompleta, baseada em tempo, gerenciada pelo usuário

As etapas da recuperação incompleta são muito parecidas com as da completa. Você deve ter backups disponíveis de todos os arquivos de dados, juntamente com todos os arquivos de redo log arquivados, para restaurar todos os arquivos de dados até o ponto no tempo necessário. Eis as etapas:

1. Desligue o banco de dados, se ele ainda não estiver desligado.
2. Restaure os arquivos de dados a partir de uma localização de backup até a localização atual.
3. Inicialize o banco de dados no modo MOUNT.
4. Recupere o banco de dados através do comando RECOVER.
5. Abra o banco de dados com RESETLOGS.

### EXERCÍCIO 6-4

**Faça uma recuperação incompleta baseada em tempo**

Para este exercício, várias tabelas críticas foram eliminadas às 11:05h da manhã. Você decidiu que a melhor opção de recuperação é uma recuperação incompleta, baseada no tempo, sobre o banco de dados inteiro. Recupere o banco de dados até as 11:00h da manhã, usando o backup completo mais recente.

1. Desligue o banco de dados:

   ```
   SQL> connect / as sysdba
   Connected.
   SQL> shutdown immediate
   Database closed.
   Database dismounted.
   ORACLE instance shut down.
   SQL>
   ```

2. Copie os backups de todos os arquivos de dados para a localização atual dos arquivos de dados:

   ```
   [oracle@srv04 -]$ cd /u06/backup
   [oracle@srv04 backup]$ ls
   bi06.dbf chgtrk02.dbf example01.dbf sysaux01.dbf
   system01.dbf temp02.dbf temp03.dbf undotbs01.dbf
   users01.dbf
   [oracle@srv04 backup]$ cp *dbf /u01/app/oracle/oradata/hr
   [oracle@srv04 backup]$
   ```

3. Inicialize o banco de dados no modo MOUNT:

   ```
   SQL> startup mount
   ORACLE instance started.
   Total System Global Área   636100608 bytes
   Fixed Size                   1301784 bytes
   Variable Size              478151400 bytes
   Database Buffers           150994944 bytes
   Redo Buffers                 5652480 bytes
   Database mounted.
   SQL>
   ```

4. Faça uma recuperação incompleta manual, baseada no tempo, até as 11:00h da manhã:

   ```
   SQL> recover database until time '2008-07-06:11:00:00';
   Media recovery complete.
   SQL>
   ```

   Observe neste exemplo que você não foi solicitado a aplicar os arquivos de redo log arquivados. A operação de recuperação começou imediatamente após a ocorrência dos danos no banco de dados. Portanto, todas as informações de redo necessárias para recuperar o banco de dados estavam presentes nos arquivos de redo log online. Você pode constatar esse fato no log de alerta com as recuperações de redo log online apenas, como demonstrado a seguir:

   ```
   ALTER DATABASE RECOVER  database until time '2008-07-06:11:00:00'
   Media Recovery Start
   Fast Parallel Media Recovery enabled
   Recovery of Online Redo Log: Thread 1 Group 1 Seq 126 Reading mem 0
     Mem# 0: /u01/app/oracle/oradata/hr/redo01.log
     Mem# 1: /u06/app/oracle/oradata/hr/redo01.log
   ```

```
Recovery of Online Redo Log: Thread 1 Group 3 Seq 127 Reading mem 0
  Mem# 0: /u01/app/oracle/oradata/hr/redo03.log
  Mem# 1: /u06/app/oracle/oradata/hr/redo03a.log
Sun Jul 06 11:20:39 2008
Recovery of Online Redo Log: Thread 1 Group 2 Seq 128 Reading mem 0
  Mem# 0: /u01/app/oracle/oradata/hr/redo02.log
  Mem# 1: /u06/app/oracle/oradata/hr/redo02.log
Incomplete Recovery applied until change 5624352 time 07/06/2008
11:00:07
Media Recovery Complete (hr)
Completed: ALTER DATABASE RECOVER  database until time '2008-07-
06:11:00:00'
```

Se o processo de recuperação precisasse de arquivos de redo log arquivados (o que não aconteceu), você veria os seguintes tipos de entradas no log de alerta:

```
ORA-00279: change 5561591 generated at 07/05/2008 11:44:30
   needed for thread 1
ORA-00289: suggestion :
/u01/app/oracle/flash_recovery_area/HR/archivelog/
   2008_07_05/o1_mf_1_120_46zc6k8m_.arc
ORA-00280: change 5561591 for thread 1 is in sequence #120


Specify log: {<RET>=suggested | filename | AUTO | CANCEL}


ORA-00279: change 5564346 generated at 07/05/2008 12:18:09
   needed for thread 1
ORA-00289: suggestion :
/u01/app/oracle/flash_recovery_area/HR/archivelog/
   2008_07_05/o1_mf_1_121_46zc6q4b_.arc
ORA-00280: change 5564346 for thread 1 is in sequence #121


Specify log: {<RET>=suggested | filename | AUTO | CANCEL}
```

5. Finalmente, abra o banco de dados com a opção RESETLOGS:

   ```
   SQL> alter database open resetlogs;

   Database altered.

   SQL> archive log list
   Database log mode              Archive Mode
   Automatic archival             Enabled
   Archive destination            USE_DB_RECOVERY_FILE_DEST
   Oldest online log sequence     1
   Next log sequence to archive   1
   Current log sequence           1
   SQL>
   ```

Observe o comando ARCHIVE LOG LIST do SQL *Plus, que informa que o número da sequência de log foi redefinido com 1 e que a operação de RESETLOGS criou uma nova versão do banco de dados.

## OBJETIVO DA CERTIFICAÇÃO 6.06

### FAZER BACKUPS GERENCIADOS PELO USUÁRIO E PELO SERVIDOR

Os tipos de backup gerenciados pelo usuário que você pode executar dependem se o banco de dados está em execução no modo ARCHIVELOG. Este livro destacou as vantagens de executar o banco de dados no modo ARCHIVELOG, com mínimas desvantagens. Se você não o estiver executando no modo ARCHIVELOG, desligue o banco de dados para fazer um backup usando os comandos do sistema operacional. Se estiver no modo ARCHIVELOG, poderá colocar um tablespace individual ou o banco de dados inteiro no modo BEGIN BACKUP, copiar os arquivos de dados para uma localização de backup, e depois tirar o banco de dados do modo de backup com END BACKUP. Tudo isso pode acontecer enquanto os usuários acessam o banco de dados, embora o tempo de resposta possa diminuir um pouco durante o backup.

Nesta seção, você verá como um backup gerenciado pelo usuário pode ocorrer com o banco de dados desligado (geralmente, para um banco de dados no modo NOARCHIVELOG) e com o banco de dados aberto. Para executar o backup, você precisa saber os arquivos que serão incluídos no backup, o que também é discutido nesta seção. Embora este objetivo faça referência aos backups gerenciados pelo servidor usando o RMAN, eles foram discutidos com detalhes no Capítulo 5 e o RMAN não será abordado aqui.

### Identificando os arquivos para o backup manual

Quer você esteja fazendo um backup do banco de dados no modo NOARCHIVELOG (backup de banco de dados fechado) ou no modo ARCHIVELOG (backup de banco de dados aberto), você precisa identificar os arquivos que devem ser incluídos nesse backup. Com o banco de dados aberto, você pode consultar as visões dinâmicas de desempenho V$DATAFILE e V$CONTROLFILE. Eis um exemplo:

```
SQL> select name from v$datafile;

NAME
--------------------------------------------------
/u01/app/oracle/oradata/hr/system01.dbf
/u01/app/oracle/oradata/hr/sysaux01.dbf
/u01/app/oracle/oradata/hr/undotbs01.dbf
/u01/app/oracle/oradata/hr/users01.dbf
/u01/app/oracle/oradata/hr/example01.dbf
/u01/app/oracle/oradata/hr/bi06.dbf
/u01/app/oracle/oradata/hr/chgtrk02.dbf

7 rows selected.

SQL> select name from v$controlfile;

NAME
```

```
/u01/app/oracle/oradata/hr/control01.ctl
/u01/app/oracle/oradata/hr/control02.ctl
/u01/app/oracle/oradata/hr/control03.ctl

SQL>
```

Perceba que basta fazer um backup de uma cópia do arquivo de controle, porque todas as cópias multiplexadas são idênticas. Além disso, não é necessário fazer o backup dos arquivos de redo log online.

*Você nunca deve fazer um backup dos arquivos de redo log online. É muito importante que você se lembre disso, porque se você restaurar arquivos de dados para recuperação completa, restaurando cópias antigas dos arquivos de redo log é quase certo que você acarrete perda de transações com commit. Se você perder grupos de arquivos de redo log online ou um membro de um grupo de arquivos de redo log online, siga as etapas apresentadas no início deste capítulo!*

## Backup de um banco de dados no modo NOARCHIVELOG

Para fazer um backup completo de um banco de dados no modo NOARCHIVELOG, comece desligando o banco de dados:

```
SQL> shutdown immediate
Database closed.
Database dismounted.
ORACLE instance shut down.
SQL>
```

Em seguida, use os comandos do sistema operacional para copiar os arquivos identificados nas visões dinâmicas de desempenho V$DATAFILE e V$CONTROLFILE:

```
SQL> ! cp /u01/app/oracle/oradata/hr/*.dbf /u06/backup
SQL> ! cp /u01/app/oracle/oradata/hr/control01.ctl /u06/backup
SQL>
```

Os arquivos de dados se encontram em um estado consistente porque o banco de dados está desligado. Em outras palavras, os SCNs de todos os arquivos de dados são idênticos. Observe que é possível executar os comandos de backup do sistema operacional dentro do SQL *Plus usando o caractere de escape, !. Finalmente, reinicialize o banco de dados:

```
SQL> startup
ORACLE instance started.
Total System Global Área  636100608 bytes
Fixed Size                  1301784 bytes
Variable Size             490734312 bytes
Database Buffers          138412032 bytes
Redo Buffers                5652480 bytes
Database mounted.
Database opened.
SQL>
```

## Backup de um banco de dados no modo ARCHIVELOG

Uma grande vantagem do uso do modo ARCHIVELOG é a possibilidade de executar backups online (também conhecidos como *backups a quente),* enquanto o banco de dados estiver disponível para os usuários. É possível que os usuários percebam uma pequena redução no tempo de resposta, dependendo da carga do sistema e se você está fazendo um backup integral do banco de dados de uma só vez ou um tablespace de cada vez. O backup de um arquivo de dados específico do tablespace pode estar inconsistente com outros backups de arquivos de dados (ou seja, os SCNs não são os mesmos). Se o banco de dados estiver no modo ARCHIVELOG, o processo de recuperação poderá utilizar arquivos de redo log arquivados e online para recuperar todos os arquivos de dados para o mesmo SCN.

Você pode fazer o backup integral do banco de dados enquanto ele estiver online (com ALTER DATABASE BEGIN BACKUP). Geralmente, você faria o backup de um único tablespace de cada vez para minimizar os retardos no tempo de resposta para os usuários acessando o banco de dados enquanto ele estiver online. Além disso, você deve fazer backups online de tablespaces com atividade frequente de DML (Data Manipulation Language) mais vezes do que de tablespaces com baixa atividade, e muito mais frequentemente do que dos tablespaces somente leitura.

Para o backup dos arquivos de dados para um tablespace individual, use a visão do dicionário de dados DBA_DATA_FILES em vez da visão dinâmica de desempenho V$DATAFILE. O motivo disso é que a DBA_DATA_FILES associa o nome do tablespace aos respectivos arquivos de dados, uma vez que essa associação entre o nome do arquivo de dados e o respectivo tablespace pode não ser óbvia ao se exibir a V$DATAFILE. Examine uma consulta na visão DBA_DATA_FILES:

```
SQL> select tablespace_name, file_name from dba_data_files;

TABLESPACE_NAME    FILE_NAME
---------------    ---------------------------------------------
USERS              /u01/app/oracle/oradata/hr/users01.dbf
UNDOTBS1           /u01/app/oracle/oradata/hr/undotbs01.dbf
SYSAUX             /u01/app/oracle/oradata/hr/sysaux01.dbf
SYSTEM             /u01/app/oracle/oradata/hr/system01.dbf
EXAMPLE            /u01/app/oracle/oradata/hr/example01.dbf
CHGTRK             /u01/app/oracle/oradata/hr/chgtrk02.dbf
BI                 /u01/app/oracle/oradata/hr/bi06.dbf
USERS              /u01/app/oracle/oradata/hr/users02.dbf

8 rows selected.

SQL>
```

Observe que, neste exemplo, o tablespace USERS contém dois arquivos de dados e que ambos devem ser copiados no backup para fazer uma recuperação de mídia com êxito do tablespace USERS. Para permitir o backup de sistema operacional dos arquivos de dados do tablespace USERS, coloque-o no modo de backup, como demonstrado a seguir:

```
SQL> alter tablespace users begin backup;

Tablespace altered.

SQL>
```

Em seguida, emita um comando de cópia do sistema operacional, muito parecido com seu procedimento ao fazer um backup completo do banco de dados no modo NOARCHIVELOG:

```
SQL> ! cp /u01/app/oracle/oradata/hr/users*.dbf /u06/backup
SQL> ! ls -l /u06/backup/users*.dbf
-rw-r-----   1 oracle oinstall 219291648 Jul   6 12:18
/u06/backup/users01.dbf
-rw-r-----   1 oracle oinstall  20979712 Jul   6 12:18
/u06/backup/users02.dbf
SQL>
```

Finalmente, encerre o modo de backup para o tablespace USERS:

```
SQL> alter tablespace users end backup;

Tablespace altered.

SQL>
```

*É importante finalizar o modo de backup para um tablespace. O banco de dados não desligará se existir algum tablespace no modo de backup, e deixar um tablespace no modo de backup continuará gerando e retendo redo desnecessário após o término do backup do tablespace.*

## OBJETIVO DA CERTIFICAÇÃO 6.07

### IDENTIFICAR A NECESSIDADE DO MODO DE BACKUP

O modo de backup é obrigatório para o backup de um tablespace ou do banco de dados inteiro devido à natureza de um bloco de dados: copiar um arquivo de dados ao mesmo tempo em que um processo Oracle Database Writer (DBWR) atualiza o bloco pode ocasionar um *bloco fraturado*. Em outras palavras, o cabeçalho e o rodapé do bloco não estarão consistentes em um SCN específico.

O Oracle oferece duas soluções para esse problema. Se você usar o RMAN para o backup de seus arquivos de dados, ele vai reler automaticamente o bloco várias vezes até que esse bloco esteja consistente. Se o bloco não se tornar consistente depois de um número fixo de tentativas, o RMAN determinará que o bloco está definitivamente danificado e informará o erro.

Se você não estiver utilizando o RMAN, use ALTER DATABASE BEGIN BACKUP ou ALTER TABLESPACE ... BEGIN BACKUP. Para esses dois comandos, o Oracle gera redo adicional para o banco de dados ou para o tablespace individual, respectivamente. Cada bloco modificado com o banco de dados no modo de backup é gravado no redo log antes da aplicação das mudanças no bloco. Ou seja, o Oracle salva a imagem anterior do bloco no fluxo de redo, e, evidentemente, as alterações efetuadas em um bloco também são gravadas no fluxo de redo. Durante a recuperação, o Oracle pode utilizar a cópia do bloco no fluxo de redo se o processo de recuperação detectar um bloco fraturado.

## OBJETIVO DA CERTIFICAÇÃO 6.08

### FAZER BACKUP E RECUPERAÇÃO DE UM ARQUIVO DE CONTROLE

Mesmo sendo um dos menores arquivos no ambiente de um banco de dados, o arquivo de controle é crítico para o funcionamento do banco de dados porque contém os metadados de todos os objetos existentes no banco de dados. O arquivo de controle contém as localizações dos arquivos de dados, dos arquivos de redo log online, e outras informações. Por conseguinte, é sensato não apenas multiplexar o arquivo de controle em várias localizações, como também fazer o seu backup periodicamente. Nas seções a seguir, você aprenderá a fazer o backup do arquivo de controle com o banco de dados disponível para os usuários. Quando ocorrer um desastre, você saberá recuperar a partir da perda de uma ou mais cópias de seu arquivo de controle.

### Backup do arquivo de controle no modo ARCHIVELOG

O backup de um arquivo de controle para um banco de dados em execução no modo ARCHIVELOG gera o mesmo resultado final que o método utilizado no modo NOARCHIVELOG. A única diferença é que você pode utilizar dois comandos SQL diferentes para fazer o backup. Anteriormente neste capítulo, você aprendeu a fazer o backup do arquivo de controle com o banco de dados desligado.

*na prática*

*Como mencionado no Capítulo 5, é possível fazer o backup do arquivo de controle no RMAN com o comando* BACKUP CURRENT CONTROLFILE.

O primeiro método para o backup de um arquivo de controle no modo ARCHIVELOG gera uma cópia exata do arquivo de controle atual em uma localização especificada por você:

```
SQL> alter database backup controlfile to '/u06/backup/controlfile
.bkup';

Database altered.

SQL> ! ls /u06/backup/control*
/u06/backup/control01.ctl   /u06/backup/controlfile.bkup

SQL>
```

O outro método cria um script editável que recria o arquivo de controle. Eis o comando:

```
SQL> alter database backup controlfile to trace;

Database altered.

SQL>
```

O Oracle cria o script na localização em que residem todos os arquivos de rastreamento, o que, por padrão, para o banco de dados HR é $ORACLE_BASE/diag/rdbms/hr/hr/trace. Veja um fragmento do script gerado:

```
. . .
-- The following commands will create a new control file and use it
-- to open the database.
-- Data used by Recovery Manager will be lost.
-- Additional logs may be required for media recovery of offline
-- Use this only if the current versions of all online logs are
-- available.
-- After mounting the created controlfile, the following SQL
-- statement will place the database in the appropriate
-- protection mode:
--    ALTER DATABASE SET STANDBY DATABASE TO MAXIMIZE PERFORMANCE
STARTUP NOMOUNT
CREATE CONTROLFILE REUSE DATABASE "HR" NORESETLOGS  ARCHIVELOG
    MAXLOGFILES 16
    MAXLOGMEMBERS 3
    MAXDATAFILES 100
    MAXINSTANCES 8
    MAXLOGHISTORY 292
LOGFILE
  GROUP 1 (
    '/u01/app/oracle/oradata/hr/redo01.log',
    '/u06/app/oracle/oradata/hr/redo01.log'
  ) SIZE 50M,
. . .
```

## Recuperação do arquivo de controle

O Capítulo 5 discutiu um cenário em que um de nossos arquivos de controle multiplexados desaparece. Nesse cenário, o processo de recuperação é muito simples, porque é possível substituir a cópia ausente copiando uma das cópias multiplexadas e depois reinicializando o banco de dados. Entretanto, mesmo que você faça uma multiplexação de seu arquivo de controle em várias localizações, é bem possível que todas as cópias do arquivo de controle desapareçam devido a uma falha catastrófica de todos os discos contendo o arquivo de controle. Nesse caso, você deve usar uma cópia de backup do arquivo de controle criada com um dos métodos discutidos na seção anterior (pressupondo que nem todos os backups tenham falhado durante o evento catastrófico hipotético).

Dependendo do status dos arquivos de redo log online e do status dos arquivos de dados, suas ações serão ligeiramente diferentes. Na maioria das vezes, você abrirá o banco de dados com RESETLOGS depois da operação de recuperação. A Tabela 6-2 descreve as ações a serem executadas para cada combinação de disponibilidade de redo logs online e arquivos de dados.

Em cada um dos cenários da Tabela 6-2, execute as seguintes etapas:

1. Desligue o banco de dados com SHUTDOWN ABORT (se ele ainda não falhou).
2. Restaure o arquivo de controle a partir do backup.
3. Inicialize o banco de dados no modo MOUNT.
4. Comece a recuperação do banco de dados e especifique BACKUP CONTROLFILE no comando RECOVER.
5. Abra o banco de dados com RESETLOGS.

Se as seguintes condições forem verdadeiras, não será necessário abrir o banco de dados com RESETLOGS e você não perderá as transações com commit:

- Você executou manualmente CREATE CONTROLFILE ou tem um backup do arquivo de controle criado com ALTER DATABASE BACKUP CONTROLFILE TO TRACE.
- Todos os arquivos de redo log online estão disponíveis.
- Todos os arquivos de dados estão atualizados.

Todos os outros cenários, inclusive o uso de um backup de arquivo de controle com arquivos de redo log online e arquivos de dados não danificados, exigirão a abertura do banco de dados com RESETLOGS.

Um comando RECOVER usando uma cópia de backup do arquivo de controle ficará assim:

```
SQL> recover database using backup controlfile until cancel;
```

Mesmo que todos os arquivos de redo log arquivados e online estejam intactos, o comando RECOVER solicitará um arquivo ausente de redo log arquivado. Isso indica que

**TABELA 6-2** *Cenários de recuperação do arquivo de controle*

| Disponibilidade de arquivos de redo log online | Disponibilidade de arquivos de dados | Procedimento de recuperação |
|---|---|---|
| Disponível | Atual | Recuperar o banco de dados com uma cópia restaurada do arquivo de controle, aplicando os redo logs online, se necessário. Abrir o banco de dados com RESETLOGS. |
| Indisponível | Atual | Recriar o arquivo de controle e abrir o banco de dados com RESETLOGS. |
| Disponível | Restaurado do backup | Restaurar um arquivo de controle a partir do backup, fazer uma recuperação completa e depois abrir o banco de dados com RESETLOGS. |
| Indisponível | Restaurado do backup | Restaurar um arquivo de controle a partir do backup, fazer uma recuperação incompleta e depois abrir o banco de dados com RESETLOGS. |

existiam alterações não arquivadas nos arquivos de redo log online. Nesse cenário, você deverá especificar manualmente as localizações de cada arquivo de redo log online até que o comando RECOVER localize as informações de redo necessárias.

## EXERCÍCIO 6-5

### Recupere a partir da perda de todos os arquivos de controle

Neste exercício, você usará uma cópia de backup do arquivo de controle para recuperar a partir da perda de todos os arquivos de controle online.

1. Desligue o banco de dados, se ele ainda não falhou depois da exclusão inadvertida de todos os arquivos de controle online:

    ```
    SQL> startup
    ORACLE instance started.

    Total System Global Area  636100608 bytes
    Fixed Size                  1301784 bytes
    Variable Size             490734312 bytes
    Database Buffers          138412032 bytes
    Redo Buffers                5652480 bytes
    ORA-00205: error in identifying control file, check alert log
    for more info

    SQL> shutdown abort
    ORACLE instance shut down.
    SQL>
    ```

2. Todos os arquivos de redo log online e arquivos de dados parecem estar intactos, juntamente com os discos contendo as cópias originais do arquivo de controle. Use comandos de cópia do sistema operacional para restaurar um backup do arquivo de controle nas localizações originais:

    ```
    SQL> ! cp /u06/backup/control01.ctl
    /u01/app/oracle/oradata/hr/control01.ctl
    SQL> ! cp /u06/backup/control01.ctl
    /u01/app/oracle/oradata/hr/control02.ctl
    SQL> ! cp /u06/backup/control01.ctl
    /u01/app/oracle/oradata/hr/control03.ctl
    SQL>
    ```

3. Abra o banco de dados no modo MOUNT e faça uma recuperação não AUTOMATICA para permitir especificar manualmente os arquivos de redo log online, se necessário:

    ```
    SQL> recover database using backup controlfile until cancel;
    ORA-00279: change 5625919 generated at 07/06/2008 11:48:28
        needed for thread 1
    ORA-00289: suggestion :
    /u01/app/oracle/flash_recovery_area/HR/archivelog/
        2008_07_06/o1_mf_1_1_472fxokb_.arc
    ORA-00280: change 5625919 for thread 1 is in sequence #1
    ```

```
Specify log: {<RET>=suggested | filename | AUTO | CANCEL}
. . .
Media recovery complete.
SQL>
```

4. Finalmente, abra o banco de dados com RESETLOGS:

```
SQL> alter database open resetlogs;

Database altered.

SQL>
```

## RESUMO DA CERTIFICAÇÃO

Este capítulo discutiu sobre o backup e recuperação gerenciado pelo usuário – você não utilizou os métodos de backup e recuperação gerenciados pelo servidor, como o RMAN. Você executou a maioria dessas operações de backup e recuperação com os comandos do sistema operacional e do SQL *Plus, com o banco de dados desligado ou no modo MOUNT.

A primeira parte do capítulo iniciou com uma das técnicas de recuperação mais simples: substituir um arquivo temporário perdido. O impacto para o usuário é temporário, o banco de dados continua aberto e você pode criar outro arquivo temporário em questão de minutos após detectar o problema.

Em seguida, você examinou alguns cenários mais complicados, relacionados a falhas de arquivos de redo log. É fácil corrigir a perda de um membro de um grupo de redo logs, mesmo que ele esteja ativo, e essa perda não afeta os usuários e suas transações. A recuperação a partir da perda de um grupo inteiro de redo logs é um pouco mais complicada. Isso acontece porque a perda de transações com commit é possível se o banco de dados estiver tentando, no momento, gravar no grupo perdido de arquivos de redo log.

O arquivo de senhas é crítico para o banco de dados, no sentido de que ele controla a autenticação dos DBAs que querem se conectar com os banco de dados como SYSDBA. É fácil recriar o arquivo de senhas, mas você deve fazer um backup desse arquivo usando os comandos do sistema operacional sempre que você adicionar ou remover os privilégios SYSDBA, SYSOPER ou SYSASM de um DBA.

É possível fazer alguns backups com o banco de dados online, copiando nesse backup um tablespace de cada vez ou todos os arquivos de dados contidos no banco de dados. Com o banco de dados em execução no modo NOARCHIVELOG, a única maneira de criar um backup consistente sem arquivos de redo log arquivados é fazer o backup com o banco de dados desligado. Você conheceu alguns métodos gerenciados pelo usuário para o backup e recuperação do banco de dados, no modo ARCHIVELOG ou NOARCHIVELOG.

Finalmente, você viu algumas técnicas que podem ser utilizadas para recuperar o banco de dados com um backup de arquivo de controle se todas as cópias atuais do arquivo de controle desaparecerem ou forem danificadas. Se você faz backups frequentes de seu arquivo de controle (por exemplo, depois de toda mudança estrutural implementada no banco de dados), não ocorrerá uma perda das transações com commit se os arquivos de dados e os arquivos de redo log online estiverem intactos.

## ✓ EXERCÍCIO DE DOIS MINUTOS

*Fazer uma recuperação a partir de um arquivo temporário perdido*
- ❏ Um arquivo temporário pode ser recuperado com o banco de dados aberto.
- ❏ O impacto de um arquivo temporário perdido é percebido quando os usuários tentam ordenar grandes conjunto de resultados.
- ❏ Quando um arquivo temporário desaparece, é possível recriá-lo na localização original ou informar uma nova localização.
- ❏ Se o banco de dados for inicializado sem os arquivos temporários, ele os criará na localização especificada no arquivo de controle.

*Fazer uma recuperação a partir de um grupo de redo logs perdido*
- ❏ Um grupo de redo logs pode ter seis status: CURRENT, ACTIVE, INACTIVE, UNUSED, CLEARING ou CLEARING_CURRENT. Os status mais comuns são CURRENT, ACTIVE e INACTIVE.
- ❏ É possível usar a visão dinâmica de desempenho V$LOG para consultar o status de cada grupo de redo logs.
- ❏ Se um membro de um grupo de logs for danificado ou desaparecer, o processo LGWR (Log Writer) continuará gravando no membro não danificado, e não ocorrerá qualquer perda de dados ou interrupção no serviço.
- ❏ A visão dinâmica de desempenho V$LOGFILE informa o status de cada membro individual de cada grupo de arquivos de log.
- ❏ Se o status de um membro de um grupo de arquivo de log for INVALID na visão V$LOGFILE, ele está danificado ou indisponível e deverá ser recriado.
- ❏ Muito provavelmente, a perda de um grupo de arquivos de log com o status INACTIVE não acarretará a perda das transações com commit, desde que os outros membros desse grupo permaneçam intactos.
- ❏ A perda de um grupo inativo de arquivos de log que não foi arquivado resultará em um intervalo nos arquivos de redo log arquivados e exigirá um backup completo após a recuperação do grupo de arquivos de log.
- ❏ A perda de um grupo de arquivos de redo log com um status ACTIVE não acarretará a perda das transações com commit se você conseguir executar com êxito o comando ALTER SYSTEM CHECKPOINT. Se o checkpoint falhar, você deverá fazer uma recuperação incompleta.
- ❏ A perda de um grupo de arquivos de redo log com o status CURRENT acarretará uma falha na instância, e você deverá fazer uma recuperação incompleta.

### Fazer uma recuperação a partir da perda do arquivo de senhas

- A perda de um arquivo de senhas impede que os DBAs se conectem com uma instância aberta ou fechada com o privilégio SYSDBA, SYSOPER ou SYSASM.
- Use um arquivo de senhas se estiver estabelecendo conexão remota e a conexão não for segura.
- Conectar-se usando o privilégio SYSDBA ou SYSASM estabelece conexão com o banco de dados como o usuário SYS. O privilégio SYSOPER conecta como PUBLIC.
- Use o comando orapwd em um prompt do sistema operacional para recriar o arquivo de senhas.
- A localização padrão do arquivo de senhas é $ORACLE_HOME/dbs no Unix ou Linux, e %ORACLE_HOME%\database no Windows.
- A visão dinâmica de desempenho V$PWFILE_USERS lista todos os usuários do banco de dados que possuem os privilégios SYSDBA, SYSOPER ou SYSASM.

### Fazer uma recuperação completa do banco de dados, gerenciada pelo usuário

- Se ocorrer uma falha de mídia em seu banco de dados, em geral você irá preferir usar uma recuperação completa para restaurá-lo ao estado em que se encontrava antes dessa falha, o que inclui todas as transações com commit.
- Em uma recuperação de banco de dados aberto ou fechado, é possível recuperar o banco de dados inteiro de uma só vez, um tablespace de cada vez ou um arquivo de dados por vez.
- Você pode consultar a visão dinâmica de desempenho V$RECOVER_FILE para saber quais arquivos necessitam de recuperação de mídia, e a visão V$RECOVER_LOG para conhecer os arquivos de log arquivados necessários para recuperar o(s) arquivo(s) de dados restaurado(s) na recuperação completa do banco de dados.
- Faça uma recuperação completa, gerenciada pelo usuário, depois que o banco de dados for restaurado no modo MOUNT.
- Todos os arquivos de redo log arquivados necessários para recuperar os arquivos de dados restaurados devem estar disponíveis na localização padrão a fim de automatizar o processo de recuperação com a cláusula AUTOMATIC do comando RECOVER.
- Se os arquivos de redo log arquivados necessários para a recuperação residirem em diversas localizações, você poderá especificá-las manualmente durante o processo de recuperação quando você não incluir a palavra-chave AUTOMATIC.

- ❑ Você pode fazer a recuperação completa de um ou mais tablespaces danificados com o banco de dados aberto, colocando o(s) tablespace(s) no modo offline com o comando ALTER TABLESPACE ... OFFLINE TEMPORARY.
- ❑ Para recuperar um tablespace enquanto estiver no modo offline e o restante do banco de dados estiver online, use o comando RECOVER AUTOMATIC TABLESPACE ... depois de restaurar o(s) arquivo(s) de dados do tablespace a partir da localização do backup.

### Fazer uma recuperação incompleta do banco de dados, gerenciada pelo usuário

- ❑ Para fazer uma recuperação incompleta do banco de dados, siga as mesmas etapas executadas na recuperação completa, exceto pelo fato de que você aplicará apenas os arquivos de redo log arquivados e online até o ponto no tempo almejado.
- ❑ Para uma recuperação incompleta, especifique uma hora de parada ou um SCN (System Change Number) de parada, ou especifique CANCEL durante o processo de recuperação.
- ❑ É possível utilizar a recuperação incompleta baseada em tempo se você souber a data e hora em que ocorreu o dano.
- ❑ A recuperação incompleta baseada no SCN funciona bem se seus aplicativos salvarem o SCN (e, por conseguinte, o ponto de commit) em pontos críticos no fluxo de um processo.
- ❑ Em geral, você usa a recuperação incompleta baseada em cancelamento se ocorrer um intervalo nos arquivos de redo log arquivados durante o processo de recuperação.
- ❑ Independentemente do método de recuperação incompleta, você deve abrir o banco de dados com RESETLOGS para iniciar a sequência de logs em 1 com uma nova versão do banco de dados.

### Fazer backups gerenciados pelo usuário e pelo servidor

- ❑ Se você não estiver executando no modo ARCHIVELOG, deverá desligar o banco de dados para fazer um backup usando os comandos do sistema operacional.
- ❑ No modo ARCHIVELOG, você pode colocar um tablespace individual ou um banco de dados inteiro no modo BEGIN BACKUP. A partir de então, você pode copiar os arquivos de dados para uma localização de backup. Em seguida, você pode retirar o banco de dados do modo de backup com END BACKUP.
- ❑ Com o banco de dados aberto, é possível consultar as visões dinâmicas de desempenho V$DATAFILE e V$CONTROLFILE para identificar as localizações de todos os arquivos de dados e de todas as cópias do arquivo de controle online.

- Ao fazer um backup com o banco de dados fechado, esse backup é considerado consistente porque os SCNs de todos os arquivos de dados combinam; todos os arquivos são congelados no tempo.
- Para fazer o backup dos arquivos de dados para um tablespace individual, use a visão do dicionário de dados DBA_DATA_FILES para ver a associação entre os tablespace e os nomes dos arquivos de dados.
- O banco de dados não será desligado se algum tablespace estiver no modo de backup.

### Identificar a necessidade do modo de backup

- Copiar um arquivo de dados com um comando do sistema operacional enquanto o processo Oracle DBWR estiver atualizando o bloco pode acarretar um *bloco fraturado*.
- Se você utilizar o RMAN para fazer o backup dos arquivos de dados, ele repetirá automaticamente a leitura do bloco várias vezes até considerá-lo consistente.
- Para o ALTER DATABASE BEGIN BACKUP ou ALTER TABLESPACE... BEGIN BACKUP, o Oracle gera redo adicional (a imagem anterior do bloco) para o banco de dados ou para o tablespace individual até você retirar o banco de dados ou o tablespace do modo de backup.

### Fazer backup e recuperação de um arquivo de controle

- Para fazer o backup do arquivo de controle com o banco de dados aberto, use dois comandos SQL diferentes: ALTER DATABASE BACKUP CONTROLFILE TO <nome_do_arquivo> e ALTER DATABASE BACKUP CONTROLFILE TO TRACE.
- ALTER DATABASE BACKUP CONTROLFILE TO <NOME_DO_ARQUIVO> cria uma cópia binária exata do arquivo de controle na localização especificada.
- ALTER DATABASE BACKUP CONTROLFILE TO TRACE gera um script editável que recria o arquivo de controle no diretório $ORACLE_BASE/diag/rdbms/<banco_de_dados>/<instância>/trace.
- A perda de todas as cópias do arquivo de controle online não acarreta a perda de quaisquer transações com commit se você tiver uma cópia de backup recente do arquivo de controle e os arquivos de dados e arquivos de redo log online estiverem intactos.
- Não é necessário abrir o banco de dados com RESETLOGS após restaurar o arquivo de controle se você criar manualmente o arquivo de controle de substituição usando CREATE CONTROLFILE, ou se você usar uma versão do script do arquivo de controle criada com ALTER DABATASE BACKUP CONTROLFILE TO TRACE.

# TESTE

As perguntas a seguir o ajudarão a avaliar seu conhecimento sobre o material apresentado neste capítulo. Leia com atenção todas as opções porque pode haver mais de uma resposta correta. Escolha todas as respostas certas de cada pergunta.

*Fazer uma recuperação a partir de um arquivo temporário perdido*

1. Se você perder todos os arquivos temporários de seu tablespace temporário, qual é o resultado mais provável que será observado pelos usuários?
    - A. O banco de dados se torna indisponível e os usuários não conseguem estabelecer conexão.
    - B. Os usuários não conseguem executar instruções SELECT.
    - C. Os usuários não conseguem adicionar ou excluir linhas em qualquer tabela.
    - D. Os usuários não podem utilizar ORDER BY ou GROUP BY em suas consultas.

2. Qual é o melhor método de recuperação de um arquivo temporário? (Escolha a melhor resposta.)
    - A. Eliminar o tablespace TEMP e recriá-lo com um arquivo de dados em uma nova localização.
    - B. Adicionar outro arquivo temporário ao tablespace TEMP e eliminar o arquivo temporário danificado ou ausente, com o banco de dados ainda em execução.
    - C. Desligar o banco de dados, restaurar o arquivo temporário a partir de um backup e recuperá-lo usando os arquivos de redo log arquivados e online.
    - D. Adicionar outro arquivo temporário ao tablespace TEMP e eliminar o arquivo temporário danificado ou ausente, depois do banco de dados ser desligado e reinicializado no modo MOUNT.

*Fazer uma recuperação a partir de um grupo de redo logs perdido*

3. Qual das seguintes respostas não é um status válido para um grupo de redo logs online?
    - A. CURRENT
    - B. ACTIVE
    - C. INVALID
    - D. UNUSED
    - E. CLEARING

4. Qual é a diferença entre as visões V$LOG e V$LOGFILE?
    - A. A V$LOG contém o status de todos os arquivos de redo log arquivados e a V$LOGFILE contém o status de todos os arquivos de redo log online.
    - B. A V$LOG contém o status dos membros do grupo de redo logs online e a V$LOGFILE contém o status de grupos individuais online de redo logs.
    - C. A V$LOG contém o status de todos os arquivos de redo log online e a V$LOGFILE contém o status de todos os arquivos de redo log arquivados.
    - D. A V$LOG contém o status dos grupos de redo logs online e a V$LOGFILE contém o status de membros individuais do grupo de redo logs.

*Fazer uma recuperação a partir da perda do arquivo de senhas*

**5.** Quais métodos você pode utilizar para recuperar um arquivo de senhas perdido ou danificado? (Escolha todas as respostas aplicáveis.)

   A. Usar o comando `orapwd` em um prompt do sistema operacional para recriar o arquivo de senhas.
   B. Restaurar o arquivo de senhas a partir do backup, e aplicar os arquivos de redo log arquivados e online para migrar o seu conteúdo até o momento atual.
   C. Usar o comando `orapwd` no SQL *Plus para recriar o arquivo de senhas.
   D. Restaurar o arquivo de senhas a partir de um backup do sistema operacional.

*Fazer uma recuperação completa do banco de dados, gerenciada pelo usuário*

**6.** Você vai fazer uma recuperação completa do banco de dados fechado. Coloque as seguintes etapas na ordem correta.

   1. Abrir o banco de dados para os usuários.
   2. Identificar os arquivos necessários à recuperação.
   3. Inicializar o banco de dados no modo MOUNT.
   4. Colocar os arquivos de dados online.
   5. Aplicar os arquivos de redo log arquivados e online para avançar no tempo.
   6. O Oracle aplica o undo para reverter as alterações sem commit.
   7. Restaurar os arquivos relacionados a recuperação que contêm transações com e sem commit.

   A. 1, 2, 7, 3, 4, 5, 6
   B. 2, 7, 3, 4, 5, 1, 6
   C. 2, 7, 4, 3, 5, 1, 6
   D. 1, 2, 7, 3, 5, 6, 1

**7.** Examine a seguinte consulta nas visões dinâmicas de desempenho V$RECOVER_FILE, V$DATAFILE e V$TABLESPACE:

```
select file#, d.name d_name, t.name t_name, status, error
from v$recover_file r
   join v$datafile d using(file#)
   join v$tablespace t using(ts#);
```

Essa visão é útil para qual tipo de tarefa relacionada a backup ou recuperação? (Escolha a melhor resposta.)

   A. Identificar arquivos de dados com erros e os respectivos tablespaces associados.
   B. Identificar tablespaces com erros e todos os arquivos de dados no tablespace.
   C. Identificar todos os tablespaces offline e com erros.
   D. Identificar todos os tablespaces online e com erros.
   E. Identificar os tablespaces que possuem arquivos de dados que necessitam de um backup.

*Fazer uma recuperação incompleta do banco de dados, gerenciada pelo usuário*

8. Você deseja fazer uma recuperação incompleta do banco de dados, gerenciada pelo usuário. Quais dos seguintes métodos não estão disponíveis para uma recuperação incompleta do banco de dados? (Escolha todas as respostas aplicáveis.)
   A. Recuperar até o último commit para uma tabela especificada
   B. Recuperar até o último arquivo de redo log arquivado disponível
   C. Recuperar até um SCN especificado
   D. Recuperar até um timestamp específico
   E. Recuperar até você cancelar a opção de recuperação

*Fazer backups gerenciados pelo usuário e pelo servidor*

9. Quais são as duas visões dinâmicas de desempenho que podem ser utilizadas para identificar os arquivos que necessitam de backup, independentemente de estar no modo ARCHIVELOG ou NOARCHIVELOG?
   A. V$DATAFILE e V$LOGFILE
   B. V$DATAFILE e V$TEMPFILE
   C. V$LOGFILE e V$LOG
   D. V$DATAFILE e V$CONTROLFILE

*Identificar a necessidade do modo de backup*

10. Quais dos seguintes métodos de backup aliviarão o problema ocasionado pelos blocos fraturados durante um backup online? (Escolha todas as respostas corretas.)
    A. Usar ALTER DATAFILE BEGIN BACKUP.
    B. Usar o RMAN para fazer o backup de seus arquivos de dados.
    C. Fazer backups no modo RESTRICTED.
    D. Usar ALTER DATABASE BEGIN BACKUP.
    E. Usar ALTER TABLESPACE BEGIN BACKUP.

*Fazer backup e recuperação de um arquivo de controle*

11. Qual dos seguintes comandos não faz o backup do arquivo de controle?
    A. SQL> ALTER DATABASE BACKUP CONTROLFILE TO TRACE;
    B. SQL> ALTER SYSTEM BACKUP CURRENT CONTROLFILE;
    C. RMAN> BACKUP CURRENT CONTROLFILE;
    D. SQL> ALTER DATABASE BACKUP CONTROLFILE TO '/U08/BACKUP/CTL.BAK' ;

12. Você perdeu todos os seus arquivos de controle online. Especifique a ordem correta das seguintes tarefas:
    1. Restaurar o arquivo de controle a partir do backup ou executar CREATE CONTROLFILE.
    2. Iniciar a recuperação do banco de dados e especificar as palavras-chave BACKUP CONTROLFILE.
    3. Inicializar o banco de dados no modo MOUNT.
    4. Abrir o banco de dados com RESETLOGS.
    5. Desligar o banco de dados.
    A. 5, 1, 3, 2, 4
    B. 1, 5, 3, 2, 4
    C. 5, 1, 3, 4, 2
    D. 1, 5, 3, 4, 2

# RESPOSTAS DO TESTE

*Fazer uma recuperação a partir de um arquivo temporário perdido*

1. ☑ **D**. Os tablespaces temporários propiciam espaço de classificação para as consultas que usam ORDER BY e GROUP BY quando a classificação não for acomodada na memória. Outras operações acarretam classificações também: SELECT DISTINCT, criações e reconstruções de índices.

    ☒ **A** está incorreta porque o banco de dados permanece disponível para algumas consultas e a maioria das atividades de DML, mesmo que o tablespace TEMP não esteja disponível. **B** está incorreta porque os usuários também podem executar instruções SELECT que não necessitam de operação de classificação ou essa operação caberá na memória. **C** está incorreta porque a maioria das atividades de DML não exige o tablespace TEMP.

2. ☑ **B**. Assim que o arquivo temporário ausente for eliminado e um novo for adicionado, o tablespace TEMP estará automaticamente disponível para os usuários.

    ☒ **A** está incorreta porque não é necessário eliminar o tablespace, e não é possível eliminar o tablespace temporário padrão. **C** está incorreta porque você não pode recuperar um tablespace temporário; não existem objetos permanentes em um tablespace temporário. **D** está incorreta porque o banco de dados não precisa ser desligado para recuperar um tablespace temporário.

*Fazer uma recuperação a partir de um grupo de redo logs perdido*

3. ☑ **C**. O status INVALID só é válido para um membro do grupo de redo log online, não para um grupo inteiro.

    ☒ **A**, **B**, **D** e **E** são status válidos para um grupo de redo log online.

4. ☑ **D**. V$LOG contém o status de grupos de redo logs, e inclusive informa se está ocorrendo no momento um processo de gravação nesse grupo. V$LOGFILE contém o status de membros individuais do grupo de redo log.

    ☒ **A**, **B** e **C** estão incorretas. As visões V$LOG e V$LOGFILE não contêm informações sobre os arquivos de redo log arquivados, embora a visão V$LOG tenha uma coluna para indicar se o grupo de arquivos de redo log foi arquivado ou não.

*Fazer uma recuperação a partir da perda do arquivo de senhas*

5. ☑ **A** e **D**. É possível utilizar os dois métodos para recuperar o arquivo de senhas, mas usar o comando orapwd exige a recriação das contas de usuários que necessitam dos privilégios SYSDBA, SYSOPER e SYSADM.

    ☒ **B** está incorreta porque não se aplicam arquivos de redo log ao arquivo de senhas. **C** está incorreta porque o comando orapwd só é válido no prompt de comandos do sistema operacional.

*Fazer uma recuperação completa do banco de dados gerenciada pelo usuário*

6. ☑ **B**. A recuperação completa do banco de dados fechado ou aberto exige as mesmas etapas, nesta ordem.

    ☒ **A**, **C** e **D** não estão na ordem correta.

7. ☑ **A**. A consulta identifica todos os arquivos de dados com erros, o tablespace em que residem e se o tablespace está offline ou online.

    ☒ **B** está incorreta porque o relatório do erro está no nível de arquivo de dados. **C** e **D** estão incorretas porque a visão informa os arquivos de dados com erros (não os tablespaces), independentemente de estarem offline ou online. **E** está incorreta porque essas visões não indicam a política de retenção de backup para o tablespace.

*Fazer uma recuperação incompleta do banco de dados gerenciada pelo usuário*

8. ☑ **A** e **B**. Não é possível fazer uma recuperação usando arquivos de redo log arquivados e online para recuperar o banco de dados até um ponto de commit para uma tabela ou a partir do arquivo de redo log arquivado.

    ☒ **C**, **D** e **E** estão incorretas. Essas três opções estão disponíveis através do comando RECOVER para fazer uma recuperação incompleta.

*Fazer backups gerenciados pelo usuário e pelo servidor*

9. ☑ **D**. A visão V$DATAFILE contém todos os arquivos de dados, e V$CONTROLFILE contém uma lista de todas as cópias do arquivo de controle.

    ☒ **A** está incorreta porque não é necessário fazer o backup dos arquivos de redo log online. **B** está incorreta porque você não precisa fazer o backup dos arquivos de dados de tablespaces temporários que não contêm quaisquer objetos permanentes, e podem ser facilmente recriados se desaparecerem. **C** está incorreta porque os arquivos de redo log online não precisam de backup e a V$LOG contém informações sobre os grupos de arquivos de redo log online, não dos arquivos individuais.

*Identificar a necessidade do modo de backup*

10. ☑ **B**, **D** e **E**. Se você utilizar o RMAN para fazer backups online, ele lerá novamente os blocos se o SCN no cabeçalho e rodapé não combinarem. Use ALTER DATABASE BEGIN BACKUP para fazer backups online do banco de dados inteiro de uma só vez. Use ALTER TABLESPACE BEGIN BACKUP para fazer um backup de um tablespace de cada vez.

    ☒ **A** está incorreta porque você não pode colocar um arquivo de dados individual no modo de backup. **C** está incorreta porque abrir o banco de dados no modo RESTRICTED impede que os usuários não SYSDBA estabeleçam conexão com o banco de dados, mas não evita o fraturamento de blocos.

## Fazer backup e recuperação de um arquivo de controle

**11.** ☑ **B**. Esse comando não existe.

☒ **A** gera um arquivo baseado em texto contendo dois comandos CREATE CONTROLFILE diferentes, dependendo da disponibilidade de seus arquivos de dados e arquivos de redo log online. **C** é um dos vários métodos de backup do arquivo de controle no RMAN. **D** gera uma cópia binária do arquivo de controle na localização especificada.

**12.** ☑ **A**. A primeira etapa é desligar o banco de dados (com ABORT), e a última etapa é abrir o banco de dados com RESETLOGS (se você usou um backup do arquivo de controle ou se você não tem os arquivos atuais de redo log online ou arquivos de dados).

☒ **B**, **C** e **D** estão incorretas porque essas três sequências estão fora de ordem.

# 7
# Recursos Diversos do RMAN

## OBJETIVOS DE CERTIFICAÇÃO

- 7.01 Criar um banco de dados duplicado no RMAN
- 7.02 Usar um banco de dados duplicado
- 7.03 Identificar as situações que exigem TSPITR
- 7.04 Fazer uma TSPITR automatizada
- ✓ Exercício de dois minutos
- P&R Teste

O Capítulo 6 se afastou um pouco do RMAN para cobrir as técnicas de recuperação gerenciadas pelo usuário. É importante que você saiba fazer backups fora do RMAN por três motivos:

- A complexidade do uso do RMAN pode ser desnecessária para um pequeno banco de dados somente leitura.
- Uma estratégia de backup gerenciada pelo usuário (incluindo backups lógicos) pode ser um plano de emergência para os backups criados pelo RMAN se um backup do RMAN for danificado ou ocorrer um bug no próprio RMAN (ambas as ocorrências são muito raras).
- Você deve saber como fazer backups gerenciados pelo usuário para prestar o exame de certificação!

Este capítulo retorna ao mundo do RMAN e cobre dois recursos importantes: a criação de um banco de dados duplicado e o uso da recuperação pontual de tablespace (TSPITR – tablespace point-in-time recovery).

O RMAN facilita a criação de uma cópia completa ou de um subconjunto de um banco de dados de destino. O banco de dados copiado ganha um novo ID de banco de dados (DBID) e pode portanto coexistir na mesma rede que o banco de dados de origem. O banco de dados copiado pode existir até no mesmo host e utilizar o mesmo catálogo do RMAN que o banco de dados de origem, uma vez que ele possui um DBID próprio. Uma cópia de um banco de dados tem vários usos, como testar os procedimentos de backup e recuperação.

Usar a TSPITR é outro recurso de recuperação do RMAN, útil para as situações em que os danos ocorridos no banco de dados são locais em um pequeno subconjunto de tablespaces ou tabelas, como o dano lógico de uma tabela ou uma instrução TRUNCATE TABLE incorreta. A TSPITR é a ferramenta ideal quando outros métodos, como o Flashback Database ou o Flashback Table, não estão configurados no banco de dados. Você poderia perder outras transações com commit como parte do processo de recuperação incompleta.

## OBJETIVO DA CERTIFICAÇÃO 7.01

### CRIAR UM BANCO DE DADOS DUPLICADO NO RMAN

Você pode utilizar vários métodos para criar um banco de dados de destino, mas todos eles se baseiam no RMAN, direta ou indiretamente. Use uma combinação de comandos SQL *Plus e do RMAN para criar um banco de dados de destino, ou comandos do sistema operacional se você precisar de mais controle sobre o processo de duplicação. Como alternativa, é possível utilizar o Enterprise Manager (também conhecido como

Enterprise Manager Database Control, ou a forma abreviada, EM, ou o Grid Control) para automatizar o processo por meio de um backup do banco de dados ou de uma instância ativa.

As seções a seguir apresentam um exemplo detalhado de clonagem de nosso banco de dados de Recursos Humanos (HR) em um banco de dados de teste (hrtest) no mesmo host (srv04).

## Usando o RMAN para criar um banco de dados duplicado

Antes de continuar com o exemplo, é importante esclarecer algumas convenções de nomeação. O *banco de dados de origem* é aquele que será copiado. O *banco de dados duplicado* é a cópia do banco de dados de origem. A *instância de origem* é aquela que o RMAN utilizará para acessar o banco de dados de origem, obviamente. A nova instância é chamada de *instância auxiliar* durante a operação de cópia. Após o término dessa operação, você pode atribuir qualquer nome a essa instância, considerando que ela não terá mais qualquer ligação com o banco de dados de origem!

> **dica de exame** Ocasionalmente, a documentação oficial da Oracle refere-se ao banco de dados de origem como banco de dados de destino, e isso também acontecerá no exame. Isso não é muito intuitivo, mas provavelmente deve ter alguma relação com a linha de comando do RMAN, onde o argumento cita o banco de dados que será copiado no backup.

Eis algumas etapas gerais a serem seguidas para criar um banco de dados duplicado em outro host:

1. Criar um arquivo de senhas para a instância auxiliar.
2. Verificar a conectividade da rede com a instância auxiliar.
3. Criar um arquivo de parâmetros de inicialização para a instância auxiliar.
4. Inicializar a instância auxiliar no modo NOMOUNT.
5. Inicializar o banco de dados de origem no modo MOUNT ou OPEN.
6. Criar backups ou copiar backups existentes e arquivos de redo log arquivados para uma localização acessível à instância auxiliar, a não ser que você esteja utilizando uma duplicação ativa de banco de dados.
7. Alocar canais auxiliares, se necessário.
8. Executar o comando DUPLICATE do RMAN.
9. Abrir a instância auxiliar.

Na situação a seguir, o servidor de origem e de destino (srv04) já possui o software do Oracle instalado, assim como o banco de dados hr existente.

### Configurar a instância auxiliar

É necessária uma certa preparação no servidor de destino para fazer a duplicação do banco de dados. Primeiramente, crie um arquivo de senhas para a instância auxiliar porque você duplicará a partir de um banco de dados ativo, e não de backups. Crie também um arquivo de senhas se o cliente do RMAN for executado em outro host; contudo, esse cenário executa o arquivo executável do RMAN no mesmo host do banco de dados de destino. Crie um arquivo de senhas com a mesma senha sys do arquivo de senhas do banco de dados de origem:

```
[oracle@srv04 ~]$ orapwd file=$ORACLE_HOME/dbs/orapwhrtest \
>    password=sysdbapwd entries=10
[oracle@srv04 ~]$
```

Observe que a localização padrão para todos os arquivos de senhas de banco de dados é $ORACLE_HOME/dbs.

### Estabelecer conectividade de rede

Se o banco de dados de origem residisse em outro host, você teria que garantir a conectividade de rede com o servidor de origem. Nesse cenário, a origem e o destino são idênticos e não são necessários quaisquer ajustes no arquivo tnsnames.ora. Entretanto, tendo em vista que a nova instância está aberta no modo NOMOUNT, o processo de que registra a instância junto ao listener ainda não iniciou. Portanto, você deve adicionar manualmente uma entrada, como a incluída a seguir, e reinicializar o listener:

```
sid_list_listener =
  (sid_list =
    (sid_desc =
      (global_dbname=hrtest.world)
      (sid_name = hrtest)
      (oracle_home=/u01/app/oracle/product/11.1.0/db_1)
    )
  )
```

### Criar um arquivo de parâmetros de inicialização

A próxima etapa é criar um arquivo de parâmetros de inicialização para a instância auxiliar. Somente o DB_NAME deve ser especificado; todos os outros parâmetros são opcionais, dependendo se você usar os OMF (Oracle Managed Files) ou se deseja especificar uma localização alternativa para um ou mais destinos de arquivo. A Tabela 7-1 lista os parâmetros que você pode especificar no arquivo de parâmetros de inicialização, juntamente com as respectivas descrições e as circunstâncias sob as quais eles são obrigatórios.

**TABELA 7-1** *Parâmetros de inicialização para a instância auxiliar*

| Parâmetro de inicialização | Valor(es) | Obrigatório? |
|---|---|---|
| DB_NAME | O nome especificado no comando DUPLICATE, que deve ser único entre os bancos de dados existentes no ORACLE_HOME de destino. | Sim |
| CONTROL_FILES | Todas as localizações de arquivo de controle. | Sim, a menos que você use OMFs (Oracle-Managed Files) |
| DB_BLOCK_SIZE | O tamanho de bloco para o banco de dados de destino. Esse tamanho deve corresponder ao do banco de dados de origem. | Sim, se definido no banco de dados de origem |
| DB_FILE_NAME_CONVERT | Pares de strings para converter nomes de arquivo de dados e arquivos temporários. | Não |
| LOG_FILE_NAME_CONVERT | Pares de strings para renomear arquivos de redo log online. | Não |
| DB_CREATE_FILE_DEST | Localização de OMFs. | Não |
| DB_CREATE_ONLINE_LOG_DEST_n | Localização de arquivos de redo log online gerenciados pelo Oracle. | Não |
| DB_RECOVERY_FILE_DEST | Localização da área de recuperação flash. | Não |

Observe que o parâmetro DB_FILE_NAME_CONVERT pode ser especificado quando você executar o comando DUPLICATE. Veja o arquivo de parâmetros de inicialização (inithrtest.ora) para a instância auxiliar criada em $ORACLE_HOME/dbs:

```
DB_NAME=hrtest
DB_BLOCK_SIZE=8192
CONTROL_FILES=(/u01/app/oracle/oradata/hrtest/control01.ctl,
               /u01/app/oracle/oradata/hrtest/control02.ctl,
               /u01/app/oracle/oradata/hrtest/control03.ctl)
DB_FILE_NAME_CONVERT=(/u01/app/oracle/oradata/hr/,
                      /u01/app/oracle/oradata/hrtest/)
LOG_FILE_NAME_CONVERT=(/u01/app/oracle/oradata/hr/,
                       /u01/app/oracle/oradata/hrtest/,
                       /u06/app/oracle/oradata/hr/,
                       /u06/app/oracle/oradata/hrtest/)
```

### Inicializar a instância auxiliar no modo NOMOUNT e criar um SPFILE

Usando o arquivo de parâmetros de inicialização que você acabou de criar, inicialize a instância no modo NOMOUNT e crie um SPFILE:

```
[oracle@srv04 ~]$ export ORACLE_SID=hrtest
[oracle@srv04 ~]$ sqlplus / as sysdba

SQL*Plus: Release 11.1.0.6.0 - Production on Thu Jul 17 22:08:08 2008

Copyright (c) 1982, 2007, Oracle.  All rights reserved.

Connected to an idle instance.
```

```
SQL> startup nomount pfile='$ORACLE_HOME/dbs/inithrtest.ora'
ORACLE instance started.

Total System Global Area   146472960 bytes
Fixed Size                   1298472 bytes
Variable Size               92278744 bytes
Database Buffers            50331648 bytes
Redo Buffers                 2564096 bytes
SQL> create spfile from pfile;

File created.

SQL>
```

Repare que você definiu a variável de ambiente `ORACLE_SID` com o nome da nova instância, o que surte o efeito almejado de criar automaticamente os diretórios ausentes da instância, como a estrutura de diretórios de diagnóstico:

```
[root@srv04 hrtest]# pwd
/u01/app/oracle/diag/rdbms/hrtest/hrtest
[root@srv04 hrtest]# ls
alert  cdump  hm  incident  incpkg  ir  lck  metadata  stage  sweep  trace
[root@srv04 hrtest]#
```

Além disso, o SPFILE recém-criado reside no diretório padrão $ORACLE_HOME/dbs com outros SPFILEs e arquivos de senhas.

### Inicializar o banco de dados de origem no modo MOUNT ou OPEN

Se o banco de dados de origem ainda não estiver aberto, inicialize-o no modo MOUNT ou OPEN. Para impedir os usuários de acessar o banco de dados durante o processo de duplicação, abra-o no modo MOUNT:

```
[oracle@srv04 ~]$ export ORACLE_SID=hr
[oracle@srv04 ~]$ sqlplus / as sysdba

SQL*Plus: Release 11.1.0.6.0 - Production on Thu Jul 17 22:27:54 2008

Copyright (c) 1982, 2007, Oracle.  All rights reserved.

Connected to an idle instance.

SQL> startup mount
ORACLE instance started.

Total System Global Area   636100608 bytes
Fixed Size                   1301784 bytes
Variable Size              478151400 bytes
Database Buffers           150994944 bytes
Redo Buffers                 5652480 bytes
Database mounted.
SQL>
```

## Criar backups para o comando DUPLICATE

Todos os backups de arquivos de dados, incluindo os backups incrementais e os arquivos de redo log arquivados, devem estar disponíveis em um sistema de arquivos acessível à instância auxiliar. Neste cenário, você está fazendo uma duplicação de banco de dados ativo; portanto, não é necessário criar ou copiar backups para a operação.

## Alocar canais auxiliares, se necessário

Ao utilizar backups no processo de duplicação, é necessário configurar os canais do RMAN a serem utilizados na instância auxiliar do banco de dados. O canal na instância auxiliar restaura os backups, de modo que você deve especificar o comando ALLOCATE no bloco RUN, como neste exemplo:

```
RMAN> run
     { allocate auxiliary channel aux0 device type disk;
       allocate auxiliary channel aux1 device type disk;
       . . .
       duplicate target database . . .
     }
```

Mesmo que o tipo de dispositivo seja DISK, é possível alocar vários canais para permitir o processamento paralelo dos backups, e, por conseguinte, reduzir o tempo necessário para o processo de cópia.

Para os objetivos deste cenário, o canal DISK na instância auxiliar é suficiente. Sendo assim, você não precisará especificar quaisquer canais adicionais para o comando DUPLICATE.

## Executar o comando DUPLICATE do RMAN

Chegou o momento pelo qual todos nós esperávamos: inicializar o RMAN e executar o processo de duplicação. Inicialize o executável do RMAN e conecte-se ao banco de dados de origem:

```
[oracle@srv04 ~]$ rman
Recovery Manager: Release 11.1.0.6.0
       - Production on Thu Jul 17 23:00:07 2008

Copyright (c) 1982, 2007, Oracle.  All rights reserved.

RMAN> connect target sys@hr

target database Password:
connected to target database: HR (DBID=3318356692)

RMAN>
```

Em seguida, conecte-se à instância auxiliar:

```
RMAN> connect auxiliary sys@hrtest
```

```
auxiliary database Password:
connected to auxiliary database: HRTEST (not mounted)

RMAN>
```

Evidentemente, você pode colocar todas as instruções CONNECT na mesma linha de comando do RMAN:

```
[oracle@srv04 -]$ rman target sys/syspw1@hr auxiliary sys/syspw2@hrtest
```

Finalmente, execute o comando DUPLICATE com a cláusula ACTIVE DATABASE para fazer a cópia diretamente nos arquivo de dados dinâmicos:

```
RMAN> duplicate target database
2>      to hrtest
3>      from active database
4>      ;
```

O RMAN cria convenientemente um script temporário com todos os comandos SET NEWNAME adequados e passa a copiar o banco de dados:

```
Starting Duplicate Db at 18-JUL-08
using target database control file instead of recovery catalog
allocated channel: ORA_AUX_DISK_1
channel ORA_AUX_DISK_1: SID=97 device type=DISK

contents of Memory Script:
{
   set newname for datafile  1 to
 "/u01/app/oracle/oradata/hrtest/system01.dbf";
   set newname for datafile  2 to
 "/u01/app/oracle/oradata/hrtest/sysaux01.dbf";
   set newname for datafile  3 to
 "/u01/app/oracle/oradata/hrtest/undotbs01.dbf";
   set newname for datafile  4 to
 "/u01/app/oracle/oradata/hrtest/users01.dbf";
   set newname for datafile  5 to
 "/u01/app/oracle/oradata/hrtest/example01.dbf";
   set newname for datafile  6 to
 "/u01/app/oracle/oradata/hrtest/bi06.dbf";
   set newname for datafile  7 to
 "/u01/app/oracle/oradata/hrtest/chgtrk02.dbf";
   set newname for datafile  8 to
 "/u01/app/oracle/oradata/hrtest/users02.dbf";
   backup as copy reuse
   datafile  1 auxiliary format
 "/u01/app/oracle/oradata/hrtest/system01.dbf"   datafile
 2 auxiliary format
 "/u01/app/oracle/oradata/hrtest/sysaux01.dbf"   datafile
 3 auxiliary format
 "/u01/app/oracle/oradata/hrtest/undotbs01.dbf"   datafile
 4 auxiliary format
 "/u01/app/oracle/oradata/hrtest/users01.dbf"   datafile
 5 auxiliary format
 "/u01/app/oracle/oradata/hrtest/example01.dbf"   datafile
```

```
    6 auxiliary format
 "/u01/app/oracle/oradata/hrtest/bi06.dbf"     datafile
    7 auxiliary format
 "/u01/app/oracle/oradata/hrtest/chgtrk02.dbf"    datafile
    8 auxiliary format
 "/u01/app/oracle/oradata/hrtest/users02.dbf"   ;
    sql 'alter system archive log current';
 }
 executing Memory Script

 executing command: SET NEWNAME
 executing command: SET NEWNAME
 executing command: SET NEWNAME
 executing command: SET NEWNAME
 executing command: SET NEWNAME
 executing command: SET NEWNAME
 executing command: SET NEWNAME
 executing command: SET NEWNAME

 Starting backup at 18-JUL-08
 allocated channel: ORA_DISK_1
 channel ORA_DISK_1: SID=116 device type=DISK
 channel ORA_DISK_1: starting datafile copy
 . . .
 contents of Memory Script:
 {
    Alter clone database open resetlogs;
 }
 executing Memory Script

 database opened
 Finished Duplicate Db at 18-JUL-08

 RMAN>
```

Em resumo, eis o que o comando DUPLICATE faz:

- Cria um arquivo de controle para o banco de dados duplicado.
- Restaura os arquivos de dados de destino para o banco de dados duplicado ou copia diretamente do banco de dados em execução.
- Faz uma recuperação incompleta até o último arquivo de redo log arquivado.
- Desliga e reinicializa a instância auxiliar.
- Abre o banco de dados auxiliar com a opção RESETLOGS.
- Cria os arquivos de redo log online.
- Gera um novo DBID para o banco de dados auxiliar.

Veja a seguir algumas opções disponíveis com o comando DUPLICATE:

- SKIP READONLY – Exclui os tablespaces somente leitura da operação de cópia.
- SKIP TABLESPACE – Exclui tablespace específicos, exceto os tablespaces SYSTEM e UNDO.

- `NOFILENAMECHECK` – Não verifica nomes de arquivos duplicados entre os bancos de dados de origem e de destino.
- `OPEN RESTRICTED` – Quando o banco de dados de destino estiver pronto, abre-o imediatamente com a opção `RESTRICTED SESSION`.

### Usando o Enterprise Manager para criar um banco de dados duplicado

Você também pode utilizar o Enterprise Manager (EM) para criar um banco de dados duplicado com três tipos de origem:

- Uma instância em execução
- Uma área de preparação comum para os hosts de origem e de destino que seja suficientemente grande para armazenar um novo backup
- Um backup existente do banco de dados de origem

Nos bastidores, o EM usa uma combinação de comandos SQL, comandos do sistema operacional e do RMAN para a operação de clonagem. A decisão de usar os métodos do RMAN apresentados anteriormente no capítulo ou a GUI do EM vai depender de seu nível de conhecimento e domínio da linha de comando, e da quantidade de bancos de dados a serem clonados. Se você precisar clonar vários bancos de dados, pode demorar menos tempo criar scripts SQL e do RMAN para automatizar o processo, em vez de utilizar o EM várias vezes.

No próximo cenário, você usará o EM para clonar um banco de dados em execução. O banco de dados de Recursos Humanos, HR, é executado no servidor srv04, e você o clonará para executar como um banco de dados de terceiros no mesmo servidor, srv04, para gerar um banco de dados chamado HRTEST2.

Na homepage do EM para o banco de dados de origem (neste caso, o banco de dados hr), selecione a guia Data Movement e clique no link Clone Database na coluna Move Database Files. Você verá a tela exibida na Figura 7-1.

Selecione os botões de opção A Running Database e Copy Database Files Over Oracle Net, e clique no botão Continue. Na tela mostrada na Figura 7-2, especifique o nome de usuário e senha do proprietário do software Oracle no servidor de origem, que geralmente é `oracle`.

Clique no botão Next. Na tela da Figura 7-3, especifique o diretório-home de destino do Oracle e o host (neste caso, srv04), as credenciais do host de destino, e o nome do banco de dados de destino. Mesmo que o banco de dados de origem esteja usando o ASM (Automatic Storage Management) ou discos raw para o armazenamento de arquivos de dados, você usará o sistema de arquivos no servidor de destino para o banco de dados clonado.

Clique em Next novamente. A tela seguinte (ver Figura 7-4) apresenta uma estimativa do espaço em disco necessário para o novo banco de dados. Selecione o botão de opção Use Database Area And Flash Recovery Area para permitir o uso dos OMFs (Oracle Managed Files), evitando que você nomeie explicitamente cada objeto do banco de dados, como os arquivos de redo log arquivados. Além disso, você pode selecionar o link Customize para aprimorar as localizações de destino para os arquivos do banco de dados, arquivos de controle e arquivos de redo log online.

Capítulo 7   Recursos Diversos do RMAN   **319**

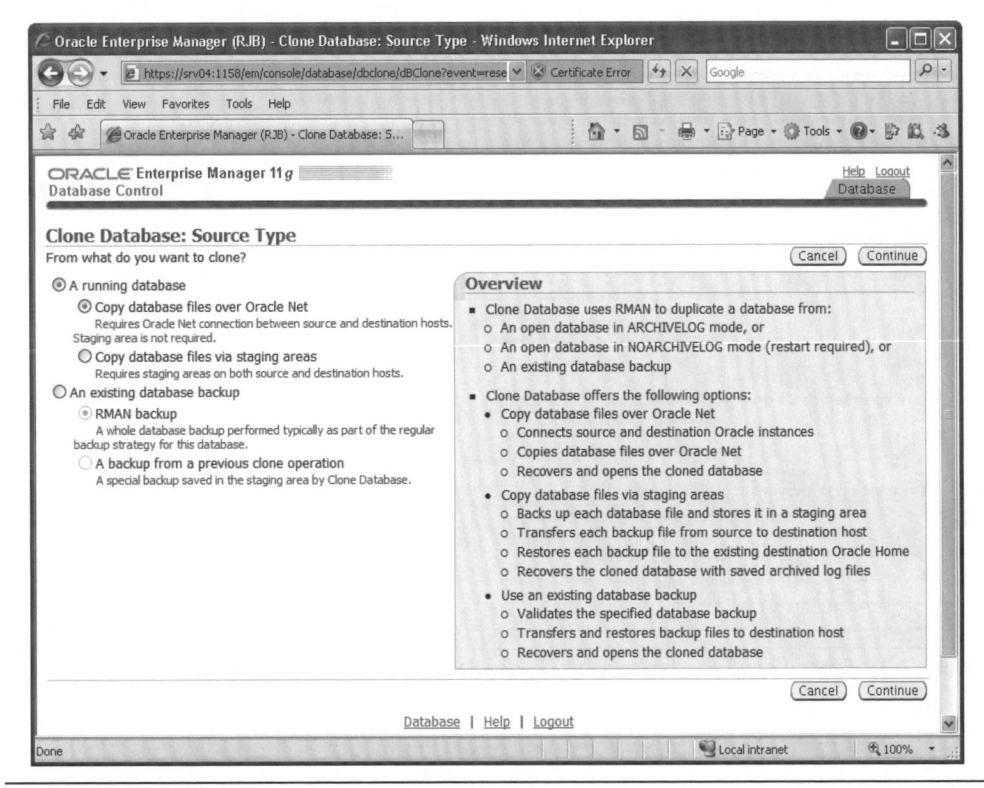

**Figura 7-1**   *Selecionando o tipo de origem da clonagem.*

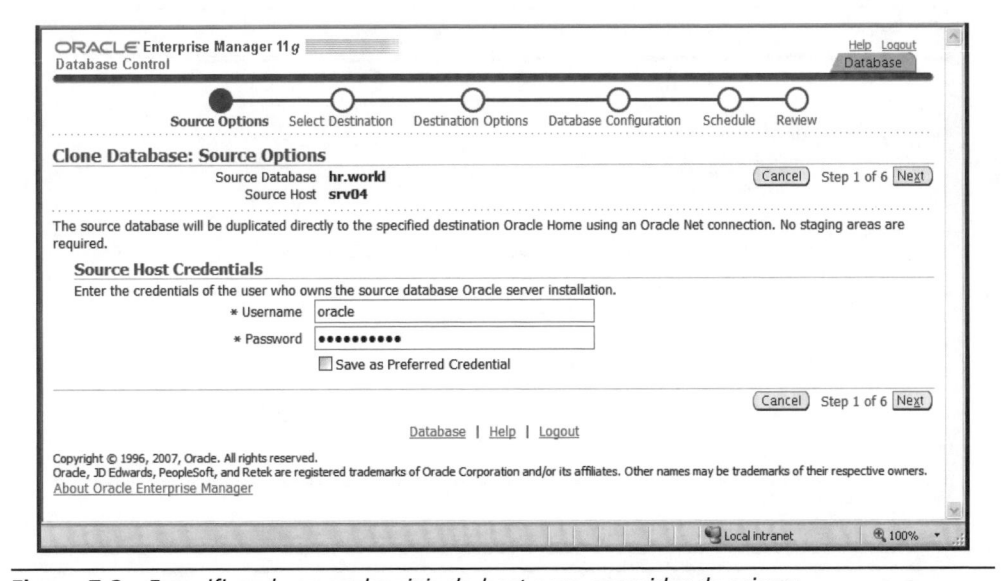

**Figura 7-2**   *Especificando as credenciais do host para o servidor de origem.*

**Figura 7-3**  *Especificando as credenciais do destino e o nome do banco de dados.*

Após clicar no botão Next, é exibida a tela da Figura 7-5, onde você especifica a localização dos arquivos de rede que o EM modificará usando o novo nome do banco de dados. Além disso, informe as senhas das contas do SYS, SYSMAN e DBSNMP, e, se quiser, registre esse banco de dados junto ao EM.

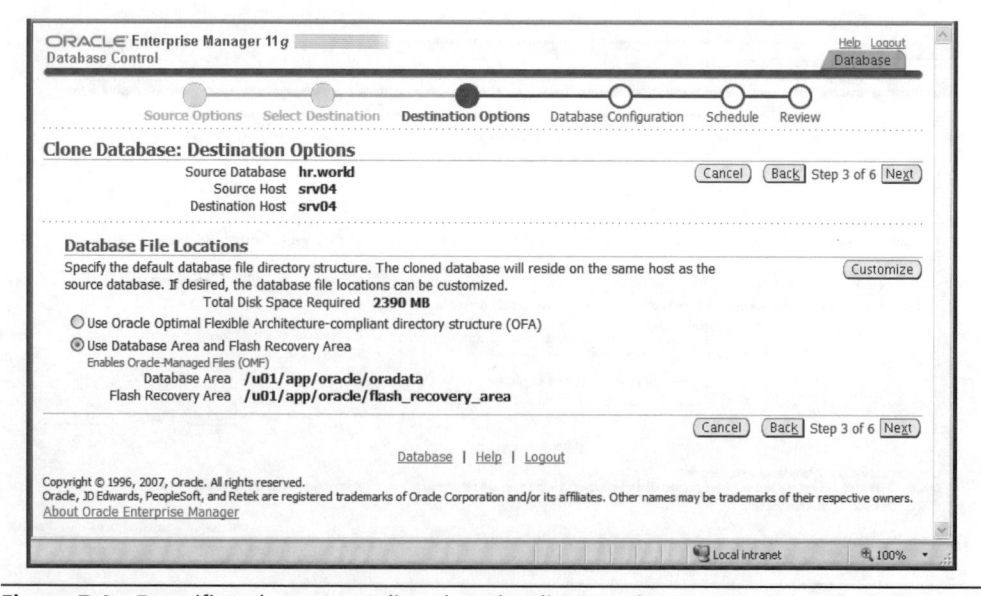

**Figura 7-4**  *Especificando e personalizando as localizações de arquivos de banco de dados.*

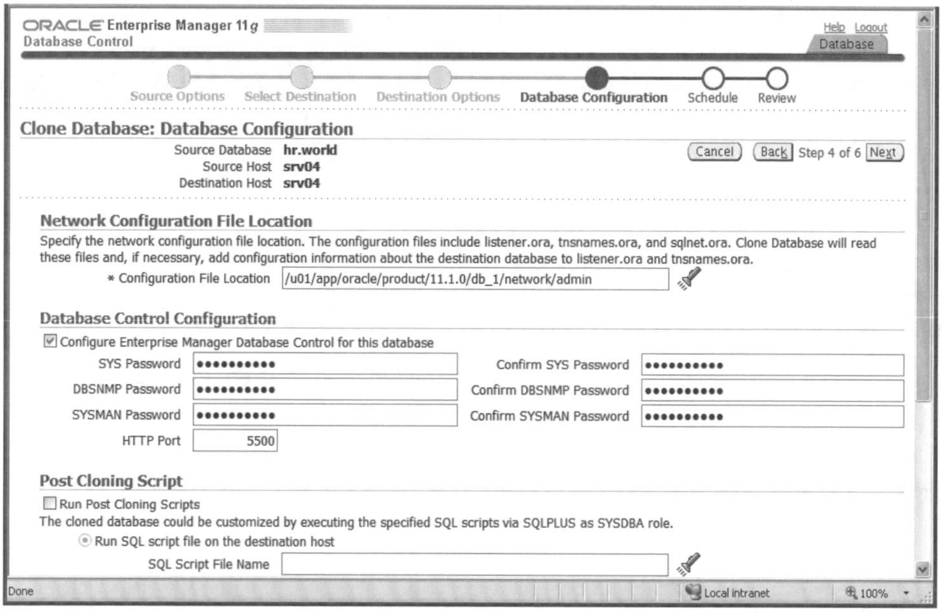

**Figura 7-5** *Especificando a localização dos arquivos de configuração da rede e as senhas.*

Clique no botão Next para abrir a página do Scheduler mostrada na Figura 7-6. O processo de clonagem será executado como um job de lote. É possível executá-lo imediatamente ou programar a sua execução para mais tarde.

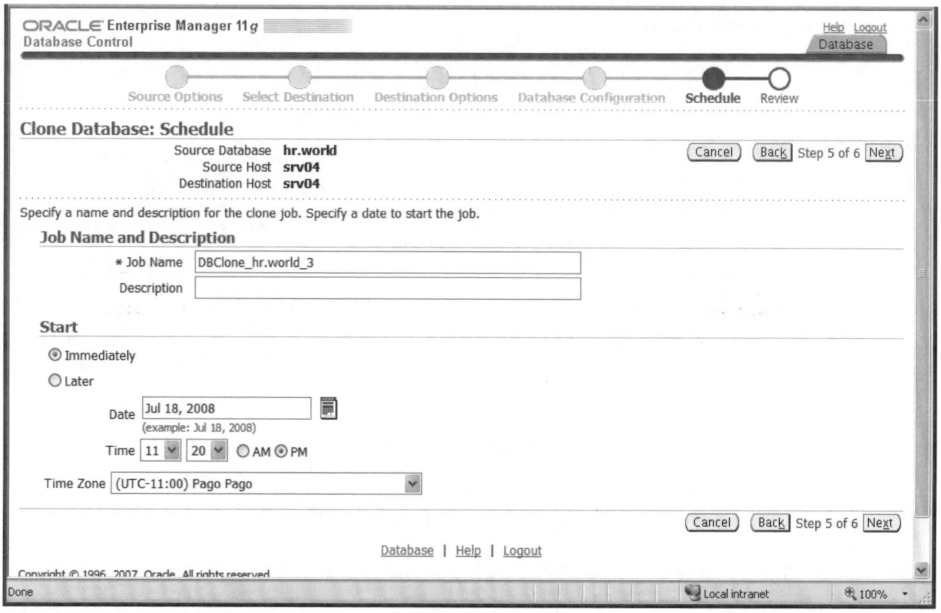

**Figura 7-6** *Especificando opções de agendamento para um job de clonagem.*

Clique em Next para abrir a tela Review, apresentada na Figura 7-7. Se preferir, cancele a operação inteira ou retroceda uma ou mais páginas para corrigir opções.

Se todas as opções forem especificadas corretamente, clique no botão Submit Job para iniciar a operação de clonagem. A tela seguinte confirma o envio bem-sucedido do job; clique no botão View Status para monitorar o status do procedimento de clonagem. Quando o job estiver concluído sem erros, o novo banco de dados hrtest2 estará ativo e funcionando.

---

**EXERCÍCIO 7-1**

### Clone um banco de dados em execução

Neste exercício, clone um banco de dados a partir de uma instância em execução para outro banco de dados no mesmo servidor, aplicando as instruções fornecidas anteriormente para clonar um banco de dados no EM.

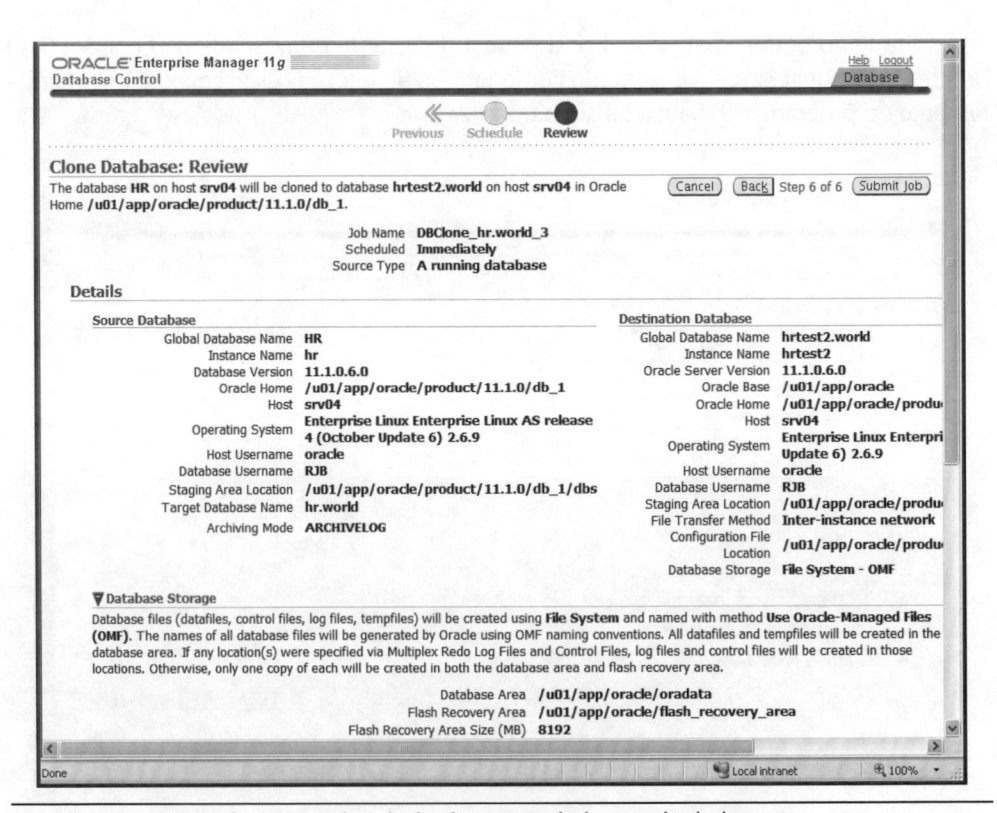

---

**Figura 7-7** *Página de revisão do job de clonagem do banco de dados.*

## OBJETIVO DA CERTIFICAÇÃO 7.02

### USAR UM BANCO DE DADOS DUPLICADO

É possível utilizar um banco de dados duplicado em várias situações, a saber:

- Testar procedimentos de backup e recuperação sem interromper o banco de dados de produção.
- Testar um upgrade do banco de dados.
- Testar o efeito de upgrades de aplicativos sobre o desempenho do banco de dados.
- Gerar relatórios que, de outra forma, surtiriam um efeito prejudicial sobre o tempo de resposta em sistemas de processamento de transações online (OLTP – online transaction processing).
- Exportar uma tabela de um banco de dados duplicado que foi eliminada por engano do banco de dados de produção, e depois importá-la novamente para o banco de dados de produção; esse processo pressupõe que a tabela seja estática ou somente leitura.

### EXERCÍCIO 7-2

**Recupere uma tabela eliminada usando um banco de dados clonado**

Neste exercício, você usará o banco de dados clonado para recuperar a tabela HR.JOB_HISTORY. O prompt SQL> é modificado, nos exemplos a seguir, em cada banco de dados usando o comando SET SQLPROMPT para indicar claramente quais comandos você executará em cada um deles.

1. Elimine "por engano" a tabela HR.JOB_HISTORY no banco de dados HR:

   ```
   hr SQL> drop table hr.job_history;

   Table dropped.

   hr SQL>
   ```

2. Crie o diretório de transferência do Data Pump no banco de dados de origem, e atribua permissões sobre o objeto do diretório ao usuário RJB:

   ```
   hrtest SQL> create directory DPXFER as '/tmp/DataPumpXfer';

   Directory created.

   hrtest SQL> grant read, write on directory DPXFER to rjb;

   Grant succeeded.

   hrtest SQL>
   ```

3. Crie o mesmo diretório e permissões sobre o banco de dados HR (o banco de dados de destino). Se os bancos de dados estiverem em hosts diferentes, certifique-se de que o objeto diretório faça referência a um diretório do sistema de arquivos compartilhado.

4. Execute o Data Pump Export sobre o banco de dados contendo a tabela a ser restaurada (esse banco de dados era originalmente o banco de dados auxiliar):

```
[oracle@srv04 ~]$ expdp rjb/rjb@hrtest directory=dpxfer  \
       dumpfile=jobhist.dmp tables=hr.job_history

Export: Release 11.1.0.6.0 - Production on Saturday, 19 July, 2008 18:28:29
Copyright (c) 2003, 2007, Oracle.  All rights reserved.

Connected to: Oracle Database 11g Enterprise Edition
        Release 11.1.0.6.0 - Production
With the Partitioning, OLAP, Data Mining and Real
        Application Testing options
Starting "RJB"."SYS_EXPORT_TABLE_01":   rjb/********
    directory=dpxfer dumpfile=jobhist.dmp tables=hr.job_history
Estimate in progress using BLOCKS method...
Processing object type TABLE_EXPORT/TABLE/TABLE_DATA
Total estimation using BLOCKS method: 64 KB
Processing object type TABLE_EXPORT/TABLE/TABLE
Processing object type TABLE_EXPORT/TABLE/GRANT/OWNER_GRANT/OBJECT_GRANT
Processing object type TABLE_EXPORT/TABLE/INDEX/INDEX
Processing object type TABLE_EXPORT/TABLE/CONSTRAINT/CONSTRAINT
Processing object type TABLE_EXPORT/TABLE/INDEX/STATISTICS/INDEX_STATISTICS
Processing object type TABLE_EXPORT/TABLE/COMMENT
Processing object type TABLE_EXPORT/TABLE/CONSTRAINT/REF_CONSTRAINT
Processing object type TABLE_EXPORT/TABLE/STATISTICS/TABLE_STATISTICS
. . exported "HR"."JOB_HISTORY"                          7.054 KB       10 rows
Master table "RJB"."SYS_EXPORT_TABLE_01" successfully loaded/unloaded
******************************************************************************
Dump file set for RJB.SYS_EXPORT_TABLE_01 is:
  /tmp/DataPumpXfer/jobhist.dmp
Job "RJB"."SYS_EXPORT_TABLE_01" successfully completed at 18:29:07
[oracle@srv04 ~]$
```

5. Execute o Data Pump Import para restaurar a tabela para o banco de dados de origem:

```
[oracle@srv04 ~]$ impdp rjb/rjb@hr directory=dpxfer dumpfile=jobhist.dmp

Import: Release 11.1.0.6.0 - Production on Saturday, 19 July, 2008 18:33:56
Copyright (c) 2003, 2007, Oracle.  All rights reserved.

Connected to: Oracle Database 11g Enterprise Edition
      Release 11.1.0.6.0 - Production
With the Partitioning, OLAP, Data Mining and Real
      Application Testing options
Master table "RJB"."SYS_IMPORT_FULL_01" successfully loaded/unloaded
Starting "RJB"."SYS_IMPORT_FULL_01":  rjb/********@hr
      directory=dpxfer dumpfile=jobhist.dmp
Processing object type TABLE_EXPORT/TABLE/TABLE
```

```
Processing object type TABLE_EXPORT/TABLE/TABLE_DATA
. . imported "HR"."JOB_HISTORY"                  7.054 KB      10 rows
Processing object type TABLE_EXPORT/TABLE/GRANT/OWNER_GRANT/OBJECT_GRANT
Processing object type TABLE_EXPORT/TABLE/INDEX/INDEX
Processing object type TABLE_EXPORT/TABLE/CONSTRAINT/CONSTRAINT
Processing object type TABLE_EXPORT/TABLE/INDEX/STATISTICS/INDEX_STATISTICS
Processing object type TABLE_EXPORT/TABLE/COMMENT
Processing object type TABLE_EXPORT/TABLE/CONSTRAINT/REF_CONSTRAINT
Processing object type TABLE_EXPORT/TABLE/STATISTICS/TABLE_STATISTICS
Job "RJB"."SYS_IMPORT_FULL_01" successfully completed at 18:34:56

[oracle@srv04 ~]$
```

6. Confirme que a tabela foi restaurada com êxito:

```
hr SQL> describe hr.job_history
 Name                                      Null?    Type
 ----------------------------------------- -------- ----------------------
 EMPLOYEE_ID                               NOT NULL NUMBER(6)
 START_DATE                                NOT NULL DATE
 END_DATE                                  NOT NULL DATE
 JOB_ID                                    NOT NULL VARCHAR2(10)
 DEPARTMENT_ID                                      NUMBER(4)

hr SQL>
```

Como alternativa, você pode criar um link de banco de dados do banco de dados HR para o banco de dados HRTEST para restaurar a tabela. Mais uma vez, este método só será viável se a tabela for estática ou somente leitura. Observe que é possível utilizar vários outros métodos para recuperar a tabela, mas convém dispor de outra opção para recuperar uma parte ou todo o banco de dados se ocorrer algum desastre.

## OBJETIVO DA CERTIFICAÇÃO 7.03

### IDENTIFICAR AS SITUAÇÕES QUE EXIGEM TSPITR

O RMAN facilita a TSPITR automática, simplificando a restauração do conteúdo de um ou mais tablespaces até um ponto no tempo, sem afetar outros tablespaces ou objetos no banco de dados. A TSPITR é uma ferramenta útil de recuperação para as seguintes situações:

- Dano ou exclusão de linhas em tabelas chave que ocorre em um tablespace isolado logicamente; em outras palavras, que não contenha índice ou relações entre pai/filho de objetos contidos em outros tablespaces.
- Comandos DDL (Data Definition Language) incorretos que causam alterações na estrutura de uma ou mais tabelas em um tablespace e, por conseguinte, indisponibiliza o Flashback Table para recuperar essas tabelas.
- Uma tabela eliminada com a opção PURGE.

O Flashback Database pode executar a tarefa, mas isso traz duas desvantagens. Primeiro, todos os objetos no banco de dados são revertidos (não apenas o tablespace que você está tentando recuperar). Segundo, você deve manter os logs de flashback para usar o Flashback Database, enquanto que a janela TSPITR do tablespace retrocede até o backup recuperável mais antigo do tablespace.

O TSPITR não é uma solução completa para todos os desastres de tablespaces. Por exemplo, não é possível utilizá-la para recuperar um tablespace eliminado. Você também não pode recuperar um tablespace renomeado até um ponto no tempo anterior à sua renomeação.

Para examinar detalhadamente o exemplo apresentado na próxima seção, você deve conhecer a seguinte terminologia:

- **Hora alvo**   O ponto no tempo ou o SCN até o qual o tablespace será recuperado.
- **Conjunto de recuperação**   O grupo de arquivos de dados contendo o(s) tablespace(s) a ser(em) recuperado(s).
- **Conjunto auxiliar**   Outros arquivos de dados necessários para recuperar o(s) tablespace(s), como os arquivos de dados para os tablespaces SYSTEM, UNDO e TEMP.
- **Destino auxiliar**   Uma localização temporária para armazenar o conjunto auxiliar de arquivos, inclusive os arquivos de redo log arquivados e online, e uma cópia do arquivo de controle criado durante o processo de recuperação.

O segredo da TSPITR é uma instância auxiliar para facilitar o processo de recuperação, como discutido anteriormente neste capítulo. A instância auxiliar executa o trabalho de restauração do backup do arquivo de controle a partir de um ponto no tempo anterior ao almejado, restaura o conjunto de recuperação e o conjunto auxiliar a partir do banco de dados de destino, e finalmente recupera o banco de dados para a instância auxiliar até o ponto no tempo necessário. Veja a seguir uma lista completa das etapas executadas pelo RMAN durante a TSPITR:

1. Restaura um backup do arquivo de controle para a instância auxiliar
2. Restaura os arquivos de dados do conjunto de recuperação para o banco de dados de destino
3. Restaura os arquivos de dados do conjunto auxiliar para a instância auxiliar
4. Recupera os arquivos de dados até o ponto no tempo almejado
5. Exporta os metadados do dicionário do tablespace recuperado para o banco de dados de destino
6. Emite comandos SWITCH sobre o banco de dados de destino para fazer referência aos arquivos de dados recuperados no conjunto de recuperação
7. Importa os metadados do dicionário da instância auxiliar para a instância de destino, para que essa instância possa acessar os objetos recuperados
8. Abre o banco de dados auxiliar com a opção RESETLOGS

9. Exporta os metadados do dicionário dos objetos da recuperação para o banco de dados de destino
10. Desliga a instância auxiliar
11. Importa os metadados do dicionário da instância auxiliar para o destino
12. Exclui todos os arquivos auxiliares

## OBJETIVO DA CERTIFICAÇÃO 7.04

### FAZER UMA TSPITR AUTOMATIZADA

No cenário a seguir, seu banco de dados HR inclui um tablespace BI contendo uma tabela chave SALES_RESULTS_2008Q1. A tabela é eliminada por engano em torno das 21:58 horas do dia 19/7/2008. Você conclui que a tabela, seus índices e todas as tabelas relacionadas residem no tablespace BI. Portanto, o recurso TSPITR é uma opção viável para recuperar essa tabela.

*Na prática*

*Certifique-se de selecionar a hora correta da TSPITR. Assim que você recuperar o tablespace e colocá-lo online, não poderá mais usar quaisquer backups anteriores, a menos que esteja utilizando um catálogo de recuperação.*

Nas seções a seguir, você executará algumas etapas preliminares antes da verdadeira operação de recuperação. Primeiro, certifique-se de que nenhum outro tablespaces tem dependências com o tablespace a ser recuperado. Além disso, você determinará se outros objetos desaparecerão no tablespace de destino quando ele for recuperado (os objetos criados após o ponto no tempo almejado). Finalmente, você fará a TSPITR automatizada via RMAN, a opção recomendada pela Oracle.

### Verificação das dependências do tablespace

É possível que outros tablespaces tenham objetos dependentes do tablespace a ser recuperado. Use a visão do dicionário de dados TS_PITR_CHECK para identificar as dependências, como neste exemplo:

```
SQL> select obj1_owner, obj1_name, ts1_name,
  2          obj2_owner, obj2_name, ts2_name
  3  from ts_pitr_check
  4  where (ts1_name = 'BI' and ts2_name != 'BI')
  5     or (ts1_name != 'BI' and ts2_name = 'BI')
  6  ;

no rows selected

SQL>
```

Para resolver os problemas detectados, você pode remover temporariamente as dependências ou adicionar o tablespace contendo objetos com dependências ao conjunto de recuperação. Entretanto, essa última opção seria a mais indicada, para garantir que suas tabelas mantenham a consistência lógica entre si.

### Identificação de objetos perdidos depois da TSPITR

Além de resolver as dependências existentes com o tablespace a ser recuperado, você também precisa identificar os objetos criados após a hora alvo que desaparecerão se você recuperar o tablespace. Você pode utilizar a visão do dicionário de dados TS_PITR_OBJECTS_TO_BE_DROPPED para conhecer os objetos que você perderá após a hora alvo da recuperação, como neste exemplo:

```
SQL> select owner, name, tablespace_name,
  2      to_char(creation_time, 'yyyy-mm-dd:hh24:mi:ss') create_time
  3   from ts_pitr_objects_to_be_dropped
  4   where tablespace_name = 'BI'
  5     and creation_time >
  6         to_date('2008-07-19:21:55:00','yyyy-mm-dd:hh24:mi:ss')
  7  ;

OWNER          NAME                     TABLESPACE_NAME CREATE_TIME
-----------    ------------------------ --------------- -------------------
RJB            SALES_RESULTS_2007_TEMP  BI              2008-07-19:22:00:56

SQL>
```

Para solucionar esses problemas, você pode exportar os objetos individuais antes da operação de recuperação e importá-los depois da recuperação. Nesse caso, você determina que a tabela SALES_RESULTS_2007_TEMP era temporária e que você não necessita dela depois da recuperação.

### Fazendo uma TSPITR automatizada

Não surpreende que o método mais simples de fazer uma TSPITR seja o método totalmente automatizado do RMAN. Nesse caso, execute dois comandos do RMAN para fazer o backup e colocar o tablespace recuperado (e a tabela SALES_RESULTS_2008Q1) online. Neste exemplo, você recuperará o tablespace BI até 19 de julho de 2008, a partir de 21:55 horas:

```
RMAN> connect target /

connected to target database: HR (DBID=3318356692)

RMAN> connect catalog rman/rman@rcat

connected to recovery catalog database

RMAN> recover tablespace bi
2>     until time '2008-07-19:21:55:00'
3>     auxiliary destination '/u01/app/oracle/oradata/auxinst'
```

```
4> ;

Starting recover at 2008-07-19:22:01:53
allocated channel: ORA_DISK_1
channel ORA_DISK_1: SID=98 device type=DISK

Creating automatic instance, with SID='vdym'

initialization parameters used for automatic instance:
db_name=HR
compatible=11.1.0.0.0
db_block_size=8192
. . .
auxiliary instance file /u01/app/oracle/oradata/auxinst
        /TSPITR_HR_VDYM/onlinelog/o1_mf_2_485c3w3y_.log deleted
auxiliary instance file /u01/app/oracle/oradata/auxinst
        /TSPITR_HR_VDYM/onlinelog/o1_mf_3_485c3xr8_.log deleted
Finished recover at 2008-07-19:22:11:50

RMAN>
```

Observe que o comando RECOVER do RMAN limpa a instância temporária, mas não restaura o tablespace BI ao estado online. Portanto, faça o backup desse tablespace e restaure-o à condição online:

```
RMAN> backup as compressed backupset tablespace bi;
. . .
RMAN> sql "alter tablespace bi online";

sql statement: alter tablespace bi online
starting full resync of recovery catalog
full resync complete

RMAN>
```

## RESUMO DA CERTIFICAÇÃO

Este capítulo cobriu dois tópicos do RMAN curtos mas importantes: a criação de um banco de dados duplicado e a execução de uma recuperação pontual de tablespace (TSPITR). Esses tópicos parecem não estar relacionados, mas têm um aspecto importante em comum: ambos dependem da criação de uma instância auxiliar para executar a tarefa solicitada. Após duplicar um banco de dados, o RMAN mantém a instância temporária e o banco de dados; ao contrário, no caso da TSPITR, o RMAN elimina a instância auxiliar após a operação de recuperação.

A maior parte da duplicação de um banco de dados usando o RMAN é automatizada, exceto em algumas etapas de configuração manuais. Essas etapas incluem tarefas como criar um arquivo de senhas, configurar a conectividade de rede, e criar um arquivo de parâmetros de inicialização baseado em texto contendo apenas alguns parâmetros obrigatórios, como o DB_NAME. A especificação de outros parâmetros de inicialização depende de você especificar explicitamente DB_BLOCK_SIZE no banco de dados de origem e do mapeamento de nome de caminho necessário para especificar corretamente as localizações dos arquivos de dados, arquivos de controle e arquivos de redo log online. Usar o Enterprise Manager (EM) para duplicar um banco de dados é um método mais fácil, mas talvez não propicie a personalização disponível com o uso dos comandos de linha de comando do RMAN e SQL.

A segunda metade do capítulo abordou a TSPITR. Estão disponíveis diversas técnicas de recuperação. A técnica a ser aplicada vai depender do tipo de dano ocorrido no banco de dados. Se esse dano estiver limitado às tabelas de um único tablespace com pouca ou nenhuma dependência com objetos de outros, a TSPITR provavelmente será sua melhor opção. Além disso, o banco de dados e todos os outros tablespaces continuam disponíveis para os usuários durante a operação da TSPITR.

# ✓ EXERCÍCIO DE DOIS MINUTOS

### Criar um banco de dados duplicado no RMAN

- ❑ Quando você duplica um banco de dados, o banco de dados de origem é copiado para o banco de dados duplicado.
- ❑ O banco de dados de origem também é conhecido como banco de dados de destino.
- ❑ O banco de dados duplicado também é conhecido como banco de dados auxiliar.
- ❑ A preparação para criar um banco de dados duplicado inclui a criação de um arquivo de senhas, a verificação da conectividade da rede e a criação do arquivo de parâmetros de inicialização para a instância auxiliar.
- ❑ Você deve, no mínimo, especificar o parâmetro DB_NAME no arquivo de parâmetros de inicialização da instância auxiliar. Especifique também o parâmetro DB_BLOCK_SIZE se ele estiver definido explicitamente no banco de dados de destino.
- ❑ O parâmetro de inicialização DB_FILE_NAME_CONVERT especifica o mapeamento do sistema de arquivos para nomes de arquivos de dados e arquivos temporários.
- ❑ O parâmetro de inicialização LOG_FILE_NAME_CONVERT especifica o mapeamento do sistema de arquivos para os arquivos de redo log online.
- ❑ O parâmetro de inicialização CONTROL_FILES especifica os novos nomes para todos os arquivos de controle, a menos que você esteja utilizando OMFs (Oracle Managed Files), uma vez que o OMF nomeará os arquivos para você.
- ❑ O comando do RMAN para executar a duplicação do banco de dados é DUPLICATE TARGET DATABASE.
- ❑ É possível especificar FROM ACTIVE DATABASE no comando DUPLICATE para criar a cópia a partir de um banco de dados online, em vez de um backup de banco de dados.
- ❑ O banco de dados duplicado tem um novo DBID, mesmo que ele tenha o mesmo nome do banco de dados de origem.

### Usar um banco de dados duplicado

- ❑ Um banco de dados duplicado pode ser utilizado para testar os procedimentos de backup e recuperação, sem afetar a disponibilidade do banco de dados de origem.
- ❑ Você pode usar um banco de dados duplicado para testar um upgrade do banco de dados ou o desempenho de upgrades dos aplicativos.

❏ Você pode exportar uma ou mais tabelas de um banco de dados duplicado e importar novamente no banco de dados de produção como um método de recuperação secundário.

### Identificar as situações que exigem TSPITR

❏ O TSPITR é útil quando uma ou mais tabelas danificadas ou ausentes são isoladas em um único tablespace e têm dependências mínimas ou nenhuma dependência com objetos existentes em outros tablespaces.

❏ Você pode utilizar a TSPITR quando as mudanças por DDL impedirem o uso de Flashback Table para recuperar os objetos.

❏ Não é possível utilizar a TSPITR para recuperar um tablespace eliminado ou recuperar um tablespace renomeado até um ponto no tempo anterior à sua renomeação.

### Fazer uma TSPITR automatizada

❏ A hora alvo é o ponto no tempo até o qual o(s) tablespace(s) será(ão) recuperado(s).

❏ O conjunto de recuperação é um grupo de arquivos de dados contendo os tablespaces a serem recuperados.

❏ O conjunto auxiliar é um conjunto de outros arquivos de dados necessários para recuperar aqueles contidos no conjunto de recuperação, como o tablespace SYSTEM.

❏ O destino auxiliar é uma área de trabalho temporária usada pelo RMAN para armazenar conjuntos auxiliares de arquivos, arquivos de log e uma cópia do arquivo de controle.

❏ O RMAN elimina a instância auxiliar e exclui todos os arquivos auxiliares por ocasião do término da TSPITR.

❏ Use a visão do dicionário de dados TS_PITR_CHECK para descobrir as dependências existentes entre os objetos contidos no tablespace a ser recuperado e os objetos em outros tablespaces.

❏ Use a visão do dicionário de dados TS_PITR_OBJECTS_TO_BE_DROPPED para conhecer os objetos que você perderá após a TSPITR.

❏ Execute uma TSPITR no RMAN usando o comando RECOVER TABLESPACE com as cláusulas UNTIL TIME e AUXILIARY DESTINATION.

❏ Após o término da TSPITR, você deve fazer o backup do tablespace recuperado e restaurá-lo online.

CAPÍTULO 7   RECURSOS DIVERSOS DO RMAN   **333**

# TESTE

As perguntas a seguir o ajudarão a avaliar seu conhecimento sobre o material apresentado neste capítulo. Leia com atenção todas as opções porque pode haver mais de uma resposta correta. Escolha todas as respostas certas de cada pergunta.

## Criar um banco de dados duplicado no RMAN

1. Identifique a afirmação correta em relação aos bancos de dados duplicados criados no RMAN.
    A. O RMAN copia o banco de dados de origem no banco de dados de destino e ambos podem ter o mesmo nome.
    B. O RMAN cria uma instância auxiliar pela duração da operação de cópia e elimina a instância depois dessa operação.
    C. O banco de dados auxiliar é o mesmo que o banco de dados de destino.
    D. O RMAN copia o banco de dados de destino para o banco de dados duplicado e ambos podem ter o mesmo nome.
    E. O banco de dados de origem deve ser desligado para que você inicialize o banco de dados de destino.

2. Para criar um banco de dados duplicado, classifique as seguintes etapas na ordem correta:
    1. Inicializar a instância auxiliar como NOMOUNT.
    2. Alocar canais auxiliares, se necessário.
    3. Executar o comando DUPLICATE do RMAN.
    4. Criar um arquivo de senhas para a instância auxiliar.
    5. Assegurar a conectividade da rede com a instância auxiliar.
    6. Abrir a instância auxiliar.
    7. Inicializar o banco de dados de origem no modo MOUNT ou OPEN.
    8. Criar um arquivo de parâmetros de inicialização para a instância auxiliar.
    9. Criar backups ou copiar backups existentes e os arquivos de redo log arquivados em uma localização comum, acessível à instância auxiliar.
    A. 5, 4, 8, 1, 7, 9, 3, 2, 6
    B. 4, 5, 8, 1, 7, 9, 2, 3, 6
    C. 4, 5, 8, 1, 7, 9, 3, 2, 6
    D. 5, 4, 1, 8, 7, 9, 2, 3, 6

3. Qual das seguintes cláusulas não é válida para o comando DUPLICATE do RMAN?
    A. SKIP OFFLINE
    B. SKIP READONLY
    C. SKIP TABLESPACE
    D. NOFILENAMECHECK
    E. OPEN RESTRICTED

### Usar um banco de dados duplicado

4. Identifique motivos para criar um banco de dados duplicado. (Escolha todas as respostas corretas.)

   A. Testar o desempenho de um novo aplicativo, sem surtir impacto sobre o banco de dados de produção.
   B. Executar uma TSPITR.
   C. Testar um upgrade do Oracle Database 11g R1 para o Oracle Database 11g R2.
   D. Testar os procedimentos de backup e recuperação.

### Identificar as situações que exigem TSPITR

5. Para quais dos seguintes cenários é possível utilizar a TSPITR? (Escolha duas respostas.)

   A. Você eliminou por engano o tablespace USERS.
   B. Você eliminou duas colunas da mesma tabela.
   C. Você renomeou um tablespace e quer restaurar o nome antigo.
   D. Um usuário excluiu a maioria das linhas de uma tabela que não tem quaisquer dependências com objetos existentes em outros tablespaces.

### Fazer uma TSPITR automatizada

6. Identifique a afirmação correta sobre a terminologia da TSPITR.

   A. O conjunto auxiliar contém todos os arquivos de dados para a recuperação, exceto os tablespaces SYSTEM e UNDO.
   B. O conjunto de recuperação é o grupo de arquivos de dados contendo o(s) tablespace(s) a ser(em) recuperado(s).
   C. O destino auxiliar é a localização permanente para os arquivos de dados da instância auxiliar.
   D. A hora alvo é qualquer hora após a modificação das tabelas modificadas ou depois da eliminação acidental das tabelas.

7. Identifique a visão do dicionário de dados que pode ser utilizada para verificar as dependências dos objetos entre tablespaces.

   A. TS_PITR_CHECK
   B. TS_PITR_DEPENDENCY_CHECK
   C. TS_PITR_CHECK_DEPENDENCY
   D. TS_PITR_OBJECTS_TO_BE_DROPPED

8. Identifique as etapas que você deve executar manualmente depois da TSPITR automatizada no RMAN. (Escolha todas as respostas aplicáveis.)

   A. Mudar o(s) tablespace(s) recuperado(s) para o modo online.
   B. Fazer o backup do(s) tablespace(s) recuperado(s).
   C. Excluir os arquivos temporários criados na localização auxiliar.
   D. Criar um arquivo de parâmetros de inicialização baseado em texto para a instância auxiliar.

# RESPOSTAS DO TESTE

## Criar um banco de dados duplicado no RMAN

1. ☑ **D**. Você pode manter o mesmo nome porque o RMAN cria um novo DBID e, portanto, é possível utilizar o mesmo catálogo de recuperação para os dois bancos de dados.

   ☒ **A** está incorreta porque o banco de dados de destino é o banco de dados de origem. **B** está incorreta porque o RMAN não elimina a instância auxiliar ou o banco de dados após o término da operação de cópia. **C** está incorreta porque o banco de dados de destino é o banco de dados de origem, e o banco de dados auxiliar é o banco de dados de destino. **E** está incorreta porque os dois bancos de dados podem estar abertos ao mesmo tempo, inclusive no mesmo host e com o mesmo catálogo de recuperação.

2. ☑ **B**. Essas etapas estão na ordem correta.

   ☒ **A**, **C** e **D** estão na ordem incorreta.

3. ☑ **A**. A opção `SKIP OFFLINE` não é válida para o comando `DUPLICATE`.

   ☒ **B** está incorreta porque a cláusula `SKIP READONLY` exclui os tablespaces somente leitura. **C** está incorreta porque `SKIP TABLESPACE` exclui um ou mais tablespaces da operação de cópia; você não pode excluir os tablespaces `SYSTEM` ou `UNDO`. **D** está incorreta porque `NOFILENAMECHECK` não procura nomes de arquivo duplicados entre a origem e o destino. **E** está incorreta porque `OPEN RESTRICTED` abre o banco de dados de destino com a opção `RESTRICTED SESSION`.

## Usar um banco de dados duplicado

4. ☑ **A**, **C** e **D**. Todos estes são motivos válidos para criar um banco de dados duplicado.

   ☒ **B** está incorreta porque não é possível utilizar um banco de dados duplicado para fazer uma TSPITR.

## Identificar as situações que exigem TSPITR

5. ☑ **B** e **D**. Você pode usar a TSPITR para recuperar a partir das mudanças DDL efetuadas em uma tabela; além disso, você pode recuperar uma tabela que contém linhas danificadas ou alteradas incorretamente. A TSPITR também ajuda se a tabela for eliminada com a opção `PURGE` e, por conseguinte, não puder ser recuperada da lixeira.

   ☒ **A** está incorreta porque você não pode usar a TSPITR para tablespaces eliminados. **C** está incorreta porque você não pode utilizar a TSPITR para recuperar o tablespace com um nome anterior; em outras palavras, se o tablespace foi renomeado em algum ponto do passado.

*Fazer uma TSPITR automatizada*

6. ☑ **B**. O RMAN cria o conjunto de recuperação e o utiliza na instância auxiliar.

    ☒ **A** está incorreta porque o conjunto auxiliar irá incluir os tablespaces SYSTEM, UNDO e TEMP, se necessários. **C** está incorreta porque o conjunto auxiliar é excluído após o término da operação de recuperação. **D** está incorreta porque a hora alvo é qualquer hora antes das linhas da tabela serem danificadas ou excluídas.

7. ☑ **A**. Você usa a visão TS_PITR_CHECK para identificar as dependências de objetos existentes entre um ou mais tablespaces e todos os outros tablespaces no banco de dados.

    ☒ **B** e **C** estão incorretas porque essas visões não existem no dicionário de dados. **D** está incorreta porque a TS_PITR_OBJECTS_TO_BE_DROPPED é utilizada para identificar outros objetos que você pode perder se executar a TSPITR.

8. ☑ **A** e **B**. Essas etapas devem ser executadas manualmente depois que o RMAN concluir a parte automatizada da TSPITR.

    ☒ **C** está incorreta porque o RMAN desliga automaticamente a instância auxiliar e remove todos os arquivos temporários utilizados para a operação de recuperação. **D** está incorreta porque você deve criar manualmente um arquivo de parâmetros de inicialização baseado em texto para duplicar um banco de dados, não para a TSPITR.

# 8

# Monitorando e Ajustando o RMAN

## OBJETIVOS DE CERTIFICAÇÃO

8.01 Monitorar sessões e jobs do RMAN

8.02 Ajustar o RMAN

8.03 Configurar o RMAN para I/O assíncrono

✓ Exercício de dois minutos

P&R Teste

O ajuste das operações de backup e recuperação do RMAN costuma ser uma consideração tardia. Se você faz um backup completo uma vez por semana e backups incrementais diários, não iria ver a necessidade de otimizar suas operações de backup e recuperação porque elas exigem apenas cerca de 4 horas de seu tempo semanal. Essa lógica parece fazer sentido, até os seguintes eventos ocorrerem em sua organização:

- Sua empresa expande os escritórios em nível mundial, os usuários acessarão o banco de dados 24 horas por dia, e você não quer que uma operação de backup reduza o tempo de resposta.
- Novos aplicativos aumentam a demanda pelo sistema de biblioteca de fitas.
- A diretoria exige melhorias no tempo de recuperação do banco de dados, para atender a acordos de nível de serviço (SLAs).

A otimização de suas operações de backup e recuperação do RMAN reduzirá os efeitos desses eventos. Embora este capítulo relativamente curto sobre o ajuste do RMAN seja o último capítulo sobre o tema RMAN, considere estas informações como as últimas, mas não as menos importantes. Você precisa entender a importância de ajustar o RMAN e identificar os gargalos nas diversas fases de um backup do RMAN.

Primeiro, você conhecerá as visões dinâmicas de desempenho que podem ser utilizadas para monitorar um backup do RMAN em andamento, como as visões V$SESSION e V$PROCESS. O RMAN facilita a identificação de um job de backup específico na visão V$SESSION.

Em seguida, você analisará alguns exercícios de ajuste, usando técnicas como a alocação de vários canais para melhorar o desempenho de suas operações de backup. Você também conhecerá onde ocorrem os gargalos do RMAN e como avaliar um gargalo usando visões como V$BACKUP_SYNC_IO e V$BACKUP_ASYNC_IO. O próprio comando BACKUP do RMAN propicia muita flexibilidade, permitindo que você controle o tamanho de cada parte do backup, determine quantos arquivos deverão compor o conjunto de backup, e reduza a carga sobre o sistema definindo uma duração necessária do backup.

Finalmente, você conhecerá os prós e contras do uso de I/O assíncrono em comparação com I/O síncrono nas operações de fita e disco do RMAN. Em termos ideais, você pode utilizar o I/O assíncrono para maximizar a taxa de transferência. Mesmo que o subsistema de fita ou o sistema operacional não possa alavancar o I/O assíncrono, você ainda poderá usar os parâmetros de inicialização e as configurações do RMAN para maximizar a taxa de transferência.

## OBJETIVO DA CERTIFICAÇÃO 8.01

### MONITORAR SESSÕES E JOBS DO RMAN

Em um determinado momento, você pode ter vários jobs de backup em execução, cada qual com um ou mais canais. Cada canal utiliza um único processo do sistema operacional. Para identificar qual canal está usando a maioria dos recursos da CPU ou I/O no nível do sistema operacional, você pode unir as visões dinâmicas de desempenho V$SESSION e V$PROCESS para conhecer os processos do sistema operacional associados a cada canal do RMAN.

Além de identificar os processos associados a cada job do RMAN, também é possível saber o andamento de uma operação de backup ou restauração. É possível utilizar a visão dinâmica de desempenho V$SESSION_LONGOPS para saber quanto trabalho uma sessão do RMAN concluiu e a quantidade total prevista de trabalho.

Finalmente, o RMAN fornece informações sobre solução de problemas de várias maneiras, adicionalmente à saída do comando no prompt RMAN>, quando algo está errado. Você também pode ativar a depuração avançada para ajudar você e o Suporte Técnico Oracle na identificação da causa de um problema grave ocorrido no RMAN.

Nas seções a seguir, você conhecerá as visões dinâmicas de desempenho V$SESSION, V$PROCESS e V$SESSION_LONGOPS que podem ajudá-lo a identificar e monitorar os jobs de backup e recuperação do RMAN. Além disso, você aprenderá onde examinar quando um job de backup ou restauração falhar.

## Usando as visões V$SESSION e V$PROCESS

A visão dinâmica de desempenho V$PROCESS contém uma linha para cada processo do sistema operacional conectado à instância do banco de dados. A visão V$SESSION contém informações adicionais sobre cada sessão conectada com o banco de dados, como o comando SQL atual e o nome do usuário do Oracle executando o comando. Essas seções incluem sessões do RMAN. Consequentemente, você pode monitorar as sessões do RMAN por meio dessas visões também.

O RMAN preenche a coluna V$SESSION.CLIENT_INFO com a string rman e o nome do canal. Lembre-se de que cada canal do RMAN corresponde a um processo do servidor, e portanto a V$SESSION terá uma linha para cada canal.

Para recuperar informações nas visões V$SESSION e V$PROCESS sobre as sessões atuais do RMAN, junte as visões V$SESSION e V$PROCESS nas colunas PADDR e ADDR, como mostra o primeiro exercício.

### EXERCÍCIO 8-1

### Monitore os canais do RMAN

Neste exercício, você iniciará um job do RMAN que utiliza dois ou mais canais e recuperará os nomes dos canais nas visões V$SESSION and V$PROCESS.

1. Crie um job do RMAN que faz o backup do tablespace USERS usando dois canais de disco:

```
RMAN> run {
2>        allocate channel ch1 type disk;
3>        allocate channel ch2 type disk;
4>        backup as compressed backupset tablespace users;
5>      }
```

```
        starting full resync of recovery catalog
        full resync complete
        released channel: ORA_DISK_1
        allocated channel: ch1
        channel ch1: SID=130 device type=DISK
        starting full resync of recovery catalog
        full resync complete

        allocated channel: ch2
        channel ch2: SID=126 device type=DISK
        . . .
        Finished Control File and SPFILE Autobackup at 27-JUL-08
        released channel: ch1
        released channel: ch2

        RMAN>
```

2. Enquanto o job do RMAN estiver em execução, faça um join com as visões V$PROCESS e V$SESSION para recuperar o conteúdo da coluna CLIENT_INFO:

```
SQL> select sid, spid, client_info
  2  from v$process p join v$session s on (p.addr = s.paddr)
  3  where client_info like '%rman%'
  4  ;

       SID SPID                         CLIENT_INFO
---------- ------------------------     ------------------------
       126 25070                        rman channel=ch2
       130 7732                         rman channel=ch1

SQL>
```

Observe que os processos de usuário do RMAN continuarão existindo na visão V$SESSION até você sair do RMAN ou iniciar outra operação de backup.

---

Se você tiver vários jobs do RMAN em execução, alguns deles com dois ou mais canais alocados, talvez seja difícil identificar qual processo corresponde a qual operação de backup ou recuperação do RMAN. Para facilitar a distinção, use o comando SET COMMAND ID em um bloco RUN do RMAN, como neste exemplo:

```
run {
     set command id to 'bkup users';
     backup tablespace users;
}
```

Quando este job do RMAN for executado, a coluna CLIENT_INFO na visão V$SESSION conterá a string id=bkup users para ajudá-lo a identificar a sessão de cada job do RMAN.

## EXERCÍCIO 8-2

### Monitore diversos jobs do RMAN

Neste exercício, você iniciará dois jobs do RMAN e identificará cada job nas visões V$SESSION e V$PROCESS, usando a opção SET COMMAND no RMAN.

1. Crie dois jobs do RMAN (em duas sessões distintas no RMAN) que façam o backup dos tablespaces USERS e CHGTRK usando a opção SET COMMAND:

    ```
    /* session 1 */
    RMAN> run {
    2>          set command id to 'bkup users';
    4>          backup as compressed backupset tablespace users;
    5>      }
    . . .
    /* session 2 */
    RMAN> run {
    2>          set command id to 'bkup chgtrk';
    4>          backup as compressed backupset tablespace users;
    5>      }
    ```

2. Enquanto o job do RMAN estiver em execução, junte as visões V$PROCESS e V$SESSION para recuperar o conteúdo da coluna CLIENT_INFO:

    ```
    SQL> select sid, spid, client_info
      2  from v$process p join v$session s on (p.addr = s.paddr)
      3  where client_info like '%id=%';

           SID SPID                     CLIENT_INFO
    ---------- ------------------------ ------------------------
           141 19708                    id=bkup users
            94 19714                    id=bkup chgtrk

    SQL>
    ```

### Usando a visão V$SESSION_LONGOPS

A visão dinâmica de desempenho V$SESSION_LONGOPS não é específica do RMAN. O Oracle registra as operações executadas por mais de 6 segundos (em tempo absoluto), inclusive as operações de backup e recuperação do RMAN, coleta de estatísticas e consultas longas na visão V$SESSION_LONGOPS.

O RMAN preenche dois tipos diferentes de linhas na visão V$SESSION_LONGOPS: linhas de detalhe e linhas de agregação. As linhas de detalhe contêm informações sobre uma única etapa de job do RMAN, como a criação de um único conjunto de backup. As linhas de agregação são aplicáveis a todos os arquivos citados em um único comando do RMAN, como BACKUP DATABASE. Obviamente, as linhas de agregação são atualizadas com menos frequência do que as linhas de detalhe.

> **Dica de exame**
> 
> O parâmetro de inicialização STATISTICS_LEVEL deve ser definido com TYPICAL ou ALL para que a visão V$SESSION_LONGOPS contenha informações sobre os jobs de execução longa do RMAN. O valor padrão desse parâmetro é TYPICAL.

Este exemplo inicia um backup completo do banco de dados, e durante a execução do backup são exibidas as linhas de detalhes e de agregação dos jobs ativos do RMAN:

```
SQL> select sid, serial#, opname, context, sofar, totalwork
  2  from v$session_longops
  3  where opname like 'RMAN%'
  4    and sofar <> totalwork
  5  ;

       SID    SERIAL# OPNAME                              CONTEXT      SOFAR  TOTALWORK
   -------- ---------- ------------------------------  ---------- ---------- ----------
       130      39804 RMAN: aggregate output                    7      97557          0
        94      47546 RMAN: aggregate input                     7     191692     331808
       155       1196 RMAN: full datafile backup                1     219980     331808
       155       1196 RMAN: full datafile backup                2     121172          0

SQL>
```

As colunas SID e SERIAL# são as mesmas da visão V$SESSION. A coluna OPNAME é uma descrição baseada em texto da operação monitorada na linha, e para o RMAN ela contém o prefixo RMAN:. A coluna CONTEXT contém o valor 7 para operações de agregação, 2 para as operações de saída de backup, e 1 para tudo o mais.

Obviamente, a coluna SOFAR é uma avaliação do andamento de uma etapa. Seu valor pode variar de acordo com o tipo de operação:

- Para cópias-imagem, é o número de blocos lidos.
- Para linhas de entrada de backup, é o número de blocos lidos dos arquivos sendo copiados no backup.
- Para as linhas de saída de backup (conjunto de backup ou cópia-imagem), é o número de blocos gravados até então na parte do backup.
- Para operações de restauração, é o número de blocos processados até o momento para os arquivos de destino.
- Para cópias de proxy (as operações de cópia de um gerenciador de mídia para e do disco), é o número de arquivos copiados até o momento.

A coluna TOTALWORK tem uma definição parecida, mas apresenta uma estimativa da quantidade total do trabalho necessário durante a etapa:

- Para cópias-imagem, é o número total de blocos no arquivo.
- Para linhas de entrada de backup, é o número total de blocos a serem lidos em todos os arquivos na etapa.
- Para as linhas de saída de backup, é sempre zero porque o RMAN não sabe quantos blocos serão gravados em uma parte do backup até a sua conclusão.
- Para operações de restauração, é o número total de blocos em todos os arquivos restaurados em uma etapa de um job individual ou agregação.
- Para as cópias de proxy, é o número total de arquivos a serem copiados na etapa do job.

Para calcular o andamento de uma etapa do RMAN como uma porcentagem de conclusão, você pode dividir SOFAR por TOTALWORK, como a seguir, e adicionar essa expressão à instrução SELECT:

```
round(sofar/totalwork*100,1)
```

## Alavancando os logs de erro e mensagens do RMAN

Se algo der errado, as informações de depuração do RMAN podem ser encontradas em vários locais. As seções a seguir indicam onde procurar informações de depuração. Se você não tiver informações suficientes, poderá ativar uma saída adicional sobre depuração por meio do comando DEBUG do RMAN.

### Identificando a saída de mensagens do RMAN

Quando ocorrer um desastre em suas operações de backup e recuperação do RMAN, você encontrará informações em vários locais, como os seguintes:

- **Saída de comandos do RMAN** – A saída interativa exibida quando você executa os comandos do RMAN no prompt RMAN>.
- **Arquivo de rastreamento do RMAN especificado pelo usuário** – A saída gravada em um arquivo de rastreamento especificado pelo usuário quando você emite o comando rman ... debug trace no prompt do sistema operacional.
- **Log de alerta** – Localização padrão do log de alerta do Oracle, definida pelo parâmetro de inicialização DIAGNOSTIC_DEST ou USER_DUMP_DEST.
- **Arquivo de rastreamento do Oracle** – Saída detalhada de diagnóstico de erros do Oracle, gerada durante comandos do RMAN, localizada em DIAGNOSTIC_DEST ou USER_DUMP_DEST.
- **Arquivos de rastreamento de fornecedores** – O arquivo sbtio.log ou outros nomes de arquivos atribuídos pelos fornecedores, contendo erros de software de gerenciamento de mídia, em DIAGNOSTIC_DEST ou USER_DUMP_DEST.

As mensagens de erro específicas do RMAN têm um prefixo com o formato RMAN-*nnnn*, e a mensagem pode ser precedida ou seguida por mensagens ORA-*nnnnn* ou por mensagens específicas dos fornecedores, dependendo do tipo de erro.

### Usando o comando DEBUG do RMAN

Ativar a depuração do RMAN gera muita saída, de modo que a Oracle recomenda que você informe um arquivo para armazenar a saída da depuração. Para ativar a depuração, use a opção `debug` na linha de comando do executável do RMAN. Adicione a opção `trace` para especificar um arquivo para a saída da depuração. Veja um exemplo:

```
[oracle@srv04 -]$ rman target / catalog rman/rman@rcat \
>        debug trace dbg_rman.trc
```

Quando o RMAN é inicializado, as informações da depuração são enviadas para o arquivo de rastreamento especificado. Dentro de uma sessão do RMAN, você pode ativar ou desativar a depuração por meio do comando DEBUG ON ou DEBUG OFF. Por exemplo, convém rastrear os erros ao fazer o backup de um único arquivo de dados problemático, mas não de outros.

### EXERCÍCIO 8-3

#### Depure parte de uma sessão do RMAN

Neste exercício, você ativará a depuração do RMAN, fará o backup dos tablespaces USERS e CHGTRK, mas depurará apenas o backup do tablespace CHGTRK.

1. Inicialize o RMAN com a opção `debug`:

   ```
   [oracle@srv04 ~]$ rman target / catalog rman/rman@rcat \
   >        debug trace rman_debug.txt

   Recovery Manager: Release 11.1.0.6.0 -
             Production on Tue Jul 29 21:04:52 2008

   Copyright (c) 1982, 2007, Oracle.  All rights reserved.

   RMAN-06005: connected to target database: HR (DBID=3318356692)
   RMAN-06008: connected to recovery catalog database

   RMAN>
   ```

2. Desative temporariamente a depuração para o tablespace USERS, mas reative-a para o tablespace CHGTRK:

   ```
   RMAN> run {
   2>       debug off;
   3>       backup tablespace users;
   4>       debug on;
   5>       backup tablespace chgtrk;
   6>       }

   Debugging turned off

   Starting backup at 29-JUL-08
   using channel ORA_DISK_1
   . . .
   ```

```
Finished Control File and SPFILE Autobackup at 29-JUL-08

RMAN-03036: Debugging set to level=9, types=ALL

RMAN-03090: Starting backup at 29-JUL-08
 . . .
RMAN-03091: Finished Control File and SPFILE Autobackup at 29-JUL-08

RMAN>
```

3. Verifique o tamanho do arquivo de rastreamento:

```
[oracle@srv04 ~]$ ls -l rman_debug.txt
-rw-r--r-- 1 oracle oinstall 352932 Jul 29 21:12 rman_debug.txt
[oracle@srv04 ~]$
```

Observe que, mesmo para o backup de um único tablespace, o arquivo de rastreamento tem mais de 350 Kbytes.

---

> **Prática**
>
> *O comando* DEBUG *na linha de comando* RMAN> *não fará nada, a menos que você especifique a opção* debug *ao inicializar o executável do RMAN na linha de comando do sistema operacional.*

## OBJETIVO DA CERTIFICAÇÃO 8.02

### AJUSTAR O RMAN

É possível ajustar as operações do RMAN de várias maneiras. Você pode ajustar a taxa de transferência geral de um backup através de diversos canais do RMAN e atribuindo arquivos de dados a diferentes canais. Cada canal é atribuído a um único processo, de modo que o processamento paralelo pode agilizar o processo de backup. Por outro lado, você pode multiplexar vários arquivos de backup para a mesma parte do backup. Para um canal específico, você pode utilizar os parâmetros MAXPIECESIZE e MAXOPENFILES para maximizar a taxa de transferência para um dispositivo de saída específico. O comando BACKUP usa esses parâmetros, adicionalmente a FILESPERSET e BACKUP DURATION, para otimizar a operação de backup. Você também pode usar BACKUP DURATION para minimizar o efeito do backup sobre o tempo de resposta se seu banco de dados precisar estar continuamente disponível e você tiver que enfrentar acordos rigorosos de níveis de serviço. Finalmente, também é possível utilizar os parâmetros de inicialização do banco de dados para otimizar o desempenho da operação de backup e recuperação, principalmente nas operações de I/O síncrono.

Se você entender como funciona cada método de ajuste, poderá agilizar o tempo de resposta para os usuários, otimizar seu ambiente de hardware e software, e possivelmente retardar os upgrades quando o orçamento estiver apertado (o que costuma acontecer com frequência). Um *gargalo* na taxa de transferência ocorrerá quase sempre em seu ambiente. Um gargalo é a etapa ou tarefa mais lenta durante um backup do RMAN.

A próxima seção examinará as etapas básicas executadas por um canal durante uma operação de backup. As técnicas apresentadas nas seções a seguir vão ajudá-lo a identificar onde existe gargalo nas tarefas do canal e a minimizar seu impacto sobre as operações de backup e recuperação.

### Identificando as etapas de backup e recuperação

O backup do RMAN executa suas tarefas dentro de um canal em uma das três fases principais:

1. *Fase de leitura:* o canal lê os blocos de dados para os buffers de entrada.
2. *Fase de cópia:* o canal copia os blocos dos buffers de entrada para os buffers de saída e executa um processamento adicional, se necessário:
   - **Validação** – Verifica se os blocos estão danificados, o que não faz uso intenso da CPU.
   - **Compressão** – Usa o padrão BZIP2 ou ZLIB para compactar o bloco, o que usa intensamente a CPU.
   - **Criptografia** – Usa um algoritmo de criptografia (transparente, protegido por senha ou ambos) para proteger os dados, o que usa intensamente a CPU.
3. *Fase de gravação:* o canal grava os blocos dos buffers de saída no dispositivo de saída (disco ou fita).

Nas visões dinâmicas de desempenho, é possível identificar qual fase de qual operação de canal é o gargalo e corrigir adequadamente.

Em algumas situações, convém aumentar o tempo de backup para garantir que o tempo de recuperação seja curto. Criar cópias de imagem e recuperá-las diariamente ou a cada hora aumentará o tempo de backup, mas reduzirá o tempo de recuperação.

### Paralelizando conjuntos de backup

Um dos métodos mais simples de melhorar o desempenho do RMAN é alocar vários canais (disco ou fita). O número de canais alocados não deve ser superior ao número de dispositivos físicos; alocar dois ou mais canais (e, por conseguinte, processos) para um dispositivo físico não vai melhorar o desempenho, e pode até mesmo depreciá-lo. Se você estiver gravando em um único grupo de discos ASM (Automatic Storage Management) ou em um sistema de arquivos com striping pelo sistema operacional, poderá alocar mais canais e melhorar a taxa de transferência, considerando que um grupo de discos lógico ASM ou um sistema de arquivos com striping é mapeado para dois ou mais discos físicos. É possível alocar até 255 canais, e cada canal pode ler até 64 arquivos de dados em paralelo. Cada canal grava em uma cópia de backup ou cópia-imagem separada.

Se o número de arquivos de dados existentes em seu banco de dados for relativamente constante, você poderá alocar um número fixo de canais e atribuir cada arquivo de dados a um canal específico. Veja um exemplo:

```
run {
    allocate channel dc1 device type disk;
    allocate channel dc2 device type disk;
    allocate channel dc3 device type disk;
    backup incremental level 0
       (datafile 1,2,9    channel dc1)
       (datafile 3,8,7    channel dc2)
       (datafile 4,6,7    channel dc3)
       as compressed backupset;
}
```

Observe também que é possível especificar o nome de caminho de um arquivo de dados, em vez do número desse arquivo, como neste exemplo:

```
(datafile '/u01/oradata/users02.dbf' channel dc2)
```

Para automatizar ainda mais esse processo, você pode emitir o comando CONFIGURE para melhorar o paralelismo para cada tipo de dispositivo. Eis a configuração padrão do RMAN para os canais de dispositivo de disco:

```
CONFIGURE DEVICE TYPE DISK PARALLELISM 1 BACKUP
       TYPE TO BACKUPSET; # default
```

## Noções básicas sobre a multiplexação do RMAN

Você pode melhorar o desempenho do RMAN e a taxa de transferência *multiplexando* as operações de backup e recuperação. A multiplexação permite que o RMAN leia a partir de vários arquivos simultaneamente e grave os blocos de dados na mesma parte do backup.

*Não é possível multiplexar cópias-imagem.*

Usar a multiplexação como um método de ajuste do RMAN é uma forma de reduzir os gargalos nas operações de backup e recuperação. O nível de multiplexação é controlado basicamente por dois parâmetros: FILESPERSET e MAXOPENFILES.

O parâmetro FILESPERSET do comando BACKUP do RMAN determina o número de arquivos de dados que constarão em cada conjunto de backup. Se um canal individual copiar em backup 10 arquivos de dados e o valor do parâmetro FILESPERSET for 4, o RMAN fará o backup de apenas 4 arquivos por conjunto de backup. O parâmetro FILESPERSET está predefinido com 64.

O nível de multiplexação (o número de arquivos de entrada lidos e gravados na mesma parte do backup) é o mínimo de MAXOPENFILES e o número de arquivos em cada conjunto de backup. O valor padrão de MAXOPENFILES é 8. Eis uma equação para facilitar o entendimento desse cálculo:

```
multiplexing_level =
       min(MAXOPENFILES, min(FILESPERSET, files_per_channel))
```

Este exemplo copia em backup 10 arquivos de dados em um único canal, o valor de MAXOPENFILES é 12 e o de FILESPERSET é o valor padrão de 64. Portanto, o nível de multiplexação é calculado assim:

```
multiplexing_level = min{12, min{64, 10}} = 10
```

O RMAN aloca um número e tamanho diferentes de buffers de I/O de disco, de acordo com o nível de multiplexação definido em seu job do RMAN. Como esse nível de multiplexação é derivado pelo RMAN usando os parâmetros FILESPERSET e MAXOPENFILES na equação citada anteriormente, é possível utilizar as informações contidas na Tabela 8-1 para detectar a quantidade e o tamanhos dos buffers necessários para que o RMAN faça o backup.

A Oracle recomenda que o valor de FILESPERSET seja 8 ou menos, para otimizar o desempenho da recuperação. Em outras palavras, colocar uma quantidade excessiva de arquivos de entrada em um único conjunto de backup retardará a operação de recuperação porque o comando RESTORE ou RECOVER ainda precisará ler um grande número de blocos desnecessários no conjunto de backup quando você recuperar um único arquivo de dados.

### Ajustando os canais do RMAN

É possível melhorar ainda mais o desempenho do backup do RMAN ajustando os canais individuais com os comandos CONFIGURE CHANNEL e ALLOCATE CHANNEL. Cada comando CHANNEL aceita os seguintes parâmetros:

- MAXPIECESIZE – O tamanho máximo de uma parte do backup.
- RATE – O número de bytes por segundo lidos pelo RMAN no canal.
- MAXOPENFILES – O número máximo de arquivos de entrada abertos em um canal em determinado momento.

O parâmetro MAXPIECESIZE é útil quando você faz um backup em disco e o sistema operacional subjacente limita o tamanho de um arquivo individual no disco, ou quando um gerenciador de mídia em fita não pode dividir uma parte do backup por várias fitas.

Observe que o parâmetro RATE não melhora o desempenho, mas o freia propositalmente para limitar a largura de banda do disco disponível para um canal. Isso ajuda quando os backups do RMAN devem ocorrer nos períodos de atividade de pico em outro local no banco de dados.

**TABELA 8-1**  *Dimensionamento do buffer de arquivos de dados do RMAN*

| Nível de multiplexação | Tamanho do buffer do disco de entrada |
| --- | --- |
| < -4 | 16 buffers de 1 MB cada, divididos entre todos os arquivos de entrada |
| 5 - 8 | Um número variável de buffers de 512 MB para manter o tamanho total do buffer abaixo de 16MB |
| > 8 | Um total de 4 buffers de 128 KB cada para cada arquivo de entrada (512 KB) |

O parâmetro MAXOPENFILES foi analisado na seção anterior, mas compensa revisá-lo quando você precisar otimizar o desempenho de um canal individual. Por exemplo, você pode utilizar MAXOPENFILES para limitar o uso que o RMAN faz de handles ou buffers do sistema operacional.

## Ajustando o comando BACKUP

Exatamente como no comando CONFIGURE CHANNEL, o comando BACKUP dispõe de parâmetros que podem ajudá-lo a melhorar o desempenho ou limitar os recursos tecnológicos utilizados por um canal para um backup do RMAN. Eis os principais parâmetros de ajuste do comando BACKUP:

- MAXPIECESIZE – O tamanho máximo de uma parte de backup por canal.
- FILESPERSET – O número máximo de arquivos por conjunto de backup.
- MAXOPENFILES – O número máximo de arquivos de entrada abertos em um canal em determinado momento.
- BACKUP DURATION – Diminui ou aumenta o tempo de conclusão de um backup.

Você já se deparou com os parâmetros MAXPIECESIZE, FILESPERSET e MAXOPENFILES. Observe que MAXPIECESIZE e MAXOPENFILES têm o mesmo objetivo que nos comandos CHANNEL, exceto pelo fato de que se aplicam a todos os canais no backup.

BACKUP DURATION especifica um período de tempo para o término do backup. Você pode qualificar essa opção com MINIMIZE TIME para executar o backup o mais rapidamente possível, ou MINIMIZE LOAD para utilizar o período de tempo total especificado na janela de BACKUP DURATION. Além disso, você pode usar a opção PARTIAL, como esperado, para salvar um backup parcial que foi encerrado devido a restrições de tempo. Por exemplo, para limitar um backup completo do banco de dados a 2 horas, executá-lo o mais rapidamente possível e salvar um backup parcial, use este comando:

```
RMAN> backup duration 2:00 partial database;
```

Se o backup não for concluído no tempo especificado, o backup parcial ainda poderá ser utilizado em uma situação de recuperação depois que um comando BACKUP executado posteriormente finalize o backup e você usar a opção PARTIAL.

## Configurando o LARGE_POOL_SIZE

Você pode ajustar o valor do parâmetro de inicialização LARGE_POOL_SIZE para melhorar o desempenho do backup do RMAN. Se você não definir o parâmetro LARGE_POOL_SIZE, os processos do servidor do RMAN usarão a memória do shared pool. Isso pode acarretar uma contenção com vários outros processos que utilizam o shared pool. Se não for possível atender à solicitação do RMAN por memória, o RMAN usará a memória da PGA (Program Global Area), gravará uma mensagem no log de alerta e usará I/O síncrono para esse backup. Entretanto, o I/O síncrono pode ser ineficiente; portanto, é possível redimensionar o valor do large pool para os backups de disco através do seguinte cálculo:

```
additional_large_pool_size = #channels * 16MB
```

Para um backup em fita, adicione memória considerando o tamanho do buffer do driver de fita (equivalente ao parâmetro BLKSIZE do canal do RMAN):

```
additional_large_pool_size = #channels * (16MB + (4 * tape_buffer_size))
```

Observe também que o RMAN só usará a memória do large pool se o DBWR_IO_SLAVES estiver definido com um valor acima de zero. Você aprenderá a definir esse parâmetro de inicialização mais adiante neste capítulo.

## OBJETIVO DA CERTIFICAÇÃO 8.03

### CONFIGURAR O RMAN PARA I/O ASSÍNCRONO

O uso do I/O síncrono ou assíncrono em seu ambiente do RMAN dependerá de alguns fatores, como o tipo de dispositivo utilizado para os conjuntos de backup (disco ou fita) e se o dispositivo de saída ou o sistema operacional do host tem suporte para I/O síncrono ou assíncrono. Mesmo que o sistema operacional do host ou o dispositivo não aceitem o I/O assíncrono nativo, você poderá configurar o RMAN para simular o I/O assíncrono por meio de parâmetros de inicialização, como o DBWR_IO_SLAVES.

Depois que você examinar as principais diferenças existentes entre o I/O assíncrono ou síncrono, você aprenderá a monitorar o desempenho de cada tipo de I/O por meio de visões dinâmicas de desempenho, identificar onde se encontra o gargalo da taxa de transferência e ajustar os parâmetros do RMAN adequadamente.

### Noções básicas sobre I/O síncrono e assíncrono

Quando o RMAN lê ou grava dados, as operações de I/O são *síncronas* ou *assíncronas*. Uma operação de I/O síncrona impede que um processo do servidor execute mais de uma operação de cada vez. Ele deve aguardar o término de uma operação para iniciar a seguinte. Obviamente, uma operação assíncrona pode iniciar uma operação de I/O e executar imediatamente outras operações, inclusive começar outra operação de I/O.

Você pode utilizar os parâmetros de inicialização para controlar o tipo de operações de I/O. Para os backups em fita, você pode definir o parâmetro BACKUP_TAPE_IO_SLAVES com TRUE para configurar os backups de operações assíncronas. De outra forma, defina-o com FALSE para as operações síncronas. O padrão é FALSE.

Para os backups em disco, a maioria dos sistemas operacionais modernos tem suporte para o I/O assíncrono nativo. Entretanto, se seu sistema operacional não aceitar esse recurso, você também poderá definir o parâmetro BACKUP_TAPE_IO_SLAVES com TRUE e instruir o Oracle a simular o I/O assíncrono definindo DBWR_IO_SLAVES com um valor diferente de zero. Assim, você alocará quatro auxiliares de I/O de disco de backup para simular as operações de I/O assíncrono do RMAN.

## Monitorando o I/O assíncrono

Para monitorar as operações de I/O assíncrono, use a visão dinâmica de desempenho V$BACKUP_ASYNC_IO. As principais colunas a serem examinadas são:

- **IO_COUNT** – Número de operações de I/O executadas em um arquivo.
- **LONG_WAITS** – Número de vezes que o processo de backup ou restauração precisou solicitar ao sistema operacional que aguardasse o término do I/O.
- **SHORT_WAIT_TIME_TOTAL** – Tempo total, em centésimos de segundo, ocupado pela verificação do término de I/O sem bloqueios.
- **LONG_WAIT_TIME_TOTAL** – Tempo total, em centésimos de segundo, enquanto o bloqueio aguarda o término do I/O.

Uma alta proporção entre LONG_WAITS e IO_COUNT é um provável gargalo no processo de backup. SHORT_WAIT_TIME_TOTAL e LONG_WAIT_TIME_TOTAL também são indicadores de afunilamento se tiverem um valor diferente de zero.

Este exemplo identifica dois arquivos de entrada com proporções diferentes de zero:

```
SQL> select long_waits / io_count waitcountratio, filename
  2  from v$backup_async_io
  3  where long_waits / io_count > 0
  4  order by long_waits / io_count desc
  5  ;

WAITCOUNTRATIO FILENAME
-------------- ---------------------------------------
    .248201439 /u01/oradata/bkup/6bjmt1e3_1_1
            .2 /u01/app/oracle/flash_recovery_area/HR/a
               utobackup/2008_07_31/o1_mf_s_661554862_%
               u_.bkp
SQL>
```

Para esses dois arquivos, você pode considerar o aumento da multiplexação para diminuir ou eliminar os tempos de espera ao copiá-los no backup.

## Monitorando o I/O síncrono

A visão dinâmica de desempenho V$BACKUP_SYNC_IO vai ajudá-lo a identificar os gargalos nas operações síncronas de I/O, assim como o andamento dos jobs de backup. Use a coluna DISCRETE_BYTES_PER_SECOND para exibir a taxa de I/O da operação. Em seguida, compare essa taxa com a taxa máxima do dispositivo de saída, como uma unidade de fita. Se a taxa for muito inferior, você poderá ajustar o processo para melhorar a taxa de transferência da operação de backup através da paralelização ou do aumento do nível de multiplexação do canal.

> **dica de exame**
> 
> Se você estiver utilizando I/O síncrono, mas definiu o parâmetro BACKUP_DISK_IO_SLAVES com TRUE, então o desempenho de I/O será monitorado na visão V$BACKUP_ASYNC_IO.

## RESUMO DA CERTIFICAÇÃO

Este capítulo apresentou uma lista sucinta mas importante de dicas para ajudá-lo a ajustar, de modo eficiente, as operações do RMAN a fim de maximizar a taxa de transferência das operações de backup e recuperação. Primeiro, você aprendeu a monitorar o andamento dos jobs do RMAN por meio das visões dinâmicas de desempenho V$SESSION, V$PROCESS e V$SESSION_LONGOPS.

Quando ocorrer um desastre, mesmo que seja de pequenas proporções, você pode examinar alguns locais para depurar os problemas do backup ou da recuperação. Se a solução para o problema não for óbvia na saída da linha de comando, você poderá usar o log de alerta ou os arquivos de rastreamento padrão do Oracle. Também é possível criar arquivos de rastreamento específicos do RMAN com a opção DEBUG. Se estiver usando dispositivos de fita, o arquivo sbtio.log pode dar indicações, assim como os outros arquivos de rastreamento ou de dump específicos dos fornecedores.

Após conhecer as etapas executadas pelo RMAN durante uma operação de backup ou restauração, você examinou alguns métodos de ajuste dos backups do RMAN. Isso incluiu o aumento do nível da multiplexação para um ou mais canais, o ajuste do comando BACKUP com as respectivas opções de linha de comando, e a configuração do parâmetro LARGE_POOL_SIZE para as solicitações de grandes buffers de memória feitas pelo RMAN.

Por último, o capítulo fez uma comparação entre o I/O síncrono e assíncrono. Os dois métodos registram o andamento do backup e recuperação nas visões dinâmicas de desempenho V$BACKUP_SYNC_IO e V$BACKUP_ASYNC_IO, que podem ajudá-lo a identificar os gargalos de arquivos específicos no backup.

## EXERCÍCIO DE DOIS MINUTOS

*Monitorar sessões e jobs do RMAN*

❏ Você pode juntar as visões V$SESSION e V$PROCESS para identificar os processos do sistema operacional associados a cada canal do RMAN.

❏ O comando SET COMMAND ID do RMAN ajuda a distinguir os processos dos diferentes jobs de backup na visão V$SESSION.

❏ Use a visão V$SESSION_LONGOPS para monitorar o status de jobs do RMAN executados por mais de 6 segundos.

❏ A visão V$SESSION_LONGOPS contém as linhas de detalhes e de agregação de cada job do RMAN.

❏ Você deve definir o parâmetro de inicialização STATISTICS_LEVEL com TYPICAL ou ALL para que o RMAN registre as informações sobre o status dos jobs na visão V$SESSION_LONGOPS.

❏ As informações de depuração do RMAN constam na saída da linha de comando, nos arquivos de rastreamento específicos do RMAN, no log de alerta, nos arquivos de rastreamento do Oracle e nos arquivos de rastreamento específicos dos fornecedores.

❏ Inclua a opção debug na linha de comando do sistema operacional para ativar a depuração e, opcionalmente, especificar um arquivo que armazenará a saída da depuração.

❏ Use o comando DEBUG ON ou DEBUG OFF para ativar ou desativar a depuração do RMAN dentro da sessão do RMAN.

*Ajustar o RMAN*

❏ Os jobs de backup ou recuperação do RMAN executam tarefas em três fases principais: leitura, cópia e gravação.

❏ A fase de cópia no RMAN é subdividida em três subfases: validação, compressão e criptografia.

❏ O paralelismo (alocação de vários canais) pode melhorar o desempenho do backup.

❏ É possível alocar até 255 canais por sessão do RMAN, e cada canal pode ler até 64 arquivos de dados simultaneamente.

❏ A multiplexação é controlada basicamente pelos parâmetros FILESPERSET e MAXOPENFILES.

❏ Para calcular o nível de multiplexação, use a seguinte fórmula:
min(MAXOPENFILES, min (FILESPERSET, files_per_channel))

❏ Você pode ajustar os canais do RMAN por meio dos parâmetros MAXPIECESIZE, RATE e MAXOPENFILES.

- Ajuste o comando BACKUP através dos parâmetros MAXPIECESIZE, FILESPERSET, MAXOPENFILES e BACKUP DURATION.
- O parâmetro BACKUP DURATION do comando BACKUP pode ser definido com MINIMIZE TIME para executar o backup o mais rapidamente possível, ou com MINIMIZE LOAD para reduzir a demanda por I/O no banco de dados.
- É possível configurar o parâmetro de inicialização LARGE_POOL_SIZE para reduzir a contenção no shared pool para os backups do RMAN.

### Configurar o RMAN para I/O assíncrono

- As operações síncronas de backup devem aguardar o término para iniciar outra solicitação de I/O. As operações assíncronas de backup não precisam esperar.
- Defina o parâmetro de inicialização BACKUP_TAPE_IO_SLAVES com TRUE para configurar backups em fita para operações assíncronas.
- A definição do parâmetro de inicialização DBWR_IO_SLAVES aloca quatro processos auxiliares de I/O de disco de backup para simular operações assíncronas de I/O do RMAN.
- Use a visão dinâmica de desempenho V$BACKUP_ASYNC_IO para monitorar as operações assíncronas do RMAN.
- A proporção entre LONG_WAITS e IO_COUNT na visão V$BACKUP_ASYNC_IO deve ser a menor possível, para reduzir ou eliminar os gargalos.
- Se a coluna SHORT_WAIT_TIME_TOTAL ou LONG_WAIT_TIME_TOTAL da visão V$BACKUP_ASYNC_IO não for zero, o arquivo associado deverá ser ajustado.
- Use a visão dinâmica de desempenho V$BACKUP_SYNC_IO para identificar os gargalos nas operações síncronas de backup ou recuperação do RMAN.
- A coluna DISCRETE_BYTES_PER_SECOND na visão V$BACKUP_SYNC_IO pode ser comparada com a taxa máxima de um dispositivo de saída de fita para identificar oportunidades de ajuste.

# TESTE

As perguntas a seguir o ajudarão a avaliar seu conhecimento sobre o material apresentado neste capítulo. Leia com atenção todas as opções porque pode haver mais de uma resposta correta. Escolha todas as respostas certas de cada pergunta.

*Monitorar sessões e jobs do RMAN*

1. Quais das seguintes visões dinâmicas de desempenho você pode utilizar para identificar a relação existente entre as sessões do servidor Oracle e os canais do RMAN?

    A. V$PROCESS e V$SESSION
    B. V$PROCESS e V$BACKUP_SESSION
    C. V$PROCESS e V$BACKUP_ASYNC_IO
    D. V$BACKUP_ASYNC_IO e V$SESSION
    E. V$BACKUP_SYNC_IO e V$BACKUP_ASYNC_IO

2. Você cria três sessões do RMAN para fazer o backup de três tablespaces diferentes. A terceira sessão do RMAN executa este comando:

    ```
    run {
            set command id to 'user bkup';
            backup tablespace users;
    }
    ```

    Que valores a coluna V$SESSION.CLIENT_INFO oferece para esse comando? Escolha todas as respostas aplicáveis.

    A. `rman channel=ORA_DISK_1,id=user bkup`
    B. `id=user bkup,rman channel=ORA_DISK_1`
    C. `id=user bkup,cmd=backup tablespace users`
    D. `id=user bkup`
    E. A coluna CLIENT_INFO consta na visão V$PROCESS, não na V$SESSION

3. Identifique o local em que as informações da saída de mensagens e de solução de problemas do RMAN podem ser encontradas. (Escolha todas as respostas aplicáveis.)

    A. Arquivo de rastreamento do servidor Oracle
    B. Arquivo de rastreamento do RMAN
    C. Visão V$PROCESS
    D. Log de alerta do banco de dados
    E. Saída de comandos do RMAN
    F. Arquivo sbtio.log específico do fornecedor
    G. Tabela SYS.AUDIT$

*Ajustar o RMAN*

4. Os parâmetros de inicialização no banco de dados estão definidos como:
   ```
   BACKUP_TAPE_IO_SLAVES = TRUE
   LARGE_POOL_SIZE = 50M
   JAVA_POOL_SIZE = 75M
   PGA_AGGREGATE_TARGET = 20M
   ```
   Identifique as afirmações corretas sobre onde o RMAN aloca os buffers de memória para o backup em fita:

   A. O RMAN usa o Java Pool na SGA.
   B. O RMAN usa o shared pool na SGA.
   C. O RMAN aloca memória do large pool na PGA.
   D. O RMAN aloca memória do large pool na SGA.

5. Quais das seguintes respostas são gargalos que afetam as operações de backup e recuperação do RMAN? (Escolha todas as respostas aplicáveis.)

   A. Ler dados do banco de dados
   B. Gravar dados em disco
   C. Gravar dados em fita
   D. Validar blocos de dados
   E. Usar buffers de memória SGA versus buffers de memória PGA

6. Qual(is) parâmetro(s) do RMAN controla(m) a multiplexação em disco e fita? (Escolha a melhor resposta.)

   A. FILESPERSET do comando BACKUP
   B. FILESPERSET do comando BACKUP e MAXOPENFILES do comando CONFIGURE
   C. FILESPERSET do comando CONFIGURE e MAXOPENFILES do comando BACKUP
   D. MAXOPENFILES do comando CONFIGURE

**Configurar o RMAN para I/O assíncrono**

7. Identifique os tipos de linhas na visão V$BACKUP_SYNC_IO durante uma operação de backup do RMAN. (Escolha todas as respostas aplicáveis.)

   A. Uma linha para cada arquivo de dados
   B. Uma linha para cada tablespace
   C. Uma linha para cada parte do backup
   D. Uma linha para cada canal
   E. Uma linha para cada tipo de dispositivo de entrada ou saída

8. Você pode utilizar a visão V$BACKUP_ASYNC_IO para monitorar o I/O assíncrono do RMAN. Qual coluna (ou colunas) você utiliza para detectar o arquivo que representa gargalo durante um backup?

   A. Um valor alto em LONG_WAITS / IO_COUNT
   B. Um valor alto em LONG_WAITS
   C. Um valor alto em IO_COUNT
   D. Um valor alto em IO_COUNT / LONG_WAITS

9. Você define o parâmetro de inicialização BACKUP_TAPE_IO_SLAVES com TRUE. Que efeito essa definição surtirá sobre o tipo de I/O que os processos do servidor executarão no RMAN se você estiver utilizando fita? (Escolha a melhor resposta.)

   A. Se LARGE_POOL_SIZE for definido com um valor diferente de zero, o I/O da fita será automaticamente síncrono.
   B. Se LARGE_POOL_SIZE for definido com um valor diferente de zero, o I/O da fita será automaticamente assíncrono.
   C. O I/O de fita é automaticamente síncrono.
   D. O I/O de fita é automaticamente assíncrono.

## RESPOSTAS DO TESTE

*Monitorar sessões e jobs do RMAN*

1. ☑ **A**. Faça o join das visões V$PROCESS e V$SESSION nas colunas ADDR e PADDR e selecione as linhas onde o início da coluna CLIENT_INFO contém o string RMAN.

    ☒ **B** está incorreta porque não existe a visão V$BACKUP_SESSION. **C**, **D** e **E** estão incorretas porque você usa V$BACKUP_ASYNC_IO e V$BACKUP_SYNC_IO para monitorar o desempenho dos jobs do RMAN para I/O assíncrono e síncrono, respectivamente.

2. ☑ **B** e **D**. A visão V$SESSION tem duas linhas para cada processo de backup, ambas com o valor especificado no comando SET COMMAND ID do RMAN.

    ☒ **A** está incorreta porque os valores para CLIENT_INFO estão na ordem incorreta. **C** está incorreta porque o verdadeiro comando do RMAN não está incluído em CLIENT_INFO. **E** está incorreta porque CLIENT_INFO se encontra de fato na visão V$SESSION.

3. ☑ **A**, **B**, **D**, **E** e **F**. As informações de depuração do RMAN e outras saídas de mensagens podem ser encontradas nos arquivos de rastreamento do servidor Oracle, no arquivo de rastreamento do RMAN, no log de alerta do banco de dados, na saída do próprio comando do RMAN e no arquivo sbtio.log (para bibliotecas de fita) específico para cada fornecedor.

    ☒ **C** e **G** estão incorretas. O RMAN não registra quaisquer informações de depuração ou de erro na visão V$PROCESS ou na tabela SYS.AUDIT$.

*Ajustar o RMAN*

4. ☑ **D**. Se você definir BACKUP_TAPE_IO_SLAVES com TRUE, o RMAN alocará buffers de fita do shared pool, a menos que o parâmetro de inicialização LARGE_POOL_SIZE tenha sido definido, em cujo caso o RMAN alocará buffers de fita do large pool.

    ☒ **A**, **B** e **C** estão incorretas; os parâmetros JAVA_POOL_SIZE e PGA_AGGREGATE_TARGET não surtem efeito sobre a localização dos buffers do RMAN.

5. ☑ **A**, **B**, **C** e **D**. Todas essas opções são possíveis gargalos.

    ☒ **E** está incorreta. A localização dos buffers de dados do RMAN não é um fator que pode ocasionar um gargalo e reduzir a taxa de transferência do RMAN.

6. ☑ **B**. Ambos os parâmetros, FILESPERSET e MAXOPENFILES, controlam o nível de multiplexação durante uma operação de backup do RMAN.

    ☒ **A** está incorreta porque MAXOPENFILES no comando CONFIGURE também controla o nível de multiplexação, não apenas FILESPERSET. **C** está incorreta porque FILESPERSET não é uma opção válida para o comando CONFIGURE, e

MAXOPENFILES não é uma opção válida para o comando BACKUP. **D** está incorreta porque MAXOPENFILES do comando CONFIGURE não é o único parâmetro que controla o nível de multiplexação.

## Configurar o RMAN para I/O assíncrono

7. ☑ **A e C**. A visão V$BACKUP_SYNC_IO contém uma linha para cada arquivo de dados e para cada parte do backup. Além disso, a visão V$BACKUP_SYNC_IO contém uma linha de agregação para todos os arquivos de dados.

    ☒ **B** está incorreta porque o rastreamento na visão V$BACKUP_SYNC_IO está no nível do arquivo de dados. **D** está incorreta porque os canais individuais não são rastreados na visão V$BACKUP_SYNC_IO. **E** está incorreta porque os dispositivos individuais não são rastreados na visão V$BACKUP_SYNC_IO.

8. ☑ **A**. O arquivo com o valor mais alto para a proporção entre LONG_WAITS e IO_COUNT indica um possível gargalo.

    ☒ **B** está incorreta porque o valor alto em LONG_WAITS não indica por si um gargalo. De modo semelhante, **C** está incorreta porque um valor alto em IO_COUNT não indica por si um gargalo. **D** está incorreta porque um valor baixo em IO_COUNT / LONG_WAITS identifica um gargalo, não um valor alto.

9. ☑ **D**. Se você definir BACKUP_TAPE_IO_SLAVES com TRUE, o I/O de fita será automaticamente assíncrono.

    ☒ **A e B** estão incorretas porque LARGE_POOL_SIZE não surte efeito sobre se o I/O é síncrono ou assíncrono. **C** está incorreta porque o I/O de fita será síncrono se BACKUP_TAPE_IO_SLAVES estiver definida com FALSE.

# 9
# Configurando e Usando Flashback

## OBJETIVOS DE CERTIFICAÇÃO

- 9.01 Restaurar tabelas eliminadas a partir da lixeira
- 9.02 Executar um Flashback Query
- 9.03 Usar o Flashback Transaction
- 9.04 Executar operações Flashback Table
- 9.05 Configurar e utilizar um Flashback Data Archive
- 9.06 Configurar, monitorar o Flashback Database e executar operações do Flashback Database
- ✓ Exercício de dois minutos
- P&R Teste

Um desastre acontece quando menos se espera, e os recursos de flashback do Oracle, que fazem parte da opção Total Recall do Oracle, facilitam a recuperação a partir de danos lógicos, como tabelas eliminadas acidentalmente ou transações incorretas. A maioria dessas opções de recuperação, se não todas, estão disponíveis para os usuários de bancos de dados, deixando o DBA livre para outras tarefas e, possivelmente, reduzindo o tempo de recuperação. A tecnologia de flashback facilita a exibição das mudanças implantadas por operações incorretas, antes de serem revertidas. Você pode exibir todos os dados em determinado ponto no tempo, todas as alterações efetuadas em uma linha durante um período de tempo ou todas as modificações ocorridas dentro de uma transação específica.

Os recursos de flashback do Oracle são suportados por uma das três estruturas no banco de dados: dados de undo, a área de recuperação flash e a lixeira. Os dados de undo no tablespace de undo, além de suportar o rollback de transações, suporta a maioria das operações de Flashback Table. Nos *Flashback Data Archives*, há suporte para consultas de versões anteriores das linhas de tabela. Os Flashback Data Archives fornecem uma área em um ou mais tablespaces fora do tablespace de undo para respaldar um período de retenção muito mais prolongado do que é possível para um tablespace de undo. Os *Flashback logs,* residentes na área de recuperação flash, facilitam a reversão do banco de dados inteiro para um tempo anterior sem exigir uma operação tradicional de restauração e recuperação. A *lixeira* em cada tablespace contém uma ou mais versões das tabelas e índices eliminados, que podem ser facilmente restaurados pelo usuário desde que haja espaço disponível no tablespace.

Este capítulo aborda o tema Flashback Drop, após examinar a função do tablespace de undo para outros recursos do banco de dados. O Flashback Drop depende de um recurso lançado no Oracle Database 10g, a lixeira (*recycle bin*). A lixeira é uma tabela do dicionário de dados que rastreia uma ou mais versões das tabelas eliminadas e permite recuperar qualquer versão da tabela a um estado imediatamente anterior à eliminação.

Em seguida, você conhecerá as tecnologias de flashback no nível de tabela. Você pode consultar uma tabela para saber como uma linha constava em determinado momento, e dependendo de até onde você voltar no tempo, o Oracle usará os dados de undo ou um Flashback Data Archive, se estiver configurado. Também é possível consultar o conteúdo de uma linha específica modificada durante um intervalo de tempo especificado, ou consultar as alterações efetuadas em todas as linhas por uma determinada transação do banco de dados.

Por último, você aprenderá a utilizar a tecnologia de flashback no nível de banco de dados com o Flashback Database. Mesmo que você não seja adepto de táticas radicais, é possível que você precise reverter um banco de dados inteiro a um ponto anterior no tempo, se os danos lógicos forem muito disseminados ou se as dependências dos objetos dificultarem ou inviabilizarem o uso das tecnologias de flashback no nível de tabela.

## OBJETIVO DA CERTIFICAÇÃO 9.01

### RESTAURAR TABELAS ELIMINADAS A PARTIR DA LIXEIRA

O Flashback Drop conta com um recurso lançado no Oracle Database 10g, a lixeira, cujo comportamento é muito parecido com a lixeira em um computador da plataforma Windows. Se existir espaço disponível suficiente no tablespace, os objetos eliminados poderão ser restaurados ao esquema original, com todos os índices, restrições e triggers intactos. As seções a seguir examinarão cada aspecto da lixeira: como configurá-la, como restaurar tabelas eliminadas, gerenciar o seu espaço, ignorá-la e acessar as tabelas diretamente na lixeira.

### Noções básicas sobre a lixeira

De forma resumida, a lixeira é uma tabela do dicionário de dados que rastreia os objetos eliminados. Os objetos em si continuam existindo no seu local original dentro do tablespace, mas são renomeados. Eles ainda constam em visões do dicionário de dados, como a USER_TABLES, se bem que com novos nomes. A lixeira suporta objetos com o mesmo nome original. Ou seja, se você criar uma tabela EMPLOYEES e depois eliminá-la em três ocasiões diferentes, as três versões dessa tabela estarão disponíveis na lixeira, desde que haja espaço suficiente no tablespace.

Embora seja possível fazer referência a todos os objetos contidos na lixeira de modo genérico, cada tablespace possui uma lixeira local própria. Portanto, alguns objetos eliminados mais recentemente podem ser retirados do tablespace USERS por questão de espaço. Entretanto, os objetos eliminados há mais tempo podem permanecer por mais tempo no tablespace TRAINING se novos objetos não forem criados frequentemente nesse tablespace.

Por padrão, a lixeira estará ativada. Para ativar e desativá-la, use o parâmetro de inicialização RECYCLEBIN:

```
recyclebin = on
```

Também é possível ativar ou desativar a lixeira no nível de sessão através do comando ALTER SESSION:

```
SQL> alter session set recyclebin=off;
```

RECYCLEBIN é um parâmetro de inicialização dinâmico, de modo que é possível alterá-lo com ALTER SYSTEM. A mudança entrará em vigor imediatamente depois que você especificar SCOPE=MEMORY ou SCOPE=BOTH:

```
alter system set recyclebin=off scope=both;
```

Independentemente do método utilizado para desativar a lixeira, os objetos nela contidos continuarão nesse local, a menos que você os expurgue ou que eles sejam expurgados para abrir espaço para os novos objetos. Até a reativação da lixeira, os objetos eliminados recentemente não serão recuperáveis usando a lixeira.

Quando você elimina um objeto com a lixeira ativada, o espaço alocado para esse objeto e todos os objetos associados (como os índices) constará imediatamente na visão do dicionário de dados DBA_FREE_SPACE. Contudo, o espaço usado pelos objetos ainda será considerado na quota do usuário até que o objeto seja explicitamente removido da lixeira ou expurgado por novos objetos no tablespace. Além disso, a tabela e seus objetos dependentes são renomeados com um nome atribuído pelo sistema, usando o seguinte formato:

```
BIN$unique_id$version
```

A parte *unique_id* do nome é um nome de objeto de 26 caracteres, globalmente exclusivo. Uma tabela de mesmo nome, eliminada em outro banco de dados, terá um *unique_id* diferente. A parte *version* do nome é o número da versão do objeto eliminado, que é atribuído pelo Oracle. Na próxima vez em que uma tabela de mesmo nome for eliminada, as partes *unique_id* e *version* são as mesmas, mas cada qual terá valores diferentes em DROPTIME. Mais adiante neste capítulo, você aprenderá a selecionar a versão a ser recuperada.

## Consultando a lixeira

Para consultar a lixeira, use a visão do dicionário de dados USER_RECYCLEBIN; RECYCLEBIN é um sinônimo global de USER_RECYCLEBIN. Você pode exibir os objetos expurgados de todos os usuários na visão DBA_RECYCLEBIN:

```
SQL> select owner, object_name, original_name,
  2     type, ts_name, droptime, can_undrop
  3  from dba_recyclebin;

OWNER          OBJECT_NAME                          ORIGINAL_NAME
------------   ------------------------------       ----------------------
TYPE           TS_NAME       DROPTIME               CAN_UNDROP
------------   ------------  -------------------    ----------
HR             BIN$UmhMiy3i2+zgQKjAYAI1cw==$0       JOB_HISTORY
TABLE          EXAMPLE       2008-07-19:16:38:48    YES

HR             BIN$UmhMiy3h2+zgQKjAYAI1cw==$0       JHIST_EMP_ID_ST_DATE_PK
INDEX          EXAMPLE       2008-07-19:16:38:48    NO

HR             BIN$UmhMiy3g2+zgQKjAYAI1cw==$0       JHIST_DEPARTMENT_IX
INDEX          EXAMPLE       2008-07-19:16:38:47    NO

HR             BIN$UmhMiy3f2+zgQKjAYAI1cw==$0       JHIST_EMPLOYEE_IX
INDEX          EXAMPLE       2008-07-19:16:38:47    NO

HR             BIN$UmhMiy3e2+zgQKjAYAI1cw==$0       JHIST_JOB_IX
INDEX          EXAMPLE       2008-07-19:16:38:47    NO

BRETT          BIN$U/9fvJKUXOzgQKjAYAIWhw==$0       SYS_C0004004
INDEX          USERS         2008-08-09:10:17:59    NO
```

```
BRETT          BIN$U/9fvJKSXOzgQKjAYAIWhw==$0    FAVRE_2_JETS
TABLE          USERS          2008-08-09:10:16:39 YES

7 rows selected.

SQL>
```

Observe a coluna `CAN_UNDROP`. Em princípio, você poderia supor que se o objeto está na lixeira, ele pode ser recuperado. Após um exame minucioso, você verá que `CAN_UNDROP` está definido com `NO` para objetos como índices, porque não é possível cancelar a eliminação de um índice. Primeiramente, cancele a eliminação da tabela; todos os índices associados terão a sua eliminação automaticamente cancelada.

A visão do dicionário de dados `USER_RECYCLEBIN` tem as mesmas colunas que a visão `DBA_RECYCLEBIN`, exceto pelo fato de que a primeira (`USER_RECYCLEBIN`) não possui a coluna `OWNER`. Isso também ocorre em todas as visões do dicionário de dados do Oracle que têm os prefixos `USER_`, `DBA_` e `ALL_`, embora, neste caso, não exista uma visão do dicionário de dados chamada `ALL_RECYCLEBIN`.

### EXERCÍCIO 9-1

#### Mova objetos para a lixeira

Neste exercício, você criará e eliminará a mesma tabela duas vezes, e depois consultará a lixeira para identificar o nome da tabela e seus objetos dependentes contidos nessa lixeira.

1. Crie a tabela VAC_SCHED e insira uma linha nessa tabela:

```
SQL> create table vac_sched
  2  (
  3     emp_no      number,
  4     vac_no      number,
  5     start_date  date,
  6     end_date    date,
  7     primary key(emp_no, vac_no)
  8  );

Table created.

SQL> insert into vac_sched values(4,17,'15-sep-08','30-sep-08');

1 row created.

SQL> commit;

Commit complete.

SQL>
```

2. Elimine a tabela:

   ```
   SQL> drop table vac_sched;

   Table dropped.

   SQL>
   ```

3. Crie a tabela novamente e insira uma linha com valores diferentes daqueles digitados na linha inserida na primeira versão da tabela:

   ```
   SQL> create table vac_sched
     2  (
     3     emp_no      number,
     4     vac_no      number,
     5     start_date  date,
     6     end_date    date,
     7   primary key(emp_no, vac_no)
     8  );

   Table created.

   SQL> insert into vac_sched values(58,2,'21-sep-08','25-sep-08');

   1 row created.

   SQL> commit;

   Commit complete.

   SQL>
   ```

4. Elimine a tabela novamente:

   ```
   SQL> drop table vac_sched;

   Table dropped.

   SQL>
   ```

5. Consulte a lixeira e confirme se a tabela tem dois nomes diferentes, atribuídos pelo sistema, na lixeira:

   ```
   SQL> select object_name, original_name, type, droptime
     2  from recyclebin;

   OBJECT_NAME                                          ORIGINAL_NAME
   ---------------------------------------------------- -------------
   TYPE       DROPTIME
   ---------- -------------------
   BIN$U/9fvJKbXOzgQKjAYAIWhw==$0                       VAC_SCHED
   TABLE      2008-08-09:10:57:56

   BIN$U/9fvJKaXOzgQKjAYAIWhw==$0                       SYS_C0013050
   INDEX      2008-08-09:10:57:56
   ```

```
BIN$U/9fvJKXXOzgQKjAYAIWhw==$0              SYS_C0013049
INDEX        2008-08-09:10:56:41

BIN$U/9fvJKYXOzgQKjAYAIWhw==$0              VAC_SCHED
TABLE        2008-08-09:10:56:41

SQL>
```

Ao examinar detalhadamente, você perceberá que os novos nomes têm um caractere diferente na oitava posição da parte *unique_id* do nome.

Obviamente, é possível expurgar todo o conteúdo da lixeira com o comando PURGE RECYCLEBIN. Se você tiver os privilégios adequados, poderá expurgar o conteúdo da lixeira de todos os usuários através do comando PURGE DBA_RECYCLEBIN.

## Restaurar tabelas a partir da lixeira

Para restaurar uma tabela da lixeira, use o comando FLASHBACK TABLE ... TO BEFORE DROP. Se você incluir o nome da tabela original no comando, serão restaurados a versão da tabela eliminada mais recentemente e os respectivos objetos dependentes. Para restaurar uma versão anterior da mesma tabela, inclua o nome da versão anterior contida na lixeira, como neste exemplo:

```
SQL> flashback table "BIN$U/9fvJKcXOzgQKjAYAIWhw==$0" to before drop;

Flashback complete.

SQL>
```

Insira sempre o nome do objeto da lixeira entre aspas por causa dos caracteres especiais ou em letras minúsculas na representação de strings de base 64 da tabela eliminada.

Se tentar restaurar uma tabela que foi recriada depois da sua eliminação, você receberá um erro, a menos que utilize a cláusula RENAME TO para atribuir um novo nome à tabela restaurada. Veja um exemplo:

```
SQL> flashback table vac_sched to before drop
  2  rename to old_vac_sched;

Flashback complete.

SQL>
```

Quando você aplicar um flashback em uma tabela usando a opção RENAME, a tabela assimilará o respectivo nome original, mas isso não acontecerá com os objetos dependentes dessa tabela. Para manter os nomes originais de índices, triggers e restrições, consulte a lixeira antes de fazer um flashback e renomeie os objetos após a restauração da tabela.

### EXERCÍCIO 9-2

### Restaure uma tabela a partir da lixeira, mantendo os nomes originais dos objetos dependentes

Este exercício começa onde você parou no Exercício 9-1. Procure na lixeira a tabela VAC_SCHED e seus objetos dependentes, restaure a versão mais recente da tabela e renomeie os objetos dependentes com os respectivos nomes originais.

1. Consulte a lixeira e identifique a versão eliminada mais recentemente da tabela VAC_SCHED juntamente com seus objetos dependentes:

   ```
   SQL> select object_name, original_name, type, droptime
     2  from recyclebin
     3  order by droptime desc;

   OBJECT_NAME                                         ORIGINAL_NAME
   --------------------------------------------------  -------------
   TYPE        DROPTIME
   ----------  -------------------
   BIN$U/9fvJKbXOzgQKjAYAIWhw==$0                      VAC_SCHED
   TABLE       2008-08-09:10:57:56

   BIN$U/9fvJKaXOzgQKjAYAIWhw==$0                      SYS_C0013050
   INDEX       2008-08-09:10:57:56

   BIN$U/9fvJKXXOzgQKjAYAIWhw==$0                      SYS_C0013049
   INDEX       2008-08-09:10:56:41

   BIN$U/9fvJKYXOzgQKjAYAIWhw==$0                      VAC_SCHED
   TABLE       2008-08-09:10:56:41

   SQL>
   ```

2. Restaure a versão mais recente da tabela:

   ```
   SQL> flashback table vac_sched to before drop;

   Flashback complete.

   SQL>
   ```

3. Renomeie o índice de restrição da chave primária para seu nome original (o índice eliminado juntamente com a tabela):

   ```
   SQL> alter index "BIN$U/9fvJKaXOzgQKjAYAIWhw==$0" rename to
   sys_c0013050;

   Index altered.

   SQL>
   ```

4. Consulte a visão do dicionário de dados USER_CONSTRAINTS para identificar o nome da restrição de chave primária:

```
SQL> select table_name, constraint_name
  2  from user_constraints
  3  where table_name = 'VAC_SCHED';

TABLE_NAME                      CONSTRAINT_NAME
------------------------------  ------------------------------
VAC_SCHED                       BIN$U/9fvJKZXOzgQKjAYAIWhw==$0

SQL>
```

5. Renomeie a restrição para seu nome original ou, pelo menos, para um nome mais compreensível, caso o nome original tenha sido atribuído pelo sistema:

```
SQL> alter table vac_sched
  2  rename constraint "BIN$U/9fvJKZXOzgQKjAYAIWhw==$0"
  3  to vac_sched_pk;

Table altered.

SQL>
```

## Resgate de espaço na lixeira

Nas seções a seguir, você conhecerá mais detalhes sobre o modo como o Oracle gerencia o espaço na lixeira, como é possível gerenciar manualmente o espaço e como consultar o conteúdo da lixeira. Podem ser utilizadas as funções automatizadas e manuais de gerenciamento do espaço da lixeira.

### *Resgate automático do espaço da lixeira*

O espaço na lixeira e, por extensão, o espaço no tablespace contendo a lixeira são gerenciados automaticamente pelo Oracle. Ou seja, todos os objetos eliminados permanecem disponíveis para recuperação na lixeira, desde que os novos objetos não necessitem do espaço ocupado pelos objetos eliminados.

Quando existir pouco espaço disponível, os objetos mais antigos na lixeira são removidos para que os novos objetos sejam recebidos; na próxima seção, você aprenderá a remover objetos da lixeira de modo seletivo. Se o tablespace for autoextensível (se o atributo AUTOEXTEND ON estiver definido para o tablespace), o espaço dos objetos eliminados será utilizado em primeiro lugar. Se não houver espaço suficiente para um novo objeto, o tablespace será autoextendido.

### *Resgate manual do espaço da lixeira*

Para remover manualmente objetos da lixeira, use o comando PURGE. Quando você expurgar uma tabela da lixeira, essa tabela e todos os respectivos objetos dependentes também serão removidos. Isso faz sentido, porque você não teria como utilizar o índice de uma tabela eliminada!

Ao expurgar uma tabela da lixeira, você pode usar o nome do objeto da lixeira ou o nome original desse objeto. Se você especificar o nome original da tabela, a versão mais antiga dessa tabela será expurgada em primeiro lugar. Portanto, para expurgar uma versão mais recente, use o nome do objeto da lixeira, como neste exemplo:

```
SQL> show recyclebin;
ORIGINAL NAME     RECYCLEBIN NAME                 OBJECT TYPE   DROP TIME
---------------   -----------------------------   -----------   -----------
SALES_Q4          BIN$U/9fvJKfXOzgQKjAYAIWhw==$0  TABLE         2008-08-10
                                                                :22:30:28
SALES_Q4          BIN$U/9fvJKeXOzgQKjAYAIWhw==$0  TABLE         2008-08-10
                                                                :22:28:10
VAC_SCHED         BIN$U/9fvJKYXOzgQKjAYAIWhw==$0  TABLE         2008-08-09
                                                                :10:56:41
SQL> purge table "BIN$U/9fvJKfXOzgQKjAYAIWhw==$0";

Table purged.

SQL>
```

Você também pode expurgar índices na lixeira. Isso é útil para manter na lixeira as tabelas que, de outra forma, seriam expurgadas pelos novos objetos. Para recuperar da lixeira uma tabela que não tem mais um índice associado, você pode facilmente recriá-lo após recuperar a própria tabela.

Se você precisar de um controle mais apurado dos objetos que podem ser expurgados da lixeira, você pode expurgar da lixeira os objetos de um tablespace específico para o usuário atual, como neste exemplo:

```
SQL> purge tablespace users;

Tablespace purged.

SQL>
```

Além disso, para expurgar somente os objetos de um usuário específico, e se você tiver o privilégio de sistema DROP ANY TABLE, você poderá eliminar da lixeira todos os objetos de determinado usuário, como neste exemplo:

```
SQL> purge tablespace web_orders user inet_us;

Tablespace purged.

SQL>
```

Você pode eliminar da lixeira todos os objetos de todos os tablespaces se tiver o privilégio SYSDBA e emitir o comando PURGE DBA_RECYCLEBIN.

## Ignorando a lixeira

Para ignorar totalmente a lixeira ao eliminar uma tabela, inclua PURGE no comando DROP TABLE. Essa possibilidade é interessante quando você sabe que a tabela é temporária ou foi criada incorretamente, e você nunca precisará ressuscitá-la. Lembre-se também de que uma tabela eliminada que permanece na lixeira será contabilizada na quota do usuário sobre o tablespace. No Oracle, a definição de *pressão sobre o espaço,* que orienta a remoção dos objetos da lixeira, inclui um usuário esgotando sua quota de disco em um tablespace. Portanto, o uso de DROP TABLE ... PURGE impedirá a remoção dos outros objetos de um usuário na lixeira, mesmo que haja espaço disponível suficiente no próprio tablespace.

Outra operação que ignora a lixeira é a do comando DROP TABLESPACE, o que faz muito sentido quando você pensar que os objetos na lixeira ainda permanecem no tablespace – apenas renomeados. Repare que você deve incluir a cláusula INCLUDING CONTENTS se existir no tablespace algum objeto não pertencente à lixeira quando você emitir o comando DROP TABLESPACE.

Finalmente, se você emitir o comando DROP USER ... CASCADE, todos os objetos do usuário serão eliminados de todos os tablespaces e não colocados na lixeira. Todos os objetos do usuário serão expurgados automaticamente se já estiverem na lixeira quando o comando DROP USER for emitido.

## Acessando tabelas na lixeira

Quando um objeto residir na lixeira, você também poderá usar uma instrução SELECT para acessar a tabela eliminada. Além disso, a tabela eliminada continuará constando nas visões do dicionário de dados DBA_TABLES, DBA_OBJECTS e DBA_SEGMENTS. Além do novo nome complicado da tabela, você saberá que a tabela está na lixeira se o valor da coluna DROPPED nessas visões estiver definido com YES.

Veja um exemplo de como acessar uma tabela na lixeira:

```
SQL> show recyclebin
ORIGINAL NAME    RECYCLEBIN NAME                    OBJECT TYPE  DROP TIME
-------------    -------------------------------    -----------  ----------
JOB_HISTORY      BIN$UmhMiy3i2+zgQKjAYAI1cw==$0     TABLE        2008-07-19
                                                                :16:38:48
OLD_EMPLOYEES    BIN$VCfmqQB0FfPgQKjAYAJKzg==$0     TABLE        2008-08-10
                                                                :23:50:57

SQL> describe "BIN$VCfmqQB0FfPgQKjAYAJKzg==$0"
 Name                                      Null?    Type
 ----------------------------------------- -------- --------------------
 EMPLOYEE_ID                                        NUMBER(6)
 FIRST_NAME                                         VARCHAR2(20)
 LAST_NAME                                 NOT NULL VARCHAR2(25)
 E-MAIL                                    NOT NULL VARCHAR2(25)
 PHONE_NUMBER                                       VARCHAR2(20)
 HIRE_DATE                                 NOT NULL DATE
 JOB_ID                                    NOT NULL VARCHAR2(10)
 SALARY                                             NUMBER(8,2)
 COMMISSION_PCT                                     NUMBER(2,2)
 MANAGER_ID                                         NUMBER(6)
 DEPARTMENT_ID                                      NUMBER(4)

SQL> select last_name, first_name, e-mail
  2  from "BIN$VCfmqQB0FfPgQKjAYAJKzg==$0"
  3  where rownum < 10;
```

```
LAST_NAME                  FIRST_NAME                 E-MAIL
-------------------------  -------------------------  -------------------------
King                       Steven                     SKING
Kochhar                    Neena                      NKOCHHAR
De Haan                    Lex                        LDEHAAN
Hunold                     Alexander                  AHUNOLD
Ernst                      Bruce                      BERNST
Austin                     David                      DAUSTIN
Pataballa                  Valli                      VPATABAL
Lorentz                    Diana                      DLORENTZ
Greenberg                  Nancy                      NGREENBE

9 rows selected.

SQL>
```

Convém observar que também é possível utilizar a cláusula AS OF em uma instrução SELECT sobre uma tabela contida na lixeira para usar o flashback query, o que será discutido mais adiante neste capítulo. Nenhuma outra operação DML (Data Manipulation Language) ou DDL (Data Definition Language) é permitida sobre tabelas existentes na lixeira, a menos que você as recupere primeiramente com o comando FLASHBACK TABLE ... TO BEFORE DROP.

## OBJETIVO DA CERTIFICAÇÃO 9.02

### EXECUTAR UM FLASHBACK QUERY

O Flashback Query facilita a visualização de uma linha em uma tabela em determinado período de tempo. Nas seções a seguir, você aprenderá a utilizar o Flashback Query para exibir uma ou mais linhas de uma tabela em determinado momento no passado. Além disso, você acompanhará como se utiliza o Flashback Version Query para exibir o conteúdo de uma única linha através de um intervalo de tempo. Entretanto, antes de examinar os recursos de flashback dependentes de undo, você deve dominar os parâmetros básicos de tablespace e de inicialização que respaldam as operações de flashback.

### Configurando os parâmetros de flashback

Para utilizar plenamente a funcionalidade de flashback, você precisa configurar corretamente seu tablespace de undo. Os parâmetros de inicialização do tablespace de undo devem ser parecidos com os seguintes:

```
undo_management = auto
undo_tablespace = undotbs1
undo_retention = 1800
```

Neste exemplo, o parâmetro UNDO_RETENTION especifica que o tablespace de undo deve reter os dados de undo durante, pelo menos, 1800 segundos (30 minutos), desde que exista espaço suficiente nesse tablespace. Definir UNDO_MANAGEMENT com AUTO instrui o

Oracle a ajustar em seguida a retenção de undo, de acordo com o tamanho do tablespace de undo. Por padrão, os undos não expirados serão sobregravados para garantir que as operações DML não falhem por falta de espaço disponível no tablespace de undo.

> **dica de exame**
> *O parâmetro será ignorado se o tablespace de undo tiver um tamanho fixo. Nesse caso, o Oracle ajusta automaticamente esse parâmetro para propiciar o melhor período de retenção, com base no tamanho do tablespace e na carga atual do sistema.*

Para assegurar o êxito das operações de flashback ou as consultas de longa execução às custas da atividade DML, você deve especificar RETENTION GUARANTEE para o tablespace de undo quando você criar o tablespace ou, mais adiante, com o comando ALTER TABLESPACE, como neste exemplo:

```
SQL> alter tablespace undotbs1 retention guarantee;

Tablespace altered.

SQL>
```

Você também pode verificar o status de retenção de um tablespace de undo consultando a visão do dicionário de dados DBA_TABLESPACES, como neste exemplo:

```
SQL> select tablespace_name, retention
  2  from dba_tablespaces
  3  where tablespace_name like 'UNDO%';

TABLESPACE_NAME                RETENTION
------------------------------ ----------
UNDOTBS1                       GUARANTEE

SQL>
```

Quando a garantia de retenção estiver ativada, o período mínimo especificado de retenção de undo estará assegurado. Consequentemente, atividades DML poderão falhar se as consultas de longa execução ou as operações de flashback estiverem utilizando as informações de undo não expiradas.

Se você precisar de um período de retenção maior para um subconjunto de tabelas no banco de dados, use o Flashback Data Archive, que será discutido mais adiante neste capítulo.

## Usando o Flashback Query

O Flashback Query permite consultar dados contidos em uma ou mais tabelas em uma consulta SELECT como estavam em um determinado momento no passado. As mudanças efetuadas nos dados de uma tabela geram undo (ou, opcionalmente, dados em um Flashback Data Archive), o que pode gerar um snapshot do banco de dados inteiro até o nível de uma transação.

O Flashback Query usa a cláusula AS OF para especificar o ponto anterior no tempo como um timestamp ou um SCN (System Change Number). Na tabela a seguir, o usuário HR está limpando a tabela EMPLOYEES e exclui dois empregados que não trabalham mais para a empresa:

```
SQL> delete from employees
  2  where employee_id in (195,196);
2 rows deleted.

SQL> commit;
Commit complete.

SQL>
```

Normalmente, o usuário HR primeiramente copia essas linhas para a tabela EMPLOYEES_ARCHIVE, mas dessa vez ele se esqueceu de fazer isso. O usuário HR não precisa inserir essas linhas novamente na tabela EMPLOYEES, mas deve colocar as duas linhas excluídas na tabela de arquivamento. Considerando que o usuário HR sabe que excluiu as linhas há menos de uma hora, ele poderá usar um valor relativo de timestamp com o Flashback Query para recuperar as linhas:

```
SQL> insert into hr.employees_archive
  2     select * from hr.employees
  3        as of timestamp systimestamp - interval '60' minute
  4     where hr.employees.employee_id not in
  5        (select employee_id from hr.employees);

2 rows created.

SQL> commit;
Commit complete.

SQL>
```

Podemos usar isso para recuperar os registros dos empregados que existiam há uma hora atrás, mas que não existem mais agora porque sabemos que EMPLOYEE_ID é a chave primária da tabela. Observe também que não era necessário saber quais registros foram excluídos. Basicamente, comparamos a tabela atual com aquela existente há uma hora, e depois inserimos na tabela do arquivamento os registros que não mais existiam na tabela original.

**na prática**

*Para fazer um flashback, é preferível utilizar o SCN a um timestamp. Os SCNs são exatos, enquanto os valores de timestamp são armazenados apenas a cada 3 segundos para dar suporte às operações de flashback. Consequentemente, a ativação do flashback através de timestamp pode defasar em até 1,5 segundo.*

Embora possamos utilizar o Flashback Table para resgatar a tabela inteira e depois arquivar e excluir as linhas afetadas, nesse caso seria mais simples recuperar as linhas excluídas e inseri-las diretamente na tabela de arquivamento.

Outra variação do Flashback Table é usar Create Table As Select (CTAS) com a sub-consulta atuando como um Flashback Query:

```
SQL> delete from employees where employee_id in (195,196);
2 rows deleted.

SQL> commit;
Commit complete.

SQL> create table employees_deleted as
  2        select * from employees
  3            as of timestamp systimestamp - interval '60' minute
  4            where employees.employee_id not in
  5                (select employee_id from employees);
Table created.

SQL> select employee_id, last_name from employees_deleted;

EMPLOYEE_ID LAST_NAME
----------- -------------------------
        195 Jones
        196 Walsh

2 rows selected.
```

Essa ocorrência é conhecida como uma *restauração fora de lugar*, o que significa restaurar a tabela ou um subconjunto da tabela em uma localização diferente da original. Isso tem a vantagem de permitir a manipulação das linhas ausentes, se necessário, antes de inseri-las na tabela. Por exemplo, após examinar a restauração fora de lugar, é possível que uma restrição de integridade referencial existente exija que você insira uma linha em uma tabela pai antes da recolocação da linha restaurada na tabela filha.

Uma das desvantagens de uma restauração fora de lugar usando o recurso CTAS é que nem as restrições, nem os índices são reconstruídos automaticamente.

## Usando o Flashback Version Query

Flashback Version Query é outro recurso de flashback que depende dos dados de undo e fornece um nível de detalhamento maior do que a consulta com AS OF (um Flashback Query). Enquanto os métodos de Flashback apresentados até agora retornam as linhas de uma tabela (ou uma tabela inteira de um ponto no tempo específico), o Flashback Version Query retornará o histórico completo de uma linha entre dois SCNs ou dois timestamps.

Nos exemplos desta e das próximas seções, o usuário HR implementa algumas mudanças nas tabelas HR.EMPLOYEES e HR.DEPARTMENTS:

```
SQL> select dbms_flashback.get_system_change_number from dual;

GET_SYSTEM_CHANGE_NUMBER
------------------------
                27153780

SQL> update hr.employees set salary = salary*1.2 where employee_id=195;
```

```
1 row updated.

SQL> select dbms_flashback.get_system_change_number from dual;

GET_SYSTEM_CHANGE_NUMBER
------------------------
                27153831

SQL> delete from hr.employees where employee_id = 196;

1 row deleted.

SQL> select dbms_flashback.get_system_change_number from dual;

GET_SYSTEM_CHANGE_NUMBER
------------------------
                27153862

SQL> insert into hr.departments values (660,'Security', 100, 1700);

1 row created.

SQL> select dbms_flashback.get_system_change_number from dual;

GET_SYSTEM_CHANGE_NUMBER
------------------------
                27153917

SQL> update hr.employees set manager_id = 100 where employee_id = 195;

1 row updated.

SQL> commit;

Commit complete.

SQL> select dbms_flashback.get_system_change_number from dual;

GET_SYSTEM_CHANGE_NUMBER
------------------------
                27154008

SQL> update hr.employees set department_id = 660 where employee_id = 195;

1 row updated.

SQL> select dbms_flashback.get_system_change_number from dual;

GET_SYSTEM_CHANGE_NUMBER
------------------------
                27154044
```

```
SQL> commit;

Commit complete.

SQL> select dbms_flashback.get_system_change_number from dual;

GET_SYSTEM_CHANGE_NUMBER
-----------------------
               27154069

SQL>
```

No dia seguinte, o usuário principal da conta HR está fora do escritório e os outros empregados do departamento de HR querem saber quais linhas e tabelas foram alteradas. Usando o Flashback Version Query, o usuário HR (ou qualquer conta com os privilégios necessários) poderá ver não somente os valores de uma coluna em determinado momento, como também o histórico completo das alterações efetuadas entre os timestamps ou SCNs especificados.

Um Flashback Version Query usa a cláusula VERSIONS BETWEEN para especificar um intervalo de SCNs ou de timestamps para análise de uma tabela específica (nesse caso, a tabela EMPLOYEES). Quando a cláusula VERSIONS BETWEEN é incluída em um Flashback Version Query, algumas pseudocolunas ficam disponíveis para ajudar a identificar o SCN e o timestamp das modificações. Além disso, o ID da transação e o tipo de operação executada na linha estão disponíveis. A Tabela 9-1 apresenta as pseudocolunas disponíveis com o Flashback Version Query.

**TABELA 9-1** *Pseudocolunas do Flashback Version Query*

| Pseudocoluna | Descrição |
|---|---|
| VERSIONS_START{SCN|TIME} | O SCN ou o timestamp inicial quando a alteração foi efetuada na linha. |
| VERSION_END{SCN|TIME} | O SCN ou o timestamp final a partir do qual a alteração não era mais válida para a linha. Se definida com NULL, a versão da linha ainda é atual ou a linha foi excluída. |
| VERSIONS_XID | O ID da transação que criou a versão da linha. |
| VERSIONS_OPERATION | A operação executada na linha (I=Insert, D=Delete, U=Update). |

O usuário HR executa um Flashback Version Query para ver as modificações implementadas em quaisquer colunas chave na tabela HR.EMPLOYEES para os dois empregados com IDs 195 e 196:

```
SQL> select versions_startscn startscn, versions_endscn endscn,
  2         versions_xid xid, versions_operation oper,
  3         employee_id empid, last_name name, manager_id mgrid, salary sal
  4  from hr.employees
  5  versions between scn 27153780 and 27154069
  6  where employee_id in (195,196);
```

```
    STARTSCN     ENDSCN XID                   OPER  EMPID NAME       MGRID    SAL
   ----------  ---------- ----------------    ----  ----- --------   ------  ------
    27154046              0500090092230000    U      195  Jones       100    3360
    27153964    27154046  0400000044230000    U      195  Jones       100    3360
                27153964                             195  Jones       123    2800
    27153964              0400000044230000    D      196  Walsh       124    3100
                27153964                             196  Walsh       124    3100

SQL>
```

As linhas são apresentadas com as mudanças mais recentes exibidas em primeiro lugar. Como alternativa, o usuário HR poderia ter filtrado a consulta por TIMESTAMP ou exibido os valores de TIMESTAMP. Se for necessário posteriormente, qualquer um dos dois pode ser usado em uma operação de Flashback Query ou Flashback Table. A partir dessa saída, é possível constatar que um empregado foi excluído e que outro empregado recebeu dois ajustes de pagamento em vez de um. Observe também que algumas transações contêm apenas um comando DML e outras têm dois comandos. Na próxima seção, tentaremos corrigir um ou mais desses problemas usando o Flashback Transaction.

Algumas restrições e advertências são aplicáveis ao se usar o Flashback Version Query. Primeiramente, você não pode consultar os seguintes objetos com a cláusula VERSIONS:

- Tabelas externas
- Tabelas fixas (tabela x$ internas do Oracle)
- Tabelas temporárias
- Visões

Provavelmente, você não consideraria consultar a maioria desses objetos com a cláusula VERSIONS, exceto possivelmente as visões. Consequentemente, você pode utilizar a cláusula VERSIONS como parte da definição de uma visão.

Finalmente, você não pode usar a cláusula VERSIONS caso instruções DDL tenham alterado a estrutura das tabelas na consulta. Em outras palavras, você pode voltar no tempo apenas até a primeira transação depois da última instrução DDL sobre a tabela, o que, evidentemente, inclui a criação da própria tabela!

## OBJETIVO DA CERTIFICAÇÃO 9.03

### USAR O FLASHBACK TRANSACTION

Após identificar alterações incorretas efetuadas em uma tabela, você pode utilizar o Flashback Transaction Query para detectar todas as outras mudanças feitas pela transação contendo as modificações inadequadas. Após a identificação, todas as alterações dentro da transação podem ser revertidas como um grupo, geralmente para manter a integridade referencial ou as regras de negócio usadas para processar a transação.

As seções a seguir fornecem os detalhes para identificar o SQL (Structured Query Language) necessário para reverter uma transação inteira ou parte da transação. A visão do dicionário de dados `FLASHBACK_TRANSACTION_QUERY` tem todas as informações de que você necessita para identificar o SQL. Você aprenderá a identificar o SQL necessário nessa visão e examinará o uso da interface do Enterprise Manager (EM) para executar a mesma tarefa.

## Noções básicas sobre o Flashback Transaction Query

Diferentemente de um Flashback Version Query, um Flashback Transaction Query não faz referência à tabela participante nas transações DML. Em vez disso, consulte a visão do dicionário de dados `FLASHBACK_TRANSACTION_QUERY`. As colunas da visão `FLASHBACK_TRANSACTION_QUERY` estão resumidas na Tabela 9-2.

A tabela `FLASHBACK_TRANSACTION_QUERY` contém todas as modificações efetuadas no banco de dados, inclusive as operações DDL. Isso faz sentido porque o Oracle usa tabelas e índices para gerenciar o dicionário de dados e alocação de espaço. Portanto, uma operação DDL consta na `FLASHBACK_TRANSACTION_QUERY` como uma série de operações de gerenciamento de espaço e manutenção de metadados.

As tabelas e os usuários eliminados também aparecem em `FLASHBACK_TRANSACTION_QUERY`. Entretanto, esses objetos não existem mais, de modo que constarão seus números em vez dos nomes das tabelas, e os números de ID dos usuários ao invés dos nomes dos usuários.

**TABELA 9-2** *Colunas da* `FLASHBACK_TRANSACTION_QUERY`

| Nome da coluna | Descrição |
| --- | --- |
| XID | Número do ID da transação |
| START_SCN | SCN para o primeiro DML na transação |
| START_TIMESTAMP | Timestamp para o primeiro DML na transação |
| COMMIT_SCN | SCN quando a transação sofreu commit |
| COMMIT_TIMESTAMP | Timestamp quando a transação sofreu commit |
| LOGON_USER | Usuário detentor da transação |
| UNDO_CHANGE# | SCN de undo |
| OPERATION | Operação DML executada: DELETE, INSERT, UPDATE, BEGIN ou UNKNOWN |
| TABLE_NAME | Tabela alterada pelo DML |
| TABLE_OWNER | Proprietário da tabela alterada pelo DML |
| ROW_ID | ROWID da linha modificada pelo DML |
| UNDO_SQL | Instrução SQL para desfazer a operação DML |

O espaço de undo não é ilimitado; portanto, você poderá encontrar apenas transações parciais na `FLASHBACK_TRANSACTION_QUERY`. Nessa situação, o valor da coluna `OPERATION` contém UNKNOWN para qualquer DML que não reside mais no tablespace de undo para a transação selecionada.

## Pré-requisitos do Flashback Transaction Query

Para utilizar o Flashback Transaction Query, ative um registro em log adicional para o fluxo de redo log. Esse fluxo representa os mesmos dados utilizados pelo Log Miner, exceto por uma interface diferente. Obviamente, os dados de fluxo do redo log são adicionais às informações registradas no tablespace de undo. As informações de redo avançado e de undo são necessárias para o Flashback Transaction Query.

Primeiro, ative o registro em log de colunas e dos valores de chave primária (PK – Primary Key) referenciados nas alterações DML, usando os seguintes comandos ALTER DATABASE:

```
SQL> alter database add supplemental log data;

Database altered.

SQL> alter database add supplemental log data (primary key) columns;

Database altered.

SQL>
```

Em seguida, conceda as permissões adequadas sobre o pacote DBMS_FLASHBACK, e atribua o privilégio SELECT ANY TRANSACTION aos usuários que usarão o Flashback Transaction Query:

```
SQL> grant execute on dbms_flashback to hr;

Grant succeeded.

SQL> grant select any transaction to hr;

Grant succeeded.

SQL>
```

## Usando o Flashback Transaction Query

Para investigar as alterações efetuadas na tabela EMPLOYEES, é possível consultar a visão FLASHBACK_TRANSACTION_QUERY com a transação mais antiga do Flashback Version Query, apresentada anteriormente neste capítulo:

```
SQL> select start_scn, commit_scn, logon_user,
  2      operation, table_name, undo_sql
  3  from flashback_transaction_query
  4  where xid = hextoraw('0400000044230000');

 START_SCN COMMIT_SCN LOGON_USER    OPERATION    TABLE_NAME
---------- ---------- ------------ ------------ ---------------
UNDO_SQL
----------------------------------------------------------------
  27153828   27153964 HR            UPDATE       EMPLOYEES
update "HR"."EMPLOYEES" set "MANAGER_ID" = '123' where ROWID = 'AAARAIAA
```

```
FAAAABXABf';

   27153828    27153964 HR              INSERT        DEPARTMENTS
delete from "HR"."DEPARTMENTS" where ROWID = 'AAARADAAFAAAAA4AAA';

   27153828    27153964 HR              DELETE        EMPLOYEES
insert into "HR"."EMPLOYEES"("EMPLOYEE_ID","FIRST_NAME","LAST_NAME","EMA
IL","PHONE_NUMBER","HIRE_DATE","JOB_ID","SALARY","COMMISSION_PCT","MANAG
ER_ID","DEPARTMENT_ID") values ('196','Alana','Walsh','AWALSH','650.507.
9811',TO_DATE('24-APR-98', 'DD-MON-RR'),'SH_CLERK','3100',NULL,'124','50
');

   27153828    27153964 HR              UPDATE        EMPLOYEES
update "HR"."EMPLOYEES" set "SALARY" = '2800' where ROWID = 'AAARAIAAFAA
AABXABf';

   27153828    27153964 HR              BEGIN

SQL>
```

Isso confirma o que já prevíamos – que outro usuário no departamento HR fez a exclusão e atualizou o salário – destacando a utilidade de atribuir contas de usuários distintas a cada membro do departamento de HR. A coluna UNDO_SQL contém o código SQL que pode ser utilizado para reverter o efeito da transação. Observe que neste exemplo, ao contrário, essa é a primeira transação ocorrida entre os SCNs em questão. Se outras transações executaram outras atualizações nas mesmas colunas, seria conveniente analisar as outras atualizações antes de executar o código SQL na coluna UNDO_SQL.

## Usando o EM com o Flashback Transaction Query

O Enterprise Manager (EM) é uma maneira fácil de navegar no conteúdo da visão FLASHBACK_TRANSACTION_QUERY e, opcionalmente, reverter algumas ou todas as alterações exibidas nessa visão. O EM dispõe de uma GUI fácil de usar como front-end para a procedure DBMS_FLASHBACK.TRANSACTION_BACKOUT. Na homepage do EM, selecione a guia Schema e clique no link Tables. Nas caixas Search, selecione o esquema HR e a tabela EMPLOYEES. Após clicar no botão Go, você verá os resultados apresentados na Figura 9-1.

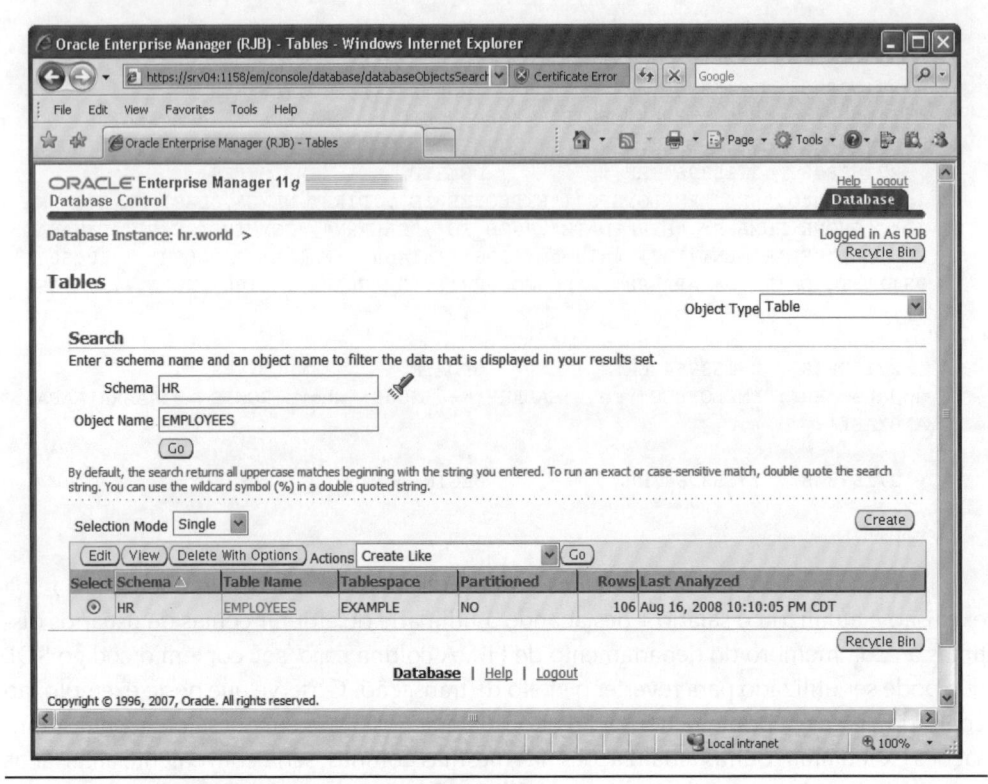

**Figura 9-1**   *Resultados de busca em tabela do EM.*

Em seguida, selecione Flashback Transaction no menu suspenso Actions e clique no botão Go. Na Figura 9-2, você encontrará a etapa 1 do assistente Flashback Transaction, onde você insere os SCNs de início e término do Flashback Version Query, conforme visto anteriormente neste capítulo. Você também tem a opção de exibir todas as transações para a tabela ou um intervalo de timestamp. Assim que você identificar o intervalo, poderá filtrar mais ainda os resultados incluindo a cláusula WHERE no final da página.

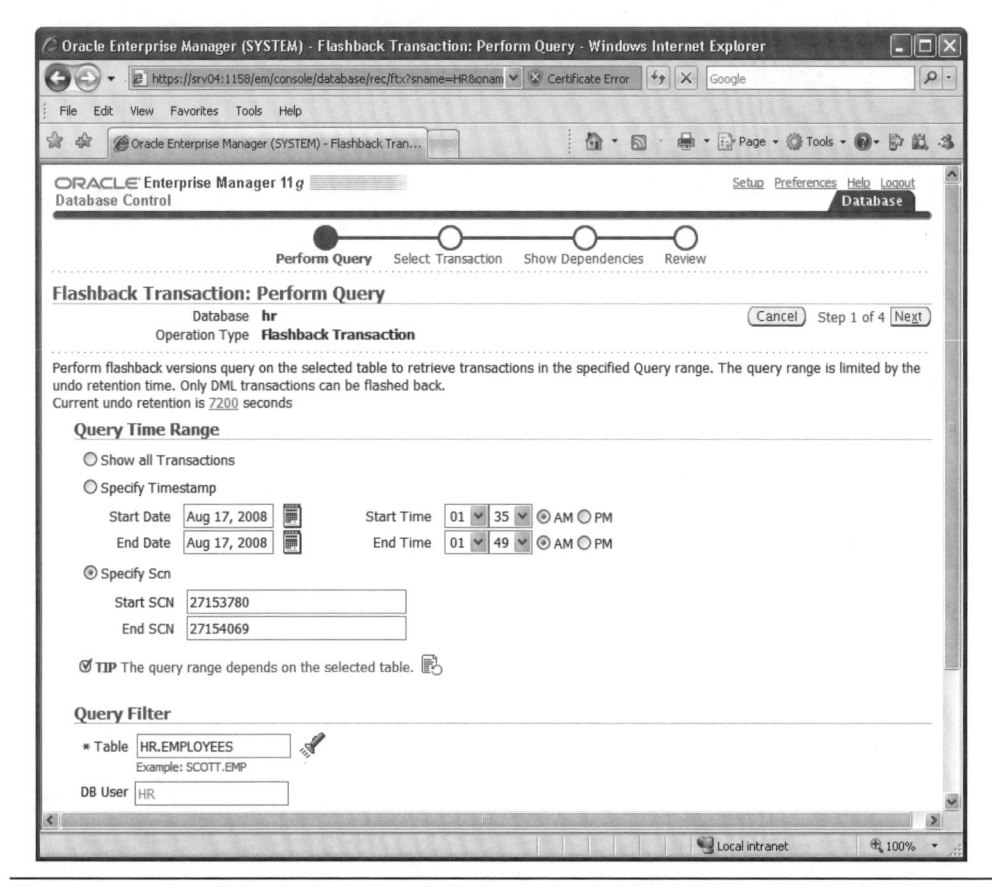

**Figura 9-2** *Especificando o intervalo de SCNs para o Flashback Transaction Query.*

Clique no botão Next. Será exibida a página da Figura 9-3 que identifica as únicas transações ocorridas no intervalo especificado. Marque o botão de opção posicionado ao lado da transação mais recente.

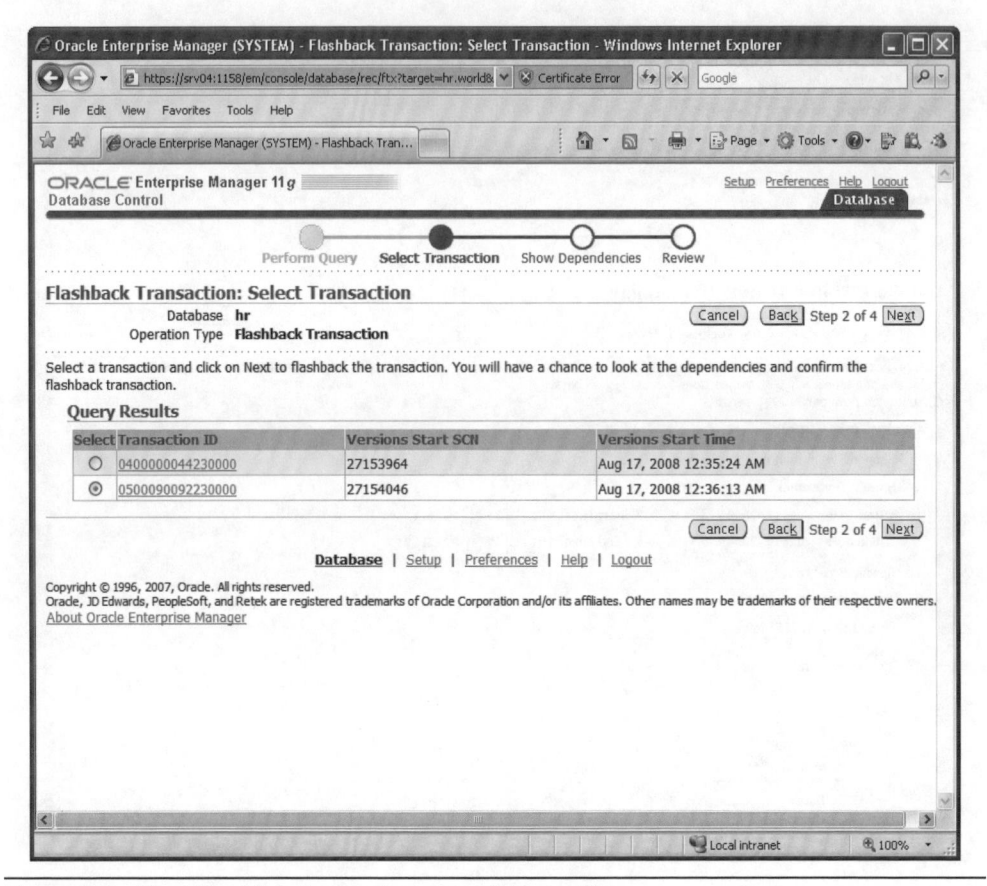

**Figura 9-3** *Identificando a transação a ser exibida no EM.*

Clique no botão Next para passar para a etapa seguinte. Após alguns instantes, será exibida a página da Figura 9-4 – a tela Review, onde é possível reverter a transação.

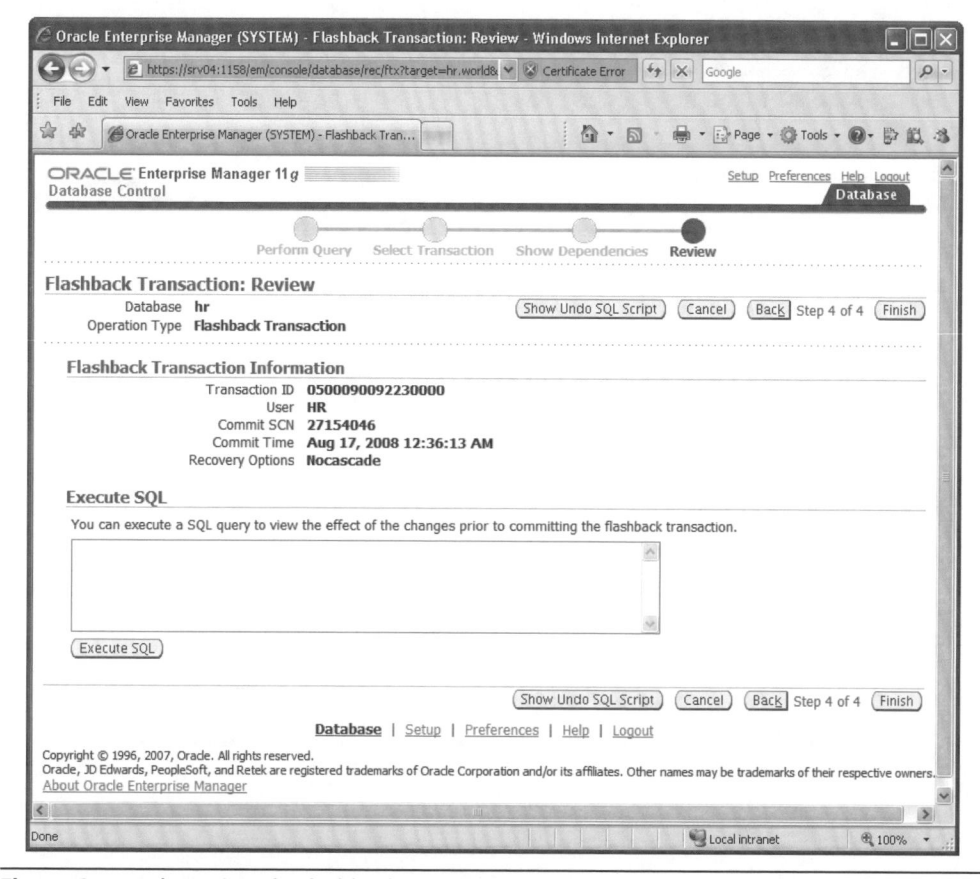

**Figura 9-4** *Tela Review do Flashback Transaction.*

Clique no botão Show Undo SQL Script, mostrado na Figura 9-4, para ver a página apresentada na Figura 9-5, que mostra o SQL que o EM executará para reverter a transação selecionada.

## Escolhendo opções de reversão de transações

Na Figura 9-5, a reversão da transação usará a opção NOCASCADE como o padrão. Ou seja, o comando reverterá a transação pressupondo a inexistência de transações dependentes. Se existirem transações dependentes, o EM disponibilizará as três opções adicionais

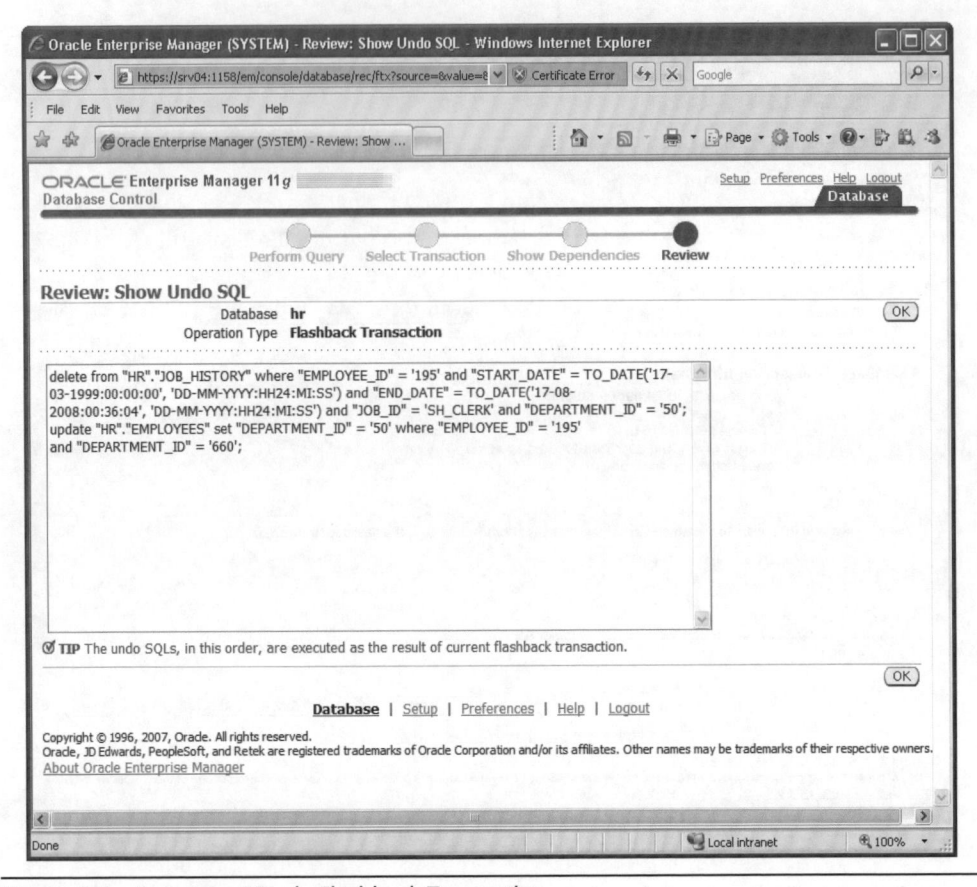

**Figura 9-5** *Instrução SQL do Flashback Transaction.*

quando ele executar a procedure DBMS_FLASHBACK.TRANSACTION_BACKOUT. Eis um resumo das quatro opções de reversão:

- **CASCADE**   Reverte todas as transações e as respectivas transações dependentes.
- **NOCASCADE**   Reverte apenas a transação especificada, se for possível.
- **NOCASCADE_FORCE**   Reverte as transações especificadas, ignorando as transações dependentes.
- **NONCONFLICT_ONLY**   Reverte as alterações efetuadas em linhas não conflitantes da transação especificada somente.

Observe que o uso de NONCONFLICT_ONLY propicia um estado consistente ao banco de dados, mas as transações especificadas não são mais atômicas.

## OBJETIVO DA CERTIFICAÇÃO 9.04

## EXECUTAR OPERAÇÕES DE FLASHBACK TABLE

O recurso Flashback Table do Oracle restaura o estado de linhas de uma tabela a partir de um ponto no tempo passado, além de restaurar os índices, triggers e restrições da tabela, com o banco de dados online. Isso aumenta a disponibilidade geral do banco de dados. Nas seções a seguir, você conhecerá mais detalhes sobre quando utilizar o Flashback Table e como configurar o ambiente para esse recurso. Você também verá algumas situações reais nas quais você usaria o Flashback Table.

### Noções básicas sobre o Flashback Table

É possível restaurar uma tabela a partir de um timestamp ou de um SCN. O Flashback Table é o método preferível aos outros métodos de Flashback se o escopo dos erros do usuário for pequeno e limitado a uma ou poucas tabelas. Também é o mais simples para restaurar a tabela a um ponto no passado de modo incondicional. Para recuperar o estado de um número maior de tabelas, o Flashback Database pode ser uma opção mais eficiente. O Flashback Table não pode ser usado em um banco de dados standby e não pode reconstruir todas as operações DDL, como a inclusão e eliminação de colunas. Considerando que o Flashback Table utiliza o tablespace de undo, sua janela de recuperação é relativamente limitada em relação aos outros métodos de recuperação, como a recuperação baseada no RMAN ou o Flashback Database.

O Flashback Table é executado localmente, com o banco de dados online, e reverte as modificações efetuadas na tabela e em todos os respectivos objetos dependentes, como os índices. Se a tabela tiver outras tabelas como objetos dependentes, você poderá especificar mais de uma tabela no comando FLASHBACK TABLE. Independentemente de você especificar uma ou mais tabelas na operação de Flashback Table, a operação será considerada uma única transação. Todas as mudanças serão bem-sucedidas ou revertidas como em uma transação tradicional.

Os usuários não administradores podem fazer o flashback, desde que tenham os privilégios adequados. Você aprenderá a configurar todos os aspectos do uso do Flashback Table na próxima seção.

### Configurando o Flashback Table

Para executar um Flashback Table, o usuário deve ter o privilégio FLASHBACK ANY TABLE ou o privilégio de objeto FLASHBACK sobre uma tabela específica:

```
SQL> grant flashback any table to m_phelps;

Grant succeeded.

SQL>
```

Assim como ocorre com todos os objetos de esquema, o usuário não precisa ter privilégios adicionais para fazer o flashback das próprias tabelas. Entretanto, para utilizar o Flashback Table sobre uma tabela ou tabelas, você deve ativar a *movimentação de linhas* na tabela para executar a operação de flashback. A movimentação de linhas não precisa estar em vigor quando ocorrer um erro do usuário. A movimentação de linhas também é necessária para suportar a funcionalidade de compressão de segmentos do Oracle. Isso acontece porque a movimentação de linhas mudará o ROWID de uma linha da tabela. Não ative a movimentação de linhas se seus aplicativos dependem da preservação do mesmo ROWID em determinada linha até a sua exclusão.

## Usando o Flashback Table

Antes de utilizar o Flashback Table, examine algumas restrições. Primeiro, mesmo se você tiver os privilégios adequados, não poderá aplicar o Flashback Table sobre tabelas do sistema, tabelas fixas (x$) ou tabelas remotas.

Além disso, as operações de Flashback não podem englobar operações DDL, como a inclusão ou eliminação de uma coluna. Isso acontece com todos os recursos de flashback, exceto o Flashback Database. Entretanto, você pode fazer o flashback de uma tabela até um ponto no tempo anterior à eliminação de um índice na tabela, embora o índice não seja recriado durante a operação de Flashback Table.

Finalmente, todas as estatísticas coletadas para a tabela no comando FLASHBACK TABLE não são submetidas ao flashback. Consequentemente, é uma prática eficiente coletar novas estatísticas nas tabelas imediatamente após o término da operação de Flashback Table.

### EXERCÍCIO 9-3

#### Usar o Flashback Table em uma tabela

Neste exercício, você usará o Flashback Table para fazer uma recuperação de uma exclusão acidental de todas as linhas da tabela EMPLOYEES.

1. Ative a movimentação de linhas para várias tabelas. Neste caso, você pode ativar a movimentação de linhas porque nenhum de seus aplicativos faz referência às suas tabelas pelo ROWID:

   ```
   SQL> alter table employees enable row movement;
   Table altered.
   SQL> alter table departments enable row movement;
   Table altered.
   SQL> alter table jobs enable row movement;
   Table altered.
   ```

2. Exclua "inadvertidamente" todas as linhas da tabela EMPLOYEES:

   ```
   SQL> delete from hr.employees
     2  /
   107 rows deleted.
   ```

```
SQL> commit
  2  ;
Commit complete.
```

3. O usuário HR pode restaurar rapidamente a tabela inteira sem chamar o DBA. Isso é possível porque o tablespace de undo é suficientemente grande e o usuário HR detecta o problema ainda no período de retenção:

```
SQL> flashback table employees
  2      to timestamp systimestamp - interval '15' minute;
Flashback complete.

SQL> select count(*) from employees;
  COUNT(*)
----------
       107
```

Se as exclusões acidentais não forem percebidas imediatamente, e forem efetuadas mudanças nas tabelas dependentes nesse ínterim, inclua também tabelas dependentes na operação de Flashback Table:

```
SQL>  flashback table employees, departments
  2          to timestamp systimestamp - interval '15' minute;
Flashback complete.
```

## OBJETIVO DA CERTIFICAÇÃO 9.05

### CONFIGURAR E UTILIZAR UM FLASHBACK DATA ARCHIVE

Regulamentações como a Lei de Sarbanes-Oxley (2002) e a HIPAA (Health Insurance Portability and Accountability Act) de 1996 impõem requisitos rigorosos de controle e rastreamento sobre os dados de clientes e pacientes. Reter um registro histórico de todas as mudanças efetuadas nas linhas de tabelas críticas é uma ação propensa a erros e exige aplicativos personalizados ou triggers de banco de dados para manter os repositórios para mudanças históricas. Sempre que você criar um novo aplicativo ou atualizar uma tabela em um aplicativo que exige o rastreamento histórico, deverá também fazer alterações em seu aplicativo de rastreamento. Você pode utilizar o Flashback Data Archive para salvar automaticamente as mudanças históricas em todas as tabelas chave pelo tempo exigido pelas agências reguladores ou pelos acionistas da empresa.

### Noções básicas sobre o Flashback Data Archive

O Flashback Data Archive é implementado internamente no Oracle (em vez de ser uma camada de aplicativo usando triggers ou um conjunto de pacotes PL/SQL). Resumidamente, você cria uma ou mais áreas de repositório (uma delas pode ser a padrão), atribui um período de retenção padrão aos objetos contidos no repositório e marca para rastreamento as tabelas adequadas.

O Flashback Data Archive atua quase como um tablespace de undo. Entretanto, um Flashback Data Archive registra apenas as instruções UPDATE e DELETE, mas não instruções INSERT. Além disso, os dados de undo são geralmente retidos durante um período de horas ou dias para todos os objetos. As linhas no Flashback Data Archive podem abranger anos ou até décadas. Os Flashback Data Archives têm um enfoque muito mais limitado também, registrando apenas as mudanças históricas nas linhas da tabela. O Oracle usa os dados existentes em um tablespace de undo para a consistência da leitura nas transações de longa execução e para reverter as transações que não sofreram commit.

> **dica de exame**
> O exame perguntará sobre as estruturas físicas e lógicas que respaldam cada restauração de flashback. Certifique-se de entender como os tablespaces de undo, arquivos de redo log arquivados e online, logs de flashback, Flashback Data Archives e a lixeira suportam um recurso de flashback específico.

É possível acessar os dados contidos em um Flashback Data Archive da mesma maneira como você faz com um Flashback Query, incluindo a cláusula AS OF em uma instrução SELECT. O Flashback Version Query e o Flashback Transaction Query também podem utilizar os dados existentes em um Flashback Data Archive. Nas seções a seguir, você aprenderá a criar um Flashback Data Archive, atribuir permissões aos usuários e objetos, e consultar dados históricos em um Flashback Data Archive.

## Criando um arquivo

Você pode criar um ou vários Flashback Data Archives em tablespaces existentes emitindo um comando CREATE FLASHBACK ARCHIVE. Contudo, as melhores práticas da Oracle recomendam o uso de tablespaces dedicados. Todos os arquivos devem ter um período de retenção padrão usando a cláusula RETENTION, e podem, opcionalmente, ser identificados como o arquivo padrão através da palavra-chave DEFAULT. A quota de disco para um arquivo é limitada pelo espaço em disco dentro do tablespace, a menos que você atribua uma quantidade máxima de espaço em disco para o arquivo, por meio da palavra-chave QUOTA.

Neste exemplo, você cria primeiramente um tablespace dedicado para seu Flashback Data Archive:

```
SQL> create tablespace fbda1
  2  datafile '+data' size 10g;

Tablespace created.
SQL>
```

Em seguida, cria três Flashback Data Archives: um para o departamento ES, sem limite de quota e um período de retenção de 10 anos; o segundo para o departamento financeiro, com um limite de 500 MB e um período de retenção de sete anos; e um terceiro para todos os usuários no tablespace USERS4, como o padrão, com um limite de 250 MB e um período de retenção de dois anos:

```
SQL> create flashback archive fb_es
  2    tablespace fbda1 retention 10 year;

Flashback archive created.

SQL> create flashback archive fb_fi
  2    tablespace fbda1 quota 500m
  3    retention 7 year;

Flashback archive created.

SQL> create flashback archive default fb_dflt
  2    tablespace users4 quota 250m
  3    retention 2 year;

Flashback archive created.

SQL>
```

Você não pode especificar mais de um tablespace no comando CREATE FLASHBACK ARCHIVE. Use o comando ALTER FLASHBACK ARCHIVE para adicionar um tablespace, como você examinará mais adiante neste capítulo, na seção "Gerenciando Flashback Data Archives".

Dependendo de suas necessidades comerciais, você pode ativar e desativar o Flashback Data Archive para uma tabela. Por exemplo, talvez você queira adicionar uma coluna à tabela rastreada pelo Flashback Data Archive. Entretanto, não é permitida qualquer instrução DDL em tabelas rastreadas com o Flashback Data Archive. Assim que você desativar o Flashback Data Archive para uma tabela, os dados históricos da tabela desaparecerão, mesmo que você reative imediatamente o recurso para a tabela em questão.

## Usando visões do dicionário de dados para o Flashback Data Archive

Duas novas visões do dicionário de dados dão suporte aos Flashback Data Archives: DBA_FLASHBACK_ARCHIVE e DBA_FLASHBACK_ARCHIVE_TS. A visão DBA_FLASHBACK_ARCHIVE lista os arquivos, e a visão DBA_FLASHBACK_ARCHIVE_TS exibe o mapeamento de tablespace arquivos:

```
SQL> select flashback_archive_name, flashback_archive#,
  2         retention_in_days, status
  3    from dba_flashback_archive;

FLASHBACK_AR FLASHBACK_ARCHIVE# RETENTION_IN_DAYS STATUS
------------ ------------------ ----------------- -------
FB_ES                         1              3650
FB_FI                         2              2555
FB_DFLT                       3               730 DEFAULT
```

```
SQL> select * from dba_flashback_archive_ts;

FLASHBACK_AR  FLASHBACK_ARCHIVE#  TABLESPACE  QUOTA_IN_M
------------  ------------------  ----------  ----------
FB_ES                          1  FBDA1
FB_FI                          2  FBDA1       500
FB_DFLT                        3  USERS4      250

SQL>
```

A visão DBA_FLASHBACK_ARCHIVE_TABLES rastreia as tabelas ativadas para o arquivamento de flashback. Apresentaremos o conteúdo dessa visão mais adiante neste capítulo, após ativarmos uma tabela para o arquivamento de flashback.

## Atribuindo permissões do Flashback Data Archive

O usuário deve ter o privilégio de sistema FLASHBACK ARCHIVE ADMINISTER para criar ou modificar os Flashback Data Archives, e o privilégio de objeto FLASHBACK ARCHIVE para ativar o rastreamento em uma tabela. Depois dessa ativação, o usuário não precisa de permissões específicas para incluir a cláusula AS OF em uma instrução SELECT, exceto a permissão SELECT sobre a tabela específica.

O privilégio FLASHBACK ARCHIVE ADMINISTER também inclui privilégio para adicionar e remover tablespaces de um arquivo, eliminar um arquivo e fazer um expurgo ad-hoc de dados históricos.

## Gerenciando Flashback Data Archives

É possível adicionar facilmente outro tablespace a um arquivo já existente. Use o comando ALTER FLASHBACK ARCHIVE, como mostrado a seguir, para adicionar o tablespace USERS3 ao arquivo FB_DFLT com uma quota de 400 MB:

```
SQL> alter flashback archive fb_dflt
  2   add tablespace users3 quota 400m;

Flashback archive altered.

SQL>
```

Você pode expurgar os dados do arquivo incluindo a cláusula purge. Neste exemplo, você quer expurgar todas as linhas contidas no arquivo FB_DFLT anteriores a 1º de janeiro de 2005:

```
SQL> alter flashback archive fb_dflt
  2   purge before timestamp
  3   to_timestamp('2005-01-01 00:00:00', 'YYYY-MM-DD HH24:MI:SS');
```

## Atribuindo uma tabela a um Flashback Data Archive

Atribua uma tabela a um arquivo durante a criação da tabela usando a sintaxe padrão CREATE TABLE com a cláusula FLASHBACK ARCHIVE, ou posteriormente com o comando ALTER TABLE, como neste exemplo:

```
SQL> alter table hr.employees flashback archive fb_es;

Table altered.
```

Observe que o comando anterior especificou um arquivo específico para a tabela HR.EMPLOYEES; se você não especificasse um arquivo, o Oracle atribuiria o FB_DFLT. Para exibir as tabelas que utilizam o Flashback Data Archive, consulte a visão do dicionário de dados DBA_FLASHBACK_ARCHIVE_TABLES:

```
SQL> select * from dba_flashback_archive_tables;

TABLE_NAME              OWNER_NAME FLASHBACK_AR ARCHIVE_TABLE_NAME
----------------------- ---------- ------------ --------------------
EMPLOYEES               HR         FB_ES        SYS_FBA_HIST_70313

SQL>
```

## Consultando os Flashback Data Archives

Consultar os dados históricos de uma tabela em um Flashback Data Archive é fácil: basta incluir a cláusula AS OF em uma tabela quando você estiver utilizando a atividade DML armazenada em um tablespace de undo. Na realidade, os usuários não saberão se eles estão recuperando dados históricos do tablespace de undo ou de um Flashback Data Archive.

Nessa situação, parecida com as situações apresentadas anteriormente neste capítulo, um dos empregados do departamento HR exclui uma linha de um empregado da tabela EMPLOYEES e se esquece de arquivá-la primeiramente na tabela EMPLOYEE_HISTORY. Com os Flashback Data Archives ativados para a tabela EMPLOYEES, o empregado de HR conta com o arquivo FB_ES para atender às consultas sobre os empregados que não constam mais na tabela EMPLOYEES. Veja a seguir uma instrução DELETE de três semanas atrás:

```
SQL> delete from employees where employee_id = 169;

1 row deleted.

SQL> commit;

Commit complete.

SQL>
```

O empregado de HR precisa localizar a data de admissão do empregado 169. Esse empregado recupera as informações históricas da tabela EMPLOYEES com a cláusula AS OF especificando um tempo quatro semanas atrás:

```
SQL> select employee_id, last_name, hire_date
  2  from employees
  3  as of timestamp (systimestamp - interval '28' day)
  4  where employee_id = 169;

EMPLOYEE_ID LAST_NAME                 HIRE_DATE
----------- ------------------------- ---------
        169 Bloom                     23-MAR-98

SQL>
```

Fica totalmente transparente para o usuário se o Oracle está utilizando um tablespace de undo ou um Flashback Data Archive para uma consulta contendo a cláusula AS OF.

## OBJETIVO DA CERTIFICAÇÃO 9.06

### CONFIGURAR, MONITORAR O FLASHBACK DATABASE E EXECUTAR OPERAÇÕES DO FLASHBACK DATABASE

Como você já imaginava, o recurso Flashback Database do Oracle utiliza o comando FLASHBACK DATABASE para retornar o banco de dados a um momento no passado ou a um SCN, propiciando uma alternativa rápida para fazer uma recuperação incompleta do banco de dados. Nas seções a seguir, você aprenderá a configurar o Flashback Database, examinará um exemplo simples e aprenderá a monitorar o Flashback Database. Além disso, você analisará alguns aspectos mais detalhados, como excluir um ou mais tablespaces de uma operação de Flashback Database e utilizar pontos de restauração garantidos.

### Noções básicas sobre o Flashback Database

Você pode utilizar o Flashback Database para restaurar rapidamente o banco de dados inteiro a um ponto anterior no tempo. Quando você ativar o Flashback Database, as imagens anteriores dos blocos modificados são salvas na área de recuperação flash como logs do Flashback Database. Se ocorrer um dano lógico que exija uma recuperação até um momento no passado, os logs do Flashback Database restaurarão as imagens anteriores dos blocos de dados, e depois os arquivos de redo log arquivados e online avançarão até o ponto no tempo desejado. Esse processo é geralmente muito mais veloz do que uma operação tradicional de restauração e recuperação, tendo em vista que os arquivos de dados do banco de dados não precisam ser restaurados.

Quando o Flashback Database for ativado, os dados da imagem anterior serão salvos em um buffer adequadamente chamado de *buffer de flashback*. Em seguida, ele utiliza o processo em segundo plano, Recovery Writer (RVWR), para salvar as informações da imagem anterior do buffer de flashback nos logs do Flashback Database na área de recuperação flash. Os logs contidos nessa área são reutilizados de forma circular. Até onde você poderá voltar o banco de dados no tempo vai depender do espaço existente na área de recuperação flash e dos pontos de restauração garantidos configurados. Você conhecerá outros detalhes sobre os pontos de restauração garantidos mais adiante nesta seção.

### Configurando o Flashback Database

Para utilizar o Flashback Database, configure a área de recuperação flash (consulte o Capítulo 2 para obter mais informações sobre como configurar a área de recuperação flash através dos parâmetros DB_RECOVERY_FILE_DEST e DB_RECOVERY_FILE_DEST_SIZE). Configurar corretamente o tamanho da área de recuperação flash garante espaço suficiente para os logs do Flashback Database e para todas as outras informações existentes na área de recuperação flash, como os arquivos de redo log arquivados e backups do RMAN. Defina o parâmetro de inicialização DB_FLASHBACK_RETENTION_TARGET com um limite máximo (em minutos) para a janela de recuperação utilizável. Esse parâmetro é uma meta, e não uma garantia. Você usará os pontos de restauração garantidos para assegurar a retenção dos logs do Flashback Database na área de recuperação flash.

Veja a seguir uma sequência característica de comandos que você usará para ativar o Flashback Database:

```
shutdown immediate;
startup mount exclusive;
alter database archivelog;
/* if you are not already in ARCHIVELOG mode */
alter system set db_flashback_retention_target=2880;
alter database flashback on;
alter database open;
```

Neste exemplo, o tempo de retenção alvo para os logs de Flashback logs é de 2880 minutos (dois dias).

## Usando o Flashback Database

A situação mais simples para usar o Flashback Database é restaurar um banco de dados inteiro para um timestamp específico. Entretanto, várias situações não são assim tão claras. Nas seções a seguir, você aprenderá a utilizar o Flashback Database com um SCN ou um ponto de restauração garantido. Você também aprenderá a excluir um ou mais tablespaces da operação de Flashback Database, e verá algumas visões dinâmicas de desempenho que podem ajudá-lo a monitorar a possibilidade de atender às suas metas de retenção.

## Executando um Flashback Database

Use o comando FLASHBACK DATABASE no prompt do RMAN ou SQL>. Existem algumas diferenças sintáticas sutis entre as duas versões. A versão do RMAN oferece algumas opções adicionais de granularidade, como um flashback até um número de sequência de log específico e thread (instância). Veja um exemplo:

```
RMAN> flashback database to sequence=307 thread=2;
```

Usaremos a versão SQL do comando FLASHBACK DATABASE no restante desta seção. A sintaxe básica do comando SQL FLASHBACK DATABASE é a seguinte:

```
flashback [standby] database [database]
{ to {scn | timestamp} expr
| to before {scn | timestamp } expr
| to restore point expr
}
```

Você pode utilizar a cláusula TO SCN ou TO TIMESTAMP para definir o ponto de flashback do banco de dados inteiro, adicionalmente a um ponto de restauração garantido. Você pode fazer um flashback para antes (com a cláusula TO BEFORE) de um ponto crítico, como uma transação que gerou alterações indesejadas em diversas tabelas. Use a pseudocoluna `ORA_ROWSCN` para uma determinada linha da tabela a fim de ver os SCNs das modificações mais recentes efetuadas na linha:

```
SQL> select ora_rowscn, last_name, first_name
  2  from employees
  3  where employee_id = 102;

ORA_ROWSCN LAST_NAME                FIRST_NAME
---------- ------------------------ --------------------
  27247532 De Haan                  Lex

SQL>
```

Com o banco de dados aberto por mais de uma hora, verifique se os dados de flashback estão disponíveis e faça o flashback desses dados – você perderá todas as transações ocorridas durante esse tempo:

```
shutdown;
startup mount exclusive;
flashback database to timestamp sysdate-(1/24);
```

Quando você executar o comando FLASHBACK DATABASE, o Oracle verificará se todos os arquivos de redo log arquivados e online estão disponíveis. Se os logs estiverem disponíveis, os arquivos de dados online serão revertidos ao momento, ao SCN ou ao ponto de restauração garantido especificado.

Se não existirem dados online suficientes nos logs de arquivamento e na área de flashback, use os métodos tradicionais de recuperação de banco de dados para recuperar os dados. Por exemplo, você pode precisar usar um método de recuperação do sistema de arquivos acompanhado por um avanço dos dados.

Após o término do flashback, abra o banco de dados com a opção RESETLOGS para ter acesso de gravação ao banco de dados:

```
alter database open resetlogs;
```

Para desativar o Flashback Database, execute o comando ALTER DATABASE FLASHBACK OFF quando o banco de dados estiver montado mas não aberto:

```
startup mount exclusive;
alter database flashback off;
alter database open;
```

## Excluindo tablespaces do Flashback Database

Por padrão, todos os tablespaces participarão de uma operação de Flashback Database, a menos que você altere o atributo FLASHBACK para OFF no momento da criação do tablespace ou posteriormente emitindo o comando ALTER TABLESPACE. Veja um exemplo:

```
SQL> alter tablespace example flashback off;

Tablespace altered.

SQL>
```

Para reativar o Flashback Database nesse tablespace, use `ALTER TABLESPACE EXAMPLE FLASHBACK ON`, como você já previa, mas o banco de dados deve ser desligado e reaberto no modo `MOUNT`.

Para utilizar o Flashback Database, coloque no modo offline todos os tablespaces com o atributo `FLASHBACK` definido com `OFF`. Quando o banco de dados for copiado em backup, você poderá usar outros métodos de recuperação pontual para recuperar os arquivos de dados offline e, em algum momento, restaurá-los online.

## Usando pontos de restauração garantidos

Um *ponto de restauração garantido* é parecido com um ponto de restauração comum, no sentido de que ele pode ser utilizado como um alias para um SCN durante uma operação de recuperação. Uma ponto de restauração garantido é diferente porque ele não é obsoletado do arquivo de controle e deve ser eliminado explicitamente.

Naturalmente, os pontos de restauração garantidos são úteis para as operações do Flashback Database. Criar um ponto de restauração garantido com o registro de flashback em log ativado garante a retenção dos logs de flashback na área de recuperação flash, de forma que o banco de dados pode ser revertido a qualquer ponto após a criação do ponto de restauração garantido.

Veja um exemplo de um ponto de restauração garantido criado antes de um importante upgrade de um aplicativo:

```
SQL> create restore point before_app_upgr
  2      guarantee flashback database;

Restore point created.

SQL>
```

Veja a seguir como você usaria esse ponto de restauração garantido:

```
SQL> flashback database to restore point before_app_upgr;
```

Para utilizar pontos de restauração garantidos, verifique também os seguintes pré-requisitos:

- O parâmetro de inicialização `COMPATIBLE` deve ser 10.2 ou maior.
- O banco de dados deve estar em execução no modo `ARCHIVELOG`.
- Devem existir arquivos de redo log arquivados disponíveis a partir do momento do primeiro ponto de restauração garantido.
- Deve existir uma área de recuperação flash configurada.

*Lembre-se de que os pontos de restauração garantidos provavelmente ocasionarão, com o passar do tempo, uma pressão sobre o espaço na área de recuperação flash, porque o Oracle reterá os logs de flashback nessa área após o primeiro ponto de restauração garantido.*

## Monitorando o Flashback Database

É possível utilizar várias visões dinâmicas de desempenho para monitorar o uso do espaço na área de recuperação flash a fim de assegurar o atendimento da meta de retenção para as possíveis operações de Flashback Database.

Determine até onde você pode fazer o flashback do banco de dados consultando a visão V$FLASHBACK_DATABASE_LOG. O volume de dados de flashback retidos no banco de dados é controlado pelo parâmetro de inicialização e pelo tamanho da área de recuperação flash. A listagem a seguir mostra as colunas disponíveis na visão V$FLASHBACK_DATABASE_LOG e um exemplo de conteúdo:

```
SQL> describe V$FLASHBACK_DATABASE_LOG

Name                                      Null?    Type
----------------------------------------- -------- -------
OLDEST_FLASHBACK_SCN                               NUMBER
OLDEST_FLASHBACK_TIME                              DATE
RETENTION_TARGET                                   NUMBER
FLASHBACK_SIZE                                     NUMBER
ESTIMATED_FLASHBACK_SIZE                           NUMBER


SQL> select * from V$FLASHBACK_DATABASE_LOG;

OLDEST_FLASHBACK_SCN OLDEST_FL RETENTION_TARGET FLASHBACK_SIZE
-------------------- --------- ---------------- --------------
ESTIMATED_FLASHBACK_SIZE
------------------------
             5903482 12-AUG-08             1440        8192000
                95224008
```

Para verificar o status de flashback do banco de dados, consulte a visão V$DATABASE. A coluna FLASHBACK_ON terá um valor YES se o flashback foi ativado para o banco de dados:

```
select current_scn, flashback_on from V$DATABASE;

CURRENT_SCN FLA
----------- ---
    5910734 YES
```

Finalmente, você pode utilizar a visão V$FLASHBACK_DATABASE_STAT para monitorar a taxa horária de geração dos dados de flashback:

```
SQL> select to_char(begin_time,'dd-mon-yy hh24:mi') begin_time,
  2         to_char(end_time,'dd-mon-yy hh24:mi') end_time,
  3         flashback_data, db_data, redo_data,
  4         estimated_flashback_size est_fb_sz
  5  from v$flashback_database_stat;

BEGIN_TIME       END_TIME         FLASHBCK_DATA  DB_DATA  REDO_DATA EST_FB_SZ
---------------- ---------------- ------------- --------- --------- ---------
17-aug-08 16:28  17-aug-08 17:13       12738560  18407424   7079424  95224008

SQL>
```

FLASHBACK_DATA é o número de bytes de dados de flashback gravados durante o intervalo. REDO_DATA é o número de bytes de redo gravados no mesmo período. DB_DATA é o número de bytes em todos os blocos de dados gravados. A coluna ESTIMATED_FLASHBACK_SIZE (abreviada para EST_FB_SZ) contém o mesmo valor que ESTIMATED_FLASHBACK_SIZE na visão V$FLASHBACK_DATABASE_LOG.

## RESUMO DA CERTIFICAÇÃO

O início do capítulo examinou o recurso Flashback Drop que utiliza a lixeira, disponível em todos os tablespaces. O comportamento deste recurso é parecido com o da lixeira em um computador baseado na plataforma Windows. Se existir espaço suficiente no tablespace, os objetos eliminados poderão ser restaurados ao respectivo esquema original, com todos os índices, restrições e triggers intactos. A lixeira usa uma tabela do dicionário de dados que rastreia os objetos eliminados. Você pode restaurar uma ou mais versões de uma tabela eliminada da lixeira, desde que a lixeira esteja ativada e a pressão sobre o espaço no tablespace não tenha expurgado essa tabela do tablespace.

Em seguida, você aprendeu os fundamentos do Flashback Query e como esse recurso pode exibir uma ou mais linhas de uma tabela em um momento no passado. Para utilizar o Flashback Query, primeiro você deve configurar corretamente o gerenciamento automático de undo e depois dimensionar o tablespace de undo para acomodar a retenção dos dados de undo o mais para trás no tempo quanto necessário. A retenção de undo deve acomodar as transações DML, consultar a consistência de leitura e suportar o Flashback Query até o ponto do tempo no passado.

O Flashback Transaction é semelhante ao Flashback Query, exceto pelo fato de que o primeiro usa a visão do dicionário de dados FLASHBACK_TRANSACTION_QUERY para armazenar as informações sobre transações passadas em uma ou mais tabelas. Para suportar o Flashback Transaction, você deve ativar o registro em log complementar para todas as colunas da tabela e para a coluna de chave primária, aumentando um pouco o volume de dados que o processo Log Writer (LGWR) grava nos arquivos de redo log. O Flashback Transaction alavanca a tecnologia do Log Miner para recuperar os detalhes sobre as transações anteriores. Assim que você identificar as alterações efetuadas dentro de uma transação, poderá usar o Enterprise Manager ou a coluna UNDO_SQL em um FLASHBACK_TRANSACTION_QUERY para reverter toda a transação ou parte dela. Isso depende de sua tolerância a atomicidade e de outras transações subsequentes ocorridas no banco de dados.

Flashback Table é outra tecnologia que permite restaurar o estado de uma tabela ou de um grupo de tabelas a um tempo no passado. Como acontece com diversos recursos de flashback, o Flashback Table depende dos dados contidos no tablespace de undo e está sujeito à política de retenção configurada.

O Flashback Data Archive é uma maneira de preservar a história de tabelas selecionadas durante um período de tempo mais prolongado do que o suportado pelo tablespace de undo. Para configurar e usar o Flashback Data Archive, crie uma ou mais áreas de repositório (uma das quais pode ser a padrão), atribua um período de retenção padrão aos objetos contidos no repositório e marque para rastreamento as tabelas adequadas. Assim que as alterações começarem a ser gravadas no Flashback Data Archive, use a conhecida cláusula AS OF na instrução SELECT para exibir as versões anteriores das linhas de uma tabela.

Por último, você aprendeu a configurar e utilizar o Flashback Database para reverter um banco de dados a um tempo no passado. Após configurar a área de recuperação flash para reter as imagens anteriores dos blocos de dados modificados (logs de flashback), você poderá recuperar o banco de dados a um timestamp ou SCN específicos, desde que os logs de flashback necessários ainda estejam na área de recuperação flash. Você pode usar os pontos de restauração garantidos para assegurar que o banco de dados seja revertido ao ponto de restauração garantido ou a qualquer SCN ou timestamp a partir do qual você criou o ponto de restauração garantido.

# ✓ EXERCÍCIO DE DOIS MINUTOS

### Restaurar tabelas eliminadas a partir da lixeira

- ❏ Flashback Drop usa a lixeira para recuperar as tabelas eliminadas.
- ❏ A lixeira é uma tabela do dicionário de dados que rastreia os objetos eliminados.
- ❏ É possível restaurar as versões atual ou anterior das tabelas eliminadas a partir da lixeira.
- ❏ Quando você elimina um objeto com a lixeira ativada, o espaço alocado para o objeto eliminado e para todos os objetos associados (como índices) passa a constar imediatamente na visão do dicionário de dados DBA_FREE_SPACE.
- ❏ Quando uma tabela é eliminada, a tabela e seus objetos dependentes são renomeadas com um nome atribuído pelo sistema, usando o formato BIN$unique_id$version.
- ❏ Para consultar a lixeira, você pode utilizar a visão do dicionário de dados USER_RECYCLEBIN. RECYCLEBIN é um sinônimo global para USER_RECYCLEBIN.
- ❏ A visão do dicionário de dados USER_RECYCLEBIN tem as mesmas colunas da visão DBA_RECYCLEBIN, exceto que a USER_RECYCLEBIN não possui a coluna OWNER.
- ❏ Para restaurar uma tabela da lixeira, use o comando FLASHBACK TABLE ... TO BEFORE DROP.
- ❏ Se você tentar restaurar uma tabela que foi recriada depois da sua eliminação, receberá um erro, a menos que você inclua a cláusula RENAME TO para atribuir um novo nome à tabela restaurada.
- ❏ O espaço na lixeira e, por extensão, o espaço no tablespace contendo a lixeira são gerenciados automaticamente pelo Oracle.
- ❏ Todos os objetos eliminados continuam disponíveis para recuperação na lixeira, desde que os novos objetos não necessitem do espaço ocupado pelos objetos eliminados.
- ❏ Você pode emitir o comando PURGE para remover manualmente as tabelas da lixeira.
- ❏ Quando um objeto reside na lixeira, você também pode utilizar a instrução SELECT para acessar a tabela eliminada, que continuará constando nas visões do dicionário de dados DBA_TABLES, DBA_OBJECTS e DBA_SEGMENTS.

### Executar um Flashback Query

❏ O Flashback Query permite exibir uma ou mais linhas de uma tabela em um tempo no passado.

❏ Para garantir o êxito das operações de flashback ou das consultas de longa execução às custas da atividade DML, você deve especificar RETENTION GUARANTEE para o tablespace de undo.

❏ É possível verificar o status da retenção de um tablespace de undo consultando a visão do dicionário de dados DBA_TABLESPACES.

❏ O Flashback Query usa a cláusula AS OF para especificar o ponto anterior no tempo como um timestamp ou um SCN.

❏ O Flashback Version Query, outro recurso de flashback, propicia um nível com mais detalhamento do que a consulta com AS OF (Flashback Query).

❏ O Flashback Version Query usa a cláusula VERSIONS BETWEEN para especificar um intervalo de SCNs ou timestamps para análise de uma tabela específica.

### Usar o Flashback Transaction

❏ A visão do dicionário de dados FLASHBACK_TRANSACTION_QUERY tem todas as informações de que você necessita para identificar o código SQL necessário para reverter uma transação.

❏ Para utilizar o Flashback Transaction Query, você deve ativar o registro em log adicional para o fluxo de redo log. Esses são os mesmos dados que o Log Miner utiliza, embora em outra interface.

❏ Você deve conceder permissões sobre o pacote DBMS_FLASHBACK, assim como o privilégio SELECT ANY TRANSACTION aos usuários que usarão o Flashback Transaction Query.

❏ A coluna UNDO_SQL do FLASHBACK_TRANSACTION_QUERY contém o código SQL que pode ser utilizado para reverter o efeito de uma transação.

❏ O Enterprise Manager (EM) fornece uma GUI fácil de usar como front-end para a procedure DBMS_FLASHBACK.TRANSACTION_BACKOUT

❏ As quatro opções de reversão de transações são: CASCADE, NOCASCADE, NOCASCADE_FORCE e NONCONFLICT_ONLY.

### Executar operações de Flashback Table

❏ O recurso Flashback Table do Oracle não somente restaura o estado das linhas de uma tabela a partir de um ponto do tempo no passado, como também restaura os índices, os triggers e as restrições da tabela enquanto o banco de dados estiver online.

- O Flashback Table é preferível aos outros métodos de flashback se o escopo dos erros do usuário for pequeno e limitado a uma ou poucas tabelas.
- O Flashback Table é executado localmente, com o banco de dados online, revertendo as alterações feitas na tabela e em todos os respectivos objetos dependentes, como os índices.
- Para executar o Flashback Table, o usuário deve ter o privilégio FLASHBACK ANY TABLE, ou o privilégio de objeto FLASHBACK sobre uma tabela específica.
- Para utilizar o Flashback Table sobre uma ou mais tabelas, você deve ativar a movimentação de linhas antes de executar a operação de Flashback, embora não seja necessário que essa movimentação esteja em vigor quando ocorrer o erro do usuário.
- As operações de Flashback Table não podem englobar as operações DDL, como adição ou eliminação de uma coluna.

### *Configurar e utilizar um Flashback Data Archive*

- Um Flashback Data Archive retém os dados históricos de uma ou mais tabelas por um período de retenção.
- Para ativar o Flashback Data Archive, crie uma ou mais áreas de repositório (uma das quais pode ser a área padrão), atribua um período de retenção padrão para os objetos e marque para rastreamento as tabelas adequadas.
- Um Flashback Data Archive atua basicamente como um tablespace de undo. Entretanto, um Flashback Data Archive registra apenas as instruções UPDATE e DELETE, não as instruções INSERT.
- Você pode acessar dados em um Flashback Data Archive exatamente como você faz com o Flashback Query, usando a cláusula AS OF em uma instrução SELECT.
- Crie um ou mais Flashback Data Archives nos tablespaces já existentes emitindo o comando CREATE FLASHBACK ARCHIVE.
- As visões do dicionário de dados que respaldam os Flashback Data Archives são: DBA_FLASHBACK_ARCHIVE e DBA_FLASHBACK_ARCHIVE_TS.
- A visão DBA_FLASHBACK_ARCHIVE_TABLES rastreia as tabelas ativadas para o arquivamento de flashback.
- Para criar ou modificar os Flashback Data Archives, o usuário deve ter o privilégio de sistema FLASHBACK ARCHIVE ADMINISTER.
- Atribua uma tabela a um arquivo durante a criação da tabela, usando a sintaxe padrão CREATE TABLE com a inclusão da cláusula FLASHBACK ARCHIVE, ou posteriormente, com o comando ALTER TABLE.

### Configurar, monitorar o Flashback Database e executar operações de Flashback Database

- O Flashback Database usa o comando FLASHBACK DATABASE para retornar um banco de dados a um tempo no passado ou a um SCN, propiciando uma alternativa rápida para a execução da recuperação incompleta do banco de dados.
- Quando você ativar o recurso Flashback Database, as imagens anteriores dos blocos modificados serão salvas na área de recuperação flash como logs de Flashback Database.
- Os logs na área de recuperação flash são reutilizados de forma circular.
- Configurar corretamente o tamanho da área de recuperação flash garante espaço suficiente disponível para os logs do Flashback Database e para todas as demais informações contidas nessa área.
- Defina o parâmetro de inicialização DB_FLASHBACK_RETENTION_TARGET com o limite máximo (em minutos) para a sua janela de recuperação utilizável; isso é uma meta, não uma garantia.
- Você pode utilizar o comando FLASHBACK DATABASE no RMAN ou no prompt SQL>.
- É possível utilizar a cláusula TO SCN ou TO TIMESTAMP para definir o ponto de flashback do banco de dados inteiro, além de um ponto de restauração garantido.
- Você pode usar a pseudocoluna ORA_ROWSCN para determinada linha da tabela para ver os SCNs das modificações mais recentes efetuadas na linha de uma tabela.
- Se não existirem dados suficientes nos logs de arquivamento e na área de flashback, você deverá aplicar os métodos tradicionais de recuperação de bancos de dados para recuperar os dados.
- Para desativar o Flashback Database, execute o comando ALTER DATABASE FLASHBACK OFF quando o banco de dados estiver montado e não aberto.
- Por padrão, todos os tablespaces participarão em um uma operação de Flashback Database, a menos que você modifique o atributo FLASHBACK para OFF no momento da criação do tablespace, ou posteriormente, usando o comando ALTER TABLESPACE.
- Um ponto de restauração garantido é parecido com um ponto de restauração comum, uma vez que pode ser utilizado como um alias para um SCN durante uma operação de recuperação.
- Um ponto de restauração garantido é diferente, no sentido de que ele não é obsoletado do arquivo de controle e deve ser explicitamente eliminado.

❏ Criar um ponto de restauração garantido com um registro em log de flashback ativado assegura a retenção dos logs de flashback na área de recuperação flash, para permitir a reversão do banco de dados até um ponto posterior à criação do ponto de restauração garantido.

❏ Você pode determinar até onde é possível fazer o flashback do banco de dados consultando a visão V$FLASHBACK_DATABASE_LOG.

❏ É possível utilizar a visão V$FLASHBACK_DATABASE_STAT para monitorar a taxa horária de geração de dados de flashback.

## TESTE

As perguntas a seguir o ajudarão a avaliar seu conhecimento sobre o material apresentado neste capítulo. Leia com atenção todas as opções porque pode haver mais de uma resposta correta. Escolha todas as respostas certas de cada pergunta.

### Restaurar tabelas eliminadas a partir da lixeira

1. Qual das seguintes afirmações sobre a lixeira é verdadeira?
   A. Quando você elimina um objeto, o espaço alocado pelo objeto não passa a constar imediatamente em DBA_FREE_SPACE e é contabilizado na quota do usuário.
   B. Quando você elimina um objeto, o espaço alocado pelo objeto passa a constar imediatamente em DBA_FREE_SPACE e não é contabilizado na quota do usuário.
   C. Quando você elimina um objeto, o espaço alocado pelo objeto passa a constar imediatamente em DBA_FREE_SPACE, mas ainda é contabilizado na quota do usuário.
   D. Quando você elimina um objeto, o espaço alocado pelo objeto não passa a constar imediatamente em DBA_FREE_SPACE e não é contabilizado na quota do usuário.

2. A coluna CAN_UNDROP é definida com YES para um objeto na visão DBA_RECYCLEBIN. Qual das seguintes afirmações sobre esse objeto é verdadeira? (Escolha todas as respostas aplicáveis.)
   A. O objeto é uma tabela.
   B. A eliminação do objeto pode ser cancelada pelo proprietário do objeto.
   C. A eliminação do objeto só pode ser cancelada por um usuário com privilégios de DBA.
   D. O objeto não possui quaisquer objetos dependentes na lixeira.
   E. Não existe outro objeto com o mesmo nome fora da lixeira.

### Fazer um Flashback Query

3. Quais dos seguintes parâmetros afetam diretamente o comportamento e o funcionamento correto do Flashback Table? (Escolha todas as respostas aplicáveis.)
   A. DB_RECOVERY_FILE_DEST
   B. UNDO_MANAGEMENT
   C. DB_RECOVERY_FILE_DEST_SIZE
   D. UNDO_TABLESPACE
   E. UNDO_RETENTION

4. Ao utilizar a cláusula VERSIONS BETWEEN para o Flashback Version Query, o que você não pode usar para restringir o número de linhas retornadas pela consulta?
   A. Um timestamp
   B. Um SCN
   C. Uma cláusula WHERE em qualquer coluna da tabela
   D. Um ponto de restauração garantido

*Usar o Flashback Transaction*

5. Qual das seguintes colunas não consta na visão do dicionário de dados FLASHBACK_TRANSACTION_QUERY?
   A. UNDO_SQL
   B. XID
   C. OPERATION
   D. ORA_ROWSCN

6. O que acontece com as linhas na visão FLASHBACK_TRANSACTION_QUERY quando parte da transação não está mais disponível no tablespace de undo?
   A. O número de ID do usuário substitui o nome do usuário na coluna LOGON_USER.
   B. A coluna OPERATION passa a conter o valor UNKNOWN.
   C. O número do objeto substitui o nome da tabela na coluna TABLE_NAME.
   D. A coluna OPERATION contém o valor UNAVAILABLE.
   E. Todas as linhas da transação não estarão mais disponíveis em FLASHBACK_TRANSACTION_QUERY.

*Executar operações de Flashback Table*

7. Quais métodos você pode utilizar na cláusula AS OF de uma operação de Flashback Table para especificar um tempo no passado até o qual a tabela deve ser recuperada? (Escolha todas as respostas aplicáveis.)
   A. Um timestamp
   B. Um filtro de condição na cláusula WHERE
   C. Um SCN
   D. Um ponto de restauração
   E. Um ponto de restauração garantido

8. Você cria a tabela VAC_SCHED na segunda-feira, com um índice de chave primária; o SCN imediatamente após a criação da tabela era 5680123. Na quarta-feira, você elimina o índice. Na quinta-feira, você exclui inadvertidamente a maioria das linhas no banco de dados. Na sexta-feira, você executa este comando:
   
   SQL> FLASHBACK TABLE VAC_SCHED TO SCN 5680123;
   
   Você definiu a retenção de undo garantida com 1 semana. Em que a execução desse comando pode resultar?

A. A tabela é recuperada até o SCN 5680123 sem o índice.
B. A tabela é recuperada através dos dados contidos no tablespace de undo e o índice é recriado com base no índice eliminado contido na lixeira.
C. A tabela é recuperada e todas as linhas excluídas na quinta-feira são restauradas por meio dos arquivos de redo log arquivados e online.
D. O comando falha porque o FLASHBACK TABLE não pode recuperar uma tabela para antes de uma alteração em um objeto dependente.

## *Configurar e utilizar um Flashback Data Archive*

9. Identifique a afirmação verdadeira sobre os Flashback Data Archives.
   A. Você pode especificar mais de um Flashback Data Archive padrão.
   B. Se você não incluir uma cláusula RETENTION para um Flashback Data Archive, deverá especificá-la ao atribuir uma tabela ao Flashback Data Archive.
   C. O parâmetro QUOTA é obrigatório ao criar um Flashback Data Archive, para limitar a quantidade de espaço utilizado no tablespace.
   D. Um Flashback Data Archive pode existir em diversos tablespaces, inclusive nos tablespaces de undo e temporários.

10. Qual das seguintes visões do dicionário de dados contém uma lista das tabelas usando um Flashback Data Archive?
    A. DBA_FLASHBACK_ARCHIVE_TABLES
    B. DBA_FLASHBACK_ARCHIVE
    C. DBA_FLASHBACK_ARCHIVE_TS
    D. DBA_FLASHBACK_DATA_ARCHIVE_TABLES

## *Configurar, monitorar Flashback Database e executar operações do Flashback Database*

11. Qual dos seguintes parâmetros de inicialização não é obrigatório para configurar as operações do Flashback Database?
    A. DB_RECOVERY_FILE_DEST_SIZE
    B. UNDO_RETENTION
    C. DB_FLASHBACK_RETENTION_TARGET
    D. DB_RECOVERY_FILE_DEST

12. Qual é a diferença entre um ponto de restauração comum e um ponto de restauração garantido? (Escolha todas as respostas aplicáveis.)
    A. Um ponto de restauração comum não exige a configuração de uma área de recuperação flash.
    B. Um ponto de restauração garantido pode ser utilizado somente com o Flashback Database.
    C. Um ponto de restauração garantido não pode ser eliminado.
    D. Um ponto de restauração garantido nunca será obsoleto do arquivo de controle.
    E. Você deve ativar o registro de flashback em log para utilizar pontos de restauração garantidos.

# RESPOSTAS DO TESTE

## *Restaurar tabelas eliminadas a partir da lixeira*

1. ☑ **C**. O espaço de um objeto eliminado passa a constar imediatamente na DBA_FREE_SPACE mas ainda é contabilizado na quota do usuário até ser expurgado da lixeira.

   ☒ **A**, **B** e **D** estão incorretas. As três respostas são afirmações incorretas sobre o gerenciamento do espaço livre e gerenciamento de quotas para os objetos contidos na lixeira.

2. ☑ **A** e **B**. Os objetos da tabela contidos na lixeira podem ser recuperados, e sua eliminação também pode ser cancelada pelo proprietário original ou por um usuário com privilégio de DBA.

   ☒ **C** está incorreta porque um objeto na lixeira pode ter a sua eliminação cancelada pelo proprietário ou por um usuário com privilégios de DBA; a visão DBA_RECYCLEBIN tem uma coluna OWNER para indicar qual usuário eliminou o objeto. **D** está incorreta porque uma tabela na lixeira pode ter ou não objetos dependentes também na lixeira. **E** está incorreta porque pode existir ou não um objeto com o mesmo nome original de um objeto contido na lixeira.

## *Fazer um Flashback Query*

3. ☑ **B**, **D** e **E**. Para o Flashback Query, Flashback Table, Flashback Transaction Query e Flashback Version Query, você deve ter configurado o gerenciamento automático de undo, definido um tablespace de undo, e um valor de retenção de undo para especificar por quanto tempo os dados de undo serão preservados no tablespace de undo.

   ☒ **A** e **C** estão incorretas. Os parâmetros DB_RECOVERY_FILE_DEST e DB_RECOVERY_FILE_DEST_SIZE são utilizados para configurar a retenção do Flashback Data Archive, mas não o Flashback Query.

4. ☑ **D**. Os pontos de restauração garantidos são utilizados somente em cenários de recuperação, como o Flashback Database.

   ☒ **A**, **B** e **C** podem ser utilizados e, portanto, estão incorretas. Você pode restringir os resultados de um Flashback Version Query por SCN ou timestamp. É possível filtrar ainda mais as linhas incluindo a cláusula WHERE nas colunas da tabela.

## *Usar o Flashback Transaction*

5. ☑ **D**. ORA_ROWSCN é uma pseudocoluna, disponível para todas as tabelas, que contém o último SCN que modificou ou criou a linha.

   ☒ **A**, **B** e **C** estão incorretas. UNDO_SQL é o SQL que você pode utilizar para reverter a mudança efetuada na linha, XID é o ID da transação, e OPERATION é a operação DML executada.

**6.** ☑ **B**. A coluna OPERATION em FLASHBACK_TRANSACTION_QUERY contém o valor UNKNOWN para os dados que não pertencem mais ao tablespace de undo.

☒ **A** está incorreta porque o ID do usuário substitui o nome do usuário na coluna LOGON_USER quando o usuário deixa de existir. **C** está incorreta porque o número do objeto substitui o nome da tabela na coluna TABLE_NAME quando a tabela deixa de existir. **D** está incorreta porque a coluna OPERATION contém o valor UNKNOWN, e não o valor UNAVAILABLE, quando a informação não está mais disponível no tablespace de undo. **E** está incorreta porque parte de uma transação ainda pode estar disponível no tablespace de undo.

### Executar operações de Flashback Table

**7.** ☑ **A, C, D e E**. Você pode utilizar a cláusula AS OF com o qualificador TIMESTAMP ou SCN para especificar uma hora para a recuperação da tabela. Além disso, é possível especificar um ponto de restauração ou um ponto de restauração garantido para o Flashback Table. Os pontos de restauração garantidos também são úteis nas operações do Flashback Database para garantir que os logs de flashback permaneçam na área de recuperação flash, pelo menos até o primeiro ponto de restauração garantido mais antigo.

☒ **B** está incorreta porque você não pode utilizar uma cláusula WHERE para especificar uma hora no passado para a operação de FLASHBACK TABLE.

**8.** ☑ **A**. A tabela é recuperada ao seu estado original imediatamente após a criação, sem linhas e sem o índice.

☒ **B** está incorreta porque FLASHBACK TABLE não usa a lixeira. **C** está incorreta porque a tabela é recuperada a partir do SCN, mas não é avançada. **D** está incorreta porque um índice eliminado não afeta a capacidade de recuperação de uma tabela; contudo, uma alteração efetuada na estrutura da própria tabela impede uma operação de flashback para antes da mudança DDL implementada na tabela.

### Configurar e utilizar um Flashback Data Archive

**9.** ☑ **B**. Você deve especificar um período de retenção padrão para o próprio Flashback Data Archive ou especificar um período de retenção ao adicionar a tabela ao arquivo.

☒ **A** está incorreta porque você pode ter vários Flashback Data Archives. **C** está incorreta porque o parâmetro QUOTA só será necessário para limitar a quantidade de espaço utilizado pelo Flashback Data Archive no tablespace; caso contrário, esse espaço poderá crescer de modo a esgotar todo o espaço disponível no tablespace. **D** está incorreta porque só é possível criar os Flashback Data Archives em tablespaces permanentes, não undo.

10. ☑  **A.** `DBA_FLASHBACK_ARCHIVE_TABLES` contém uma lista de tabelas que estão utilizando atualmente um Flashback Data Archive.

☒  **B** está incorreta porque `DBA_FLASHBACK_ARCHIVE` contém uma lista de arquivos, mas não as tabelas em seu interior. **C** está incorreta porque `DBA_FLASHBACK_ARCHIVE_TS` contém o arquivo para o mapeamento de tablespace. **D** está incorreta porque `DBA_FLASHBACK_DATA_ARCHIVE_TABLES` não é uma visão válida do dicionário de dados.

## *Configurar, monitorar Flashback Database e executar operações de Flashback Database*

11. ☑  **B.** O parâmetro de inicialização `UNDO_RETENTION` é obrigatório para outros recursos de Flashback, mas não para o Flashback Database.

☒  **A, C** e **D** estão incorretas. Os parâmetros `DB_RECOVERY_FILE_DEST_SIZE` e `DB_RECOVERY_FILE_DEST` são obrigatórios para definir a localização e o tamanho da área de recuperação flash, e `DB_FLASHBACK_RETENTION_TARGET` é necessário para definir um limite máximo almejado para a janela de recuperação do Flashback Database.

12. ☑  **A** e **D.** Um ponto de restauração comum não exige uma área de recuperação flash e pode ser obsoletado do arquivo de controle; um ponto de restauração garantido nunca será obsoletado do arquivo de controle, a menos que seja explicitamente eliminado.

☒  **B** está incorreta porque um ponto de restauração garantido pode ser referenciado por outros recursos de flashback, não apenas pelo Flashback Database. **C** está incorreta porque é possível eliminar explicitamente qualquer tipo de ponto de restauração. **E** está incorreta porque você pode definir pontos de restauração garantidos sem a ativação do registro de flashback em log; contudo, a área de recuperação flash ainda assim deve estar ativada.

# 10
# Técnicas de Gerenciamento de Memória

## OBJETIVOS DE CERTIFICAÇÃO

10.01 Implementar o gerenciamento automático de memória

10.02 Configurar manualmente os parâmetros da SGA

10.03 Configurar o gerenciamento automático de memória da PGA

✓ Exercício de dois minutos

P&R Teste

Em qualquer recurso de computação, a memória é finita e geralmente é o recurso tecnológico mais disputado em seu ambiente. Nos servidores de banco de dados, é possível que o Oracle possa disputar os recursos de memória com outros aplicativos não associados a bancos de dados (embora a Oracle recomende servidores dedicados para o banco de dados). Seja qual for o caso, assim que você souber a quantidade de memória que o Oracle pode usar, deverá determinar a divisão dessa memória entre os processos e as funções do Oracle. Você poderá automatizar totalmente o gerenciamento de memória do Oracle, mas provavelmente vai se deparar com situações que exigirão um pequeno ajuste manual nas configurações da memória.

Este capítulo inicia com uma análise das estruturas de memória do Oracle. (Consulte o Capítulo 1 para obter uma explicação detalhada das estruturas físicas de armazenamento, das estruturas de memória e dos processos em segundo plano.) O Oracle dispõe de alguns níveis de automatização de memória: você pode optar por uma abordagem ao estilo "tamanho único", pode ajustar a memória por conta própria ou definir uma configuração que fique no meio-termo. É possível automatizar completamente a quantidade total de memória por meio do AMM (Automatic Memory Management), para que o Oracle ajuste automaticamente a alocação de memória entre a SGA (System Global Area) e a PGA (Program Global Area) da instância. Para obter um pouco mais de controle sobre o tamanho total da SGA, use o ASMM (Automatic Shared Memory Management) para definir os tamanhos ideal e máximo somente para a SGA, e o Oracle ajustará automaticamente cada componente da SGA. É fundamental que você conheça os componentes da SGA que podem ser ajustados automaticamente e manualmente para obter êxito nas questões do exame relacionadas ao gerenciamento de memória.

Por último, o capítulo terminará com o gerenciamento de memória da PGA. Você aprenderá a fazer uma alocação manual e automática e a ajustar a alocação e memória da PGA, e a monitorar o desempenho da PGA da instância.

## OBJETIVO DA CERTIFICAÇÃO 10.01

### IMPLEMENTAR O GERENCIAMENTO AUTOMÁTICO DE MEMÓRIA

A Oracle recomenda que você configure um novo banco de dados usando o AMM e então monitore-o para conhecer a eficiência com que o Oracle pode gerenciar a alocação da memória total. Posteriormente, você pode alternar seu banco de dados para o ASMM para ter mais controle sobre o tamanho total da SGA, mas ainda permitindo que o Oracle gerencie a alocação de memória dos componentes individuais da SGA.

Primeiramente, faremos uma recapitulação sucinta sobre as estruturas de memória do Oracle e sobre a relação existente entre as estruturas de memória dentro da SGA e PGA. Em seguida, você aprenderá a configurar o AMM e conhecerá as dependências entre os diversos parâmetros de inicialização da memória. Mesmo com o AMM ativado, você também pode definir um parâmetro de inicialização relacionado à memória com um limite mínimo para impedir que o Oracle ajuste automaticamente esse parâmetro com um valor baixo ou menor que zero. Você também saberá como obter um pouco mais de controle sobre a alocação de memória, ativando o ASMM. Independentemente do nível de automatização de memória, você deverá conhecer as visões dinâmicas de desempenho que podem ser utilizadas para monitorar a eficiência com que o Oracle usa a memória.

## Noções básicas sobre as estruturas de memória do Oracle

O Oracle usa a memória física do servidor para armazenar vários itens para sua instância:

- O próprio código executável do Oracle
- Informações sobre as sessões
- Processos individuais associados ao banco de dados
- Informações compartilhadas entre os processos (como bloqueio sobre objetos do banco de dados)

Além disso, as estruturas de memória contêm instruções SQL do usuário e do dicionário de dados, juntamente com as informações armazenadas em cache que serão, em algum momento, armazenadas permanentemente no disco, como blocos de dados de segmentos do banco de dados e informações sobre as transações concluídas no banco de dados. A área de dados alocados para uma instância do Oracle é chamada de *System Global Area* (SGA — Área Global do Sistema). Os executáveis do Oracle residem na área de código do software. Adicionalmente, uma área denominada *Program Global Area* (PGA — Área Global de Programas) é privativa para cada servidor e processo em segundo plano; uma PGA é alocada para cada sessão do usuário ou processo do servidor. A soma da memória de todas as PGAs privadas deve ser inferior ou igual ao limite máximo da PGA no nível do servidor.

A Figura 10-1 (repetida do Capítulo 1, para sua conveniência) mostra os componentes dessas estruturas de memória do Oracle.

### *System Global Área*

A SGA é um grupo de estruturas de memória para uma instância do Oracle compartilhadas pelos usuários da instância do banco de dados. Quando uma instância do Oracle é inicializada, a memória da SGA é alocada de acordo com os valores especificados no arquivo de parâmetros de inicialização ou codificados permanentemente no software do Oracle, dependendo do nível de automatização escolhido.

A memória na SGA é alocada em unidades de *grânulos*. Um grânulo pode ter 4 MB ou 16 MB, dependendo do tamanho total da SGA. Se a SGA for inferior ou igual a 128 MB, um grânulo terá 4 MB; de outra forma, ele terá 16 MB. As próximas seções destacarão como o Oracle usa cada seção da SGA.

**Caches de buffer** O *cache de buffer* do banco de dados armazena blocos de dados do disco que foram lidos recentemente para atender a uma instrução SELECT ou que contêm blocos modificados que foram alterados ou adicionados por uma instrução DML (Data

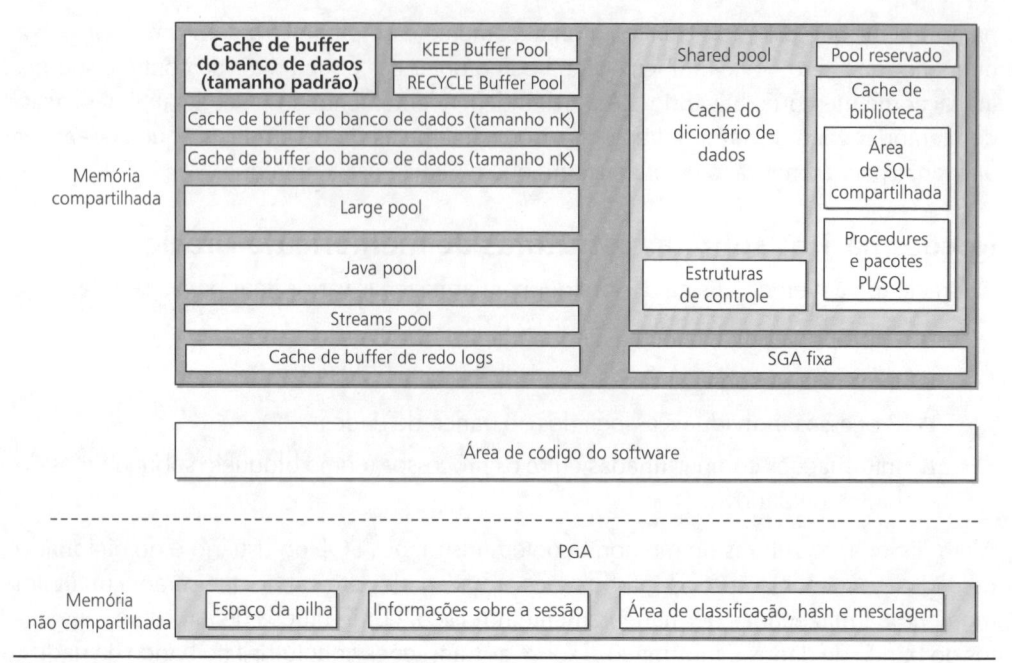

**Figura 10-1**  *Estruturas de memória lógica do Oracle.*

Manipulation Language). O Oracle aceita tablespaces com até cinco tamanhos de blocos diferentes (um tamanho de bloco definido como padrão, e até quatro outros tamanhos). Cada tamanho de bloco exige um cache de buffer próprio.

O Oracle pode utilizar dois caches adicionais com um tamanho de bloco igual ao tamanho padrão: o buffer pool KEEP e o buffer pool RECYCLE. Esses dois pools alocam memória independentemente dos outros caches existentes na SGA.

Quando uma tabela é criada, você pode especificar o pool onde residirão os blocos de dados da tabela por meio da cláusula BUFFER_POOL KEEP ou BUFFER_POOL RECYCLE dentro da cláusula STORAGE. Se existirem tabelas usadas frequentemente o dia inteiro, seria vantajoso colocá-las no buffer pool KEEP para minimizar o I/O necessário para recuperar os blocos na tabela.

**Shared pool**  O *shared pool* contém dois subcaches importantes: o cache de biblioteca e o cache de dicionário de dados. O *cache de biblioteca* armazena informações sobre instruções SQL e PL/SQL executadas contra o banco de dados. No cache de biblioteca, por ser compartilhado por todos os usuários, vários usuários diferentes do banco de dados podem compartilhar as mesmas instruções SQL.

Juntamente com a própria instrução SQL, o plano de execução da instrução SQL é armazenado no cache de biblioteca. Na segunda vez em que uma instrução SQL idêntica for executada pelo mesmo usuário ou por outro usuário, o plano de execução já estará computado, melhorando o tempo de execução da consulta ou da instrução DML. Se o cache de biblioteca tiver um tamanho muito pequeno, os planos de execução mais utilizados poderão ser descarregados do cache, exigindo recarregamentos também frequentes das instruções SQL no cache de biblioteca.

O *dicionário de dados* é um conjunto de tabelas do banco de dados, pertencentes aos esquemas SYS e SYSTEM, que contêm os metadados sobre o banco de dados, suas estruturas, e os privilégios e funções dos usuários do banco de dados. O *cache do dicionário de dados* armazena as linhas mais solicitadas das tabelas do dicionário de dados, exceto as descrições das tabelas e colunas, a menos que sejam frequentemente acessadas. Os bloco de dados das tabelas no dicionário de dados são sempre utilizados para auxiliar no processamento das consultas do usuário e de outros comandos DML.

Se o cache de dicionário de dados for muito pequeno, as solicitações de informações do dicionário de dados acarretarão I/O extra; essas solicitações do dicionário de dados atreladas à I/O são denominadas *chamadas recursivas* e devem ser evitadas através do dimensionamento correto do cache de dicionário de dados.

**Buffer de redo log**  O *buffer de redo log* armazena as alterações mais recentes efetuadas nos blocos de dados dos arquivos de dados. Quando um terço do buffer de redo log já estiver cheio, ou a cada 3 segundos, ou quando ocorrer uma alternância de log (uma alternância de log pode ser forçada), o Oracle gravará os registros de redo log nos arquivos de redo log. O processo Log Writer (LGWR) gravará os registros de redo log nos arquivos de redo log quando 1 MB de redo estiver armazenado no buffer de redo log. Uma vez gravadas nos arquivos de redo log, as entradas existentes no buffer de redo log são críticas para a recuperação do banco de dados se a instância falhar antes que os blocos de dados modificados sejam gravados do cache de buffer para os arquivos de dados. O commit de uma transação do usuário não será considerado concluído antes da gravação bem-sucedida das entradas de redo log e do SCN (System Change Number) da transação nos arquivos de redo log.

**Large pool**  O *large pool* é uma área opcional da SGA, utilizada para as transações que interagem com mais de um banco de dados, buffers de mensagens para processos executando consultas simultâneas, e operações paralelas de backup e recuperação do RMAN. Como o próprio nome sugere, o large pool disponibiliza grandes blocos de memória para as operações que necessitam alocar grandes blocos de memória de cada vez.

**Java pool**  O *Java pool* é utilizado pela Oracle JVM (Java Virtual Machine) para todos os códigos e dados Java dentro de uma sessão do usuário. O armazenamento de códigos e dados Java no Java pool é parecido com o armazenamento do código SQL e PL/SQL no cache do shared pool, exceto pelo fato de que o Java pool não é tão subdividido quanto o shared pool.

**Streams pool**  O *streams pool* armazena dados e estruturas de controle para dar suporte ao recurso Oracle Streams do Oracle Enterprise Edition, que gerencia o compartilhamento de dados e eventos em um ambiente distribuído.

*Program Global Area*

A PGA é uma área da memória que aloca seções dinâmicas de si mesma, de modo privado, para um conjunto de processos de conexão. Cada conjunto de processos de conexão é uma conexão ou sessão em um banco de dados. Uma sessão pode ser originada como uma conexão de usuário individual partindo de um único usuário, ou como uma conexão compartilhada que faz parte de um pool de um servidor de aplicativos. A configuração da PGA depende da configuração da conexão do banco de dados do Oracle: *servidor compartilhado* ou *dedicado*.

Em uma configuração de servidor compartilhado, vários usuários compartilham uma conexão com o banco de dados, o que minimiza o uso da memória no servidor, mas possivelmente afeta o tempo de resposta para as solicitações do usuário. Em um ambiente de servidor compartilhado, a SGA armazena as informações persistentes da sessão de um usuário, ao invés da PGA.

Os ambientes de servidores compartilhados são ideais para um grande número de conexões simultâneas com o banco de dados, com solicitações raras ou curtas. Em um ambiente de servidor dedicado, cada processo de usuário possui uma conexão própria com o banco de dados; a PGA contém a memória da sessão para esta configuração. A PGA também inclui uma área de classificação utilizada sempre que uma solicitação do usuário exige uma classificação, mesclagem de bitmaps ou uma operação de join hash.

*Área de código de software*

As áreas de código de software armazenam os arquivos executáveis do Oracle, que são executados como parte de uma instância do Oracle. Essas áreas de código têm uma natureza estática e só são alteradas quando um novo release do software é instalado. Geralmente, as áreas de código de software do Oracle estão localizadas em uma área privilegiada da memória, separada dos outros programas do usuário.

O código de software do Oracle é rigorosamente somente leitura e pode ser instalado de modo compartilhado ou não compartilhado. A instalação do código de software do Oracle como compartilhável economiza memória quando várias instâncias do Oracle estão em execução no mesmo servidor e no mesmo nível de release do software.

## Configurando o gerenciamento automático de memória

Um excelente ponto de partida para uma nova instalação de banco de dados é usar o Automatic Memory Management. Através do AMM, o Oracle utiliza seu tamanho de memória ideal e equilibra automaticamente a memória SGA e PGA com base na carga de trabalho atual. Use dois parâmetros de inicialização para controlar o AMM, MEMORY_TARGET e MEMORY_MAX_TARGET. Use o MEMORY_TARGET para definir dinamicamente o uso das memórias SGA e PGA combinadas. Você já deve conhecer o comando ALTER SYSTEM, usado para alterar MEMORY_TARGET (exceto se MEMORY_MAX_TARGET for excedido):

```
SQL> alter system set memory_target = 500m;
```

Por outro lado, o parâmetro MEMORY_MAX_TARGET é um limite máximo para o MEMORY_TARGET e não é dinâmico. Defina MEMORY_MAX_TARGET como um parâmetro estático para assegurar que você não possa definir MEMORY_TARGET com um valor alto demais enquanto o banco de dados estiver em execução. Se MEMORY_MAX_TARGET não for definido na inicialização da instância, ele será definido com o valor de MEMORY_TARGET.

A Tabela 10-1 descreve os efeitos de definir outros parâmetros de inicialização quando MEMORY_TARGET estiver definido com um valor diferente de zero. Esta tabela será referenciada novamente mais adiante neste capítulo.

> **dica de exame**
> O exame sugere cenários muito específicos que combinam vários parâmetros de inicialização, como MEMORY_TARGET e SGA_TARGET definidos com zero e com valores diferentes de zero, e pergunta sobre o efeito sobre a memória da instância e sobre outros parâmetros de inicialização. Memorize o conteúdo das Tabelas 10-1 e 10-2 para responder a essas perguntas!

A Tabela 10-2 descreve os efeitos e o comportamento dos outros parâmetros de inicialização relacionados quando MEMORY_TARGET não está definido, ou quando está definido explicitamente com zero.

Para ativar o gerenciamento automático de memória, você pode utilizar os valores atuais de SGA_TARGET e PGA_AGGREGATE_TARGET para calcular o valor almejado para MEMORY_TARGET. Siga estas etapas:

1. Use o comando SHOW PARAMETER TARGET do SQL *Plus para determinar as metas atuais de SGA e PGA.
2. Encontre a PGA máxima alocada na visão V$PGASTAT usando a estatística de PGA 'maximum PGA allocated'.

**TABELA 10-1** *Dependências para um* MEMORY_TARGET *diferente de zero*

| Quando MEMORY_TARGET > 0 e os seguintes parâmetros estiverem definidos... | O comportamento será... |
|---|---|
| SGA_TARGET e PGA_AGGREGATE_TARGET definidos | SGA_TARGET e PGA_AGGREGATE_TARGET são valores mínimos de SGA e PGA; MEMORY_TARGET varia de SGA_TARGET + PGA_AGGREGATE_TARGET a MEMORY_MAX_TARGET |
| SGA_TARGET definido, mas PGA_AGGREGATE_TARGET NÃO definido | Ambos os parâmetro ainda são autoajustados, mas PGA_AGGREGATE_TARGET inicia a partir de MEMORY_TARGET - PGA_TARGET |
| SGA_TARGET NÃO definido, mas PGA_AGGREGATE_TARGET definido | Ambos os parâmetro ainda são autoajustados, mas SGA_TARGET inicia em MIN(MEMORY_TARGET - PGA_AGGREGATE_TARGET, SGA_MAX_SIZE) |
| SGA_TARGET e PGA_AGGREGATE_TARGET NÃO definidos | Tanto SGA_TARGET quanto PGA_AGGREGATE_TARGET são autoajustados, com 60% para SGA e 40% para PGA |

**TABELA 10-2**  *Dependências para um* `MEMORY_TARGET` *zero*

| Quando `MEMORY_TARGET` = 0 (ou não definido) e os seguintes parâmetros estiverem definidos... | O comportamento será... |
|---|---|
| `SGA_TARGET` definido | O Oracle ajustará automaticamente os componentes da SGA, e a PGA se autoajustará, quer o parâmetro esteja explicitamente definido ou não |
| `SGA_TARGET` NÃO definido | Alguns componentes da SGA devem estar explicitamente especificados, e a PGA será autojustada |

3. Calcule o `MEMORY_TARGET` adicionando o valor alvo da SGA ao máximo do alvo da PGA e a PGA máxima alocada a partir da inicialização da instância.
4. Defina o parâmetro `MEMORY_MAX_TARGET` no SPFILE com um valor pelo menos tão alto quanto `MEMORY_TARGET` na etapa 3.
5. Reinicialize a instância.
6. Defina `MEMORY_TARGET` na instância em execução e no SPFILE com o valor calculado na etapa 3, e defina os dois parâmetros `SGA_TARGET` e `PGA_AGGREGATE_TARGET` com zero se você não quiser um valor mínimo para esses parâmetros.

### EXERCÍCIO 10-1

#### Ative o gerenciamento automático de memória

Neste exercício, você atualizou o banco de dados do Oracle 10*g* para o 11*g* e deseja ativar o gerenciamento automático de memória:

1. Use o comando `SHOW PARAMETER TARGET` do SQL *Plus para determinar as metas atuais da SGA e PGA:

```
SQL> show parameter target

NAME                                 TYPE         VALUE
------------------------------------ ------------ ------------
archive_lag_target                   integer      0
db_flashback_retention_target        integer      2880
fast_start_io_target                 integer      0
fast_start_mttr_target               integer      0
memory_max_target                    big integer  0
memory_target                        big integer  0
pga_aggregate_target                 big integer  156M
sga_target                           big integer  452M
SQL>
```

2. Encontre a PGA máxima alocada em V$PGASTAT:

    ```
    SQL> select value from v$pgastat where name='maximum PGA allocated';

         VALUE
    ----------
     221533184

    SQL>
    ```

    Como o valor em V$PGASTAT é mais alto que o valor alvo da PGA, você usará 222M na próxima etapa.

3. Calcule MEMORY_TARGET adicionando o valor alvo atual da SGA ao maior dentre o alvo da PGA e a PGA máxima alocada desde a inicialização da instância:

    ```
    SQL> /* MEMORY_TARGET = 452M + 222M = 674M */
    SQL> /* Run this command after restart: */
    SQL> /* alter system set memory_target = 674m; */
    ```

4. Defina MEMORY_MAX_TARGET no SPFILE com um valor tão alto quanto seu cálculo de MEMORY_TARGET na etapa 3 (adicionando 100 MB, nesse caso):

    ```
    SQL> /* MEMORY_TARGET =  452M + 222M + 100M = 774M */
    SQL> alter system set memory_max_target = 774m scope=spfile;

    System altered.

    SQL>
    ```

5. Reinicialize a instância.

    ```
    SQL> shutdown immediate;
    SQL> startup;
    ```

    Você deve desligar a instância, uma vez que MEMORY_MAX_TARGET não é um parâmetro dinâmico.

6. Defina MEMORY_TARGET na instância em execução e no SPFILE com o valor calculado na etapa 3, e defina os dois parâmetro SGA_TARGET e PGA_AGGREGATE_TARGET com zero se você não quiser um valor mínimo nesses parâmetros;

    ```
    SQL> alter system set memory_target = 674m;

    System altered.

    SQL> alter system set sga_target = 0;

    System altered.

    SQL> alter system set pga_aggregate_target = 0;

    System altered.

    SQL>
    ```

## Monitorando o gerenciamento automático de memória

Como acontece com a maioria, se não com todos os recursos do Oracle Database, é possível monitorar o recurso no Enterprise Manager (EM) ou nas visões dinâmicas de desempenho. Para monitorar o AMM (Automatic Memory Management), vá para a homepage do EM, selecione a guia Server e clique no link Memory Advisors em Database Configuration. Será exibida a tela apresentada na Figura 10-2.

Você verá a memória total alocada como a soma da alocação da SGA e PGA. No final da tela, você verá a alocação da memória SGA classificada pelos componentes. Essa tela também dá a opção de alternar entre a SGA e PGA.

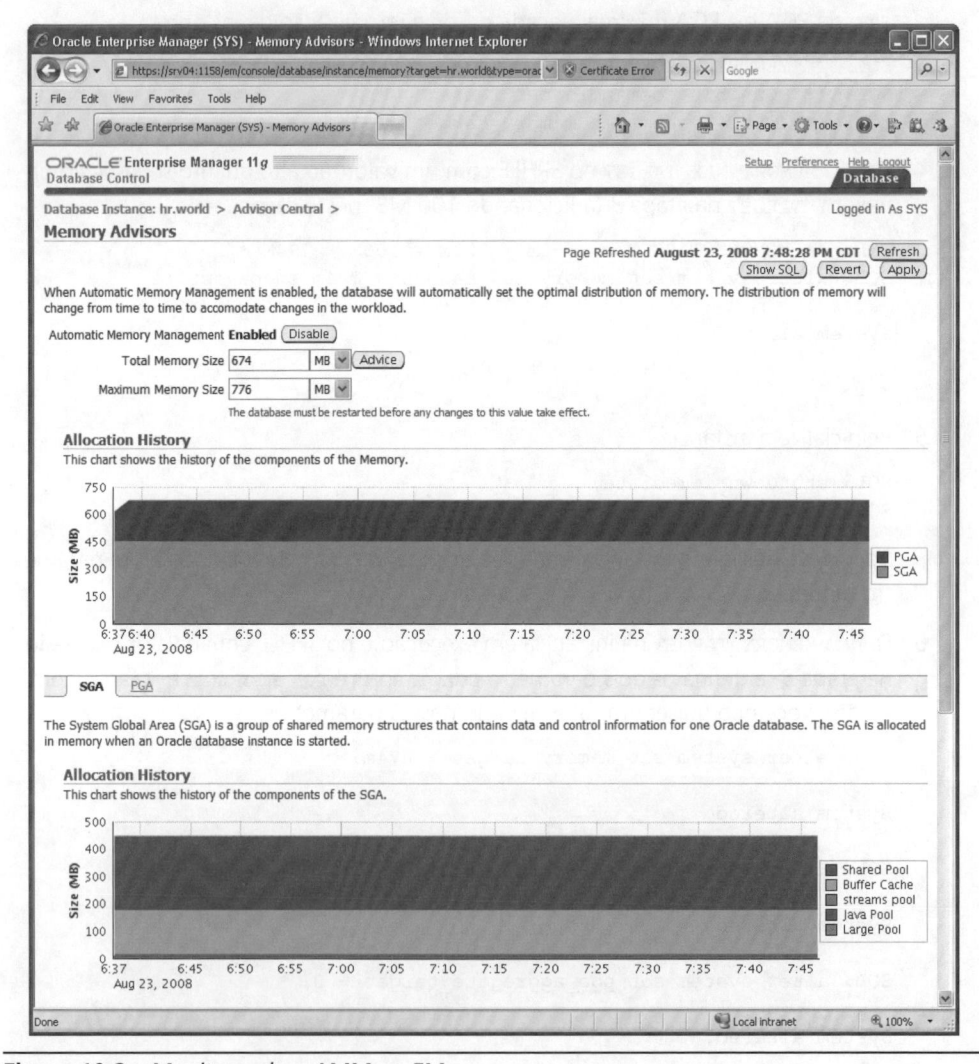

**Figura 10-2**   *Monitorando o AMM no EM.*

Como alternativa, você pode ir direto à fonte e usar as visões dinâmicas de desempenho para ver o status dos componentes de memória e procurar as recomendações de ajustes:

- **V$MEMORY_DYNAMIC_COMPONENTS**   Status atual de todos os componentes de memória.
- **V$MEMORY_RESIZE_OPS**   Um buffer circular das 800 últimas solicitações de dimensionamento de memória.
- **V$MEMORY_TARGET_ADVICE**   Recomendação de ajuste para o parâmetro de inicialização MEMORY_TARGET.

Neste exemplo, a visão V$MEMORY_TARGET_ADVICE é consultada para comparar os efeitos da alteração do parâmetro de inicialização MEMORY_TARGET:

```
SQL> select * from v$memory_target_advice order by memory_size;

MEMORY_SIZE MEMORY_SIZE_FACTOR ESTD_DB_TIME ESTD_DB_TIME_FACTOR     VERSION
----------- ------------------ ------------ ------------------- -----------
        202                 .5        93688              1.1091           0
        303                .75        91390              1.0819           0
        404                  1        84472                   1           0
        505               1.25        84396               .9991           0
        606                1.5        84396               .9991           0
        707               1.75        84396               .9991           0
        808                  2        84396               .9991           0

7 rows selected.

SQL>
```

O valor 1 na coluna MEMORY_SIZE_FACTOR reflete o valor atual de MEMORY_SIZE, e, nesta instância, MEMORY_SIZE tem 404 MB. EST_DB_TIME é o tempo necessário para concluir a carga de trabalho atual. Nessa situação, diminuir o valor de MEMORY_SIZE aumentará gradativamente o tempo necessário para finalizar a carga de trabalho atual. Aumentar a quantidade de memória em cerca de 100 MB melhorará nitidamente o desempenho da instância. Entretanto, quaisquer aumentos acima de 100 MB, considerando a carga de trabalho atual, não surtirão quaisquer efeitos sobre o desempenho.

## OBJETIVO DA CERTIFICAÇÃO 10.02

### CONFIGURAR MANUALMENTE OS PARÂMETROS DA SGA

Para ter mais controle sobre a alocação de memória na SGA (o ajuste da memória PGA será discutido mais adiante neste capítulo), você pode alternar do AMM para o Automatic Shared Memory Management (ASMM). A ativação do ASMM é fácil: basta definir o SGA_TARGET com o valor almejado. Mesmo depois de ativar o ASMM, você ainda pode controlar o tamanho mínimo dos componentes dentro da SGA controlados pelo SGA_TARGET. Além disso, você também deverá ajustar manualmente alguns parâmetros de inicialização.

> **dica de exame** — *O exame contém perguntas sobre o AMM e ASMM, de modo que você deve conhecer qual técnica de gerenciamento de memória gerencia toda a memória (AMM) e qual gerencia somente a memória SGA (ASMM) ao responder às perguntas.*

## Noções básicas sobre o gerenciamento automático de memória compartilhada

O uso do ASSM ajuda a simplificar o gerenciamento de memória SGA se você quiser alocar um tamanho fixo de memória para a SGA. Provavelmente, haverá menos propensão a erros relacionados à memória quando componentes como o cache de buffer puderem se expandir durante a atividade intensa de processamento de transações online (OLTP – Online Transaction Processing); ou, contrariamente, se o large pool puder se expandir às custas do cache de buffer durante os horários fora do pico quando a atividade de OLTP é baixa e os backups do RMAN exigem mais memória no large pool.

As configurações efetuadas nos parâmetros ajustados automaticamente sobrevivem aos desligamentos se você estiver utilizando o SPFILE. Portanto, você não precisa aguardar que o Oracle reaprenda os parâmetros ideais sempre que você inicializar a instância.

O ASMM usa o processo em segundo plano MMAN (Memory Manager – Gerenciador de Memória) para coordenar as alterações efetuadas no tamanho da memória. No intervalo de alguns minutos, o MMAN verifica o tamanho de cada componente e faz os ajustes quando um componente necessita de mais memória e outro componente não está utilizando sua alocação total.

### Alternando para o ASMM

Ao alternar para o ASMM, você estará passando do gerenciamento totalmente manual da memória compartilhada ou do AMM; o procedimento é um pouco diferente em cada situação. Nos dois casos, o valor de SGA_TARGET é definido com o tamanho almejado da SGA.

#### Alternando do gerenciamento manual de memória para o ASMM

Ao utilizar o gerenciamento manual da memória SGA, os parâmetros relacionados à SGA já devem estar definidos com valores relativamente razoáveis. Use a soma dos valores na coluna VALUE da visão dinâmica de desempenho V$SGA, menos a memória identificada por CURRENT_SIZE na visão dinâmica de desempenho V$SGA_DYNAMIC_FREE_MEMORY, que indica a memória que não está em uso atualmente. Use o resultado desse cálculo como uma referência para a definição de SGA_TARGET.

Para maximizar o ajuste automático do Oracle, defina com zero os parâmetros de inicialização citados na Tabela 10-3 por meio de comandos ALTER SYSTEM.

Você também pode definir qualquer um desses parâmetros com um valor diferente de zero, e o Oracle garantirá que a memória alocada nessa área de memória não fique abaixo desse valor. Por exemplo, convém assegurar que o tamanho do shared pool não

**TABELA 10-3** *Parâmetros da SGA autoajustados*

| Componente da SGA | Parâmetro de inicialização |
|---|---|
| Shared pool | SHARED_POOL_SIZE |
| Large pool | LARGE_POOL_SIZE |
| Java pool | JAVA_POOL_SIZE |
| Cache de buffer | DB_CACHE_SIZE |
| Streams pool | STREAMS_POOL_SIZE |

fique abaixo de 128 MB para um aplicativo mal-escrito, que falhará a não ser que o shared pool tenha pelo menos 128 MB. Mas lembre-se de que isso impedirá que os outros componentes da SGA usem a memória alocada para o shared pool. Use esse recurso raramente ou nunca o utilize, e se fizer isso, tenha cuidado.

### EXERCÍCIO 10-2

### Ative o gerenciamento automático de memória compartilhada

Neste exercício, você alternará do gerenciamento manual de memória para o ASMM.

1. Usando a seguinte consulta, calcule um valor para SGA_TARGET com base nos valores atuais:

   ```
   SQL> select
     2    (
     3       (select sum(value) from v$sga) -
     4       (select current_size from v$sga_dynamic_free_memory)
     5    ) sga_target
     6  from dual;

   SGA_TARGET
   ----------
    422670336

   SQL>
   ```

   Em outras palavras, calcule a memória total alocada atualmente para os componentes da SGA, menos a quantidade de memória sem uso dentro da alocação.

2. Use esse valor para definir o valor de SGA_TARGET (lembre-se de que esse novo valor deve ser inferior a SGA_MAX_SIZE):

   ```
   SQL> alter system set sga_target=422670336;
   ```

3. Defina os parâmetros de inicialização citados na Tabela 10-3 com zero:

   ```
   SQL> alter system set SHARED_POOL_SIZE = 0;
   SQL> alter system set LARGE_POOL_SIZE = 0;
   SQL> alter system set JAVA_POOL_SIZE = 0;
   SQL> alter system set DB_CACHE_SIZE = 0;
   SQL> alter system set STREAMS_POOL_SIZE = 0;
   ```

### Alternando do AMM para o ASMM

Alternar do AMM para o ASMM é ainda mais fácil do que alternar do gerenciamento manual de memória para o ASMM. Primeiramente, defina o valor de MEMORY_TARGET com zero:

```
SQL> alter system set memory_target = 0;
```

Depois que você emitir esse comando, o Oracle definirá automaticamente SGA_TARGET com base no uso atual da memória SGA. Da mesma forma como você converteu do gerenciamento manual de memória para o ASMM, defina os parâmetros de inicialização mencionados na Tabela 10-3 com zero, para maximizar a possibilidade de o Oracle ajustar automaticamente esses parâmetros.

### Desativando o ASMM

Para desativar dinamicamente o ASMM, defina o parâmetro SGA_TARGET com zero:

```
SQL> alter system set sga_target = 0;
```

Todos os parâmetros de inicialização da Tabela 10-3 estarão definidos com seus valores de ajuste atuais. Muito provavelmente, os valores atuais serão diferentes de quaisquer valores mínimos atribuídos a esses parâmetros no SPFILE.

### Identificando os parâmetro ajustados manualmente pelo ASMM

Quando você utilizar o ASMM, somente os parâmetros incluídos na Tabela 10-3 serão autoajustados. Entretanto, os seguintes parâmetros da SGA devem ser ajustados manualmente:

- DB_KEEP_CACHE_SIZE
- DB_RECYCLE_CACHE_SIZE
- DB_$n$K_CACHE_SIZE (onde $n$ = 2, 4, 8, 16 ou 32)
- LOG_BUFFER

Quando você definir esses parâmetros manualmente, a memória alocada para eles será subtraída da memória específica por SGA_TARGET.

### Modificando o parâmetro SGA_TARGET

Tendo em vista que SGA_TARGET é um parâmetro dinâmico, você pode ajustar seu tamanho, desde que não seja superior a SGA_MAX_SIZE. SGA_MAX_SIZE é análogo aos parâmetros MEMORY_MAX_TARGET e MEMORY_TARGET, no sentido de que ele fornece um limite máximo para o valor de SGA_TARGET.

Quando você aumentar o valor de SGA_TARGET, a memória adicional será distribuída entre os outros componentes da memória, sendo autoajustados atualmente. De modo semelhante, reduzir o valor de SGA_TARGET diminui proporcionalmente a memória dos componentes que são autoajustados.

### Modificando os parâmetros autoajustados

Como mencionado anteriormente, os parâmetros citados na Tabela 10-3 podem ser ajustados manualmente, mesmo que você defina o parâmetro SGA_TARGET para autoajustar esses parâmetros. Na inicialização da instância, quaisquer valores diferentes de zero nesses parâmetros definem um limite mínimo para a memória alocada para o componente. Com a instância em execução, também é possível alterar os valores desses parâmetros. Entretanto, a memória alocada para o componente não será modificada, a menos que o valor especificado em ALTER SYSTEM seja superior à quantidade de memória alocada atualmente para o componente. Por exemplo, se SHARED_POOL_SIZE estiver definido com 300 MB, e o valor atual de autoajuste for 400 MB, definir SHARED_POOL_SIZE com 500 MB alocará automaticamente outros 100 MB dos outros componentes autoajustados.

Por outro lado, se SHARED_POOL_SIZE estiver definido com 300 MB, e o valor atual de autoajuste for 400 MB, definir SHARED_POOL_SIZE com 350 MB não vai alterar a memória alocada para o shared pool. Entretanto, a quantidade de memória alocada para o shared pool não pode ficar abaixo de 350 MB quando o Oracle autoajustar todos os componentes da SGA.

### Ajustando os componentes da SGA

O ideal é que a SGA caiba na memória física, sem precisar de swap em disco como memória virtual. Você pode definir o parâmetro de inicialização LOCK_SGA em alguns sistemas operacionais com TRUE para ter certeza de que a SGA esteja sempre na memória física. Infelizmente, você não pode utilizar o AMM ou o ASMM com o parâmetro LOCK_SGA.

Sua meta de ajuste, ao ajustar manualmente o cache de buffer da SGA, é uma alta taxa de acesso ao cache de buffer. Em outras palavras, os blocos solicitados já estarão no cache de buffer e não no disco.

Uma alta taxa de acesso ao cache pode não indicar necessariamente um sistema bem-ajustado. Por exemplo, uma consulta executando 100 vezes por segundo pode solicitar o mesmo conjunto pequeno de blocos de dados várias vezes, aumentando de forma artificial a taxa de acesso. Nesse caso, o ajuste dos aplicativos (ou um treinamento para os usuários) é recomendado.

De modo semelhante, uma taxa baixa de acesso ao cache pode não significar um sistema mal-ajustado. Podem ser necessárias varreduras completas de grandes tabelas, onde a tabela é maior do que o cache de buffer, porque o otimizador calcula que levará menos tempo do que usar um índice. Contudo, a varredura completa de uma tabela não tirará proveito dos blocos que possam já estar no cache de buffer para a tabela que está sendo consultada.

### OBJETIVO DA CERTIFICAÇÃO 10.03

### CONFIGURAR O GERENCIAMENTO AUTOMÁTICO DE MEMÓRIA DA PGA

A memória PGA (a memória PGA total da instância e a memória PGA alocada para cada usuário ou processo em segundo plano) é automaticamente gerenciada juntamente com a memória SGA quando você utiliza o AMM. Se você precisar de mais controle sobre a memória PGA, use o parâmetro de inicialização PGA_AGGREGATE_TARGET para definir um limite máximo almejado para a memória PGA utilizada por todos os processos do servidor e em segundo plano.

Conhecer os componentes da PGA contribui para o entendimento da definição do PGA_AGGREGATE_TARGET. Você também precisa conhecer as visões dinâmicas de desempenho que o ajudarão a discernir a eficiência do uso da memória por parte da PGA.

### Noções básicas sobre os componentes da PGA

Como mencionado no início deste capítulo, a PGA é uma região da memória que contém dados e informações de controle para os processos em segundo plano e do servidor. Essa memória é dedicada ao processo em segundo plano ou do servidor. Em outras palavras, ela não é compartilhada com qualquer outro processo em segundo plano ou do servidor. O total das memórias PGA alocadas para todos os processos em segundo plano e do servidor é conhecido como a PGA da instância ou agregada.

Se você configurou servidores compartilhados para as conexões do seu banco de dados, as informações da conexão estarão localizadas na SGA, no shared pool ou large pool. Isso faz sentido porque a SGA é uma área compartilhada. A memória PGA contém os seguintes componentes:

- **Área privada de SQL**  Informações de bind e estruturas de memória de run-time para a execução em cada sessão da mesma instrução SQL (no cache de biblioteca).

- **Área de cursor e SQL**  Cursores nomeados, criados pelo Oracle Call Interface (OCI) por aplicativos Pro*C.

- **Área de trabalho**  Memória para dar suporte a operações que consomem muita memória, como ORDER BY, GROUP BY, hash joins, operações de bitmap e carregamentos em massa.

- **Memória da sessão**  Variáveis de sessão, como informações de logon; ao utilizar servidores compartilhados, a memória da sessão é compartilhada no shared pool ou large pool.

### Configurando o gerenciamento de memória PGA

O gerenciamento automático de memória PGA é ativado por padrão e tem um comportamento semelhante ao usar o AMM ou não. O parâmetro PGA_AGGREGATE_TARGET é derivado pelo AMM ou definido explicitamente por você. O Oracle gerencia automaticamente as áreas de trabalho de todas as sessões dentro da PGA de acordo com a carga de trabalho. Parâmetros de inicialização, como SORT_AREA_SIZE e HASH_AREA_SIZE, que davam dores de cabeça frequentes nas versões anteriores do Oracle, foram descontinuados no Oracle Database 11g e são mantidos apenas por questões de compatibilidade com as versões anteriores. Quando o gerenciamento automático de memória PGA é ativado, esses parâmetros são ignorados se definidos, mas são calculados e constam em visões dinâmicas de desempenho como a V$PARAMETER:

```
SQL> show parameter area_size

NAME                                 TYPE         VALUE
------------------------------------ ------------ ---------------
bitmap_merge_area_size               integer      1048576
create_bitmap_area_size              integer      8388608
hash_area_size                       integer      131072
sort_area_size                       integer      65536
workarea_size_policy                 string       AUTO

SQL>
```

Quando você cria uma nova instância ou até você executar uma carga de trabalho representativa, não são disponibilizadas quaisquer estatísticas para dimensionar com precisão a PGA através do `PGA_AGGREGATE_TARGET`. Portanto, como ponto de partida, você deve determinar primeiramente quanta memória do servidor deve ser alocada para o Oracle. Um valor comum para uma única instância, deixando memória para o sistema operacional e pressupondo a inexistência de qualquer outro aplicativo no servidor, é de 80% da memória física.

A partir da memória alocada para o Oracle, é possível dividir a memória entre a SGA e PGA, de acordo com o tipo de aplicação de banco de dados que você executará no servidor:

- **OLTP (Online Transaction Processing)**   A PGA pode ser tão baixa quanto 20% da memória disponível.
- **DSS (Decision Support Systems) executando consultas que usam muita memória**   A PGA pode variar de 50 a 70% da memória disponível, sendo 50% um ponto inicial.

## Gerenciando a memória da PGA

Considerando que o `PGA_AGGREGATE_TARGET` não é um limite máximo definitivo, o Oracle pode alocar mais memória para a PGA durante uma carga de trabalho típica. Sendo assim, você deve monitorar o uso da memória PGA nas visões dinâmicas de desempenho e, evidentemente, no PGA Memory Advisor através da interface web do EM.

A visão dinâmica de desempenho `V$PGA_STAT` apresenta uma visão geral da memória PGA total, como nesta consulta:

```
SQL> select * from v$pgastat;

NAME                                                VALUE UNIT
-------------------------------------------- ------------ -------
aggregate PGA target parameter                  176160768 bytes
aggregate PGA auto target                        72585216 bytes
global memory bound                              35231744 bytes
total PGA inuse                                  95510528 bytes
total PGA allocated                             184295424 bytes
maximum PGA allocated                           499208192 bytes
total freeable PGA memory                        13041664 bytes
```

```
process count                              43
max processes count                        51
PGA memory freed back to OS       2656108544 bytes
total PGA used for auto workareas          0 bytes
maximum PGA used for auto workareas   7198720 bytes
total PGA used for manual workareas        0 bytes
maximum PGA used for manual workareas  271360 bytes
over allocation count                    229
bytes processed                   4525369344 bytes
extra bytes read/written                   0 bytes
cache hit percentage                     100 percent
recompute count (total)                 8001

19 rows selected.

SQL>
```

O valor de `cache hit percentage` é o primeiro aspecto a ser observado, o que, em termos ideais, deve ser de 100% se todas as áreas de trabalho de todos os processos receberam toda a memória necessária. O valor de `cache hit percentage` é calculado através do `extra bytes read/written`. Esse valor é o número de bytes extras lidos ou gravados em várias passagens porque as áreas de trabalho não tinham memória suficiente.

Você pode monitorar a memória PGA de uma sessão individual na visão V$PROCESS e nas seguintes colunas:

- **PGA_USED_MEM** – Memória PGA atualmente em uso pelo processo.
- **PGA_ALLOC_MEM** – Memória alocada para o processo, inclusive a memória ainda não liberada para o sistema operacional.
- **PGA_MAX_MEM** – Memória PGA máxima já utilizada pelo processo.

Para obter uma visão geral resumida do uso da memória PGA e recomendações sobre ajustes, vá para a homepage do EM, clique na guia Server e, em seguida, no link Memory Advisors sob o título Database Configuration. Na página Memory Advisors, clique na guia PGA e será exibida a página da Figura 10-3.

Como é possível constatar, todas as estatísticas apresentadas nessa página são oriundas de visões dinâmicas de desempenho, como a V$PGASTAT.

## RESUMO DA CERTIFICAÇÃO

O capítulo iniciou com uma recapitulação resumida das estruturas de memória do Oracle. Embora esse tópico tenha sido amplamente abordado no Capítulo 1, uma reiteração das estruturas de memória do Oracle é extremamente útil ao se considerar o modo como o Oracle gerencia e ajusta a memória automaticamente e aloca a quantidade certa de memória para a SGA e PGA, com base na memória total disponível.

O tópico seguinte, gerenciamento automático de memória, é o recurso do Oracle Database 11g que você "define e esquece", e que simplifica muito o gerenciamento de memória. Depois que você definir a quantidade total de memória que o Oracle poderá

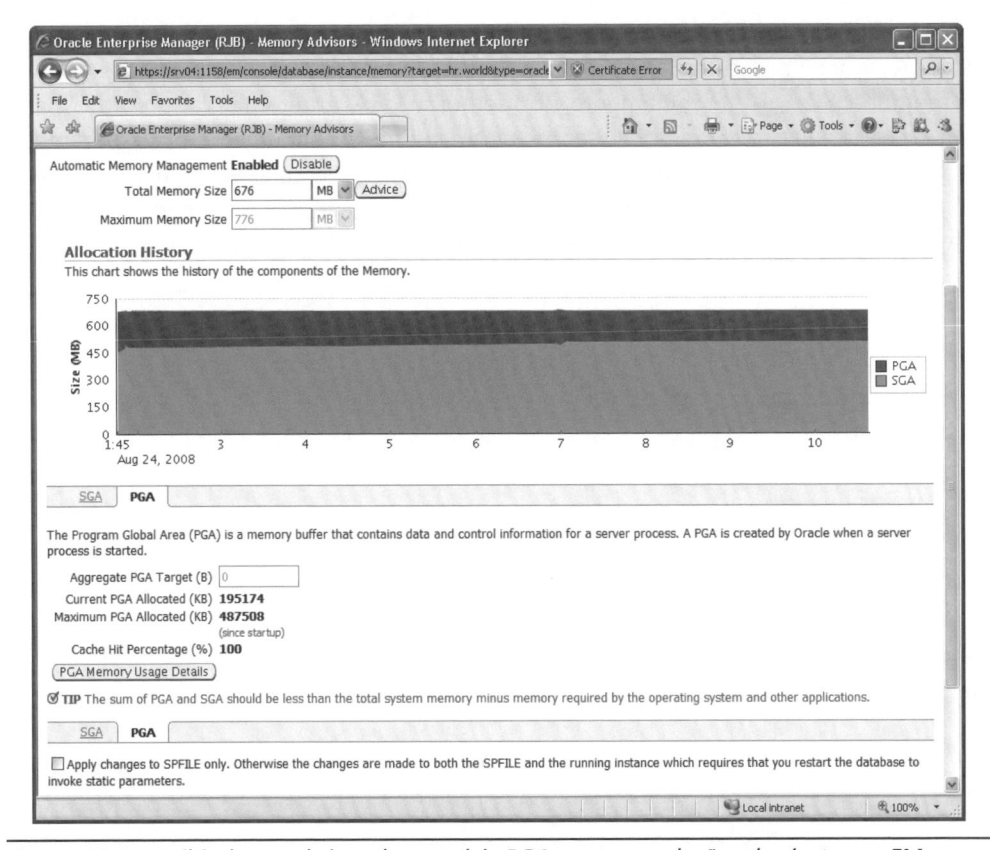

**Figura 10-3**  *Exibindo estatísticas da memória PGA e recomendações de ajustes no EM.*

utilizar na SGA e PGA por meio do parâmetro MEMORY_TARGET, o Oracle ajustará automaticamente o tamanho total da SGA e PGA (e as estruturas dentro da SGA e PGA) para acomodar as cargas de trabalho variáveis, como OLTP durante o dia, consultas DSS no final da tarde e operações de backup noturnas. Definir o tamanho ideal da memória é apenas metade da história. Você também deve monitorar o modo como o Oracle gerencia essa memória. Você conheceu as visões dinâmicas de desempenho e as páginas do EM que podem ser utilizadas para monitorar o uso da memória.

Permitir que o Oracle gerencie toda a memória funciona bem em alguns ambientes, mas sempre existem exceções às regras. Por conseguinte, é conveniente ter um pouco mais de controle sobre a memória SGA por meio do parâmetro SGA_TARGET. Mesmo que a quantidade total da memória SGA seja fixa e o Oracle altere dinamicamente o uso da memória em áreas dentro da SGA, você também pode definir valores mínimos para alguns parâmetros de inicialização, de acordo com as necessidades de seus aplicativos. Você aprendeu a alternar do gerenciamento pelo AMM ou gerenciamento manual da SGA para o ASMM. Além disso, quando o ASMM não propiciar o desempenho ou o controle aprimorado sobre a alocação de memória de que você necessita, desative o ASMM e reverta para o gerenciamento manual da memória SGA.

O capítulo encerrou com uma discussão sobre o gerenciamento de memória PGA. Quer você esteja utilizando o AMM, ASMM ou o gerenciamento manual da memória SGA, o gerenciamento de memória PGA é automatizado com o parâmetro `PGA_AGGREGATE_TARGET`. Usar o AMM define automaticamente o parâmetro `PGA_AGGREGATE_TARGET`. Para o gerenciamento do ASMM e gerenciamento manual da memória SGA, defina manualmente o parâmetro `PGA_AGGREGATE_TARGET` e monitore o uso da memória PGA nas visões dinâmicas de desempenho e no EM.

# EXERCÍCIO DE DOIS MINUTOS

### *Implementar o gerenciamento automático de memória*

- ❏ A SGA (System Global Area) é compartilhada por todos os processos em segundo plano e do servidor.
- ❏ A PGA (Program Global Area) é privativa de cada processo em segundo plano e do servidor, a menos que você esteja utilizando servidores compartilhados para as conexões das sessões do usuário.
- ❏ A área de código de software contém os arquivos executáveis do Oracle, executados como parte de uma instância do Oracle.
- ❏ Para configurar o AMM, defina o parâmetro MEMORY_TARGET.
- ❏ MEMORY_MAX_TARGET é um limite máximo para MEMORY_TARGET, e não é um parâmetro dinâmico.
- ❏ Quando MEMORY_TARGET estiver definido, juntamente com os parâmetros SGA_TARGET e PGA_AGGREGATE_TARGET, esses dois últimos parâmetros serão utilizados como valores mínimos.
- ❏ Quando MEMORY_TARGET estiver definido, mas SGA_TARGET e PGA_AGGREGATE_TARGET não estiverem definidos, SGA_TARGET será definido com 60% e PGA_TARGET, com 40%.

### *Configurar manualmente os parâmetro da PGA*

- ❏ Você pode definir MEMORY_TARGET com zero e SGA_TARGET com um valor diferente de zero para obter mais controle sobre a memória SGA;
- ❏ Os ajustes efetuados nos parâmetro SGA ajustados automaticamente sobrevivem às reinicializações da instância.
- ❏ O ASMM usa o processo em segundo plano MMAN para coordenar as mudanças implementadas no tamanho da memória.
- ❏ Os cinco parâmetros de inicialização autoajustados do ASMM são: SHARED_POOL_SIZE, LARGE_POOL_SIZE, JAVA_POOL_SIZE, DB_CACHE_SIZE e STREAMS_POOL_SIZE.
- ❏ Os parâmetros de inicialização do ASMM ajustados manualmente são: DB_KEEP_CACHE_SIZE, DB_RECYCLE_CACHE_SIZE, DB_nK_CACHE_SIZE e LOG_BUFFER.
- ❏ Para desativar facilmente o ASMM, defina SGA_TARGET com zero, mas depois os parâmetros de inicialização atuais autoajustados do ASMM são definidos com seus valores atuais.
- ❏ O parâmetro estático SGA_MAX_SIZE é o limite máximo do SGA_TARGET.

### Configurar o gerenciamento automático de memória PGA

- O parâmetro PGA_AGGREGATE_TARGET define o limite máximo da memória utilizada pelos processos em segundo plano e do servidor, e ativa o autoajuste da memória PGA.
- As áreas de memória PGA abrangem as áreas privativas de SQL, cursores nomeados, áreas de trabalho para operações de classificação e variáveis de memória específicas da sessão.
- Nos sistemas OLTP, a memória PGA pode ser tão baixa quanto 20% da memória alocada para o Oracle.
- Nos sistemas DSS, a memória PGA pode ser tão alta quanto 80% da memória alocada para o Oracle.
- A visão dinâmica de desempenho V$PGASTAT contém uma visão geral completa do uso da memória PGA a partir da inicialização da instância.
- As colunas PGA_USED_MEM, PGA_ALLOC_MEM e PGA_MAX_MEM na visão dinâmica de desempenho V$PROCESS descrevem o uso da memória PGA para um processo individual.

CAPÍTULO 10  TÉCNICAS DE GERENCIAMENTO DE MEMÓRIA  **435**

# TESTE

As perguntas a seguir o ajudarão a avaliar seu conhecimento sobre o material apresentado neste capítulo. Leia com atenção todas as opções porque pode haver mais de uma resposta correta. Escolha todas as respostas certas de cada pergunta.

## Implementar o gerenciamento automático de memória

1. Identifique a afirmação correta sobre o Automatic Memory Management (AMM).

   A. MEMORY_TARGET deve inferior a MEMORY_MAX_TARGET, e MEMORY_TARGET é um parâmetro dinâmico.
   B. MEMORY_TARGET ativa o AMM, e é um parâmetro estático.
   C. MEMORY_MAX_TARGET ativa o AMM, e é um parâmetro estático.
   D. MEMORY_MAX_TARGET ativa o AMM, e é um parâmetro dinâmico.

2. Você define seus parâmetros de inicialização como indicado a seguir:
   ```
   MEMORY_MAX_TARGET = 1G
   MEMORY_TARGET = 750M
   SGA_TARGET = 300M
   PGA_AGGREGATE_TARGET = 200M
   ```
   Qual é a variação do valor de MEMORY_TARGET nesta instância?

   A. MEMORY_TARGET varia de 500M a 750M.
   B. MEMORY_TARGET varia de 500M a 1G.
   C. MEMORY_TARGET varia de 300M a 1G.
   D. MEMORY_TARGET varia de 300M a 750M.
   E. Você não pode definir SGA_TARGET e PGA_AGGREGATE_TARGET se você definir MEMORY_TARGET.

3. Você define seus parâmetros de inicialização como indicado a seguir:
   ```
   MEMORY_TARGET = 750M
   SGA_TARGET = 300M
   ```
   Você não define PGA_AGGREGATE_TARGET. Qual é a variação dos valores de SGA_TARGET e PGA_AGGREGATE_TARGET na instância em execução?

   A. Os dois parâmetros são autoajustados, mas PGA_AGGREGATE_TARGET inicia a partir de MEMORY_TARGET - SGA_TARGET.
   B. Somente SGA_TARGET é autoajustado, e PGA_AGGREGATE_TARGET é fixado com MEMORY_TARGET - SGA_TARGET.
   C. Os dois parâmetros são autoajustados, mas PGA_AGGREGATE_TARGET inicia a partir de 40% da memória disponível, por padrão.
   D. SGA_TARGET é fixado com 300M, e PGA_AGGREGATE_TARGET começa a partir de MEMORY_TARGET - SGA_TARGET.

## Configurar manualmente os parâmetros da SGA

4. Qual dos seguintes parâmetros de inicialização controla o ASSM (Automatic Shared Memory Management)?

   A. SGA_MAX_SIZE
   B. MEMORY_TARGET
   C. MEMORY_MAX_TARGET
   D. SGA_TARGET
   E. SGA_MAX_TARGET

5. Quais dos seguintes parâmetros podem ser definidos com zero para maximizar as capacidades de autoajuste do ASMM? (Escolha todas as respostas aplicáveis.)

   A. LOG_BUFFER
   B. STREAMS_POOL_SIZE
   C. DB_CACHE_SIZE
   D. SHARED_POOL_SIZE
   E. DB_8K_CACHE_SIZE

6. Você deseja alternar do AMM para o ASMM. Qual é a instrução correta a ser executada? (Escolha a melhor resposta.)

   A. alter system set memory_max_target = 0;
   B. alter system set memory_target = 0;
   C. alter system set sga_target = 500m;
   D. alter system set sga_max_size = 750m;

## Configurar o gerenciamento automático de memória da PGA

7. Sua instância está configurada para servidores compartilhados. Quais das seguintes áreas de memória residem na memória PGA privada? (Escolha todas as respostas aplicáveis.)

   A. Informações de bind da sessão
   B. Memória da sessão
   C. Buffers de log
   D. Cursores nomeados OCI
   E. Áreas de trabalho de join de bitmap

8. A memória física de seu servidor é de 8GB e nenhum outro aplicativo ou instância do Oracle está em execução no servidor. Para uma nova instância do Oracle executando um sistema de suporte de decisões, qual é um ponto inicial eficiente para definir o parâmetro PGA_AGGREGATE_TARGET?

   A. 3,2 GB
   B. 1,6 GB
   C. 4,48 GB
   D. 6,4 GB

# RESPOSTAS DO TESTE

## *Implementar o gerenciamento automático de memória*

1. ☑ **A.** MEMORY_TARGET ativa o AMM; é um parâmetro dinâmico e não pode ser superior a MEMORY_MAX_TARGET.

   ☒ **B, C e D** estão incorretas.

2. ☑ **B.** Quando você define MEMORY_TARGET, SGA_TARGET e PGA_AGGREGATE_TARGET, SGA_TARGET e PGA_AGGREGATE_TARGET serão os valores mínimos da SGA e PGA – e MEMORY_TARGET pode variar a partir da soma de SGA_TARGET + PGA_AGGREGATE_TARGET até MEMORY_MAX_TARGET.

   ☒ **A** está incorreta porque MEMORY_TARGET pode ser aumentado até MEMORY_MAX_TARGET enquanto a instância estiver em execução. **C** está incorreta porque a soma de SGA_TARGET + PGA_AGGREGATE_TARGET é o valor inicial de MEMORY_TARGET. **D** está incorreta porque a soma de SGA_TARGET + PGA_AGGREGATE_TARGET é um valor inicial de MEMORY_TARGET, e MEMORY_TARGET pode ter o valor máximo de MEMORY_MAX_TARGET. **E** está incorreta porque é possível definir SGA_TARGET e PGA_AGGREGATE_TARGET como valores mínimos, em conjunto com MEMORY_TARGET.

3. ☑ **A.** SGA_TARGET inicia com um valor mínimo de 300M, PGA_AGGREGATE_TARGET começa em MEMORY_TARGET - SGA_TARGET, e os dois parâmetros são autoajustados.

   ☒ **B** está incorreta porque os dois parâmetros são autoajustados quando MEMORY_TARGET está definido. **C** está incorreta porque PGA_AGGREGATE_TARGET inicia em MEMORY_TARGET - SGA_TARGET. **D** está incorreta porque SGA_TARGET tem um valor mínimo de 300M.

## *Configurar manualmente os parâmetros da SGA*

4. ☑ **D.** Você define SGA_TARGET para ativar o ASSM, e também pode controlar os valores mínimos dos parâmetros autoajustados controlados por SGA_TARGET.

   ☒ **A** está incorreta porque SGA_MAX_SIZE é o valor máximo do parâmetro dinâmico SGA_TARGET. **B** está incorreta porque MEMORY_TARGET controla o AMM, não o ASMM. **C** está incorreta porque MEMORY_MAX_TARGET é o limite máximo do valor de MEMORY_TARGET. **E** está incorreta porque não existe o parâmetro SGA_MAX_TARGET.

5. ☑ **B, C e D.** Além de STREAMS_POOL_SIZE, DB_CACHE_SIZE e SHARED_POOL_SIZE, o ASSM autoajusta o LARGE_POOL_SIZE e JAVA_POOL_SIZE.

   ☒ **A e E** estão incorretas. O LOG_BUFFER e todos os parâmetros DB_*n*K_CACHE_SIZE não são autoajustados pelo ASSM.

6. ☑ **B**. Quando você define MEMORY_TARGET com zero, o Oracle define automaticamente o SGA_TARGET com base no uso atual da memória SGA, e ativa o ASMM.

☒ **A** está incorreta porque MEMORY_MAX_TARGET não é um parâmetro dinâmico e não desativa o AMM. **C** está incorreta porque definir SGA_TARGET com o AMM ativado define apenas um valor mínimo para o SGA enquanto o AMM estiver nesse estado. **D** está incorreta porque SGA_MAX_SIZE define apenas o valor máximo de SGA_TARGET e não desativa o AMM.

## Configurar o gerenciamento automático de memória da PGA

7. ☑ **A, D e E**. As informações de bind, estruturas de memória de run-time, cursores nomeados e áreas de trabalho estão sempre na memória PGA.

☒ **B e C** estão incorretas. A memória da sessão está na PGA somente em uma configuração de servidor dedicado. Os buffers de log estão sempre na SGA.

8. ☑ **A**. Geralmente, a memória do Oracle é de 80% da memória do servidor, com 50% desta memória representando um bom ponto inicial para PGA_AGGREGATE_TARGET em um sistema DSS. Portanto, PGA_AGGREGATE_TARGET = 0,50 * (8 GB * 0,80) = 3,2 GB.

☒ **B, C e D** estão incorretas porque todos esses são pontos iniciais incorretos para o PGA_AGGREGATE_TARGET. Em sistemas OLTP, a PGA pode ser tão baixa quanto 20%, mas não para os aplicativos DSS. Até mesmo para os aplicativos DSS, a PGA pode ser tão alta quanto 70%, mas deve iniciar em 50% da memória disponível para o Oracle.

# 11
# Usando os Supervisores de Ajuste do Banco de Dados

### OBJETIVOS DE CERTIFICAÇÃO

| | | | |
|---|---|---|---|
| 11.01 | Usar o Supervisor de Ajuste SQL | 11.03 | Noções básicas sobre o Database Replay |
| 11.02 | Usar o Supervisor de Ajuste SQL para ajustar uma carga de trabalho | ✓ | Exercício de dois minutos |
| | | P&R | Teste |

Sob o prisma do ajuste, todo sistema tem um gargalo de desempenho que pode mudar de um componente para outro em questão de dias ou até semanas. O objetivo do projeto de desempenho é assegurar que as limitações físicas dos aplicativos e do hardware associado – taxas de transferência de I/O, tamanho da memória, desempenho de consulta e outras – não afetem o desempenho da atividade do negócio. Se o desempenho do aplicativo limita o processo de negócio que ele supostamente deveria estar respaldando, é necessário ajustar o aplicativo. Durante o processo de elaboração, os limites do ambiente de aplicativos – inclusive o hardware e o design da interação do aplicativo com o banco de dados – devem ser avaliados. Nenhum ambiente propicia uma capacidade tecnológica infinita, de modo que todo ambiente é concebido para falhar em algum nível de desempenho. No processo de elaboração do aplicativo, você deve se empenhar para que as necessidades de desempenho sejam atendidas pelas capacidades do ambiente.

O ajuste do desempenho é o último passo de um processo de quatro etapas: o planejamento, a implementação e o monitoramento devem acontecer antes do ajuste. Se você ajustar só por ajustar, estará deixando de tratar do ciclo inteiro de atividades e provavelmente nunca solucionará as imperfeições básicas que ocasionaram o problema de desempenho. O ajuste das atividades pode ser ainda subdividido em três partes: planejamento do desempenho, ajuste da instância e ajuste SQL. Na etapa de ajuste SQL, você poderá utilizar as ferramentas apresentadas neste capítulo: o Supervisor de Ajuste SQL, o Supervisor de Acesso SQL e o Database Replay.

O Supervisor de Ajuste SQL, a mais minuciosa das ferramentas de ajuste, utiliza uma ou mais instruções SQL como entrada, analisa todos os caminhos de acesso e gera aconselhamento ou recomendações para aprimorar as instruções SQL. As recomendações podem incluir novos índices, uma instrução SQL reestruturada, ou a criação de um perfil SQL. No escopo de uma janela de manutenção, o Oracle executa automaticamente o Supervisor de Ajuste SQL em instruções de alta carga identificadas e registradas no AWR (Automatic Workload Repository).

Por outro lado, o Supervisor de Acesso SQL implementa uma visão mais abrangente de uma operação de ajuste. Ele utiliza todas as instruções SQL dentro de uma carga de trabalho, como todas as instruções SQL executadas por um aplicativo em um período especificado, e recomenda índices, visões materializadas e esquemas de particionamento para melhorar o desempenho geral do aplicativo. Pode ser contraproducente ajustar cada instrução SQL. Ajustar uma única instrução SQL na carga de trabalho pode aumentar o desempenho sacrificando outras instruções SQL, e vice-versa.

Finalmente, o Database Replay facilita a captura de uma carga de trabalho em uma única configuração e repete essa captura uma ou várias vezes em outra configuração. Por exemplo, convém comparar a diferença de desempenho de uma carga de trabalho específica no sistema de produção com o desempenho da mesma carga de trabalho em um servidor com várias CPUs e uma versão mais recente do software do sistema operacional ou do banco de dados. Após repetir a carga de trabalho na nova configuração, o Database Replay gera um relatório Workload Replay que identifica as diferenças ocorridas nos tempos de execução, conjuntos de resultados e nas condições de erro.

## OBJETIVO DA CERTIFICAÇÃO 11.01

## USAR O SUPERVISOR DE AJUSTE SQL

O Supervisor de Ajuste SQL analisa uma ou mais instruções SQL em sequência, examinando as estatísticas, e possivelmente recomenda a criação de um perfil SQL, novos índices, visões materializadas ou uma instrução SQL revisada. É possível executar manualmente o Supervisor de Ajuste SQL; entretanto, ele é executado automaticamente durante cada janela de manutenção e analisa as instruções SQL que consomem mais recursos, identificadas dentro da carga de trabalho da produção. Opcionalmente, você pode especificar que a análise executada durante a janela de manutenção implemente automaticamente os perfis SQL recomendados.

### Visão geral do Supervisor de Ajuste SQL

Quer o Supervisor de Ajuste SQL seja executado automaticamente, quer você o execute manualmente sobre uma ou mais instruções SQL, ele efetua os mesmos tipos de análises:

- **Análise de estatísticas**   Verifica se as estatísticas estão obsoletas ou ausentes, e recomenda a sua atualização ou criação.
- **Criação de perfil SQL**   Coleta estatísticas auxiliares em uma instrução SQL, juntamente com as estatísticas de execução parcial, e as armazena em um Perfil SQL.
- **Caminhos de acesso**   Analisa o impacto da criação de novos índices, visões materializadas e particionamento.
- **Análise estrutural**   Reestrutura as instruções SQL para verificar se é possível gerar planos de execução mais eficientes.

Com base na lista apresentada anteriormente, é possível configurar a tarefa Ajuste Automático SQL (Automatic SQL Tuning) para implementar automaticamente os Perfis SQL se ocorrer uma melhoria do desempenho três vezes maior. Todas as outras recomendações, e as recomendações do Perfil SQL para melhorias mínimas no desempenho, devem ser implementadas manualmente após examinar o Relatório de Ajuste Automático SQL (Automatic SQL Tuning Report).

Observe que o Supervisor de Ajuste SQL considera cada instrução SQL individualmente. Se ele recomendar um índice para uma instrução SELECT, isso pode contribuir para o desempenho da consulta, mas pode reduzir drasticamente o desempenho da atividade DML em relação à tabela em um ambiente OLTP de intenso volume. Por conseguinte, o Supervisor de Acesso SQL, discutido mais adiante neste capítulo, pode ser uma ferramenta de análise mais eficiente para analisar todas as operações aplicadas a uma ou mais tabelas em uma carga de trabalho.

## Usando o Supervisor de Ajuste SQL

O Supervisor de Ajuste SQL pode utilizar várias fontes em sua análise. Ao enfrentar um retardo considerável no desempenho do banco de dados, você pode executar o Supervisor de Ajuste SQL nas instruções SQL de maior consumo atualmente em execução. Além disso, é possível especificar uma única instrução SQL ou um conjunto de instruções SQL, definido como um conjunto de ajuste SQL, como entrada para o Supervisor de Ajuste SQL. Finalmente, você pode recuperar instruções SQL históricas a partir de snapshots do AWR.

As seções a seguir mostram como configurar o Supervisor de Ajuste SQL e exibir suas recomendações no EM. Por último, você aprenderá a executar as mesmas tarefas por meio dos pacotes PL/SQL DBMS_AUTO_TASK_ADMIN e DBMS_SQLTUNE.

### Configurando o Supervisor de Ajuste SQL

É possível definir as opções do Supervisor de Ajuste SQL no Enterprise Manager. A Oracle recomenda o uso do EM para executar o Supervisor de Ajuste SQL por causa da relativa complexidade do uso do pacote PL/SQL DBMS_SQLTUNE; contudo, você aprenderá a usar o DBMS_SQLTUNE, mais adiante neste capítulo, nas ocasiões em que é necessário um controle mais preciso sobre o processo de ajuste.

Na homepage do EM, selecione a guia Server. No final da página, clique no link Advisor Central. Sob o título Advisors, clique no link SQL Advisors. Será exibida a página SQL Advisors, mostrada na Figura 11-1.

Em seguida, clique no link SQL Tuning Advisor. Na página da Figura 11-2, é possível especificar as opções para uma chamada manual ao Supervisor de Ajuste SQL. Neste exemplo,

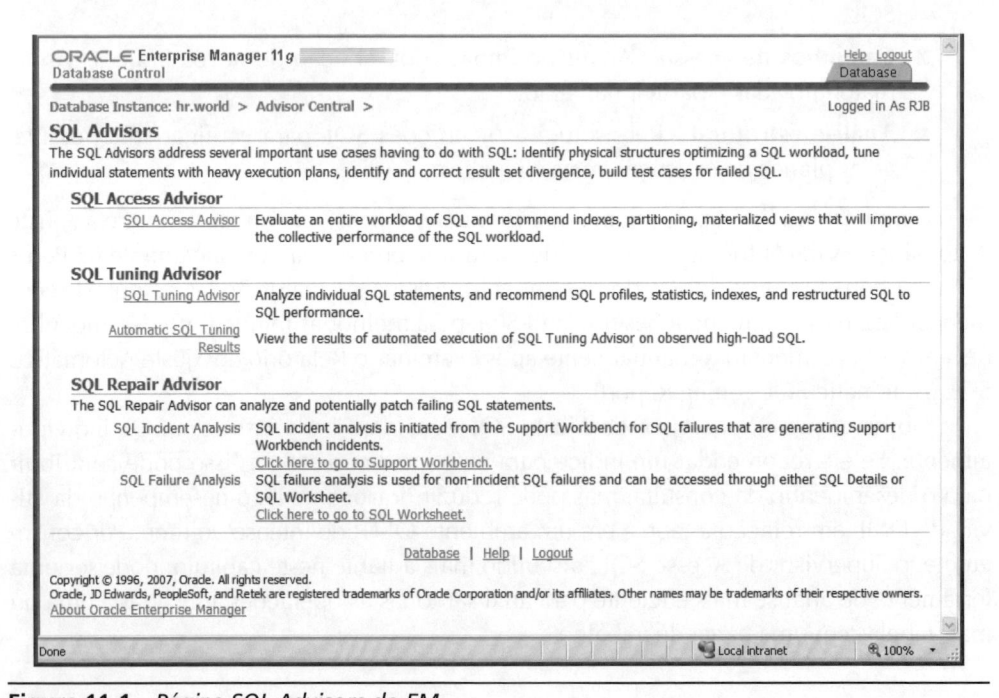

**Figura 11-1**   *Página SQL Advisors do EM.*

especifique um limite de tempo de 30 minutos para o job, a ser executado imediatamente, com uma análise apenas limitada de cada instrução SQL. Usar a opção de análise limitada não gera quaisquer recomendações sobre o Perfil SQL. A menos que já existam em seu sistema, um ou mais Conjuntos de Ajuste SQL devem ser criados antes de você enviar este job.

Ao clicar em um dos links na seção Overview da página mostrada na Figura 11-2 (Top Activity, Historical SQL, ou SQL Tuning Sets), você pode criar origens de dados que gerarão um Conjunto de Ajuste SQL para ser utilizado como entrada para o Supervisor de Ajuste SQL. Quando você clicar no Top mostrado na Figura 11-2, será exibida a página Top Activity que aparece na Figura 11-3.

Você encontrará no final da página a atividade Top SQL para o período de tempo selecionado, que neste exemplo vai de 12:55 à 1:00 da madrugada. A Top SQL inclui a execução de um pacote PL/SQL, uma instrução UPDATE e uma instrução INSERT. Clicar no link Select All adiciona essas três instruções a um Conjunto de Ajuste SQL que você pode utilizar na página SQL Tuning Advisor, mostrada na Figura 11-2. Após clicar no link Select All, clique no botão Go ao lado da ação Schedule SQL Tuning Advisor, no menu suspenso. Será exibida a página que você encontrará na Figura 11-4, com um Conjunto de Ajuste SQL criado com base nas instruções SQL selecionadas na página anterior.

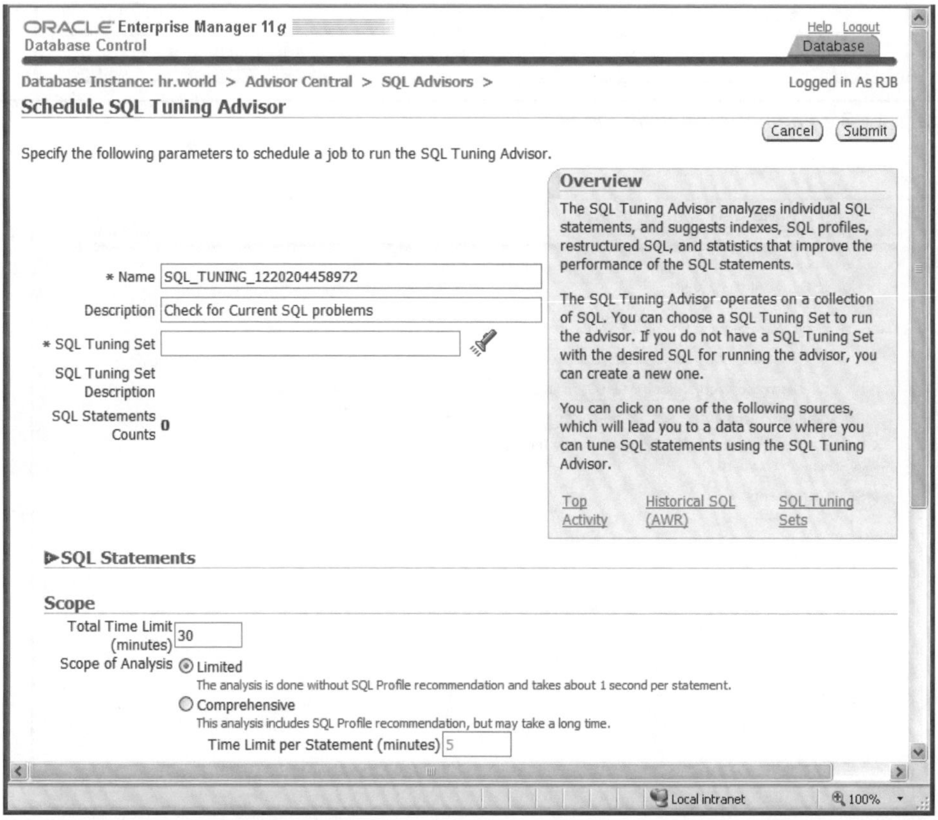

**Figura 11-2** *Schedule SQL Tuning Advisor do EM.*

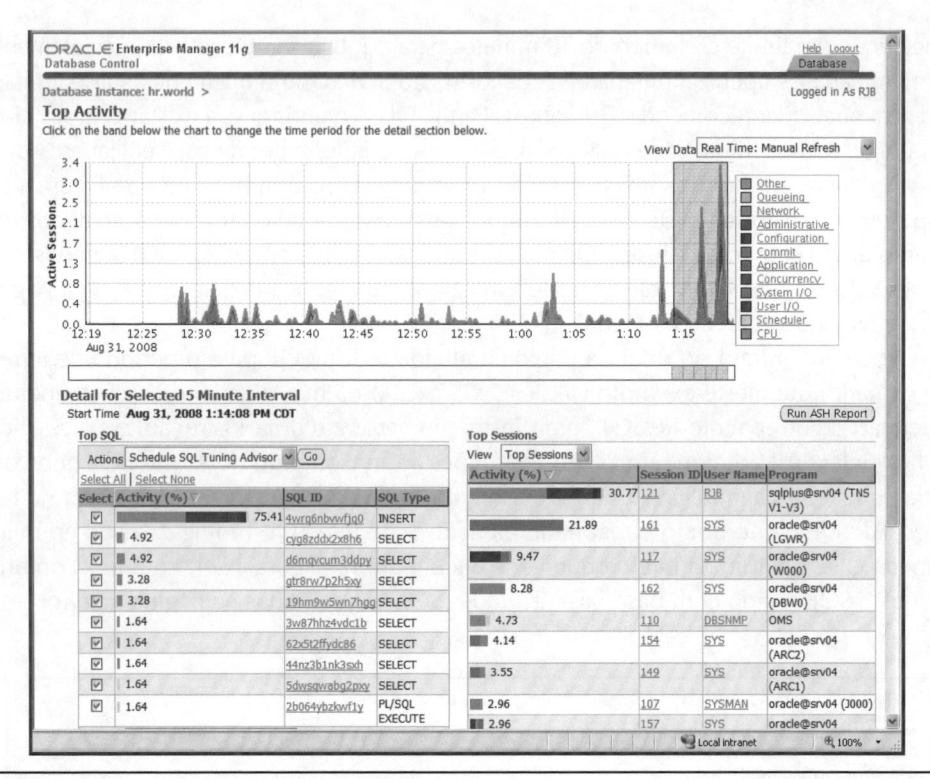

**Figura 11-3** *Página Top Activity do EM.*

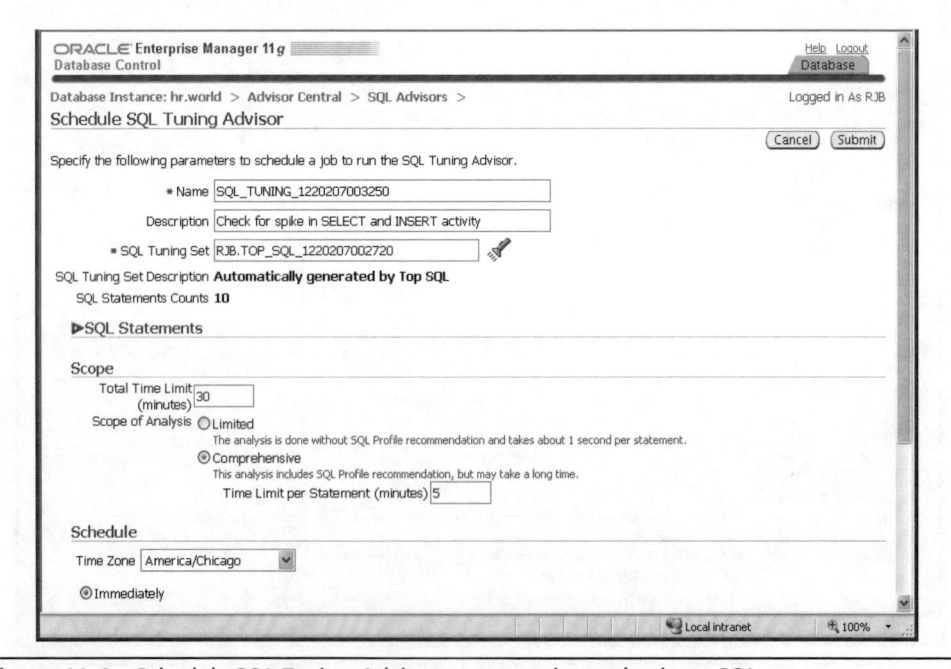

**Figura 11-4** *Schedule SQL Tuning Advisor com o conjunto de ajuste SQL.*

## Executando o Supervisor de Ajuste SQL

Na página da Figura 11-4, você agenda uma análise abrangente das instruções SQL. Você também quer executar o job imediatamente. Clicar no botão Submit envia o job para processamento. A Figura 11-5 apresenta o job em andamento.

## Exibindo as recomendações do Supervisor de Ajuste SQL

Quando o envio do job mostrado na Figura 11-4 for concluído, você verá os resultados da análise. Também é possível acessar esses resultados na página Advisor Central, como mostra a Figura 11-6.

Ao clicar no nome da tarefa SQL Tuning Advisor ou selecionar o botão de opção posicionado ao lado da tarefa e clicar em View Result, você verá os resultados da análise, como na Figura 11-7.

Você encontrará nos resultados recomendações para o SQL do usuário (por exemplo, RJB) e para as contas do sistema (por exemplo, SYSMAN e DBSNMP). Cada instrução SQL tem um ou mais tipos de recomendação, inclusive obtenção de estatísticas, criação de um perfil SQL, de um índice ou revisão da própria instrução SQL. Você pode implementar facilmente a recomendação do Perfil SQL clicando no botão Implement All Profiles.

Ao selecionar o botão de opção da quarta instrução SQL mostrada na Figura 11-7, você verá uma explicação detalhada de todas as recomendações para essa instrução SQL na Figura 11-8.

Na página da Figura 11-8, você é aconselhado a implementar uma das recomendações, como salvar um perfil SQL para as próximas execuções ou criar um índice baseado em uma das tabelas na consulta SQL.

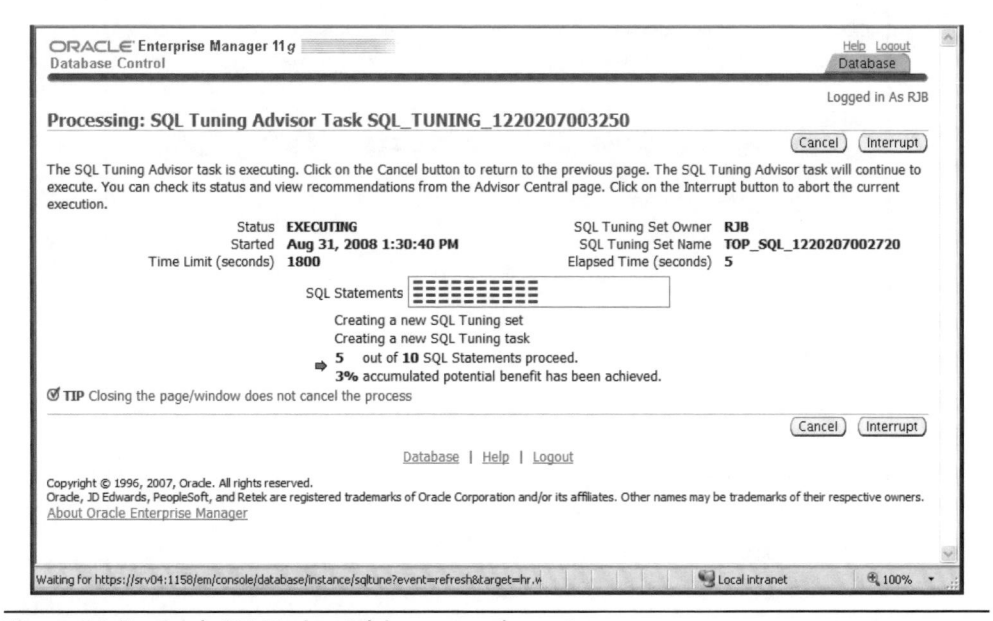

**Figura 11-5**  *O job SQL Tuning Advisor em andamento.*

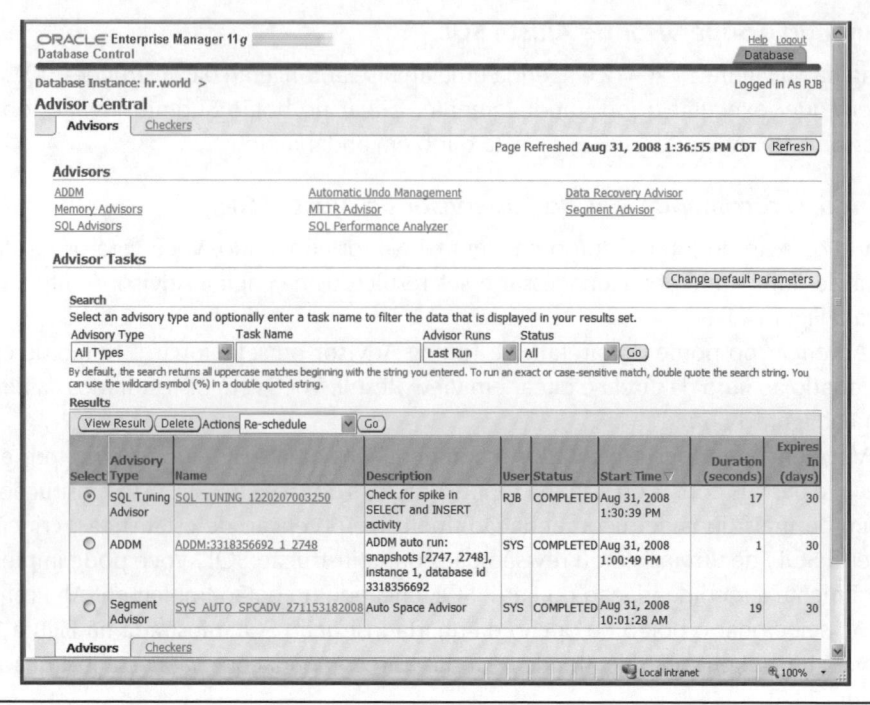

**Figura 11-6** Resultados da tarefa no Advisor Central.

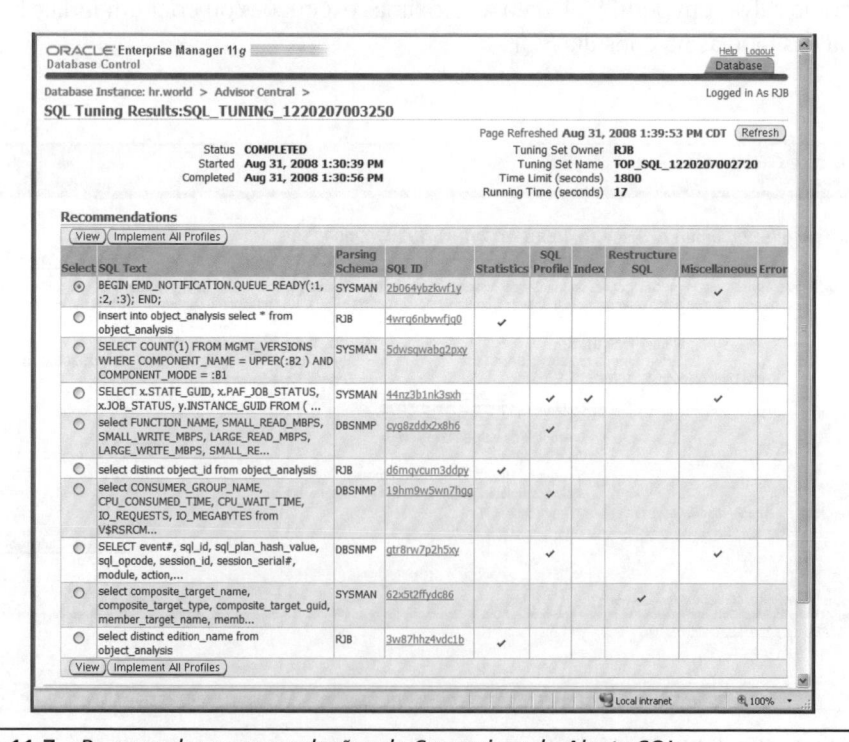

**Figura 11-7** Resumo das recomendações do Supervisor de Ajuste SQL.

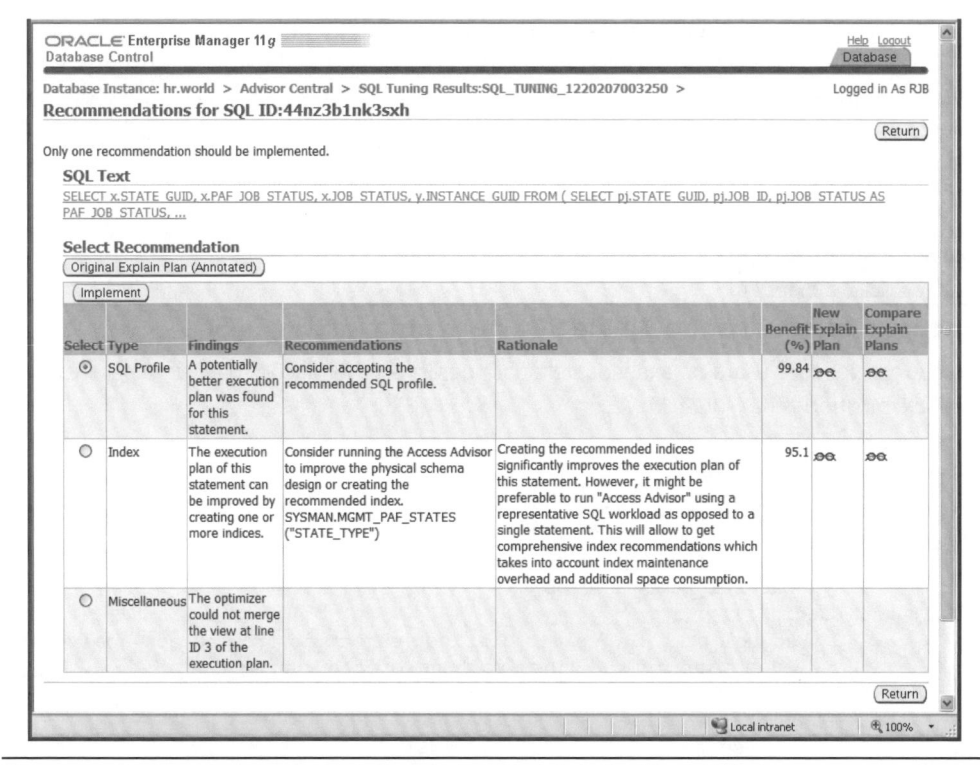

## Capítulo 11 Usando os Supervisores de Ajuste do Banco de Dados

**Figura 11-8** *Recomendações detalhadas do Supervisor de Ajuste SQL.*

### Usando o DBMS_SQLTUNE

Para obter mais controle sobre as tarefas de ajuste ou para executar um conjunto especificado de tarefas de ajuste várias vezes, use o pacote PL/SQL DBMS_SQLTUNE para criar, executar e monitorar um job do Supervisor de Ajuste SQL.

Para uma análise básica de uma instrução SQL, você usará as seguintes procedures do DBMS_SQLTUNE:

- **CREATE_TUNING_TASK**   Cria uma tarefa de ajuste para uma instrução SQL ou para um Conjunto de Ajuste SQL.
- **EXECUTE_TUNING_TASK**   Executa uma tarefa de ajuste criada com CREATE_TUNING_TASK.
- **REPORT_TUNING_TASK**   Mostra os resultados e as recomendações do Supervisor de Ajuste SQL.

Além disso, você pode utilizar as seguintes visões do dicionário de dados para consultar o nome e o status dos jobs de ajuste:

- **DBA_ADVISOR_LOG** – Nomes de tarefas, status e estatísticas de execução de todas as tarefas.

- **DBA_/USER_ADVISOR_TASKS** – Informações mais detalhadas sobre as tarefas do supervisor, como o nome do supervisor, descrição especificada pelo usuário e tipo de execução para o usuário atual.
- **V$ADVISOR_PROGRESS** – Informações mais detalhadas sobre o status de conclusão e o tempo restante para uma tarefa do supervisor.

### EXERCÍCIO 11-1

**Execute o Supervisor de Ajuste SQL para uma instrução SQL**

Neste exercício, você usará o DBMS_SQLTUNE para gerar recomendações para uma das instruções SQL mostradas na Figura 11-7.

1. Dentro de um bloco PL/SQL anônimo, defina uma tarefa de ajuste para uma instrução SQL:

```
SQL> declare
  2     tune_task_name    varchar2(30);
  3     bad_sql_stmt      clob;
  4  begin
  5    bad_sql_stmt := 'select distinct object_id from object_analysis';
  6    tune_task_name := dbms_sqltune.create_tuning_task
  7       (sql_text     => bad_sql_stmt,
  8        user_name    => 'RJB',
  9        scope        => 'COMPREHENSIVE',
 10        time_limit   => 60,
 11        task_name    => 'rjb_sql_tuning_task',
 12        description  => 'See what is wrong with the SELECT'
 13       );
 14  end;
 15  /

PL/SQL procedure successfully completed.

SQL>
```

Os valores fornecidos para DBMS_SQLTUNE.CREATE_TUNING_TASK correspondem aos informados para o EM na Figura 11-4, exceto que, neste caso, você está especificando a instrução SQL explicitamente, em vez de criar um conjunto de ajuste em um intervalo de 5 minutos.

2. Use a procedure SET_TUNING_TASK_PARAMETER para alterar o limite de tempo para 30 em vez de 60 minutos, conforme especificado inicialmente na configuração da tarefa:

```
SQL> begin
  2     dbms_sqltune.set_tuning_task_parameter
  3        (task_name  => 'rjb_sql_tuning_task',
  4         parameter  => 'TIME_LIMIT', value => 30
  5        );
  6  end;
  7  /
```

CAPÍTULO 11  USANDO OS SUPERVISORES DE AJUSTE DO BANCO DE DADOS  **449**

```
PL/SQL procedure successfully completed.

SQL>
```

3. Inicie a tarefa de ajuste através da procedure EXECUTE_TUNING_TASK:

```
SQL> begin
  2     dbms_sqltune.execute_tuning_task
  3        (task_name => 'rjb_sql_tuning_task');
  4  end;
  5  /

PL/SQL procedure successfully completed.

SQL>
```

4. Consulte o status da tarefa, unindo DBA_ADVISOR_TASKS e V$ADVISOR_PROGRESS:

```
SQL> select task_name, status, sofar, totalwork
  2  from dba_advisor_tasks
  3     join v$advisor_progress using(task_id)
  4  where task_name = 'rjb_sql_tuning_task'
  5  ;

TASK_NAME                        STATUS          SOFAR    TOTALWORK
-------------------------------- ----------- ---------- ----------
rjb_sql_tuning_task              COMPLETED            1          1

SQL>
```

5. Recupere as recomendações da tarefa de ajuste:

```
SQL> select
       dbms_sqltune.report_tuning_task('rjb_sql_tuning_task') from dual;

DBMS_SQLTUNE.REPORT_TUNING_TASK('RJB_SQL_TUNING_TASK')
-------------------------------------------------------------------
GENERAL INFORMATION SECTION
-------------------------------------------------------------------
Tuning Task Name     : rjb_sql_tuning_task

  Tuning Task Owner    : RJB
  Workload Type        : Single SQL Statement
  Scope                : COMPREHENSIVE
  Time Limit(seconds)  : 30
  Completion Status    : COMPLETED
  Started at           : 08/31/2008 17:16:22
  Completed at         : 08/31/2008 17:16:36

DBMS_SQLTUNE.REPORT_TUNING_TASK('RJB_SQL_TUNING_TASK')
-------------------------------------------------------------------
Schema Name: RJB
SQL ID     : 1487f89dbsn5s
SQL Text   : select distinct object_id from object_analysis


-------------------------------------------------------------------
FINDINGS SECTION (1 finding)
```

```
-----------------------------------------------------------------
1- Statistics Finding
---------------------
  Table "RJB"."OBJECT_ANALYSIS" was not analyzed.

DBMS_SQLTUNE.REPORT_TUNING_TASK('RJB_SQL_TUNING_TASK')
-----------------------------------------------------------------

  Recommendation
  --------------
  - Consider collecting optimizer statistics for this table.
    execute dbms_stats.gather_table_stats(ownname => 'RJB',
tabname =>
           'OBJECT_ANALYSIS', estimate_percent =>
           DBMS_STATS.AUTO_SAMPLE_SIZE, method_opt =>
           'FOR ALL COLUMNS SIZE AUTO');

  Rationale
  ---------
    The optimizer requires up-to-date statistics for the table in order to
    select a good execution plan.
```

Observe como ficou mais fácil utilizar o EM quando comparado às procedures PL/SQL. Um conjunto de ajuste SQL usando o DBMS_SQLTUNE não foi sequer carregado. Nem chegamos a usar CREATE_SQLSET, DBMS_SQLTUNE.LOAD_SQLSET, e assim por diante. Isso teria agregado outro camada de complexidade a este exercício.

## OBJETIVO DA CERTIFICAÇÃO 11.02

### USAR O SUPERVISOR DE ACESSO SQL PARA AJUSTAR UMA CARGA DE TRABALHO

Em princípio, o Supervisor de Acesso SQL parece executar a mesma função do Supervisor de Ajuste SQL. Entretanto, existem algumas diferenças importantes que serão descritas nas seções a seguir – por exemplo, como a análise é efetuada e os tipos de recomendações geradas.

### Noções básicas sobre o Supervisor de Acesso SQL

O Supervisor de Acesso SQL faz uma análise do desempenho geral de SQL usando uma especificação de carga de trabalho, e essa especificação pode ser uma das seguintes:

- Uma única instrução SQL
- Um conjunto de ajuste SQL
- Conteúdo atual do cache SQL
- Estatísticas
- Um nome de esquema

As recomendações do Supervisor de Acesso SQL incluem novos índices, visões materializadas e particionamento. Outra procedure do Supervisor de Acesso SQL, TUNE_MVIEW, recomenda mudanças nas visões materializadas para respaldar a regravação rápida da atualização e consulta.

> **dica de exame**
>
> O exame conterá apenas algumas perguntas sobre o Supervisor de Acesso SQL e o Supervisor de Ajuste SQL, e exigirá que você saiba a diferença básica entre os dois. Em outras palavras, o Supervisor de Ajuste SQL ajusta cada instrução SQL separadamente, enquanto o Supervisor de Acesso SQL ajusta todas as instruções SQL simultaneamente.

## Usando o Supervisor de Acesso SQL com o EM

Como acontece com o Supervisor de Ajuste SQL e o pacote DBMS_SQLTUNE, você pode usar o EM para executar o Supervisor de Acesso SQL, em vez de utilizar o pacote DBMS_ADVISOR diretamente. Veja a seguir as quatro etapas para criar um conjunto de recomendações:

1. Criar uma tarefa
2. Definir a carga de trabalho
3. Gerar as recomendações
4. Revisar e implementar as recomendações

Se você estiver usando o EM para executar o Supervisor de Acesso SQL, a etapa 1 será executada automaticamente.

Na página Advisor Central, apresentada na Figura 11-1, clique no link SQL Access Advisor. Será exibida a página da Figura 11-9, onde é possível executar uma de duas tarefas: (1) verificar se as estruturas existentes, como índices e visões materializadas, estão sendo utilizadas, ou (2) recomendar novas estruturas. Em outras palavras, você pode eliminar os índices existentes se não forem utilizados em instruções SELECT.

Neste exemplo, você quer encontrar novas estruturas de acesso, de modo que selecionará o segundo botão de opção. Se você marcar a caixa de seleção Inherit Options, poderá escolher um modelo adequado a seu ambiente, como o OLTP ou o data warehousing. Ao clicar no botão Continue, será exibida a primeira etapa do assistente, que aparece na Figura 11-10.

Para a origem da atividade de ajuste, você pode selecionar uma dentre três: (1) SQL recente do cache, (2) um conjunto de ajuste SQL já existente (como aquele criado no exemplo do Supervisor de Ajuste SQL, anteriormente neste capítulo) ou (3) um conjunto de esquemas e tabelas dentro desses esquemas. Neste exemplo, você quer analisar toda a atividade SQL atual e recente. Portanto, clique no botão de opção correspondente e depois clique no botão Next.

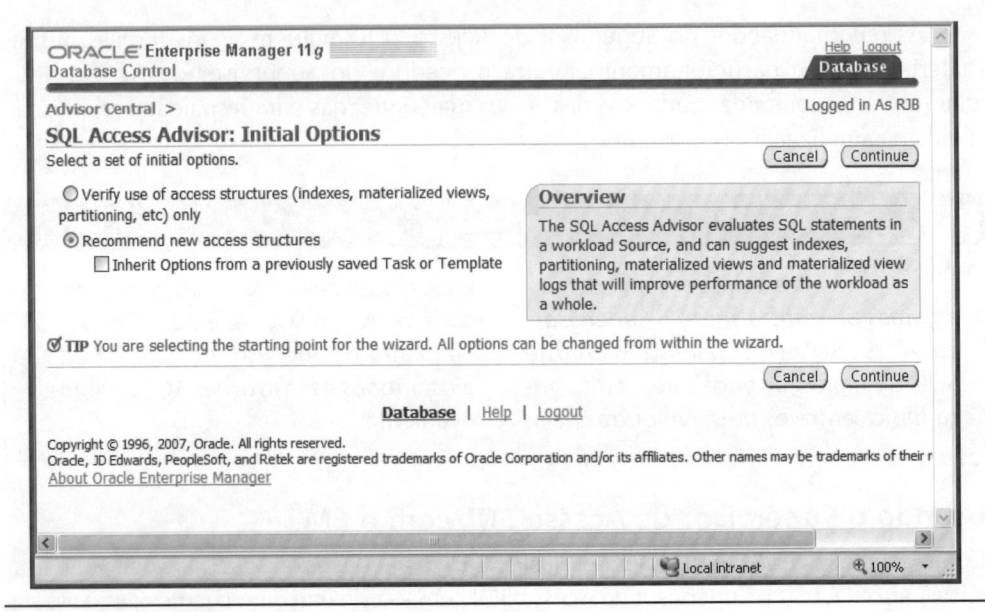

**Figura 11-9** *Opções do Supervisor de Acesso SQL.*

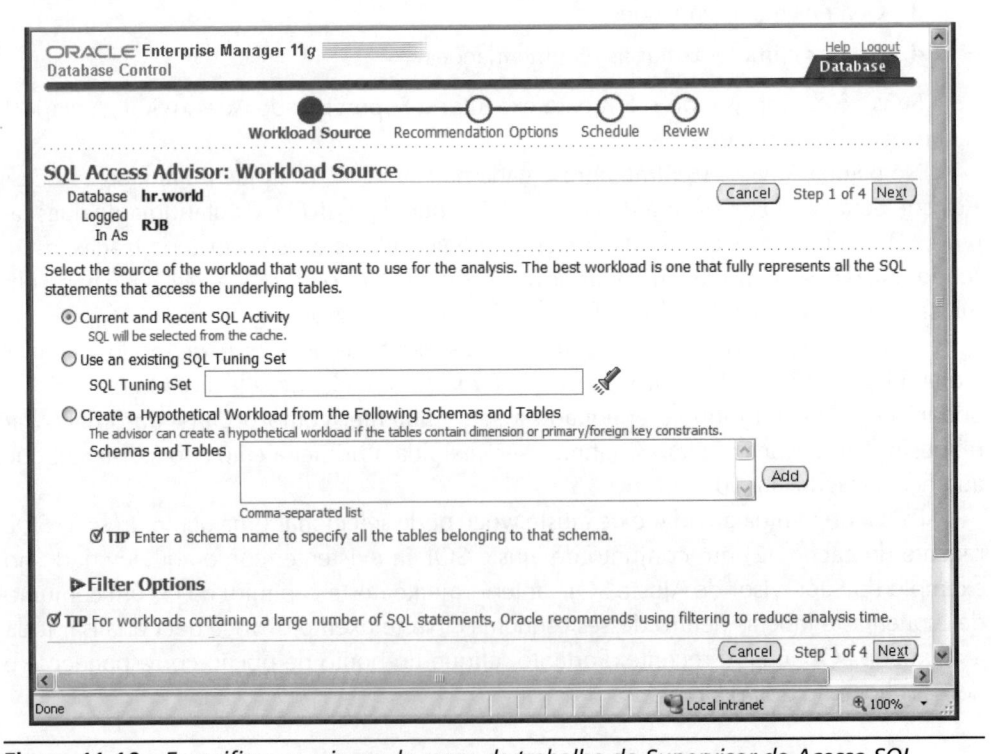

**Figura 11-10** *Especifique a origem da carga de trabalho do Supervisor de Acesso SQL.*

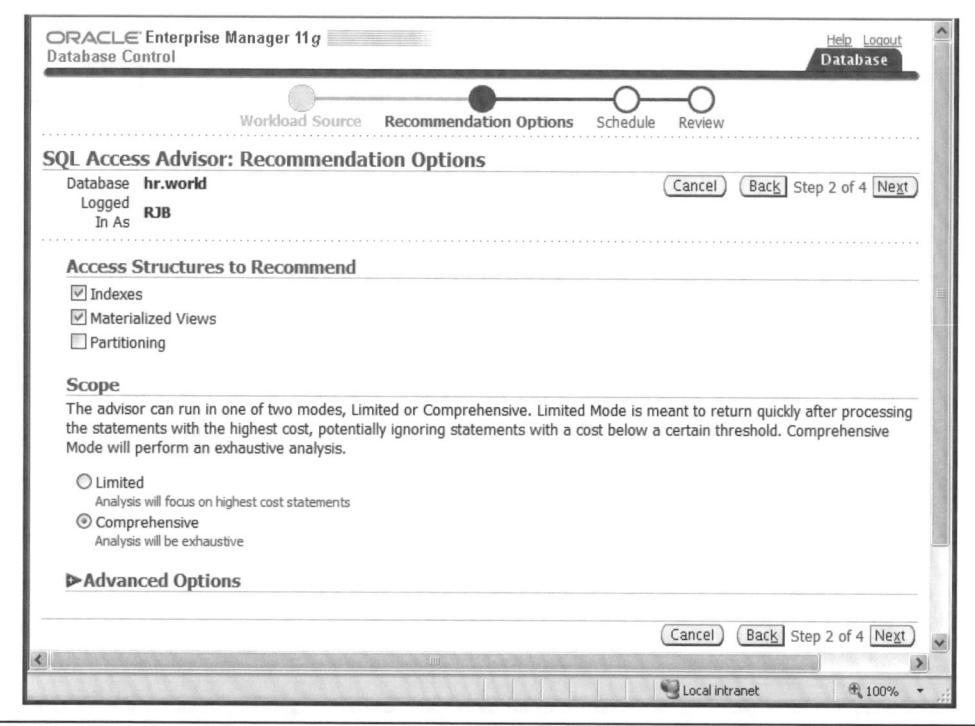

**Figura 11-11** *Especificando as opções de recomendações do Supervisor de Acesso SQL.*

A página seguinte, mostrada na Figura 11-11, permite selecionar os tipos de estruturas de acesso que o Supervisor de Acesso SQL deve recomendar: (1) índices, (2) visões materializadas e (3) particionamento. Além disso, é possível instruir o Supervisor de Acesso SQL a fazer uma análise limitada, baseada apenas nas instruções de alto custo, ou fazer uma análise relativamente demorada, com base em todas as relações existentes entre as tabelas na carga de trabalho especificada. A seção Advanced Options permite aprimorar ainda mais a análise, de acordo com as limitações do espaço em disco, além de especificar localizações alternativas para as visões materializadas e os índices recomendados. Marque as caixas de seleção Indexes e Materialized Views e selecione o botão de opção Comprehensive. Por último, clique no botão Next.

A página seguinte, que você encontrará na Figura 11-12, especifica as opções de agendamento para a tarefa de ajuste. Como é possível constatar, o EM criará a tarefa automaticamente. As outras opções nessa página são: o volume de registro em log gerado pelo Supervisor de Acesso SQL, tempo de permanência da tarefa no banco de dados, tempo total alocado para a tarefa e quando iniciá-la.

Na página apresentada na Figura 11-12, aceite as opções padrão e clique no botão Next para passar para a etapa 4 do assistente, como aparece na Figura 11-13. A etapa 4 resume as opções que você escolheu e permite que você as revise antes de enviar o job.

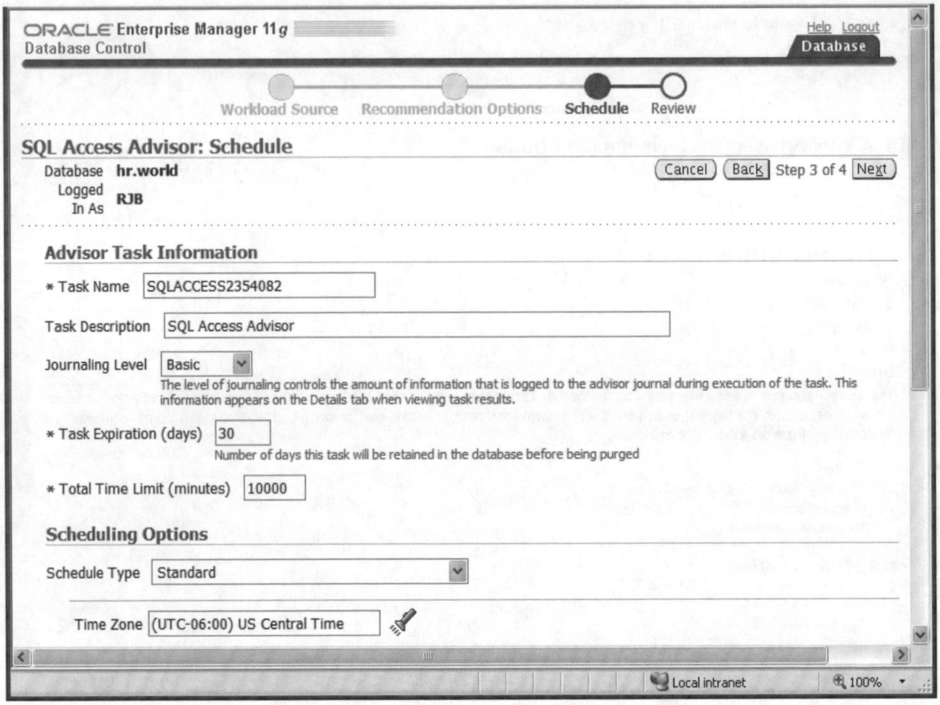

**Figura 11-12**  *Especificando as opções de agendamento do Supervisor de Acesso SQL.*

Observe o botão Show SQL na Figura 11-13. Você pode utilizar o código SQL para entender melhor o que acontece "nos bastidores". Também é possível usar o código SQL como base para um script de job de ajuste que pode ser incorporado a um job em batch, o que abrange outros comandos ou processos SQL que você não pode facilmente executar várias vezes dentro do EM. Clicar no botão Show SQL neste exemplo gera o seguinte código SQL:

```
DECLARE

    taskname varchar2(30) := 'SQLACCESS2354082';
    task_desc varchar2(256) := 'SQL Access Advisor';
    task_or_template varchar2(30) := 'SQLACCESS_EMTASK';
    task_id number := 0;
    wkld_name varchar2(30) := 'SQLACCESS2354082_wkld';
    saved_rows number := 0;
    failed_rows number := 0;
    num_found number;
    hypo_schema varchar2(512);

BEGIN
/* Create Task */
dbms_advisor.create_task(DBMS_ADVISOR.SQLACCESS_ADVISOR,task_id,
        taskname,task_desc,task_or_template);
/* Reset Task */
```

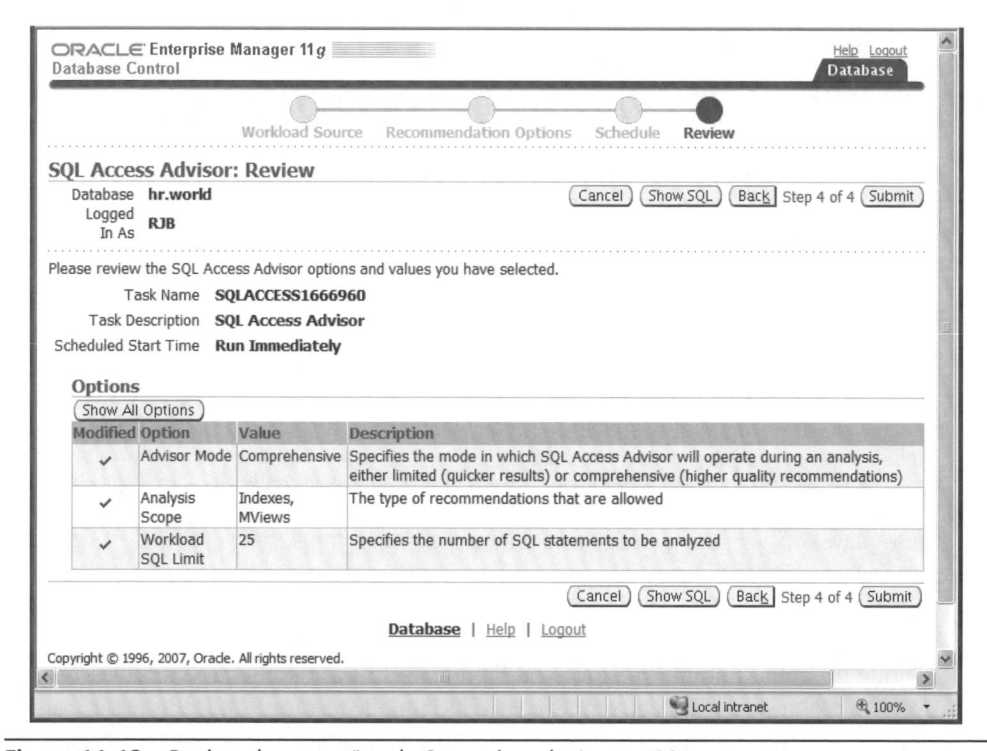

**Figura 11-13** *Revisando as opções do Supervisor de Acesso SQL.*

```
dbms_advisor.reset_task(taskname);
/* Delete Previous Workload Task Link */
select count(*) into num_found
    from user_advisor_sqla_wk_map
    where task_name = taskname and workload_name = wkld_name;
IF num_found > 0 THEN
dbms_advisor.delete_sqlwkld_ref(taskname,wkld_name);
END IF;
/* Delete Previous Workload */
select count(*) into num_found
    from user_advisor_sqlw_sum where workload_name = wkld_name;
IF num_found > 0 THEN
dbms_advisor.delete_sqlwkld(wkld_name);
END IF;
/* Create Workload */
dbms_advisor.create_sqlwkld(wkld_name,null);
/* Link Workload to Task */
dbms_advisor.add_sqlwkld_ref(taskname,wkld_name);
/* Set Workload Parameters */
dbms_advisor.set_sqlwkld_parameter
    (wkld_name,'VALID_ACTION_LIST',DBMS_ADVISOR.ADVISOR_UNUSED);
dbms_advisor.set_sqlwkld_parameter
    (wkld_name,'VALID_MODULE_LIST',DBMS_ADVISOR.ADVISOR_UNUSED);
. . .
```

```
        dbms_advisor.set_sqlwkld_parameter
           (wkld_name,'INVALID_USERNAME_LIST',DBMS_ADVISOR.ADVISOR_UNUSED);
        dbms_advisor.set_sqlwkld_parameter
           (wkld_name,'INVALID_MODULE_LIST',DBMS_ADVISOR.ADVISOR_UNUSED);
        dbms_advisor.set_sqlwkld_parameter
           (wkld_name,'VALID_SQLSTRING_LIST',DBMS_ADVISOR.ADVISOR_UNUSED);
        dbms_advisor.set_sqlwkld_parameter
           (wkld_name,'INVALID_SQLSTRING_LIST','"@!"');
        dbms_advisor.set_sqlwkld_parameter(wkld_name,'JOURNALING','4');
        dbms_advisor.set_sqlwkld_parameter(wkld_name,'DAYS_TO_EXPIRE','30');
        dbms_advisor.import_sqlwkld_sqlcache
           (wkld_name,'REPLACE',2,saved_rows,failed_rows);
        /* Set Task Parameters */
        dbms_advisor.set_task_parameter
           (taskname,'ANALYSIS_SCOPE','INDEX,MVIEW');
        dbms_advisor.set_task_parameter
           (taskname,'RANKING_MEASURE','PRIORITY,OPTIMIZER_COST');
        . . .
        dbms_advisor.set_task_parameter(taskname,'DAYS_TO_EXPIRE','30');
        /* Execute Task */
        dbms_advisor.execute_task(taskname);
        END;
```

Clique no botão Submit mostrado na Figura 11-13 para começar a análise. Na página Advisor Central, é possível monitorar o andamento do job. Quando o job estiver concluído, selecione-o e clique no botão View Result. A página na Figura 11-14 apresenta um resumo das melhorias que você pode efetuar se você implementar as recomendações incluídas na segunda guia. A guia SQL Statements mostra as instruções analisadas e permite que você implemente as recomendações. A guia Details faz uma retomada das opções que você selecionou para execução da análise. Nessa análise específica, quase metade das instruções SQL recentes poderá se beneficiar muito se as recomendações forem implementadas.

## Usando o Supervisor de Acesso SQL com o DBMS_ADVISOR

Como você pode examinar no exemplo da seção anterior, pode ser muito complicado usar o Supervisor de Acesso SQL através do pacote DBMS_ADVISOR, e no EM você pode executar a maioria das análises cotidianas de modo mais fácil.

A procedure DBMS_ADVISOR.QUICK_TUNE, por outro lado, é simples e aceita como entrada uma única instrução SQL a ser ajustada. Consequentemente, ela funciona de modo muito parecido com o do Supervisor de Ajuste SQL, mas pode realizar uma análise muito mais abrangente, gerando mais recomendações do que no Supervisor de Ajuste SQL, como as recomendações de visões materializadas.

Para executar a procedure, crie um bloco PL/SQL anônimo e informe o nome do supervisor, um nome de tarefa e a instrução SQL, como no exemplo a seguir:

```
SQL> begin
   2     dbms_advisor.quick_tune
   3        (dbms_advisor.sqlaccess_advisor,
```

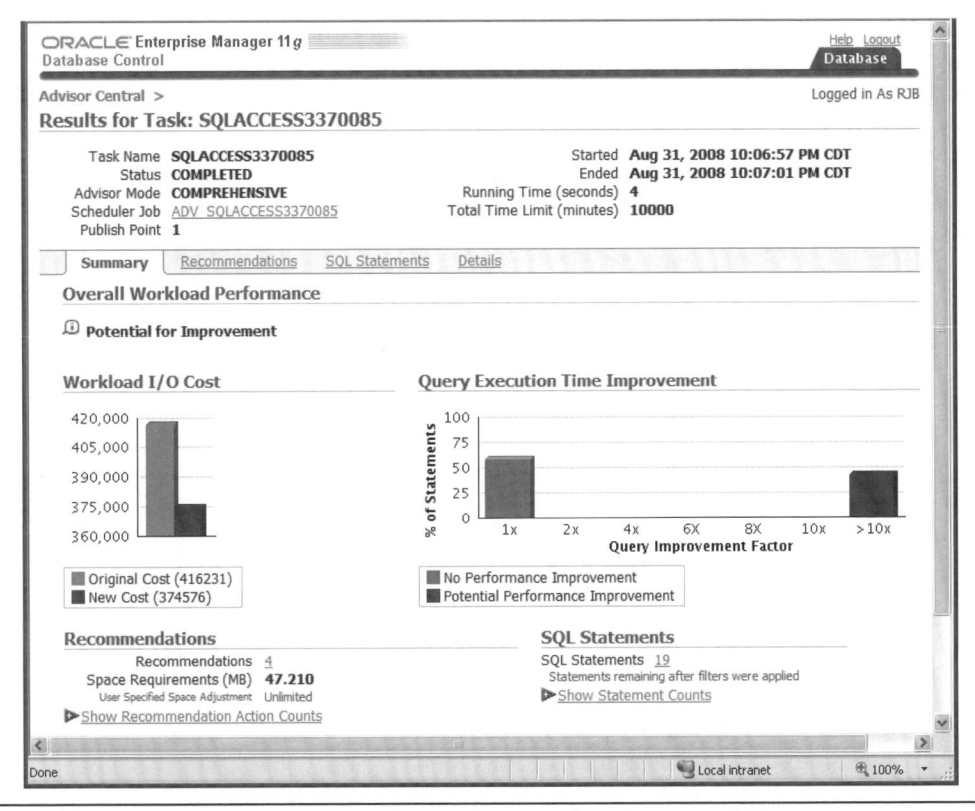

## Figura 11-14  Resumo das recomendações do Supervisor de Acesso SQL.

```
4        'second_rjb_tuning_task',
5        'select distinct object_id from object_analysis'
6      );
7    end;
8    /

PL/SQL procedure successfully completed.

SQL>
```

Os resultados do esforço de ajuste residem na visão do dicionário de dados USER_ADVISOR_ACTIONS, mas a saída não é muito legível. Portanto, você pode utilizar a procedure CREATE_FILE para criar o script a fim de implementar as recomendações geradas pela procedure QUICK_TUNE. Crie primeiramente um objeto de diretório para apontar para um diretório do sistema de arquivos que armazenará o script:

```
SQL> create directory tune_scripts as '/u06/tune_scripts';

Directory created.

SQL>
```

Em seguida, use CREATE_FILE para criar o script contendo as recomendações de implementação:

```
SQL> begin
  2     dbms_advisor.create_file
  3        (dbms_advisor.get_task_script('second_rjb_tuning_task'),
  4         'TUNE_SCRIPTS',
  5         'tune_fts.sql'
  6        );
  7  end;
  8  /

PL/SQL procedure successfully completed.

SQL>
```

Neste exemplo, o arquivo tune_fts.sql possui este conteúdo:

```
Rem  SQL Access Advisor: Version 11.1.0.6.0 - Production
Rem
Rem  Username:         RJB
Rem  Task:             second_rjb_tuning_task
Rem  Execution date:
Rem

CREATE MATERIALIZED VIEW LOG ON
    "RJB"."OBJECT_ANALYSIS"
    WITH ROWID, SEQUENCE("OBJECT_ID")
    INCLUDING NEW VALUES;

CREATE MATERIALIZED VIEW "RJB"."MV$$_0BDC0000"
    REFRESH FAST WITH ROWID
    ENABLE QUERY REWRITE
    AS SELECT RJB.OBJECT_ANALYSIS.OBJECT_ID C1, COUNT(*) M1
    FROM RJB.OBJECT_ANALYSIS
    GROUP BY RJB.OBJECT_ANALYSIS.OBJECT_ID;

begin
  dbms_stats.gather_table_stats
      ('"RJB"','"MV$$_0BDC0000"',NULL,dbms_stats.auto_sample_size);
end;
/
```

As recomendações incluem a criação de um log de visão materializada, a criação de uma visão materializada que possa ser utilizada para a regravação de consultas, e a obtenção de estatísticas sobre a visão materializada.

## OBJETIVO DA CERTIFICAÇÃO 11.03

## NOÇÕES BÁSICAS SOBRE O DATABASE REPLAY

Sempre ocorrem mudanças no seu ambiente de software e hardware, sejam atualizações no software do sistema operacional, no software do banco de dados, ou aumento do número de CPUs. Também podem ocorrer mudanças menos desejáveis: devido a restrições orçamentárias, o servidor hospedando seu banco de dados pode em breve fazer parte de uma iniciativa de consolidação e novos aplicativos serão adicionados ao servidor. Seja qual for o caso, é necessário avaliar o impacto dessas mudanças. O Database Replay ajudará a avaliar a mudança no desempenho em um sistema de teste, capturando a carga de trabalho no servidor de produção e depois repetindo essa mesma carga de trabalho no sistema de teste. Assim, você poderá solucionar os problemas de desempenho e garantir que o novo ambiente de produção continue executando os aplicativos de banco de dados com os mesmos resultados que o sistema de produção anterior.

Para utilizar o Database Replay, são necessárias quatro etapas básicas:

1. Captura da carga de trabalho
2. Pré-processamento da carga de trabalho
3. Repetição da carga de trabalho
4. Análise e relatório

### Captura de carga de trabalho do Database Replay

A primeira etapa do processo do Database Replay é capturar a carga de trabalho. Dependendo do ambiente, talvez seja suficiente capturar algumas horas ou até um dia ou dois. Isso dependerá do mix de aplicativos instalados no ambiente e em que período do dia eles são executados.

No processo de captura estão incluídas todas as chamadas de clientes a bancos de dados externos; as atividades do banco de dados em segundo plano e os jobs internos do scheduler não são capturados. As solicitações de clientes são registradas em arquivos binários independentes da plataforma que podem ser repetidos em um banco de dados instalado em uma plataforma de hardware ou software totalmente diferente. A partir do Oracle Database 11*g* Release 2, é possível capturar até mesmo as requisições de clientes em um banco de dados Oracle 10*g* e repeti-las em uma plataforma Oracle Database 11*g* Release 2 para testar uma atualização de software do banco de dados. Cada solicitação de cliente registrada contém as seguintes informações:

- Texto SQL
- Valores de bind
- Informações das transações

As informações das transações também incluem os timestamps. Isso permite repetir a carga de trabalho mais rapidamente, mais lentamente ou à mesma velocidade da carga de trabalho original. Seja qual for o caso, os timestamps garantem que uma solicitação do cliente seja repetida na mesma ordem cronológica em relação a todas as outras solicitações registradas.

Determinadas solicitações de cliente não são capturadas em uma carga de trabalho, a saber:

- Operações de carga de caminho direto do SQL *Loader
- Operações do Oracle Streams
- Streams do Advanced Replication
- Operações do Advanced Queuing não baseadas em PL/SQL
- Consultas de flashback (Flashback Queries)
- Navegações em objetos OCI (Oracle Call Interface)
- Acesso a objetos não baseados em SQL
- Transações distribuídas
- Comandos remotos DESCRIBE e COMMIT

Quaisquer transações distribuídas continuarão sendo capturadas, mas serão repetidas como se fossem originalmente executadas como transações locais.

Isoladamente, o processo de registro acarreta uma sobrecarga mínima sobre o sistema de produção. Entretanto, dependendo da duração da captura, é necessário assegurar a existência de espaço suficiente em disco para armazenar a carga de trabalho remota capturada. Se o espaço em disco acabar durante a captura, esse processo será interrompido.

Certifique-se de desligar e reinicializar a instância do banco de dados antes de iniciar a operação de captura. Isso garante que todas as transações ativas sejam concluídas ou revertidas antes do início da captura. Observe que as transações em andamento serão capturadas, mas não repetidas corretamente, considerando que apenas uma parte da transação será repetida no sistema de destino. Você pode iniciar e encerrar o processo de captura com o pacote PL/SQL DBMS_WORKLOAD_CAPTURE, como no fragmento de código apresentado a seguir:

```
/* shut down and restart database */
begin
   dbms_workload_capture.start_capture
      ('Data Warehouse Migration','REP_CAP_DIR');
   /* initiate workload */
. . .
   dbms_workload_capture.finish_capture;
end;
```

## Pré-processamento de carga de trabalho do Database Replay

Após o término da operação de captura, as informações capturadas devem ser pré-processadas transformando-se os dados capturados em arquivos de repetição que podem ser facilmente repetidos no sistema de destino. A etapa de pré-processamento só precisa acontecer uma vez em cada operação de captura. Após o pré-processamento, ela pode ser repetida várias vezes em um ou mais sistemas de destino. A etapa de pré-processamento é necessária mesmo que você só possa repeti-la uma única vez. Você quer que os clientes de repetição enviem suas solicitações de modo eficiente para o novo servidor, sem atrasos que o pré-processamento em tempo real traria.

Como acontece com praticamente todas as operações do banco de dados, você pode utilizar o EM ou um pacote PL/SQL para realizar a etapa de pré-processamento. Após mover os arquivos da captura para uma localização acessível ao sistema de repetição, você poderá usar comandos PL/SQL para processar os arquivos de captura localizados no objeto de diretório REP_CAP_DIR, como segue:

```
begin
    dbms_workload_replay.process_capture (capture_dir => 'REP_CAP_DIR');
end;
```

## Repetição da carga de trabalho do Database Replay

Durante a fase de repetição, a carga de trabalho pré-processada é executada no sistema de destino usando a mesma configuração de temporização, paralelismo e dependências de transações que o sistema de origem. Entretanto, é possível "acelerar" ou "retardar" uma ou mais solicitações de cliente, de acordo com as necessidades do novo ambiente.

O Database Replay usa um ou mais clientes de repetição para criar todas as solicitações de clientes. Talvez você necessite de apenas um cliente de repetição ou de mais clientes do que o número inicial de clientes no banco de dados de origem. O Oracle dispõe de uma ferramenta de calibração que você pode executar sobre uma carga de trabalho capturada para calcular o número de clientes de repetição necessários para garantir que a carga de trabalho seja repetida com a velocidade necessária. Antes de executar a primeira repetição, são necessárias algumas verificações prévias:

- Verifique se o sistema de destino tem acesso ao diretório de repetição.
- Remapeie as referências para outros sistemas de produção através dos links de banco de dados, tabelas externas, objetos de diretório, URLs e notificações de e-mail.
- Remapeie as strings de conexão do sistema de produção para o sistema de repetição.

A inobservância no remapeamento de todas as referências para o sistema de produção certamente acarretará uma interrupção e uma carga desnecessária sobre esse sistema.

Por padrão, a sequência de todas as instruções COMMIT é preservada, o que geralmente é a melhor opção para evitar a divergência dos dados. Entretanto, se a maioria ou todas as transações forem independentes, você poderá desativar a preservação da sequência de COMMIT para agilizar o processo de repetição.

Use o pacote PL/SQL DBMS_WORKLOAD_REPLAY para inicializar e começar o processo de repetição, como no exemplo a seguir:

```
begin
    dbms_workload_replay.initialize_replay
```

```
          ('Data Warehouse Migration','REP_CAP_DIR');
       dbms_workload_replay.start_replay;
   end;
```

Além disso, é possível fazer uma pausa e retomar a repetição através das procedures PAUSE_REPLAY e RESUME_REPLAY, ou antecipar o término da repetição com CANCEL_REPLAY.

### Análise e relatórios do Database Replay

O Database Replay gera um relatório descrevendo os resultados reais da repetição, inclusive todas as condições de exceção, como a divergência de dados associada a instruções DML ou consultas SQL incorretas ou sem sincronização. O relatório também inclui estatísticas detalhadas, baseadas no tempo, como o tempo total de DB e tempo médio da sessão. Você também pode utilizar os relatórios do AWR para fazer uma comparação minuciosa entre a carga de trabalho capturada e a carga de trabalho repetida.

Você pode usar o pacote PL/SQL DBMS_WORKLOAD_REPLAY para recuperar e gerar um relatório, como no exemplo a seguir:

```
declare
    capture_dir_id      number;
    curr_replay_id      number;
    replay_report       clob;
begin
    /* retrieve pointer to all captured sessions  */
    /* in the replay directory                    */
    capture_dir_id :=
       dbms_workload_replay.get_replay_info(dir => 'REP_CAP_DIR');
    /* get latest replay session id */
    select max(id) into curr_replay_id
    from dba_workload_replays
    where capture_id = capture_dir_id;
    /* generate the report */
    replay_report :=
       dbms_workload_replay.report
          (replay_id => curr_replay_id,
           format => dbms_workload_replay.type_text);
end;
```

Pode existir mais de um relatório no diretório de repetição se você tiver executado a repetição mais de uma vez. A instrução SELECT no bloco PL/SQL assegura a recomendação do relatório mais recente. Você pode usar DELETE_REPLAY_INFO para excluir um relatório contido no diretório de repetição.

## RESUMO DA CERTIFICAÇÃO

Este capítulo apresentou uma recapitulação do ajuste SQL, começando pelo Supervisor de Ajuste SQL. É possível executá-lo manualmente, mas em uma instalação padrão do Oracle Database 11g o Supervisor de Ajuste SQL é executado automaticamente durante a janela de manutenção. Essa execução ocorre nas instruções SQL que consomem mais recursos, capturadas durante as operações normais do banco de dados, quer sejam consultas ao data warehouse, pedidos de cliente online, ou uma combinação dos dois. Você também pode executar manualmente o Supervisor de Ajuste SQL sobre uma ou mais instruções SQL especificadas que estejam atualmente consumindo mais recursos do que você previa. Independentemente de você executar o Supervisor de Ajuste SQL manualmente ou como parte da janela de manutenção, cada instrução SQL será considerada individualmente, sem quaisquer dependências com outras instruções SQL existentes no job do Supervisor de Ajuste SQL – ou em quaisquer outros objetos do banco de dados. O Supervisor de Ajuste SQL recomenda índices, obtenção de estatísticas e até a reestruturação da própria instrução SQL para gerar um plano de execução mais eficiente.

Em seguida, o capítulo examinou detalhadamente o Supervisor de Acesso SQL, que compartilha alguns recursos do Supervisor de Ajuste SQL, no sentido de que é possível especificar uma única instrução SQL como entrada. Geralmente, você especificará um conjunto de ajuste SQL, o nome de um esquema ou o conteúdo atual do cache SQL como entrada, propiciando uma análise que considera todas as instruções SQL existentes no conjunto como um todo. Isso garante que as melhorias efetuadas em uma instrução SQL não acarretem uma degradação drástica no desempenho de outras instruções SQL contidas no conjunto. As recomendações do Supervisor de Acesso SQL incluem a criação de novos índices, visões materializadas e partições.

Por último, foi apresentada uma visão geral do Database Replay. Apesar do Database Replay não ser uma ferramenta de ajuste em si, ele pode ser utilizado para comparar o desempenho entre um sistema de produção e um novo sistema. O novo sistema pode ser diferente em termos de otimização do hardware, atualização do software do sistema operacional ou até mesmo uma nova versão do banco de dados. O Database Replay pode ajudar a identificar os gargalos antes de mudar um sistema de produção, assegurando uma atualização harmoniosa.

## ✓ EXERCÍCIO DE DOIS MINUTOS

### Usar o Supervisor de Ajuste SQL

- ❏ O Supervisor de Ajuste SQL faz análise de estatísticas, análise de Perfil SQL, análise do caminho de acesso e análise estrutural.
- ❏ O Supervisor de Ajuste SQL pode implementar automaticamente Perfis SQL.
- ❏ O Supervisor de Ajuste SQL ajusta cada instrução SQL individualmente.
- ❏ É possível especificar um conjunto de ajuste SQL, uma carga de trabalho, a atividade recente de SQL ou uma única instrução SQL como entrada para o Supervisor de Ajuste SQL.
- ❏ Use o pacote PL/SQL DBMS_SQLTUNE para executar o Supervisor de Ajuste SQL como uma alternativa ao uso do Enterprise Manager.
- ❏ Use as visões DBA_ADVISOR_LOG, DBA_ADVISOR_TASKS e V$ADVISOR_PROGRESS para monitorar o andamento e revisar os resultados de uma sessão do Supervisor de Ajuste SQL.

### Usar o Supervisor de Acesso SQL para ajustar a carga de trabalho

- ❏ O Supervisor de Acesso SQL analisa uma carga de trabalho inteira.
- ❏ Uma carga de trabalho do Supervisor de Acesso SQL pode consistir em uma única instrução SQL, um Conjunto de Ajuste SQL, o conteúdo atual do cache SQL, estatísticas existentes ou um nome de esquema.
- ❏ As recomendações do Supervisor de Acesso SQL incluem novos índices, visões materializadas e particionamento.
- ❏ As quatro etapas que compreendem uma sessão do Supervisor de Acesso SQL são: (1) criação da tarefa; (2) definição da carga de trabalho; (3) geração das recomendações; (4) revisão e implementação das recomendações.
- ❏ Você pode revisar o uso de estruturas existentes ou recomendar novas estruturas em uma sessão do Supervisor de Acesso SQL.
- ❏ A procedure DBMS_ADVISOR.QUICK_TUNE cria automaticamente uma tarefa e analisa uma única instrução SQL.
- ❏ Os resultados de uma sessão de ajuste do Supervisor de Acesso SQL são registrados em DBA/USER_ADVISOR_ACTION. Entretanto, você pode utilizar o DBMS_ADVISOR_CREATE_FILE para criar um relatório mais legível.

### Noções básicas sobre o Database Replay

- ❏ O Database Replay pode ajudar a avaliar a mudança ocorrida no desempenho em sistema de teste, capturando a carga de trabalho de um servidor de produção e repetindo essa carga em um sistema de teste.

- ❏ O Database Replay consiste em quatro etapas: (1) captura da carga de trabalho; (2) pré-processamento da carga de trabalho; (3) repetição da carga de trabalho e (4) análise e relatório.
- ❏ Cada solicitação de cliente registrada contém o texto SQL, valores de bind e informações das transações, inclusive o timestamp.
- ❏ Solicitações de clientes como operações do SQL*Loader, Oracle Streams, consultas de flashback, transações distribuídas e comandos remotos DESCRIBE ou COMMIT não são incluídas na operação de captura.
- ❏ O sistema de produção deve ser desligado e reinicializado antes de se iniciar a operação de captura.
- ❏ Use a procedure DBMS_WORKLOAD_CAPTURE.START_CAPTURE para iniciar a operação de captura.
- ❏ As informações de repetição capturadas devem ser processadas somente uma vez para qualquer número de ambientes de destino e para qualquer número de repetições no sistema de destino.
- ❏ Use a procedure DBMS_WORKLOAD_REPLAY.PROCESS_CAPTURE para processar uma carga de trabalho capturada antes de repeti-la.
- ❏ Para repetir uma carga de trabalho, é necessário remapear as referências ao sistema de produção.
- ❏ Por padrão, a sequência de todas as instruções COMMIT é preservada em uma repetição.
- ❏ Para iniciar a repetição de uma carga de trabalho, utilize DBMS_WORKLOAD_REPLAY.START_REPLAY.
- ❏ Você pode gerar um relatório de uma repetição recuperando a repetição necessária dentro de um diretório de repetições e executando a procedure DBMS_WORKLOAD_REPLAY.REPORT.

## TESTE

As perguntas a seguir o ajudarão a avaliar seu conhecimento sobre o material apresentado neste capítulo. Leia com atenção todas as opções porque pode haver mais de uma resposta correta. Escolha todas as respostas certas de cada pergunta.

### Usar o Supervisor de Ajuste SQL

1. Qual das seguintes análises não é executada pelo Supervisor de Ajuste SQL? (Escolha a melhor resposta.)

    A. Análise estrutural
    B. Análise de Perfil SQL
    C. Caminhos de acesso
    D. Alterações em visões materializadas
    E. Análise de estatísticas

2. Quais dos seguintes itens podem ser utilizados como entrada para o Supervisor de Ajuste SQL? (Escolha todas as respostas aplicáveis.)

    A. Uma única instrução SQL fornecida pelo usuário
    B. Um Conjunto de Ajuste SQL existente
    C. Uma carga de trabalho pré-processada do Database Replay
    D. Um nome de esquema
    E. Uma instrução SQL identificada no EM como consumidora de recursos excessivos

3. Qual das seguintes procedures executará um job do Supervisor de Ajuste SQL sobre um Conjunto de Ajuste SQL? (Escolha a melhor resposta.)

    A. `DBMS_QUICKTUNE.EXECUTE_TUNING_TASK`
    B. `DBMS_SQLTUNE.EXECUTE_TUNING_TASK`
    C. `DBMS_SQLTUNE.RUN_TUNING_TASK`
    D. `DBMS_ADVISOR.EXECUTE_TUNING_TASK`

### Usar o Supervisor de Acesso SQL para ajustar uma carga de trabalho

4. Quais dos seguintes itens podem ser utilizados como entrada para o Supervisor de Acesso SQL? (Escolha todas as respostas aplicáveis.)

    A. Uma única instrução SQL fornecida pelo usuário
    B. Um Conjunto de Ajuste SQL existente
    C. Uma carga de trabalho pré-processada do Database Replay
    D. Um nome de esquema
    E. O conteúdo atual do cache SQL

5. Quais das seguintes mudanças podem ser recomendadas pelo Supervisor de Acesso SQL? (Escolha duas respostas.)

    A. Reestruturar uma ou mais instruções SQL.
    B. Obter estatísticas para instruções SQL selecionadas.

C. Adicionar um log de visão materializada.
D. Ativar a regravação da consulta.

6. Qual das seguintes procedures executará um job do Supervisor de Acesso SQL sobre uma única instrução SQL? (Escolha a melhor resposta.)

   A. `DBMS_QUICKTUNE.EXECUTE_TUNING_TASK`
   B. `DBMS_ADVISOR.EXECUTE_TUNING_TASK`
   C. `DBMS_SQLTUNE.RUN_TUNING_TASK`
   D. `DBMS_ADVISOR.QUICK_TUNE`
   E. O Supervisor de Acesso SQL exige uma carga de trabalho, snapshot do AWR ou um Conjunto de Ajuste SQL, e não pode analisar uma única instrução SQL.

## Noções básicas sobre o Database Replay

7. Você quer remapear os links do banco de dados para que não façam mais referência a objetos do banco de dados de produção. Em que etapa do Database Replay ocorre o remapeamento? (Escolha a melhor resposta.)

   A. Durante a etapa de repetição da carga de trabalho
   B. Durante a etapa de pré-processamento da carga de trabalho
   C. Durante a etapa de captura da carga de trabalho
   D. Antes de iniciar a captura da carga de trabalho
   E. Você não precisa remapear, porque esse processo ocorre automaticamente

8. Quais das seguintes operações de clientes de banco de dados são capturadas durante o Database Replay? (Escolha todas as respostas aplicáveis.)

   A. Uma consulta de flashback
   B. Transações distribuídas
   C. Operações do Oracle Streams
   D. Uma instrução `CREATE TABLE`
   E. Uma transação iniciada antes do começo da captura

# RESPOSTAS DO TESTE

## Usar o Supervisor de Ajuste SQL

1. ☑ **D.** Somente o Supervisor de Acesso SQL recomenda mudanças para as visões materializadas, como a criação de logs de visão materializada.

   ☒ **A, B, C** e **E** estão incorretas. O Supervisor de Ajuste SQL faz análise de estatísticas, criação de Perfis SQL, caminhos de acesso e análise estrutural.

2. ☑ **A, B** e **E.** O Supervisor de Ajuste SQL pode utilizar as instruções SQL atualmente em execução, uma única instrução fornecida por qualquer usuário, um Conjunto de Ajuste SQL já existente ou instruções SQL históricas dos snapshots do AWR.

   ☒ **C** está incorreta porque você não pode utilizar as cargas de trabalho do Database Replay para especificar instruções SQL para o Supervisor de Ajuste SQL. **D** está incorreta porque você não pode especificar um esquema ou nomes de tabelas; só é possível especificar instruções SQL.

3. ☑ **B.** DBMS_SQLTUNE.EXECUTE_TUNING_TASK executa uma tarefa do Supervisor de Ajuste SQL criada com a procedure DBMS_SQLTUNE.CREATE_TUNING_TASK.

   ☒ **A, C** e **D** não são pacotes ou procedures válidos.

## Usar o Supervisor de Acesso SQL para ajustar uma carga de trabalho

4. ☑ **A, B, D** e **E.** Além de uma única instrução SQL (usando QUICK_TUNE), um Conjunto de Ajuste SQL já existente, um nome de esquema e o conteúdo atual do cache SQL, o Supervisor de Acesso SQL também usa estatísticas para analisar o desempenho geral de SQL.

   ☒ **C** está incorreta porque você não pode usar as informações capturadas do Database Replay como origem para o Supervisor de Acesso SQL.

5. ☑ **C** e **D.** O Supervisor de Acesso SQL recomenda visões materializadas, logs de visões materializadas e a ativação da regravação de consultas. Além disso, o Supervisor de Acesso SQL também recomendará novos índices ou partições.

   ☒ **A** e **B** estão incorretas. O Supervisor de Ajuste SQL recomenda a reestruturação de instruções SQL e a obtenção de estatísticas, não o Supervisor de Acesso SQL.

6. ☑ **D.** DBMS_ADVISOR.QUICK_TUNE executa uma análise com base em uma única instrução SQL. Você fornece o nome da tarefa de ajuste, que a procedure criará automaticamente, juntamente com a instrução SQL a ser ajustada.

   ☒ **A, B** e **C** estão incorretas porque estas procedures não existem. **E** está incorreta porque o Supervisor de Acesso SQL pode executar uma análise com base em uma única instrução SQL, exatamente como o Supervisor de Ajuste SQL.

## Noções básicas sobre o Database Replay

7. ☑ **C**. O remapeamento de links de banco de dados, tabelas externas, objetos de diretório e strings de conexão deve ocorrer na etapa da captura da carga de trabalho, imediatamente antes do início da repetição.

☒ **A, B** e **D** estão incorretas porque o remapeamento não é realizado ao longo dessas etapas. **E** está incorreta porque você deve fazer o remapeamento manualmente.

8. ☑ **B, D** e **E**. A maioria das instruções SQL é capturada, inclusive o texto da instrução SQL, os valores de bind e as informações das transações. As transações distribuídas são capturadas, mas repetidas como transações locais. Até mesmo as transações iniciadas antes do início da captura são capturadas, mas podem ocasionar divergências de dados durante a repetição. Sendo assim, a Oracle recomenda a reinicialização da instância antes de iniciar a captura.

☒ **A** e **C** estão incorretas. Além disso, as consultas de flashback e operações do Oracle Streams, navegações em objetos OCI, acesso a objetos não SQL, operações do SQL *Loader e os comandos remotos COMMIT e DESCRIBE não são capturados.

# 12
# Gerenciamento de Espaço em Disco e de Recursos

## OBJETIVOS DE CERTIFICAÇÃO

12.01 Gerenciar a alocação de espaço retomável

12.02 Descrever os conceitos de tablespaces e bancos de dados transportáveis

12.03 Recuperar o espaço perdido com tabelas e índices usando a funcionalidade de compressão de segmentos

12.04 Noções básicas sobre o Resource Manager

12.05 Criar e usar os componentes do Resource Manager

✓ Exercício de dois minutos

P&R Teste

Os dois recursos mais importantes do banco de dados são: espaço em disco e tempo de CPU. Com um gerenciamento criterioso desses recursos, você conseguirá retardar os custos da atualização para novas unidades de disco ou CPUs adicionais. Em alguns casos, esses dois recursos andam de mãos dadas: (1) você economizará ciclos da CPU se as operações de alocação em disco forem bem-sucedidas na primeira vez; (2) você conseguirá recuperar a partir de situações de pouco espaço em disco sem quaisquer problemas.

O Oracle dispõe de várias ferramentas para ajudá-lo a gerenciar o espaço em disco e outros recursos, como o tempo de CPU, tempo de inatividade e o número de conexões simultâneas. Primeiramente, este capítulo discorrerá sobre a Alocação de Espaço Retomável, o que permite suspender e dar prosseguimento às operações de bancos de dados grandes ou de execução prolongada cujo espaço acabou temporariamente. No lugar de um job demorado que falha e deve ser reiniciado depois da correção do problema do espaço em disco, é possível suspender esse job. Após a ação corretiva, que fornece mais espaço em disco durante o job de longa duração, o job suspenso retoma a atividade automaticamente.

Em seguida, o capítulo discutirá sobre outro recurso relacionado ao disco que economiza tempo: os tablespaces transportáveis. Utilize esse recurso para copiar rapidamente um ou mais tablespaces de um banco de dados para outro, sem aplicar o método de exportação/importação muito mais demorado disponível nas versões anteriores do Oracle. Uma extensão para os tablespaces são os banco de dados transportáveis, que facilitam a criação de um novo banco de dados e a migração de todos os tablespaces não SYSTEM para um novo banco de dados.

A funcionalidade de compressão de segmentos do Oracle também será discutida. Com o passar do tempo, a atividade pesada de DML sobre uma tabela ou índice pode fragmentar o espaço disponível abaixo da marca d'água superior (high water mark – HWM). A compressão de segmentos compacta os blocos de dados e melhora o desempenho de OLTP porque uma quantidade menor de blocos deve existir no cache para atender a um conjunto específico de linhas. As varreduras integrais de tabelas também se beneficiam desse recurso pelo mesmo motivo: é necessário ler menos blocos para fazer uma varredura total na tabela. Isso beneficia os sistemas de suporte a decisões e de data warehouse.

Por último, o Oracle Database Resource Manager será coberto. Durante o dia, sempre ocorre uma contenção entre os diversos usuários concorrentes, e convém alocar os recursos do banco de dados de modo diferente, de acordo com o período do dia e com os usuários que utilizarem esses recursos. Em uma situação específica, você pode conceder a um usuário uma prioridade mais alta em relação a outro; entretanto, o usuário com prioridade mais baixa pode precisar de mais recursos, em termos gerais. Em outra situação, talvez seja conveniente limitar o número de sessões simultâneas durante o dia, mas não à noite. O gerenciador de Recursos (Resource Manager) pode propiciar essa flexibilidade e controle.

## OBJETIVO DA CERTIFICAÇÃO 12.01

### GERENCIAR A ALOCAÇÃO DE ESPAÇO RETOMÁVEL

A alocação de espaço retomável evita muitas dores de cabeça e economiza tempo, suspendendo, em vez de encerrar, a operação de uma grande operação de banco de dados que exige mais espaço em disco do que o atualmente disponível. Mesmo com a operação suspensa, é possível alocar mais espaço em disco no tablespace de destino ou aumentar a quota do usuário. Assim que o problema de espaço for solucionado, a operação continuará automaticamente do ponto em que foi interrompida.

As seções a seguir examinarão em primeiro lugar os detalhes da alocação de espaço retomável, como os tipos de instruções que podem ser retomadas. Além disso, você aprenderá a configurar a alocação de espaço retomável em seu banco de dados. Finalmente, nenhuma discussão sobre esse tipo de alocação estaria completa sem um exemplo e um exercício.

### Noções básicas sobre a alocação de espaço retomável

Como você já previa, as instruções que podem ser interrompidas e continuadas são conhecidas como instruções retomáveis. Uma instrução suspensa, se fizer parte de uma transação, também suspenderá a transação. Quando o espaço em disco for disponibilizado e a instrução suspensa for reiniciada, a transação poderá sofrer commit ou rollback, quer existam instruções suspensas ou não na transação. As seguintes condições podem disparar uma alocação de espaço retomável:

- Falta de espaço em disco em um tablespace permanente ou temporário
- Extensões máximas alcançadas em um tablespace
- Quota de espaço do usuário excedida

É possível controlar o tempo de suspensão de uma instrução. O intervalo de tempo padrão é de 2 horas, após o qual a instrução falhará e retornará uma mensagem de erro para o usuário ou aplicativo como se a instrução não estivesse suspensa.

Existem quatro categorias gerais de comandos que podem ser retomados: (1) instruções SELECT; (2) comandos DML; (3) operações do SQL *Loader e (4) instruções DDL que alocam espaço em disco.

**Instruções SELECT retomáveis** As instruções SELECT são retomáveis somente se forem executadas quando não houver espaço em um tablespace temporário, o que geralmente significa que a instrução SELECT executará uma operação de classificação, como ORDER BY, DISTINCT ou UNION. As instruções SELECT emitidas por meio de um aplicativo usando a Oracle Call Interface (OCI) também são candidatas à suspensão quando não existir espaço para a classificação.

**Comandos DML retomáveis** Obviamente, comandos DML como INSERT, UPDATE e DELETE podem gerar uma condição de esgotamento de espaço. Por exemplo, um comando DELETE pode ocasionar uma condição de ausência de espaço no tablespace de undo. Como acontece com as instruções SELECT retomáveis, a DML pode se originar de chamadas via OCI ou até de programas PL/SQL. Além disso, o comando INSERT INTO...SELECT de tabelas internas ou externas é retomável.

**Operações retomáveis do SQL *Loader** As operações de importação do SQL *Loader podem gerar uma condição de falta de espaço. Na linha de comando do SQL *Loader (usando o comando sqlldr), você pode definir o parâmetro RESUMABLE com TRUE. Após a definição de RESUMABLE com o valor TRUE, é possível atribuir um nome à operação de retomada com o parâmetro RESUMABLE_NAME, assim como definir o timeout para a retomada com RESUMABLE_TIMEOUT. RESUMABLE, RESUMABLE_NAME e RESUMABLE_TIMEOUT serão discutidos mais adiante neste capítulo, no contexto do comando ALTER SESSION.

**Comandos DDL retomáveis** Todos os comandos DDL que alocam espaço em disco para segmentos novos ou já existentes são retomáveis:

- CREATE TABLE ... AS SELECT (CTAS)
- CREATE INDEX
- ALTER TABLE ... [MOVE | SPLIT] PARTITION
- ALTER INDEX ... REBUILD
- ALTER INDEX ... [REBUILD | SPLIT] PARTITION
- CREATE MATERIALIZED VIEW

## Configurando a alocação de espaço retomável

A ativação e desativação da Alocação de Espaço Retomável é fácil e não consome quaisquer recursos de modo significativo, a menos que você a utilize. É possível ativá-la no nível da instância por meio do parâmetro de inicialização RESUMABLE_TIMEOUT, ou através do comando ALTER SESSION.

Se você definir o parâmetro de inicialização RESUMABLE_TIMEOUT com um valor diferente de zero, o recurso de alocação de espaço retomável será habilitado. O valor especificado para o parâmetro de inicialização informa quanto tempo a operação suspensa aguardará pela alocação de mais recursos antes de ser encerrada. Considerando-se que este é um parâmetro dinâmico, é possível alterá-lo a qualquer momento, sem a reinicialização do banco de dados:

```
SQL> alter system set resumable_timeout = 7200;
```

Por padrão, o valor é 0, o que significa que o recurso Alocação de Espaço Retomável está desativado. Quando ativado no nível do sistema, todas as sessões poderão se beneficiar dessa funcionalidade. Se você precisar de mais controle sobre quais usuários podem ativar o recurso, conceda o privilégio de sistema RESUMABLE:

```
SQL> grant resumable to rjb;

Grant succeeded.

SQL>
```

Assim que o usuário tiver o privilégio RESUMABLE, poderá ativá-lo aleatoriamente por meio do comando ALTER SESSION, como neste exemplo:

```
SQL> alter session enable resumable;
```

O valor do tempo de espera padrão para a retomada é de 7200 segundos (2 horas), a não ser que o parâmetro RESUMABLE_TIMEOUT seja definido com um valor diferente de zero ou que você o substitua com o comando ALTER SESSION:

```
SQL> alter session enable resumable timeout 10000;
```

Para facilitar a identificação de sua instrução de retomada nas visões do dicionário de dados DBA_RESUMABLE e USER_RESUMABLE, ative a alocação de espaço retomável com o parâmetro NAME:

```
SQL> alter session enable resumable name 'Create Big Index';
```

Ao consultar a visão DBA_RESUMABLE ou USER_RESUMABLE, você encontrará o status da sessão juntamente com a instrução SQL atual em execução para as sessões com o recurso alocação de espaço retomável ativado:

```
SQL> select user_id, session_id, status, name, sql_text
  2  from dba_resumable;

   USER_ID SESSION_ID STATUS     NAME                 SQL_TEXT
---------- ---------- ---------- -------------------- --------------------
        88        133 NORMAL     Create Big Index     create index ie_cust_
                                                      last on customer
                                                      (last_name)

SQL>
```

Como era de se prever, é possível desativar o recurso Alocação de Espaço Retomável com ALTER SESSION:

```
SQL> alter session disable resumable;
```

Você pode automatizar ainda mais a ativação da Alocação de Espaço Retomável para usuários específicos criando um trigger de login que ativará o recurso, atribuirá um nome à sessão (muito provavelmente contendo o nome do usuário ou outras palavras-chave facilmente identificáveis) e definirá o timeout de retomada específico para esse usuário.

## Usando a alocação de espaço retomável

Na prática, o DBA ou um usuário pode registrar um trigger para o evento do sistema AFTER SUSPEND. Esse trigger será acionado imediatamente após a suspensão de uma instrução qualificada de retomada. O código no trigger pode executar várias ações diferentes dependendo da instrução de retomada suspensa do usuário, do motivo da suspensão ou da hora do dia. Por exemplo, um usuário fazendo um balanço de final de mês pode esgotar o espaço de undo, e você quer que a consulta seja concluída de qualquer maneira. Portanto, convém aumentar o valor de timeout e enviar um e-mail para o DBA e para o usuário, informando que existe pouco espaço de undo e que a instrução está temporariamente suspensa. Para todos os outros tipos de instruções de retomada nesse cenário, você cancelará a instrução e enviará uma mensagem de e-mail. Veja a seguir a estrutura básica de um trigger PL/SQL para lidar com as instruções de retomada:

```
create or replace trigger resumable_notify
   after suspend on database   -- fired when resumable space event occurs
declare
   -- variables, if required
begin
   -- check DBA_RESUMABLE for user ID, type of
   -- object, then send e-mail
   dbms_resumable.space_error_info(. . .);
   if object_type = 'TABLE' and object_owner = 'HR' then
      -- give DBA 2 hours to resolve
      dbms_resumable.set_timeout(7200);
      utl_mail.send ('jsmith_hr@example.com', . . . );
   else - terminate all other suspended statements
      dbms_resumable.abort(. . .);
   end if;
end;
```

### EXERCÍCIO 12-1

### Configure a alocação de espaço retomável para o usuário HR

Neste exercício, detecte e corrija um problema de espaço para o usuário HR.

1. Conceda o privilégio RESUMABLE ao usuário HR:

   ```
   SQL> grant resumable to hr;

   Grant succeeded.

   SQL>
   ```

2. Crie um tablespace para o usuário HR e aloque todo o espaço existente no tablespace com qualquer método de sua preferência:

   ```
   SQL> create tablespace users9 datafile '+DATA' size 10m
   autoextend off;
   SQL> connect hr/hr
   SQL> create table . . .
   SQL> create table . . .
   ```

3. Assim que o tablespace estiver cheio, tente criar uma nova tabela:

   ```
   SQL> create table employee_search as select * from employees;
   create table employee_search as select * from employees
   ```

```
                          *
ERROR at line 1:
ORA-01658: unable to create INITIAL extent for segment in
tablespace USERS9

SQL>
```

4. Ative o recurso de alocação de espaço retomável na sessão do HR para 3600 segundos (60 minutos):

```
SQL> alter session enable resumable timeout 3600;

Session altered.

SQL>
```

5. Como usuário HR, repita a instrução CREATE TABLE da etapa 3, que não terminará com um erro mas, sim, dará a impressão de que está travada. No log de alerta, constará a suspensão da instrução:

```
Sun Sep 21 21:50:30 2008
statement in resumable session 'User HR(82),
       Session 145, Instance 1' was suspended due to
   ORA-01658: unable to create INITIAL extent for segment
       in tablespace USERS9
```

Como parte do ADR (Automatic Diagnostic Repository), a mensagem também aparece em formato XML no arquivo $ORACLE_BASE/DIAG/RDBMS/DW/DW/LOG.XML:

```
<msg time='2008-09-21T21:50:30.068-05:00'
    org_id='oracle' comp_id='rdbms'
 client_id='' type='UNKNOWN' level='16'
 module='SQL*Plus' pid='27121'>
 <txt>statement in resumable session &apos;User HR(82),
      Session 145, Instance 1&apos; was suspended due to
 </txt>
</msg>
<msg time='2008-09-21T21:50:30.071-05:00'
    org_id='oracle' comp_id='rdbms'
 client_id='' type='UNKNOWN' level='16'
 module='SQL*Plus' pid='27121'>
 <txt>    ORA-01658: unable to create INITIAL extent
            for segment in tablespace USERS9
 </txt>
</msg>
```

A instrução suspensa e a condição de esgotamento de espaço também constam na homepage do EM, na seção Alert, como na Figura 12-1.

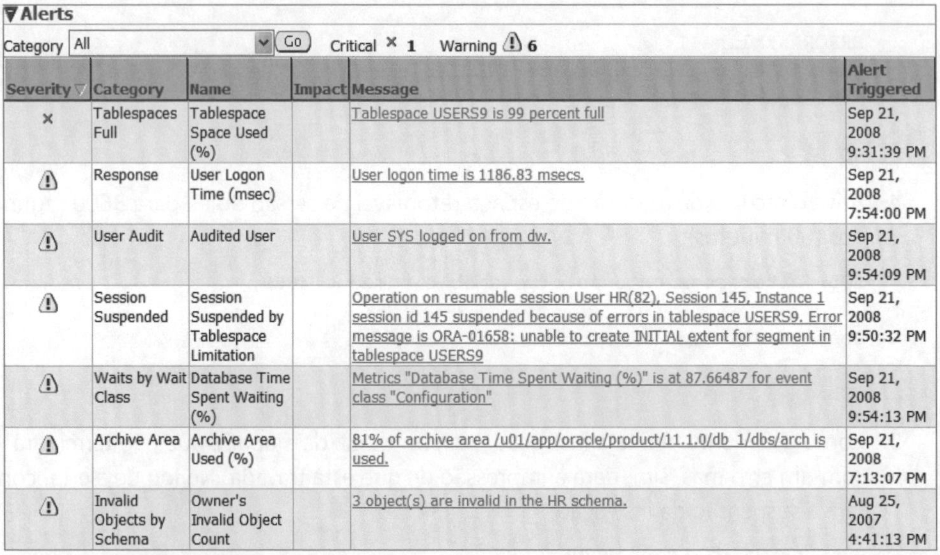

## Figura 12-1  Detalhes da instrução suspensa na homepage do EM.

| Severity | Category | Name | Impact | Message | Alert Triggered |
|---|---|---|---|---|---|
| ✗ | Tablespaces Full | Tablespace Space Used (%) | | Tablespace USERS9 is 99 percent full | Sep 21, 2008 9:31:39 PM |
| ⚠ | Response | User Logon Time (msec) | | User logon time is 1186.83 msecs. | Sep 21, 2008 7:54:00 PM |
| ⚠ | User Audit | Audited User | | User SYS logged on from dw. | Sep 21, 2008 9:54:09 PM |
| ⚠ | Session Suspended | Session Suspended by Tablespace Limitation | | Operation on resumable session User HR(82), Session 145, Instance 1 session id 145 suspended because of errors in tablespace USERS9. Error message is ORA-01658: unable to create INITIAL extent for segment in tablespace USERS9 | Sep 21, 2008 9:50:32 PM |
| ⚠ | Waits by Wait Class | Database Time Spent Waiting (%) | | Metrics "Database Time Spent Waiting (%)" is at 87.66487 for event class "Configuration" | Sep 21, 2008 9:54:13 PM |
| ⚠ | Archive Area | Archive Area Used (%) | | 81% of archive area /u01/app/oracle/product/11.1.0/db_1/dbs/arch is used. | Sep 21, 2008 7:13:07 PM |
| ⚠ | Invalid Objects by Schema | Owner's Invalid Object Count | | 3 object(s) are invalid in the HR schema. | Aug 25, 2007 4:41:13 PM |

6. Consulte a visão do dicionário de dados DBA_RESUMABLE para obter outros detalhes sobre a instrução suspensa:

```
SQL> select user_id, instance_id, status, name, error_msg
  2  from dba_resumable;

   USER_ID INSTANCE_ID STATUS    NAME                 ERROR_MSG
---------- ----------- --------- -------------------- --------------------
        82           1 SUSPENDED User HR(82), Session ORA-01658: unable to
                                 145, Instance 1      create INITIAL extent
                                                      for segment in
                                                      tablespace USERS9
```

7. Como DBA, aloque outros 100MB para o tablespace USERS9:

```
SQL> alter tablespace users9
  2     add datafile '+DATA'
  3     size 100m;

Tablespace altered.

SQL>
```

O log de alerta indica que a instrução de retomada para o HR foi reiniciada:

```
Sun Sep 21 22:06:59 2008
statement in resumable session
    'User HR(82), Session 145, Instance 1' was resumed
```

8. Consulte novamente a visão DBA_RESUMABLE para confirmar o status de conclusão da operação de retomada:

```
SQL> select user_id, instance_id, status, name, error_msg
  2  from dba_resumable;

   USER_ID INSTANCE_ID STATUS    NAME                      ERROR_MSG
---------- ----------- --------- ------------------------- -------------------
        82           1 NORMAL    User HR(82), Session
                                 145, Instance 1
```

9. A instrução para o usuário HR é concluída com êxito, embora não tão rapidamente quanto o usuário esperava, uma vez que o usuário precisou aguardar que o DBA alocasse mais espaço manualmente:

```
SQL> create table employee_search as select * from employees;

Table created.

SQL>
```

Para notificar ao usuário que um problema foi resolvido (e explicar o motivo pelo qual CREATE TABLE demorou tanto tempo), você pode criar um trigger para o evento AFTER SUSPEND, como descrito anteriormente neste capítulo, que envia os detalhes das operações de suspensão e de retomada por e-mail para o usuário.

## OBJETIVO DA CERTIFICAÇÃO 12.02

## DESCREVER OS CONCEITOS DE TABLESPACES E BANCOS DE DADOS TRANSPORTÁVEIS

Há várias maneiras de mover dados de um banco de dados para outro, como links de bancos de dados, Data Pump Export/Import e tablespaces transportáveis. Para grandes volumes de dados, o uso de tablespaces transportáveis é certamente o método mais veloz. Em resumo, você exporta apenas os metadados dos objetos contidos no tablespace usando o Data Pump, copia os arquivos de dados contendo o tablespace para o banco de dados de destino, e importa os metadados do tablespace no banco de dados de destino.

As seções a seguir examinam mais algumas restrições dos tablespaces transportáveis, como as limitações de plataforma. Até mesmo plataformas com diferentes arquiteturas de hardware são candidatas a tablespaces transportáveis. Além disso, você aprenderá a transportar um tablespace usando comandos do EM e SQL. Em algumas situações, o RMAN é obrigatório para transportar um tablespace. Finalmente, será apresentada uma visão geral resumida de como transportar um banco de dados inteiro.

### Configurando tablespaces transportáveis

Há várias utilizações para os tablespaces transportáveis, como distribuir rapidamente os dados de um *data warehouse* para os *data marts* em outros bancos de dados, ou para converter um banco de dados inteiro de uma plataforma para outra. Ao transportar entre plataformas, as plataformas de origem e de destino devem constar na lista de plataformas com suporte do Oracle. Muito provavelmente, suas plataformas de origem e destino serão aceitas. Por exemplo, há suporte para praticamente todas as plataformas de hardware baseadas na arquitetura Intel de 32 ou 64 bits, Solaris, Mac OS e AIX sobre hardware proprietário.

As seções a seguir examinam os requisitos de compatibilidade e as etapas adicionais necessárias para algumas plataformas de hardware. Assim que as etapas de compatibilidade e configuração forem concluídas, você verá um exemplo que utiliza o EM e a SQL.

### Determinando os requisitos de compatibilidade

A compatibilidade dos recursos do Oracle Database é controlada pelo parâmetro de inicialização COMPATIBLE, que ativa ou desativa o uso de determinados recursos no banco de dados. Para os objetivos da discussão sobre os tablespaces transportáveis, estes são os recursos que exigem um formato de arquivo específico em disco. Por exemplo, para atualizar para o Oracle Database 11g a partir do Oracle Database 10gR2, convém definir o parâmetro COMPATIBLE com 10.0.0 por pouco tempo. Assim, você poderá fazer o downgrade para a versão 10gR2 se enfrentar problemas na produção, sem exigir uma restauração e recuperação a partir do backup, porque os formatos dos arquivos de dados para a versão 11g não são utilizáveis na versão 10gR2. Mesmo que você tenha testado o upgrade em um servidor de backup, alguns problemas no novo release só ocorrem uma semana depois que você fizer o lançamento do novo release em produção!

Quando você cria um conjunto de tablespaces transportáveis, o Oracle determina o nível mínimo de compatibilidade do banco de dados de destino e armazena esse valor nos metadados desse conjunto. A partir do Oracle Database 11g, você pode sempre transportar um tablespace para outro banco de dados com um nível de compatibilidade idêntico ou superior, independentemente da plataforma de destino.

**TABELA 12-1** *Configurações mínimas de compatibilidade para os cenários de tablespaces transportáveis*

| Tipo de operação | Nº do release para compatibilidade mínima do banco de dados de origem | Nº do release para compatibilidade mínima do banco de dados de destino |
|---|---|---|
| Banco de dados de origem e de destino na mesma plataforma | 8.0 | 8.0 |
| O banco de dados de origem apresenta um tamanho de bloco de banco de dados diferente daquele do banco de dados de destino | 9.0 | 9.0 |
| O banco de dados de origem e de destino estão em plataformas diferentes | 10.0 | 10.0 |

**prática**  *Independentemente das semelhanças e diferenças existentes nas plataformas de hardware entre os bancos de dados de origem e de destino, os dois bancos de dados devem utilizar o mesmo conjunto de caracteres.*

A Tabela 12-1 apresenta as configurações mínimas de compatibilidade para os bancos de dados de origem e de destino, de acordo com as diferenças no tamanho de bloco e nas plataformas de hardware.

Em outras palavras, mesmo que você esteja executando o Oracle Database 11g com o parâmetro COMPATIBLE definido com 11.0.0, você pode transportar um tablespace de um banco de dados em uma plataforma diferente que tem o parâmetro COMPATIBLE definido com 10.0.0.

### Determinando os requisitos de ordenação de bytes

Embora disponível para quase todas as plataformas em que o Oracle Database é executado, o recurso tablespaces transportáveis do Oracle exige uma etapa extra, dependendo da plataforma de hardware. No hardware baseado na arquitetura Intel, pares de bytes de valores numéricos ou string são invertidos. Por exemplo, o valor 2 é armazenado como 0x0200. Essa ordenação de bytes é conhecida como *little-endian,* porque o byte menos significativo é o primeiro. Ao contrário, um sistema *big-endian* armazena os bytes na sequência do byte mais significativo para o menos significativo. Portanto, em uma plataforma de hardware big-endian, como a Sun SPARC, o valor 2 é armazenado como 0x0002. Naturalmente, deve ser feita uma conversão na coluna de dados transportada entre plataformas com diferentes formatos de ordenação de bytes.

Para conhecer os formatos de ordenação de bytes de todas as plataformas suportadas, consulte a visão dinâmica de desempenho V$TRANSPORTABLE_PLATFORM, como neste exemplo:

```
SQL> select platform_id, platform_name, endian_format
  2  from v$transportable_platform;

PLATFORM_ID PLATFORM_NAME                              ENDIAN_FORMAT
----------- ------------------------------------------ -------------
          1 Solaris[tm] OE (32-bit)                    Big
          2 Solaris[tm] OE (64-bit)                    Big
          7 Microsoft Windows IA (32-bit)              Little
         10 Linux IA (32-bit)                          Little
          6 AIX-Based Systems (64-bit)                 Big
          3 HP-UX (64-bit)                             Big
          5 HP Tru64 UNIX                              Little
          4 HP-UX IA (64-bit)                          Big
         11 Linux IA (64-bit)                          Little
         15 HP Open VMS                                Little
          8 Microsoft Windows IA (64-bit)              Little
          9 IBM zSeries Based Linux                    Big
         13 Linux 64-bit for AMD                       Little
         16 Apple Mac OS                               Big
         12 Microsoft Windows 64-bit for AMD           Little
         17 Solaris Operating System (x86)             Little
```

```
            18 IBM Power Based Linux                        Big
            19 HP IA Open VMS                               Little
            20 Solaris Operating System (AMD64)             Little

19 rows selected.

SQL>
```

Nessa consulta, também constam todas as plataformas com suporte para tablespaces transportáveis. Se o valor de ENDIAN_FORMAT for diferente, use os comandos do RMAN no banco de dados de origem ou de destino para converter os arquivos de dados para os formatos de ordenação de bytes do banco de dados de destino. Os comandos necessários do RMAN serão discutidos mais adiante neste capítulo. Para saber o formato de ordenação de bytes de uma plataforma, junte as visões V$DATABASE e V$TRANSPORTABLE_PLATFORM:

```
SQL> select platform_name my_platform,
  2          endian_format my_endian_format
  3  from v$transportable_platform
  4     join v$database using(platform_name)
  5  ;

MY_PLATFORM                    MY_ENDIAN_FORMAT
------------------------------ --------------------
Linux IA (32-bit)              Little

SQL>
```

## Transportando tablespaces

Independentemente de você utilizar comandos SQL ou o EM para transportar um tablespace, as etapas gerais são as mesmas. O EM realmente propicia ao processo um certo nível de automatização, que agiliza o procedimento e contribui para evitar erros. Entretanto, como acontece com a maioria das ferramentas baseadas no EM, não é possível para o EM cobrir todas as opções disponíveis na linha do comando SQL>. Examine as etapas:

1. Tornar o(s) tablespace(s) somente leitura no banco de dados de origem.
2. Usar o Data Pump Export para extrair os metadados do tablespace do banco de dados de origem.
3. Se o destino não tiver o mesmo formato de ordenação de bytes, converter o conteúdo do tablespace.
4. Transferir os arquivos de dados do tablespace e o arquivo de dump de metadados da origem para o destino.
5. Usar o Data Pump Import para importar os metadados do tablespace no tablespace de destino.
6. Liberar o(s) tablespace(s) para leitura e gravação nos bancos de dados de origem e de destino.

As duas seções a seguir apresentam uma visão geral de como usar o EM para transportar um tablespace e, em seguida, fornece a versão em SQL da mesma operação.

## Usando o EM para transportar um tablespace

Para transportar um tablespace no EM, acesse a homepage do EM e selecione a guia Data Movement. Na seção Move Database Files, clique no link Transportable Tablespaces e será exibida a página que aparece na Figura 12-2.

Nesta etapa, você vai gerar um conjunto de tablespaces transportáveis contendo o tablespace XPORT_DW contido no banco de dados DW e, em seguida, você o transportará para o banco de dados HR. Verifique se o botão de opção Generate está selecionado e se você informou as credenciais do home do host para o usuário oracle (o usuário Oracle do Linux). Clique no botão Continue. Na página da Figura 12-3, adicione o tablespace XPORT_DW à lista.

Além disso, você verificará se todos os objetos no tablespace são independentes. Em outras palavras, não há dependências com objetos existentes em outros tablespaces. Você também pode verificar se não existem objetos, em outros tablespaces, dependentes do tablespace sendo transportado.

Quando você clicar no botão Next, o EM procurará as possíveis dependências entre o tablespace XPORT_DW e outros tablespaces no banco de dados. Na página que consta na Figura 12-4, especifique a plataforma de destino, que é a mesma para os bancos de dados de origem e de destino (neste caso, ambas são Linux Intel Architecture, de 32 bits). Se o banco de dados de destino tiver um formato de ordenação de bytes diferente, o EM converterá o tablespace. Selecione as opções adequadas a seu ambiente e clique no botão Next.

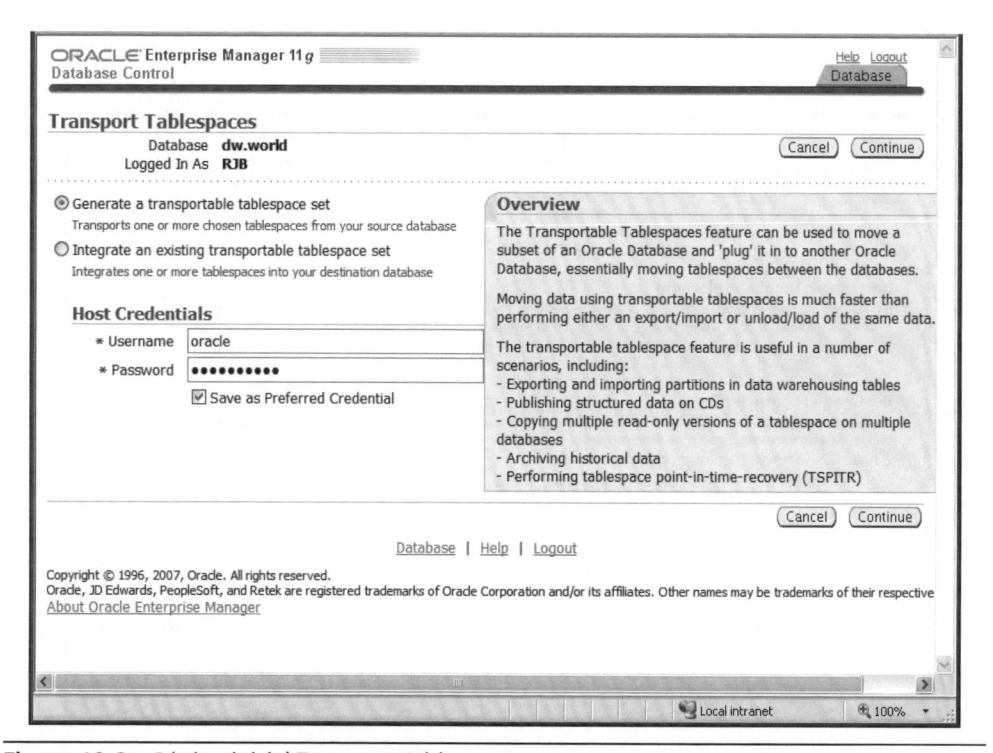

**Figura 12-2** *Página inicial Transport Tablespace.*

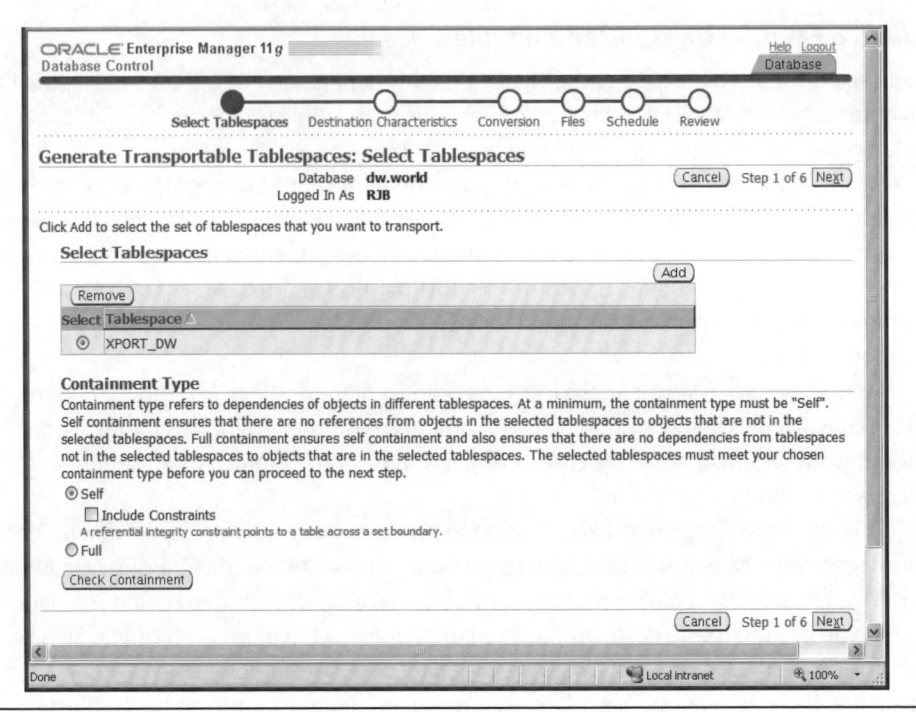

**Figura 12-3** *Selecionando tablespaces para serem transportados.*

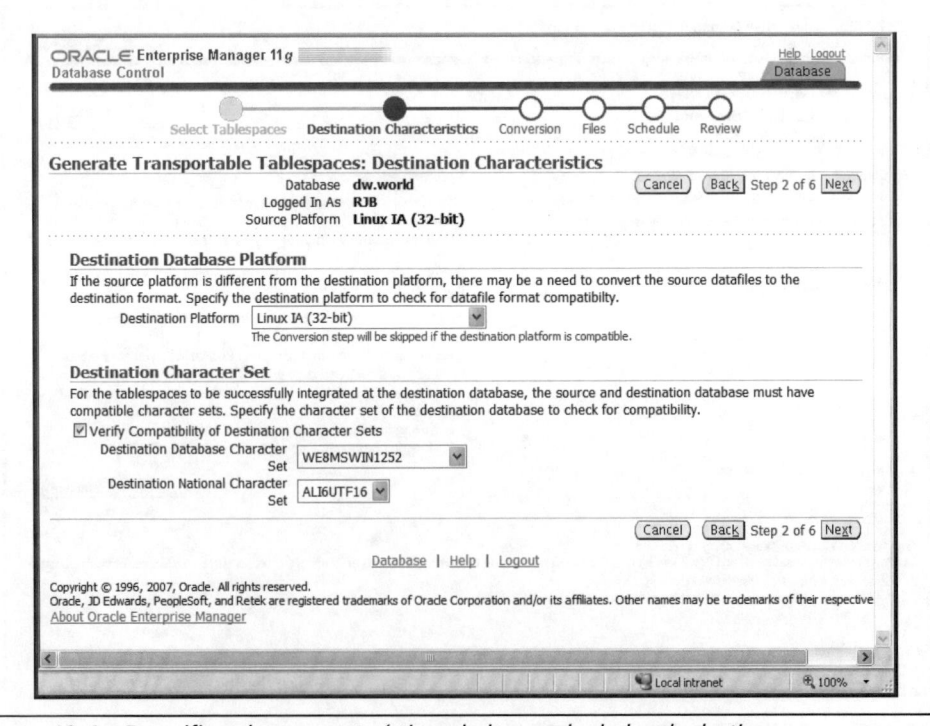

**Figura 12-4** *Especificando as características do banco de dados de destino.*

CAPÍTULO 12   GERENCIAMENTO DE ESPAÇO EM DISCO E DE RECURSOS   **485**

Na página apresentada na Figura 12-5, especifique o diretório em que deve ser salvo o arquivo de dump contendo os metadados do tablespace, assim como uma cópia do(s) arquivo(s) de dados do tablespace. Essa localização deve ser acessível ao banco de dados de destino, o que significa que a localização pode ser um Servidor de Arquivos de Rede (Network File Server) ou alguma área semelhante de armazenamento compartilhado. De outra forma, você deverá usar outro utilitário, como um FTP, para mover os arquivos posteriormente. Neste exemplo, o diretório /Temp está acessíveis aos dois servidores.

Clique no botão Next mostrado na Figura 12-5 e você agendará um job para transportar o tablespace, como é possível constatar na Figura 12-6.

A Figura 12-7 mostra a última etapa na primeira metade do processo de transporte, o que lhe dará a oportunidade de rever as configurações especificadas antes de enviar esse job.

Quando você clicar no botão Submit Job, que consta na Figura 12-7, o EM enviará o job para processar a exportação dos tablespaces transportáveis. O EM gera uma página de confirmação, e você pode monitorar o andamento do job através do link disponibilizado.

Após a conclusão com êxito do job, é possível fazer uma importação dos tablespaces transportáveis no banco de dados de destino. Na página da Figura 12-8, você se conectou com o EM no banco de dados de destino (que aparece como o banco de dados HR.WORLD na Figura 12-8) e está na mesma página apresentada na Figura 12-2, exceto pelo fato de que você especificará a opção Integrate (importação) em vez de Generate (exportação).

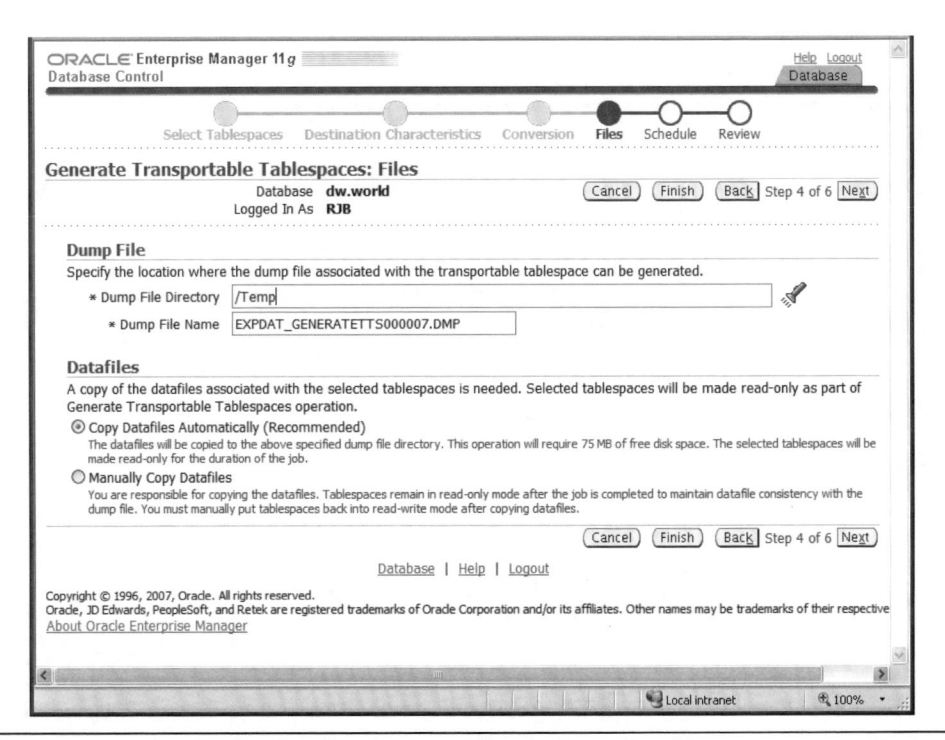

**Figura 12-5**  *Informando a localização do arquivo de dump de tablespaces transportáveis.*

**Figura 12-6** *Agendando um job de tablespaces transportáveis.*

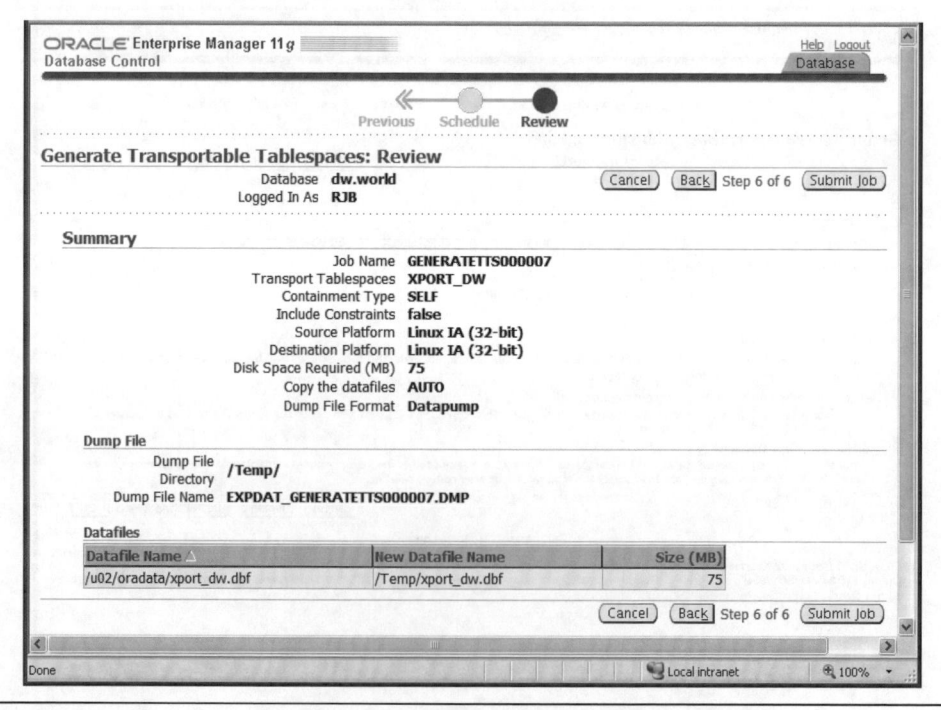

**Figura 12-7** *Revisando as configurações do job de tablespaces transportáveis.*

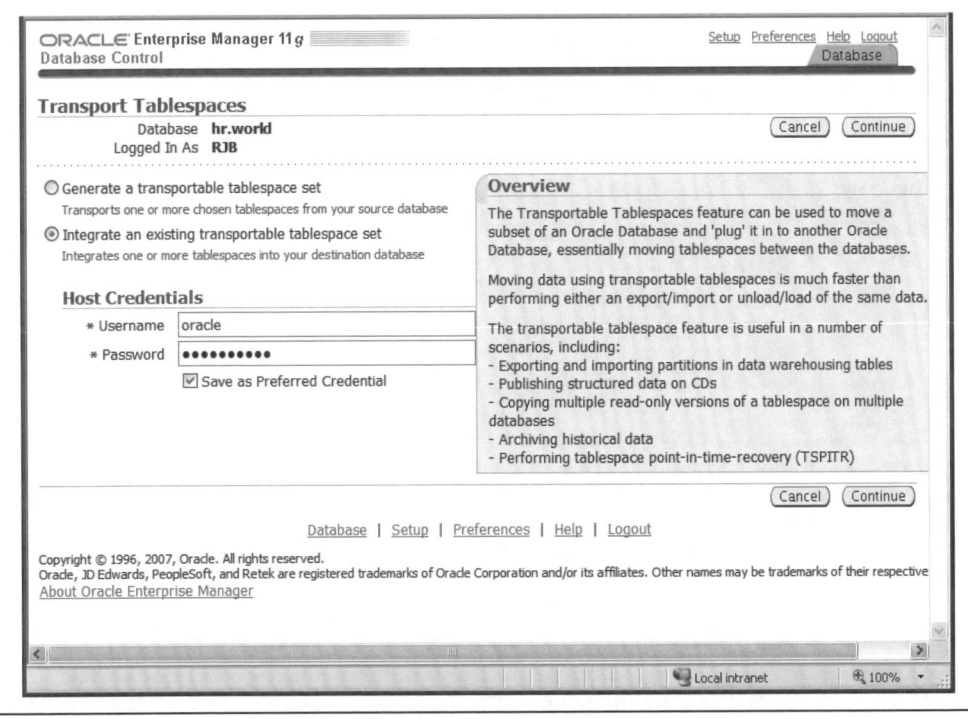

CAPÍTULO 12   GERENCIAMENTO DE ESPAÇO EM DISCO E DE RECURSOS   **487**

**Figura 12-8**   *Home page para importação de tablespaces transportáveis.*

Ao clicar no botão Continue, mostrado na Figura 12-8, será exibida a página da Figura 12-9, na qual é possível especificar o nome do arquivo de dump e o nome do arquivo de dados especificados na Figura 12-5. Quando você clicar no botão Next, o EM lerá o arquivo de dump e o(s) arquivo(s) de dados.

Na página seguinte, que você encontrará na Figura 12-10, você pode alterar ou aceitar o valor escolhido pelo EM para o novo destino do arquivo de dados. Além disso, você também pode deixar o novo arquivo de dados no mesmo local. Após especificar as opções necessárias, clique no botão Next.

Na página da Figura 12-11, você pode remapear, se quiser, os objetos de um esquema para o outro. Ou seja, se os bancos de dados de origem e de destino tiverem um esquema HR com tabelas de nomes idênticos, é possível remapear os objetos importados do HR para o usuário HR_IMPORT, e acertar as diferenças após o término da importação.

Depois que você clicar no botão Next, que aparece na Figura 12-11, será exibida a página de agendamento de jobs da Figura 12-12. Clique no botão Next.

**Figura 12-9** *Localizações do arquivo de dump e do(s) arquivo(s) de dados dos tablespaces transportáveis.*

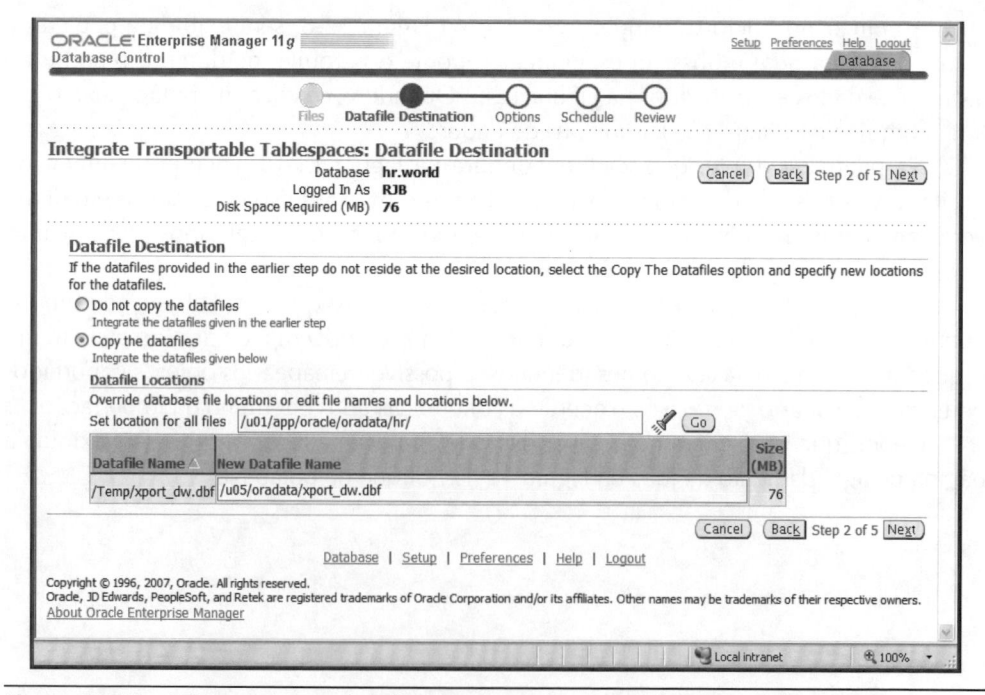

**Figura 12-10** *Informando uma localização alternativa para o tablespace importado.*

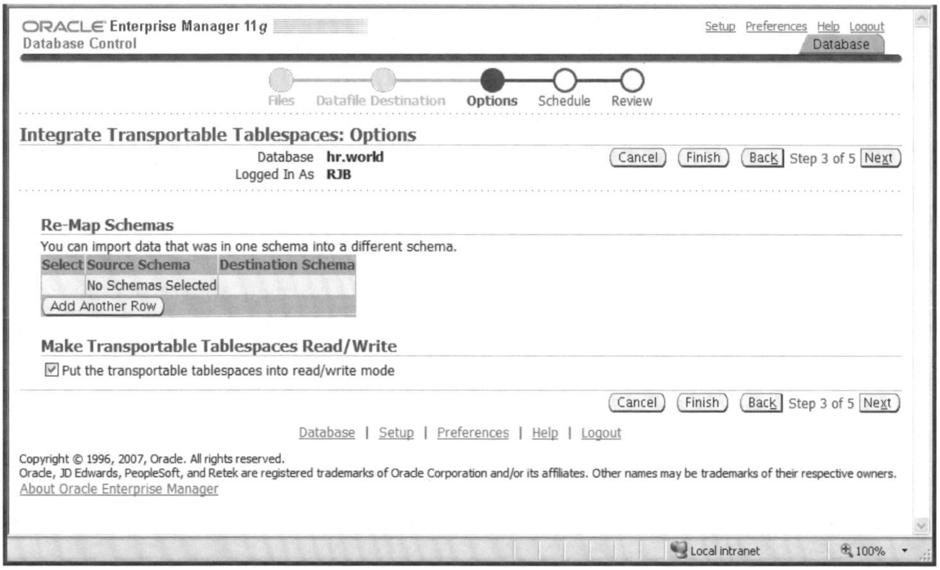

**Figura 12-11** *Especificando o remapeamento do esquema durante a importação do tablespace.*

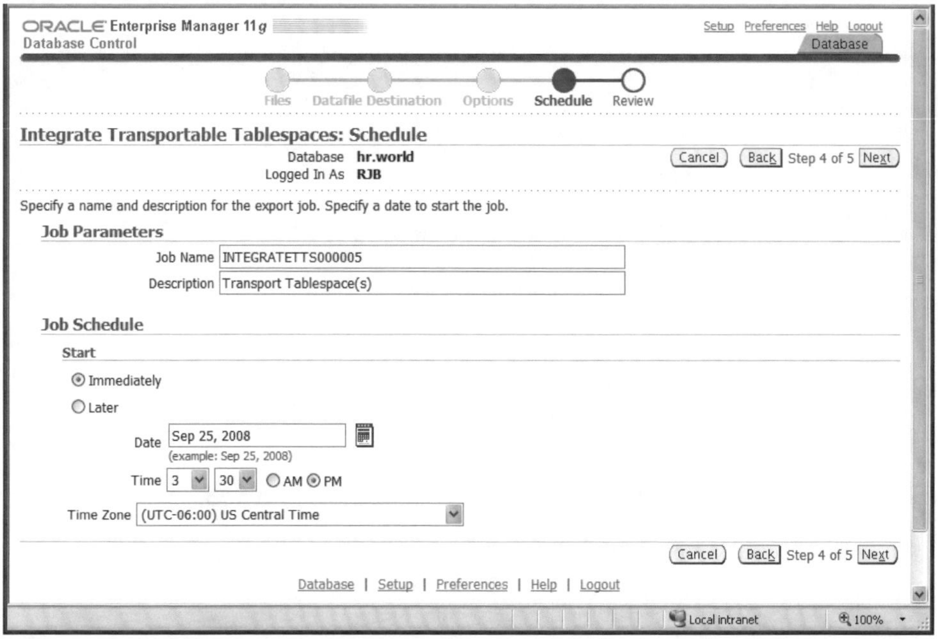

**Figura 12-12** *Agendando o processamento da importação de tablespaces transportáveis.*

Na página da Figura 12-13, você terá mais uma oportunidade de rever o job de importação. Quando estiver satisfeito com os parâmetros definidos, clique em Submit Job. Você pode monitorar o andamento da importação do tablespace, como mostra a Figura 12-14. Quando o job for concluído, o tablespace XPORT_DW estará pronto para ser utilizado.

### Usando SQL para transportar um tablespace

Você pode usar comandos SQL e os pacotes PL/SQL para executar uma operação de tablespaces transportáveis. Utilize os utilitários expdp e impdp com o pacote PL/SQL DBMS_FILE_TRANSFER para copiar os tablespaces de um banco de dados para o outro. Veja a seguir as etapas de alto nível:

1. Configure os objetos de diretório nos bancos de dados de origem e de destino para os conjuntos de arquivos dump e arquivos de dados de tablespace (configuração única).
2. Verifique a autoconsistência do tablespace com DBMS_TTS.TRANSPORT_SET_CHECK.
3. Use o expdp para criar os metadados para o tablespace XPORT_DW.
4. Use o DBMS_FILE_TRANSFER para copiar o(s) conjunto(s) de arquivos dump e o(s) arquivo(s) de dados para o banco de dados de destino.
5. No banco de dados de destino, use o impdp para "plugar" o tablespace.

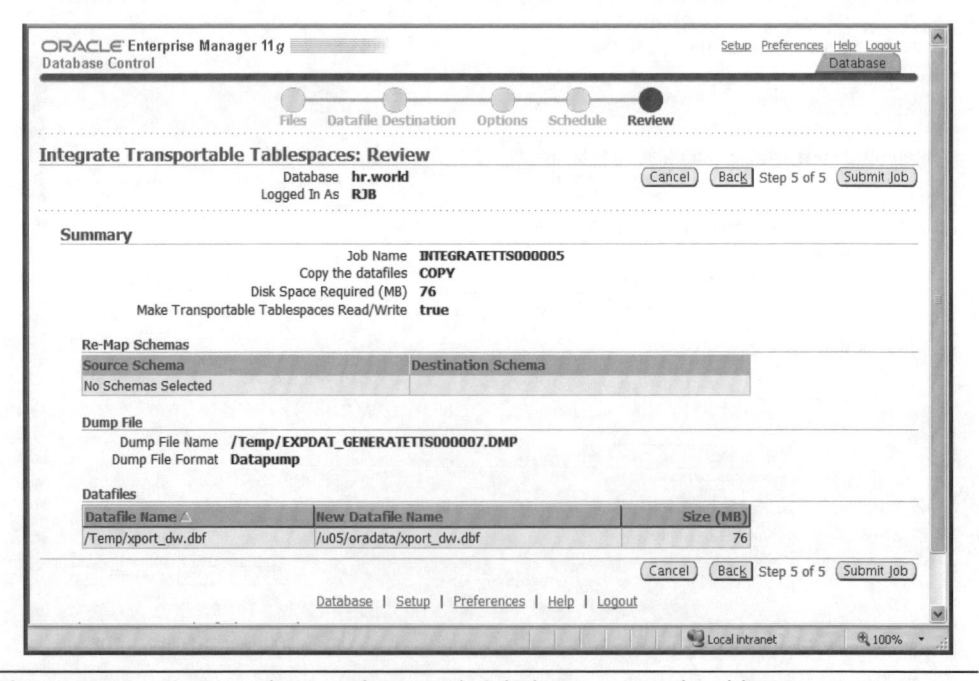

**Figura 12-13** *Examinando os parâmetros do job de transporte de tablespaces.*

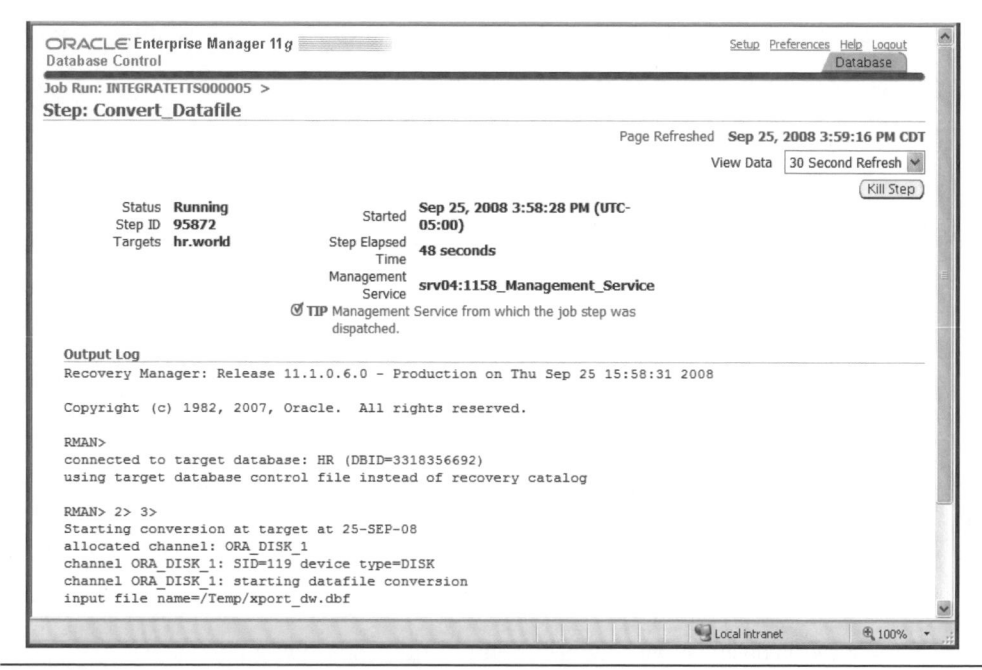

Capítulo 12   Gerenciamento de Espaço em Disco e de Recursos   **491**

```
ORACLE Enterprise Manager 11g                                    Setup Preferences Help Logout
Database Control                                                                     Database
Job Run: INTEGRATETTS000005 >
Step: Convert_Datafile
                                                    Page Refreshed  Sep 25, 2008 3:59:16 PM CDT
                                                    View Data  30 Second Refresh
                                                                              ( Kill Step )
            Status  Running              Started  Sep 25, 2008 3:58:28 PM (UTC-
            Step ID  95872                        05:00)
            Targets  hr.world       Step Elapsed  48 seconds
                                           Time
                                     Management  srv04:1158_Management_Service
                                        Service
                              TIP Management Service from which the job step was
                                  dispatched.
Output Log
Recovery Manager: Release 11.1.0.6.0 - Production on Thu Sep 25 15:58:31 2008

Copyright (c) 1982, 2007, Oracle.  All rights reserved.

RMAN>
connected to target database: HR (DBID=3318356692)
using target database control file instead of recovery catalog

RMAN> 2> 3>
Starting conversion at target at 25-SEP-08
allocated channel: ORA_DISK_1
channel ORA_DISK_1: SID=119 device type=DISK
channel ORA_DISK_1: starting datafile conversion
input file name=/Temp/xport_dw.dbf
```

**Figura 12-14**   *Monitorando o job de importação de tablespaces transportáveis.*

### EXERCÍCIO 12-2

#### Transporte um tablespace usando SQL e PL/SQL

Neste exercício, use SQL e a procedure DBMS_FILE_TRANSFER para transportar o tablespace XPORT_DW do banco de dados DW no servidor dw para o banco de dados HR no servidor srv04.

1. Configure os objetos de diretório nos bancos de dados de origem e de destino para os conjuntos de arquivos de dump e arquivos de dados de tablespace (configuração única).

   No banco de dados de origem dw, crie os objetos de diretório que armazenarão o conjunto de arquivos de dump, assim como um objeto de diretório indicando o local de armazenamento dos arquivos de dados para o tablespace XPORT_DW. Veja a seguir os comandos SQL no banco de dados DW. O diretório /Temp do sistema de arquivos é comum para todos os servidores:

   ```
   SQL> create directory src_dpump_dir as '/Temp';
   Directory created.
   SQL> create directory src_dbf_dir as '/u02/oradata';
   Directory created.
   ```

   *Se o tablespace de origem ou de destino estiver armazenado em um grupo de discos ASM, então, para fazer uma cópia, você deverá utilizar* ftp *com o diretório virtual /sys/asm no repositório XML DB,* DBMS_FILE_TRANSFER, *ou o comando* cp *no utilitário* ASMCMD.

No banco de dados de destino HR, você executará comandos semelhantes, como a seguir:

```
SQL> create directory dest_dpump_dir as '/Temp';
Directory created.
SQL> create directory dest_dbf_dir as '/u05/oradata';
Directory created.
```

Esses objetos de diretório são persistentes e é possível utilizá-los posteriormente em outras operações do Data Pump ou de transferência de arquivos.

2. Verifique a autoconsistência do tablespace com o DBMS_TTS.TRANSPORT_SET_CHECK.

   Antes de transportar o tablespace XPORT_DW, verifique se todos os objetos no tablespace são autocontidos, por meio da procedure DBMS_TTS.TRANSPORT_SET_CHECK, como a seguir:

   ```
   SQL> exec dbms_tts.transport_set_check('xport_dw', TRUE);
   PL/SQL procedure successfully completed.
   SQL> select * from transport_set_violations;
   no rows selected
   SQL>
   ```

   A ausência de linhas em TRANSPORT_SET_VIOLATIONS indica que o tablespace não possui objetos dependentes externos ou quaisquer objetos pertencentes ao SYS. Essa visão é recriada sempre que você executa a procedure DBMS_TTS.TRANSPORT_SET_CHECK.

3. Use o expdp para criar os metadados para o tablespace XPORT_DW.

   No banco de dados DW, você executará o comando expdp para exportar os metadados associados ao tablespace XPORT_DW após tornar esse tablespace somente leitura:

   ```
   SQL> alter tablespace XPORT_DW read only;
   Tablespace altered.
   SQL>
   ```

   Para executar o expdp, abra um prompt de comando do sistema operacional e faça uma exportação dos metadados, como a seguir:

   ```
   [oracle@dw ~]$ expdp rjb/rjb dumpfile=EXPDAT_GENERATETTS000007.DMP \
   > directory=src_dpump_dir transport_tablespaces=xport_dw

   Export: Release 11.1.0.6.0 -
           Production on Thursday, 25 September, 2008 12:38:16

   Copyright (c) 2003, 2007, Oracle.  All rights reserved.


   Connected to: Oracle Database 11g Enterprise Edition Release 11.1.0.6.0
      - Production   With the Partitioning, OLAP,
     Data Mining and Real Application Testing options
   ```

```
Starting "RJB"."SYS_EXPORT_TRANSPORTABLE_01":  rjb/********
dumpfile=EXPDAT_GENERATETTS000007.DMP directory=src_dpump_dir
transport_tablespaces=xport_dw
Processing object type TRANSPORTABLE_EXPORT/PLUGTS_BLK
Processing object type TRANSPORTABLE_EXPORT/TABLE
Processing object type TRANSPORTABLE_EXPORT/TABLE_STATISTICS
Processing object type TRANSPORTABLE_EXPORT/POST_INSTANCE/PLUGTS_BLK
Master table "RJB"."SYS_EXPORT_TRANSPORTABLE_01" successfully
loaded/unloaded
******************************************************************
Dump file set for RJB.SYS_EXPORT_TRANSPORTABLE_01 is:
  /Temp/
******************************************************************
Datafiles required for transportable tablespace XPORT_DW:
  /u02/oradata/xport_dw.dbf
Job "RJB"."SYS_EXPORT_TRANSPORTABLE_01" successfully completed at
12:41:07

[oracle@dw ~]$
```

4. Use o DBMS_FILE_TRANSFER para copiar o(s) conjunto(s) de arquivos dump e arquivo(s) de dados para o banco de dados de destino.

    Nesta etapa, você copiará o arquivo de dados do tablespace para o banco de dados remoto usando o DBMS_FILE_TRANSFER, como mostrado a seguir (embora também seja possível utilizar nesta etapa o diretório /Temp):

```
SQL> begin
  2     dbms_file_transfer.put_file
  3        ('src_dbf_dir','xport_dw.dbf',
  4         'dest_dbf_dir','xport_dw.dbf',
  5         'hr');
  6  end;
  7  /
PL/SQL procedure successfully completed.
SQL>
```

    Se o tablespace foi criado usando o OMF, você deverá utilizar o valor do DB_FILE_CREATE_DEST (e usar seus talentos de detetive) ou as visões dinâmicas de desempenho V$DATAFILE e V$TABLESPACE para rastrear o verdadeiro subdiretório e o nome dos arquivos de dados no sistema operacional do host.

5. No banco de dados de destino, use impdp para "plugar" o tablespace. Na última etapa, você executará o impdp sobre o banco de dados de destino para ler o arquivo de metadados e "plugar" o arquivo de dados do tablespace. Eis a saída dessa operação:

```
[oracle@srv04 ~]$ impdp rjb/rjb directory=dest_dpump_dir \
> dumpfile=EXPDAT_GENERATETTS000007.DMP \
> transport_datafiles=/u05/oradata/xport_dw.dbf
```

```
Import: Release 11.1.0.6.0
    - Production on Thursday, 25 September, 2008 17:10:00

Copyright (c) 2003, 2007, Oracle.  All rights reserved.

Connected to: Oracle Database 11g Enterprise Edition Release 11.1.0.6.0
    - Production
With the Partitioning, OLAP, Data Mining
    and Real Application Testing options
Master table "RJB"."SYS_IMPORT_TRANSPORTABLE_01"
    successfully loaded/unloaded
Starting "RJB"."SYS_IMPORT_TRANSPORTABLE_01":  rjb/********
directory=dest_dpump_dir dumpfile=EXPDAT_GENERATETTS000007.DMP
transport_datafiles=/u05/oradata/xport_dw.dbf
Processing object type TRANSPORTABLE_EXPORT/PLUGTS_BLK
Processing object type TRANSPORTABLE_EXPORT/TABLE
Processing object type TRANSPORTABLE_EXPORT/TABLE_STATISTICS
Processing object type TRANSPORTABLE_EXPORT/POST_INSTANCE/PLUGTS_BLK
Job "RJB"."SYS_IMPORT_TRANSPORTABLE_01" successfully completed at
17:10:53


[oracle@srv04 ~]$ sqlplus / as sysdba

SQL*Plus: Release 11.1.0.6.0 - Production on Thu Sep 25 17:11:10 2008

Copyright (c) 1982, 2007, Oracle.  All rights reserved.

Connected to:
Oracle Database 11g Enterprise Edition Release 11.1.0.6.0
    - Production
With the Partitioning, OLAP, Data Mining
    and Real Application Testing options

SQL> select * from v$tablespace;

       TS# NAME                           INC BIG FLA ENC
---------- ------------------------------ --- --- --- ---
         0 SYSTEM                         YES NO  YES
         1 SYSAUX                         YES NO  YES
         2 UNDOTBS1                       YES NO  YES
         4 USERS                          YES NO  YES
         3 TEMP                           NO  NO  YES
         6 EXAMPLE                        YES NO  YES
         9 BI                             YES NO  YES
        10 CHGTRK                         YES NO  YES
        11 XPORT_DW                       YES NO  YES

9 rows selected.

SQL> alter tablespace xport_dw read write;

Tablespace altered.

SQL>
```

Você deve alterar o tablespace de READ ONLY para READ WRITE. Por padrão, quando um tablespace é transportado para outro banco de dados, a cópia do tablespace é online mas somente leitura. Além disso, não se esqueça de retornar o banco de dados de origem para READ WRITE após o término do transporte do tablespace se você o tornou somente leitura durante uma operação de transporte de tablespace não RMAN.

## OBJETIVO DA CERTIFICAÇÃO 12.03

## RECUPERAR O ESPAÇO PERDIDO COM TABELAS E ÍNDICES USANDO A FUNCIONALIDADE DE COMPRESSÃO DE SEGMENTOS

Com o tempo, as frequentes inserções, atualizações e exclusões ocorridas em uma tabela podem fragmentar o espaço da tabela. O Oracle pode fazer a *compressão de segmentos* em uma tabela ou índice para reduzir essa fragmentação. A compressão do segmento disponibiliza o espaço livre nesse segmento para outros segmentos existentes no tablespace, com a possibilidade de melhorar as operações DML posteriores nesse segmento. Isso acontece porque uma quantidade menor de blocos é recuperada para as operações DML após a compressão de segmentos. As varreduras integrais das tabelas também se beneficiarão de uma operação de compressão de segmentos sobre uma tabela porque a tabela ocupará menos blocos depois da operação de compressão.

A compressão de segmentos é muito parecida com a redefinição online da tabela, no sentido de que o espaço em uma tabela é recuperado. Entretanto, a compressão de segmentos pode ser realizada localmente, sem os requisitos de espaço adicional da redefinição online de tabelas.

Para saber quais segmentos vão tirar proveito da compressão de segmentos, você pode chamar o *Supervisor de Segmento* para efetuar uma análise de tendência de crescimento com base nos segmentos especificados. Nas seções a seguir, você chamará o Supervisor de Segmento em alguns segmentos candidatos que podem estar vulneráveis à fragmentação por meio de ferramentas de linha de comando SQL e no EM.

### Noções básicas sobre a compressão de segmentos

Para recuperar o espaço não utilizado em um segmento, o recurso compressão de segmentos do Oracle executa duas tarefas distintas: (1) compactar as linhas de dados e (2) mover a marca d'água superior (HWM). A Figura 12-15 mostra um segmento de tabela, antes e depois de uma operação de compressão.

A primeira fase da compressão de segmentos é a compactação, que move as linhas de dados o máximo possível para a extremidade esquerda para maximizar o número de linhas recuperadas por bloco. Entretanto, considerando que uma varredura integral da tabela lê todos os blocos até a HWM, você pode reposicionar a HWM o mais para a esquerda possível no segmento para melhorar também o desempenho das varreduras completas da tabela. A Oracle divide a operação de compressão de segmentos em duas partes

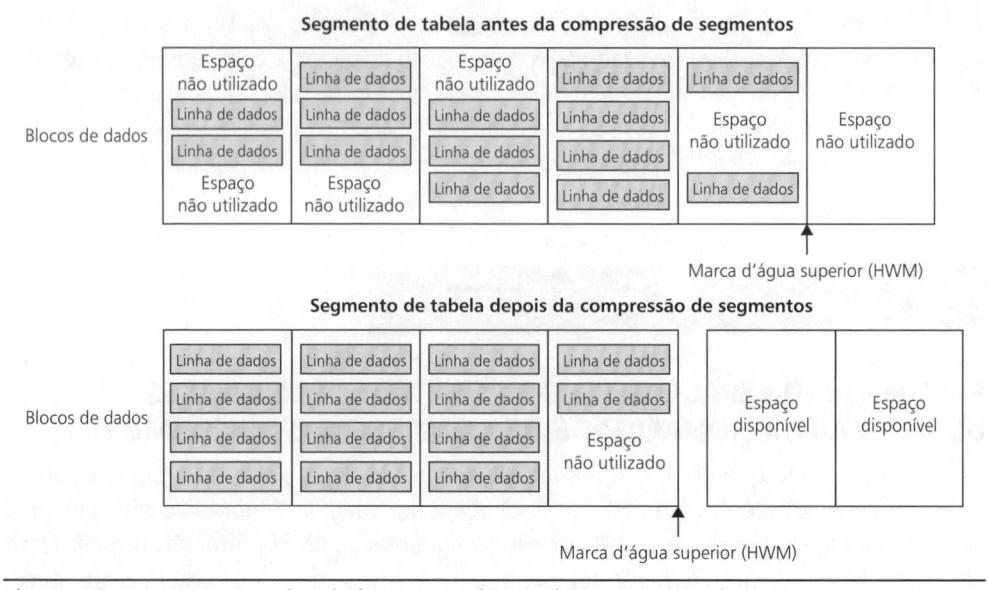

**Figura 12-15** *Segmento da tabela, antes e depois da compressão de segmentos.*

porque a recolocação da HWM pode bloquear as operações de DML do usuário, mas não a operação unicamente de compressão. Consequentemente, você pode fazer uma compactação durante o dia, com mínimo impacto sobre o tempo de resposta de DML para os usuários. No horário noturno, você pode fazer a operação de compressão quando a atividade de DML é menos intensa. Você aprenderá a iniciar uma ou as duas fases de uma operação de compressão de segmentos mais adiante neste capítulo.

> **dica de exame**
> *Uma operação de compressão é executada internamente como uma série de operações de* INSERT *e* DELETE. *Nenhum trigger DML é executado durante uma compressão.*

Uma operação de compressão de segmentos propicia alguns outros benefícios. Quando você compacta um índice, a árvore de índices fica mais compacta e, por conseguinte, é necessário menos atividade de I/O para acessar um ROWID no índice. Observe também que os índices compactados de tabelas são mantidos e não precisam ser recriados após uma operação de compressão. Além disso, como a HWM é reposicionada depois de uma operação de compressão, há mais espaço livre disponível para outros objetos no tablespace.

Eis uma lista dos candidatos à compressão de segmentos:

- Tabelas organizadas por heap (padrão) e por índices
- Índices
- Tabelas particionadas e subparticionadas
- Visões materializadas e logs de visões materializadas

Evidentemente, existem algumas restrições impostas às operações de compressão de segmentos. Primeiramente, o tablespace contendo os objetos a serem compactados deve ser gerenciado com o ASSM (Automatic Segment Space Management), e não por freelists. A partir do Oracle Database 10g, não existe um motivo plausível para utilizar o gerenciamento de espaço baseado em freelists, de modo que isso não deverá ser um problema. Alguns objetos não podem ser compactados, a saber:

- Tabelas agrupadas
- Tabelas com colunas LONG
- Tabelas com visões on-commit ou visões materializadas baseadas em ROWID
- Tabelas de mapeamento de tabelas organizadas por índice (OIT – index-organized table)
- Tabelas contendo índices baseados em funções

A maioria dessas restrições deve surtir um impacto mínimo sobre o ambiente. Por exemplo, você deve ter convertido suas colunas LONG em CLOB ou BLOB há muito tempo.

## Automatizando o Supervisor de Segmento

O Supervisor de Segmento do Oracle pode identificar os candidatos à compressão de segmentos, o que pode ser executado manualmente ou por um agendamento como parte do job do Supervisor Automático de Segmento. Seja uma execução manual ou automática, a primeira fase da análise do Supervisor Automático de Segmento usa as estatísticas de crescimento e a amostragem de dados armazenadas no AWR (Automatic Workload Repository) para determinar quais objetos necessitam de análise adicional. Além disso, o Supervisor Automático de Segmento se concentra nos tablespaces que excederam um limiar de espaço critico ou de advertência desde última análise.

Depois da análise dos objetos candidatos identificados na primeira fase, o Supervisor Automático de Segmento pode recomendar os segmentos (tabelas ou índices) que são candidatos à compressão de segmentos. Depois que o Supervisor apresentar as recomendações, você poderá executar a compressão de segmentos de uma única tabela ou de um tablespace inteiro.

O Supervisor Automático de Segmento é executado como um job do agendador na janela de manutenção padrão. O tempo total da janela agendada é de quatro horas em toda noite dos dias úteis, e durante 20 horas por dia nos fins de semana. Embora não seja possível especificar quais objetos e tablespaces são analisados pelo Supervisor Automático de Segmento, você pode mudar o horário de execução e a quantidade de recursos consumidos durante a execução. A Figura 12-16 apresenta a página de configuração do Supervisor Automático de Segmento, a obtenção de estatísticas e os jobs automáticos de ajuste SQL.

## Comprimindo segmentos

Você pode executar as tarefas do supervisor e as operações da compressão de segmentos por meio de uma série de comandos SQL sobre um único segmento ou, como alternativa,

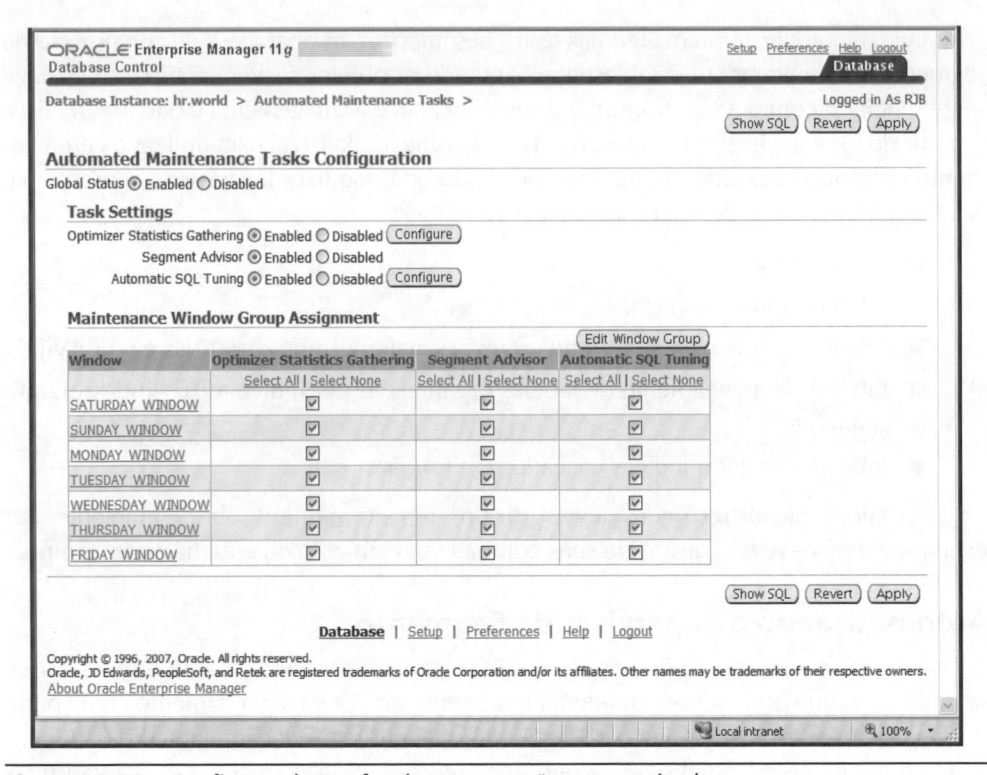

**Figura 12-16** *Configurando tarefas de manutenção automatizadas.*

usar a interface do EM para realizar a mesma tarefa. As seções a seguir discorrem sobre os dois métodos. Você pode aplicar qualquer um dos métodos sobre um objeto selecionado ou sobre um objeto já identificado pelo Supervisor Automático de Segmento.

### Usando SQL para comprimir segmentos

Para comprimir um segmento, você também deverá ativar a movimentação de linhas na tabela ou no índice. Alguns aplicativos ou operações, como os índices da tabela, dependem dos valores de ROWID para acessar as linhas da tabela. Portanto, certifique-se de que o segmento que você irá compactar não exige que o ROWID permaneça idêntico para determinada linha. Evidentemente, você ativará a movimentação de linhas com ALTER TABLE, como a seguir:

```
SQL> alter table employees enable row movement;
```

A parte fácil da compressão de um segmento é o comando para comprimir o segmento. Veja um exemplo:

```
SQL> alter table employees shrink space compact;
```

A cláusula COMPACT é opcional. Se essa cláusula for especificada, ocorrerá somente a etapa da compactação, e a HWM permanecerá no lugar até você executar novamente o mesmo comando ALTER TABLE sem a palavra-chave COMPACT.

# CAPÍTULO 12   GERENCIAMENTO DE ESPAÇO EM DISCO E DE RECURSOS

> **dica de exame**
>
> *O exame exigirá que você conheça o objetivo da palavra-chave COMPACT. Diferentemente da maioria dos comandos SQL do Oracle, a inclusão da palavra-chave COMPACT irá na verdade executar menos e não mais ações!*

Para iniciar o Supervisor de Segmento em uma tabela específica ou sobre um tablespace inteiro, use o pacote PL/SQL DBMS_ADVISOR. Esse pacote também é utilizado em outros supervisores, inclusive no Supervisor de Acesso SQL e no Supervisor de Undo. Veja a seguir as procedures PL/SQL existentes no DBMS_ADVISOR utilizadas para fazer uma análise:

- CREATE_TASK   Cria uma nova tarefa no repositório do supervisor.
- CREATE_OBJECT   Especifica um objeto do banco de dados para análise.
- SET_TASK_PARAMETER   Define os parâmetros para análise.
- EXECUTE_TASK   Faz a análise.

Os resultados da análise geram uma ou mais recomendações, que não são implementadas automaticamente. Após a chamada ao Supervisor de Segmento para a apresentação das recomendações, as descobertas do Supervisor de Segmento estarão disponíveis na visão do dicionário de dados DBA_ADVISOR_FINDINGS. Para apresentar os possíveis benefícios da compressão dos segmentos quando o Supervisor de Segmento recomendar uma operação de compressão, a visão DBA_ADVISOR_RECOMMENDATIONS mostrará a operação de compressão recomendada, juntamente com os possíveis ganhos da operação em termos de bytes.

## EXERCÍCIO 12-3

### Faça uma análise de segmentos e execute operações de compressão

Neste exercício, você executará manualmente o Supervisor de Segmento para analisar uma tabela, e depois rodará as recomendações da análise, o que geralmente inclui uma compressão de segmentos.

1. Adicione uma nova coluna de texto na tabela HR.EMPLOYEES e ative a movimentação de linhas porque, muito provavelmente, você compactará o segmento mais adiante neste exercício:

    ```
    SQL> alter table hr.employees add (work_record varchar2(4000));
    Table altered.
    SQL> alter table hr.employees enable row movement;
    Table altered.
    ```

2. Execute operações DML na tabela HR.EMPLOYEES, inserindo primeiramente 100 linhas com valores altos para WORK_RECORD e em seguida atualizando essas linhas para linhas com valores baixos.

3. Use um bloco PL/SQL anônimo para configurar e iniciar um job do Supervisor de Segmento, execute-o e recupere o valor da variável TASK_ID:

```
-- begin Segment Advisor analysis for HR.EMPLOYEES
--   rev. 1.1    RJB      07/28/2008
--
-- SQL*Plus variable to retrieve the task number from Segment Advisor
variable task_id number

-- PL/SQL block follows
declare
    name varchar2(100);
    descr varchar2(500);
    obj_id number;
begin
    name := ''; -- unique name generated from create_task
    descr := 'Check HR.EMPLOYEE table';
    dbms_advisor.create_task
        ('Segment Advisor', :task_id, name, descr, NULL);
    dbms_advisor.create_object
        (name, 'TABLE', 'HR', 'EMPLOYEES', NULL, NULL, obj_id);
    dbms_advisor.set_task_parameter(name, 'RECOMMEND_ALL', 'TRUE');
    dbms_advisor.execute_task(name);
end;

PL/SQL procedure successfully completed.

SQL> print task_id

   TASK_ID
----------
       384
SQL>
```

A procedure DBMS_ADVISOR.CREATE_TASK especifica o tipo de supervisor. Nesse caso, é o Supervisor de Segmento. Esta procedure retornará um ID de tarefa exclusiva e um nome gerado automaticamente para o programa de chamada. Você atribuirá uma descrição própria à tarefa.

Dentro da tarefa, identificada pelo nome gerado de modo único retornado da procedure anterior, identifique o objeto a ser analisado com DBMS_ADVISOR.CREATE_OBJECT. Dependendo do tipo de objeto, o segundo até o sexto argumentos variam. Para as tabelas, basta especificar os nomes do esquema e da tabela.

Ao utilizar o parâmetro DBMS_ADVISOR.SET_TASK_PARAMETER, instrua o Supervisor de Segmento a fornecer todas as recomendações possíveis sobre a tabela. Para desativar as recomendações para essa tarefa, você especificaria FALSE em vez de TRUE para o último parâmetro.

Finalmente, inicie a tarefa do Supervisor de Segmento com a procedure DBMS_ADVISOR.EXECUTE_TASK. Quando terminar, exiba o identificador da tarefa (a variável TASK_ID) para consultar os resultados, posteriormente, nas visões adequadas do dicionário de dados.

4. Usando o número da tarefa da etapa anterior, consulte a DBA_ADVISOR_FINDINGS para verificar o que é possível fazer para melhorar a utilização do espaço da tabela HR.EMPLOYEES:

```
SQL> select owner, task_id, task_name, type,
  2         message, more_info from dba_advisor_findings
  3         where task_id = 384;

OWNER         TASK_ID TASK_NAME  TYPE
----------    ------- ---------- ------------
RJB               384 TASK_00003 INFORMATION

MESSAGE
--------------------------------------------------
Perform shrink, estimated savings is 107602 bytes.

MORE_INFO
----------------------------------------------------------------------
Allocated Space:262144: Used Space:153011: Reclaimable Space :107602:
```

Os resultados são relativamente autoexplicativos. Você pode executar uma operação de compressão de segmentos na tabela para recuperar o espaço das diversas operações de inserção, exclusão e atualização sobre a tabela HR.EMPLOYEES. Como a coluna WORK_RECORD foi adicionada à tabela HR.EMPLOYEES depois que essa tabela já estava preenchida, talvez você tenha criado algumas linhas encadeadas nas tabela. Além disso, considerando que a coluna WORK_RECORD pode ter até 4000 bytes de comprimento, as atualizações ou exclusões de linhas com grandes colunas WORK_RECORD podem criar blocos na tabela com espaço livre que pode ser recuperado.

5. Consulte a visão do dicionário de dados DBA_ADVISOR_RECOMMENDATIONS usando o mesmo TASK_ID para ver o resumo das recomendações:

```
SQL> select owner, task_id, task_name, command, attr1
  2         from dba_advisor_actions where task_id = 384;

OWNER         TASK_ID TASK_NAME  COMMAND
----------    ------- ---------- ----------------
RJB               384 TASK_00003 SHRINK SPACE

ATTR1
--------------------------------------------------
alter table HR.EMPLOYEES shrink space

1 row selected.

SQL>
```

6. Implemente a recomendação:

```
SQL> alter table HR.EMPLOYEES shrink space;
Table altered.
```

Como mencionado anteriormente, a operação de compressão não exige espaço extra em disco e não impede o acesso à tabela durante a operação, exceto por um período de tempo muito curto no final do processo para liberar o espaço não utilizado. Todos os índices são mantidos na tabela durante a operação.

### Usando o EM para compactar segmentos

Para executar o Supervisor de Segmento no EM, inicie na página principal e clique no link Advisor Central no final da página. Na guia Advisors, clique no link Segment Advisor. Na página apresentada na Figura 12-17, selecione o botão de opção Schema Objects porque você analisará a tabela HR.EMPLOYEES.

Clique no botão Next. Na página mostrada na Figura 12-18, especifique a tabela HR.EMPLOYEES para análise. Clique no botão Submit para iniciar a tarefa de análise.

Na página Advisor Central, é possível monitorar o andamento do job. Veja esse job em andamento na Figura 12-19. Quando o job estiver concluído, clique no link do nome do job para ver os resultados da análise.

A Figura 12-20 mostra esses resultados. Evidentemente, a tarefa do Supervisor de Segmento recomenda a compressão da tabela. Clicar no botão Shrink executará a compressão.

Como mencionado anteriormente no capítulo, o Supervisor Automático de Segmento também gerará as recomendações. Na Figura 12-21, o Supervisor de Segmento fornece quatro recomendações.

Ao clicar no link Recommendations mostrado na Figura 12-22, você verá as recomendações individuais para o tablespace SYSAUX, o que inclui a compressão de quatro tabelas porque essas tabelas têm um volume de espaço recuperável relativamente grande.

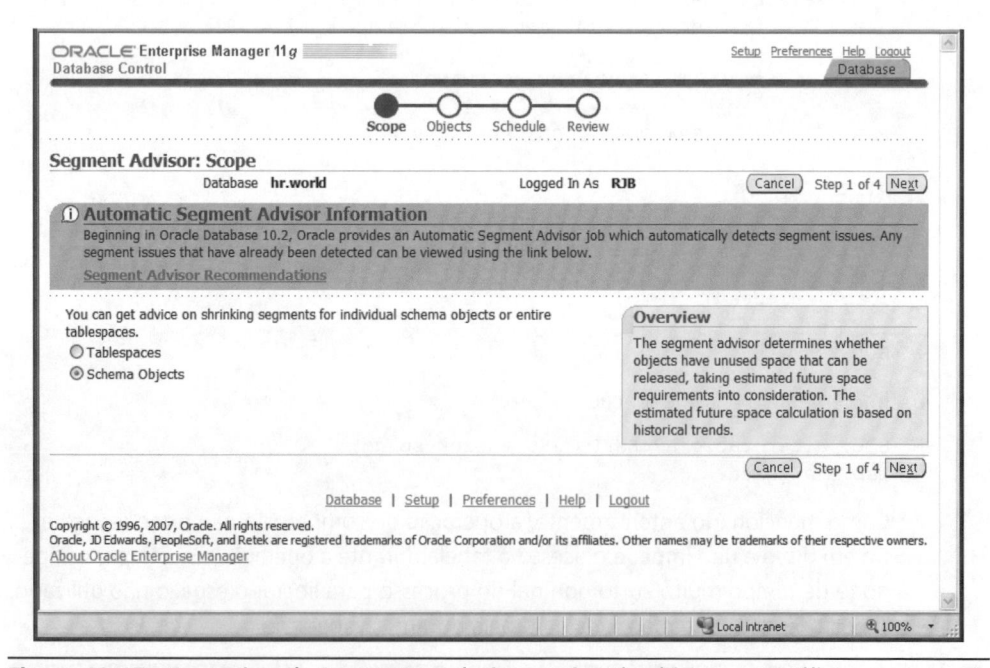

**Figura 12-17** *Supervisor de Segmento: selecione o tipo de objeto para análise.*

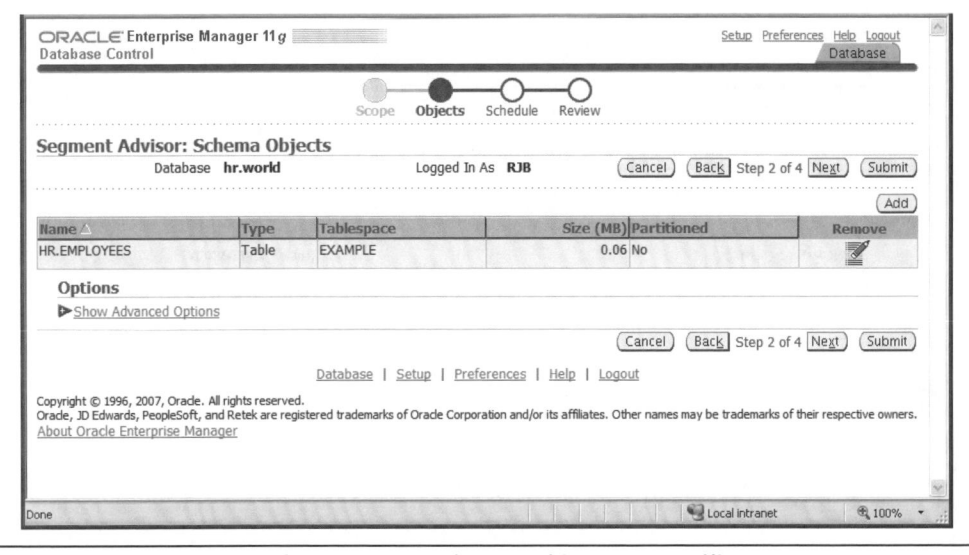

Figura 12-18  *Supervisor de Segmento: selecione objetos para análise.*

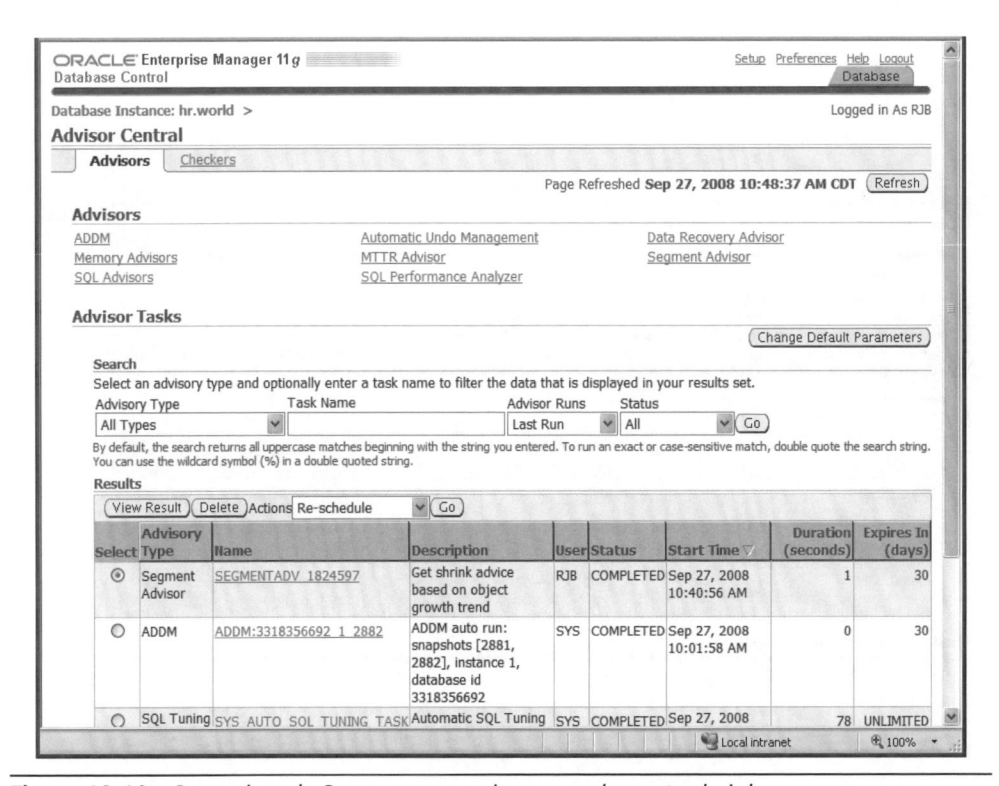

Figura 12-19  *Supervisor de Segmento: monitore o andamento do job.*

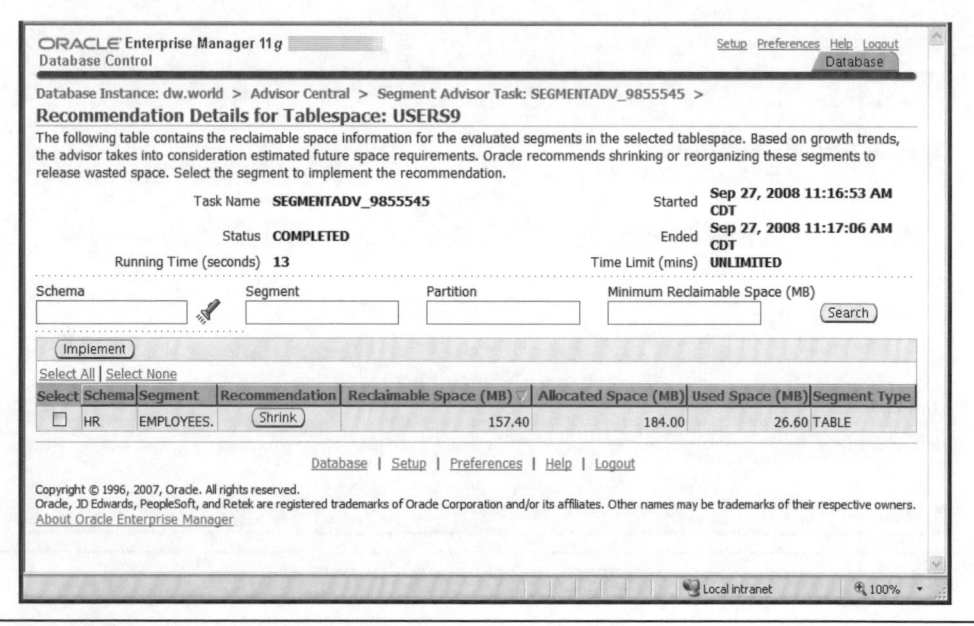

**Figura 12-20**  *Supervisor de Segmento: resultados da análise.*

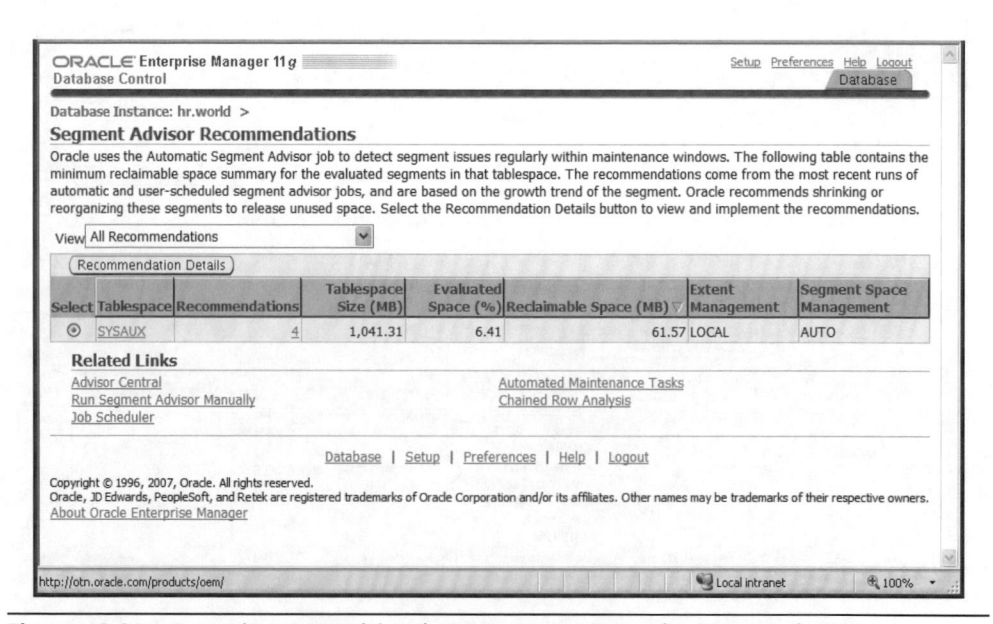

**Figura 12-21**  *Supervisor Automático de Segmento: resumo das recomendações.*

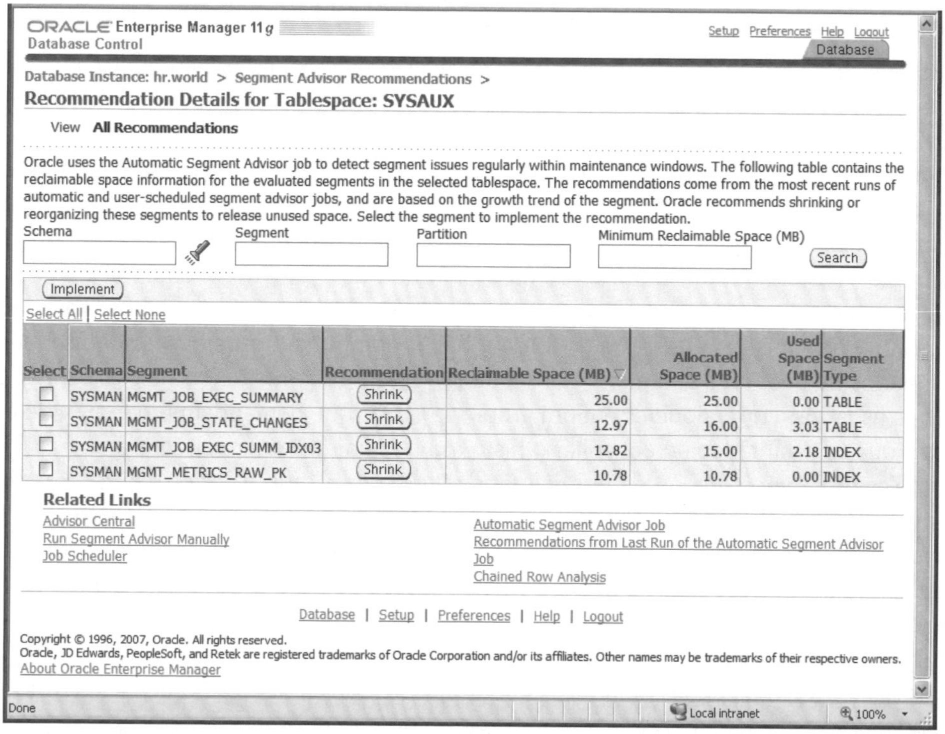

**Figura 12-22** *Supervisor Automático de Segmento: recomendações para o tablespace SYSAUX.*

## OBJETIVO DA CERTIFICAÇÃO 12.04

## NOÇÕES BÁSICAS SOBRE O RESOURCE MANAGER

O servidor do banco de dados tem um número limitado de recursos, e geralmente diversos usuários disputam esses recursos. Não é recomendável controlar a alocação dos recursos do banco de dados usando o sistema operacional por dois motivos. Primeiro, o software do sistema operacional tem pouca ou nenhuma visibilidade para os usuários e grupos dentro do banco de dados. Segundo, a alternância de contexto no sistema operacional entre os processos do banco de dados pode ocasionar uma sobrecarga excessiva e desnecessária. Em vez disso, você pode utilizar o Gerenciador de Recursos do Banco de Dados (Database Resource Manager) para controlar a distribuição dos recursos entre as sessões do banco de dados de modo mais eficiente e minucioso do que é possível no sistema operacional.

As seções a seguir apresentam uma visão geral da terminologia do Gerenciador de Recursos, como grupos de consumidores, planos de recursos e diretivas de plano de recursos. Em seguida, você encontrará uma explicação sobre os tipos de recursos que o Gerenciador de Recursos pode controlar.

## Conhecimentos gerais sobre a terminologia do Resource Manager

É obrigatório conhecer as três construções básicas do Gerenciador de Recursos, não somente para fins de exame de certificação, mas também para usar o Gerenciador de Recursos de modo eficiente e simples. Essas três construções básicas são grupos de consumidores de recursos, planos (e subplanos) de recursos, e diretivas de plano de recursos.

Primeiramente, você precisará de *grupos de consumidores de recursos* para identificar grupos de usuários ou sessões que têm necessidades de recursos semelhantes. Por exemplo, existem administradores de recursos que muito provavelmente necessitam do máximo de recursos (CPU e espaço em disco) possível ao corrigir um problema crítico. Por outro lado, existem usuários de job em batch que podem esperar mais tempo pelos resultados de uma consulta e, por conseguinte, consumirão menos recursos se existirem outros usuários, como aqueles em um grupo de OLTP, que demandam um tempo de resposta quase instantâneo ao consultar o histórico de pedidos de um cliente.

Segundo, você precisa de um *plano de recursos* que atribui vários recursos em porcentagens específicas ou com uma prioridade relativa a um grupo de recursos. Você pode ter quantos planos de recursos desejar, mas apenas um deles pode estar ativo de cada vez. Um plano de recursos também pode ter um *subplano* que subdivide ainda mais a alocação dos recursos dentro de um plano. Os planos de recursos priorizam os recursos utilizando até oito *níveis,* com o nível 1 recebendo a mais alta prioridade e o nível 8, a mais baixa. As solicitações de recursos do grupo de consumidores no nível 1 devem ser atendidas antes das solicitações dos grupos em níveis inferiores.

Dentro do plano de recursos, existem *diretivas de plano de recursos* que associam grupos de consumidores a um plano de recursos e especificam como os recursos serão divididos entre os grupos de consumidores ou subplanos. Por exemplo, pode existir um plano de recursos denominado WEEKDAY que gerencia três grupos de consumidores: (1) OLTP, (2) REPORTING e (3) OTHER_GROUPS. Todo usuário ou processo não definido explicitamente em um grupo de consumidores dentro do plano de recursos entrará em OTHER_GROUPS, por padrão. O plano WEEKDAY tem três diretivas diferentes:

- OLTP obtém até 70% dos recursos da CPU
- REPORTING obtém até 20% dos recursos da CPU
- OTHER_GROUPS obtém até 10% dos recursos da CPU

> **dica de exame**
> *O Oracle adiciona automaticamente o grupo* OTHER_GROUPS *ao plano de recursos para garantir que os usuários não atribuídos a um grupo no plano de recursos atual tenham recursos disponíveis.*

Se os únicos usuários a solicitarem os recursos estiverem no grupo REPORTING, eles poderão obter mais de 20% dos recursos até que usuários dos grupos OLTP ou OTHER_GROUPS solicitem recursos da CPU.

A Figura 12-23 mostra um diagrama de entidade-relacionamento (E-R) contendo usuários, grupos de consumidores de recursos, planos de recursos e diretivas de plano de recursos.

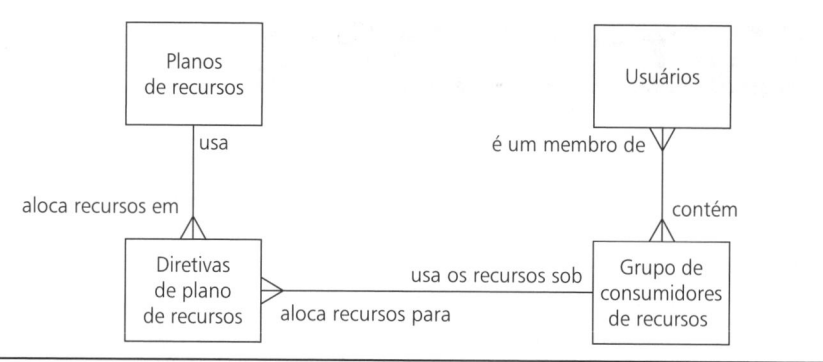

**Figura 12-23**  *Relações entre os componentes do Resource Manager.*

## Noções gerais sobre os métodos de alocação do Resource Manager

O Resource Manager pode alocar os recursos com base em uma ou mais das seguintes unidades de medida:

- **Uso da CPU**   Divide o uso da CPU entre os grupos de consumidores.
- **Grau de paralelismo**   Controla o grau máximo de paralelismo permitido aos membros do grupo de recursos.
- **Número de sessões ativas**   Limita o número de sessões ativas para os usuários do grupo de recursos. Os novos usuários ficarão em fila até o término da sessão atual.
- **Espaço de undo**   Controla a quantidade de espaço no tablespace UNDO gerado pelas instruções DML. Exceder a quota bloqueará novas instruções DML até que outros usuários dentro do grupo de consumidores liberem espaço. Entretanto, o usuário pode executar instruções SELECT até que undo suficiente fique disponível.
- **Limite de tempo da CPU**   Uso máximo da CPU. O Gerenciador de Recursos prevê o tempo de execução usando o otimizador e não começa a execução da instrução a menos que ela esteja abaixo do limite de tempo.
- **Limite de tempo de inatividade**   Limita o tempo máximo de inatividade de uma sessão.

Além disso, o Resource Manager pode alternar automaticamente uma sessão ou processo de um grupo de consumidores para outro, com base em critérios como o uso de um tempo específico da CPU ou do espaço de undo. Por exemplo, uma sessão que utiliza mais de 100 segundos da CPU pode ser alternada para outro grupo de consumidores com uma prioridade mais baixa, mas a sessão continuará em execução. O proprietário da sessão não irá perceber a mudança de grupo de consumidores, a menos por um possível atraso ocorrido no retorno dos resultados da operação.

## OBJETIVO DA CERTIFICAÇÃO 12.05

### CRIAR E USAR OS COMPONENTES DO RESOURCE MANAGER

Agora que você já tem um conhecimento sólido da terminologia do Resource Manager e sobre os tipos de recursos que você pode controlar e alocar, chegou a hora de colocar a mão na massa é conhecer o funcionamento do Gerenciador de Recursos por meio do EM e de procedures PL/SQL.

Primeiro, serão apresentadas informações abrangentes sobre o plano de recursos padrão fornecido pelo Oracle e sobre como cada usuário do banco de dados utiliza esse plano de recursos padrão. Em seguida, você verá como é possível criar um novo plano de recursos, um novo grupo de consumidores, atribuir usuários ao grupo de consumidores e depois ativar o plano de recursos. Por último, você conhecerá algumas ferramentas de monitoramento para saber como seus recursos estão sendo utilizados, inclusive algumas visões do dicionário de dados.

O pacote PL/SQL DBMS_RESOURCE_MANAGER tem tudo o que você precisa para exibir, criar, manter e usar os componentes do Gerenciador de Recursos. Quando for pertinente, você conhecerá o código PL/SQL equivalentes às páginas do EM para praticar o uso do Resource Manager.

### Noções básicas sobre o DEFAULT_PLAN

O Oracle cria um plano de recursos padrão, denominado adequadamente de DEFAULT_PLAN, quando você cria um banco de dados. Para exibir esse plano, acesse a homepage do EM, clique na guia Server, e depois no link Plans em Resource Manager. Será exibida a página mostrada na Figura 12-24.

Clique no link DEFAULT_PLAN e você verá a página da Figura 12-25.

O plano DEFAULT_PLAN contém quatro grupos ou subplanos. Em resumo, os membros do SYS_GROUP (como SYS e SYSTEM) obtêm até 100% dos recursos necessários quando solicitados. Todos os outros grupos de consumidores obtêm uma porcentagem específica do que o grupo do Nível 1 (SYS_GROUP) não utiliza. Veja uma explicação resumida dos grupos ou subplanos existentes dentro desse plano:

- SYS_GROUP – Usuários administrativos, como SYS e SYSTEM, que geralmente necessitam de todos os recursos disponíveis para as tarefas de manutenção urgentes.
- ORA$AUTOTASK_SUB_PLAN – Um subplano para todas as tarefas automatizadas de segundo plano, usando 5% do que o SYS_GROUP não utiliza.
- ORA$DIAGNOSTICS – Diagnóstico de rotina e análise do banco de dados, usando 5% do que o SYS_GROUP não utiliza.
- OTHER_GROUPS – Todo os demais usuários não classificados em nenhum outro grupo, como os usuários OLTP, usuários em lote e outros, usando 90% do que o SYS_GROUP não utiliza.

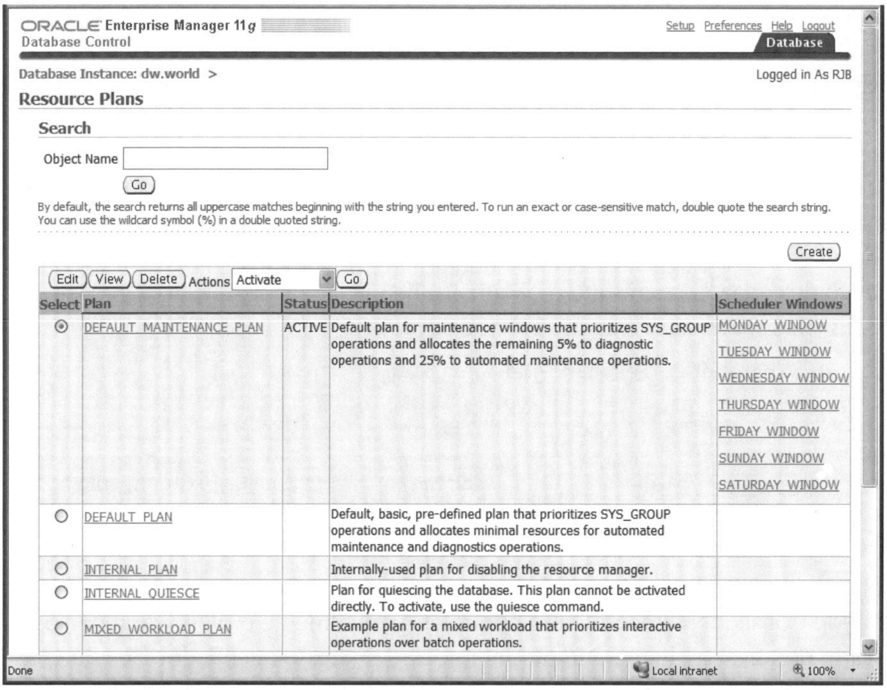

**Figura 12-24** *Planos de recursos do EM.*

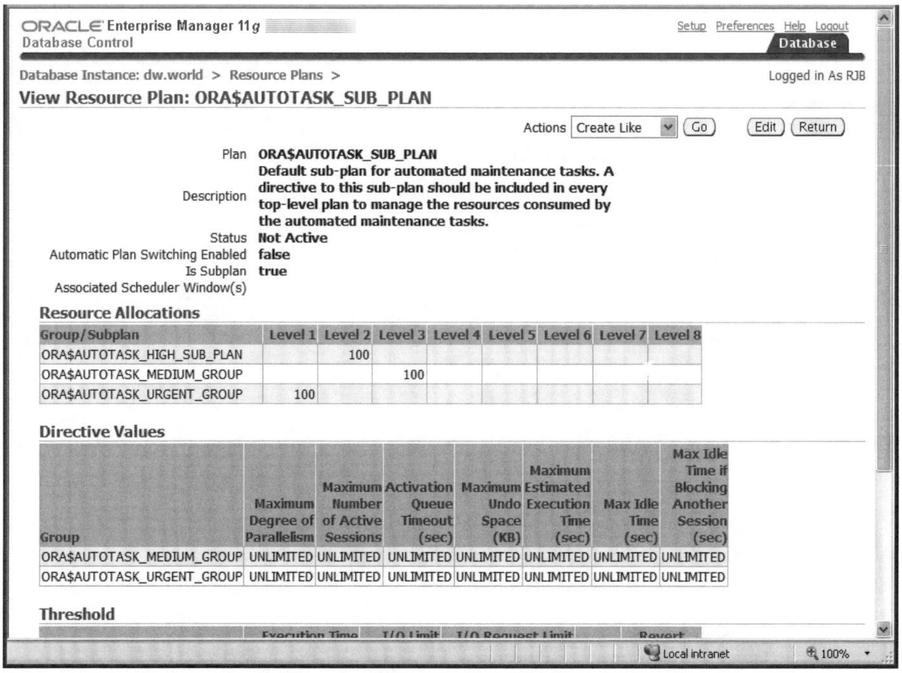

**Figura 12-25** *Detalhes do plano* `DEFAULT_PLAN`.

Como o `ORA$AUTOTASK_SUB_PLAN` é um subplano, você pode voltar à página anterior e consultar as diretivas respectivas, como mostra a Figura 12-26.

Como mencionado anteriormente, um subplano é idêntico a um plano de recursos, exceto pelo fato de que ele também pode alocar os recursos contidos em um plano já existente. Portanto, você pode utilizar um subplano como um plano de nível superior, desde que ele inclua o `OTHER_GROUPS`. Entretanto, os subplanos são utilizados quase sempre apenas como subplanos, como indica o exemplo na Figura 12-26.

Para descobrir qual é o plano ativo (lembre-se de que só um plano de recursos pode estar ativo de cada vez), consulte o parâmetro de inicialização `RESOURCE_MANAGER_PLAN`:

```
SQL> show parameter resource_manager_plan

SQL> show parameter resource_manager_plan

NAME                                 TYPE        VALUE
------------------------------------ ----------- ------------------------------
resource_manager_plan                string      SCHEDULER[0x2C0E]:DEFAULT_MAIN
                                                 TENANCE_PLAN

SQL>
```

Repare que a alternância entre planos de recursos é realizada por um processo agendador. Consequentemente, para controlar manualmente o plano de recursos atual é necessário desativar a alternância por meio desse processo agendador. Se você não definir um valor para o parâmetro `RESOURCE_MANAGER_PLAN`, o gerenciamento de recursos não será executado na instância.

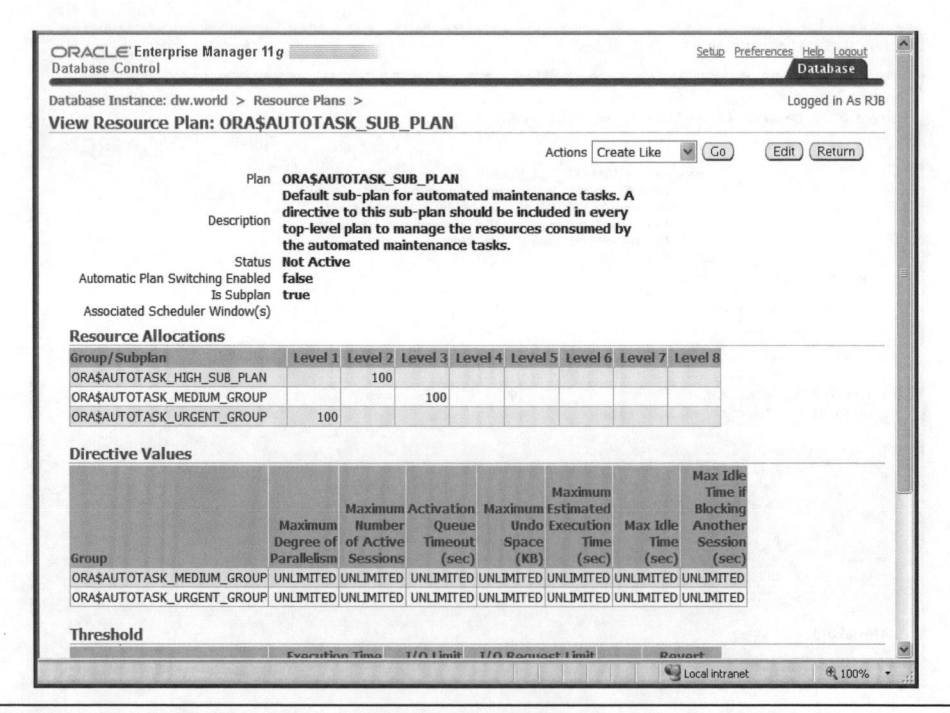

**Figura 12-26** *Consultando o conteúdo de um subplano.*

Você pode utilizar os pacotes PL/SQL CREATE_PLAN, UPDATE_PLAN e DELETE_PLAN para criar, atualizar e excluir planos de recursos. Algumas dessas procedures serão aplicadas em um exercício mais adiante neste capítulo.

## Criando um novo plano de recursos

No EM, você pode criar um novo plano na página Resource Plans clicando no botão Create na página apresentada na Figura 12-24. A Figura 12-27 mostra os detalhes da criação e um plano no EM.

O código PL/SQL equivalente é:

```
execute DBMS_RESOURCE_MANAGER.CREATE_PLAN -
    (Plan => 'DEVELOPERS', -
     Comment => 'Developers, in Development database');
```

Antes de emitir quaisquer comandos do Gerenciador de Recursos, você deve criar uma "área pendente" para o seu trabalho. Para criar essa área, utilize a procedure CREATE_PENDING_AREA do pacote DBMS_RESOURCE_MANAGER. Quando você terminar de efetuar as alterações, use a procedure VALIDATE_PENDING_AREA para verificar a validade do novo conjunto de planos, subplanos e diretivas. A partir de então, você pode enviar as mudanças (por meio de SUBMIT_PENDING_AREA) ou limpá-las (via CLEAR_PENDING_AREA). As procedures que gerenciam a área pendente não possuem quaisquer variáveis de entrada. Portanto, um exemplo de criação de uma área pendente usa a seguinte sintaxe:

```
execute DBMS_RESOURCE_MANAGER.CREATE_PENDING_AREA() ;
```

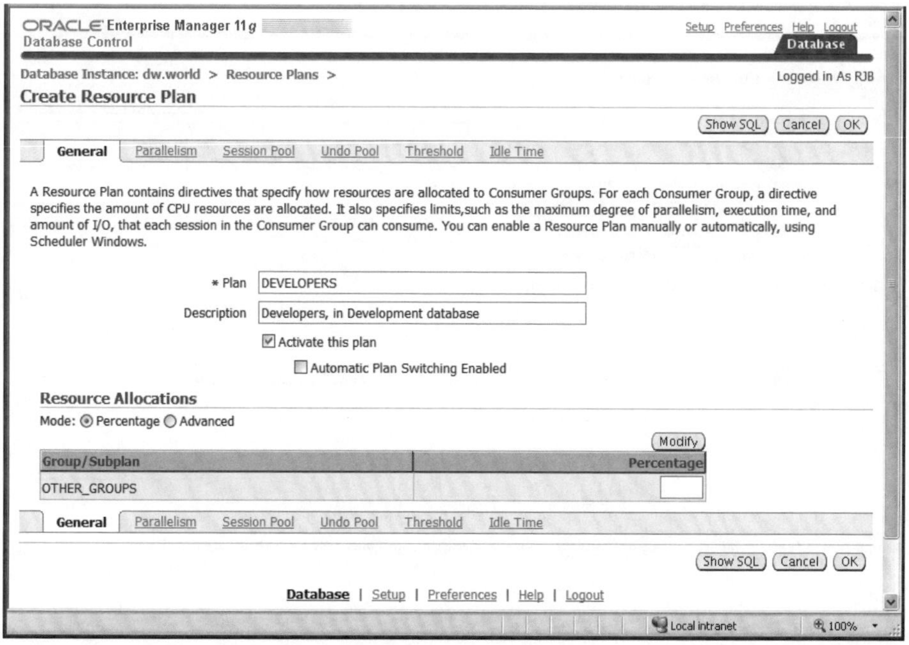

**Figura 12-27**  *Criando um plano de recursos no EM.*

Se a área pendente não for criada, você receberá uma mensagem de erro quando tentar criar um plano de recursos. No EM, essa área pendente será criada automaticamente.

### Criando e atribuindo grupos de consumidores

A Figura 12-28 mostra como criar grupos de consumidores e atribuir usuários ao grupo. Na mesma página, é possível criar o grupo e adicionar os usuários.

A procedure equivalente em PL/SQL é assim:

```
execute DBMS_RESOURCE_MANAGER.CREATE_CONSUMER_GROUP -
  (Consumer_Group => 'Online_developers', -
   Comment => 'Online developers');
execute dbms_resource_manager.set_initial_consumer_group -
    ('ELLEN_K', 'Online_developers');
```

### Noções básicas sobre os métodos de alocação de recursos

No EM, é fácil criar ou modificar diretivas dentro de um plano. Ao clicar no botão Edit, que aparece na Figura 12-25, você poderá mudar as alocações de recursos para os grupos contidos no plano. A Figura 12-29 traz a página em que é possível editar o plano de recursos DEFAULT_PLAN. Use as guias dessa página para definir as diretivas do plano de recursos para o paralelismo, uso do espaço de undo, tempo de inatividade e para outros aspectos.

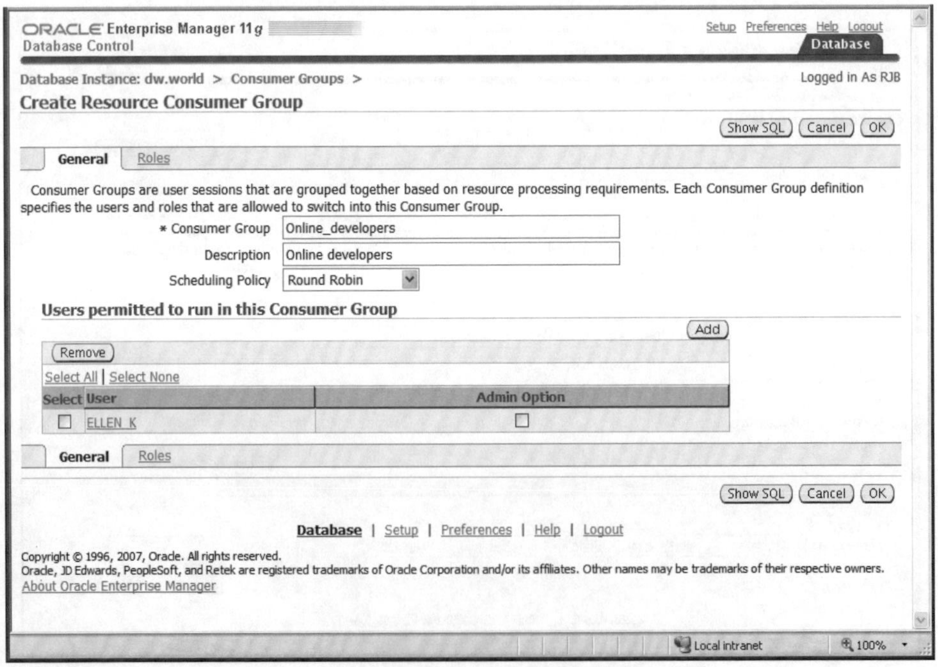

**Figura 12-28**   *Criando um grupo de consumidores de recursos.*

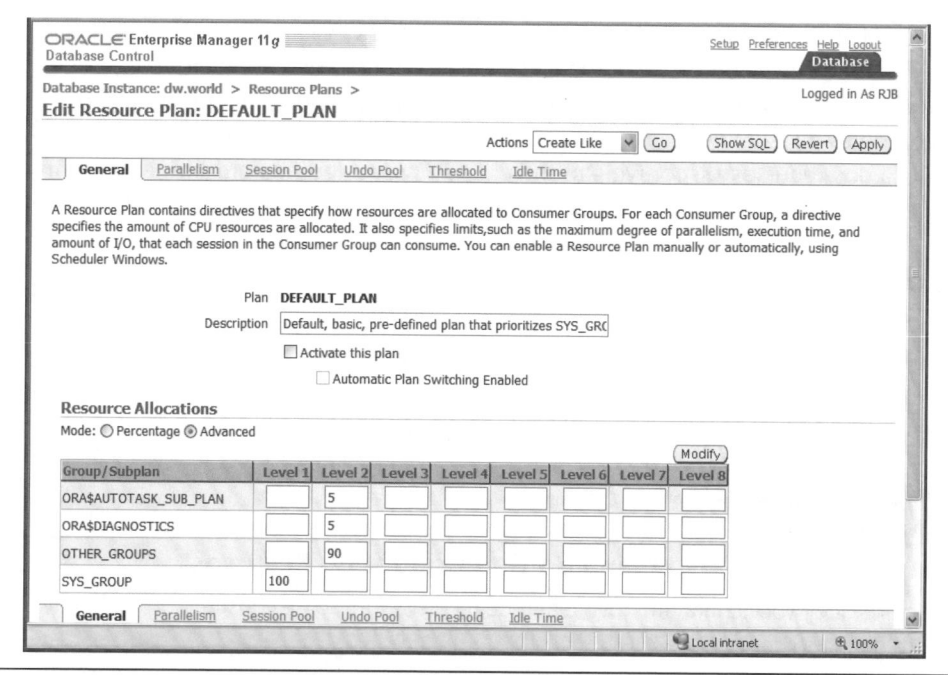

**Figura 12-29** *Editando um plano de recursos no EM.*

Para atribuir diretivas a um plano por meio de PL/SQL, use a procedure CREATE_PLAN_DIRECTIVE do pacote DBMS_RESOURCE_MANAGER. A sintaxe da procedure CREATE_PLAN_DIRECTIVE consta na listagem a seguir:

```
CREATE_PLAN_DIRECTIVE
      (plan                       IN VARCHAR2,
       group_or_subplan            IN VARCHAR2,
       comment                     IN VARCHAR2,
       cpu_p1                      IN NUMBER    DEFAULT NULL,
       cpu_p2                      IN NUMBER    DEFAULT NULL,
       cpu_p3                      IN NUMBER    DEFAULT NULL,
       cpu_p4                      IN NUMBER    DEFAULT NULL,
       cpu_p5                      IN NUMBER    DEFAULT NULL,
       cpu_p6                      IN NUMBER    DEFAULT NULL,
       cpu_p7                      IN NUMBER    DEFAULT NULL,
       cpu_p8                      IN NUMBER    DEFAULT NULL,
       active_sess_pool_p1         IN NUMBER    DEFAULT UNLIMITED,
       queueing_p1                 IN NUMBER    DEFAULT UNLIMITED,
       parallel_degree_limit_p1    IN NUMBER    DEFAULT NULL,
       switch_group                IN VARCHAR2  DEFAULT NULL,
       switch_time                 IN NUMBER    DEFAULT UNLIMITED,
       switch_estimate             IN BOOLEAN   DEFAULT FALSE,
       max_est_exec_time           IN NUMBER    DEFAULT UNLIMITED,
       undo_pool                   IN NUMBER    DEFAULT UNLIMITED,
       max_idle_time               IN NUMBER    DEFAULT NULL,
       max_idle_time_blocker       IN NUMBER    DEFAULT NULL,
       switch_time_in_call         IN NUMBER    DEFAULT NULL);
```

As diversas variáveis de CPU na procedure CREATE_PLAN_DIRECTIVE suportam a criação de vários níveis de alocação da CPU. Por exemplo, você pode alocar 75% de todos os recursos da CPU (nível 1) para seus usuários online. É possível alocar 50% dos recursos restantes da CPU (nível 2) para um segundo conjunto de usuários. Você pode dividir os 50% dos recursos disponíveis no nível 2 por vários grupos em um terceiro nível. A procedure CREATE_PLAN_DIRECTIVE aceita até oito níveis de alocação da CPU.

### Ativando planos de recursos

Para ativar um plano de recursos, você pode utilizar o parâmetro de inicialização RESOURCE_MANAGER_PLAN, como mostrado anteriormente neste capítulo. Também é possível escolher o plano necessário na página apresentada na Figura 12-24, selecionar Activate no menu suspenso Actions e clicar no botão Go.

### EXERCÍCIO 12-4

#### Crie e utilize um novo plano do Gerenciador de Recursos

Neste exercício, você criará um novo plano de recursos, grupo de consumidores e diretivas dentro do plano de recursos.

1. Crie uma área pendente para a sessão do Resource Manager:

   ```
   execute DBMS_RESOURCE_MANAGER.CREATE_PENDING_AREA();
   ```

   Se a área pendente não for criada, você receberá uma mensagem de erro ao tentar criar um plano de recursos.

2. Crie um plano chamado DEVELOPERS. Por padrão, o recurso de alocação da CPU usará o método de "ênfase", alocando os recursos da CPU com base em porcentagens:

   ```
   execute DBMS_RESOURCE_MANAGER.CREATE_PLAN -
       (Plan => 'DEVELOPERS', -
        Comment => 'Developers, in Development database');
   ```

3. Crie dois novos grupos de consumidores, ONLINE_DEVELOPERS e BATCH_DEVELOPERS:

   ```
   execute DBMS_RESOURCE_MANAGER.CREATE_CONSUMER_GROUP -
     (Consumer_Group => 'Online_developers', -
      Comment => 'Online developers');

   execute DBMS_RESOURCE_MANAGER.CREATE_CONSUMER_GROUP -
     (Consumer_Group => 'Batch_developers', -
      Comment => 'Batch developers');
   ```

4. Atribua o usuário ELLEN_K ao grupo ONLINE_DEVELOPERS, e JOHNDOE ao grupo BATCH_DEVELOPERS:

   ```
   execute dbms_resource_manager.set_initial_consumer_group -
       ('ELLEN_K', 'Online_developers');
   ```

```
execute dbms_resource_manager.set_initial_consumer_group -
    ('JOHNDOE', 'Batch_developers');
```

5. Crie duas diretivas de plano para alocar 75% dos recursos da CPU para o grupo ONLINE_DEVELOPERS e 25% para o grupo BATCH_DEVELOPERS. Além disso, limite o paralelismo a 12 para ONLINE_DEVELOPERS e a 6 para BATCH_DEVELOPERS:

```
execute DBMS_RESOURCE_MANAGER.CREATE_PLAN_DIRECTIVE -
  (Plan => 'DEVELOPERS', -
   Group_or_subplan => 'ONLINE_DEVELOPERS', -
   Comment => 'online developers', -
   Cpu_p1 => 75, -
   Cpu_p2=> 0, -
   Parallel_degree_limit_p1 => 12);

execute DBMS_RESOURCE_MANAGER.CREATE_PLAN_DIRECTIVE -
  (Plan => 'DEVELOPERS', -
   Group_or_subplan => 'BATCH_DEVELOPERS', -
   Comment => 'Batch developers', -
   Cpu_p1 => 25, -
   Cpu_p2 => 0, -
   Parallel_degree_limit_p1 => 6);
```

6. Valide e envie a área pendente:

```
SQL> execute DBMS_RESOURCE_MANAGER.VALIDATE_PENDING_AREA();
BEGIN DBMS_RESOURCE_MANAGER.VALIDATE_PENDING_AREA(); END;

*
ERROR at line 1:
ORA-29382: validation of pending area failed
ORA-29377: consumer group OTHER_GROUPS is not part of top-
plan DEVELOPERS
ORA-06512: at "SYS.DBMS_RMIN", line 434
ORA-06512: at "SYS.DBMS_RESOURCE_MANAGER", line 696
ORA-06512: at line 1

SQL>
```

Lembre-se de que seu plano deve conter o OTHER_GROUPS, de forma que os usuários diferentes daqueles contidos no grupo de consumidores atribuído ao plano DEVELOPERS tenham alguns recursos disponíveis quando o plano estiver ativado. Portanto, crie mais uma diretiva de plano para o plano DEVELOPERS que inclua o OTHER_GROUPS:

```
execute DBMS_RESOURCE_MANAGER.CREATE_PLAN_DIRECTIVE -
  (Plan => 'DEVELOPERS', -
   Group_or_subplan => 'OTHER_GROUPS', -
   Comment => 'Everyone Else', -
   Cpu_p1 => 0, -
   Cpu_p2 => 100, -
   Parallel_degree_limit_p1 => 6);
```

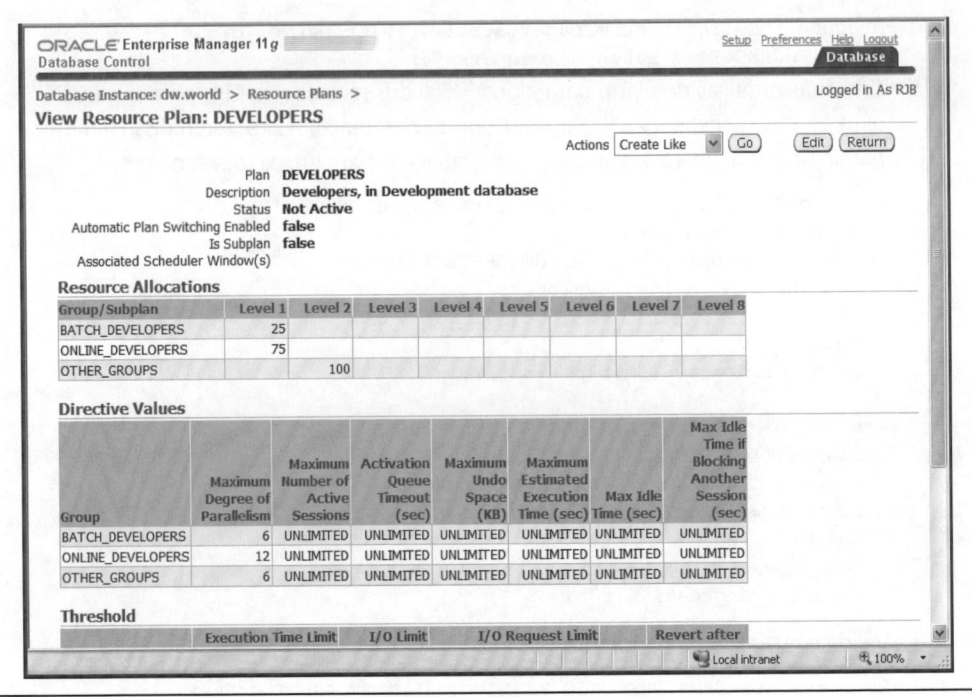

**Figura 12-30** *Plano de recursos validado e enviado, com diretivas.*

7. Revalide a área pendente e envie:

   ```
   execute DBMS_RESOURCE_MANAGER.VALIDATE_PENDING_AREA();
   execute DBMS_RESOURCE_MANAGER.SUBMIT_PENDING_AREA();
   ```

8. Navegue até a página do EM, onde é possível exibir os planos e as diretivas de planos. A página deve ser parecida com a da Figura 12-30.

## Noções básicas sobre as visões do Gerenciador de Recursos

A Tabela 12-2 contém as visões do dicionário de dados relevantes para o gerenciamento de recursos.

Por exemplo, para ver o status e as características de cada plano, consulte a DBA_RSRC_PLANS:

```
SQL> select plan, status, num_plan_directives, mandatory
  2  from dba_rsrc_plans;

PLAN                                STATUS     NUM_PLAN_DIRECTIVES MANDATORY
---------------------------------   --------   ------------------- ---------
MIXED_WORKLOAD_PLAN                                              6 NO
ORA$AUTOTASK_SUB_PLAN                                            3 YES
```

**TABELA 12-2** *Visões do dicionário de dados do Gerenciador de Recursos*

| Visão do dicionário de dados | Descrição |
|---|---|
| DBA_RSRC_PLANS | Planos de recursos e status de cada plano |
| DBA_RSRC_PLAN_DIRECTIVES | Diretivas de plano de recursos |
| DBA_RSRC_CONSUMER_GROUPS | Grupos de consumidores do plano de recursos |
| DBA_RSRC_CONSUMER_GROUP_PRIVS | Usuários e atribuições do grupo de consumidores |
| DBA_RSRC_GROUP_MAPPINGS | Mapeamento do grupo de consumidores entre atributos de sessão e grupos de consumidores |
| DBA_RSRC_MAPPING_PRIORITY | Prioridade do mapeamento de recursos |
| DBA_USERS | A coluna INITIAL_RSRC_CONSUMER_GROUP contém, evidentemente, o grupo de consumidores inicial do usuário, se existir |
| DBA_RSRC_MANAGER_SYSTEM_PRIVS | Usuários que tiveram privilégios concedidos no pacote DBMS_RESOURCE_MANAGER |

```
ORA$AUTOTASK_HIGH_SUB_PLAN                          4 YES
DEVELOPERS                                          3 NO
DEFAULT_PLAN                                        4 YES
INTERNAL_QUIESCE                                    2 YES
INTERNAL_PLAN                                       1 YES
DEFAULT_MAINTENANCE_PLAN                            4 YES

8 rows selected.

SQL>
```

A coluna STATUS estará PENDING (pendente) se o plano ainda não tiver sido validado e enviado com êxito. De outra forma, estará definida com NULL. A coluna MANDATORY indicará YES se não for possível eliminar o plano.

## Monitorando o Gerenciador de Recursos

É possível monitorar o Gerenciador de Recursos no EM ou nas visões dinâmicas de desempenho. Na homepage do EM, selecione a guia Server e clique no link Statistics sob o título Resource Manager. Será exibida a página da Figura 12-31, onde você pode consultar a CPU, I/O, tempos de espera e sessões enfileiradas, subdivididas por grupo de consumidores de recursos.

Três visões dinâmicas de desempenho apresentam as estatísticas do Gerenciador de Recursos:

- **V$RSRC_CONSUMER_GROUP**   Utilização da CPU por grupo de consumidores
- **V$SYSSTAT**   Uso da CPU para todas as sessões
- **V$SESSTAT**   Uso da CPU por sessão

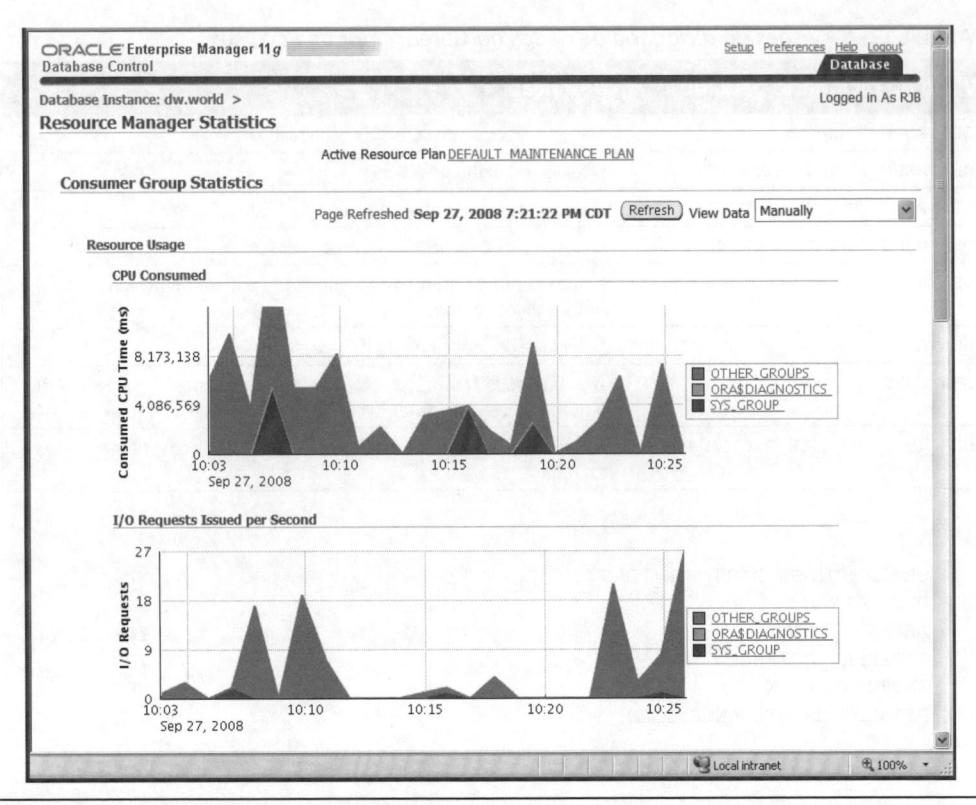

**Figura 12-31** *Recuperando estatísticas do Gerenciador de Recursos no EM.*

## RESUMO DA CERTIFICAÇÃO

Este capítulo começou com uma discussão sobre a alocação de espaço retomável, que oferece uma grande economia de tempo. Os jobs que não dispuserem mais de espaço em disco após 95% de sua conclusão serão suspensos e não encerrados. Se, dentro de um período de tempo especificado, o DBA alocar ou liberar mais espaço em disco, o job de execução longo prosseguirá automaticamente e será concluído. A alocação de espaço retomável é acionada nas condições de falta de espaço em disco nos tablespaces permanentes ou temporários, e quando um usuário exceder a sua quota.

Dando continuidade ao tema de migração ou processamento de grandes quantidades de dados no tempo mais curto possível, foram apresentados os tablespaces transportáveis. Em uma fração do tempo necessário para restaurar e recuperar um backup de seu banco de dados para outro, você pode exportar os metadados para um ou mais tablespaces, copiar o(s) tablespace(s) para o novo banco de dados e importar os metadados para "plugar" o tablespace. Apenas algumas advertências são aplicáveis aos tablespaces transportáveis: (1) o nível de compatibilidade do banco de dados e (2) os formatos de ordenação de bytes da plataforma. Se a plataforma de destino tiver um formato de ordenação de bytes diferente, use o RMAN no banco de dados de origem ou de destino para alterar os formatos de ordenação de bytes dos dados, "invertendo" os pares de bytes nos blocos de dados de modo inteligente.

Em seguida, você aprendeu a economizar espaço em disco e, possivelmente, reduzir o tempo de I/O nos segmentos de tabelas e índices por meio da compressão de segmentos. O recurso de compressão de segmentos move linhas de dados o mais para a esquerda (mais perto do início do segmento) possível, reutilizando, assim, o espaço sem uso no segmento. Opcionalmente, a compressão de segmentos também reposicionará a marca d'água superior do segmento, liberando espaço para outros objetos existentes no tablespace. Para fazer uma compressão de segmentos, é necessário conhecer os segmentos que necessitam de compressão! Consequentemente, você pode executar manualmente o Supervisor de Segmento sobre os segmentos que, na sua opinião, estão utilizando o espaço de modo ineficiente, ou é possível usar os resultados do Supervisor Automático de Segmento para identificar os segmentos ou tablespaces inteiros que possam se beneficiar de uma operação de compressão. Você pode usar a interface do EM ou os comandos SQL para analisar e compactar os segmentos.

Por último, fizemos uma passagem relâmpago, porém minuciosa, sobre o uso do Database Resource Manager (Gerenciador de Recursos do Banco de Dados) para controlar a alocação de recursos entre os vários tipos diferentes de usuários de banco de dados: usuários OLTP, usuários DSS, jobs de manutenção e usuários do sistema. Foram apresentados os diversos componentes do Gerenciador de Recursos e seu inter-relacionamento. Os planos de recursos padrão podem ser adequados para alguns ambientes, mas em algum momento será conveniente controlar a quantidade de recursos que determinado usuário ou grupo está utilizando em relação aos outros usuários.

Isso se evidenciará na primeira vez em que um usuário executar uma consulta ad-hoc por 20 minutos enquanto o site da web vende mercadorias no dia com o maior volume de compras do ano. O Database Resource Manager propicia eficiências na alternância de grupos de consumidores e no gerenciamento detalhado dos recursos não disponíveis no nível de sistema operacional. A discussão sobre o Gerenciador de Recursos foi encerrada com uma apresentação de um exercício abrangente que criou um plano, adicionou usuários a dois grupos de consumidores, registrou os grupos de consumidores com o plano, e definiu diretivas no plano com base no uso da CPU e no nível de paralelismo.

## ✓ EXERCÍCIO DE DOIS MINUTOS

### Gerenciar a alocação de espaço retomável

- ❏ A alocação de espaço retomável suspende, em vez de encerrar, as grandes operações no banco de dados que exigem mais espaço em disco do que o disponível no momento.
- ❏ Assim que a condição do esgotamento do espaço for corrigida, a operação no banco de dados prosseguirá automaticamente a partir do ponto em que ela foi suspensa.
- ❏ Condições, como esgotamento do espaço em disco ou quota excedida, podem acionar a alocação de espaço retomável.
- ❏ Existem quatro categorias gerais de comandos que podem ser retomáveis: (1) instruções SELECT, (2) comandos DML, (3) operações do SQL*Loader e (4) instruções DDL que alocam espaço em disco.
- ❏ Todos os comandos DDL que alocam espaço em disco para segmentos novos ou já existentes são retomáveis, como CREATE TABLE, CREATE INDEX e CREATE MATERIALIZED VIEW.
- ❏ É possível ativar a alocação de espaço retomável no nível de instância por meio do parâmetro de inicialização RESUMABLE_TIMEOUT ou com o comando ALTER SESSION.
- ❏ Definir o parâmetro RESUMABLE_TIMEOUT com 0 desativa a alocação de espaço retomável.
- ❏ O valor padrão para o tempo de espera retomável é de 7200 segundos (2 horas).
- ❏ Para facilitar a identificação da instrução retomável nas visões do dicionário de dados DBA_RESUMABLE e USER_RESUMABLE, você pode ativar o recurso de alocação de espaço retomável com o parâmetro NAME.
- ❏ O DBA ou um usuário pode registrar um trigger para o evento AFTER SUSPEND, acionado imediatamente após a suspensão de uma instrução retomável qualificada.

### Descrever os conceitos de tablespaces e bancos de dados transportáveis

- ❏ Ao transportar entre plataformas, as plataformas de origem e de destino devem constar na lista de plataformas suportadas pelo Oracle.
- ❏ A compatibilidade de recursos do Oracle Database é controlada pelo parâmetro de inicialização COMPATIBLE.
- ❏ Quando você criar um conjunto de tablespaces transportáveis, o Oracle determinará o nível de compatibilidade mínimo do banco de dados de destino e armazenará esse valor nos metadados do conjunto de tablespaces transportáveis.

- Deve ser executado um processo de conversão das colunas de dados transportadas entre plataformas com diferentes formatos de ordenação de bytes.
- Para determinar os formatos de ordenação de bytes de todas as plataformas suportadas, você pode consultar a visão dinâmica de desempenho V$TRANSPORTABLE_PLATFORM.
- Ao transportar um tablespace, o tablespace de origem deve ser somente leitura durante um processo de cópia, e alterado para somente gravação após a importação para o banco de dados de destino.
- Use o expdp, impdp e o pacote PL/SQL DBMS_FILE_TRANSFER para copiar os metadados e os arquivos de dados do tablespace de um banco de dados para outro.

### *Recuperar o espaço perdido com tabelas e índices, usando a funcionalidade de compressão de segmentos*

- A compressão de segmentos disponibiliza espaço livre no segmento para outros segmentos no banco de dados.
- A compressão de segmentos pode melhorar as futuras operações DML sobre o segmento, porque será necessário recuperar menos blocos para essas operações após a compressão do segmento.
- A compressão de segmentos é parecida com a redefinição de tabelas, no sentido de que o espaço em uma tabela é recuperado, mas pode ser executada localmente, sem as exigências adicionais de espaço ocorridas na redefinição de tabelas online.
- A compressão de segmentos tem duas fases: compactar as linhas de dados e mover a marca d'água superior (HWM).
- O reposicionamento da HWM é opcional ou pode ser retardado para reduzir o impacto sobre as operações DML concorrentes no segmento.
- Uma operação de compressão é executada internamente como uma série de operações INSERT e DELETE; durante uma compressão, nenhum trigger DML é executado.
- A compressão de segmentos não pode ser utilizada em tabelas agrupadas, tabelas com colunas LONG, tabelas de mapeamento de IOTs, tabelas com visões baseadas em ROWID ou visões materializadas on-commit, e tabelas contendo índices baseados em funções.
- O Supervisor de Segmento do Oracle, executado manualmente ou em uma programação que faz parte do job do Supervisor Automático de Segmento, pode identificar os candidatos à compressão de segmentos.
- O Supervisor Automático de Segmento pode recomendar segmentos (tabelas ou índices) que são candidatos à compressão de segmentos.

- Não é possível especificar os objetos e tablespaces a serem analisados pelo Supervisor Automático de Segmento; você pode alterar o horário de execução e a quantidade de recursos por ele consumidos durante a execução.
- A cláusula COMPACT do comando ALTER TABLE . . . SHRINK SPACE executa apenas a etapa da compactação, e a HWM permanece no lugar até você executar o comando ALTER TABLE novamente sem a palavra-chave COMPACT.
- Para fazer a compressão de um segmento, também é necessário ativar a movimentação de linhas na tabela ou no índice.
- Para iniciar o Supervisor de Segmento sobre uma tabela específica ou sobre um tablespace inteiro, use o pacote PL/SQL DBMS_ADVISOR.
- Os resultados do Supervisor de Segmento são disponibilizados na visão do dicionário de dados DBA_ADVISOR_FINDINGS.

### Noções básicas sobre o Resource Manager

- Não é recomendável usar o sistema operacional para gerenciar os recursos, uma vez que a mudança de contexto dentro do sistema operacional entre processos do banco de dados pode ocasionar uma sobrecarga excessiva e desnecessária.
- As três construções básicas do Gerenciador de Recursos são: grupos de consumidores de recursos, planos (e subplanos) de recursos e diretivas de plano de recursos.
- *Grupos de consumidores de recursos* identificam os grupos de usuários ou sessões que têm necessidades de recursos semelhantes.
- Um *plano de recursos* atribui vários recursos, com porcentagens específicas ou prioridades relativas, a um grupo de recursos.
- Dentro do plano de recursos, encontram-se as *diretivas de plano de recursos* que associam grupos de consumidores a um plano de recursos, e especificam como os recursos são divididos entre os grupos de consumidores ou subplanos.
- O Gerenciador de Recursos pode alocar recursos com base no uso da CPU, grau de paralelismo, número de sessões ativas, espaço de undo, limite de tempo da CPU e limite de tempo de inatividade.
- O Gerenciador de Recursos pode alternar automaticamente uma sessão ou processo de um grupo de consumidores para outro com base em critérios como o uso de uma quantidade específica de tempo da CPU ou espaço de undo.

### Criar e usar os componentes do Resource Manager

- O pacote PL/SQL DBMS_RESOURCE_MANAGER tem tudo o que você necessita para exibir, criar, manter e utilizar os componentes do Gerenciador de Recursos.

- O Oracle oferece um plano padrão, denominado DEFAULT_PLAN, quando você cria um banco de dados.
- Um subplano é idêntico a um plano de recursos, exceto pelo fato de que ele também pode alocar recursos dentro de um plano já existente.
- Somente um plano de recursos pode estar ativo de cada vez.
- Para descobrir o plano ativo, consulte o parâmetro de inicialização RESOURCE_MANAGER_PLAN.
- Você pode utilizar os pacotes PL/SQL CREATE_PLAN, UPDATE_PLAN e DELETE_PLAN para criar, atualizar e excluir planos de recursos.
- Para criar uma área pendente, use a procedure CREATE_PENDING_AREA do pacote DBMS_RESOURCE_MANAGER.
- Use o DBMS_RESOURCE_MANAGER.CREATE_CONSUMER_GROUP para criar um novo grupo de consumidores.
- Para atribuir diretivas a um plano usando PL/SQL, use a procedure CREATE_PLAN_DIRECTIVE do pacote DBMS_RESOURCE_MANAGER.
- Para criar uma área pendente para sua sessão do Gerenciador de Recursos, use DBMS_RESOURCE_MANAGER.CREATE_PENDING_AREA().
- Para criar um novo plano do Gerenciador de Recursos, use DBMS_RESOURCE_MANAGER.CREATE_PLAN.
- Para criar um grupo de consumidores, use DBMS_RESOURCE_MANAGER.CREATE_CONSUMER_GROUP.
- Para criar diretivas de plano dentro de um plano, use DBMS_RESOURCE_MANAGER.CREATE_PLAN_DIRECTIVE, especificando o nome do plano e o grupo afetado pela diretiva, juntamente com os limites de uso da CPU, do paralelismo e do espaço de undo.
- Você deve validar a área pendente com DBMS_RESOURCE_MANAGER.VALIDATE_PENDING_AREA() antes de enviar a área pendente com DBMS_RESOURCE_MANAGER.SUBMIT_PENDING_AREA().
- A visão do dicionário de dados DBA_RSRC_PLAN mostra todos os planos contidos no banco de dados, além do status e da permanência de cada um.
- A principal visão dinâmica de desempenho para monitorar o Gerenciador de Recursos é a V$RSRC_CONSUMER_GROUP.

## TESTE

As perguntas a seguir o ajudarão a avaliar seu conhecimento sobre o material apresentado neste capítulo. Leia com atenção todas as opções porque pode haver mais de uma resposta correta. Escolha todas as respostas certas de cada pergunta.

### Gerenciar a alocação de espaço retomável

1. Qual dos seguintes comandos não é um candidato à alocação de espaço retomável?

   A. `CREATE INDEX ... ON ...`
   B. `SELECT... ORDER BY`
   C. `$ sqlldr`
   D. `CREATE TABLE ... (COL1, COL2...);`
   E. `DELETE FROM ...`

2. Um usuário com o privilégio `RESUMABLE` executa o seguinte comando:

   `SQL> alter session enable resumable;`

   O valor do parâmetro de inicialização `RESUMABLE_TIMEOUT` é de 3600.

   Qual é o valor do tempo de espera das instruções retomáveis?

   A. O comando `ALTER SESSION` falha porque não especifica um valor para `TIMEOUT`
   B. 7200
   C. 3600
   D. 10000
   E. O comando `ALTER SESSION` falha porque não especifica um valor para `NAME`

### Descrever os conceitos de tablespaces e bancos de dados transportáveis

3. Você está executando o Oracle Database 11g com o parâmetro de inicialização `COMPATIBLE` definido com 11.0.0. Qual é o nível mínimo de compatibilidade para transportar um tablespace de um banco de dados existente em uma plataforma diferente?

   A. 8.0
   B. 10.0
   C. 9.0
   D. 11.0
   E. Todas as respostas anteriores

4. Ao transportar um tablespace, qual é o objetivo de `DBMS_TTS.TRANSPORT_SET_CHECK`? (Escolha a melhor resposta.)

   A. Garantir que o nível de `COMPATIBILITY` seja suficientemente alto para a operação de transporte.
   B. Comparar o nível de ordenação de bytes dos bancos de dados de origem e de destino, e executar o RMAN para converter os arquivos de dados antes do transporte.

C. Certificar-se de que os metadados do tablespace não apresentam quaisquer conflitos de nomeação com os esquemas do banco de dados de destino.
D. Verificar a autoconsistência do tablespace.

**Recuperar o espaço perdido com tabelas e índices, usando a funcionalidade de compressão de segmentos**

5. Qual dos seguintes comandos compactará o espaço em um segmento de tabela ou índice e reposicionará a HWM?

   A. `alter table employees shrink space compact hwm;`
   B. `alter table employees shrink space hwm;`
   C. `alter table employees shrink space compact;`
   D. `alter table employees shrink space;`
   E. `alter table employees shrink space cascade;`

6. Quais dos seguintes objetos não são candidatos à compressão de segmentos? (Escolha todas as respostas aplicáveis.)

   A. Tabelas agrupadas
   B. Tabelas com índices baseados em funções
   C. Tabelas organizadas por índices
   D. Tabelas com visões materializadas de rápida atualização
   E. Tabelas com colunas CLOB

**Noções básicas sobre o Resource Manager**

7. Identifique a afirmação correta sobre os componentes do Database Resource Manager. (Escolha a melhor resposta.)

   A. Vários planos de recursos podem estar ativos simultaneamente, mas somente um pode estar ativo para um usuário específico.
   B. O grupo de consumidores de recursos `OTHER_GROUPS` é opcional em um plano de recursos.
   C. Os grupos de consumidores de recursos identificam grupos de usuários com necessidade de recursos semelhantes, e um usuário pode pertencer a mais de um grupo de consumidores.
   D. Os grupos de consumidores de recursos identificam grupos de usuários com necessidades de recursos semelhantes, e um usuário só pode pertencer a um único grupo de consumidores.

**Criar e usar os componentes do Resource Manager**

8. Quais dos seguintes recursos não podem ser alocados pelo Gerenciador de Recursos? (Escolha todas as respostas aplicáveis.)

   A. Largura de banda de rede
   B. Uso da CPU
   C. Grau de paralelismo
   D. Uso do espaço de undo
   E. Uso de tablespaces temporários

**9.** Você tenta validar a área pendente do Gerenciador de Recursos com `DBMS_RESOURCE_MANAGER.VALIDATE_PENDING_AREA ()`. Entretanto, recebe esta mensagem de erro:

```
ORA-29382: validation of pending area failed
ORA-29377: consumer group OTHER_GROUPS is not part of top-plan OLTP_NIGHT
```

Como você corrige esse problema? (Escolha a melhor resposta.)

A. Crie uma nova área pendente e adicione o `OTHER_GROUPS` como o primeiro grupo de consumidores no plano `OLTP_NIGHT`.

B. O grupo de consumidores `OTHER_GROUPS` foi adicionado por engano a um subplano; portanto, você deve removê-lo de todos os subplanos.

C. Você deve eliminar o grupo de consumidores `OTHER_GROUPS` antes de criar esse plano.

D. Adicione o grupo de consumidores `OTHER_GROUPS` ao plano `OLTP_NIGHT`, e então faça a revalidação.

**10.** Qual é o valor da coluna `STATUS` na visão do dicionário de dados `DBA_RSRC_PLANS` para um plano que se encontra na área pendente, mas não passou na validação?

A. `NULL`
B. `PENDING`
C. `UNKNOWN`
D. `INVALID`

## RESPOSTAS DO TESTE

### Gerenciar a alocação de espaço retomável

1. ☑ **D**. Uma instrução CREATE TABLE não pode gerar uma situação de esgotamento do espaço em disco, a menos que você utilize CREATE TABLE AS SELECT ou acabe o espaço no tablespace SYSTEM para o dicionário de dados.

   ☒ **A**, **B**, **C** e **E** estão incorretas. CREATE INDEX aloca espaço em um tablespace e, portanto, pode acionar a alocação de espaço retomável. Uma instrução SELECT pode acionar a alocação de espaço retomável se o espaço de classificação se esgotar no tablespace TEMP para as cláusulas ORDER BY, GROUP BY ou DISTINCT. As operações do SQL *Loader são retomáveis, desde que você use o parâmetro RESUMABLE. Finalmente, uma instrução DELETE pode acarretar uma situação de falta de espaço no tablespace UNDO.

2. ☑ **C**. Se você não especificar um valor para o tempo de espera com ALTER SESSION, ele será predefinido com 7200 segundos (2 horas) ou com o valor do parâmetro de inicialização RESUMABLE_TIMEOUT (nesse caso, 3600), se ele for diferente de zero.

   ☒ **A**, **B**, **D** e **E** estão incorretas. As palavras-chave TIMEOUT e NAME são opcionais em ALTER SESSION ENABLE RESUMABLE. O padrão de 7200 só será aplicável se RESUMABLE_TIMEOUT não for definido ou se for zero.

### Descrever os conceitos de tablespaces e bancos de dados transportáveis

3. ☑ **B**. Se os bancos de dados de origem e de destino estiverem em plataformas diferentes, a origem e o destino devem ter um nível de compatibilidade de, no mínimo, 10.0.

   ☒ **A**, **C**, **D** e **E** estão incorretas. Para transportar entre plataformas idênticas, basta definir COMPATIBLE=8. Para transportar entre bancos de dados com tamanhos de bloco diferentes, basta definir COMPATIBLE=9.0.

4. ☑ **D**. DBMS_TTS.TRANSPORT_SET_CHECK verifica se não existem objetos no tablespace a ser transportado que dependam de objetos existentes em outros tablespaces no banco de dados de origem.

   ☒ **A**, **B** e **C** não são utilizações válidas para DBMS_TTS.TRANSPORT_SET_CHECK.

### Recuperar o espaço perdido com tabelas e índices, usando a funcionalidade de compressão de segmentos

5. ☑ **D**. SHRINK SPACE compacta os dados e reposiciona a HWM. Enquanto a HWM está sendo deslocada, as operações DML sobre a tabela são bloqueadas.

   ☒ **A**, **B** e **E** apresentam sintaxe incorreta. **C** está incorreta porque COMPACT executa apenas a operação de compressão, mas não desloca a HWM após a compressão do segmento.

**6.** ☑ **A** e **B**. As tabelas agrupadas e tabelas com índices baseados em funções não são compactáveis. Além disso, não é possível compactar tabelas com colunas LONG, tabelas de mapeamento de IOT ou tabelas com visões materializadas on-commit ou baseadas em ROWID.

☒ **C**, **D** e **E** estão incorretas. Além das IOTs e tabelas com visões materializadas de rápida atualização, você pode compactar tabelas particionadas, tabelas subparticionadas e, evidentemente, tabelas baseada em heap (o tipo padrão de tabela).

## Noções básicas sobre o Resource Manager

**7.** ☑ **C**. Os usuários podem pertencer a mais de um grupo de consumidores. O Gerenciador de Recursos usa a diretiva de planos mapeando o grupo de consumidores mais restritivo dentro do plano.

☒ **A** está incorreta porque somente um plano de recursos pode estar ativo em determinado momento. **B** está incorreta porque OTHER_GROUPS deve ser especificado no nível superior de um plano a fim de alocar recursos para qualquer usuário que não seja membro de outros grupos de consumidores no plano. **D** está incorreta porque os usuários podem pertencer a mais de um grupo de consumidores.

## Criar e usar os componentes do Resource Manager

**8.** ☑ **A** e **E**. O Database Resource Manager não pode alocar ou controlar a largura de banda da rede ou o uso de tablespaces temporários.

☒ **B**, **C** e **D** são recursos controlados pelo Resource Manager.

**9.** ☑ **D**. Você pode adicionar OTHER_GROUPS ao plano de recursos e tentar novamente a etapa de validação.

☒ **A** está incorreta porque não é necessário criar uma nova área pendente nem adicionar primeiramente outro OTHER_GROUPS. **B** está incorreta porque OTHER_GROUPS, assim como qualquer grupo de consumidores, pode pertencer a qualquer plano ou subplano. **C** está incorreta porque não é possível eliminar OTHER_GROUPS; ele é necessário para todos os planos cujos grupos não englobam todos os usuários existentes no banco de dados.

**10.** ☑ **B**. Até que o plano seja validado e enviado com êxito, a coluna STATUS conterá o valor PENDING.

☒ **A**, **C** e **D** estão incorretas. Os únicos valores válidos para a coluna STATUS são NULL e PENDING.

# 13
# Configurando Diagnósticos de Banco de Dados

## OBJETIVOS DE CERTIFICAÇÃO

13.01  Configurar o Automatic Diagnostic Repository

13.02  Usar o Workbench de Suporte

13.03  Fazer uma recuperação de mídia em bloco

✓  Exercício de dois minutos

P&R  Teste

Ao lidar com erros do banco de dados ou com um banco de dados totalmente paralisado, ninguém quer gastar mais tempo do que o necessário documentando uma ou mais condições de erro do banco de dados para o Suporte Técnico Oracle. Este capítulo apresenta uma visão geral sucinta de como o Oracle relata os problemas ocorridos com o banco de dados e como ele classifica os erros em problemas e incidentes.

Em seguida, este capítulo examinará alguns exemplos de empacotamento de todas as informações necessárias usando-se o Workbench de Suporte através da interface do EM e enviando-as para o Suporte Técnico Oracle como uma solicitação de serviço. É possível enviar uma solicitação de serviço com alguns cliques, e personalizá-la antes de seu envio para retirar as informações confidenciais ou proprietárias, ou para adicionar outros dados ou informações para ajudar o Suporte Técnico Oracle a solucionar o problema.

Além disso, a estrutura do Health Monitor dispõe de ferramenta pró-ativas e reativas para solucionar os erros do banco de dados. O DBA pode executar manualmente uma verificação de integridade pró-ativa através do EM ou de pacotes PL/SQL. Por outro lado, o Health Monitor pode executar verificações de diagnóstico em resposta a erros críticos do banco de dados.

Finalmente, o capítulo passará do relatório, gerenciamento e envio de solicitações de serviço relacionadas a problemas e incidentes do banco de dados para a recuperação de blocos individuais após a identificação do problema. O RMAN tem suporte para a detecção e recuperação de blocos individuais por meio do parâmetro de inicialização DB_BLOCK_CHECKING e do comando RMAN RECOVER ... BLOCK, e facilita a identificação de falhas e implementação de reparos usando o Data Recovery Advisor (Supervisor de Recuperação de Dados).

## OBJETIVO DA CERTIFICAÇÃO 13.01

### CONFIGURAR O AUTOMATIC DIAGNOSTIC REPOSITORY

O segredo do Automatic Diagnostic Repository (ADR) está na primeira palavra: *automático*. O ADR é um recurso permanentemente ativo que registra os erros nos arquivos de rastreamento e de dump, na primeira vez e sempre que ocorrerem. Daí, a parte "diagnóstico" no nome do recurso do Oracle. A terceira parte, "repositório", é a localização em disco que armazena a informação de diagnóstico sobre o disco, e vem com uma ferramenta que facilita a consulta ao repositório, inclusive quando o banco de dados não estiver disponível.

As seções a seguir fornecem mais detalhes sobre a estrutura do repositório, como recuperar informações do repositório e como localizar as informações de diagnóstico que você está procurando no repositório usando parâmetros de inicialização e visões do dicionário de dados. Além disso, você verá como é fácil e rápido empacotar informações de diagnóstico do ADR e enviá-las para o Suporte Técnico Oracle para a solução de problemas.

### Noções básicas sobre o ADR

O ADR é um repositório (baseado em arquivos) de informações de diagnóstico e outras informações não críticas de todos os produtos existentes no ambiente. Cada instância do banco de dados e do ASM (Automatic Storage Management) possui uma estrutura de diretórios própria denominada *ADR home* dentro de um diretório de nível superior conhecido como *ADR base*. Em um ambiente RAC (Real Application Cluster), cada instância tem um subdiretório próprio, que não somente facilita a exibição dos diagnósticos de uma instância individual, como também torna mais fácil para as ferramentas de diagnóstico a análise dos dados através das instâncias para problemas no nível do cluster.

O diretório-base do ADR também é conhecido como diretório-raiz do ADR. A localização da base do ADR é definida em função dos valores dos parâmetros de inicialização e das variáveis de ambiente. Se o parâmetro de inicialização DIAGNOSTIC_DEST estiver definido, o diretório-base do ADR será definido com esse valor, e todas as outras localizações serão também definidas em relação a essa localização. Se o parâmetro DIAGNOSTIC_DEST não for definido, ele será configurado com a variável de ambiente ORACLE_BASE. Se essa variável não for definida, o parâmetro DIAGNOSTIC_DEST será definido com o valor $ORACLE_HOME/log. A Figura 13-1 mostra a estrutura de diretórios do ADR para o banco de dados DW.

Para o banco de dados na Figura 13-1, o parâmetro de inicialização DIAGNOSTIC_DEST não está definido, e o Oracle define o DIAGNOSTIC_DEST com o valor da variável de ambiente ORACLE_BASE, que, nesse caso, é /u01/app/oracle:

```
[oracle@dw ~]$ echo $ORACLE_BASE
/u01/app/oracle
[oracle@dw ~]$ echo $ORACLE_HOME
/u01/app/oracle/product/11.1.0/db_1
[oracle@dw ~]$
```

Se a variável ORACLE_BASE não estivesse definida, a localização do ADR seria /u01/app/oracle/product/11.1.0/db_1/log.

É possível recuperar os valores de cada diretório de diagnóstico por meio da visão dinâmica de desempenho V$DIAG_INFO, como neste exemplo:

```
SQL> select * from v$diag_info;
  INST_ID NAME                           VALUE
--------- ------------------------------ ------------------------------------------
        1 Diag Enabled                   TRUE
        1 ADR Base                       /u01/app/oracle
        1 ADR Home                       /u01/app/oracle/diag/rdbms/dw/dw
        1 Diag Trace                     /u01/app/oracle/diag/rdbms/dw/dw/trace
        1 Diag Alert                     /u01/app/oracle/diag/rdbms/dw/dw/alert
        1 Diag Incident                  /u01/app/oracle/diag/rdbms/dw/dw/incident
        1 Diag Cdump                     /u01/app/oracle/diag/rdbms/dw/dw/cdump
        1 Health Monitor                 /u01/app/oracle/diag/rdbms/dw/dw/hm
        1 Default Trace File             /u01/app/oracle/diag/rdbms/dw/dw/trace/
                                         dw_ora_12771.trc
        1 Active Problem Count           0
        1 Active Incident Count          0

11 rows selected.

SQL>
```

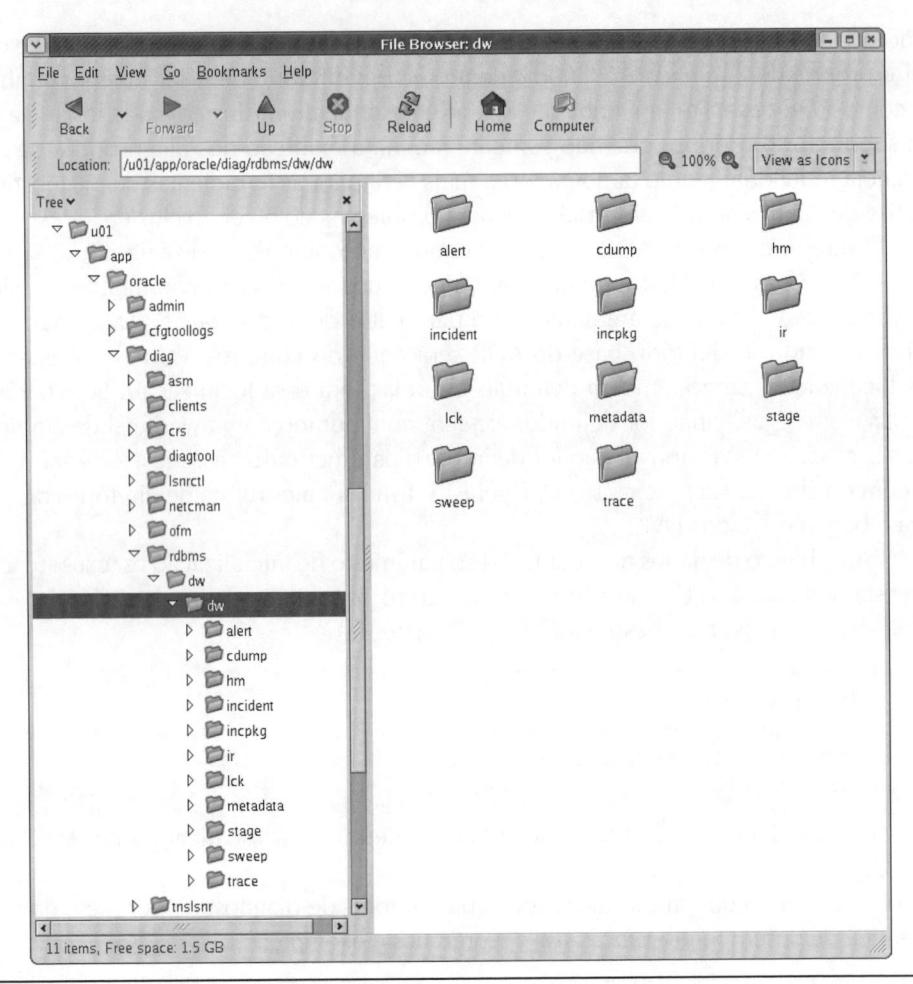

**Figura 13-1**  *Estrutura de diretórios do ADR para o banco de dados DW.*

Observe a coluna `INST_ID`. Em um ambiente RAC, esse valor distingue o valor de cada diretório por nó. Por exemplo, se DW fosse o nome do cluster, e o cluster contivesse três instâncias, DW1, DW2 e DW3, o valor do diretório de rastreamento de diagnóstico da segunda instância seria:

```
INST_ID NAME                         VALUE
------- ---------------------------- ----------------------------------------
      2 Diag Trace                   /u01/app/oracle/diag/rdbms/dw/dw2/trace
```

Em relação aos releases anteriores do Oracle, as informações de diagnóstico estão mais particionadas. Em outras palavras, todos os rastreamentos não relacionados a incidentes são armazenados no subdiretório `trace`, todos os dumps de memória estão no diretório `cdump`, e todos os dumps de incidentes são armazenados como diretórios individuais dentro do subdiretório `incident`. A Tabela 13-1 indica a localização no ADR para cada tipo de dado de diagnóstico.

**TABELA 13-1**  *Localizações dos diretórios de informações de diagnósticos do ADR*

| Tipo de dado de diagnóstico | Localização dentro do ADR |
|---|---|
| Arquivos de rastreamento de processos em primeiro plano | `ADR_HOME/trace` |
| Arquivos de rastreamento de processos em segundo plano | `ADR_HOME/trace` |
| Log de alerta | `ADR_HOME/alert` (formato XML)<br>`ADR_HOME/trace` (formato texto) |
| Dumps de memória | `ADR_HOME/cdump` |
| Dumps de incidentes | `ADR_HOME/incident/incdir_n` |

Observe a diferença entre os arquivos de dump e de rastreamento. Os arquivos de rastreamento contêm uma saída contígua para diagnosticar um problema ocorrido em um processo em execução. Um arquivo de dump é um arquivo de saída de diagnóstico ocasional resultante de um incidente. De modo semelhante, um dump de memória é um dump binário único de memória, específico da plataforma. Perceba também que não existe um parâmetro de inicialização ou variável de ambiente ADR_HOME. É possível determinar o valor de ADR_HOME a partir da linha em V$DIAG_INFO que contém o nome ADR Home:

```
1 ADR Home              /u01/app/oracle/diag/rdbms/dw/dw
```

## Usando a ferramenta ADRCI

A ferramenta ADR Command Interpreter (ADRCI) facilita a consulta ao conteúdo do ADR. Você pode utilizá-la no modo de comando, ou criar scripts para serem executados em modo de lote. É possível utilizar o ADRCI até mesmo quando o banco de dados estiver desligado – lembre-se de que o ADR é totalmente baseado no sistema de arquivos. Além de consultar o conteúdo do ADR com o ADRCI, você também pode empacotar informações de incidentes e problemas em um arquivo ZIP compactado, que pode ser enviado para o Suporte Técnico Oracle.

O ADRCI não exige um login ou qualquer outra autorização. O conteúdo do ADR é protegido somente pelas permissões do sistema operacional sobre o diretório contendo as estruturas de arquivos do ADR. Para uma instalação padrão do Oracle Database 11g, isso significa que o ADR tem as mesmas permissões que o diretório ORACLE_BASE e seus subdiretórios. Você também pode mudar as permissões, mas deve certificar-se de que o usuário de posse dos processos do Oracle (geralmente, o usuário oracle) tem acesso pleno de leitura-gravação ao ADR.

Ao inicializar o ADRCI, você verá o diretório-base atual do ADR. Digite `help` para obter uma lista de comandos:

```
[oracle@dw ~]$ adrci

ADRCI: Release 11.1.0.6.0 - Beta on Sat Oct 11 09:45:57 2008
Copyright (c) 1982, 2007, Oracle.  All rights reserved.
ADR base = "/u01/app/oracle"
adrci> help
```

```
HELP [topic]
  Available Topics:
        CREATE REPORT
        ECHO
        EXIT
        HELP
        HOST
        IPS
        PURGE
        RUN
        SET BASE
        SET BROWSER
        SET CONTROL
        SET ECHO
        SET EDITOR
        SET HOMES | HOME | HOMEPATH
        SET TERMOUT
        SHOW ALERT
        SHOW BASE
        SHOW CONTROL
        SHOW HM_RUN
        SHOW HOMES | HOME | HOMEPATH
        SHOW INCDIR
        SHOW INCIDENT
        SHOW PROBLEM
        SHOW REPORT
        SHOW TRACEFILE
        SPOOL
 There are other commands intended to be used directly by Oracle, type
 "help extended" to see the list
adrci>
```

Mesmo que não existam incidentes ou problemas a serem exibidos, você pode executar outras tarefas comuns, como exibir o log de alerta do ADRCI:

```
adrci> show alert

Choose the alert log from the following homes to view:

1: diag/rdbms/hr/hr
2: diag/rdbms/hrtest/hrtest
3: diag/rdbms/hrtest2/hrtest2
4: diag/rdbms/tspitr_hr_yith/yith
5: diag/rdbms/tspitr_hr_vdym/vdym
6: diag/asm/+asm/+ASM
7: diag/clients/user_oracle/host_512396801_11
8: diag/clients/user_unknown/host_411310321_11
9: diag/tnslsnr/srv04/listener
Q: to quit
Please select option: 1

2008-07-18 16:13:12.361000 -05:00
Starting ORACLE instance (normal)
LICENSE_MAX_SESSION = 0
```

```
LICENSE_SESSIONS_WARNING = 0
Shared memory segment for instance monitoring created
Picked latch-free SCN scheme 2
Using LOG_ARCHIVE_DEST_1 parameter default value as
/u01/app/oracle/product/11.1.0/db_1/dbs/arch
Using LOG_ARCHIVE_DEST_10 parameter default value as
USE_DB_RECOVERY_FILE_DEST
Autotune of undo retention is turned on.
IMODE=BR
ILAT =18
LICENSE_MAX_USERS = 0
SYS auditing is disabled
Starting up ORACLE RDBMS Version: 11.1.0.6.0.
. . .
Please select option: q
adrci>
```

Observe que a ferramenta ADRCI rastreia todos os diretórios home do ADR existentes dentro do diretório-raiz do ADR. Portanto, você deve selecionar o banco de dados, o diretório do ASM ou do listener que será exibido dentro do ADRCI.

Evidentemente, isso também pode ser feito no EM. No final da homepage do EM, clique no link Alert Log Contents. Depois, selecione, no final do log de alerta, o número de linhas que deseja ver, e clique em Go. Será exibida a página mostrada na Figura 13-2.

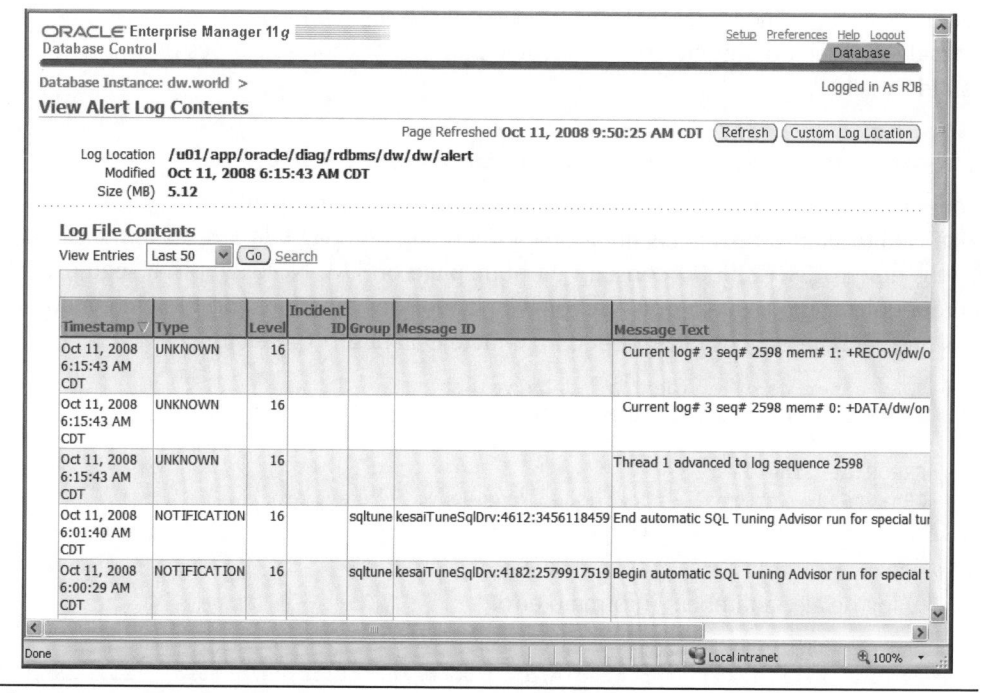

**Figura 13-2** *Exibindo o conteúdo do log de alerta no EM.*

## OBJETIVO DA CERTIFICAÇÃO 13.02

### USAR O WORKBENCH DE SUPORTE

O Workbench de Suporte pode ser acessado por meio da interface do EM, que o auxilia em todos os aspectos da detecção, documentação e solução de problemas. As ferramentas disponíveis através do Workbench de Suporte permitem exibir detalhes dos problemas e incidentes, executar verificações de integridade no banco de dados (de modo reativo ou pró-ativo), gerar dados adicionais de diagnóstico para solicitações de serviço, e executar os supervisores para ajudar na solução do problema ou incidente. O Workbench de Suporte também facilita o empacotamento de todos os dados necessários de diagnósticos e de suporte para envio ao Suporte Técnico Oracle por meio do serviço MetaLink. Após o envio de uma solicitação de serviço, você poderá rastrear seu status através do ciclo de soluções e encerrá-la quando o problema for solucionado.

As seções a seguir explicarão primeiramente a diferença entre os vários eventos ocorridos em seu banco de dados: (1) alertas, (2) problemas e (3) incidentes. Depois, será apresentada uma visão geral de como enviar uma solicitação de serviço usando o método de empacotamento rápido. Ao trabalhar com o Suporte Técnico Oracle sobre o problema, você poderá executar as suas verificações de integridade e outros supervisores para ajudar a solucionar o problema. Por último, serão descritas algumas opções avançadas de empacotamento que permitem acrescentar outras informações à sua solicitação de serviço, como exemplos de instruções SQL e dados de tabelas, para ajudar o Suporte Técnico Oracle a solucionar o problema em questão. Também é possível editar o pacote antes de enviá-lo ao Suporte Técnico Oracle para retirar as informações proprietárias ou confidenciais.

### Noções básicas sobre alertas, problemas e incidentes

Embora o log de alerta (formato texto ou XML) contenha todos os alertas da instância, você verá os alertas nos níveis de aviso e crítico na homepage do EM. As temidas mensagens de erro ORA-00600 constam na homepage do EM. No exemplo a seguir, você tentará utilizar um recurso que funcionava nas versões anteriores do Oracle Database, mas que gera mensagens ORA-00600 no Oracle Database 11g Release 1:

```
SQL> alter user hr identified by values '';
alter user hr identified by values ''
                                    *
ERROR at line 1:
ORA-00600: internal error code, arguments: [kzsviver:1],
        [], [], [], [], [], [], []
SQL>
```

O log de alerta também informa o erro:

```
Sat Oct 11 21:08:51 2008
Errors in file /u01/app/oracle/diag/rdbms/hr/hr/trace/hr_ora_11217.trc
    (incident=80705):
```

```
ORA-00600: internal error code, arguments: [kzsviver:1],
    [], [], [], [], [], [], []
Incident details in:
/u01/app/oracle/diag/rdbms/hr/hr/incident/incdir_80705
        /hr_ora_11217_i80705.trc
Sat Oct 11 21:10:16 2008
Trace dumping is performing id=[cdmp_20081011211016]
Sat Oct 11 21:10:17 2008
Sweep Incident[80705]: completed
```

Na Figura 13-3, você encontrará esses dois tipos de alertas próximo ao final da página, inclusive o erro ORA-00600 que você acionou inadvertidamente!

Um *problema*, conforme definido pela estrutura do Workbench de Suporte, é um erro crítico ocorrido no banco de dados, como um erro interno ORA-00600 ou algum outro evento grave, como o esgotamento da memória no shared pool ou uma exceção do sistema operacional. Um *incidente* é uma ocorrência única de um problema. Cada problema possui uma *chave de problema,* em forma de uma string de texto que contém o código de erro e, opcionalmente, outras características do problema. Um problema pode ter um ou vários incidentes. Cada incidente é identificado por um ID de incidente numérico e é armazenado em um subdiretório próprio do ADR (`ADR_HOME/incident/incdir_n`). Quando ocorre um incidente, o banco de dados executa as seguintes etapas:

1. Adiciona uma entrada no log de alerta (baseado em texto e XML).
2. Envia um alerta de incidente para o EM.

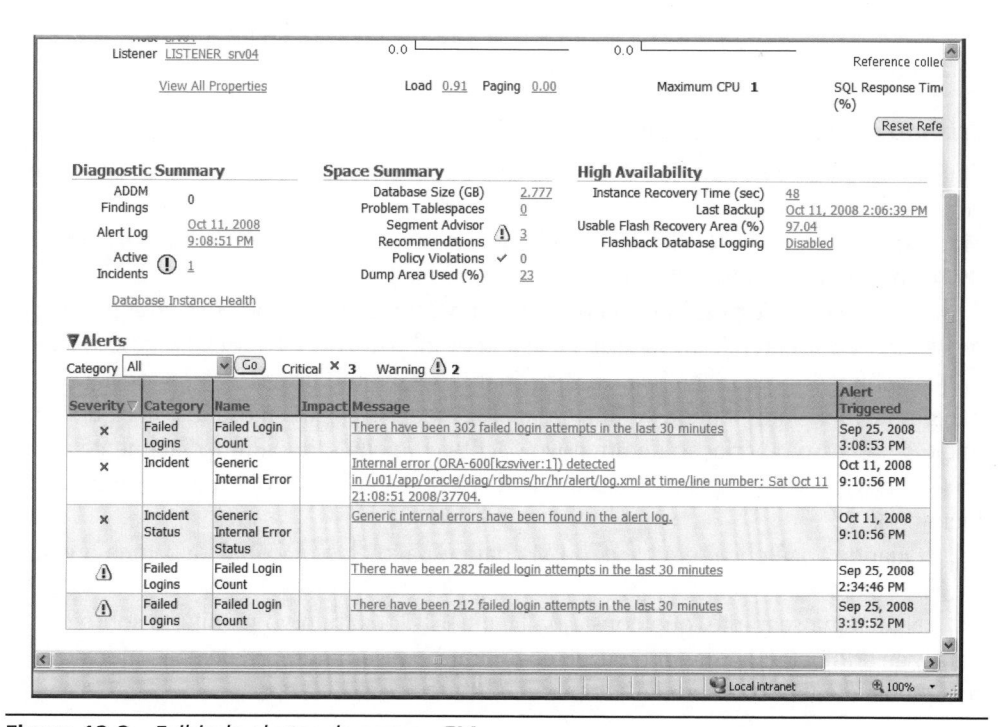

**Figura 13-3** *Exibindo alertas de erro no EM.*

3. Envia um alerta por e-mail para o(s) administrador(es) (se configurado).
4. Reúne os arquivos de rastreamento e outras informações sobre o incidente.
5. Marca todas as informações de incidente com o ID do incidente.
6. Cria um diretório de incidentes no ADR_HOME para o incidente e armazena as respectivas informações e arquivos de rastreamento nesse diretório.

## Gerenciando solicitações de serviço

Depois que o Oracle coletar automaticamente as informações sobre o incidente e emitir uma notificação, você usará o Workbench de Suporte para o gerenciamento do problema. As etapas comuns para a utilização do Workbench de Suporte são:

1. Visualizar os erros críticos na homepage do EM (ou por mensagem de e-mail).
2. Visualizar os detalhes do problema.
3. Obter outros diagnósticos e verificações de integridade.
4. Criar um Oracle Service Request (SR – Solicitação de Serviço).
5. Empacotar as informações necessárias e enviar para o Suporte Técnico Oracle.
6. Rastrear a SR e implementar os reparos sugeridos pela Oracle e pelos supervisores.
7. Encerrar o(s) incidente(s).

As seções a seguir apresentam uma visão geral sobre como criar um SR, implementar os reparos e, opcionalmente, incluir outras informações no SR por meio de um empacotamento personalizado.

### *Criando e rastreando um SR*

Quando ocorrer um erro ORA-00600 ou qualquer outro erro menos grave, você poderá empacotar os detalhes do incidente e enviá-los para o Suporte Técnico Oracle. Na página mostrada na Figura 13-3, clique no link da mensagem do incidente e depois em View Problem Details. Será exibida a página da Figura 13-4.

Nessa página, é possível executar algumas ações. Você pode criar uma solicitação de serviço no MetaLink, pesquisar a base de conhecimento do MetaLink ou executar outros verificadores e diagnósticos. Para criar rapidamente um pacote de todas as informações de incidentes, clique no link Quick Package. Na página mostrada na Figura 13-5, inicie o processo de criação de um novo pacote e de envio do SR imediatamente após a criação desse pacote. Informe suas credenciais do MetaLink e o CSI (Customer Service Identifier).

Quando você clicar em Next, o EM criará o pacote. Será exibida a página que aparece na Figura 13-6.

Na página seguinte, que consta na Figura 13-7, examine o manifesto sobre o incidente, gerado pelo Oracle, onde você encontrará o resumo do problema e a localização do arquivo contendo esse manifesto.

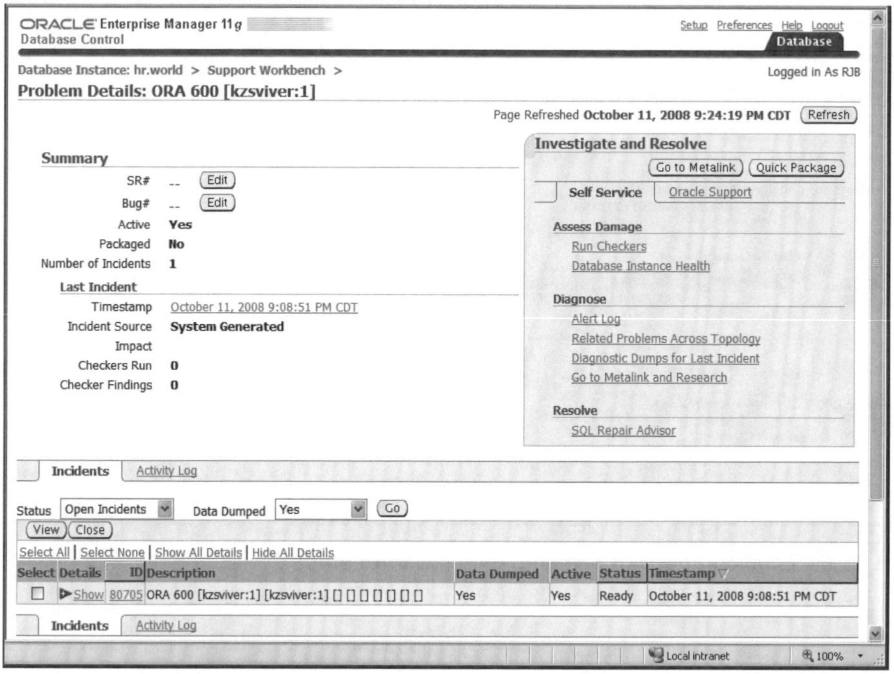

**Figura 13-4** *Exibindo detalhes do problema.*

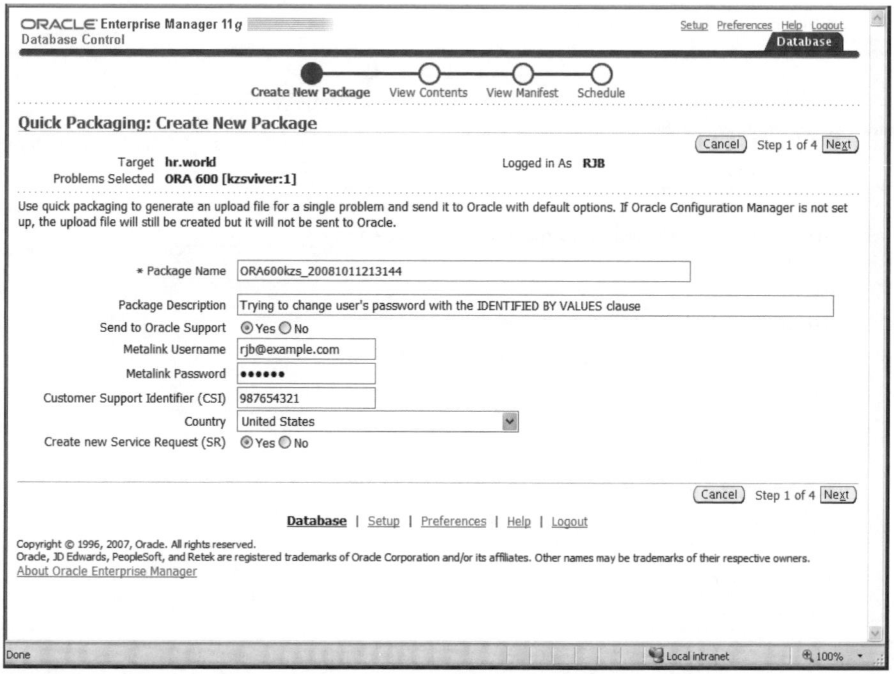

**Figura 13-5** *Empacotando rapidamente um incidente: etapa 1.*

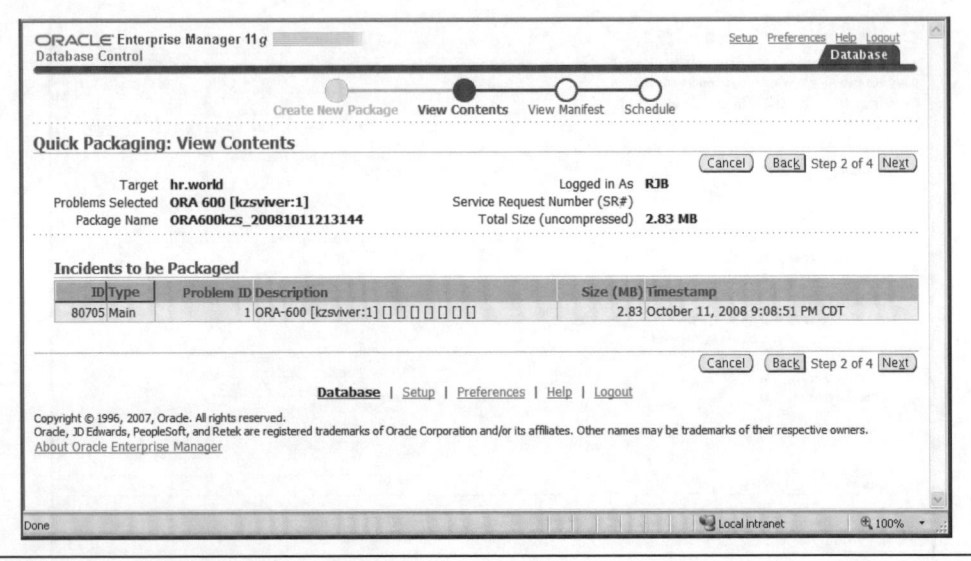

**Figura 13-6** *Empacotando rapidamente um incidente: etapa 2.*

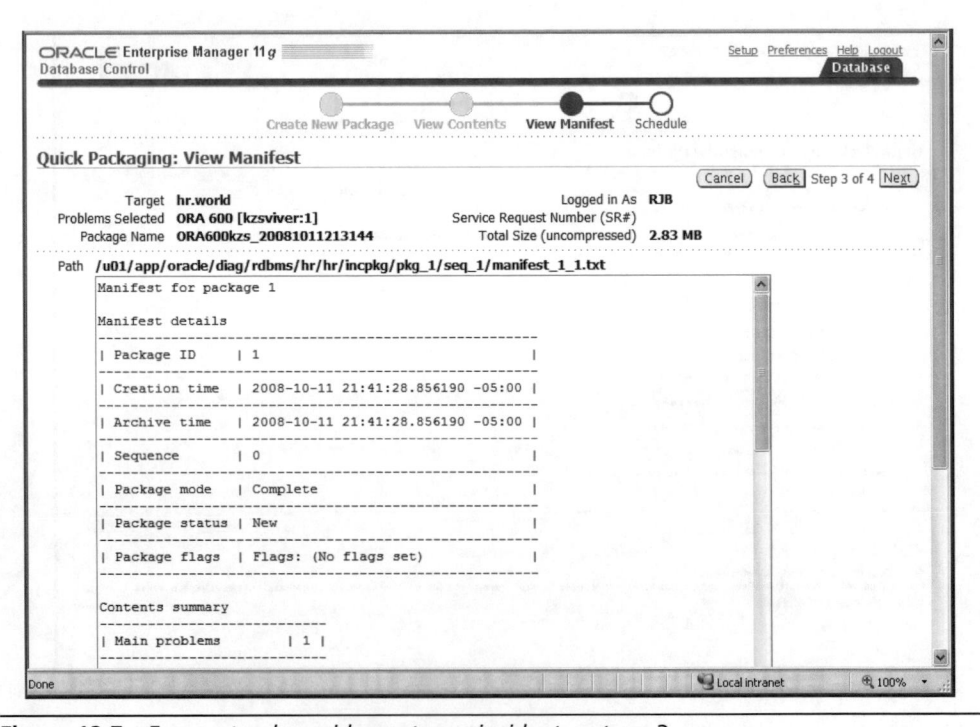

**Figura 13-7** *Empacotando rapidamente um incidente: etapa 3.*

A última etapa do processo de empacotamento rápido, apresentada na Figura 13-8, permite enviar o pacote imediatamente ou mais tarde. Geralmente, você enviará a solicitação de serviço imediatamente, mas é possível prorrogar esse envio, se você achar que consegue solucionar o problema você mesmo antes que os usuários comecem a reclamar!

Após enviar o pacote para o Suporte Técnico Oracle, você pode exibir o status da resolução do incidente na página Problem Details, mostrada na Figura 13-4.

### Implementando os reparos

Na página Problem Details, você também pode tentar utilizar um Supervisor do Oracle para implementar os reparos. O supervisor disponível na página apresentada na Figura 13-4 é o SQL Repair Advisor (Supervisor de Reparo SQL). O Data Recovery Advisor (Supervisor de Recuperação de Dados) também se encontra disponível em sua caixa de ferramentas. Por causa da natureza do problema visto na Figura 13-4, o Workbench de Suporte o associou a uma instrução SQL, não a um problema de dados danificados, e, por conseguinte, não recomendou o Data Recovery Advisor dessa vez. A Figura 13-9 apresenta a página Incident Analysis, onde é possível executar o job do SQL Repair Advisor.

Após a execução do SQL Repair Advisor, você pode exibir imediatamente os resultados do job na Advisor Central ou voltar à homepage do banco de dados e clicar no link Advisor Central no final da página.

### Usando o empacotamento personalizado

O empacotamento personalizado propicia mais flexibilidade e controle sobre o conteúdo de um pacote de incidentes. Diferentemente do empacotamento rápido, o empacotamento personalizado permite:

**Figura 13-8** *Empacotando rapidamente um incidente: etapa 4.*

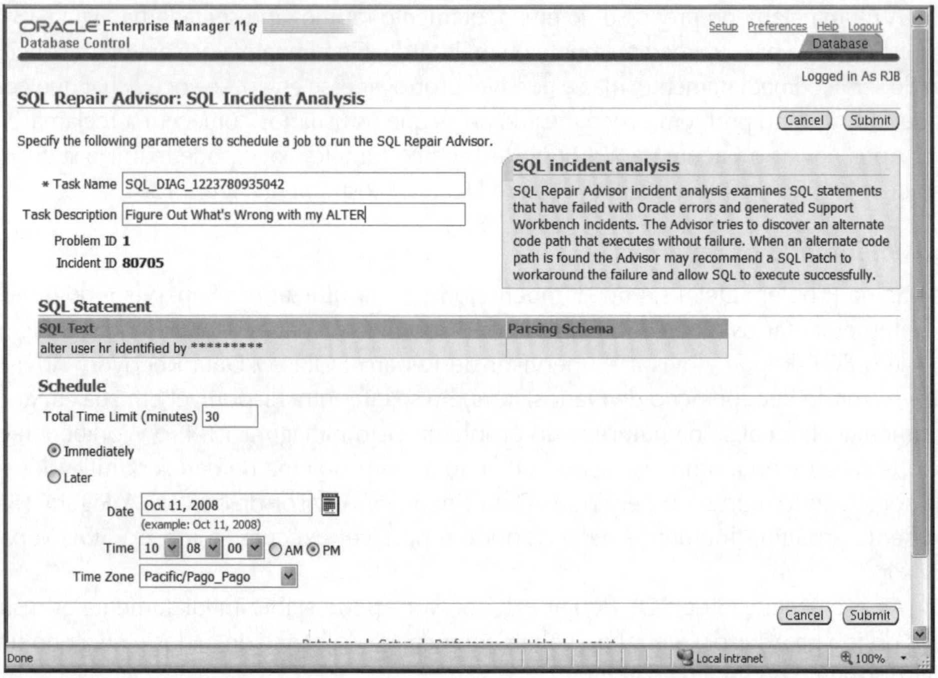

**Figura 13-9**  Usando o SQL Repair Advisor para analisar uma instrução SQL com falha.

- Adicionar ou remover problemas ou incidentes do pacote.
- Adicionar, editar ou remover arquivos de rastreamento do pacote.
- Adicionar ou remover arquivos externos (documentos Word, dumps de exportação e outros).
- Adicionar outras informações de diagnóstico, como casos de teste de SQL.
- Retirar informações sigilosas ou outras informações desnecessárias para reduzir o tamanho do pacote.

Para começar o empacotamento personalizado, inicie na homepage do Workbench de Suporte que aparece na Figura 13-10, selecione o(s) incidente(s) a ser(em) empacotado(s) e clique em Package.

Como mostra a Figura 13-11, você pode criar um pacote totalmente novo para esse incidente ou começar com um pacote já existente. No exemplo na Figura 13-11, você selecionou o pacote criado durante o empacotamento rápido quando percebeu que era necessário incluir uma documentação adicional e arquivos de rastreamento no pacote de incidentes antes de enviá-lo para o Suporte Técnico Oracle.

Na página mostrada na Figura 13-12, você encontrará os tipos de informações que podem ser adicionadas ou removidas do pacote, como outros arquivos externos, problemas ou dumps. Após a conclusão do pacote, você poderá gerar um novo arquivo de upload e enviá-lo para o Suporte Técnico Oracle.

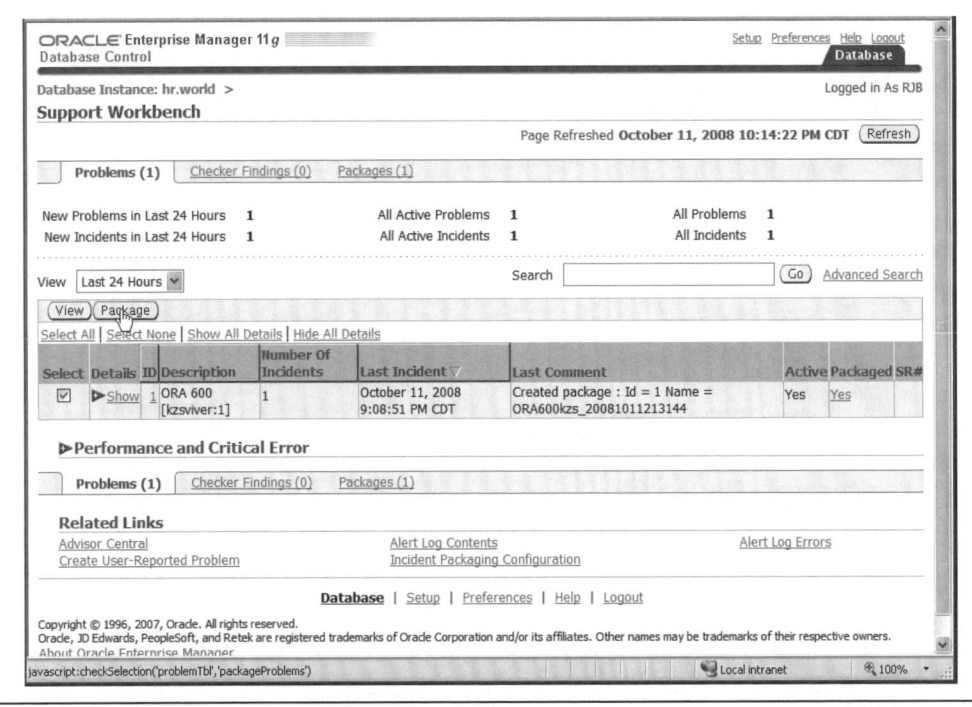

CAPÍTULO 13   CONFIGURANDO DIAGNÓSTICOS DE BANCO DE DADOS   **543**

**Figura 13-10**   *Iniciando o empacotamento personalizado no Workbench de Suporte.*

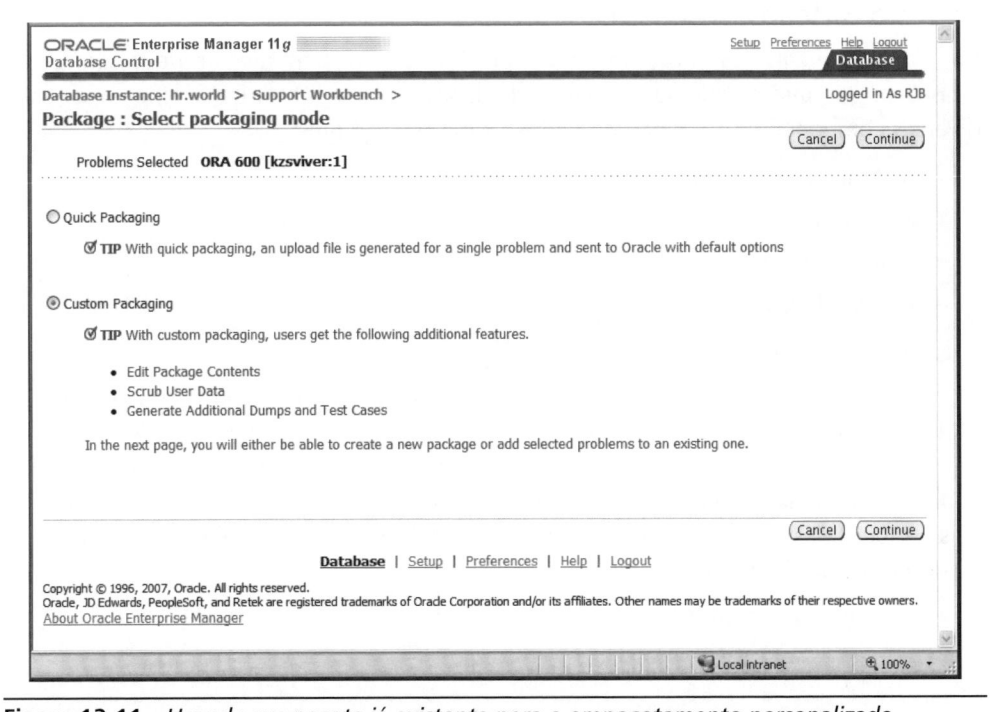

**Figura 13-11**   *Usando um pacote já existente para o empacotamento personalizado.*

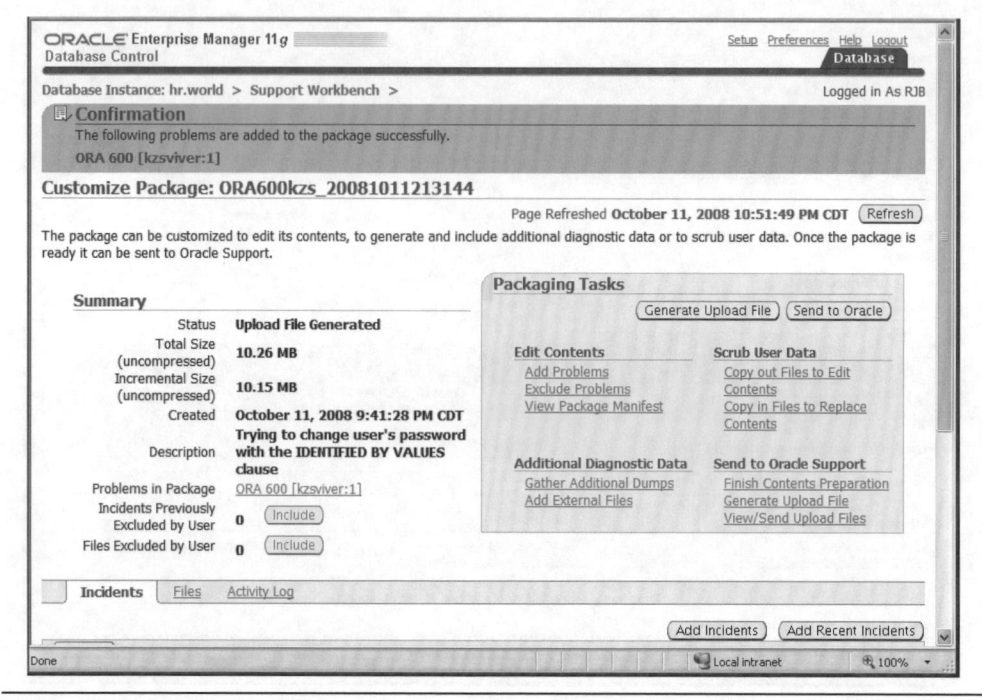

**Figura 13-12** *Adicionando ou removendo informações de um pacote personalizado.*

## Usando o Health Monitor

Você pode utilizar a estrutura do Oracle Health Monitor para avaliar, de modo reativo ou pró-ativo, a integridade de seu banco de dados. O Health Monitor verifica o status de diversos componentes do banco de dados, como os seguintes:

- Arquivos de dados
- Memória
- Integridade das transações
- Metadados
- Utilização dos processos

As verificações de integridade podem ser executadas no EM via Workbench de Suporte, ou manualmente por meio do pacote PL/SQL DBMS_HM. Algumas verificações só podem ser feitas quando o banco de dados estiver aberto. Outras são disponibilizadas quando a instância está em execução no modo NOMOUNT. Para listar a verificações disponíveis e saber se estarão disponíveis no modo offline ou online, consulte a visão dinâmica de desempenho V$HM_CHECK:

```
SQL> select id, name, offline_capable from v$hm_check;

        ID NAME                                              OFFLINE_CAPABLE
---------- ------------------------------------------------- ---------------
```

```
     0                                       N
     1 HM Test Check                         Y
     2 DB Structure Integrity Check          Y
     3 Data Block Integrity Check            Y
     4 Redo Integrity Check                  Y
     5 Logical Block Check                   N
    10 Transaction Integrity Check           N
    11 Undo Segment Integrity Check          N
    12 All Control Files Check               Y
    13 CF Member Check                       Y
    14 All Datafiles Check                   Y
    15 Single Datafile Check                 Y
    16 Log Group Check                       Y
    17 Log Group Member Check                Y
    18 Archived Log Check                    Y
    19 Redo Revalidation Check               Y
    20 IO Revalidation Check                 Y
    21 Block IO Revalidation Check           Y
    22 Txn Revalidation Check                N
    23 Failure Simulation Check              Y
    24 Dictionary Integrity Check            N

21 rows selected.

SQL>
```

Você pode exibir os resultados de uma verificação de integridade no EM, a ferramenta ADRCI discutida anteriormente neste capítulo, através do pacote DBMS_HM ou na visão dinâmica de desempenho V$HM_RUN.

Na página EM Support Workbench, clique no link Run Checkers para executar outros diagnósticos. Na página mostrada na Figura 13-13, você verá as verificações de integridade recomendadas para os incidentes selecionados. Mesmo que nenhum verificador específico seja recomendado, você ainda poderá executar um dos verificadores disponíveis para, por exemplo, verificar a integridade do fluxo de redo log e dos objetos básicos do dicionário.

É possível exibir os resultados das verificações de integridade na ferramenta ADRCI com o comando show hm_run. Nos exemplos a seguir, você recuperará os resultados de um monitor de integridade no formato texto, e depois vai gerar um relatório desse monitor no formato XML:

```
adrci> show hm_run -p "run_id=36961"

**********************************************************
HM RUN RECORD 1607
**********************************************************
     RUN_ID                        36961
     RUN_NAME                      HM_RUN_36961
     CHECK_NAME                    DB Structure Integrity Check
     NAME_ID                       2
     MODE                          2
```

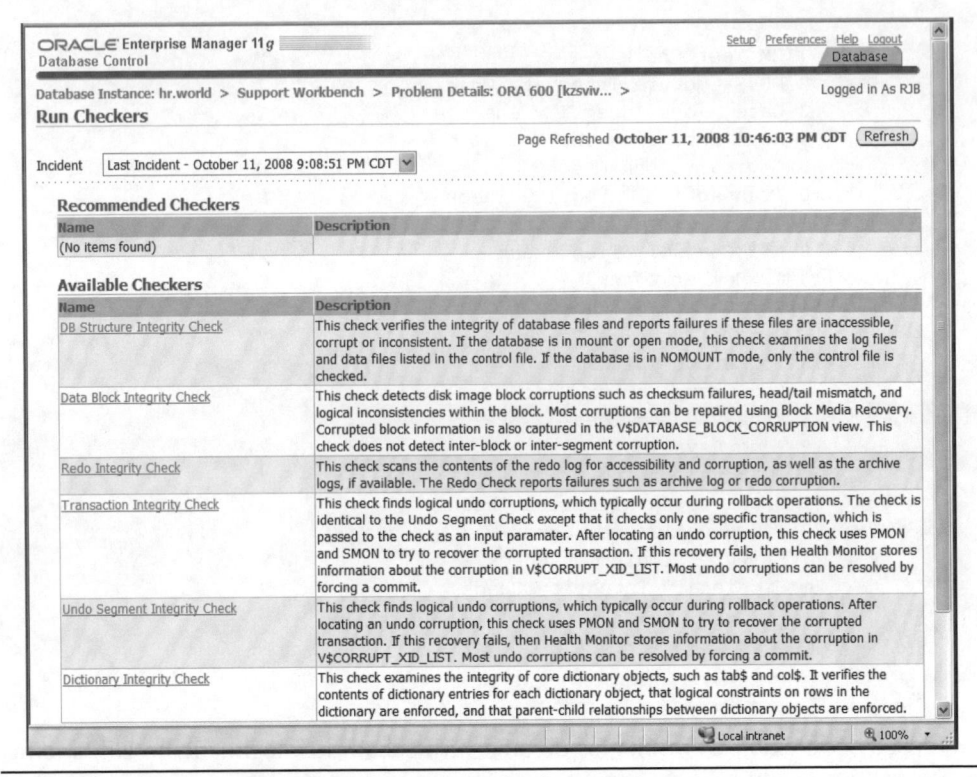

**Figura 13-13**  *Página de recomendações Run Checkers.*

```
            START_TIME                  2008-09-25 09:37:20.403101 -05:00
            RESUME_TIME                 <NULL>
            END_TIME                    2008-09-25 09:37:20.658541 -05:00
            MODIFIED_TIME               2008-09-25 09:37:20.658541 -05:00
            TIMEOUT                     0
            FLAGS                       0
            STATUS                      5
            SRC_INCIDENT_ID             0
            NUM_INCIDENTS               0
            ERR_NUMBER                  0
            REPORT_FILE                 <NULL>

        adrci> create report hm_run hm_run_36961

        adrci> show report hm_run hm_run_36961

        <?xml version="1.0" encoding="US-ASCII"?>
        <HM-REPORT REPORT_ID="HM_RUN_36961">
            <TITLE>HM Report: HM_RUN_36961</TITLE>
            <RUN_INFO>
                <CHECK_NAME>DB Structure Integrity Check</CHECK_NAME>
                <RUN_ID>36961</RUN_ID>
                <RUN_NAME>HM_RUN_36961</RUN_NAME>
```

```
        <RUN_MODE>REACTIVE</RUN_MODE>
        <RUN_STATUS>COMPLETED</RUN_STATUS>
        <RUN_ERROR_NUM>0</RUN_ERROR_NUM>
        <SOURCE_INCIDENT_ID>0</SOURCE_INCIDENT_ID>
        <NUM_INCIDENTS_CREATED>0</NUM_INCIDENTS_CREATED>
        <RUN_START_TIME>2008-09-25 09:37:20.403101 -05:00</RUN_START_TIME>
        <RUN_END_TIME>2008-09-25 09:37:20.658541 -05:00</RUN_END_TIME>
    </RUN_INFO>
    <RUN_PARAMETERS/>
    <RUN-FINDINGS/>
</HM-REPORT>
adrci>
```

## OBJETIVO DA CERTIFICAÇÃO 13.03

### FAZER UMA RECUPERAÇÃO DE MÍDIA EM BLOCO

Muitos erros que você enfrentará estarão relacionados com blocos danificados contidos nos arquivos de dados do banco de dados, devido a falhas de mídia, erros de memória do servidor ou danos lógicos causados por erros do Oracle. Após a identificação desses problemas por meio dos métodos de diagnóstico apresentados anteriormente neste capítulo, você pode utilizar as ferramentas discutidas nas seções a seguir para corrigir os problemas.

Como acontece com praticamente todos os recursos do Oracle, é possível ajustar o nível de controle e monitoramento aplicado pelo Oracle; a verificação dos blocos de dados não é uma exceção. A despeito das configurações que você conhecerá em seguida, o Oracle sempre faz as seguintes verificações nos blocos de dados quando ele lê ou grava em um arquivo de dados:

- A versão do bloco (corresponde à versão do banco de dados)
- O endereço do bloco de dados (DBA – Data Block Address) no cache é idêntico ao valor do DBA no buffer de blocos
- A checksum do bloco está correta

Para corrigir um bloco danificado, você pode recuperar o bloco, eliminar o objeto contendo o bloco danificado, ou fazer ambas as ações. As seções a seguir apresentarão mais detalhes sobre os blocos danificados, como controlar o overhead gerado pelo Oracle para garantir a integridade dos blocos, e como corrigir um bloco corrompido.

### Noções gerais sobre danos em blocos

Ao detectar um bloco danificado, o Oracle registra um erro ORA-01578 no log de alerta e na homepage do EM. Na mensagem de erro, você encontrará o número absoluto do arquivo e o número do bloco danificado. Além disso, a sessão que estava lendo ou gravando no bloco danificado recebe a mesma mensagem de erro. Eis um exemplo de uma mensagem de erro de bloco danificado:

```
ORA-01578: ORACLE data block corrupted (file # 6, block # 403)
ORA-01110: data file 6: '/u09/oradata/ord/oe_trans01.dbf'
```

O dano geralmente é causado por falhas do sistema operacional ou do hardware de disco, como hardware ou firmware de I/O com falhas, problemas de armazenamento em cache no sistema operacional, problemas de memória ou paginação, ou erros causados por utilitários de reparo de disco.

### Usando o parâmetro DB_BLOCK_CHECKING

O parâmetro de inicialização DB_BLOCK_CHECKING controla o grau de detalhamento com que o Oracle verifica a integridade de todo bloco de dados lido ou gravado. O nível de verificação ativado depende do nível de falha tolerável no ambiente (que geralmente é muito baixo!) em relação ao overhead necessário para realizar as verificações de blocos contínuas. Os possíveis valores de DB_BLOCK_CHECKING são:

- **OFF** ou **FALSE**  Nenhuma verificação de blocos é realizada.
- **LOW**  São feitas verificações básicas dos blocos após a mudança dos blocos na memória ou depois de sua leitura a partir do disco, inclusive transferências de blocos entre instâncias em ambientes RAC.
- **MEDIUM**  Abrange todas as verificações LOW e a verificação de todos os blocos não IOT (index-organized table – tabelas organizadas por índice).
- **FULL** ou **TRUE**  Abrange todas as verificações LOW e MEDIUM e as verificações de blocos de índice.

Se for possível tolerar a sobrecarga no desempenho, a Oracle recomenda o uso da opção FULL. O valor padrão é OFF, embora a verificação de blocos FULL no tablespace SYSTEM esteja sempre ativada. A sobrecarga com a verificação de blocos varia de 1 a 10%, mas se aproxima mais de 10% em um ambiente OLTP.

### Usando a recuperação de mídia em bloco

> **dica de exame**  *A recuperação de mídia em bloco só está disponível dentro do aplicativo RMAN.*

Se for detectada apenas uma pequena quantidade de blocos a serem recuperados em um banco de dados nas verificações de integridade mencionadas anteriormente ou nos resultados registrados no log de alerta, o RMAN poderá executar a *recuperação de mídia em bloco* em vez de uma recuperação completa do arquivo de dados. A recuperação de mídia em bloco minimiza o tempo de aplicação de redo log e reduz consideravelmente a quantidade de I/O necessária para recuperar apenas o bloco ou blocos em questão. Enquanto a recuperação de mídia em bloco estiver em andamento, os arquivos de dados afetados podem permanecer online e disponíveis para os usuários.

Além da verificação de blocos realizada pelo Oracle definida pelo parâmetro de inicialização DB_BLOCK_CHECKING, um comando BACKUP ou BACKUP VALIDATE do RMAN pode incluir os blocos danificados na visão dinâmica de desempenho V$DATABASE_BLOCK_CORRUPTION. Além disso, os comandos SQL ANALYZE TABLE e ANALYZE INDEX podem revelar os blocos danificados.

Você deve conhecer as vantagens e desvantagens da recuperação de mídia em bloco; evidentemente, há mais vantagens do que desvantagens. Além de apresentar os benefícios da recuperação de mídia em bloco do RMAN, iremos definir os pré-requisitos para a recuperação de mídia em bloco e fornecer alguns exemplos de situações reais.

### Vantagens da recuperação de mídia em bloco

A recuperação de um bloco ou de um pequeno número de blocos no RMAN tem algumas vantagens óbvias e outras não tão evidentes. Primeiramente, é praticamente certo que a recuperação de um único bloco a partir de um backup recente e de arquivos de redo log arquivados e online demore muito menos tempo do que restaurar e recuperar um ou mais arquivos de dados. Além disso, durante a recuperação de mídia em bloco, o arquivo de dados inteiro continua online e disponível ao longo do processo de recuperação; somente os blocos sendo recuperados não ficarão disponíveis. Portanto, apenas uma tabela, um índice ou outro objeto do banco de dados não permanecerá disponível durante a recuperação de mídia em bloco.

Quando você utiliza o comando RECOVER ... BLOCK do RMAN, o RMAN procura primeiramente nos logs de flashback uma cópia válida do bloco danificado (se o Flashback Database estiver ativado). Caso contrário, o RMAN usa o mais recente backup completo ou de nível 0, restaura os blocos defeituosos e faz uma recuperação de mídia nos blocos danificados usando o flluxo de redo. Observe que o RMAN não pode utilizar os backups incrementais de nível 1 na recuperação de mídia em bloco.

Você pode utilizar a visão dinâmica de desempenho V$DATABASE_BLOCK_CORRUPTION para exibir os blocos defeituosos existentes no banco de dados. Essa visão contém os blocos com danos físicos e lógicos. Eis as ferramentas ou comandos que podem alimentar essa visão ao detectarem blocos danificados:

- Comandos de backup do RMAN
- ANALYZE
- Utilitário dbv do sistema operacional
- Consultas SQL que tentam acessar um bloco danificado

### Pré-requisitos para o uso de recuperação de blocos

Para utilizar a recuperação de mídia em bloco, o banco de dados deve atender a alguns pré-requisitos. Primeiro, o banco de dados de destino deve estar no modo ARCHIVELOG. A menos que o banco de dados seja para fins de teste ou somente leitura, ele já deveria estar no modo ARCHIVELOG para obter o máximo de capacidade de recuperação!

Segundo, os backups dos arquivos de dados com blocos danificados devem ser backups completos ou backups incrementais de nível 0. O RMAN não pode usar backups incrementais de nível 1 na recuperação de blocos. Sendo assim, você deve ter todos os arquivos de redo log arquivados desde o último backup completo ou backup incremental de nível 0.

Como alternativa, você pode utilizar logs de flashback na área de recuperação flash para obter as versões não danificadas dos blocos defeituosos. Por conseguinte, o Flashback Database deve estar ativado. Se existir uma versão não danificada de um bloco defeituoso disponível na área de recuperação flash, o RMAN usará esse bloco e fará a recuperação da mídia sobre o bloco, usando os arquivos de redo log arquivados e online. A menos que o número de blocos danificados seja muito alto, certamente será mais rápido recuperar um bloco a partir dos logs de flashback do que iniciar com um backup incremental de nível 0 ou com um backup completo.

### Usando o comando RMAN RECOVER . . . BLOCK

Você pode utilizar o comando RECOVER ... BLOCK do RMAN em resposta a um alerta ou alguma outra notificação sobre um bloco com defeito. Geralmente, o dano ocorrido em um bloco é informado nos seguintes locais:

- Saída dos comandos LIST FAILURE, VALIDATE ou BACKUP ... VALIDATE do RMAN
- Visão dinâmica de desempenho V$DATABASE_BLOCK_CORRUPTION
- Mensagens de erro exibidas durante uma sessão do SQL *Plus ou de outro cliente
- Log de alerta ou arquivos de rastreamento do usuário
- Resultados dos comandos SQL ANALYZE TABLE ou ANALYZE INDEX
- Resultados do utilitário de linha de comando DBVERIFY (dbv)

Para recuperar um ou mais blocos de dados, o RMAN deve saber o número do arquivo de dados e o número do bloco dentro do arquivo de dados. Como mencionado anteriormente, essa informação está disponível em um arquivo de rastreamento do usuário, como no exemplo a seguir:

```
ORA-01578: ORACLE data block corrupted (file # 6, block # 403)
ORA-01110: data file 6: '/u09/oradata/ord/oe_trans01.dbf'
```

Além disso, o bloco constará na visão V$DATABASE_BLOCK_CORRUPTION; as colunas FILE# e BLOCK# fornecem as informações necessárias para executar o comando RECOVER. A coluna CORRUPTION_TYPE identifica o tipo de dano ocorrido no bloco, como FRACTURED, CHECKSUM ou CORRUPT. É fácil corrigir o bloco no RMAN:

```
RMAN> recover datafile 6 block 403;

Starting recover at 04-SEP-07
using channel ORA_DISK_1

starting media recovery
media recovery complete, elapsed time: 00:00:01

Finished recover at 04-SEP-07

RMAN>
```

Um bloco danificado deve ser totalmente restaurado. Ou seja, todas as operações de redo até o SCN mais recente sobre o bloco de dados devem ser aplicadas para que o bloco seja considerado utilizável novamente.

Se todos os blocos com defeito estiverem registrados na visão V$DATABASE_BLOCK_CORRUPTION, você poderá recuperar facilmente todos eles de uma só vez. Ao usar o seguinte comando, o RMAN recuperará todos os blocos fisicamente danificados que constarem na visão V$DATABASE_BLOCK_CORRUPTION:

```
RMAN> recover corruption list;
```

Depois que o RMAN recuperar os blocos, eles serão removidos da visão V$DATABASE_BLOCK_CORRUPTION.

## Usando o Supervisor de Recuperação de Dados

O Data Recovery Advisor (Supervisor de Recuperação de Dados) faz parte da estrutura de supervisores do Oracle e obtém automaticamente informações sobre uma falha quando um erro é detectado. Se você executar o Data Recovery Advisor de modo pró-ativo, poderá detectar e corrigir uma falha antes que um usuário a consulte ou que uma operação de backup a detecte. O Date Recovery Advisor pode detectar erros relativamente pequenos, como blocos danificados. Por outro lado, ele detectará erros que, de outra forma, impediriam uma inicialização com êxito do banco de dados, como a perda dos arquivos de redo log online. Seu banco de dados pode continuar funcionando por pouco tempo sem os arquivos de redo log online, mas não inicializará na próxima vez em que você desligar e inicializar. O Data Recovery Advisor capturará esse erro de modo pró-ativo.

### *Identificando falhas*

Como acontece com a maioria dos supervisores e recursos do Oracle, você pode utilizar o EM ou as ferramentas de linha de comando para executar o Data Recovery Advisor, exibir os erros e corrigir as falhas. Na homepage do EM, clique no link Advisor Central, no final da página. Na página Advisor Central, clique no link Data Recovery Advisor. Se existirem erros pendentes, você os verá nessa página. Os erros são registrados de modo reativo a partir dos eventos de erro no banco de dados, ou como resultado da execução pró-ativa de uma verificação de integridade. A Figura 13-14 mostra uma falha de dados no banco de dados HR.

Assim que o Data Recovery Advisor identificar uma falha, você poderá examinar os detalhes da falha no EM ou na interface do RMAN. No RMAN, você pode usar os comandos LIST FAILURE, ADVISE FAILURE, REPAIR FAILURE e CHANGE FAILURE. A Tabela 13-2 resume o objetivo desses comandos.

O comando LIST FAILURE tem algumas opções, dependendo dos tipos de erros que você quiser ver:

- *Failure#* — Lista os detalhes de uma falha individual (pelo número da falha).
- ALL – Lista todas as falhas.
- CRITICAL – Lista as falhas que tornam o banco de dados indisponível.

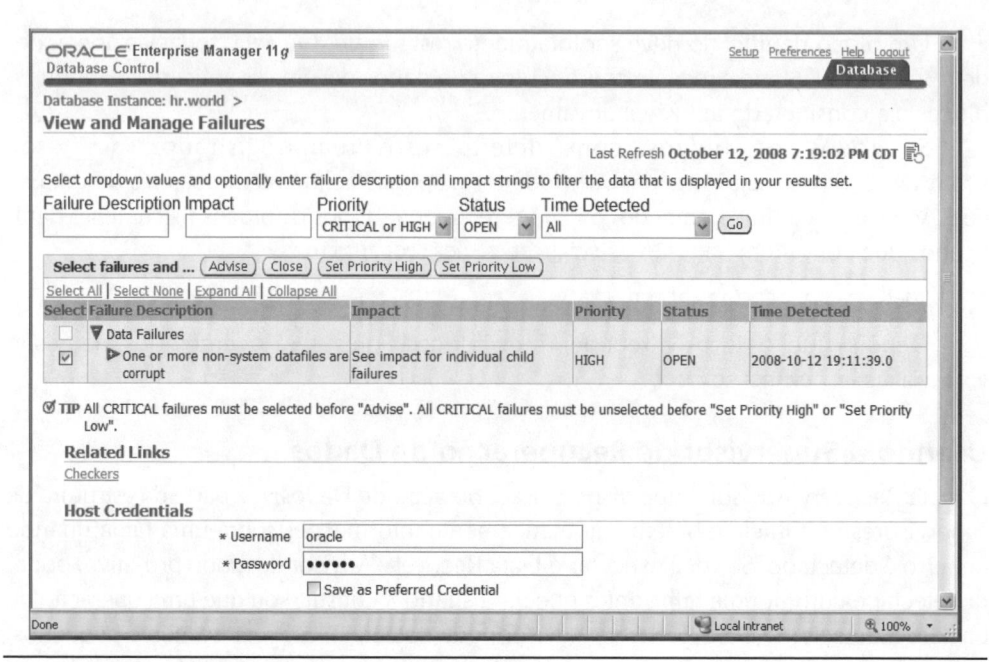

**Figura 13-14**  *Exibindo as falhas de dados no EM.*

- **HIGH** – Lista as falhas graves que tornam o banco de dados indisponível, como um arquivo de dados ausente.
- **LOW** – Lista as falhas intermitentes ou de prioridade inferior, que podem aguardar a correção de problemas mais graves. Por exemplo, isso pode abranger blocos danificados em tablespaces raramente utilizados.
- **CLOSED** – Lista apenas as falhas encerradas.

Por exemplo, LIST FAILURE 2097 listará os detalhes de uma falha com um identificador 2097. Além disso, LIST FAILURE ALL lista todas as falhas em aberto, de qualquer prioridade.

### Implementando reparos

Depois que o Data Recovery Advisor identificar uma falha, você poderá usar o comando ADVISE FAILURE do RMAN para recomendar uma opção de reparo para a falha em questão. O RMAN vai sugerir um reparo e criará um script com o reparo recomendado. Se esse reparo for aceitável (em termos de paralisação ou outros fatores), você poderá executar o REPAIR FAILURE (na mesma sessão do RMAN) para realizar a ação recomendada. Depois que a ação de reparo for concluída com êxito, a falha será automaticamente encerrada.

Também é possível modificar a prioridade de uma falha com CHANGE FAILURE. Por exemplo, um bloco danificado será registrado como uma falha HIGH, mas se ele estiver em um tablespace raramente utilizado, você poderá alterar sua prioridade para LOW, para que

CAPÍTULO 13   CONFIGURANDO DIAGNÓSTICOS DE BANCO DE DADOS    **553**

**TABELA 13-2**   *Comandos do RMAN para aconselhamento e reparo de falhas*

| Comando do RMAN | Descrição |
|---|---|
| LIST FAILURE | Lista as falhas registradas pelo Data Recovery Advisor |
| ADVISE FAILURE | Exibe as opções de reparo recomendadas |
| REPAIR FAILURE | Corrije e encerra a falha, usando as recomendações do RMAN |
| CHANGE FAILURE | Altera o status ou encerra uma falha |

somente as outras falhas mais graves constem no resultado do comando LIST FAILURE. Entretanto, não é possível mudar a prioridade de uma falha classificada como CRITICAL. Você só pode modificar a prioridade de uma falha de HIGH para LOW, ou vice-versa. Eis como mudar a prioridade da falha número 307 de HIGH para LOW:

```
RMAN> change failure 307 priority low;
```

### EXERCÍCIO 13-1

### Use o Supervisor de Recuperação de Dados

Neste exercício, você vai simular uma grave falha de dados, consultar a falha e repará-la no RMAN.

1. Crie um tablespace XPORT_DW em seu banco de dados e crie uma ou mais tabelas no tablespace.

2. No nível do sistema operacional, sobregrave ou exclua o arquivo de dados do tablespace XPORT_DW:

   ```
   [oracle@srv04 -]$ cat /var/log/messages > /u05/oradata/xport_
   dw.dbf
   ```

3. Tente acessar as tabelas contidas no tablespace, no SQL *Plus:

   ```
   SQL> select count(*) from order_hist_xport;
   select count(*) from order_hist_xport
                        *
   ERROR at line 1:
   ORA-00376: file 10 cannot be read at this time
   ORA-01110: data file 10: '/u05/oradata/xport_dw.dbf'

   SQL>
   ```

4. No RMAN, consulte todas as falhas em aberto e liste os detalhes das falhas detectadas:

   ```
   RMAN> list failure;

   List of Database Failures
   =========================

   Failure ID Priority Status    Time Detected  Summary
   ---------- -------- --------- -------------- -------
   ```

```
            1345       HIGH      OPEN       12-OCT-08    One or more non-system
                                                         datafiles are corrupt


RMAN> list failure 1345 detail;

List of Database Failures
=========================

Failure ID Priority Status    Time Detected Summary
---------- -------- --------- ------------- -------
1345       HIGH     OPEN      12-OCT-08     One or more non-system
                                            datafiles are corrupt
  Impact: See impact for individual child failures
  List of child failures for parent failure ID 1345
  Failure ID Priority Status    Time Detected Summary
  ---------- -------- --------- ------------- -------
  37305      HIGH     OPEN      12-OCT-08     Datafile 10:
                                              '/u05/oradata/xport_dw.dbf' is corrupt
    Impact: Some objects in tablespace XPORT_DW might be unavailable

RMAN>
```

Você poderá ver informações semelhantes no EM. Acesse a página Data Recovery Advisor, mostrada na Figura 13-14, e expanda a descrição da falha. A Figura 13-15 apresenta os detalhes da falha.

5. Retorne ao RMAN e execute o comando ADVISE FAILURE:

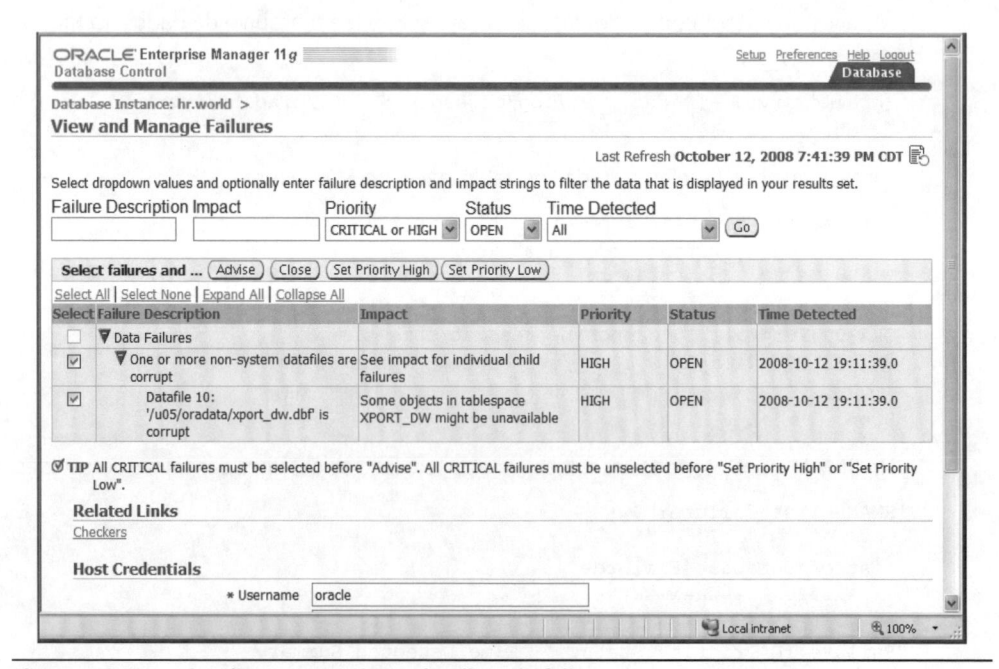

**Figura 13-15** *Visualize e gerencie os detalhes da falha.*

```
RMAN> advise failure;

List of Database Failures
=========================

Failure ID Priority Status     Time Detected Summary
---------- -------- ---------- ------------- -------
1345       HIGH     OPEN       12-OCT-08     One or more non-system
                                             datafiles are corrupt
  Impact: See impact for individual child failures
  List of child failures for parent failure ID 1345
  Failure ID Priority Status     Time Detected Summary
  ---------- -------- ---------- ------------- -------
  37305      HIGH     OPEN       12-OCT-08     Datafile 10:
                                               '/u05/oradata/xport_dw.dbf' is corrupt
    Impact: Some objects in tablespace XPORT_DW might be unavailable

analyzing automatic repair options; this may take some time
allocated channel: ORA_DISK_1
channel ORA_DISK_1: SID=110 device type=DISK
analyzing automatic repair options complete

Mandatory Manual Actions
========================
no manual actions available

Optional Manual Actions
=======================
no manual actions available

Automated Repair Options
========================
Option Repair Description
------ ------------------
1      Restore and recover datafile 10
  Strategy: The repair includes complete media recovery with no data loss
  Repair script: /u01/app/oracle/diag/rdbms/hr/hr/hm/reco_2543193427.hm

RMAN>
```

Se você clicar no botão Advise, incluído na página da Figura 13-15, obviamente receberá o mesmo conselho. A Figura 13-16 apresenta o script do RMAN que o OEM executará para fazer uma recuperação de uma falha de mídia.

6. Execute a recuperação do tablespace no RMAN usando as recomendações especificadas em /u01/app/oracle/diag/rdbms/hr/hr/hm/reco_2543193427.hm, que, não por coincidência, são idênticas às exibidas na Figura 13-16:

```
RMAN> sql 'alter database datafile 10 offline';

sql statement: alter database datafile 10 offline

RMAN> restore datafile 10;
```

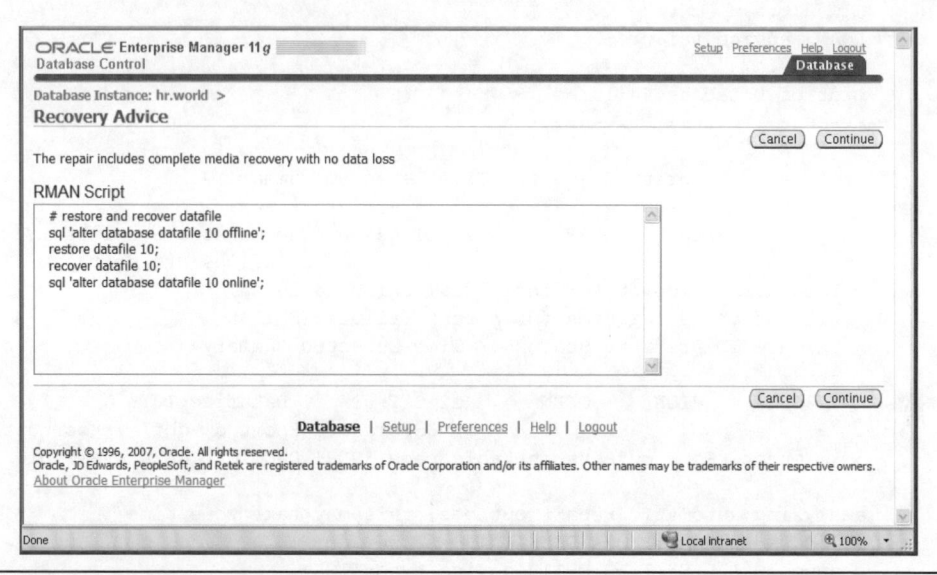

**Figura 13-16**  *Ações recomendadas pelo OEM Recovery Advisor.*

```
Starting restore at 12-OCT-08
using channel ORA_DISK_1

channel ORA_DISK_1: starting datafile backup set restore
channel ORA_DISK_1: specifying datafile(s) to restore from backup set
channel ORA_DISK_1: restoring datafile 00010 to /u05/oradata/xport_dw.dbf
channel ORA_DISK_1: reading from backup piece /u01/oradata/bkup/7ajssndf_1_1
channel ORA_DISK_1: piece handle=/u01/oradata/bkup/7ajssndf_1_1
                   tag=TAG20081011T135702
channel ORA_DISK_1: restored backup piece 1
channel ORA_DISK_1: restore complete, elapsed time: 00:00:17
Finished restore at 12-OCT-08

RMAN> recover datafile 10;

Starting recover at 12-OCT-08
using channel ORA_DISK_1

starting media recovery

archived log for thread 1 with sequence 181 is already on disk as file
/u01/app/oracle/flash_recovery_area/HR/archivelog/2008_10_11/
             o1_mf_1_181_4h1xrq46_.arc
. . .
archived log file
name=/u01/app/oracle/flash_recovery_area/HR/archivelog/2008_10_12
                   /o1_mf_1_192_4h4sbpnp_.arc thread=1 sequence=192
media recovery complete, elapsed time: 00:00:46
Finished recover at 12-OCT-08

RMAN>
```

7. Verifique se a falha foi concluída e encerrada:

```
RMAN> list failure;

no failures found that match specification

RMAN>
```

### Visões do Supervisor de Recuperação de Dados

Várias visões dinâmicas de desempenho podem ser utilizadas para recuperar informações sobre as falhas detectadas pelo Data Recovery Advisor (Supervisor de Recuperação de Dados):

- **V$IR_FAILURE** – Todas as falhas, inclusive as encerradas.
- **V$IR_MANUAL_CHECKLIST** – Lista de aconselhamento manual.
- **V$IR_REPAIR** – Lista de reparos.
- **V$IR_REPAIR_SET** – Referência cruzada dos números identificadores de falhas e conselhos.

Por exemplo, para recuperar as informações sobre a falha apresentada no Exercício 13-1, consulte a visão V$IR_FAILURE, como a seguir:

```
SQL> select failure_id, parent_id, description, status
  2  from v$ir_failure
  3  where failure_id = 37305;

FAILURE_ID  PARENT_ID DESCRIPTION                    STATUS
----------  --------- ------------------------------ -----------
     37305       1345 Datafile 10: '/u05/oradata/xpo CLOSED
                      rt_dw.dbf' is corrupt

SQL>
```

## RESUMO DA CERTIFICAÇÃO

Este capítulo começou com uma visão geral do Automatic Diagnostic Repository (ADR). O ADR é um recurso permanentemente ativo, que captura erros nos arquivos de dump e de rastreamento na primeira e em todas as ocorrências subsequentes. Isso facilita a sua vida quando ocorrer um erro, porque acontece sem a intervenção do DBA. Além das facilidades incluídas no EM, você pode utilizar a ferramenta de linha de comando ADR-CI para consultar o conteúdo do ADR quando o banco de dados ou o EM (ou ambos!) estiverem fora do ar.

Assim que o ADR identificar um ou mais problemas, você poderá aproveitar as informações do ADR usando a interface do Workbench de Suporte no EM. As ferramentas disponíveis através do Workbench de Suporte permitem exibir os detalhes sobre problemas e incidentes, executar verificações de integridade no banco de dados (de modo reativo ou pró-ativo), gerar outros dados de diagnóstico para solicitações de serviço e executar os supervisores para ajudá-lo a resolver o problema ou incidente. Também mostramos passo a passo como empacotar todas as informações relevantes em uma solicitação de serviço (SR – service request) para o Suporte Técnico Oracle quando você mesmo não conseguir solucionar o problema. O Workbench de Suporte facilita a análise de um problema e efetua outras análises sobre o mesmo problema, apresenta as possíveis causas e soluções. Você também conheceu as diferenças e semelhanças entre os alertas, problemas e incidentes.

Em seguida, discutimos sobre uma das ferramentas que é tanto pró-ativa quanto reativa: o Health Monitor. A página Checkers no EM (disponível em algumas páginas do EM) permite executar, no modo pró-ativo, 24 tipos diferentes de verificações de integridade, como a Redo Integrity Check (Verificação de Integridade de Redo), Transaction Integrity Check (Verificação de Integridade de Transação) e Data Dictionary Integrity Check (Verificação de Integridade do Dicionário de Dados).

Um dos problemas mais comuns enfrentados no banco de dados são os blocos danificados. É possível controlar a abrangência com que o Oracle verifica cada bloco de dados durante as leituras e gravação por meio do parâmetro de inicialização DB_BLOCK_CHECKING. Há que se pesar se você deve investir mais tempo de CPU para detectar os problemas de modo pró-ativo, ou relaxar as verificações dos blocos e possivelmente detectar os problemas mais tarde, quando você poderá não ter tempo para corrigi-los.

O capítulo terminou com a apresentação de uma das ferramentas de reparo baseadas no RMAN, o Data Recovery Advisor (Supervisor de Recuperação de Dados). Na linha de comando do RMAN ou na interface do EM, você pode consultar todas as falhas (em aberto ou encerradas) com um status CRITICAL, HIGH ou LOW. Após a identificação da falha, você poderá aplicar o aconselhamento do Data Recovery Advisor (geralmente na forma de um script do RMAN) para corrigir o problema.

# ✓ EXERCÍCIO DE DOIS MINUTOS

*Configurar o Automatic Diagnostic Repository*

❑ O ADR é um recurso permanentemente ativo, que captura os erros nos arquivos de rastreamento e dump, na primeira vez e em todas as ocorrências subsequentes.

❑ O ADR usa uma localização em disco para armazenar as informações de diagnóstico e dispõe de uma ferramenta que facilita a consulta do repositório, mesmo que o banco de dados não esteja disponível.

❑ Cada instância do banco de dados ou cada instância do ASM (Automatic Storage Management) possui uma estrutura própria de diretórios, chamada de *Home ADR* dentro de um diretório de nível superior, conhecido como *Base do ADR*.

❑ O diretório-base do ADR também é conhecido como o diretório-raiz do ADR.

❑ Se o parâmetro de inicialização `DIAGNOSTIC_DEST` for definido, o diretório-base do ADR será definido com esse valor e todas as outras localizações de arquivos serão definidas em relação a essa localização.

❑ Se o parâmetro `DIAGNOSTIC_DEST` não for definido, ele será definido com a variável de ambiente `ORACLE_BASE`.

❑ Se a variável `ORACLE_BASE` não for definida, o parâmetro `DIAGNOSTIC_DEST` será definido com o valor de `$ORACLE_HOME/log`.

❑ As informações de diagnóstico do ADR são particionadas. Todos os rastreamentos não relacionados a incidentes são armazenados no subdiretório `trace`, todos os dumps de memória são armazenados no diretório `cdump`, e todos os dumps de incidentes são armazenados como diretórios individuais dentro do subdiretório `incident`.

❑ A ferramenta ADR Command Interpreter (ADRCI) facilita a consulta ao conteúdo do ADR. Você pode utilizar o ADRCI inclusive quando o banco de dados estiver desligado.

❑ O ADRCI não exige um login ou qualquer outra autorização. O conteúdo do ADR é protegido apenas pelas permissões do sistema operacional sobre o diretório contendo as estruturas de arquivos do ADR.

*Usar o Workbench de Suporte*

❑ O Workbench de Suporte, acessível através da interface do EM, orienta passo a passo todos os aspectos da detecção, documentação e solução de problemas.

❑ O Workbench de Suporte também facilita o empacotamento de todos os dados de diagnóstico e de suporte necessários para envio ao Suporte Técnico Oracle através do serviço MetaLink.

- Um *problema,* conforme definido pela estrutura do Workbench de Suporte, é um erro crítico ocorrido no banco de dados: por exemplo, um erro interno ORA-00600 ou outro evento grave, como o esgotamento da memória no shared pool, ou talvez uma exceção do sistema operacional.
- Um *incidente* é uma única ocorrência de um problema.
- Cada problema possui uma *chave de problema,* que é uma string de texto contendo o código de erro e, opcionalmente, outras características do problema.
- O empacotamento personalizado dentro da estrutura do Workbench de Suporte propicia mais flexibilidade e mais controle sobre o conteúdo de um pacote de incidentes.
- O Health Monitor verifica o status de diversos componentes do banco de dados, inclusive arquivos de dados, memória, integridade das transações, metadados e uso dos processos.
- É possível executar verificações de integridade no EM via Workbench de Suporte, ou manualmente por meio do pacote PL/SQL DBMS_HM.

### *Fazer uma recuperação de mídia em bloco*

- Ao detectar um bloco danificado, o Oracle registra um erro ORA-01578 no log de alerta e na homepage do EM.
- O parâmetro de inicialização DB_BLOCK_CHECKING controla a abrangência com que o Oracle verifica a integridade de cada bloco de dados lido ou gravado.
- Se você detectar apenas uma pequena quantidade de blocos a serem recuperados em um banco de dados nas verificações de integridade citadas anteriormente ou nos resultados revelados no log de alerta, o RMAN poderá executar uma *recuperação de mídia em bloco* em vez de uma recuperação completa do arquivo de dados.
- Quando você utiliza o comando RMAN RECOVER ... BLOCK, o RMAN procura primeiramente nos logs de flashback uma cópia válida do bloco danificado (se o Flashback Database estiver ativado).
- Você pode utilizar a visão dinâmica de desempenho V$DATABASE_BLOCK_CORRUPTION para exibir os blocos defeituosos existentes no banco de dados.
- O banco de dados de destino deve estar no modo ARCHIVELOG para permitir o uso do recurso recuperação de blocos do RMAN.
- Como alternativa, você pode usar os logs de flashback na área de recuperação flash para obter versões válidas dos blocos defeituosos.
- O Data Recovery Advisor (Supervisor de Recuperação de Dados) faz parte da estrutura de supervisores do Oracle e obtém automaticamente informações sobre uma falha quando um erro é detectado.

❑ Assim que o Data Recovery Advisor identificar uma falha, você pode examinar os detalhes dessa falha na interface do EM ou do RMAN.

❑ Quando o Data Recovery Advisor identificar uma falha, você pode emitir o comando ADVISE FAILURE do RMAN para recomendar uma opção de reparo para a falha específica.

## TESTE

As perguntas a seguir o ajudarão a avaliar seu conhecimento sobre o material apresentado neste capítulo. Leia com atenção todas as opções porque pode haver mais de uma resposta correta. Escolha todas as respostas certas de cada pergunta.

### Configurar o Automatic Diagnostic Repository

1. O valor do parâmetro de inicialização DIAGNOSTIC_DEST é NULL, a variável de ambiente ORACLE_HOME está definida com /u01/app/oracle/product/11.1.0/db_1, e o valor da variável de ambiente ORACLE_BASE está definido com /u01/app/oracle. Na inicialização, que valor é atribuído pelo Oracle ao parâmetro DIAGNOSTIC_DEST?

    A. /u01/app/oracle/diag
    B. /u01/app/oracle/log
    C. /u01/app/oracle/product/11.1.0/db_1/log
    D. /u01/app/oracle

2. Qual das seguintes tarefas é possível executar com a ferramenta de linha de comando adrci?

    A. Empacotar informações de incidentes em um arquivo ZIP para enviar ao Suporte Técnico Oracle.
    B. Exibir dados de diagnóstico no ADR.
    C. Fazer uma verificação de integridade em um banco de dados em execução.
    D. Rodar as correções recomendadas na verificação de integridade mais recente executada no banco de dados.

3. Qual das seguintes localizações de diretório não está disponível na visão V$DIAG_INFO? (Escolha a melhor resposta.)

    A. Arquivos de rastreamento de diagnóstico
    B. Arquivos de incidentes de diagnóstico
    C. Arquivos de problemas de diagnóstico
    D. Contagem de problemas ativos

### Usando o Workbench de Suporte

4. Para quais das seguintes tarefas você pode utilizar o Workbench de Suporte do EM? (Escolha todas as respostas corretas.)

    A. Executar os reparos recomendados.
    B. Executar manualmente uma verificação de integridade.
    C. Encerrar problemas e incidentes.
    D. Gerar outros casos de teste SQL para ajudar o Suporte Técnico Oracle a solucionar o problema.
    E. Exibir problemas e incidentes.

5. Qual das seguintes tarefas só pode ser executada com o recurso de empacotamento personalizado do Workbench de Suporte do EM?
   A. Especificar um SR associado ao pacote.
   B. Personalizar o nome e a descrição do pacote.
   C. Especificar a data e hora para upload do pacote.
   D. Adicionar ou remover arquivos externos de um pacote.
6. Quais dos seguintes supervisores podem ser executados na página Incident Details do Workbench de Suporte do EM? (Escolha duas respostas.)
   A. O SQL Repair Advisor (Supervisor de Reparo SQL)
   B. O Data Recovery Advisor (Supervisor de Recuperação de Dados)
   C. O SQL Tuning Advisor (Supervisor de Ajuste SQL)
   D. O Disk Repair Advisor (Supervisor de Reparo de Disco)

*Fazer uma recuperação de mídia em bloco*

7. Quais das seguintes verificações básicas de consistência são executadas pelo Oracle quando um bloco é gravado ou lido? (Escolha todas as respostas corretas.)
   A. Checksum de bloco
   B. Endereço de Bloco de Dados (Data Block Address – DBA) no cache corresponde ao endereço em disco
   C. Versão de bloco
   D. O bloco de dados está abaixo da HWM ao ler ou atualizar um bloco
8. Quais das seguintes respostas são pré-requisitos para usar a recuperação de mídia em bloco? (Escolha todas as respostas aplicáveis.)
   A. O Flashback Database deve estar ativado.
   B. O banco de dados deve estar no modo ARCHIVELOG.
   C. O último backup de nível 1 deve estar disponível.
   D. DB_BLOCK_CHECKING deve estar definido com LOW, MEDIUM ou FULL.
   E. Todos os redo logs arquivados desde o último backup completo devem estar disponíveis.
9. Você pode utilizar o comando CHANGE FAILURE do RMAN para alterar a prioridade de quais tipos de falhas? (Escolha todas as respostas aplicáveis.)
   A. OPEN
   B. HIGH
   C. CRITICAL
   D. LOW
   E. CLOSED

## RESPOSTAS DO TESTE

### Configurar o Automatic Diagnostic Repository

1. ☑ **D**. O diretório-raiz do ADR (também conhecido como base do ADR) é definido pelo parâmetro `DIAGNOSTIC_DEST`. Se ele não for definido, o Oracle definirá o `DIAGNOSTIC_DEST` com a variável de ambiente `ORACLE_BASE`. Se essa variável não for definida, então o diretório-raiz do ADR será definido com `$ORACLE_HOME/log`.

    ☒ **A, B e C** estão incorretas. Todas as três localizações não são atribuídas, dados os valores de `DIAGNOSTIC_DEST`, `ORACLE_BASE` e `ORACLE_HOME`.

2. ☑ **A e B**. A ferramenta de linha de comando `adrci` permite exibir informações de diagnóstico contidas no diretório-raiz do ADR, além de empacotar as informações sobre problemas e incidentes para serem enviadas ao Suporte Técnico Oracle.

    ☒ **C e D** estão incorretas. A ferramenta de linha de comando `adrci` não pode iniciar verificações de integridade, nem executar as correções recomendadas por outras ferramentas de diagnóstico do Oracle.

3. ☑ **C**. A visão `V$DIAG_INFO` não especifica um diretório para problemas, somente para incidentes. Cada incidente é rotulado com uma string de texto representando o identificador do problema.

    ☒ **A, B e D** estão listadas em `V$DIAG_INFO` com o nome de caminho específico do sistema operacional.

### Usar o Workbench de Suporte

4. ☑ **B, C, D e E**. Você pode utilizar o Workbench de Suporte para exibir problemas e incidentes, executar manualmente verificações de integridade, gerar outros dumps e casos de teste para Suporte Técnico Oracle, criar e rastrear uma solicitação de serviço no Suporte Técnico Oracle, coletar todos os dados relacionados a um problema e empacotá-los, e encerrar o problema quando estiver solucionado.

    ☒ **A** está incorreta. O Workbench de Suporte do EM não pode executar os reparos recomendados. Entretanto, é possível iniciar supervisores que recomendam reparos.

5. ☑ **D**. Você só pode adicionar ou remover arquivos externos de um pacote aplicando o método de empacotamento personalizado.

    ☒ **A, B e C** estão incorretas porque essas tarefas podem ser realizadas com o método de empacotamento rápido.

6. ☑ **A e B**. É possível executar o Data Recovery Advisor ou o SQL Repair Advisor a partir da página Incident Details.

    ☒ **C e D** estão incorretas. Você não pode iniciar o SQL Tuning Advisor no Workbench de Suporte do EM. Não existe um supervisor chamado Disk Repair Advisor.

## Fazer uma recuperação de mídia em bloco

7. ☑ **A**, **B** e **C**. O Oracle executa todas essas verificações independentemente da configuração do parâmetro DB_BLOCK_CHECKING.

   ☒ **D** está incorreta porque o Oracle não verifica se um bloco está posicionado abaixo da marca d'água superior (HWM) ao atualizar ou ler um bloco.

8. ☑ **A**, **B** e **E**. Para usar o recurso de recuperação de blocos do RMAN, o banco de dados deve estar no modo ARCHIVELOG, os backups dos arquivos de dados devem ser backups completos ou de nível 0, e os arquivos de redo log arquivados devem estar disponíveis desde o último backup completo ou de nível 0. Além disso, se o Flashback Database estiver ativado, o RMAN poderá procurar versões válidas dos blocos nos logs de flashback.

   ☒ **C** está incorreta porque o RMAN não pode utilizar os backups de nível 1 na recuperação de blocos. **D** está incorreta porque o parâmetro DB_BLOCK_CHECKING não precisa estar ativado para permitir o uso do recurso de recuperação de blocos.

9. ☑ **B** e **D**. Você pode alterar a prioridade de uma falha classificada como HIGH para LOW, e vice-versa.

   ☒ **A** está incorreta porque OPEN não é um status de falha. **C** está incorreta porque você não pode mudar a prioridade de uma falha classificada como CRITICAL. **E** está incorreta porque não é possível modificar a prioridade de uma falha classificada como CLOSED.

# 14
# Usando o Scheduler para Automatização de Tarefas

## OBJETIVOS DE CERTIFICAÇÃO

14.01　Criar um job, programa ou agendamento

14.02　Usar uma agenda baseada em tempo ou em evento para executar jobs do Scheduler

14.03　Criar jobs leves

14.04　Usar cadeias de jobs para executar uma sequência de tarefas relacionadas

14.05　Criar janelas e classes de jobs

14.06　Usar os conceitos avançados do Scheduler para priorizar os jobs

✓　Exercício de dois minutos

P&R　Teste

Em muitas ocasiões, você, como administrador de banco de dados, ou seus usuários precisarão automatizar o agendamento e execução de diversos tipos de tarefas – por exemplo, realizar o trabalho de manutenção, como backups de bancos de dados, rotinas de carga e validação de dados, gerar relatórios, coletar estatísticas do otimizador ou executar processos de negócio. O recurso Scheduler pode ser utilizado para agendar tarefas a serem executadas em algum momento no futuro.

O Scheduler pode ser associado ao Resource Manager (Gerenciador de Recursos): ele pode ativar planos do Resource Manager e executar jobs com prioridades atribuídas a vários grupos de consumidores do Resource Manager.

Nos releases anteriores do banco de dados, as capacidades de agendamento de jobs eram fornecidas através do recurso DBMS_JOB, cujo suporte ainda existe para fins de compatibilidade com versões anteriores, mas não é tão versátil quanto o Scheduler.

Neste capítulo, você aprenderá a acionar algumas capacidades avançadas do Scheduler, como cadeias e priorização de jobs. As cadeias de job representam mais que apenas um job em execução após o outro. Em outras palavras, o êxito do job A na cadeia pode acionar o job B, ou a falha do job A pode disparar o job C, em substituição. A priorização de jobs utiliza classes de job e o Resource Manager para disponibilizar mais recursos para um job em relação ao outro. Por exemplo, uma classe de usuários do banco de dados pode receber a alocação de uma porcentagem de recursos mais alta, como o tempo de CPU, quando mais de uma classe de usuários disputa os mesmos recursos.

## OBJETIVO DA CERTIFICAÇÃO 14.01

### CRIAR UM JOB, PROGRAMA OU AGENDAMENTO

O Oracle dispõe de uma capacidade de agendamento avançada, mas fácil de usar, para permitir que os usuários de aplicativos, desenvolvedores e DBAs executem tarefas periódicas em um horário específico. Como um DBA, você pode optar por agendar um backup noturno sem utilizar as capacidades de agendamento menos granular do sistema operacional. Os desenvolvedores podem agendar a execução de relatórios sumarizados para o último dia do mês, nas primeiras horas da manhã, após receber os últimos recibos de venda do dia, e assim por diante. O Oracle Scheduler oferece essas capacidades e muito mais.

Para utilizar e manter o Oracle Scheduler de modo eficiente, você deve conhecer a sua arquitetura, inclusive seus componentes – jobs, programas, agendas, classes de job e janelas.

### Noções básicas sobre a arquitetura do Scheduler

O *dicionário de dados* contém uma tabela que é um ponto de armazenamento para todos os jobs do Scheduler. Você pode consultar a tabela através da visão DBA_SCHEDULER_JOBS. O processo job coordinator (coordenador de jobs), CJQ0, monitora essa tabela e, quando necessário, aciona os slaves (auxiliares) de job, os processos *Jnnn*, para executar os jobs.

O processo CJQ0 é acionado automaticamente na data agendada para o job; ele é desativado após um período especificado de inatividade do Scheduler. Os processos *Jnnn* são disparados sob demanda, embora o número máximo seja limitado pelo parâmetro de instância JOB_QUEUE_PROCESSES; este é predefinido com 0, mas se esse valor for utilizado, o Scheduler não funcionará.

> **dica de exame**
>
> *O parâmetro de instância* JOB_QUEUE_PROCESSES *deve ser definido com um valor acima de zero (0); caso contrário, o Scheduler não poderá ser executado. Por padrão, esse parâmetro é definido com 1000, que também é o valor máximo.*

O job coordinator (coordenador de jobs) encaminha os jobs da tabela de filas de jobs para os slaves, para execução. Ele também aciona e encerra os slaves de acordo com a demanda. Para conhecer os processos atualmente em execução, consulte a visão V$PROCESS. Em uma instância do Unix/Linux, existirão processos de sistemas operacionais separados, e em uma instância do Windows, serão threads (segmentos) no processo ORACLE.EXE.

Um recurso avançado do Scheduler é associá-lo ao Resource Manager. É possível que alguns jobs precisem ser executados com determinadas prioridades, e isso pode ser feito vinculando-se um job a um grupo de consumidores do Resource Manager (consulte o Capítulo 12 para obter mais informações sobre o Resource Manager). Também é possível utilizar o Scheduler para ativar um plano do Resource Manager, em vez de modificar manualmente o parâmetro de instância RESOURCE_MANAGER_PLAN. É possível configurar e monitorar o Scheduler com uma API – o pacote DBMS_SCHEDULER – ou através do Database Control. A Figura 14-1 mostra a homepage do Scheduler, com links no final para outros objetos do scheduler, como jobs, programas e janelas.

## Jobs

Um *job* especifica o que fazer e quando fazer. O *que fazer* pode ser uma única instrução SQL, um bloco PL/SQL, uma stored procedure PL/SQL, uma stored procedure Java, uma procedure externa, ou qualquer arquivo executável armazenado no sistema de arquivos do servidor – um executável binário ou um script de shell. O *quando fazer* especifica o timestamp em que o job deve ser acionado e um intervalo de repetição para as próximas execuções.

Você pode escolher dentre várias opções ao criar um job, como é possível constatar na procedure DBMS_SCHEDULE.CREATE_JOB. Essa procedure está sobrecarregada porque possui nada menos do que seis formas. Veja a seguir uma parte da saída da primeira forma de CREATE_JOB a partir de um DESCRIBE do pacote DBMS_SCHEDULER:

```
PROCEDURE CREATE_JOB
 Argument Name                  Type                    In/Out  Default?
 ------------------------------ ----------------------- ------  --------
 JOB_NAME                       VARCHAR2                IN
 JOB_TYPE                       VARCHAR2                IN
 JOB_ACTION                     VARCHAR2                IN
```

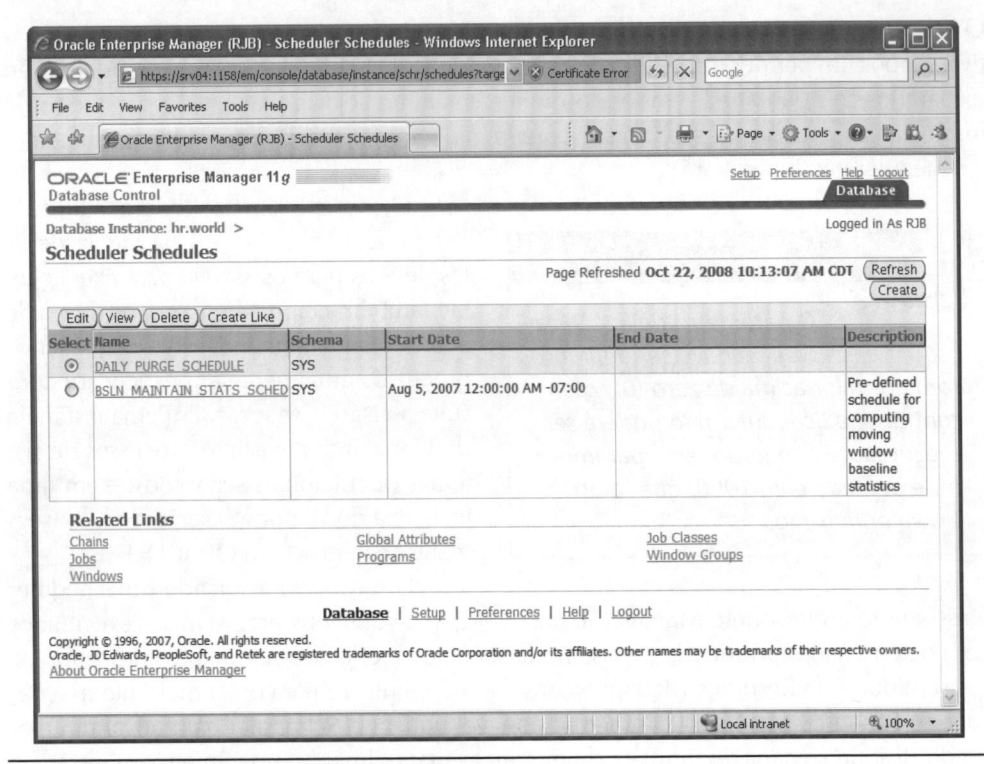

**Figura 14-1**  *Página do Oracle Scheduler.*

```
NUMBER_OF_ARGUMENTS    BINARY_INTEGER              IN    DEFAULT
START_DATE             TIMESTAMP WITH TIME ZONE    IN    DEFAULT
REPEAT_INTERVAL        VARCHAR2                    IN    DEFAULT
END_DATE               TIMESTAMP WITH TIME ZONE    IN    DEFAULT
JOB_CLASS              VARCHAR2                    IN    DEFAULT
ENABLED                BOOLEAN                     IN    DEFAULT
AUTO_DROP              BOOLEAN                     IN    DEFAULT
COMMENTS               VARCHAR2                    IN    DEFAULT
```

Todas as formas da procedure CREATE_JOB devem especificar um JOB_NAME, que deve ser único dentro do esquema no qual o job for criado.

Em seguida, usando a primeira forma da procedure, o JOB_TYPE deve ser um dos seguintes: PLSQL_BLOCK, STORED_PROCEDURE ou EXECUTABLE. Se o JOB_TYPE for PLSQL_BLOCK, então JOB_ACTION pode ser uma única instrução SQL ou um bloco PL/SQL. Se o JOB_TYPE for STORED_PROCEDURE, então JOB_ACTION deve nomear uma stored procedure, que pode ser PL/SQL, Java, ou externa escrita na linguagem C. Se o JOB_TYPE for EXECUTABLE, então o JOB_ACTION pode ser qualquer coisa que possa ser executada no prompt da linha de comando do sistema operacional: um comando, um arquivo binário executável, ou um script de shell ou arquivo batch. O parâmetro NUMBER_OF_ARGUMENTS informa quantos argumentos JOB_ACTION deve aceitar.

A primeira forma da procedure continua com os detalhes de quando e com que frequência o job deve ser executado. A primeira execução ocorrerá em START_DATE; o

INTERVAL define uma frequência de repetição, como diariamente, até a data especificada em END_DATE. JOB_CLASS está relacionado com as prioridades e a integração do Scheduler com o Resource Manager. O argumento ENABLED determina se o job pode realmente ser executado. O que pode surpreender é que esse argumento esteja definido com FALSE. Se o job não for criado com esse argumento definido com TRUE, ele não poderá ser executado (manualmente ou por agendamento) sem ativá-lo primeiramente. Finalmente, AUTO_DROP controla se a definição do job deve ser eliminada depois de END_DATE, que está predefinido com TRUE. Se criado sem a informação do agendamento, um job será executado assim que ele for ativado, e será eliminado imediatamente se AUTO_DROP estiver definido com TRUE, que é o valor padrão.

Na terceira forma da procedure CREATE_JOB, os detalhes do job (JOB_TYPE, JOB_ACTION e NUMBER_OF_ARGUMENTS) foram substituídos por um PROGRAM_NAME que indica um programa que fornecerá esses detalhes. Na quarta forma, os detalhes do agendamentos (START_DATE, REPEAT_INTERVAL e END_DATE) foram substituídos por SCHEDULE_NAME, que indica um agendamento que gerenciará o timing das execuções. A segunda forma (e a mais rápida) da procedure usa um programa e um agendamento.

## Programas

Os *programas* fornecem uma camada de abstração entre o job e a ação que ele executará, e são criados com a procedure DBMS_SCHEDULER.CREATE_PROGRAM:

```
PROCEDURE CREATE_PROGRAM
Argument Name                  Type                    In/Out Default?
---------------------          --------------------    ------ --------
PROGRAM_NAME                   VARCHAR2                IN
PROGRAM_TYPE                   VARCHAR2                IN
PROGRAM_ACTION                 VARCHAR2                IN
NUMBER_OF_ARGUMENTS            BINARY_INTEGER          IN     DEFAULT
ENABLED                        BOOLEAN                 IN     DEFAULT
COMMENTS                       VARCHAR2                IN     DEFAULT
```

Ao extrair *o quê* de um job da própria definição do job e defini-lo em um programa, é possível fazer referência a esse programa em diversos jobs e, assim, associá-lo a diferentes agendas e classes de job, sem precisar defini-lo várias vezes. Cabe ressaltar que (como acontece em um job), para ser utilizado, um programa deve estar ATIVADO (ENABLED).

## Agendas

Uma *agenda* (*ou programação*) é uma especificação de quando e com que frequência um job deve ser executado, criada com a procedure DBMS_SCHEDULER.CREATE_SCHEDULE:

```
PROCEDURE CREATE_SCHEDULE
Argument Name          Type                          In/Out Default?
---------------        -----------------------       ------ --------
SCHEDULE_NAME          VARCHAR2                      IN
START_DATE             TIMESTAMP WITH TIME ZONE      IN     DEFAULT
REPEAT_INTERVAL        VARCHAR2                      IN
END_DATE               TIMESTAMP WITH TIME ZONE      IN     DEFAULT
COMMENTS               VARCHAR2                      IN     DEFAULT
```

START_DATE está predefinido com a data e hora atuais. Trata-se da hora em que os jobs associados a esse agendamento serão executados. REPEAT_INTERVAL especifica a frequência de execução do job, até END_DATE. Os agendamento sem um END_DATE serão executados indefinidamente.

O argumento REPEAT_INTERVAL pode aceitar uma grande variedade de expressões de calendário, que consistem em até três elementos: uma frequência, um intervalo e possivelmente vários especificadores. A frequência pode ser um dos seguintes valores:

```
YEARLY
MONTHLY
WEEKLY
DAILY
HOURLY
MINUTELY
SECONDLY
```

Os especificadores podem ser um dos seguintes valores:

```
BYMONTH
BYWEEKNO
BYYEARDAY
BYMONTHDAY
BYHOUR
BYMINUTE
BYSECOND
```

O uso desses elementos de um REPEAT_INTERVAL permite configurar agendamentos que devem atender a todas as necessidades. Por exemplo:

```
repeat_interval=>'freq=hourly; interval=12'
```

executará o job a cada 12 horas, a partir de START_DATE. O exemplo seguinte,

```
repeat_interval=>'freq=yearly; bymonth=jan,apr,jul,oct; bymonthday=2'
```

executará o job no segundo dia de cada um dos quatro meses nomeados, a partir do dia em que os recursos assim o permitirem. Um último exemplo,

```
 repeat_interval=>'freq=weekly; interval=2; byday=mon; byhour=6; byminute=10'
```

executará o job às 6:10 da manhã em segundas-feiras alternadas.

**na Prática**

*Um agendamento pode ser aplicado a vários jobs; um programa pode ser chamado por vários jobs.*

### Classes de job

Uma *classe de job* é utilizada para associar um ou mais jobs a um grupo de consumidores do Resource Manager, e também para controlar os níveis de registro em log. As classes são criadas com a procedure DBMS_SCHEDULER.CREATE_JOB_CLASS:

```
PROCEDURE CREATE_JOB_CLASS
 Argument Name                  Type                In/Out Default?
 ------------------------------ ------------------- ------ --------
```

```
JOB_CLASS_NAME              VARCHAR2            IN
RESOURCE_CONSUMER_GROUP     VARCHAR2            IN     DEFAULT
SERVICE                     VARCHAR2            IN     DEFAULT
LOGGING_LEVEL               BINARY_INTEGER      IN     DEFAULT
LOG_HISTORY                 BINARY_INTEGER      IN     DEFAULT
COMMENTS                    VARCHAR2            IN     DEFAULT
```

`JOB_CLASS_NAME` é o nome usado pelo argumento `JOB_CLASS` da procedure `CREATE_JOB`. `RESOURCE_CONSUMER_GROUP` informa o grupo cujas alocações de recursos devem ser aplicadas ao job em execução, conforme determinado pelo plano do Resource Manager em vigor, sempre que o job for executado. `SERVICE` é relevante apenas em um banco de dados RAC (Real Application Cluster): você pode restringir o job a ser executado somente em uma instância com um nome de serviço específico. Os detalhes do registro em log podem ser especificados por classe.

## Janelas

Um *agendamento* especifica exatamente quando um job deve ser acionado. As *janelas* ampliam o conceito dos agendamentos, concedendo ao Oracle mais liberdade para determinar o momento da execução do job. Uma janela se abre em determinado momento e se fecha após uma duração especificada: os jobs especificados para execução em uma janela podem ser acionados, a critério do Oracle, a qualquer momento durante a janela. A própria janela pode ser aberta várias vezes, de acordo com um agendamento. O uso das janelas é importante principalmente quando combinado com classes e com o Resource Manager: o Oracle pode agendar a execução de jobs dentro de uma janela de acordo com as respectivas prioridades relativas. As janelas também ativam planos do Resource Manager.

As janelas são criadas com a procedure `DBMS_SCHEDULER.CREATE_WINDOW`:

```
PROCEDURE CREATE_WINDOW
Argument Name        Type                        In/Out Default?
------------------   -------------------------   ------ --------
WINDOW_NAME          VARCHAR2                    IN
RESOURCE_PLAN        VARCHAR2                    IN
START_DATE           TIMESTAMP WITH TIME ZONE    IN     DEFAULT
REPEAT_INTERVAL      VARCHAR2                    IN
END_DATE             TIMESTAMP WITH TIME ZONE    IN     DEFAULT
DURATION             INTERVAL DAY TO SECOND      IN
WINDOW_PRIORITY      VARCHAR2                    IN     DEFAULT
COMMENTS             VARCHAR2                    IN     DEFAULT
```

`RESOURCE_PLAN` indica o plano do Resource Manager que será ativado quando a janela se abrir. A janela se abrirá em `START_DATE` e será reaberta de acordo com o `REPEAT_INTERVAL` até `END_DATE`. A procedure é sobrecarregada; uma segunda forma permite indicar um agendamento pré-criado, em vez de especificar o agendamento aqui com esses três argumentos.

`DURATION` é um tipo de dado `INTERVAL DAY TO SECOND`, o que permite especificar uma duração em dias, horas, minutos e segundos. A sintaxe básica de uma coluna `INTERVAL DAY TO SECOND` é:

```
'<dias> <horas>:<minutos>:<segundos>'
```

Observe a presença de um espaço entre dias e horas, e um caractere de dois-pontos entre as horas, os minuto e os segundos, de modo que

`'1 2:3:4'`

especifica um intervalo de tempo de um dia, duas horas, três minutos e quatro segundos.

O argumento PRIORITY gerencia as circunstâncias em que as janelas se sobrepõem e tem dois valores possíveis: LOW (o padrão) ou HIGH. Apenas uma janela pode estar em vigor de cada vez, e será a janela com a prioridade mais alta. Se duas ou mais janelas sobrepostas tiverem a mesma prioridade, a primeira janela a ser aberta terá prioridade.

As janelas compartilham o mesmo namespace que os agendamentos. Sendo assim, é impossível criar uma janela com o mesmo nome de um agendamento, mas isso também significa que onde quer que um agendamento possa ser referenciado, você também poderá fazer referência a uma janela. Convém observar que é possível criar um job para ser executado a qualquer momento dentro de uma janela nomeada, em vez de em horários especificados por um agendamento. A própria janela se abrirá e se fechará de acordo com um agendamento – um agendamento definido dentro da janela ou um objeto de agendamento pré-criado.

## Privilégios

Todos os *privilégios* do Scheduler são concedidos e revogados com a habitual sintaxe GRANT e REVOKE. É possível utilizar vários privilégios relacionados ao Scheduler:

- CREATE JOB
- CREATE ANY JOB
- EXECUTE ANY PROGRAM
- EXECUTE ANY CLASS
- MANAGE SCHEDULER
- EXECUTE ON <JOB, PROGRAM, OU CLASSE>
- ALTER ON <JOB, PROGRAM, OU SCHEDULE>
- ALL ON <JOB, PROGRAM, SCHEDULE, OU CLASSE>

Para criar jobs, agendamentos ou programas, o usuário deve ter o privilégio CREATE JOB, o que inclui a possibilidade de criar e utilizar os próprios programas e agendamentos. Para criar jobs em outros esquemas, o usuário deve ter o privilégio CREATE ANY JOB. Para utilizar os objetos do Scheduler em outros esquemas, é necessário ter o privilégio EXECUTE sobre esses esquemas. O privilégio MANAGE SCHEDULER é exigido para criar classes de job e janelas, e para instruir a abertura ou o fechamento das janelas, independentemente dos respectivos agendamentos.

A atribuição pré-disponibilizada SCHEDULER_ADMIN engloba os cinco primeiros privilégios que acabamos de citar e é concedida ao SYSTEM com ADMIN, por padrão.

CAPÍTULO 14 USANDO O SCHEDULER PARA AUTOMATIZAÇÃO DE TAREFAS **575**

## OBJETIVO DA CERTIFICAÇÃO 14.02

## USAR UMA AGENDA BASEADA EM TEMPO OU EM EVENTO PARA EXECUTAR JOBS DO SCHEDULER

É possível basear a execução de um job do Scheduler em um horário ou um evento específico. Por exemplo, talvez seja conveniente executar um job de backup à uma hora da madrugada, todo os dias. Como alternativa, outros jobs podem ser dependentes de um evento específico, como receber do departamento de contabilidade um arquivo de contas a receber, ou quando o departamento de digitação de pedidos conclui suas correções manuais de pedidos do dia.

### Criando e agendando jobs baseados em tempo

Para criar e agendar um job baseado em tempo fazendo uma única chamada de procedure, use a procedure CREATE_JOB. Veja um exemplo:

```
begin
   dbms_scheduler.create_job(
      job_name=>'system.inc_backup',
      job_type=>'executable',
      job_action=>'/home/usr/dba/rman/whole_inc.sh',
      start_date=>trunc(sysdate)+23/24,
      repeat_interval=>'freq=weekly;byday=mon,tue,wed,thu,fri;byhour=23',
      comments=>'launch weekday incremental backup script');
end;
```

Isso criará um job que chamará um script do shell do Unix às 11:00h horas da noite dos dias úteis, a partir do dia atual. O job é criado no esquema SYSTEM. As permissões do sistema operacional sobre o script devem ser definidas de tal modo que o proprietário do Oracle possa executá-lo. Quando você especificar o parâmetro START_DATE, o agendador iniciará o job o mais próximo possível dessa data e hora.

### EXERCÍCIO 14-1

#### Crie um job com a API do Scheduler

Use o pacote DBMS_SCHEDULER para criar um job e confirmar que ele está funcionando.

1. Estabeleça conexão com seu banco de dados, como um usuário com o privilégio CREATE JOB.
2. Crie uma tabela para armazenar os tempos e defina seu formato de data de modo a indicar a data e hora:

```
SQL> create table times (c1 date);
SQL> alter session set nls_date_format='dd-mm-yy hh24:mi:ss';
```

3. Crie um job para inserir a hora atual na tabela a cada minuto:

```
SQL> begin
  2      dbms_scheduler.create_job(
  3      job_name=>'savedate',
  4      job_type=>'plsql_block',
  5      job_action=>'insert into times values(sysdate);',
  6      start_date=>sysdate,
  7      repeat_interval=>'freq=minutely;interval=1',
  8      enabled=>true,
  9      auto_drop=>false);
 10  end;
 11  /
PL/SQL procedure successfully completed.
```

4. Consulte a tabela de jobs para verificar se o job está agendado:

```
SQL> select job_name,enabled,
  2    to_char(next_run_date,'dd-mm-yy hh24:mi:ss'),run_count
  3  from user_scheduler_jobs;
JOB_NAME                       ENABL TO_CHAR(NEXT_RUN_  RUN_COUNT
------------------------------ ----- ----------------- ----------
SAVEDATE                       TRUE  15-10-08 14:58:03          2
```

5. Consulte a tabela de tempos para confirmar que as inserções estão ocorrendo:

```
SQL> select * from times;
```

6. Desative o job:

```
SQL> exec dbms_scheduler.disable('savedate');
```

7. Reexecute as consultas das etapas 4 e 5 para confirmar se o job está desativado e se não estão mais ocorrendo outras inserções.

8. Elimine o job:

```
SQL> exec dbms_scheduler.drop_job('savedate');
```

## Criando e agendando jobs baseados em evento

Os jobs baseados em eventos também usarão o parâmetro START_DATE; entretanto, a iniciação do job também dependerá de um evento especificado pelos parâmetros EVENT_CONDITION e QUEUE_SPEC, como neste exemplo:

```
begin
   dbms_scheduler.create_job (
        job_name         => proc_ar_job,
        program_name     => ar_prog,
        start_date       => systimestamp,
        event_condition  => 'tab.user_data.event_name = ''AR_FILE_ARRIVAL''',
        queue_spec       => 'ar_event_q',
        enabled          => TRUE,
        comments         => 'AR job after monthly receipts received'
end;
```

CAPÍTULO 14   USANDO O SCHEDULER PARA AUTOMATIZAÇÃO DE TAREFAS   **577**

O parâmetro EVENT_CONDITION usa a sintaxe do Advanced Queueing (AQ) que procura periodicamente um nome de evento AR_FILE_ARRIVAL. O parâmetro QUEUE_SPEC contém o nome da fila cujos eventos acionarão o job baseado em evento.

## Usando programas e agendas

Os programas e agendas permitem reutilizar os componentes do Scheduler para tarefas semelhantes. Em vez de definir cada job como uma entidade independente, crie programas e agendamentos, que podem ser utilizados por vários jobs.

O job criado no Exercício 14-1 pode ser dividido em um job, um programa e uma agenda. Para fazer isso no Database Control, na homepage do banco de dados, selecione a guia Server. Em seguida, na seção Oracle Scheduler, clique no link Programs, no botão Create e digite o código a ser executado, como mostra a Figura 14-2. Este código pode ser tão longo e complicado quanto se desejar (mas lembre-se de que o tipo de dado de PROGRAM_ACTION é VARCHAR2 e, portanto, está limitado a 4 KB).

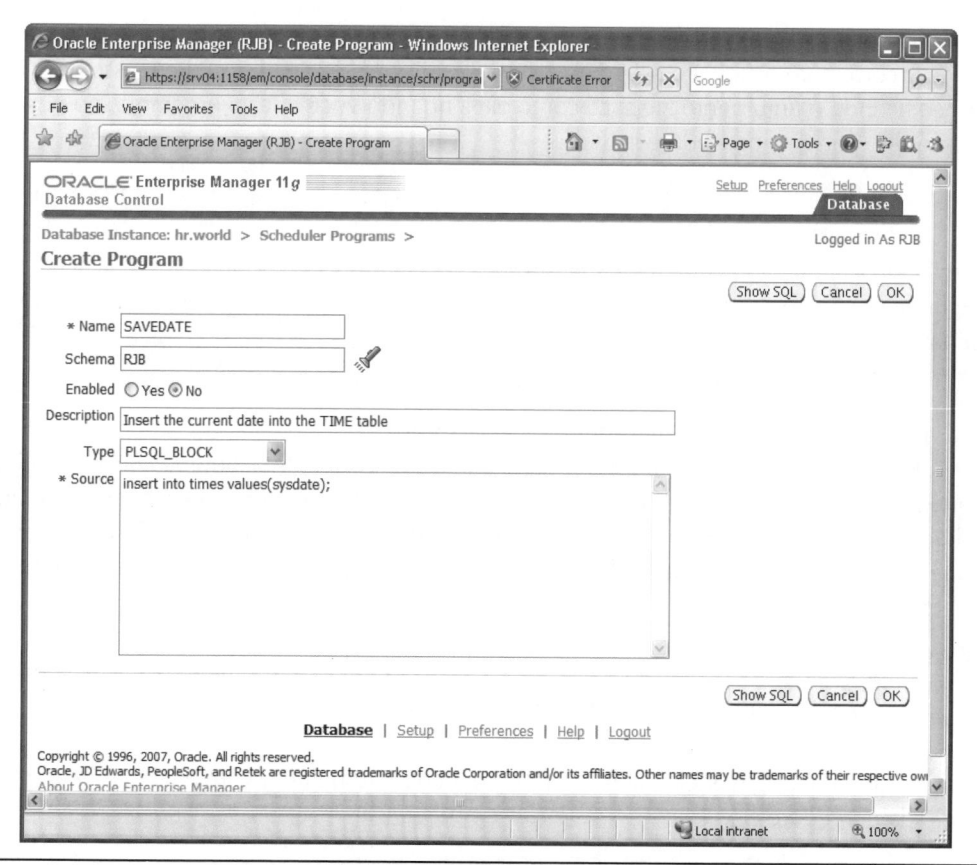

**Figura 14-2**   *Criando um programa do Scheduler no Enterprise Manager.*

**na Prática**

*Seus JOB_ACTIONS e PROGRAM_ACTIONS devem ser o mais curtos possível, de preferência usando apenas uma instrução. Realize todo o trabalho dentro de uma procedure chamada por essa instrução. Isso será muito mais fácil de manter do que ter uma grande quantidade de SQL ou PL/SQL em suas definições de job e programa.*

Como acontece com a maioria das tarefas do Enterprise Manager (EM), você pode clicar no botão Show SQL para ver o código que o EM executará para realizar a ação especificada:

```
BEGIN
DBMS_SCHEDULER.CREATE_PROGRAM(
program_name=>'"RJB"."SAVEDATE"',
program_action=>'insert into times values(sysdate);',
program_type=>'PLSQL_BLOCK',
number_of_arguments=>0,
comments=>'Insert the current date into the TIME table',
enabled=>FALSE);
END;
```

Se você criar um programa com a procedure CREATE_PROGRAM, então (exatamente como ocorre com os jobs) o programa estará desativado, por padrão. Altere esse padrão, especificando o argumento ENABLED como TRUE quando você criar o programa, ou posteriormente usando a procedure ENABLE:

```
SQL> exec dbms_scheduler.enable('program1');
```

Para criar um agendamento, clique no link Schedules na seção Oracle Scheduler, e clique em Create para exibir a página mostrada na Figura 14-3. Essa GUI não dá acesso a algumas das opções de intervalo mais complexas, como toda terceira quinta-feira, o que seria:

```
'freq=weekly;interval=3;byday=tue'
```

mas permite acessar tudo o mais que será necessário.

Para criar um job, clique no link Jobs na seção Oracle Scheduler. A janela inicial (que aparece na Figura 14-4) pressupõe que o job é um bloco PL/SQL. Clicar no botão Change Command Type permite selecionar seu tipo de programa. A guia Schedule permite associar o job a uma agenda pré-criada, em vez de definir o agendamento dentro do job.

**na Prática**

*Os programas compartilham o mesmo namespace que os jobs; um programa não pode ter o mesmo nome de um job. Essa mesma restrição se aplica às agendas e janelas.*

Também é possível executar um job independentemente de um agendamento, por meio da procedure RUN_JOB:

```
SQL> exec dbms_scheduler.run_job('savedate');
```

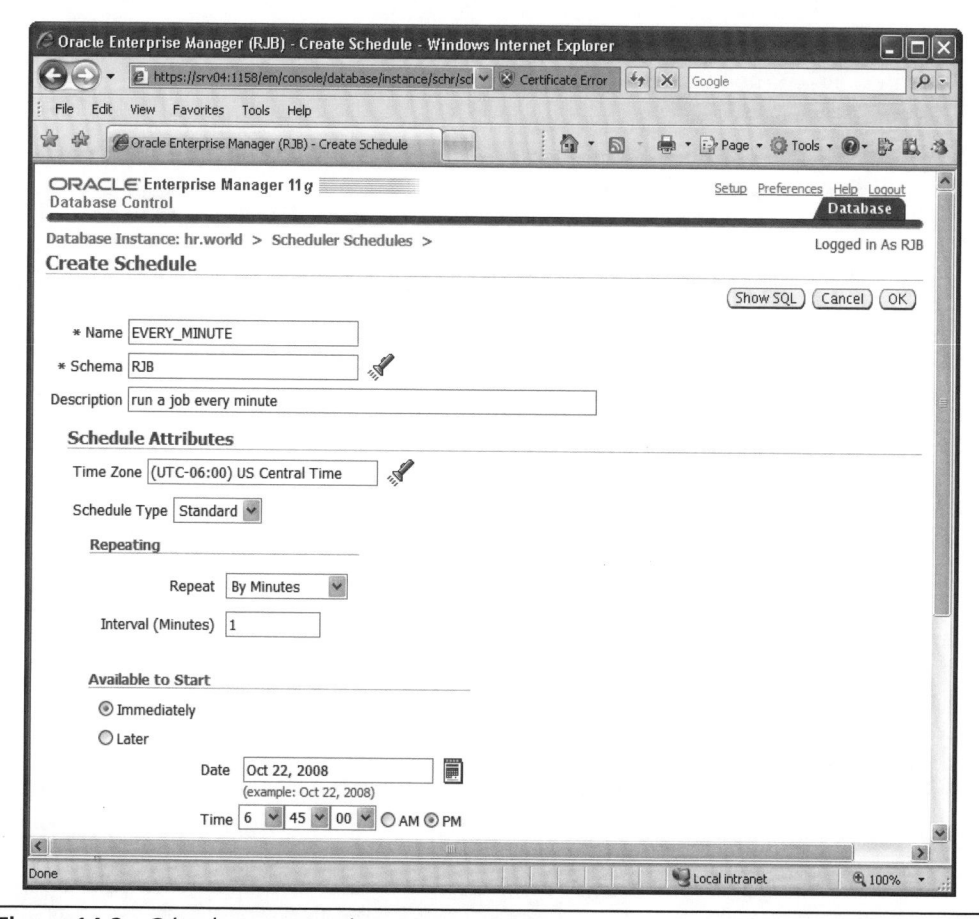

CAPÍTULO 14   Usando o Scheduler para Automatização de Tarefas   **579**

**Figura 14-3**   *Criando uma agendamento com o EM.*

### OBJETIVO DA CERTIFICAÇÃO 14.03

## CRIAR JOBS LEVES

Um *job leve* compartilha várias características com um job padrão discutido anteriormente, exceto que um job leve é ideal para executar um grande número de jobs de curta duração frequentemente acionados. Algumas restrições impostas aos jobs leves serão discutidas nas seções a seguir; essas restrições são compensadas pela melhoria no desempenho associada à baixa sobrecarga de um job leve.

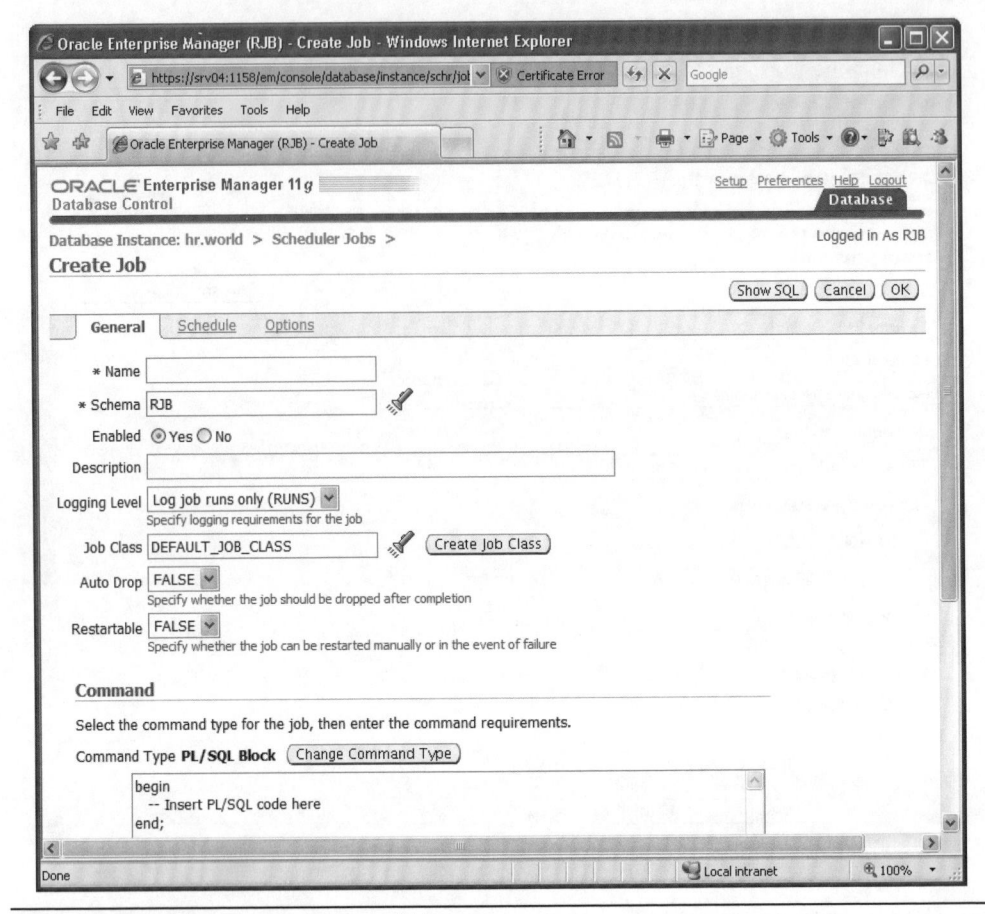

**Figura 14-4** *Criando um job com o EM.*

## Noções básicas sobre os jobs leves

Se você precisar enviar dezenas ou até centenas de jobs a cada segundo, um job leve é a melhor maneira de reduzir a sobrecarga. Para um job comum, o Oracle cria um objeto de banco de dados contendo os metadados do job, modifica várias tabelas do banco de dados e gera redo. Ao contrário, um job leve (também conhecido como um job leve persistente) exige pouquíssimo espaço em disco e poucos dados de execução. Um job leve é criado a partir de um modelo de job predefinido, que pode ser um programa ou uma stored procedure. Veja a seguir algumas características dos job leves que os diferenciam dos jobs comuns:

- Os jobs leves não são objetos de esquema, como acontece com os jobs comuns.
- Os tempos de criação e eliminação dos jobs leves são muito mais curtos do que para os jobs comuns, considerando que não são necessários novos objetos de esquema.

- Os jobs leves ocupam pouco espaço em disco para os metadados e dados de execução do job.
- O tempo de criação da sessão é muito mais curto do que para os jobs comuns.
- Os jobs leves podem ter sua carga balanceada em um ambiente RAC devido ao pequeno espaço ocupado em disco.

Você pode criar um modelo de job para os jobs leves através do DBMS_SCHEDULER.CREATE_PROGRAM, como descrito anteriormente neste capítulo. O modelo de job aplicável aos jobs leves é armazenado como um programa cujo tipo deve ser PLSQL_BLOCK ou STORED_PROCEDURE. Ao criar um job leve, especifique o JOB_STYLE como LIGHTWEIGHT. Por padrão, o JOB_STYLE é definido com REGULAR.

Obviamente, os jobs leves têm algumas desvantagens. Não é possível definir privilégios sobre os jobs leves – eles herdam os privilégios do programa modelo. Além disso, como o job leve utiliza um modelo, você não pode criar um job leve totalmente independente. Finalmente, você deve usar um comando PL/SQL para criar um job leve – o que não está disponível na interface do EM.

## Usando jobs leves

Para criar um job leve, você cria o modelo uma vez, com CREATE_PROGRAM, e depois você pode executar o job leve com a frequência necessária usando CREATE_JOB.

### EXERCÍCIO 14-2

### Crie e execute um job leve

Neste exercício, você criará uma pequena tabela que será preenchida por um job leve. Crie um modelo para o job leve e depois o execute uma vez.

1. Crie uma tabela para guardar o status atual da tabela DUAL; se a tabela DUAL tiver uma única linha, o status será 1; caso contrário, será 2:

    ```
    SQL> create table check_dual_status
      2      (status_timestamp    timestamp,
      3       status_code         number(2)
      4      );

    Table created.

    SQL>
    ```

2. Crie um programa usando um programa PL/SQL que será o modelo do job leve:

    ```
    SQL> begin
      2      dbms_scheduler.create_program(
      3        program_name => 'rjb.dual_check',
      4        program_action =>
      5          'begin
      6              insert into rjb.check_dual_status
      7              values (systimestamp,
    ```

```
         8                           decode((select count(*) from dual),1,1,2));
         9          end;',
        10      program_type => 'PLSQL_BLOCK',
        11      enabled => true);
        12  end;
        13  /

PL/SQL procedure successfully completed.

SQL>
```

3. Verifique o status do job em DBA_SCHEDULER_PROGRAMS:

    ```
    SQL> select owner, program_name, program_type, enabled, max_runs
      2  from dba_scheduler_programs
      3  where owner = 'RJB';

    OWNER              PROGRAM_NAME          PROGRAM_TYPE       ENABL  MAX_RUNS
    ---------------    --------------------  ----------------   -----  ----------
    RJB                DUAL_CHECK            PLSQL_BLOCK        TRUE

    SQL>
    ```

4. Use o nome de programa DUAL_CHECK como modelo para criar e executar um job leve imediatamente:

    ```
    SQL> begin
      2      dbms_scheduler.create_job (
      3          job_name => 'lightweight_job_1',
      4          program_name => 'RJB.DUAL_CHECK',
      5          job_style => 'LIGHTWEIGHT',
      6          comments => 'Check if DUAL has extra rows'
      7      );
      8  end;
      9  /

    PL/SQL procedure successfully completed.

    SQL>
    ```

5. Verifique o conteúdo da tabela CHECK_DUAL_STATUS:

    ```
    SQL> select * from check_dual_status;

    STATUS_TIMESTAMP                         STATUS_CODE
    ------------------------------------     -----------
    25-OCT-08 10.13.14.056332 PM                       1

    SQL>
    ```

## OBJETIVO DA CERTIFICAÇÃO 14.04

## USAR CADEIAS DE JOBS PARA EXECUTAR UMA SEQUÊNCIA DE TAREFAS RELACIONADAS

Em nossos ambientes cada vez mais complexos, os jobs do scheduler podem ter uma ou mais dependências. Em outras palavras, você pode precisar executar o job A, e se o job A obtiver êxito, você pode executar o job B. Se o job A não for bem-sucedido, talvez seja conveniente executar o job C, em substituição. Consequentemente, a despeito dos jobs B ou C terem obtido êxito, você pode executar o job D. Esse é um exemplo de uma cadeia de jobs. Uma *cadeia de jobs* é um objeto do banco de dados que contém uma série nomeada de programas vinculados para atingir um objetivo combinado, como processar os pedidos diários via Internet e por telefone, enviar e-mails de confirmação de pedidos para os clientes na Internet, e depois enviar as solicitações de despacho para o depósito.

### Noções básicas sobre cadeias de jobs

Cada parte de uma cadeia de programas é chamada de uma *etapa*. Embora não seja obrigatório, depois de uma ou mais etapas iniciais, as etapas sucessivas dependerão do êxito ou da falha das primeiras etapas. Portanto, criar cadeias sem condições anula, de certa forma, o objetivo do uso de uma cadeia. Use DBMS_SCHEDULER para criar todos os objetos da cadeia e iniciar a cadeia de eventos. Veja a seguir as etapas para criar e executar uma cadeia:

1. Crie a cadeia por meio da procedure CREATE_CHAIN.
2. Crie uma ou mais etapas da cadeia com DEFINE_CHAIN_STEP ou DEFINE_CHAIN_EVENT_STEP.
3. Defina as regras da cadeia através de DEFINE_CHAIN_RULE.
4. Ative a cadeia por meio da procedure ENABLE.
5. Crie um job usando CREATE_JOB com JOB_TYPE definido com CHAIN.

### Criando a cadeia

Crie a cadeia com CREATE_CHAIN. Para criar uma cadeia sem quaisquer etapas ou regras, basta especificar o nome da cadeia. Eis um exemplo de como criar uma cadeia vazia com uma descrição:

```
dbms_scheduler.create_chain(
    chain_name => 'RJB.PROC_DAILY_ORDERS',
    comments => 'Process Daily Internet and Phone Orders');
```

Você também pode criar uma cadeia no EM. A Figura 14-5 mostra como criar uma cadeia denominada PROC_DAILY_ORDERS. É possível adicionar as etapas ou regras da cadeia ao criar a cadeia, ou modificar a cadeia posteriormente para adicionar ou remover etapas ou regras.

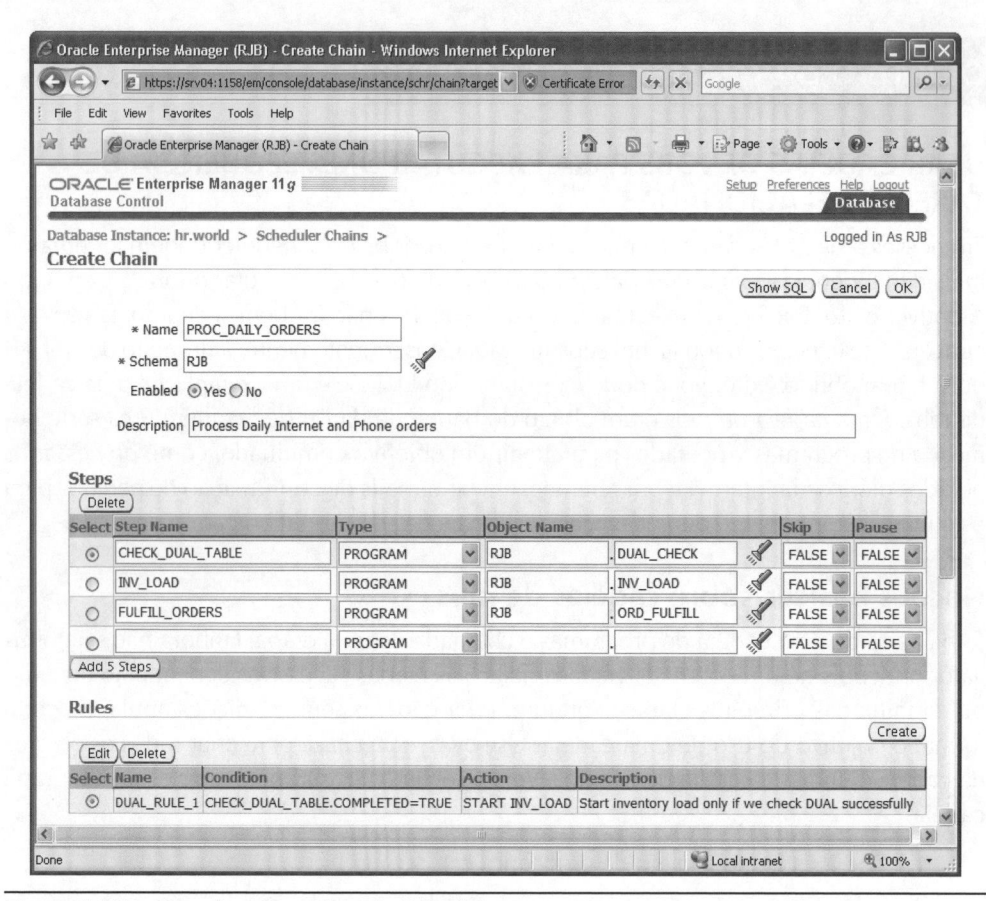

**Figura 14-5** *Criando uma cadeia do Scheduler.*

### Definindo etapas da cadeia

Crie uma etapa da cadeia com DEFINE_CHAIN_STEP. Cada etapa possui um nome dentro da cadeia e faz referência a um dos seguintes objetos:

- Um programa
- Outra cadeia (esse processo é conhecido como *aninhar* uma cadeia)
- Um evento

Se uma das etapas aguarda um evento, use DEFINE_CHAIN_EVENT_STEP para fazer referência a um evento a ser acionado antes da execução da etapa da cadeia. Por exemplo, talvez seja conveniente atrasar uma etapa em uma cadeia até você receber um arquivo de inventário do sistema de mainframe.

Neste exemplo, adicione duas etapas à cadeia PROC_DAILY_ORDERS para verificar o status da tabela DUAL antes de passar para as etapas do processamento de pedidos:

```
dbms_scheduler.define_chain_step(
   chain_name => 'RJB.PROC_DAILY_ORDERS',
```

```
      step_name => 'CHECK_DUAL_TABLE',
      program_name => 'RJB.DUAL_CHECK');

   dbms_scheduler.define_chain_step(
      chain_name => 'RJB.PROC_DAILY_ORDERS',
      step_name => 'INV_LOAD',
      program_name => 'RJB.INV_LOAD');
```

## Definindo regras da cadeia

As regras da cadeia, criadas com DEFINE_CHAIN_RULE, definem as dependências entre as etapas e quando elas serão executadas. Cada regra da cadeia possui uma *condição* e uma *ação*. A condição emprega uma sintaxe muito parecida com uma cláusula WHERE em uma instrução SELECT. Geralmente, a condição é especificada com base no êxito ou na falha de uma ou mais etapas definidas na cadeia. Após avaliar a condição, a regra da cadeia executará uma das seguintes ações:

- Executar outra etapa.
- Parar uma etapa.
- Encerrar a execução da cadeia.

Continuando o exemplo da seção anterior, essa regra executará a etapa CREATE_SUCCESS_REPORT somente se a etapa CHECK_DUAL_TABLE for concluída com êxito:

```
   dbms_scheduler.define_chain_rule(
      chain_name => 'RJB.PROC_DAILY_ORDERS',
      rule_name => 'PROC_ORD_RULE_1',
      condition => 'CHECK_DUAL_TABLE.COMPLETED=TRUE',
      action => 'START INV_LOAD',
      comments => 'Don't start inventory load until checking DUAL');
```

## Iniciando a cadeia

Duas etapas iniciam a cadeia. Primeiro, você deve habilitá-la com a procedure ENABLE. Quando você cria uma cadeia, ela é sempre gerada em um estado desativado. Segundo, crie um job com JOB_TYPE definido com CHAIN. O agendamento desse job pode ser baseado em evento ou em tempo.

No exemplo a seguir, a cadeia criada anteriormente está ativada, e depois o job é criado para execução diária às 11 horas da noite:

```
   dbms_scheduler.enable('PROC_DAILY_ORDERS');
   dbms_scheduler.create_job(
      job_name => 'daily_orders_proc_job',
      job_type => 'CHAIN',
      job_action => 'PROC_DAILY_ORDERS',
      repeat_interval => 'freq=daily;byhour=23',
      enabled => TRUE);
```

Para executar uma cadeia de jobs imediatamente, use RUN_JOB ou RUN_CHAIN. Ao emitir RUN_CHAIN, é possível iniciar a cadeia em qualquer uma de suas etapas. Por exemplo, pode ser conveniente iniciar a cadeia PROC_DAILY_ORDERS diretamente na etapa de INV_LOAD:

```
dbms_scheduler.run_chain(
    chain_name => 'PROC_DAILY_ORDERS',
    job_name => 'Start inventory load right now',
    start_steps => 'INV_LOAD');
```

### Monitorando cadeias de jobs

Algumas visões do dicionário de dados podem ser utilizadas para consultar a estrutura de uma cadeia e monitorar o andamento de uma cadeia em execução. Como acontece com a maioria das visões do dicionário de dados, podem ser usadas as versões DBA, ALL e USERS:

- *_SCHEDULER_CHAINS
- *_SCHEDULER_CHAIN_RULES
- *_SCHEDULER_CHAIN_STEPS
- *_SCHEDULER_RUNNING_CHAINS

Veja a seguir um exemplo de uma consulta pela visão do dicionário de dados DBA_SCHEDULER_CHAINS:

```
SQL> select owner, chain_name, enabled, comments
  2  from dba_scheduler_chains;

OWNER                   CHAIN_NAME              ENABL COMMENTS
----------------------- ----------------------- ----- -------------------
RJB                     PROC_DAILY_ORDERS       TRUE  Process Daily Intern
                                                      et and Phone Orders

SQL>
```

## OBJETIVO DA CERTIFICAÇÃO 14.05

### CRIAR JANELAS E CLASSES DE JOBS

Ao utilizar janelas e classes de jobs do Scheduler, é possível ajustar o modo de execução dos jobs. Por exemplo, talvez seja conveniente que um job seja executado somente ao longo de determinada janela, e se não for concluído, ele deverá recomeçar onde parou quando a janela for reaberta. Você pode usar as *classes de job* para atribuir um ou mais jobs a um grupo de consumidores de recursos e, assim, balancear a carga de seus recursos limitados quando os jobs precisarem competir com os usuários online e outros jobs. Nas seções a seguir, você aprenderá a criar classes de job e janelas com o EM e DBMS_SCHEDULER, e depois examinará alguns dos jobs pré-configurados.

## Criando janelas

Para criar uma nova janela, clique na guia Server na homepage do EM. Abaixo do título do Oracle Scheduler, clique no link Windows. Será exibido o conjunto existente de janelas, apresentado na Figura 14-6. Observe que as janelas WEEKNIGHT_WINDOW e WEEKEND_WINDOW foram preservadas dos releases anteriores do Oracle Database, para fins de compatibilidade com as versões anteriores.

Ao clicar no botão Create, você verá a janela que aparece na Figura 14-7, onde é possível definir o plano de recursos e a prioridade associada à janela.

O códigoPL/SQL (Procedural Language/Structured Query Language) equivalente utilizado para criar a janela é o seguinte:

```
BEGIN
    DBMS_SCHEDULER.CREATE_WINDOW(
    window_name=>'"NOON_WINDOW"',
    resource_plan=>'DEFAULT_MAINTENANCE_PLAN',
    start_date=>systimestamp at time zone 'America/Chicago',
    duration=>numtodsinterval(60, 'minute'),
```

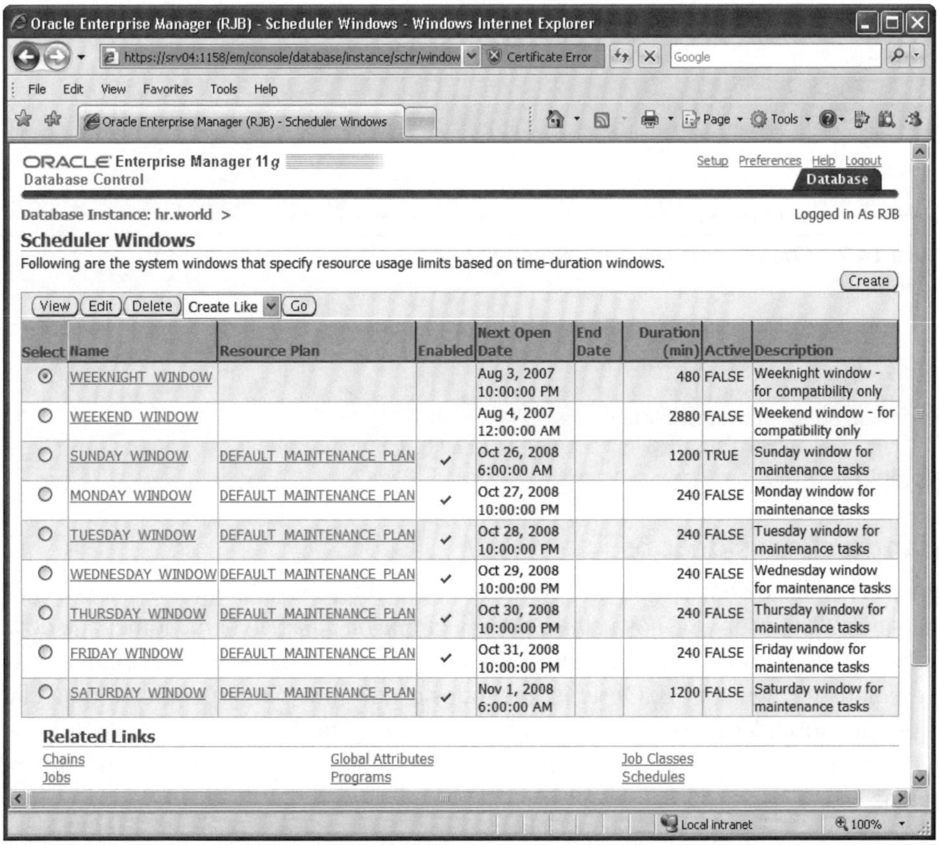

**Figura 14-6**  *Exibindo janelas do Scheduler com o EM.*

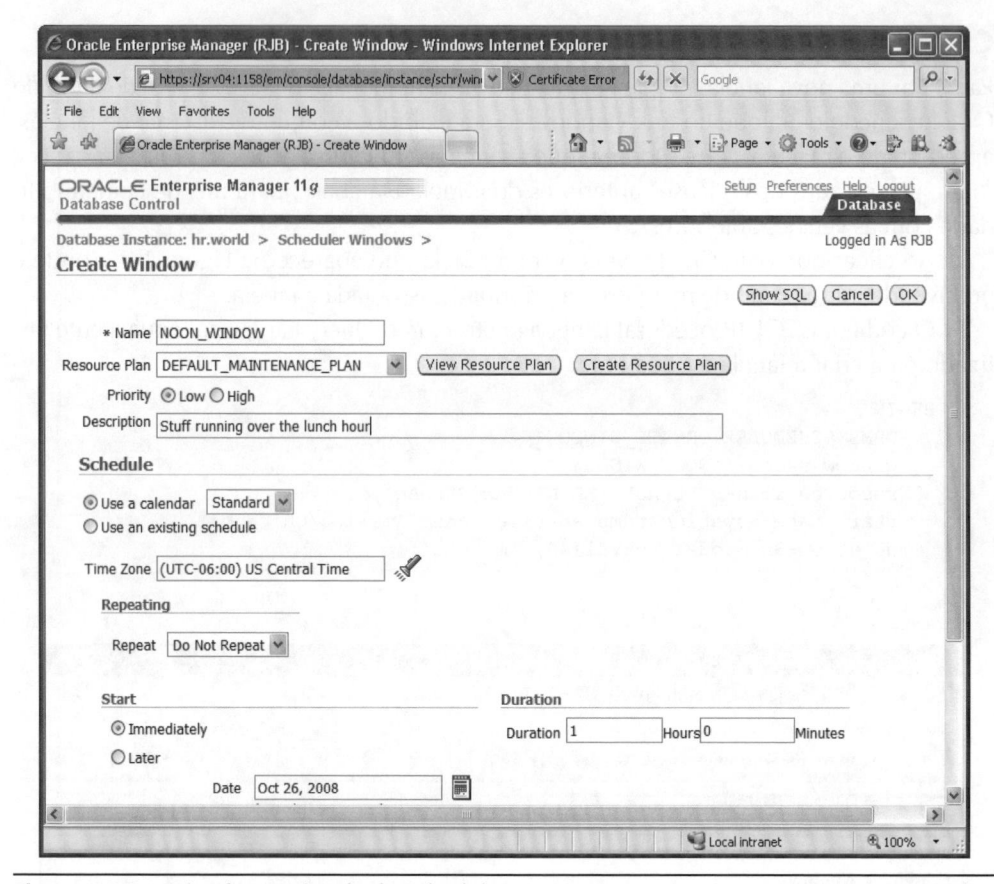

Figura 14-7  *Criando uma janela do Scheduler.*

```
      repeat_interval=>null,
      end_date=>null,
      window_priority=>'LOW',
      comments=>'Stuff running over the lunch hour');
END;
```

## Criando classes de jobs

É possível exibir e criar classes de job no EM com etapas semelhantes às da criação de uma janela. Para criar uma nova classe de job, clique na guia Server na homepage do EM. Abaixo do título do Oracle Scheduler, clique no link Job Classes. Será exibida a página apresentada na Figura 14-8. Observe que todos os jobs que não especificam uma classe de job são atribuídos pelo Scheduler à classe DEFAULT_JOB_CLASS.

Para criar uma nova classe de job, clique no botão Create. Você verá a página mostrada na Figura 14-9.

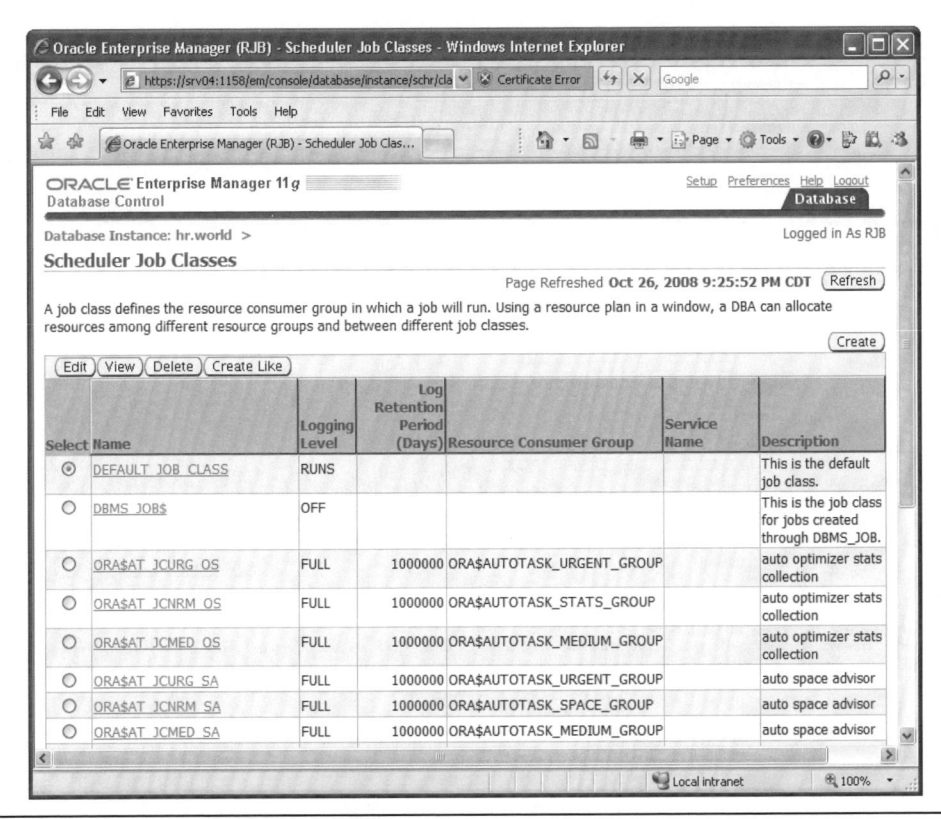

**Figura 14-8** *Exibindo classes de job no EM.*

Você pode atribuir o grupo de consumidores de recursos a essa classe. Existe uma relação de muitos para um entre as classes e os grupos de recursos, onde várias classes podem utilizar o mesmo grupo de consumidores de recursos. Veja a seguir o código SQL que gera a nova classe de job:

```
BEGIN
    sys.dbms_scheduler.create_job_class(
    logging_level => DBMS_SCHEDULER.LOGGING_RUNS,
    log_history => 60,
    resource_consumer_group => 'LOW_GROUP',
    comments => 'Jobs for DSS and DW in here',
    job_class_name => '"DSS JOBS"');
END;
```

## Jobs pré-configurados

Por padrão, existem alguns jobs pré-configurados, como o MGMT_STATS_CONFIG_JOB e o MGMT_CONFIG_JOB. Para ver os detalhes desses jobs, selecione a guia Server na homepage do EM e clique em Jobs. Será exibida a página que aparece na Figura 14-10.

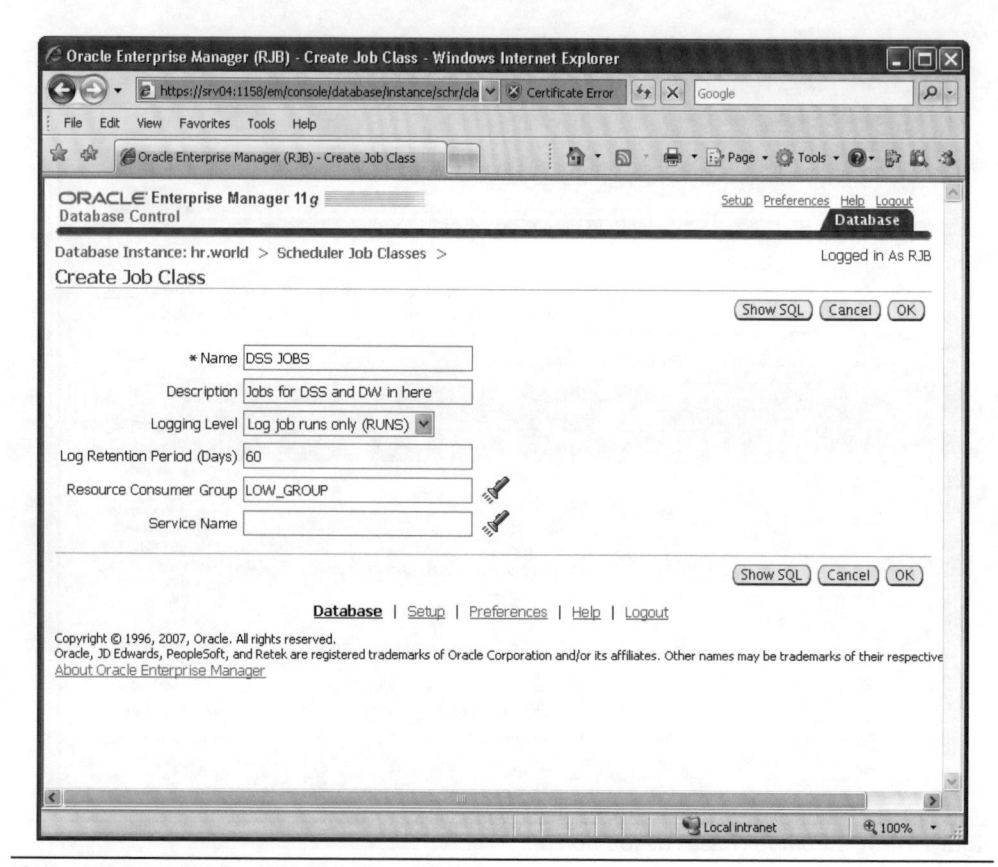

**Figura 14-9** *Criando uma nova classe de job.*

Na Figura 14-10, você constatará que o MGMT_STATS_CONFIG_JOB é executado em um horário específico, todas as manhãs, e o MGMT_CONFIG_JOB é executado no MAINTENANCE_WINDOW_GROUP.

O que acontece se uma janela se fechar antes do término da execução de um job na janela? O comportamento padrão é que o job continue até terminar, mas isso pode ser substituído se você definir um atributo. A seguinte consulta mostra todos os jobs do Scheduler no banco de dados, inclusive o atributo STOP_ON_WINDOW_CLOSE:

```
SQL> select owner, job_name, stop_on_window_close, job_priority
  2  from dba_scheduler_jobs;

OWNER    JOB_NAME                       STOP_ON_WINDOW_CLOSE    JOB_PRIORITY
-----    ---------------------------    --------------------    ------------
SYS      XMLDB_NFS_CLEANUP_JOB          FALSE                              3
SYS      FGR$AUTOPURGE_JOB              FALSE                              3
SYS      BSLN_MAINTAIN_STATS_JOB        FALSE                              3
SYS      DRA_REEVALUATE_OPEN_FAILURES   FALSE                              3
SYS      HM_CREATE_OFFLINE_DICTIONARY   FALSE                              3
SYS      ORA$AUTOTASK_CLEAN             FALSE                              3
SYS      PURGE_LOG                      FALSE                              3
```

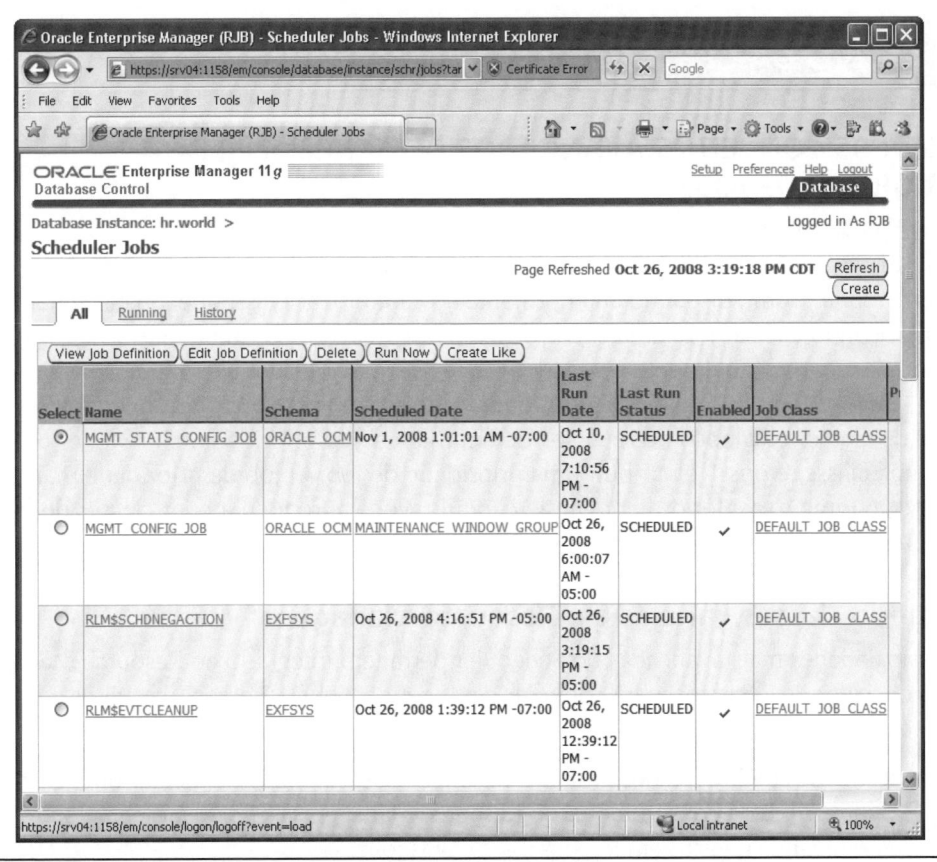

**Figura 14-10**  *Exibindo os jobs pré-configurados.*

```
ORACLE_OCM              MGMT_STATS_CONFIG_JOB             FALSE          3
ORACLE_OCM              MGMT_CONFIG_JOB                   FALSE          3
EXFSYS                  RLM$SCHDNEGACTION                 FALSE          3
EXFSYS                  RLM$EVTCLEANUP                    FALSE          3
RJB                     ADV_SEGMENTADV_8648285            FALSE          3
. . .
RJB                     LIGHTWEIGHT_JOB_1                 FALSE

21 rows selected.

SQL>
```

Para alterar esse atributo, use a procedure `SET_ATTRIBUTE`:

```
dbms_scheduler.set_attribute(
     name=>'lightweight_job_1',
     attribute=>'stop_on_window_close',
     value=>'true');
```

Isso ocasionará o cancelamento do job `LIGHTWEIGHT_JOB_1` se ele não estiver concluído por ocasião do fechamento de sua janela.

## OBJETIVO DA CERTIFICAÇÃO 14.06

### USAR OS CONCEITOS AVANÇADOS DO SCHEDULER PARA PRIORIZAR OS JOBS

Muito provavelmente, existirão vários jobs em execução dentro de uma janela específica. Em cada janela, podem existir diversas classes de jobs, e cada classe pode ter uma prioridade própria. Como discutido anteriormente no capítulo, as classes de job classificam os jobs. Quando você atribui uma classe de job a um grupo de consumidores de recursos, o plano de recursos atualmente em vigor divide os recursos disponíveis para cada classe.

Os jobs têm dois níveis de prioridade: classe e job. Para os jobs em diferentes níveis de classe, os planos de recursos determinam a sua prioridade. Entretanto, dentro de uma classe, é possível atribuir uma prioridade de job. O job de prioridade mais alta começa primeiro. Anteriormente neste capítulo, você aprendeu a criar classes de job e janelas.

### Usando classes, janelas e o Resource Manager

As capacidades mais avançadas do Scheduler permitem integrá-lo ao Resource Manager (Gerenciador de Recursos) para controlar e priorizar os jobs. Citamos a seguir os componentes mais relevantes:

- **Classes de job**   É possível atribuir uma classe aos jobs e vincular uma classe a um grupo de consumidores do Resource Manager. As classes também controlam o nível de registro em log dos respectivos jobs.

- **Grupos de consumidores**   Os grupos de consumidores do Resource Manager têm restrições relacionadas aos recursos que podem utilizar, como o uso de CPU ou o número de sessões ativas.

- **Planos de recursos**   Um plano do Resource Manager define a distribuição de recursos para os grupos. Somente um plano de cada vez estará ativo na instância.

- **Janelas**   Uma janela é um período de tempo definido (provavelmente recorrente) durante o qual determinados jobs serão executados e um plano específico estará ativo.

- **Grupos de janelas**   As janelas podem ser combinadas em grupos para facilitar a administração.

A priorização de jobs dentro de uma janela acontece em dois níveis distintos. No primeiro nível, dentro de uma classe, os jobs podem receber do Scheduler a atribuição de diferentes prioridades. Entretanto, o Resource Manager não distinguirá entre eles porque todos os jobs de uma classe pertencem ao mesmo grupo de consumidores. No segundo nível, se jobs de classes diferentes estiverem agendados na mesma janela, o Resource Manager atribuirá recursos a cada classe, de acordo com os grupos de consumidores da classe em questão.

## Usando classes de job

É possível criar uma classe com o Database Control ou através de API. Veja um exemplo:

```
dbms_scheduler.create_job_class(
   job_class_name=>'daily_reports',
   resource_consumer_group=>'dss',
   logging_level=>dbms_scheduler.logging_full);
```

A partir de então, você pode atribuir os jobs à classe, no momento da criação da classe, especificando o atributo JOB_CLASS, ou modificando o job posteriormente. Para atribuir um job a uma classe com a API, use a procedure SET_ATTRIBUTE. Para inserir o job REPORTS_JOB à classe recém-criada, use:

```
dbms_scheduler.set_attribute(
   name=>'reports_job',
   attribute=>'job_class',
   value=>'daily_reports');
```

Se existirem vários jobs em uma única classe, você poderá priorizá-los com mais chamadas ao SET_ATTRIBUTE:

```
dbms_scheduler.set_attribute(
   name=>'reports_job',
   attribute=>'job_priority',
   value=>2);
```

Se vários jobs da mesma classe tiverem a sua execução agendada para o mesmo tempo, a respectiva prioridade determinará a sequência em que os jobs da classe serão escolhidos para execução pelo processo *job coordinator*. A prioridade dos jobs pode ter um valor de 1 a 5, sendo 1 o primeiro a ser escolhido para a execução (a prioridade mais alta). O padrão para todos os jobs é 3. Isso pode se tornar crítico se, por exemplo, o grupo de consumidores da classe tiver um pool de sessões ativas menor do que o número de jobs. Sendo assim, os jobs de prioridade mais alta serão executados em primeiro lugar e os outros jobs serão enfileirados.

> **dica de exame**
> Não é possível atribuir prioridades por nenhum outro método, exceto através da procedure set_attribute *da API*.

Os níveis de registro em log também são controlados pela classe do job, através de três opções:

- **DBMS_SCHEDULER.LOGGING_OFF**   Nenhum registro em log será efetuado para os jobs dessa classe.

- **DBMS_SCHEDULER.LOGGING_RUNS**   Serão gravadas no log do job as informações relacionadas a cada execução de cada job na classe, inclusive quando a execução começou e se ele foi executado com êxito.

- **DBMS_SCHEDULER.LOGGING_FULL**   Além das informações de registro em log sobre as execuções dos jobs, o log também registrará as operações administrativas na classe, como a criação de novos jobs.

Para exibir as informações de registro em log, consulte a visão DBA_SCHEDULER_JOB_LOG:

```
SQL> select job_name,log_date,status from dba_scheduler_job_log;
JOB_NAME      LOG_DATE                          STATUS
------------  --------------------------------  -----------
PURGE_LOG     16-OCT-08 13-00-03                SUCCEEDED
TEST_JOB      16-OCT-08 11-00-00                FAILED
NIGHT_INCR    16-OCT-08 01-00-13                SUCCEEDED
NIGHT_ARCH    16-OCT-08 01-00-00                SUCCEEDED
```

Outras informações detalhadas são gravadas na visão DBA_SCHEDULER_JOB_RUN_DETAILS, inclusive a duração da execução do job e qualquer código de erro retornado.

As informações de registro em log são esvaziadas pelo job PURGE_LOG, criado automaticamente. Por padrão, esse job é executado diariamente e remove todas as informações de registro em log gravadas há mais de 30 dias.

### Usando janelas

Você pode criar janelas através do Database Control ou com a procedure CREATE_WINDOW. Veja um exemplo:

```
dbms_scheduler.create_window(
   window_name=>'daily_reporting_window',
   resource_plan=>'night_plan',
   schedule=>'weekday_nights',
   duration=>'0 08:00:00',
   window_priority=>'low',
   comments=>'for running regular reports');
```

Esta janela ativa um plano do Resource Manager chamado NIGHT_PLAN, que pode ser um plano que dá prioridade aos grupos de consumidores DSS (Decision Support Systems) em detrimento do grupo OLTP (online transaction processing), por exemplo. Esse plano é aberto com a agenda WEEKDAY_NIGHTS, que pode ser de segunda a sexta-feira, às 8 horas da noite. A janela permanecerá aberta por oito horas; o argumento DURATION aceita um valor INTERVAL DAY TO SECOND, como acontece com o REPEAT_INTERVAL para um agendamento. Definir a prioridade com LOW significa que, se essa janela se sobrepuser a outra janela, essa última poderá impor seu plano do Resource Manager. Isso se aplicaria se você criasse uma janela diferente para seu processamento de final de mês e o fim do mês caísse em um dia útil da semana, por exemplo. Você poderia atribuir a prioridade HIGH à janela do fim do mês para garantir que o plano de final de mês do Resource Manager, que poderia atribuir prioridade máxima ao grupo BATCH, processe primeiramente os principais relatórios da diretoria.

> **dica de exame**
> Mesmo que um job tenha prioridade 1 dentro de sua classe, é possível que ele seja executado depois de um job de prioridade 5 existente em outra classe – se a classe do segundo job estiver em um grupo de consumidores de prioridade mais alta do Resource Manager.

## RESUMO DA CERTIFICAÇÃO

Este capítulo começou com uma visão geral resumida da arquitetura do Oracle Scheduler, das visões do dicionário de dados e dos processos utilizados para gerenciar os objetos do Scheduler. Cobriu os fundamentos dos componentes do Scheduler: jobs, programas, agendamentos, classes de job e janelas.

Depois dos princípios básicos, você aprendeu dois métodos de agendamento de job: baseados em tempo ou em evento. Em outras palavras, você pode agendar um job para um momento específico ou pode agendar um job dependente de um evento interno ou externo. Um tipo específico de job, denominado *job leve*, facilita a criação de um grande número de jobs executados em curto tempo, gerando uma sobrecarga mínima. As cadeias de job facilitam o trabalho do DBA, permitindo a criação de uma série de jobs que podem ser inicializados como uma única unidade. O êxito ou a falha de cada job dentro da cadeia pode executar condicionalmente outros jobs na cadeia.

A última parte do capítulo examinou minuciosamente alguns dos recursos mais avançados do Oracle Scheduler – janelas e classes de job. As janelas de job expandem o conceito dos agendamentos, propiciando ao Oracle mais flexibilidade na execução de um job. Um job em execução pode estar restrito à execução em uma única ocorrência de uma janela, ou pode ser suspenso no final da janela e recomeçar onde parou na próxima vez em que a janela for aberta. As classes de job aprimoram ainda mais as prioridades dos jobs e o uso dos recursos, associando um ou mais jobs a um grupo de consumidores do Resource Manager (Gerenciador de Recursos).

## ✓ EXERCÍCIO DE DOIS MINUTOS

### Criar um job, programa ou agendamento

- ❏ A tabela do dicionário de dados DBA_SCHEDULER_JOBS armazena informações sobre todos os jobs associados a um agendamento.
- ❏ O processo job coordinator, CJQ0, monitora a tabela DBA_SCHEDULER_JOBS e, quando necessário, aciona os *job slaves* (processos J*nnn*) para executar jobs do Scheduler.
- ❏ Um job especifica o que fazer e quando fazer. O *que fazer* pode ser uma única instrução SQL, um bloco PL/SQL, uma stored procedure PL/SQL, uma stored procedure Java, uma procedure externa, ou qualquer arquivo executável armazenado no sistema de arquivos do servidor.
- ❏ Os programas criam uma camada de abstração entre o job e a ação que ele irá executar, e são criados com a procedure DBMS_SCHEDULER.CREATE_PROGRAM.
- ❏ Um agendamento é uma especificação de quando e com que frequência um job deve ser executado.
- ❏ Uma classe de job é utilizada para associar um ou mais jobs a um grupo de consumidores do Resource Manager, e também para controlar os níveis de registro em log.
- ❏ As janelas ampliam o conceito de agendamento, propiciando ao Oracle mais liberdade para determinar quando executar um job.
- ❏ Uma janela se abre em determinado momento e se fecha depois de uma duração especificada. Por conseguinte, os jobs especificados para execução em uma janela podem ser acionados, a critério do Oracle, a qualquer momento durante a janela.

### Usar uma agenda baseada em tempo ou em evento para executar jobs do Scheduler

- ❏ Você pode basear a execução de um job do Scheduler em um tempo ou evento específico.
- ❏ Para criar e agendar um job baseado em tempo com uma chamada à procedure, use a procedure CREATE_JOB.
- ❏ Os jobs baseados em evento também utilizam o parâmetro START_DATE; contudo, a inicialização do job também depende de um evento especificado pelos parâmetros EVENT_CONDITION e QUEUE_SPEC.
- ❏ Os programas e agendamentos permitem utilizar os componentes do Scheduler em tarefas semelhantes.

❑ É possível executar um job independentemente de um agendamento, usando a procedure RUN_JOB.

### Criar jobs leves
❑ Um job leve tem várias características idênticas às de um job padrão, exceto pelo fato de que um job leve é ideal para executar diversos jobs de curta duração frequentemente executados.
❑ Se você precisar enviar dezenas ou até centenas de jobs a cada segundo, um job leve é a melhor maneira de reduzir a sobrecarga.
❑ Os jobs leves ocupam pouco espaço em disco para os metadados e os dados de execução do job.
❑ Você não pode definir privilégios sobre os jobs leves porque eles herdam os privilégios do programa modelo.

### Usar cadeias de jobs para executar uma sequência de tarefas relacionadas
❑ Uma cadeia de jobs é um objeto do banco de dados que contém uma série nomeada de programas vinculados para alcançar um objetivo combinado.
❑ Cada parte de uma cadeia de programas é chamada de uma etapa.
❑ Uma cadeia é criada com a procedure CREATE_CHAIN.
❑ Uma etapa da cadeia é criada com a procedure DEFINE_CHAIN_STEP.
❑ As regras da cadeia, criadas com DEFINE_CHAIN_RULE, definem as dependências existentes entre as etapas e quando essas etapas serão executadas.
❑ Você deve ativar uma cadeia de jobs com a procedure ENABLE.
❑ Para executar uma cadeia de jobs, crie um job com um JOB_TYPE definido com CHAIN.

### Criar janelas e classes de jobs
❑ Crie uma nova janela com a procedure CREATE_WINDOW.
❑ Ao criar uma nova janela, você pode atribuir, opcionalmente, um plano de recursos e uma prioridade.
❑ Crie uma nova classe de job com a procedure CREATE_JOB_CLASS.
❑ A classe de job DEFAULT_JOB_CLASS é atribuída a um job quando esse job não tem uma atribuição de classe explícita.
❑ Se uma janela se fechar antes do término de um job em execução, o job será executado até a sua conclusão, a menos que você defina o atributo STOP_ON_WINDOW_CLOSE com TRUE.

***Usar os conceitos avançados do Scheduler para priorizar os jobs***
- ❏ A priorização dos jobs dentro de uma janela ocorre em dois níveis: dentro de uma classe por um nível de prioridade ou entre classes através de grupos de consumidores de recursos.
- ❏ Os níveis de registro em log são controlados pela classe do job.
- ❏ Crie uma classe de job com a procedure CREATE_JOB_CLASS.
- ❏ Se vários jobs da mesma classe estiverem agendados para execução ao mesmo tempo, a prioridade dos jobs determinará a sequência em que os jobs dessa classe serão escolhidos para execução pelo processo *job coordinator*.
- ❏ Crie uma janela com a procedure CREATE_WINDOW.
- ❏ Atribua a prioridade LOW ou HIGH a uma janela para priorizar os atributos de janelas quando elas se sobrepuserem.
- ❏ Quando as janelas se sobrepuserem e tiverem a mesma prioridade, a primeira janela que foi aberta permanecerá aberta.

# TESTE

As perguntas a seguir o ajudarão a avaliar seu conhecimento sobre o material apresentado neste capítulo. Leia com atenção todas as opções porque pode haver mais de uma resposta correta. Escolha todas as respostas certas de cada pergunta.

*Criar um job, programa e agendamento*

1. Quando um job está para ser executado, que processo o executará? (Escolha a melhor resposta.)

    A. Um processo CJQ*n*
    B. Um processo J*nnn*
    C. Um processo do servidor
    D. Um processo em segundo plano

2. Qual das seguintes opções é um requisito se for necessário trabalhar com o Scheduler? (Escolha a melhor resposta.)

    A. O parâmetro de instância JOB_QUEUE_PROCESSES deve estar definido.
    B. Um plano do Resource Manager deve estar ativado.
    C. Um agendamento deve ter sido criado.
    D. Todas as respostas anteriores.
    E. Nenhuma das respostas anteriores.

3. Um job do Scheduler pode ser de quais dos seguintes tipos? (Escolha todas as respostas aplicáveis.)

    A. Bloco PL/SQL anônimo
    B. Arquivo executável do sistema operacional
    C. Procedure externa em linguagem C
    D. Stored procedure Java
    E. Comando do sistema operacional
    F. Script de shell do sistema operacional (Unix) ou arquivo de lote (Windows)
    G. Stored procedure PL/SQL

4. Você cria um job com a seguinte sintaxe:
    ```
    begin
        dbms_scheduler.create_job(
        job_name=>'j1',
        program_name=>'p1',
        schedule_name=>'s1',
        job_class=>'c1');
    end;
    ```
    Você percebe que ele não está sendo executado conforme previsto. Qual seria o motivo? (Escolha a melhor resposta.)

    A. O agendamento está associado a uma janela que não se abriu.
    B. O job não foi ativado.
    C. A classe faz parte do grupo de consumidores do Resource Manager com baixa prioridade.
    D. As permissões sobre o job não estão corretas.

5. Quais são os níveis de prioridade possíveis de um job dentro de uma classe? (Escolha a melhor resposta.)

   A. 1 a 5
   B. 1 a 999
   C. HIGH ou LOW
   D. Depende do plano do Resource Manager em vigor

6. Um job pré-configurado chamado MGMT_STATS_CONFIG_JOB é configurado para obter estatísticas do otimizador. Esse job é agendado para execução nas janelas THURSDAY_WINDOW e SUNDAY_WINDOW. O que acontecerá se sua conclusão falhar antes do fechamento da janela? (Escolha a melhor resposta.)

   A. Sua execução prosseguirá até seu término.
   B. Ele será encerrado e prosseguirá quando uma das janelas se abrir.
   C. Ele será encerrado e reinicializado quando uma das janelas se abrir.
   D. O comportamento pode variar, dependendo da execução ter ocorrido na janela THURSDAY_WINDOW ou na janela SUNDAY_WINDOW.

**Usar uma agenda baseada em tempo ou em evento para executar jobs do Scheduler**

7. Um job deve ser executado a cada 30 minutos. Quais das seguintes possibilidades para o argumento REPEAT_INTERVAL são sintaticamente corretas e atingirão esse resultado? (Escolha duas respostas.)

   A. 'freq=minutely;interval=30'
   B. 'freq=hourly;interval=1/2'
   C. '0 00:30:00'
   D. 'freq=minutely;byminute=30'
   E. 'freq=byminute;interval=30'

8. Você cria uma classe de job e define o argumento LOGGING_LEVEL com LOGGING_RUNS. Qual será o resultado? (Escolha a melhor resposta.)

   A. Será criada uma entrada de log para cada execução de cada job na classe, mas não será incluída qualquer informação sobre o êxito do job.
   B. Será criada uma entrada de log para cada execução de cada job na classe, acrescida da informação sobre o êxito do job.
   C. Será criada uma única entrada de log para a classe sempre que ela for executada.
   D. Não é possível definir o registro em log por classe, somente por job.

## Criar jobs leves

9. Qual das seguintes respostas é um pré-requisito para o uso de jobs leves? (Escolha a melhor resposta.)

    A. Você deve definir um agendamento especificamente para os jobs leves.
    B. Você deve ter um modelo de job que é um bloco PL/SQL ou stored procedure.
    C. Você deve especificar um argumento REPEAT_INTERVAL.
    D. Você deve ter um modelo de job do tipo EXECUTABLE para melhorar o desempenho.

## Usar cadeias de jobs para executar uma sequência de tarefas relacionadas

10. Você cria uma regra de cadeia para uma cadeia de job existente. Que tipos de ações podem ser executadas pela regra após avaliar a condição? (Escolha todas as respostas aplicáveis.)

    A. Encerrar a execução da cadeia.
    B. Executar outro programa.
    C. Interromper outra etapa na cadeia.
    D. Reiniciar o job desde o início.
    E. Executar outra etapa.

## Criar janelas e classes de jobs

11. Quais das seguintes afirmações estão corretas em relação ao uso conjunto dos componentes do Scheduler? (Escolha todas as respostas aplicáveis.)

    A. Um agendamento pode ser utilizado por diversos jobs.
    B. Um job pode utilizar vários programas.
    C. Uma classe pode ter vários programas.
    D. As prioridades de job podem ser definidas dentro de uma classe.
    E. Os grupos de consumidores controlam as prioridades dentro de uma classe.
    F. Um plano do Resource Manager pode ser ativado por um agendamento.

12. Qual visão indicará os jobs configurados com o Scheduler? (Escolha a melhor resposta.)

    A. DBA_JOBS
    B. DBA_SCHEDULER
    C. DBA_SCHEDULED_JOBS
    D. DBA_SCHEDULER_JOBS

## Usar os conceitos avançados do Scheduler para priorizar os jobs

13. Se duas janelas estiverem sobrepostas e tiverem prioridades iguais, qual(is) janela(s) será(ao) aberta(s)? (Escolha a melhor resposta.)

    A. As duas janelas serão abertas.
    B. Janelas não podem se sobrepor.
    C. A janela que se abriu primeiro permanecerá aberta; a outra continuará fechada.
    D. A janela que se abriu primeiro permanecerá fechada; a outra continuará aberta.

14. Por quanto tempo os registros em log do Scheduler continuarão visíveis na visão DBA_SCHEDULER_JOB_LOG? (Escolha a melhor resposta.)

    A. Eles permanecerão até o job PURGE_LOG ser executado.
    B. Por padrão, eles serão mantidos por 30 dias.
    C. Por padrão, eles serão mantidos por 1 dia.
    D. Por padrão, a visão será esvaziada a cada 30 dias.

## RESPOSTAS DO TESTE

### Criar um job, programa e agendamento

1. ☑ **B**. Os jobs são executados por um processo *job slave* chamado *Jnnn*. O processo CJQ0 é o coordenador de filas do job (*job queue coordinator*), que passa os jobs para o auxiliar (slave) para fins de execução.

   ☒ **A** está incorreta porque o processo CJQ0 coordena os processos *Jnnn*, mas não executa o próprio job. **C** e **D** estão incorretas porque não são suficientemente específicas.

2. ☑ **A**. O único requisito para o funcionamento do Scheduler é a criação de pelo menos um processo *job slave* com o parâmetro JOB_QUEUE_PROCESSES.

   ☒ **B**, **C**, **D** e **E** estão incorretas. Os planos do Resource Manager e os agendamentos são opcionais.

3. ☑ **A**, **B**, **C**, **D**, **E**, **F** e **G**. Todas as respostas estão corretas.

   ☒ O job do Scheduler pode ser qualquer job executável manualmente.

4. ☑ **B**. Do modo como está escrita, a procedure não ativará o job, portanto ele não será executado.

   ☒ **A** está incorreta porque o job será executado quando a janela se abrir. **C** está incorreta porque, mesmo com baixa prioridade, o job ainda iniciará. **D** está incorreta porque você saberá imediatamente se as permissões não estiverem corretas através da saída da procedure CREATE_JOB.

5. ☑ **A**. Dentro de uma classe, os jobs podem ter prioridade 1 a 5.

   ☒ **B** está incorreta porque o intervalo é 1 a 5. **C** está incorreta porque HIGH e LOW se aplicam às janelas sobrepostas, não a jobs dentro de uma classe. **D** está incorreta porque o intervalo de prioridade não depende do plano do Resource Manager.

6. ☑ **C**. O MGMT_STATS_CONFIG_JOB está configurado para parar quando sua janela se fechar. Na janela seguinte, ele será reiniciado.

   ☒ **A** está incorreta porque o job para no final da janela, incondicionalmente. **B** está incorreta porque o job reiniciará e não continuará. **D** está incorreta porque o comportamento não é definido dentro da janela em si.

### Usar uma agenda baseada em tempo ou em evento para executar jobs do Scheduler

7. ☑ **A** e **B**. Ambas as respostas contêm a sintaxe correta para definir um intervalo de repetição de meia hora.

   ☒ **C** está incorreta porque é o formato de uma DURATION. **D** e **E** apresentam uma sintaxe incorreta.

8. ☑ **B.** Com o registro em log definido com LOGGING_RUNS, você obterá os registros de cada execução de cada job, inclusive o respectivo êxito ou falha. Os outros níveis possíveis de registro em log são NONE, em cujo caso nenhum registro em log ocorrerá, ou FULL, cujos registros descrevem cada execução e as ações administrativas, como ativar ou desativar jobs.

☒ **A** está incorreta porque LOGGING_RUNS inclui um status de êxito ou falha. **C** está incorreta porque existe uma entrada de log para cada execução em cada job. **D** está incorreta porque LOGGING_RUNS é definido pela classe do job, não por job.

### Criar jobs leves

9. ☑ **B.** Os jobs leves devem especificar um modelo que possui um programa com um bloco PL/SQL ou uma stored procedure.

☒ **A** está incorreta porque não é necessário um agendamento. **C** é uma resposta incorreta porque você não precisa repetir o job leve. **D** está incorreta porque o modelo do programa deve ser do tipo PL/SQL ou stored procedure; os jobs leves são executados mais rapidamente devido à baixa sobrecarga de criar e eliminar o job, não por causa do tipo de modelo do job.

### Usar cadeias de jobs para executar uma sequência de tarefas relacionadas

10. ☑ **A, C e E.** Dentro de uma regra de cadeia, é possível encerrar a execução da cadeia, parar outra etapa em andamento, ou transferir o controle para outra etapa.

☒ **B e D** estão incorretas; após a avaliação da condição, a regra de cadeia não poderá executar outro programa diretamente ou reiniciar o job.

### Criar janelas e classes de jobs

11. ☑ **A e D.** Um job pode utilizar apenas um agendamento, mas um agendamento pode ser utilizado por vários jobs. As prioridades do job podem ser definidas nos níveis de classe e de job.

☒ **B** está incorreta porque um job só pode fazer referência a um único programa. **C** está incorreta porque uma classe de job associa um ou mais jobs a um grupo de consumidores do Resource Manager, e controla os níveis de registro em log. **E** está incorreta porque os grupos de consumidores não podem especificar um nível de prioridade. **F** está incorreta porque os planos do Resource Manager só podem ser ativados em uma janela ou uma classe de job.

12. ☑ **D.** A visão DBA_SCHEDULER_JOBS externaliza a tabela de jobs do dicionário de dados, com uma linha por job agendado.

☒ **A** está incorreta porque DBA_JOBS tem informações sobre os jobs, mas não sobre os agendamentos associados, se existirem. **B** está incorreta porque não existe a visão DBA_SCHEDULER. **C** está incorreta porque não existe a visão DBA_SCHEDULED_JOBS.

## Usar os conceitos avançados do Scheduler para priorizar os jobs

13. ☑ **C**. Se duas janelas se sobrepuserem e tiverem prioridades idênticas, a janela aberta em primeiro lugar permanecerá aberta.

    ☒ **A** está incorreta porque somente uma janela pode estar aberta por vez. **B** está incorreta porque podem existir duas janelas sobrepostas, mas elas não podem estar abertas ao mesmo tempo. **D** está incorreta porque uma janela com prioridade mais alta fechará uma janela já aberta com prioridade mais baixa.

14. ☑ **B**. Por padrão, o job `PURGE_LOG` será executado diariamente e manterá os registros em log por 30 dias.

    ☒ **A** está incorreta porque o job `PURGE_LOG` será executado automaticamente todos os dias. **C** está incorreta porque o padrão está definido com 30 dias, e não com 1 dia. **D** está incorreta porque os últimos 30 dias de registros em log são mantidos, e apenas os registros mais antigos são esvaziados.

# 15
# Globalização do Banco de Dados

## OBJETIVOS DE CERTIFICAÇÃO

15.01   Personalizar o comportamento dependente do idioma para o banco de dados e sessões individuais

15.02   Trabalhar com os conjuntos de caracteres do banco de dados e do NLS

✓   Exercício de dois minutos

P&R   Teste

O banco de dados Oracle tem várias capacidades agrupadas sob o termo *globalização* para dar assistência ao DBA que precisa trabalhar com usuários de diversas nacionalidades. Nos releases anteriores, a globalização era conhecida como NLS (National Language Support – Suporte ao Idioma Nacional – você ainda vai se deparar com a abreviação NLS em diversas visões e parâmetros), mas a globalização é mais do que linguística: é um conjunto abrangente de recursos para gerenciar bancos de dados que devem cobrir uma grande variedade de idiomas, fusos horários e diversidades culturais.

Este capítulo cobre a teoria e a prática. Primeiro, serão discutidas as capacidades do conjunto de caracteres do Oracle, que incluem configurações de idioma e região. Você examinará os diversos parâmetros de inicialização que (não nos surpreende) começam com NLS. Você aprenderá a escolher um conjunto de caracteres e a alterar esse conjunto posteriormente. Na segunda parte do capítulo, você saberá como o Oracle classifica as strings de caracteres de modo diferente, de acordo com o conjunto de caracteres e a respectiva representação interna. Finalmente, você resolverá questões de fusos horários e como ter certeza de que os valores de seus timestamps serão registrados corretamente quando suas sessões de cliente ocorrerem na América do Norte, o servidor de aplicação estiver na Alemanha e o servidor de bancos de dados estiver na Austrália.

## OBJETIVO DA CERTIFICAÇÃO 15.01

### PERSONALIZAR O COMPORTAMENTO DEPENDENTE DO IDIOMA PARA O BANCO DE DADOS E SESSÕES INDIVIDUAIS

Geralmente, os grandes sistemas de bancos de dados, assim como alguns pequenos, terão uma comunidade de usuários distribuídos geograficamente, linguisticamente e ao longo do tempo. Considere um banco de dados hospedado em Joanesburgo, África do Sul, com usuários finais dispersos por toda a África Subsaariana. Os diversos usuários estarão esperando que os dados lhes sejam apresentados, pelo menos, em português, francês e inglês. Eles estarão em três fusos horários distintos e terão padrões diferentes de formatos de datas e números. A situação se torna ainda mais complexa quando o aplicativo está em execução em um ambiente de três camadas: você pode ter um banco de dados em uma localidade, vários servidores de aplicação distribuídos geograficamente, e usuários pulverizados ainda mais distante desses servidores de aplicativos.

Um DBA preguiçoso pode ignorar totalmente a globalização. Em geral, esse DBA usará os padrões norte-americanos para tudo – e deixará a classificação por conta dos programadores. Mas isso dará uma grande sobrecarga de trabalho aos programadores, e é possível que eles não concordem em atender a essas exigências. O resultado é um aplicativo que funciona, mas que não agrada a uma grande parte dos usuários. Contudo, isso vai muito além de preservar a felicidade das pessoas: também ocorrerão as implicações financeiras. Imagine dois sites concorrentes de *e-commerce*, ambos tentando vender produtos no mundo todo. Um deles encarou o problema de traduzir tudo para os idiomas aplicáveis a cada cliente; o outro insiste em que todos os clientes usem o inglês americano. Qual deles receberá a maioria dos pedidos? Além do mais, os formatos monetários e de dados podem gerar uma confusão terrível quando países diferentes têm padrões diversificados. Esses problemas podem ser ignorados ou resolvidos com programação, mas um DBA eficiente tentará solucioná-los através dos recursos fornecidos como padrão dentro do banco de dados.

## Capacidades de globalização

A globalização é muito mais do que suporte a idiomas, embora os idiomas certamente representem uma grande parte da globalização. A globalização também abrange os aspectos da apresentação dos dados, calendários, datas e muito mais. Provavelmente, o aspecto mais importante é o modo como os dados são realmente armazenados no banco de dados: o conjunto de caracteres utilizado.

### Conjuntos de caracteres

Os dados armazenados em um banco de dados devem ser codificados em um conjunto de caracteres. Um *conjunto de caracteres* é um esquema de codificação definido para representar os caracteres como uma sequência de bits. Alguns produtos usam os conjuntos de caracteres fornecidos pelo sistema operacional. Por exemplo, o Microsoft Word não tem um conjunto de caracteres próprio; ele utiliza os disponibilizados pelo sistema operacional Windows. Outros produtos dispõem de conjuntos de caracteres próprios e, com isso, independem dos conjuntos fornecidos pelo sistema operacional. Os produtos da Oracle estão classificados nesse último grupo; eles são fornecidos com conjuntos de caracteres exclusivos, um dos motivos que permitem que os aplicativos Oracle sejam os mesmos em todas as plataformas, e que os clientes e servidores possam estar em diferentes plataformas.

Um conjunto de caracteres consiste em um número definido de caracteres distintos. O número de caracteres que um conjunto de caracteres pode representar é limitado pelo número de bits que esse conjunto emprega em cada caractere. Um conjunto de caracteres de byte único usará apenas um byte por caractere: oito bits, embora alguns conjuntos de caracteres de byte único restrinjam esse aspecto ainda mais quando utilizam apenas sete dos oito bits. Um conjunto de caracteres *multibyte* usa um, dois ou até três bytes para cada caractere. Nesse caso, as variações ocorrem se o conjunto de caracteres tem largura fixa (por exemplo, usando sempre dois bytes por caractere) ou largura variável (quando alguns caracteres serão representados por um único byte, outros caracteres por dois ou mais).

Quantos caracteres são efetivamente necessários? Bem, no mínimo, você precisará das letras maiúsculas e minúsculas, dos dígitos 0 a 9, de alguns símbolos de pontuação, e de alguns caracteres especiais para marcar o final de uma linha, ou uma quebra de página, por exemplo. Um conjunto de caracteres de sete bits pode representar um total de 128 ($2^7$) caracteres. É simplesmente impossível se obter mais do que esse número de padrões de bits diferentes se existirem apenas sete bits com os quais você pode lidar. Os conjuntos de caracteres de sete bits funcionam nos sistemas de computadores modernos, mas geralmente são inadequados. Eles oferecem os caracteres nomeados acima e pouca coisa mais. Se você precisar fazer tarefas simples, como usar caracteres de desenho de caixa ou imprimir um nome que contém uma letra acentuada, descobrirá que não é possível fazer isso com um conjunto de caracteres de sete bits. Qualquer coisa mais avançada, como armazenar e exibir dados em escrita árabe ou chinesa, estará totalmente fora de questão. Infelizmente, os conjuntos de caracteres padrão do Oracle são ASCII ou EBCDIC de sete bits, dependendo da plataforma; até mesmo idiomas amplamente difundidos, como o francês e espanhol, não poderão ser escritos corretamente nesses conjuntos de caracteres. Esta é uma anomalia histórica, reminiscente de uma época em que esses conjuntos de caracteres eram os únicos existentes. Os conjuntos de caracteres de oito bits podem representar 256 ($2^8$) caracteres diferentes. Geralmente, esses serão adequados para qualquer sistema baseado em idiomas da Europa Ocidental, mas provavelmente não para alguns idiomas do Leste Europeu, e definitivamente não para muitos idiomas asiáticos. Esses ambientes linguísticos mais complexos exigem um conjunto de caracteres multibyte.

Os conjuntos de caracteres Unicode merecem destaque especial. Os padrões Unicode representam um padrão internacional de codificação de caracteres, com o objetivo de incluir todos os caracteres necessários a qualquer sistema de computadores. Até o momento, o Unicode já definiu mais de trinta e dois mil caracteres. E para não faltar nada, o acrônimo ASCII representa American Standard Code for Information Interchange, e EBCDIC é Extended Binary Coded Decimal Interchange Code. O padrão EBCDIC foi desenvolvido pela IBM (International Business Machines) e geralmente não é empregado fora do ambiente IBM. Outros acrônimos a serem citados são ISO, de International Standards Organization, e ANSI, de American National Standards Institute.

O Oracle Database 11g é fornecido com mais de 250 conjuntos de caracteres, e a Tabela 15-1 apresenta apenas alguns exemplos.

### Suporte a idiomas

O número de idiomas suportados pelo Oracle depende da plataforma, do release e do nível de patch do produto. Para conhecer as opções disponíveis em uma instalação, consulte a visão V$NLS_VALID_VALUES, como a seguir:

```
SQL> select * from v$nls_valid_values where parameter='LANGUAGE';

PARAMETER             VALUE                    ISDEP
--------------------  -----------------------  -----
LANGUAGE              AMERICAN                 FALSE
LANGUAGE              GERMAN                   FALSE
LANGUAGE              FRENCH                   FALSE
LANGUAGE              CANADIAN FRENCH          FALSE
LANGUAGE              SPANISH                  FALSE
...
LANGUAGE              ALBANIAN                 FALSE
LANGUAGE              BELARUSIAN               FALSE
LANGUAGE              IRISH                    FALSE
67 rows selected.
SQL>
```

**TABELA 15-1** *Exemplos de conjuntos de caracteres no Oracle Database 11g*

| Esquema de codificação | Exemplos de conjuntos de caracteres |
|---|---|
| Sete bits, byte único | US7ASCII. Este é o padrão para o Oracle em sistemas não IBM. |
| | YUG7ASCII. Iugoslavo de sete bits, um conjunto de caracteres adequado aos idiomas utilizados na maioria dos Bálcãs. |
| Oito bits, byte único | WE8ISO8859P15. Um conjunto de caracteres padrão ISO de oito bits da Europa Ocidental, que inclui o símbolo do euro (diferentemente do WE8ISO8859P1). |
| | WE8DEC. Desenvolvido pela Digital Equipment Corporation, muito utilizado no ambiente da DEC (ou Compaq), na Europa. |
| | I8EBCDIC1144. Um conjunto de caracteres EBCDIC desenvolvido especificamente para o italiano. |
| Largura fixa, multibyte | AL16UTF16. Este é um conjunto de caracteres Unicode de dois bytes, e o único conjunto Unicode de largura fixa com suporte no 10*g*. |
| Largura variável | UTF8. Um conjunto de caracteres Unicode no qual os caracteres podem ter de 1 a 4 bytes. O UTF8 é um padrão nos sistemas Unix. |
| Largura variável, multibyte | JA16SJIS. Shift-JIS, um conjunto de caracteres japonês no qual é utilizado um código de controle de alternância (shift-out) para indicar que os bytes seguintes são caracteres de byte duplo. |
| | Um código de alternância (shift-in) alterna novamente para caracteres de byte único. |
| | ZHT16CCDC. Um conjunto de caracteres de chinês tradicional, onde o bit mais significativo do byte é usado para indicar se o byte é um caractere de byte único ou se faz parte de um caractere multibyte. |
| | AL32UTF8. Um conjunto de caracteres Unicode de largura variável. |

O idioma utilizado determinará o idioma das mensagens de erro, além de definir os padrões do idioma das datas e das ordens de classificação. Os padrões são mostrados a seguir:

| Parâmetro de inicialização | Padrão | Objetivo |
|---|---|---|
| NLS_LANGUAGE | AMERICANO | Idioma das mensagens |
| NLS_DATE_LANGUAGE | AMERICANO | Utilizado nos nomes de dias e de meses |
| NLS_SORT | BINÁRIO | Sequência de classificação linguística |

A ordem de classificação padrão – binária – é deficiente. A classificação binária pode ser aceitável em um conjunto de caracteres de sete bits, mas nos conjuntos de caracteres de oito bits ou mais os resultados são geralmente inadequados. Por exemplo, o valor ASCII de uma letra *a* minúscula é 97, e de uma letra *z* minúscula é 122. Sendo assim, uma classificação binária posicionará a letra *a* antes da letra *z*, o que é correto. Mas considere as variações diacríticas: uma letra *a* minúscula com um trema, *ä*, é 132, o que vai além da letra *z*; por conseguinte, a ordem de classificação binária vai gerar "a,z,ä" – o que é incorreto em qualquer idioma. A ordem de classificação do alemão seria "a,ä,z" – o que está correto. Por exemplo, examine alguns nomes do idioma alemão:

```
SQL> alter session set nls_language = 'AMERICAN';

Session altered.

SQL> select * from names order by name;

NAME
---------------
Kohl
Kunst
Köhler

SQL> alter session set nls_language = 'GERMAN';

Session altered.

SQL> select * from names order by name;

NAME
---------------
Kohl
Köhler
Kunst

SQL> alter session set nls_language = 'AMERICAN';
```

O Oracle oferece algumas ordens de classificação, e há sempre uma adequada às suas necessidades. Mais uma vez, consulte a visão V$NLS_VALID_VALUES para conhecer as opções disponíveis:

```
SQL> select * from v$nls_valid_values where parameter='SORT';

PARAMETER            VALUE                  ISDEP
-------------------- ---------------------- -- -----
SORT                 BINARY                 FALSE
SORT                 WEST_EUROPEAN          FALSE
SORT                 XWEST_EUROPEAN         FALSE
SORT                 GERMAN                 FALSE
SORT                 XGERMAN                FALSE
SORT                 DANISH                 FALSE
SORT                 XDANISH                FALSE
SORT                 SPANISH                FALSE
SORT                 XSPANISH               FALSE
SORT                 GERMAN_DIN             FALSE
. . .
SORT                 SCHINESE_STROKE_M      FALSE
SORT                 GBK                    FALSE
SORT                 SCHINESE_RADICAL_M     FALSE
SORT                 JAPANESE_M             FALSE
SORT                 KOREAN_M               FALSE

87 rows selected.

SQL>
```

## Suporte à região

A região selecionada define alguns padrões de globalização. Para conhecer as regiões com suporte em seu banco de dados, consulte novamente a visão V$NLS_VALID_VALUES:

```
SQL> select * from v$nls_valid_values where parameter='TERRITORY';

PARAMETER            VALUE                    ISDEP
-------------------- ------------------------ -----
TERRITORY            AMERICA                  FALSE
TERRITORY            UNITED KINGDOM           FALSE
TERRITORY            GERMANY                  FALSE
TERRITORY            FRANCE                   FALSE
TERRITORY            CANADA                   FALSE
TERRITORY            SPAIN                    FALSE
TERRITORY            ITALY                    FALSE
TERRITORY            THE NETHERLANDS          FALSE
TERRITORY            SWEDEN                   FALSE
TERRITORY            NORWAY                   FALSE
 . . .
TERRITORY            BELARUS                  FALSE

98 rows selected.

SQL>
```

A escolha da região define padrões para a numeração dos dias e das semanas, os símbolos de crédito e débito, formatos de datas, separadores numéricos decimais e de grupo, e símbolos de moeda. Alguns desses podem ter um impacto importante sobre o comportamento de um aplicativo.

Por exemplo, nos Estados Unidos, o separador decimal é um ponto (.), mas na Alemanha e em vários outros países é uma vírgula (,). Examine um número como "10,001" São dez mil e um ou dez e um milésimo? Certamente, você precisará saber. Igualmente importante é a numeração do dia da semana. Nos Estados Unidos, o domingo é o dia 1 e o sábado é o dia 7, mas na Alemanha (e na maior parte da Europa) a segunda-feira (ou *Montag*, para ampliar o escopo do exemplo) é o dia 1, e o domingo (*Sonnabend*) é o dia 7. Se seu software incluir procedimentos a serem executados de acordo com o dia da semana, os resultados poderão ser desastrosos se você não considerar esses aspecto. O exemplo a seguir demonstra outras diferenças relacionadas à região nas configurações do tempo:

```
SQL> alter session set nls_territory = 'AMERICA';

Session altered.

SQL> select systimestamp from dual;

SYSTIMESTAMP
---------------------------------------------------------------
18-OCT-08 03.11.47.811642 PM -05:00

SQL> alter session set nls_territory = 'GERMANY';
```

```
Session altered.

SQL> select systimestamp from dual;

SYSTIMESTAMP
-----------------------------------------------------------------
18.10.08 15:12:20,709876 -05:00

SQL>
```

Veja a seguir os padrões de configurações relacionadas à região:

| Variável | Padrão / Finalidade |
|---|---|
| NLS_TERRITORY | AMERICA / Localização geográfica |
| NLS_CURRENCY | $ / Símbolo monetário atual |
| NLS_DUAL_CURRENCY | $ / Um símbolo monetário secundário da região |
| NLS_ISO_CURRENCY | AMERICA / Indica o símbolo monetário da região ISO |
| NLS_DATE_FORMAT | DD-MM-RR / Formato utilizado em colunas do tipo de dado DATE |
| NLS_NUMERIC_CHARACTERS | .,/ Delimitadores decimal e de grupo |
| NLS_TIMESTAMP_FORMAT | DD-MM-RRHH.MI.SSXFF AM / Formato utilizado em colunas do tipo de dado TIMESTAMP |
| NLS_TIMESTAMP_TZ_FORMAT | DD-MM-RRHH.MI.SSXFF AM TZR / Formato utilizado em colunas do tipo de dado TIMESTAMP WITH LOCAL TIME ZONE |

## Outras configurações do NLS

Além das configurações relacionadas ao idioma e à região descritas anteriormente, existem algumas outras configurações avançadas com menos probabilidade de acarretar problemas:

| Variável | Padrão / Finalidade |
|---|---|
| NLS_CALENDAR | Gregorian / Permite o uso de sistemas de calendário alternativos |
| NLS_COMP | BINARY / A alternativa do ANSI compara letras usando valores NLS, não o equivalente numérico |
| NLS_LENGTH_SEMANTICS | BYTE / Permite a manipulação de caracteres multibyte como caracteres completos em vez de bytes |
| NLS_NCHAR_CONV_EXCP | FALSE / Limita as mensagens de erro geradas ao converter entre VARCHAR2 e NVARCHAR |

Este exemplo ilustra a mudança para o calendário imperial japonês (que conta os anos a partir da ascensão do Imperador Akihito ao trono), com um efeito associado sobre a exibição das datas:

```
SQL> alter session set nls_calendar = 'Japanese Imperial';

Session altered.
```

```
SQL> alter session set nls_date_format = 'dd-mm-yyyy';

Session altered.

SQL> select sysdate from dual;

SYSDATE
----------
18-10-0020

SQL> alter session set nls_calendar = 'Gregorian';

Session altered.

SQL> select sysdate from dual;

SYSDATE
---------
18-OCT-08

SQL>
```

## Usando os recursos de suporte à globalização

A globalização pode ser especificada em qualquer um e em todos os cinco níveis:

- Banco de dados
- Instância
- Ambiente do cliente
- Sessão
- Instrução

Os níveis estão listados por ordem crescente de prioridade. Portanto, as configurações da instância têm prioridade sobre as configurações do banco de dados, e assim por diante. Uma instrução individual pode controlar as respectivas características de globalização, substituindo tudo mais.

> **dica de exame** *Lembre-se da precedência dos diversos pontos onde as configurações da globalização podem ser especificadas. Sob a perspectiva do servidor, as configurações da instância têm precedência sobre as configurações do banco de dados, mas todas as configurações do servidor podem ser substituídas no lado cliente: primeiramente, pelo ambiente, e depois, nos níveis da sessão e instrução.*

## Escolha de um conjunto de caracteres

Durante a criação de um banco de dados, a escolha do conjunto de caracteres é uma das decisões mais importantes a serem tomadas. No que diz respeito a um banco de dados, duas configurações são imprescindíveis para que tudo dê certo no momento da criação; tudo o mais pode ser alterado posteriormente. Essas duas configurações são: o parâmetro DB_BLOCK_SIZE, que nunca pode ser modificado, e o conjunto de caracteres do banco de dados, que pode ser alterado, sendo isso, porém, de modo algum uma atitude necessariamente prática. O problema com o parâmetro DB_BLOCK_SIZE se deve ao fato dele ser utilizado como tamanho de bloco para o tablespace SYSTEM. Não é possível mudar isso sem recriar o dicionário de dados: ou seja, criar um novo banco de dados. O conjunto de caracteres do banco de dados é utilizado para armazenar todos os dados em colunas do tipo VARCHAR2, CLOB, CHAR e LONG (embora ainda suportados, não é recomendável que você use tipos de dados LONG, a menos que sejam necessários para fins de compatibilidade com versões anteriores). Se você alterar esse conjunto, poderá destruir todos os dados contidos nas colunas atuais desse tipo.

Portanto, é fundamental selecionar, no momento da criação, um conjunto de caracteres que atenda a todas as suas necessidades atuais e futuras. Por exemplo, se você pretende usar dados em francês ou espanhol, será necessário um conjunto de caracteres da Europa Ocidental. Se você vai utilizar dados em russo ou tcheco, escolha um conjunto de caracteres do Leste Europeu. E se for necessário manter os idiomas do Leste Europeu e da Europa Ocidental? Além disso, e se você prevê a necessidade do coreano ou do tailandês também? O Oracle oferece duas soluções para o problema: o National Character Set (Conjunto de Caracteres Nacional) e o Unicode.

O National Character Set foi lançado no release 8.0 do banco de dados. Este é um segundo conjunto de caracteres, especificado durante a criação do banco de dados, utilizado para colunas de tipos de dados NVARCHAR2, NCLOB e NCHAR. Sendo assim, ao prever que a maioria das outras informações estaria em inglês, mas que algumas estariam em japonês, o DBA pode escolher um conjunto de caracteres da Europa Ocidental para o conjunto de caracteres do banco de dados, e um conjunto de caracteres kanji como o National Character Set. No release 9*i*, as regras mudaram: a partir de então, o National Character Set só pode ser Unicode. Isso não vai gerar uma perda de funcionalidade, porque a promessa do Unicode é codificar todos os caracteres. Dois tipos de Unicode são aceitos como o National Character Set: AL16UTF16 e UTF8. O AL16UTF16 é um conjunto de caracteres de dois bytes de largura fixa, e o UTF8 é um conjunto de caracteres de largura variável. A escolha entre os dois é uma simples questão de eficiência de espaço e desempenho em relação ao tipo de dado que provavelmente será armazenado nas colunas NVARCHAR2 e NCLOB.

É muito provável que a maioria dos dados seja realmente representada em um único byte, e apenas alguns caracteres necessitem de vários bytes. Nesse caso, o AL16UTF16 praticamente vai dobrar as necessidades de armazenamento – desnecessariamente, porque um dos dois bytes por caractere será preenchido com zeros. Isso não somente desperdiça espaço, como também afeta o I/O de disco. O UTF8 economizará muito espaço. Mas se a maioria dos dados não pode ser codificada em um único byte, então o UTF8 torna-se muito menos eficiente porque os caracteres multibyte devem ser montados, durante a execução, a partir de alguns bytes individuais, com um consequente impacto de desempenho. Além disso, o UTF8 geralmente exigirá três ou quatro bytes para armazenar um caractere que o AL16UTF16 consegue codificar em dois.

A segunda possibilidade para um banco de dados totalmente multilíngue é usar o Unicode como o verdadeiro conjunto de caracteres do banco de dados. As opções com suporte são UTF8 e AL32UTF8, ambas sendo conjuntos de caracteres multibyte de largura variável.

> **na prática**
> 
> *Um banco de dados Unicode pode facilitar a vida dos desenvolvedores porque eles não precisarão se preocupar com as colunas a serem lidas e gravadas, mas podem ocorrer implicações sobre o desempenho.*

A única limitação imposta ao conjunto de caracteres do banco de dados é que ele deve ter o US7ASCII ou EBCDIC como um subconjunto. Isso acontece porque o conjunto de caracteres do banco de dados é utilizado para armazenar o código-fonte SQL e PL/SQL gravado nesses caracteres.

Tanto o conjunto de caracteres do banco de dados quanto o National Character Set são especificados no comando CREATE DATABASE. Os padrões são US7ASCII e AL16UTF16. Se você criar um banco de dados usando o DBCA (Database Creation Assistant), o DBCA oferecerá um padrão para o conjunto de caracteres do banco de dados, que ele escolherá a partir do conjunto de caracteres do sistema operacional onde você estiver executando o DBCA. Este pode ser mais adequado do que o padrão de sete bits do Oracle, mas convém lembrar que os clientes em seu sistema pode estar utilizando terminais com um sistema operacional diferente do servidor do banco de dados.

### Alterando os conjuntos de caracteres

Em muitas ocasiões, os DBAs desejariam ter a possibilidade de mudar o conjunto de caracteres do banco de dados. Geralmente, isso acontece quando o banco de dados foi criado com o padrão US7ASCII, e mais tarde surge a necessidade de armazenar informações usando caracteres não incluídos nesse conjunto de caracteres, como um nome em francês. Antes do release 9*i*, não havia uma técnica suportada para mudar o conjunto de caracteres. A partir do 9*i*, passou a existir uma técnica suportada, mas sem garantia de funcionamento perfeito. Como DBA, é sua responsabilidade fazer verificações abrangentes para ter certeza de que a mudança não danificará os dados. O problema é que uma simples mudança no conjunto de caracteres não reformata os dados contidos atualmente nos arquivos de dados, mas mudará o modo de exibição dos dados. Por exemplo, se fosse necessário converter do conjunto de caracteres da Europa Ocidental para um conjunto de caracteres do Leste Europeu, várias letras acentuadas comuns nos idiomas ocidentais seriam interpretadas como caracteres cirílicos[*], com resultados desastrosos.

---

[*] N. do T.: o alfabeto cirílico é um alfabeto cujas variantes são utilizadas para a grafia de seis línguas nacionais eslavas (bielorrusso, búlgaro, macedônio, russo, sérvio e ucraniano, além do ruteno e outras línguas extintas).

Duas ferramentas são fornecidas para ajudá-lo ao optar por mudar o conjunto de caracteres: o Database Character Set Scanner e o Language and Character Set File Scanner. Eles são executados de modo independente: os comandos csscan e lcsscan no Unix, csscan.exe e lcsscan.exe no Windows.

O Database Character Set Scanner se conectará com o banco de dados e examinará os arquivos de dados, gerando um relatório dos possíveis problemas. Por exemplo:

```
csscan system/systempassword full=y tochar=utf8
```

Esse comando estabelecerá uma conexão com o banco de dados como usuário SYSTEM, e examinará todos os arquivos de dados para verificar se a conversão para UTF8 causaria problemas. Um problema característico na conversão para o UTF8 é que um caractere codificado em um único byte no conjunto de caracteres original exigirá dois bytes no UTF8, de modo que os dados podem não se encaixar na coluna após a mudança. O scanner gerará um relatório extenso listando cada linha que apresentará problemas com o novo conjunto de caracteres. Você deve então tomar a ação adequada para corrigir os problemas antes da conversão, se possível.

> **na prática**
>
> *Execute o script* csminst.sql *para preparar o banco de dados para execução do scanner do conjunto de caracteres.*

O Language and Character Set File Scanner é um utilitário que tentará identificar o idioma e o conjunto de caracteres utilizados em um arquivo texto. Ele só funcionará sobre arquivo texto simples; para utilizá-lo, por exemplo, em um documento de processamento de texto, remova primeiramente todos os códigos de controle. Esse scanner pode ser útil para fazer o upload de dados em seu banco de dados quando os dados não são conhecidos. A ferramenta verifica o arquivo e aplica um conjunto de técnicas heurísticas para fazer uma dedução inteligente sobre o idioma e o conjunto de caracteres dos dados.

Depois de determinar se é possível mudar o conjunto de caracteres sem ocasionar danos, execute o comando ALTER DATABASE CHARACTER SET para implementar a mudança. O comando equivalente para mudar o National Character Set é ALTER DATABASE NATIONAL CHARACTER SET. A única limitação nesse comando é que o conjunto de caracteres de destino deve ser um superconjunto do conjunto de caracteres original, o que não garante que não ocorrerão danos. Essa responsabilidade é do DBA.

### Globalização dentro do banco de dados

As configurações de globalização do banco de dados são determinadas no momento de sua criação, de acordo com as configurações dos parâmetros da instância em vigor quando o comando CREATE DATABASE foi emitido e o conjunto de caracteres foi especificado. Essas configurações constam na visão NLS_DATABASE_PARAMETERS, como apresentados a seguir:

```
SQL> select * from nls_database_parameters;

PARAMETER                       VALUE
------------------------------  --------------------------------
```

```
NLS_LANGUAGE                   AMERICAN
NLS_TERRITORY                  AMERICA
NLS_CURRENCY                   $
NLS_ISO_CURRENCY               AMERICA
NLS_NUMERIC_CHARACTERS         .,
NLS_CHARACTERSET               WE8MSWIN1252
NLS_CALENDAR                   GREGORIAN
NLS_DATE_FORMAT                DD-MON-RR
NLS_DATE_LANGUAGE              AMERICAN
NLS_SORT                       BINARY
NLS_TIME_FORMAT                HH.MI.SSXFF AM
NLS_TIMESTAMP_FORMAT           DD-MON-RR HH.MI.SSXFF AM
NLS_TIME_TZ_FORMAT             HH.MI.SSXFF AM TZR
NLS_TIMESTAMP_TZ_FORMAT        DD-MON-RR HH.MI.SSXFF AM TZR
NLS_DUAL_CURRENCY              $
NLS_COMP                       BINARY
NLS_LENGTH_SEMANTICS           BYTE
NLS_NCHAR_CONV_EXCP            FALSE
NLS_NCHAR_CHARACTERSET         AL16UTF16
NLS_RDBMS_VERSION              11.1.0.6.0

20 rows selected.

SQL>
```

### Globalização no nível da instância

As configurações de parâmetros da instância substituirão as configurações do banco de dados. Em um ambiente RAC, diferentes instâncias podem ter configurações diferentes, de modo que, por exemplo, os usuários europeus e norte-americanos podem se conectar com o banco de dados por meio de uma instância configurada adequadamente para atender às suas diversas necessidades. As configurações atualmente em vigor constam na visão NLS_INSTANCE_PARAMETERS, que tem as mesmas linhas que a visão NLS_DATABASE_PARAMETERS, exceto por três linhas relacionadas aos conjuntos de caracteres e à versão do RDBMS que não são aplicáveis a uma instância.

Os parâmetros de globalização da instância podem ser modificados como quaisquer outros parâmetros, mas, considerando que todos eles são estáticos, é necessário reinicializar a instância para que as alterações entrem em vigor.

### Configurações do ambiente no lado cliente

Ao ser inicializado, um processo de usuário do Oracle inspeciona o ambiente dentro do qual ele está em execução para escolher os padrões de globalização. Esse mecanismo permite que os usuários que precisam de configurações de globalização diferentes possam configurar seus terminais de modo adequado às suas necessidades, e o Oracle escolherá e aplicará automaticamente as configurações, sem a intervenção dos programadores ou do DBA. Esse recurso deve ser utilizado com cautela, tendo em vista que pode causar confusão pelo fato de indicar que o aplicativo pode estar em execução em um ambiente não previsto pelos programadores. Internamente, o processo de usuário lê as variáveis de ambiente e gera uma série de comandos ALTER SESSION para implementá-las.

A principal variável de ambiente é a `NLS_LANG`. A especificação completa dessa variável é um idioma, uma região e um conjunto de caracteres. Para utilizar o francês canadense com um conjunto de caracteres da Europa Ocidental, um usuário final deve defini-la com

```
NLS_LANG=FRENCH_CANADA.WEISO8859P1
```

e depois, independentemente das definições da globalização de banco de dados e de instância, o processo de usuário exibirá mensagens e formatará os dados de acordo com os padrões do francês canadense. Ao enviar dados para o servidor, o usuário os digitará segundo as convenções do francês canadense, mas o servidor os armazenará no banco de dados de acordo com as configurações de globalização do banco de dados. Os três elementos (idioma, região e conjunto de caracteres) da variável `NLS_LANG` são opcionais.

**na prática**

*O DBA não tem qualquer controle sobre o que os usuários finais fazem com a variável de ambiente NLS_LANG. Se o aplicativo trabalhar com globalização, os desenvolvedores deverão considerar esse aspecto e então controlar a globalização dentro da sessão.*

A conversão entre as configurações de globalização dos lados servidor e cliente é feita pelo Oracle Net. Em relação ao modelo OSI de sete camadas, qualquer conversão necessária é uma função da camada 6 (camada de apresentação), executada pela camada Two-Task Common do Oracle Net. Uma parte da conversão é muito simples e será sempre bem-sucedida, como a formatação dos números, por exemplo. Outras conversões são problemáticas. Se o cliente e o servidor estiverem utilizando conjuntos de caracteres diferentes, a conversão dos dados poderá não acontecer. Um caso extremo seria um processo do cliente usando um conjunto de caracteres multibyte destinado a um idioma oriental, e um banco de dados criado com o US7ASCII. Será impossível armazenar corretamente os dados inseridos no cliente no conjunto de caracteres muito mais limitado disponível no banco de dados – perdas e danos nos dados serão inevitáveis.

### EXERCÍCIO 15-1

**Defina as configurações da globalização e do ambiente do cliente**

Este exercício demonstrará como você, atuando como um usuário final, pode personalizar seu ambiente de modo a afetar as sessões do Oracle.

1. Em um prompt do sistema operacional, defina a variável `NLS_LANG` com `Hungarian`, e ajuste a exibição de datas a partir do padrão. No Windows,

   ```
   C:\>set NLS_LANG=Hungarian
   C:\>set NLS_DATE_FORMAT=Day dd Month yyyy
   ```

   ou no Unix,

   ```
   $ export NLS_LANG=Hungarian
   $ export NLS_DATE_FORMAT='Day dd Month yyyy'
   ```

2. Na mesma sessão do sistema operacional, abra o SQL *Plus e conecte-se como o usuário `SYSTEM`.

3. Exiba a data atual com

```
SQL> select sysdate from dual;
SYSDATE
---------------------------
Szombat    18 Okt\uffffber     2008

SQL>
```

Observe o problema na exibição de um caractere no nome do mês. Este é um exemplo de um caractere usado nos idiomas do Leste Europeu que não pode ser exibido corretamente por um conjunto de caracteres da Europa Ocidental.

## *Configurações de globalização no nível de sessão*

Uma vez conectados, os usuários poderão emitir os comandos ALTER SESSION para configurar suas preferências de globalização. Normalmente, isso seria feito por programação, provavelmente com um trigger de logon. O aplicativo determinará quem é o usuário e configurará o ambiente adequadamente. Uma alternativa para o comando ALTER SESSION é o pacote DBMS_SESSION. Cada exemplo apresentado a seguir terá o mesmo efeito:

```
SQL> alter session set nls_date_format='dd.mm.yyyy';
Session altered.
SQL> execute dbms_session.set_nls('nls_date_format','''dd.mm.yyyy''');
PL/SQL procedure successfully completed.
```

As especificações no nível de sessão têm precedência sobre as configurações de banco de dados e instância do lado servidor, e também substituirão qualquer tentativa por parte do usuário de configurar sua sessão com variáveis de ambiente. As configurações de globalização atualmente em vigor em sua sessão constam na visão V$NLS_PARAMETERS. As mesmas informações, exceto os conjuntos de caracteres, aparecem na visão NLS_SESSION_PARAMETERS.

### EXERCÍCIO 15-2

### Controle a globalização dentro da sessão

Neste exercício, presumimos que você tenha concluído o Exercício 15-1 e que continue trabalhando na mesma sessão do SQL*Plus. Você demonstrará como os padrões europeu e norte-americano podem causar confusão.

1. Confirme se sua variável de ambiente NLS_LANG está definida com um idioma europeu. No Windows,

    ```
    SQL> host echo %NLS_LANG%
    ```

    ou no Unix,

    ```
    SQL> ! echo $NLS_LANG

    Hungarian

    SQL>
    ```

2. Defina a exibição das datas de modo a mostrar o número do dia:

   ```
   SQL> alter session set nls_date_format='D';
   Session altered.
   SQL>
   ```

3. Exiba o número do dia atual:

   ```
   SQL> select sysdate from dual;

   S
   -
   6

   SQL>
   ```

4. Mude a região para os EUA, e defina novamente o formato de exibição de datas:

   ```
   SQL> alter session set nls_territory=AMERICA;
   SQL> alter session set nls_date_format='D';
   ```

5. Faça a consulta novamente a partir da etapa 3, e observe se o número do dia mudou com a mudança do ambiente de Europa para EUA.

   ```
   SQL> select sysdate from dual;

   S
   -
   7

   SQL>
   ```

## Configurações de globalização em instruções

O nível mais rigoroso de controle sobre a globalização é gerenciá-la através de programação, em cada instrução SQL. Isso envolve o uso de parâmetros NLS nas funções SQL. Veja um exemplo:

```
SQL> select
  2  to_char(hire_date,'Day dd, Month YYYY',
                                            'NLS_DATE_LANGUAGE=DUTCH'),
  3  to_char(hire_date,'Day dd, Month YYYY',
                                            'NLS_DATE_LANGUAGE=GERMAN')
  4  from hr.employees;

TO_CHAR(HIRE_DATE,'DAYDD,MON TO_CHAR(HIRE_DATE,'DAYDD,MONT
---------------------------- -----------------------------
Woensdag  17, Juni      1987 Mittwoch   17, Juni      1987
Donderdag 21, September 1989 Donnerstag 21, September 1989
Woensdag  13, Januari   1993 Mittwoch   13, Januar    1993
Woensdag  03, Januari   1990 Mittwoch   03, Januar    1990
```

```
Dinsdag     21, Mei       1991 Dienstag    21, Mai      1991
Woensdag    25, Juni      1997 Mittwoch    25, Juni     1997
Donderdag   05, Februari  1998 Donnerstag  05, Februar  1998
Zondag      07, Februari  1999 Sonntag     07, Februar  1999
. . .
Dinsdag     07, Juni      1994 Dienstag    07, Juni     1994
Dinsdag     07, Juni      1994 Dienstag    07, Juni     1994
Dinsdag     07, Juni      1994 Dienstag    07, Juni     1994

105 rows selected.

SQL>
```

As funções SQL a serem consideradas são as funções de typecasting, que convertem tipos de dados. Dependendo da função, podem ser utilizados vários parâmetros.

| Função | Parâmetros de globalização |
|---|---|
| TO_DATE | NLS_DATE_LANGUAGE<br><br>NLS_CALENDAR |
| TO_NUMBER | NLS_NUMERIC_CHARACTERS<br><br>NLS_CURRENCY<br><br>NLS_DUAL_CURRENCY<br><br>NLS_ISO_CURRENCY<br><br>NLS_CALENDAR |
| TO_CHAR, TO_NCHAR | NLS_DATE_LANGUAGE<br><br>NLS_NUMERIC_CHARACTERS<br><br>NLS_CURRENCY<br><br>NLS_DUAL_CURRENCY<br><br>NLS_ISO_CURRENCY<br><br>NLS_CALENDAR |

Números, datas e horas podem ter uma grande variedade de máscaras de formatação aplicáveis à exibição. Nos números, essas máscaras permitem incorporar separadores de grupos e decimais, além dos diversos símbolos monetários; as datas podem ser formatadas com praticamente qualquer combinação de texto e números; as horas podem ser exibidas com ou sem os indicadores de fuso horário, e com AM/PM ou com vinte e quatro horas.

## OBJETIVO DA CERTIFICAÇÃO 15.02

### TRABALHANDO COM OS CONJUNTOS DE CARACTERES DO BANCO DE DADOS E DO NLS

Quando as configurações do NLS estiverem concluídas, você deverá conhecer o modo como elas são usadas durante uma classificação ou pesquisa. Dependendo do idioma, os resultados de uma classificação por um nome ou endereço no banco de dados retornarão em uma ordem diferente.

Até mesmo com o poderoso suporte do Oracle para os conjuntos de caracteres, há ocasiões em que convém criar um ambiente personalizado de globalização para um banco de dados, ou otimizar uma localidade existente. Uma das seções a seguir apresentará uma introdução sucinta ao Oracle Locale Builder.

O capítulo será encerrado com uma discussão sobre fusos horários e como o Oracle lhes oferece suporte usando parâmetros de inicialização nos níveis de sessão e de banco de dados, assim como os parâmetros NLS.

### Classificação e seleção linguísticas

A ordem de classificação padrão do Oracle é binária. As strings a serem classificadas são lidas da esquerda para a direita, e cada caractere é reduzido a seu valor ASCII (ou EBCDIC). A classificação ocorre em uma única etapa, o que pode ser adequado para o inglês norte-americano, mas dará resultados incorretos em outros idiomas. Os problemas óbvios são sinais diacríticos, como *ä* ou *à*, e ditongos, como *AE*, mas também existem questões sutis. Por exemplo, no espanhol tradicional, por convenção, o *ch* é um caractere próprio que vem depois do c; sendo assim, a ordem correta é "Cerveze, Cordoba, Chavez". Para classificar corretamente, o banco de dados deve verificar o caractere seguinte e o atual, se o caractere atual for um *c*.

> **na prática**
>
> *Como regra geral, deve-se presumir que o Oracle pode lidar com praticamente todos os problemas linguísticos, mas que você, como DBA, pode não ter o conhecimento necessário para entendê-los. Você precisará de aconselhamento de um especialista nos idiomas com os quais você irá trabalhar.*

Classificação linguística significa que, em vez de substituir cada caractere por seu equivalente numérico, o Oracle o substituirá pelo valor numérico correspondente à sua posição correta na sequência adequada ao idioma em questão. Ocorrem algumas variações aqui, de acordo com a complexidade do ambiente.

Uma classificação monolinguística analisa duas vezes as strings sendo comparadas. A primeira passagem se baseia no valor "mais importante" de cada caractere, derivado da remoção das diferenças entre os sinais diacríticos e o tamanho da letra. Na realidade, cada letra é considerada maiúscula, sem acentos. Em seguida, é realizada uma segunda comparação, usando os valores "menos importantes", que distinguem o tamanho da letra e os sinais diacríticos. As classificações monolinguísticas são muito mais eficientes do que a binária, mas nem sempre são adequadas. Por exemplo, para o idioma francês, o Oracle oferece a ordem de classificação monolinguística FRENCH e a multilinguística FRENCH_M, que pode funcionar melhor se os dados não estiverem apenas em francês.

Uma técnica que pode acabar com a confusão é usar as opções de classificação do Oracle que não distinguem o tamanho das letras e os sinais diacríticos. Por exemplo, convém considerar equivalentes as seguintes variações ocorridas em um nome escocês:

MacKay
Mackay
MACKAY

Para recuperar os três nomes em uma única consulta, defina primeiramente o parâmetro NLS_SORT com GENERIC_BASELETTER, como a seguir:

```
SQL> alter session set nls_sort=generic_baseletter;

Session altered.

SQL> alter session set nls_comp=ansi;

Session altered.

SQL> select * from names where name = 'MACKAY';


NAME
---------------
MacKay
Mackay
MACKAY

SQL> select * from names order by name;

NAME
---------------
Kohl
Kunst
Macdonald
MacDonald
MACDONALD
MACKAY
MacKay
Mackay

9 rows selected.

SQL>
```

Essa consulta vai ignorar as variações no tamanho das letras e os sinais diacríticos. Depois, mude o parâmetro NLS_COMP do padrão BINARY para ANSI. Esta ação instruirá o

Oracle a comparar os valores aplicando as regras de NLS_SORT, e não o valor numérico do caractere. A ordem de classificação GENERIC_BASELETTER também "corrigirá" o que, para alguns, pode parecer uma ordenação incorreta. Um exemplo mais complexo precisaria igualar "McKay" a "MacKay", o que exigiria o Locale Builder.

De modo semelhante, todas as ordens de classificação podem ter um sufixo _AI ou _CI para a classificação que não distingue acentos e tamanho das letras. Por exemplo,

```
SQL> alter session set nls_sort=FRENCH_CI;
```

ignorará as variações de maiúsculas/minúsculas, mas ainda lidará com os caracteres acentuados de acordo com os padrões franceses.

## Locale Builder

O suporte à globalização fornecido como padrão pelo Oracle Database 11g é excelente, mas não consegue lidar com algumas circunstâncias. O Locale Builder é uma ferramenta gráfica que pode criar um ambiente de globalização personalizado, gerando definições para idiomas, regiões, conjuntos de caracteres e classificação linguística.

Como exemplo, o Oracle não tem suporte pronto para os idiomas africanos; é possível criar uma globalização personalizada para preencher essa lacuna, que combinaria elementos dos padrões holandeses e ingleses com personalizações comuns na África Meridional, como ignorar as marcas de pontuação ou os espaços em nomes como O'Hara ou Du Toit. Para carregar o Locale Builder, execute

```
$ORACLE_HOME/nls/lbuilder/lbuilder.bat
```

no Unix, ou

```
%ORACLE_HOME%\nls\lbuilder\lbuilder
```

no Windows. Será exibida a janela do aplicativo apresentada na Figura 15-1.

## Usando fusos horários

As empresas e, por conseguinte, os bancos de dados precisam trabalhar considerando os fusos horários. A partir do release 9i, o ambiente do Oracle pode detectar fusos horários. Para isso, basta especificar um fuso horário no qual um banco de dados opera, e usar os tipos de dados TIMESTAMP WITH TIME ZONE e TIMESTAMP WITH LOCAL TIME ZONE. O primeiro não será normalizado para o fuso horário do banco de dados quando for armazenado, mas terá um indicador do fuso horário para mostrar a zona à qual se refere. O segundo tipo de dado é normalizado para o fuso horário do banco de dados no armazenamento, mas é em seguida convertido para o fuso horário do cliente durante a recuperação. Os tipos de dados habituais DATE e TIMESTAMP são sempre normalizados para o fuso horário do banco de dados no armazenamento, e exibidos de modo inalterado quando selecionados.

Para exemplificar a importância do processamento dos fusos horários, considere um banco de dados de e-mails hospedado em Londres definido para o GMT (Greenwich Mean Time). Um usuário localizado em Harare (duas horas à frente de GMT) envia um e-mail em sua hora local de 15:00; a mensagem é endereçada para dois destinatários, um

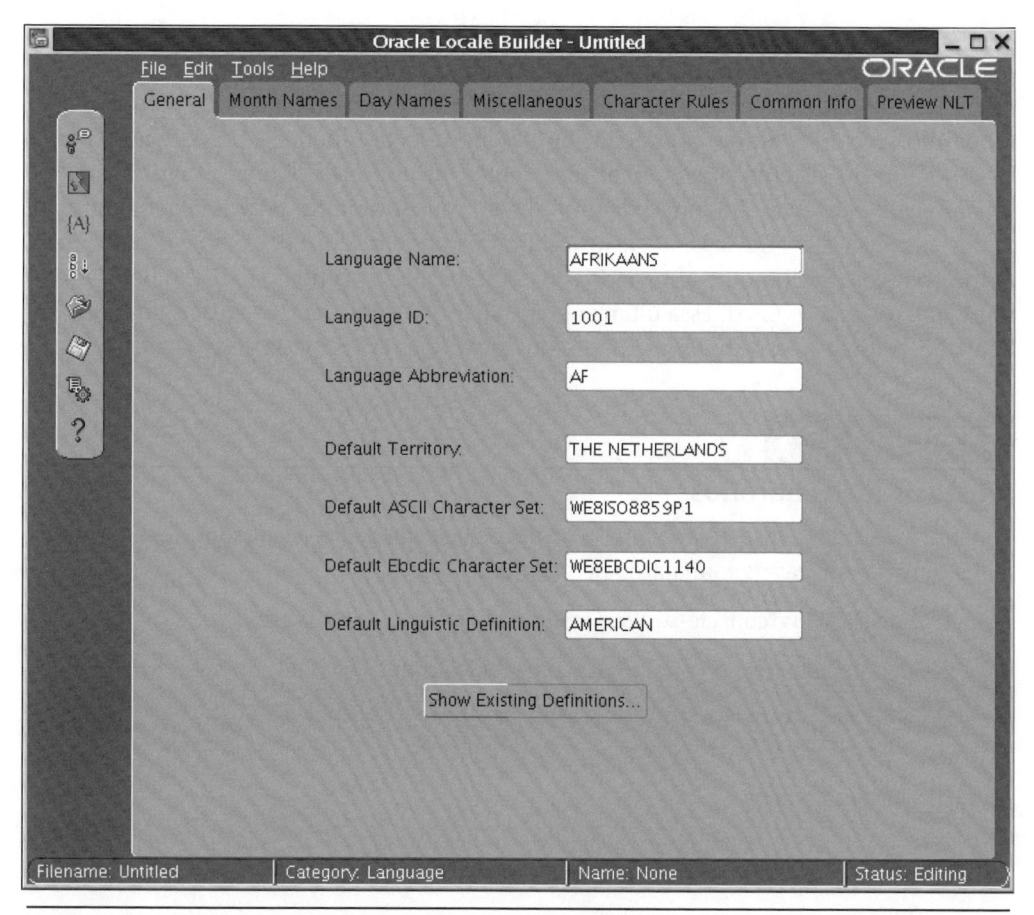

**Figura 15-1**  *Criando uma localidade com o Locale Builder.*

em Paris (Central European Time, CET: uma hora à frente do GMT com horário de verão em vigor no hemisfério norte), e outro em Bogotá (cinco horas atrás do GMT). Como é possível garantir que os destinatários e o remetente verão a mensagem como enviada corretamente, de acordo com os respectivos fusos horários locais? Se a coluna indicando quando a mensagem foi enviada for do tipo de dado TIMESTAMP WITH LOCAL TIME ZONE, então, quando essa mensagem for recebida pelo banco de dados, a hora será normalizada de acordo com o GMT: ela será gravada como 13:00h. Posteriormente, quando o usuário em Bogotá recuperar a mensagem, a hora será ajustada para 08:00h pelo processo desse usuário. Quando o usuário em Paris recuperar a mensagem, verá a mensagem como se tivesse sido enviada às 14:00 ou 15:00 horas, dependendo se a data de envio ocorreu entre março e outubro, quando o horário de verão está em vigor. É possível realizar esse tipo de trabalho de forma programática, mas isso exige muito trabalho e conhecimento de todos os fusos horários e todos os caprichos locais de horário de verão. O banco de dados pode fazer tudo isso para você.

O fuso horário do banco de dados pode ser definido no momento de sua criação no comando CREATE DATABASE, ou ajustado posteriormente com ALTER DATABASE SET TIME_ZONE=. Se não for definido, ele será predefinido com o fuso horário extraído do sistema operacional do servidor durante a criação. O fuso horário do cliente é predefinido com o fuso horário do sistema operacional do cliente, ou pode ser definido com a variável de ambiente ORA_STDZ. Ao longo de uma sessão, o fuso horário pode ser definido com ALTER SESSION SET TIME_ZONE=. Os fusos horários podem ser sempre especificados pelo nome completo, pelo nome abreviado, ou como um deslocamento fixo, em horas e minutos, em relação ao GMT. Essa última opção não pode considerar os ajustes dos horários de verão. A lista de fusos horários suportados é exibida na visão V$TIMEZONE_NAMES.

## EXERCÍCIO 15-3

### Ajuste os fusos horários

Confirme e ajuste seu fuso horário atual, usando os tipos de dados adequados. Teste os resultados com as máscaras de formatação pertinentes.

1. No SQL *Plus, conecte-se à sua instância como o usuário SYSTEM.

2. Identifique o fuso horário do banco de dados com a seguinte consulta:

   ```
   SQL> select property_value from database_properties
     2  where property_name = 'DBTIMEZONE';

   PROPERTY_VALUE
   ------------------------------------------------
   00:00

   SQL>
   ```

3. Crie uma tabela como mostrado a seguir:

   ```
   SQL> create table times
        (date_std date,
         date_tz timestamp with time zone,
         date_ltz timestamp with local time zone);
   ```

4. Exiba a lista dos fusos horários suportados, usando a seguinte consulta:

   ```
   SQL> select * from v$timezone_names;
   ```

5. Ajuste o fuso horário de sua sessão com uma definição diferente do fuso horário do banco de dados, por exemplo,

   ```
   SQL> alter session set time_zone='Pacific/Tahiti,;
   ```

6. Defina o timestamp com o formato de fuso horário com o relógio de vinte e quatro horas, com nomes de fusos horários abreviados e variações de horário de verão.

    ```
    SQL> alter session
      2    set nls_timestamp_tz_format='YYYY-MM-DD HH24:MI:SS TZD';
    ```

7. Defina o formato do timestamp com o relógio de vinte e quatro horas.

    ```
    SQL> alter session set nls_timestamp_format='YYYY-MM-DD HH24:MI:SS';
    ```

8. Defina seu formato de data com o relógio de vinte e quatro horas.

    ```
    SQL> alter session set nls_date_format='YYYY-MM-DD HH24:MI:SS';
    ```

9. Insira uma linha na tabela criada na etapa 3.

    ```
    SQL> insert into times values('2008-10-26 15:00:00',
      2       '2008-10-26 15:00:00','2008-10-26 15:00:00');
    ```

10. Exiba as horas.

    ```
    SQL> select * from times;

    DATE_STD            DATE_TZ                   DATE_LTZ
    ------------------  ------------------------  ------------------------
    2008-10-26 15:00:00 2008-10-26 15:00:00 TAHT  2008-10-26 15:00:00

    SQL>
    ```

    Observe que todas as horas estão definidas com 15:00.

11. Mude sua sessão para o fuso horário do banco de dados.

    ```
    SQL> alter session set time_zone=DBTIMEZONE;
    ```

12. Repita a consulta da etapa 10, e observe que TIMESTAMP WITH LOCAL TIMEZONE foi ajustado de modo a refletir o fato de que sua sessão está agora em outro fuso horário:

    ```
    SQL>  select * from times;

    DATE_STD            DATE_TZ                   DATE_LTZ
    ------------------  ------------------------  ------------------------
    2008-10-26 15:00:00 2008-10-26 15:00:00 TAHT  2008-10-27 01:00:00

    SQL>
    ```

## RESUMO DA CERTIFICAÇÃO

As capacidades de globalização permitem que você, como DBA, personalize o ambiente do Oracle de modo a considerar o idioma e as variações culturais do país. Isso é fundamental no mundo moderno, onde um banco de dados deve apresentar dados em diversos formatos para atender a uma variedade de usuários finais. Os parâmetros de globalização podem ser definidos em cinco níveis: banco de dados, instância, ambiente do cliente, sessão e instrução.

As configurações da globalização influenciarão, entre outros aspectos, os idiomas das mensagens, as ordens de classificação, os formatos de data, calendários, nomes de dias e meses, e formatos numéricos. É de vital importância a escolha dos conjuntos de caracteres dentre duas opções. O conjunto de caracteres do banco de dados é utilizado para as colunas VARCHAR2, CLOB, CHAR e LONG; o National Character Set (Conjunto de Caracteres Nacional) é utilizado nas colunas NVARCHAR2, NCLOB e NCHAR.

Um tópico relacionado são os fusos horários, que, atualmente, podem ser especificados para o banco de dados e por sessão, sem ambiguidade, se os tipos adequados de dados forem usados.

# EXERCÍCIO DE DOIS MINUTOS

*Personalizar o comportamento dependente do idioma para o banco de dados e sessões individuais*

- ❑ A globalização cobre aspectos da apresentação dos dados, calendários, datas e muito mais.
- ❑ Um *conjunto de caracteres* é um esquema de codificação definido para representar os caracteres como uma sequência de bits.
- ❑ O número de caracteres que um conjunto de caracteres pode representar é limitado pelo número de bits que esse conjunto utiliza para cada caractere.
- ❑ Os padrões Unicode são um padrão internacional para a codificação de caracteres, o que incluirá todos os caracteres que serão exigidos por qualquer sistema.
- ❑ O número de idiomas suportados pelo Oracle depende da plataforma, do release e o nível de patch do produto.
- ❑ O idioma utilizado determinará o idioma das mensagens e também definirá padrões para o idioma das datas e as ordens de classificação.
- ❑ A classificação binária pode ser aceitável para um conjunto de caracteres de sete bits, mas para conjuntos de caracteres de oito bits ou mais os resultados são geralmente inadequados.
- ❑ Consulte a visão V$NLS_VALID_VALUES para ver as ordens de classificação disponíveis.
- ❑ Para conhecer as regiões com suporte em seu banco de dados, consulte novamente a visão V$NLS_VALID_VALUES usando o valor PARAMETER de TERRITORY.
- ❑ A globalização pode ser especificada em qualquer um dos cinco níveis.
- ❑ O conjunto de caracteres do banco de dados é utilizado para armazenar todos os dados contidos em colunas do tipo VARCHAR2, CLOB, CHAR e LONG.
- ❑ No National Character Set, há suporte para dois tipos de Unicode: AL16UTF16 e UTF8.
- ❑ Há duas ferramentas disponíveis para ajudar a tomar a decisão quanto à mudança do conjunto de caracteres: o Database Character Set Scanner e o Language and Character Set File Scanner.
- ❑ As configurações dos parâmetros de globalização de instância substituirão as configurações do banco de dados.
- ❑ A principal variável de ambiente do lado cliente é a NLS_LANG. A especificação completa para essa variável é um idioma, uma região e um conjunto de caracteres.
- ❑ O nível mais rigoroso de controle sobre a globalização é gerenciá-la através de programação, dentro de cada instrução SQL.

***Trabalhar com os conjuntos de caracteres do banco de dados e do NLS***
- A ordem de classificação padrão do Oracle é binária.
- Classificação linguística significa que, em vez de substituir cada caractere por seu equivalente numérico, o Oracle substituirá cada caractere por um valor numérico que representa sua posição correta na sequência adequada ao idioma em questão.
- Locale Builder é uma ferramenta gráfica que pode gerar um ambiente de globalização personalizado, criando definições para os idiomas, regiões, conjuntos de caracteres e classificação linguística.
- Os aplicativos podem trabalhar com fusos horários especificando-se um fuso horário no qual o banco de dados opera, e depois usando os tipos de dados TIMESTAMP WITH TIME ZONE e TIMESTAMP WITH LOCAL TIME ZONE.
- Os tipos de dados habituais DATE e TIMESTAMP são sempre normalizados para o fuso horário do banco de dados no armazenamento e exibidos inalterados quando selecionados.
- O fuso horário do banco de dados pode ser definido no momento da criação, no comando CREATE DATABASE, e ajustado posteriormente com ALTER DATABASE SET TIME_ZONE.

# TESTE

As perguntas a seguir o ajudarão a avaliar seu conhecimento sobre o material apresentado neste capítulo. Leia com atenção todas as opções porque pode haver mais de uma resposta correta. Escolha todas as respostas certas de cada pergunta.

**Personalizar o comportamento dependente do idioma para o banco de dados e sessões individuais**

1. Seu banco de dados foi criado com o US7ASCII como o conjunto de caracteres do banco de dados, e posteriormente você descobre que esse conjunto é inadequado. O que é possível fazer? (Escolha a melhor resposta.)
    A. Recriar o banco de dados.
    B. Emitir um comando `alter database character set...`
    C. Emitir um comando `alter system character set...`
    D. Gerar um comando `create controlfile...`, editá-lo de modo a especificar outro conjunto de caracteres, e recriar o arquivo de controle.

2. Quais são as opções para o National Character Set?
    A. Nenhuma. Ele deve ser AL16UTFl6.
    B. Ele pode ser qualquer conjunto de caracteres Unicode.
    C. Ele pode ser AL16UTF16 ou UTF8.
    D. Ele pode ser qualquer conjunto de caracteres necessário.

3. Combine cada conjunto de caracteres com um tipo:

| Conjunto de caracteres | Tipo |
|---|---|
| 1. AL16UTFl6 | a. Sete bits, byte único |
| 2. US7ASCII | b. Oito bits, byte único |
| 3. UTF8 | c. Multibyte de largura fixa |
| 4. WE8ISO8859P15 | d. Largura variável |

    A. 1-c; 2-b; 3-d; 4-a
    B. 1-d; 2-a; 3-c; 4-b
    C. 1-c; 2-d; 3-b; 4-a
    D. 1-c; 2-a; 3-d; 4-b

4. Quais afirmações estão corretas em relação ao tipo de dados TIMESTAMP WITH LOCAL TIME ZONE? (Escolha duas respostas.)
    A. Os dados são gravados com um indicador do fuso horário local.
    B. Os dados são normalizados para o fuso horário do banco de dados quando são gravados.
    C. Durante a recuperação, os dados são normalizados para o fuso horário do cliente que fez a consulta.
    D. Durante a recuperação, os dados são normalizados para o fuso horário do cliente que os inseriu.

5. A globalização pode ser definida em vários níveis. Classifique esses níveis por ordem de prioridade, a começar pela prioridade mais baixa:
   A. Ambiente do cliente
   B. Configurações do banco de dados
   C. Parâmetros da instância
   D. Parâmetros de sessão
   E. Instruções

6. Os parâmetros `NLS_LANGUAGE` e `NLS_TERRITORY` definem padrões para alguns outros parâmetros de globalização. Quais dos seguintes parâmetros são controlados por `NLS_LANGUAGE`? (Escolha dois.)
   A. `NLS_DATE_LANGUAGE`
   B. `NLS_DATE_FORMAT`
   C. `NLS_NUMERIC_CHARACTERS`
   D. `NLS_SORT`

**Trabalhar com os conjuntos de caracteres do banco de dados e do NLS**

7. Escolha a melhor descrição para a ferramenta Character Set Scanner:
   A. Verifica os conjuntos de caracteres para avaliar sua adequação a um idioma especificado.
   B. Verifica os arquivos para detectar o idioma e o conjunto de caracteres dos dados neles contidos.
   C. Verifica os arquivos de dados para detectar se é possível alterar o conjunto de caracteres.
   D. Informa os problemas que a mudança de um conjunto de caracteres pode ocasionar.

8. Se o banco de dados e o processo do usuário estiverem utilizando conjuntos de caracteres diferentes, de que modo os dados podem ser convertidos?
   A. Os dados não são convertidos, motivo pelo qual poderá ocorrer corrupção nos dados se os conjuntos de caracteres forem incompatíveis.
   B. No recebimento dos dados, a instância os converte para o conjunto de caracteres do banco de dados. Durante a recuperação, o processo do usuário converte para o conjunto de caracteres do cliente.
   C. O Oracle Net converterá em ambas as direções.
   D. Depende de alguns parâmetros NLS.

9. O banco de dados está definido com GMT. Um cliente em Buenos Aires (três horas atrás do GMT) executa as seguintes instruções às 10:00:00, horário local:
   ```
   create table times(c1 timestamp,
   c2 timestamp with local time zone);
   insert into times values(to_timestamp('10:00:00'),
     to_timestamp('10:00:00'));
   commit;
   ```
   Um cliente em Nairobi (três horas à frente do GMT) executa as seguintes instruções às 18:00:00, horário local:

```
alter session set nls_timestamp_format='hh24:mi:ss';
select * from times;
```

O que o usuário em Nairobi verá nas colunas c1 e c2?

A. 10:00:00 e 16:00:00
B. 13:00:00 e 16:00:00
C. 13:00:00 e 10:00:00
D. 10:00:00 e 13:00:00

10. Analise o resultado desta consulta:

```
SQL> select * from dates;
C1
--------
06-04-08
```

C1 é uma coluna do tipo data. Como saber o que a data retornada realmente significa? (Escolha duas respostas.)

A. Consulte `NLS_DATABASE_PARAMETERS`.
B. Consulte `NLS_INSTANCE_PARAMETERS`.
C. Consulte `NLS_SESSION_PARAMETERS`.
D. Defina `NLS_DATE_FORMAT` com um valor conhecido e reexecute a consulta.
E. Mude a consulta de modo a utilizar `TO_CHAR` com um parâmetro NLS.

11. Como é possível evitar que os usuários causem confusão com, por exemplo, os formatos de data e hora, definindo variáveis de ambiente de globalização local?

A. Não é possível; os usuários têm controle sobre esse aspecto.
B. Escreva triggers de logon para definir o ambiente da sessão.
C. Defina os parâmetros de globalização da instância de modo a substituir as configurações do lado cliente.
D. Configure o Oracle Net para converter adequadamente todos os dados enviados para e do banco de dados.

12. Qual visão informará os idiomas suportados por sua instalação? (Escolha a melhor resposta.)

A. `NLS_DATABASE_PARAMETERS`
B. `NLS_INSTANCE_PARAMETERS`
C. `V$NLS_VALID_VALUES`
D. `V$NLS_LANGUAGES`

13. Você deseja tornar a ordem de retorno dos nomes classificados independentemente de eles incluírem caracteres acentuados, caracteres em maiúsculas e minúsculas, marcas de pontuação ou espaços. Como fazer isso? (Escolha a melhor resposta.)

A. Defina a ordem de classificação com `GENERIC_BASELETTER`, que ignorará essas variações.
B. Use as versões `_AI` e `_CI` de qualquer uma das ordens de classificação suportadas.
C. Use o Locale Builder para elaborar uma ordem de classificação personalizada.
D. Não é possível fazer isso.

## RESPOSTAS DO TESTE

*Personalizar o comportamento dependente do idioma para o banco de dados e sessões individuais*

1. ☑ **B.** Use este comando, mas teste antes com o Character Set Scanner.

    ☒ **A** está incorreta porque não é necessário recriar o banco de dados para mudar o conjunto de caracteres desse banco de dados. **C** está incorreta porque ALTER SYSTEM não pode ser utilizado para alterar o conjunto de caracteres. **D** está incorreta porque mudar o conjunto de caracteres no arquivo de controle não converterá o conjunto de caracteres do banco de dados.

2. ☑ **C.** Qualquer um desses conjuntos Unicode está atualmente permitido.

    ☒ Todas as outras respostas estão incorretas porque as duas únicas opções são AL16UTF16 ou UTF8.

3. ☑ **D.** 1-c; 2-a; 3-d; 4-b

    ☒ **A**, **B** e **C** estão incorretas.

4. ☑ **B** e **C.** Este é o tipo de dado que normaliza totalmente as horas para e a partir do banco de dados.

    ☒ **A** e **D**. Os valores de timestamp não são gravados com o indicador de fuso horário, nem normalizados quando recuperados.

5. ☑ A sequência correta é **B, C, A, D, E**. Os parâmetros de instância substituem os parâmetros do banco de dados, e as variáveis de ambiente do lado cliente podem ser substituídas por comandos ALTER SESSION, e depois pelas instruções individuais.

    ☒ Todas as outras sequências estão incorretas.

6. ☑ **A** e **D**. NLS_DATE_LANGUAGE e NLS_SORT são os dois parâmetros controlados por NLS_LANGUAGE.

    ☒ **B** e **C** estão incorretas. NLS_DATE_FORMAT e NLS_NUMERIC_CHARACTERS são controlados por NLS_TERRITORY.

*Trabalhando com os conjuntos de caracteres do banco de dados e do NLS*

7. ☑ **D.** Por exemplo, ela informará se uma codificação alterada impedirá que os dados se acomodem em uma coluna já existente.

    ☒ **A**, **B** e **C** são descrições incorretas.

8. ☑ **C.** O Oracle Net fará a melhor conversão possível.

    ☒ **A**, **B** e **D** são cenários de conversão incorretos.

9. ☑ **B.** O banco de dados normalizará a hora 10:00:00 a partir do fuso horário local no momento da entrada, GMT - 3, para o fuso horário do banco de dados, GMT. Portanto, os dois horários são gravados como 13:00:00 GMT. Para a recuperação, a coluna do timestamp será exibida como foi gravada, 13:00:00, mas o timestamp da coluna do fuso horário local ajustará a hora para a do fuso horário do cliente recuperando os dados, ou seja, GMT + 3.

    ☒ **A**, **C** e **D** estão incorretas.

10. ☑ **C** e **D**. NLS_SESSION_PARAMETERS exibirá o formato utilizado para que você interprete a saída da consulta corretamente, ou você pode definir o formato com um valor específico e reexecutar a consulta.

    ☒ **A**, **B** e **E** estão incorretas. Você deve consultar a versão da visão específica da sessão para interpretar adequadamente a saída.

11. ☑ **B.** A melhor opção é escrever triggers de logon, o que evitará qualquer confusão ocasionada pela configuração do cliente.

    ☒ **A** está incorreta porque você pode controlar as configurações locais com um trigger de logon (a menos que um usuário as substitua diretamente). **C** está incorreta porque as configurações do lado cliente podem substituir as configurações da instância. **D** está incorreta porque não é possível configurar o Oracle Net para executar uma conversão específica.

12. ☑ **C.** A visão V$NLS_VALID_VALUES exibirá todas as opções dos idiomas com suporte, assim como as outras opções de globalização.

    ☒ **A** está incorreta porque NLS_DATABASE_PARAMETERS mostra os valores permanentes de cada parâmetro de inicialização do banco de dados relacionado ao NLS. **B** está incorreta porque NLS_INSTANCE_PARAMETERS mostra os valores NLS alterados a partir da inicialização da instância. **D** está incorreta porque não existe a visão V$NLS_LANGUAGES.

13. ☑ **C.** Para retirar as marcas de pontuação e os espaços, você deverá criar uma variação própria no Locale Builder.

    ☒ **A**, **B** e **D** estão incorretas. Definir a ordem de classificação com GENERIC_BASELETTER ou utilizar as versões _AI ou _CI das ordens de classificação não remove as marcas de pontuação e os espaços.

# Apêndice A

## SOBRE O CD

O CD-ROM que acompanha esta obra contém o MasterExam e a versão eletrônica do livro. O software é fácil de instalar em qualquer computador com Windows 2000/XP/Vista, e deve ser instalado para permitir o acesso ao recurso MasterExam. Entretanto, você pode navegar diretamente no livro eletrônico a partir do CD, sem instalação. Para receber um segundo MasterExam bônus, basta clicar no link Online Training na página principal e seguir as instruções para a inscrição gratuita online.

## REQUISITOS DO SISTEMA

O software exige Windows 2000 ou superior, Internet Explorer 6.0 ou superior, e 20 MB de espaço em disco rígido para a instalação completa. Para exibição do livro eletrônico, você precisará do Adobe Acrobat Reader.

## INSTALANDO E EXECUTANDO O MASTEREXAM

Se a unidade de CD de seu computador estiver configurada para execução automática, o CD será automaticamente inicializado quando o disco for inserido. Na tela de abertura, pressione o botão MasterExam para instalar o MasterExam. Esta ação iniciará o processo de instalação e criará um grupo de programa chamado "LearnKey". Para executar o MasterExam, use Start|All Programs|LearnKey|MasterExam. Se o recurso de execução automática não acionou o CD, acesse o CD e clique no ícone LaunchTraining.exe.

## MasterExam

O MasterExam é uma simulação do exame real. A quantidade de perguntas, o tipo de perguntas e o tempo concedido pretendem representar com exatidão o ambiente do exame. Você tem a opção de fazer o exame de livro aberto, que inclui dicas, referências e respostas; o exame de livro fechado; ou a simulação cronometrada do MasterExam.

Quando você carregar o MasterExam, aparecerá o visor de um relógio digital no canto inferior direito da tela. O relógio fará uma contagem regressiva até zero, a menos que você prefira terminar o exame antes de acabar o tempo.

## LIVRO ELETRÔNICO

Todo o conteúdo deste guia de estudo é fornecido no formato PDF. O Adobe Acrobat Reader também consta no CD.

## AJUDA

Você encontrará um arquivo de ajuda ao pressionar o botão da ajuda na página principal, no canto inferior esquerdo. Um recurso de ajuda individual também está disponível por meio do MasterExam.

## REMOVENDO A(S) INSTALAÇÃO(ÕES)

O MasterExam é instalado na unidade de disco rígido. Para obter melhores resultados, use Start|All Programs|LearnKey|Uninstall para remover o MasterExam.

## SUPORTE TÉCNICO

Se você tiver dúvidas relacionadas ao conteúdo técnico do livro eletrônico ou do MasterExam, visite www.mhprofessional.com ou envie um e-mail para customer.service@mcgraw-hill.com. Os clientes fora dos Estados Unidos podem enviar um e-mail para international_cs@mcgraw-hill.com.

## Suporte técnico para o LearnKey

Para ajuda com problemas técnicos que podem ocorrer no software (instalação, funcionamento, remoção de instalações), visite www.learnkey.com, envie um e-mail para techsupport@learnkey.com ou ligue para o número gratuito 800-482-8244.

# Glossário

## A

**ACID** *Atomicity, Consistency, Isolation, and Durability*. Quatro características que um banco de dados relacional deve manter nas transações.

**ADDM** *Automatic Database Diagnostic Monitor*. Ferramenta que gera relatórios de ajuste de desempenho baseado nos snapshots existentes no Automatic Workload Repository (AWR).

**ADR** *Automatic Diagnostic Repository*. Localização padrão do log de alerta, arquivos de rastreamento e outras informações úteis para a detecção de falhas. Recurso permanentemente ativo, que captura erros nos arquivos de dump e de rastreamento na primeira vez e sempre que ocorrem.

**ADRCI** *Automatic Diagnostic Repository (ADR) Command-line Interface* acessada por meio do comando `adrci`.

**AES** *Advanced Encryption Standard*. Método consagrado de criptografia de dados.

**agendamento**   Uma especificação de quando e da frequência de execução de um job.

**AL16UTF16**   Conjunto de caracteres Unicode de 2 bytes e tamanho fixo comumente especificado para o conjunto de caracteres NLS usado para os tipos de dados NVAR-CHAR2, NCHAR e NCLOB.

**alias**   No Oracle Net, ponteiro para uma string de conexão. Um alias deve ser resolvido para o endereço de um listener e o nome do serviço ou instância.

**alocação de espaço retomável**   Recurso do Oracle que suspende em vez de encerrar as operações de um banco de dados grande que exigem mais espaço em disco do que a quantidade atualmente disponível. Uma operação suspensa pode ser reiniciada posteriormente, a partir do ponto onde parou, quando os problemas de espaço forem solucionados. Esse recurso economiza tempo.

**alternância de log**   Ação de fechamento de um grupo de arquivos de log online e abertura de outro (acionada pelo processo LGWR preenchendo o primeiro grupo) e ocasionando, em seguida, o arquivamento do arquivo de log já offline.

**analisar por parse**   Verificar a sintaxe e converter instruções SQL em um formato adequado para execução.

**ANSI**   *American National Standards Institute*. Entidade norte-americana que define diversos padrões relevantes para a computação.

**API**   *Application Programming Interface*. Método definido para manipulação de dados – por exemplo, um conjunto de procedures PL/SQL em um pacote criado para executar um conjunto relacionado de tarefas.

**ARBn**   Processos em segundo plano que executam o movimento de extensão entre discos em um grupo de discos ASM (Automatic Storage Management).

**área de recuperação flash**   Área em um sistema de arquivos ou em um grupo de discos ASM (Automatic Storage Management) para todos os arquivos relacionados à recuperação.

**arquitetura cliente/servidor**   Modelo de processamento em que o aplicativo é dividido em software cliente, que interage com o usuário, e software de servidor, que interage com os dados.

**arquivo de controle**   Arquivo contendo ponteiros para o restante do banco de dados, informações de sequências críticas e o repositório do RMAN.

**arquivo de dados**   Estrutura baseada em disco para armazenar dados.

**arquivo temporário**  Arquivo físico que forma um tablespace temporário, utilizado para armazenar segmentos temporários.

**ASA**  *Automatic Segment Advisor*. Ferramenta de aconselhamento do Oracle que pode indicar os segmentos (tabelas ou índices) candidatos à compressão de segmentos.

**ASCII**  *American Standard Code for Information Interchange*. Padrão (com diversas variações) para codificar letras e outros caracteres como bytes.

**ASH**  *Active Session History*. Categoria de informações no AWR que registra detalhes da atividade da sessão.

**ASM**  *Automatic Storage Management*. LVM (logical volume manager – gerenciador de volume lógico) fornecido com o Oracle Database.

`asmcmd`  Utilitário de linha de comando para consultar e manter objetos em um grupo de discos ASM.

**ASSM**  *Automatic Segment Space Management*. Método que gerencia o espaço dentro dos segmentos através do uso de bitmaps.

**atribuição DBA**  Atribuição pré-disponibilizada no banco de dados, para fins de compatibilidade com as versões anteriores, que engloba todos os privilégios necessários para gerenciar um banco de dados, exceto o privilégio para inicializar ou desligar o banco de dados.

**atribuição de conexão**  Atribuição pré-disponibilizada e mantida apenas para fins de compatibilidade com as versões anteriores. Atualmente, o Oracle adota uma política de segurança mínima durante a instalação e na criação do banco de dados, permitindo aos administradores mais controle sobre a segurança do banco de dados.

**atributo**  Elemento de uma tupla (também chamado de coluna ou campo).

**AWR**  *Automatic Workload Repository*. Conjunto de tabelas contidas no tablespace SYSAUX, preenchidas com os dados de ajuste obtidos pelo processo MMON.

## B

**backup completo**  Backup contendo todos os blocos dos arquivos copiados no backup, e não somente os blocos modificados desde o último backup.

**backup consistente**  Backup realizado com o banco de dados fechado.

**backup físico**  Backup dos arquivos que constituem o banco de dados.

**backup inconsistente**  Backup realizado com o banco de dados aberto.

**backup incremental**  Backup contendo apenas os blocos modificados desde o último backup.

**backup incremental cumulativo de nível 1**  Backup do RMAN de todos os blocos modificados desde o último backup incremental de nível 0.

**backup incremental de nível 0**  Backup completo do RMAN que pode servir de base para uma estratégia de backup incremental.

**backup incremental diferencial de nível 1**  Backup do RMAN de todos os blocos modificados desde o último backup incremental de nível 0 ou nível 1.

**backup incremental rápido**  Backup incremental que utiliza um arquivo de rastreamento de mudanças em bloco para identificar apenas os blocos modificados desde o último backup.

**backup integral do banco de dados**  Backup do banco de dados que engloba todos os arquivos de dados, além do arquivo de controle.

**backup lógico**  Backup que lê um conjunto de linhas do banco de dados e grava essas linhas em um arquivo no sistema operacional ou em outro tablespace.

**backup offline**  Backup realizado com o banco de dados fechado (totalmente desligado).

**backup online**  Backup realizado com o banco de dados aberto.

**banco de dados montado**  Condição em que a instância abriu o arquivo de controle do banco de dados, os arquivos de redo log online e os arquivos de dados.

**BFILE**  Tipo de dado de objeto grande, armazenado como um arquivo do sistema operacional. O valor na coluna da tabela é um ponteiro para o arquivo.

**BLOB**  *Binary Large Object*. Tipo de dado LOB para dados binários, como fotografias e clipes de vídeo.

**bloco**  Unidade de armazenamento na qual os arquivos de dados são formatados. O tamanho pode ser de 2, 4, 8, 16, 32 ou 64 KB. Algumas plataformas não aceitarão todos esses tamanhos.

**bloco fraturado**  Bloco do banco de dados que está sendo lido por um comando copy do sistema operacional e modificado pelo processo DBWR, simultaneamente.

**blocos de dados**   Unidades nas quais os arquivos de dados são formatados, formados por um ou mais blocos do sistema operacional.

**BMR**   *Block media recovery*. Recurso do RMAN que recupera blocos individuais, em vez de objetos inteiros do banco de dados, para economizar tempo durante a recuperação.

**buffer sujo**   Buffer no cache de buffer do banco de dados que contém uma cópia de um bloco de dados atualizado e ainda não gravado no arquivo de dados.

## C

**cache de biblioteca**   Estrutura de memória dentro do shared pool utilizada para armazenar em cache as instruções SQL analisadas por parse em sua forma executável.

**cache de buffer do banco de dados**   Área da memória na SGA (System Global Area) utilizada para trabalhar em blocos copiados dos arquivos de dados.

**cadeia de job**   Objeto de banco de dados que contém uma série nomeada de programas vinculados para atingir um objetivo combinado.

**caminho direto**   Método de I/O nos arquivos de dados que ignora o cache de buffer do banco de dados.

**catálogo de recuperação**   Tabelas em um esquema do banco de dados que contêm metadados e outras informações de backups do RMAN de um ou mais bancos de dados.

**catálogo privado virtual**   Particionamento lógico de um catalogo do RMAN, que facilita a separação das obrigações entre vários DBAs.

**CET**   *Central European Time*. Fuso horário utilizado em grande parte da Europa (mas não na Grã-Bretanha), com uma hora à frente do UTC, com horário de verão em vigor nos meses de verão.

**chave primária**   Coluna (ou combinação de colunas) cujo(s) valor(es) pode(m) ser utilizado(s) para identificar cada linha em uma tabela.

**checkpoint**   Evento que obriga o processo DBW*n* (database writer) a gravar nos arquivos de dados todos os buffers sujos do cache de buffer do banco de dados.

**CKPT**   Processo checkpoint. Processo em segundo plano responsável por registrar o endereço atual de byte de redo – o ponto em que o DBW*n* gravou no disco os blocos de dados modificados – e por sinalizar os checkpoints, o que obriga o DBW*n* a imediatamente gravar em disco todos os blocos modificados.

**classe de job**   Objeto do Scheduler utilizado para associar um ou mais jobs com um grupo de consumidores do Resource Manager e controlar os níveis de registro em log.

**CLOB**   *Character Large Object*. Tipo de dado LOB para dados de caracteres, como documentos em texto armazenados no conjunto de caracteres do banco de dados.

**cluster**   Ambiente de hardware no qual mais de um computador compartilha o acesso ao armazenamento. Um banco de dados em RAC (Real Application Cluster) consiste em várias instâncias em vários computadores que abrem um banco de dados em um dispositivo de armazenamento compartilhado.

**coluna**   Elemento de uma linha: as tabelas são estruturas bidimensionais, divididas horizontalmente em linhas e verticalmente em colunas.

`commit`   Tornar permanente uma mudança efetuadas nos dados.

**compressão de segmentos**   Operação do banco de dados que disponibiliza o espaço livre no segmento para outros segmentos no tablespace, compactando os blocos de dados existentes em um segmento.

**computação em grid**   Arquitetura segundo a qual o fornecimento de um serviço para os usuários finais não está atrelado a recursos de um determinado servidor, mas pode ser fornecido a partir de qualquer lugar em um pool de recursos, vinculando diversas máquinas de baixa capacidade e baixo custo em uma única plataforma agrupada virtual, muito mais poderosa.

**conexão fácil**   Método de estabelecer uma sessão em um banco de dados especificando o endereço pelo nome do listener e serviço, sem utilizar um alias do Oracle Net.

**conjunto de caracteres**   Sistema de codificação representando dados dentro de bytes. Os diversos conjuntos de caracteres podem armazenar caracteres diferentes e podem não ser adequados a todos os idiomas. Os conjuntos de caracteres Unicode podem armazenar qualquer caractere.

**cópia-imagem**   Cópia bit a bit de um arquivo do Recovery Manager (RMAN).

**CPU**   *Central processing unit*. Chip que fornece a capacidade de processamento de um computador, como um Pentium da Intel ou um SPARC da Sun.

**CTWR**   *Change Tracking Writer*. Processo em segundo plano opcional que registra os endereços dos blocos modificados para permitir backups incrementais rápidos.

# D

**Data Guard**   Recurso no qual uma cópia do banco de dados de produção é criada e atualizada (possivelmente em tempo real), com todas as mudanças aplicadas ao banco de dados de produção.

**Data Pump**   Recurso para transferir grandes quantidades de dados, a alta velocidade, para, a partir de, ou entre bancos de dados.

**Database Replay**   Recurso de monitoramento do Oracle que pode ajudar a avaliar o impacto da mudança sobre o desempenho em um sistema de teste, capturando a carga de trabalho em um servidor de produção e repetindo-a em um sistema de teste.

**DBA**   *Database Administrator* – Administrador do Banco de Dados. Pessoa responsável pela criação e gerenciamento de bancos de dados do Oracle – que pode ser você.

**DBCA**   *Database Configuration Assistant* – Assistente de Configuração do Banco de Dados. Ferramenta GUI para criar, modificar e eliminar instâncias e bancos de dados.

**DBID**   *Database identifier* – Identificador de banco de dados. Número exclusivo para cada banco de dados, visível na coluna DBID da visão dinâmica de desempenho V$DATABASE.

**DBMS**   *Database Management System* – Sistema de Gerenciamento de Banco de dados. Termo que costuma ser empregado como sinônimo de RDBMS (*Relational Database Management System*).

**DBNEWID**   Utilitário de linha de comando (geralmente, nid) que pode alterar o valor do DBID de um banco de dados.

**DBWn ou DBWR**   *Database writer*. Processo em segundo plano responsável por gravar nos arquivos de dados os blocos modificados do cache de buffer do banco de dados. Uma instância pode ter até 20 processos database writer, do DBW0 ao DBW9 e do DBWa ao DBWj.

**DDL**   *Data Definition Language*. Subconjunto de comandos SQL que altera as definições de objetos dentro do dicionário de dados: CREATE, ALTER, DROP e TRUNCATE.

**deadlock**   Situação em que duas sessões se bloqueiam mutuamente, de modo que nenhuma delas possa executar ação alguma. Os deadlocks são detectados e solucionados pelo processo em segundo plano DIA0.

**DHCP**  *Dynamic Host Configuration Protocol.* Padrão para configurar as características da rede de um computador, como seu endereço IP, em um ambiente dinâmico, onde os computadores podem ser movidos de um local para outro.

**DIA0**  Processo de diagnóstico que detecta situações de travamento e deadlocks.

**DIAG**  Processo de diagnóstico que gera dumps de diagnósticos.

**dicionário de dados**  Tabelas e visões pertencentes ao SYS no tablespace SYSTEM que definem o banco de dados e os objetos nele contidos.

**diretivas de plano de recursos**  Regras do Resource Manager que associam grupos de consumidores a um plano de recursos e especificam como os recursos serão divididos entre os grupos de consumidores ou subplanos.

**dispositivo raw**  Disco ou partição de disco sem formatação.

**DML**  *Data Manipulation Language.* Subconjunto de comandos SQL que modificam dados contidos no banco de dados: INSERT, UPDATE, DELETE e MERGE.

**DMnn**  Processo *Data Pump Master.* Processo que controla um job de data pump – um deles será aberto para cada job em execução.

**DNS**  *Domain Name Service.* Mecanismo do TCP para resolver nomes de rede em endereços IP, executado em uma máquina denominada servidor DNS.

**domínio**  Conjunto de valores que um atributo pode ter. Terminologia: as tabelas têm linhas, e as linhas têm colunas com valores; ou, as relações têm tuplas, e as tuplas têm atributos com valores extraídos de seus domínios.

**DSS**  *Decision Support System* – Sistema de Suporte a Decisões. Banco de dados, como um data warehouse, otimizado para executar consultas com intensa atividade de I/O em grandes quantidades de dados, ao contrário do trabalho OLTP (online transaction processing) que acessa pequenas quantidades de dados de cada vez.

**DWnn**  Processo *Data Pump Worker.* Um ou mais desses processos será(ão) carregados para cada job do data pump em execução.

# E

**EBCDIC**  *Extended Binary Coded Decimal Interchange Code.* Padrão desenvolvido pela IBM para codificar letras e outros caracteres em bytes.

`equijoin`  Condição de junção usando um operador de igualdade.

**esquema**   Objetos de propriedade de um usuário do banco de dados; do ponto de vista físico, é sinônimo de usuário. Esquema é um usuário utilizado para armazenar tabelas e índices. Os usuários são criados para acessar este usuário de esquema como vários usuários de aplicações daquele esquema gerenciado de modo centralizado.

## F

**FGA**   *Fine-grained auditing* – auditoria refinada. Recurso para rastrear o acesso do usuário aos dados com base nas linhas exibidas ou manipuladas.

**Flashback Data Archive (Arquivo de Dados de Flashback)**   Objeto do banco de dados que mantém os dados históricos de um ou mais objetos do banco de dados durante um período de retenção especificado.

**Flashback Database**   Recurso de flashback que recupera o banco de dados inteiro até um ponto passado no tempo, usando os logs do Flashback Database.

**Flashback drop**   Recurso de flashback que facilita a recuperação de tabelas eliminadas, se elas ainda estiverem na lixeira de um tablespace.

**Flashback Query**   Recurso de flashback que permite exibir uma ou mais linhas em uma tabela em um tempo passado.

**Flashback Table**   Flashback Query que recupera uma única tabela e seus objetos associados até um ponto passado no tempo.

## G

**GMT**   *Greenwich Mean Time*. Conhecido atualmente nos EUA como UTC, que é o fuso horário do meridiano através do Observatório de Greenwich, em Londres.

**grupos de consumidores de recursos**   Grupos de usuários ou sessões com necessidades de recursos semelhantes.

**GUI**   *Graphical User Interface*. Camada de um aplicativo que permite que o usuário trabalhe com os aplicativos por meio de uma interface em tela orientada graficamente, usando o teclado e mouse. O X Window System e o Microsoft Windows são aplicativos GUI que fornecem acesso orientado por GUI a outros aplicativos GUI.

## H

**HTTP**   *Hypertext Transfer Protocol*. Protocolo que habilita a World Wide Web (ambos inventados pela European Organization for Nuclear Research em 1989). Esse protocolo em camadas é executado sobre o TCP/IP.

**HWM** *High water mark*. Último bloco utilizado de um segmento – os blocos posicionados acima deste fazem parte do segmento, mas ainda não estão formatados para uso.

# I

**I/O** *Input/Output* (Entrada/Saída). Atividade de ler a partir de ou gravar em discos – geralmente o ponto mais lento de uma operação de processamento de dados, porque se trata da parte mais lenta do hardware quando comparada com a CPU e a RAM.

**IBM** International Business Machines. Conhecida empresa de hardware, software e serviços de computador.

**identificador de conexão** Alias do Oracle Net.

**integridade referencial** Regras definidas em um banco de dados relacional entre as chaves primárias e estrangeiras, onde a chave primária deve existir em uma tabela para que uma linha possa constar em uma tabela do subconjunto (chave estrangeira) e define relações de um para muitos.

**IOT** *Index-organized table*. Tipo de tabela em que as linhas de dados são armazenadas nos blocos folha de um segmento de índice. Na realidade, a própria tabela é um índice.

**IP** *Internet Protocol*. Juntamente com o Transmission Control Protocol, TCP, o TCP/IP é o protocolo de comunicação padrão utilizado na comunicação cliente-servidor através de uma rede.

**IPC** Protocolo *Inter-Process Communications*. Protocolo específico da plataforma, fornecido pelo fabricante de seu sistema operacional e utilizado para os processos em execução na mesma máquina, para a comunicação entre si.

**ISO** International Organization for Standardization. Grupo que define diversos padrões, inclusive o SQL.

# J

**janela** Construção do Scheduler que amplia o conceito dos agendamentos, propiciando ao Oracle mais liberdade para decidir quando um job deve ser executado dentro de um horário específico de início – durante um dia ou todos os dias da semana.

**janela de recuperação** Período de tempo do RMAN que define até que ponto no passado é possível recuperar um banco de dados.

**job leve** Job do Scheduler que possui várias características idênticas às de um job padrão, exceto pelo fato de que um job leve é ideal para executar vários jobs de curta duração rodados frequentemente.

**job** Linha em uma tabela do scheduler que especifica o que fazer e quando fazer. A parte do "quê" pode ser uma única instrução SQL, um bloco PL/SQL, uma stored procedure PL/SQL, uma stored procedure Java, uma procedure externa, ou qualquer arquivo executável armazenado no sistema de arquivos do servidor.

**junção** Processo de ligar linhas em tabelas diferentes, com base em valores de colunas comuns.

**JVM** *Java Virtual Machine*. Ambiente de runtime necessário para executar código escrito em Java. O Oracle fornece uma JVM que é executada dentro do banco de dados, e outra é fornecida por seu sistema operacional.

**L**

**large pool** Estrutura de memória dentro da SGA (System Global Area) utilizada por determinados processos, principalmente os processos compartilhados do servidor e os servidores de execução paralela.

**LDAP** *Lightweight Directory Access Protocol*. Implementação TCP do padrão de diretório X25, usada pelo Oracle Internet Directory para resolução de nomes, segurança e autenticação. O LDAP também é usado por outros fornecedores de software, como a Microsoft e IBM.

**LGWR** *Log Writer*. Processo em segundo plano responsável por descarregar os vetores de mudança do buffer de log na memória para os arquivos de redo log online em disco.

**link de banco de dados** Conexão de um banco de dados para outro, baseada em um nome de usuário e senha e uma string de conexão.

**listener** Processo do lado servidor que ouve as solicitações de conexão do banco de dados dos processos do usuário e aciona os processos do servidor dedicado para estabelecer as sessões. As sessões se tornam as conexões entre os processos de usuário e o banco de dados, a menos que os servidores compartilhados estejam em uso, em cujo caso será utilizado um processo dispatcher para compartilhar o tempo com os processos do servidor compartilhado.

**LOB** *Large object* – Objeto grande. Estrutura de dados que contém uma grande quantidade de dados binários ou de caractere, como uma imagem ou um documento. Os LOBs (o Oracle tem suporte para vários tipos) são definidos como colunas de uma tabela, mas podem ser fisicamente armazenados em um segmento distinto ou dentro da própria tabela.

**Locale Builder** Ferramenta gráfica que pode criar um ambiente de globalização personalizado, gerando definições de linguagens, territórios, conjuntos de caracteres e classificação linguística.

**logs do Flashback Database** Blocos alterados no banco de dados, armazenados na área de recuperação flash e utilizados no Flashback Database.

**LRU** *Least Recently Used*. Algoritmo em que as listas LRU gerenciam o acesso a estruturas de dados raramente utilizadas.

**LVM** *Logical Volume Manager*. Camada de software que agrupa áreas de armazenamento físico (uma ou mais partições do disco) em grupos ou volumes. Um único volume é então acessado para gerenciar os dados em um ou mais discos físicos subjacentes.

# M

**MMAN** Processo em segundo plano Memory Manager, que monitora e reatribui as alocações de memória na SGA aos componentes da SGA ajustáveis automaticamente.

**MML** *Media Management Layer*. Software que permite que o RMAN utilize as bibliotecas de fita automatizadas e outros dispositivos SBT (System Backup to Tape).

**MMNL** *Manageability Monitor Light*. Processo em segundo plano responsável por descarregar os dados ASH (Active Session History) para o AWR (Automatic Workload Repository) – se o Manageability Monitor (MMON) não estiver fazendo isso com a frequência necessária.

**MMON** *Manageability Monitor*. Processo em segundo plano responsável por reunir as informações de monitoramento do desempenho e acionar os alertas.

**MTBF** *Mean Time Between Failures*. Medida da duração média da execução de um banco de dados entre desligamentos imprevistos.

**MTS** *Multithreaded server*. A partir do release 9*i*, renomeado para Shared Server (Servidor Compartilhado). Técnica segundo a qual um grande número de sessões pode compartilhar um pequeno pool de processos do servidor, em vez de cada uma exigir um processo de servidor dedicado. Geralmente, os processos de servidor dedicado podem ser os mais eficientes para tudo, exceto para os tipos mais exigentes de ambientes de produção.

**MTTR** *Mean Time To Recover*. Tempo médio necessário para disponibilizar o banco de dados para uso normal após uma falha.

**multiplexar** Manter várias cópias de arquivos (principalmente arquivos de controle e arquivos de redo log). As versões anteriores do Oracle empregavam os termos *multiplexar* para descrever a duplicação do arquivo de controle e *duplexar* para descrever as duplicações de membros do arquivo de log.

## N

**namespace** Agrupamento lógico de objetos dentro do qual dois objetos não podem ter o mesmo nome.

**NCLOB** *National Character Large Object*. Tipo de dado LOB para dados de caracteres, como documentos texto armazenados no conjunto de caracteres nacional alternativo do banco de dados.

**NLS** *National Language Support*. Capacidade do Oracle Database de suportar vários ambientes linguísticos, geográficos e culturais – chamada atualmente de *globalização*.

**nó** Um computador acoplado a uma rede.

**nome do serviço** Nome lógico registrado por uma instância junto a um listener, que pode ser especificado por um processo de usuário quando esse processo emitir uma solicitação de conexão. Um nome de serviço será mapeado em um SID (System Identifier – Identificador de Sistema) pelo listener quando ele estabelecer uma sessão.

**Nulo** Ausência de um valor, indicando que o valor não é conhecido, está ausente ou não se aplica. Os valores nulos são usados em bancos de dados para economizar espaço e evitar a necessidade de se estar sempre programando zeros e caracteres de espaço em colunas vazias nas tabelas.

## O

**objeto de diretório** Diretório do Oracle: um objeto dentro do banco de dados que aponta (indica) um diretório do sistema operacional.

**OC4J** *Oracle Containers for J2EE*. Estrutura de controle fornecida pelo Oracle Internet Application Server para executar programas Java.

**OCA** *Oracle Certified Associate*.

**OCI** *Oracle Call Interface*. API publicada como um conjunto de bibliotecas em linguagem C que os programadores podem utilizar para criar processos do usuário que usarão o banco de dados Oracle.

**OCP**  *Oracle Certified Professional*. Qualificação em que você está trabalhando no momento.

**OLAP**  *Online Analytical Processing*. Trabalho de seleção intensa que abrange a execução de consultas muito grandes e pesadas em um banco de dados (geralmente) grande. O Oracle fornece capacidades OLAP como uma opção, adicionalmente aos recursos de consulta padrão.

**OLTP**  *Online Transaction Processing*. Padrão de atividade dentro de um banco de dados, caracterizado por um grande número de transações pequenas e de curta duração, assim como pequenas consultas.

**Oracle Net**  Protocolo de comunicação proprietário da Oracle, construído em camadas sobre um protocolo padrão da indústria, como o TCP/IP.

**ORACLE_BASE**  Diretório-raiz no qual todos os produtos da Oracle são instalados.

**ORACLE_HOME**  Diretório-raiz de um produto específico da Oracle, dentro do ORACLE_BASE.

**OS**  *Operating system* – Sistema operacional. Geralmente, no ambiente Oracle, é uma versão do Unix (provavelmente o Linux) ou do Microsoft Windows.

**P**

**paralelismo**  Técnica de backup do RMAN que aloca vários canais, melhorando o desempenho do backup ao executar blocos particionados de I/O em simultaneidade.

**PFILE**  Arquivo texto contendo os parâmetros de inicialização e os valores iniciais definidos quando uma instância do Oracle é inicializada.

**PGA**  *Program Global Area*. Bloco de memória de tamanho variável, usado para manter o estado de uma sessão do banco de dados. As PGAs são privativas da sessão e controladas pelo processo servidor da sessão.

**PL/SQL**  *Procedural Language/Structured Query Language*. Linguagem de programação de propriedade da Oracle, que combina construções de procedures, como capacidades de controle de fluxo e interface do usuário, com instruções SQL.

**plano de recursos**  Conjunto de regras no Resource Manager que atribui vários recursos, com porcentagens específicas ou prioridade relativas, a um grupo de recursos.

**PMON**  *Process Monitor*. Processo em segundo plano responsável por monitorar o estado das sessões dos usuários em uma instância.

**política de retenção**   Número de cópias de todos os objetos que o RMAN reterá para fins de recuperação.

**ponto de restauração**   Objeto do banco de dados contendo um SCN (System Change Number) ou um tempo no passado utilizado para recuperar o banco de dados até o SCN ou a um timestamp.

**processo em segundo plano**   Processo que faz parte da instância, carregado durante a inicialização.

**programa**   Objeto do Scheduler que fornece uma camada de abstração entre o job e a ação a ser executada; ele é criado com a procedure DBMS_SCHEDULER.CREATE_PROGRAM.

# R

**RAC**   *Real Application Clusters*. Tecnologia de cluster da Oracle que permite que várias instâncias em execução em diferentes máquinas abram os mesmos arquivos do banco de dados para obter escalabilidade, desempenho e tolerância a falhas.

**RAID**   *Redundant Array of Inexpensive Disks*. Técnica para melhorar o desempenho e/ou tolerância a falhas, usando um gerenciador de volume para apresentar ao sistema operacional alguns discos físicos como um único disco lógico.

**RAM**   *Random Access Memory*. Chips que formam a memória real no hardware do computador, versus a memória virtual apresentada ao software pelo sistema operacional. A RAM é o segundo componente mais veloz do hardware existente no computador depois da CPU.

**RBAL**   Processo *Rebalance*. Processo em segundo plano em uma instância do ASM (Automatic Storage Management) que coordena a atividade em disco para grupos de discos. Em uma instância do RDBMS, o RBAL realiza a abertura e fechamento dos discos no grupo de discos.

**RDBMS**   *Relational Database Management System*. Termo geralmente utilizado como sinônimo de DBMS.

**recuperação completa**   Após uma restauração dos arquivos de dados danificados do banco de dados, uma recuperação completa aplica todos os redos para atualizar o banco de dados, sem perda de dados.

**recuperação de instância**   Reparo automático do dano causado por um desligamento desordenado do banco de dados, ocasionado por uma falha ou pela execução de um comando SHUTDOWN ABORT.

**recuperação gerenciada pelo usuário**   Recuperação que utiliza ferramentas ou comandos fora do RMAN para recuperar um banco de dados ou tablespace.

**redo log online**   Arquivos para os quais os vetores das mudanças são direcionados pelo Log Writer (LGWR), registrando todas as alterações efetuadas em um banco de dados, e garantindo capacidade total de recuperação.

**relação**   Estrutura bidimensional consistindo de tuplas com atributos (uma tabela).

**Resource Manager (Gerenciador de Recursos)**   Recurso do Oracle que pode alocar recursos com base na utilização de CPU, grau de paralelismo, número de sessões ativas, espaço de undo, limite de tempo de CPU e limite de tempo de inatividade.

**restrição de verificação**   Regra simples imposta pelo banco de dados que restringe os valores que podem ser inseridos em uma coluna.

**restrição**   Mecanismo para impor regras sobre os dados: um valor de coluna deve ser único ou essa coluna pode conter apenas determinados valores. Uma restrição por chave primária especifica que a coluna deve ser exclusiva (única) e não pode ser nula.

**RMAN**   *Recovery Manager*. Ferramenta de backup e recuperação do Oracle.

**ROWID**   Identificador exclusivo de cada linha no banco de dados, utilizado como um ponteiro para a alocação física da linha a partir de objetos lógicos, como tabelas e índices. O tipo de dado rowid pertence à Oracle Corporation, não faz parte do padrão SQL, e não é recomendado para o armazenamento direto em tabelas, porque os valores podem mudar.

**RVWR**   Processo em segundo plano *Recovery Writer* é um processo opcional, responsável por descarregar o buffer de flashback nos logs de flashback.

**S**

**SBT**   *System Backup to Tape*. Termo do RMAN para um dispositivo de fita.

**SCN**   *System Change Number*. Número que aumenta continuamente, usado para rastrear a sequência e o tempo exato de todos os eventos dentro de um banco de dados.

**segmento**   Objeto do banco de dados dentro de um esquema, que armazena dados.

**sequência**   Objeto do banco de dados existente dentro de um esquema, que pode gerar números consecutivos.

**sessão**   Processo de usuário (aplicativo) conectado através de um processo do servidor, que é conectado à instância.

**SGA**  *System Global Area*. Bloco de memória compartilhada que contém as estruturas de memória que formam uma instância do Oracle.

**SID**  1. *System identifier* – Identificador de sistema. O nome de uma instância, que deve ser único no computador em que a instância está em execução. Os usuários podem solicitar uma conexão com um SID nomeado ou com um serviço lógico, e permitir que o listener escolha um SID adequado. 2. *Session identifier* – Identificador de sessão. O número utilizado para identificar de modo exclusivo uma sessão conectada a uma instância do Oracle.

**sinônimo**  Ponteiro (referência nomeada) para um objeto do banco de dados, geralmente utilizado para evitar nomes totalmente qualificados para os objetos do esquema.

**SMON**  *System Monitor*. Processo em segundo plano responsável por abrir um banco de dados e monitorar a instância.

**SPFILE**  Arquivo de parâmetros do servidor. Arquivo contendo os parâmetros utilizados para construir uma instância na memória. Esta é uma forma binária do arquivo de parâmetros. Uma forma em texto desse arquivo é chamada de PFILE.

**SQL**  *Structured Query Language*. Linguagem de padrão internacional para extrair dados de e manipular dados em bancos de dados relacionais.

**SQL Tuning Advisor (Supervisor de Ajuste SQL)**  Supervisor do Oracle que efetua análise de estatísticas, análise de perfil SQL, análise de caminho de acesso e análise estrutural.

**string de conexão**  Detalhes da conexão do banco de dados necessários para estabelecer uma sessão: o endereço do listener e o nome do serviço ou da instância.

**SYSASM**  Privilégio de sistema em uma instância do ASM, que facilita a separação da administração do banco de dados e a administração do armazenamento.

**SYSDBA**  Privilégio que permite que um usuário se conecte com a autenticação pelo sistema operacional ou por arquivo de senha, e crie, inicialize e desligue um banco de dados.

**SYSOPER**  Privilégio que permite que um usuário se conecte através de autenticação do sistema operacional ou arquivo de senhas, e inicialize e desligue (mas não crie) um banco de dados.

**SYSTEM**  Esquema pré-disponibilizado, utilizado para fins de administração do banco de dados.

## T

**tabela**   Estrutura lógica de armazenamento de dados bidimensional, consistindo em linhas e colunas.

**tablespace**   Estrutura lógica que abstrai o armazenamento de dados lógicos em tabelas do armazenamento de dados físicos em arquivos de dados.

**TCP**   *Transmission Control Protocol*. Juntamente com o Internet Protocol, IP, é o protocolo de comunicação padrão utilizado para a comunicação cliente/servidor através de uma rede.

**TCPS**   *TCP with SSL*. Versão do TCP com sockets seguros.

**TNS**   *Transparent Network Substrate*. Coração do Oracle Net, um protocolo proprietário em camadas, em execução sobre qualquer protocolo básico de transporte de rede escolhido – provavelmente o TCP/IP.

**transação**   Unidade lógica de trabalho, que será concluída de forma integral ou não será concluída.

**TSPITR**   *Tablespace Point In Time Recovery*. Método de recuperação ideal para recuperar um conjunto de objetos isolados em um único tablespace.

**tupla**   Estrutura unidimensional formada por atributos (uma linha).

## U

**UGA**   *User Global Area*. Parte da PGA (Program Global Area) armazenada na SGA (System Global Area) para as sessões em execução através de servidores compartilhados.

**UI**   *User interface*. Camada de um aplicativo que se comunica com os usuários finais; atualmente, a UI é geralmente gráfica – uma GUI.

**URL**   *Uniform Resource Locator*. Padrão para especificar a localização de um objeto na Internet (um nome de Web site que você digita no navegador), formado por um protocolo, um nome de host e domínio, um número de porta IP, um caminho e nome de arquivo, e uma série de parâmetros.

**UTC**   *Coordinated Universal Time*, conhecido anteriormente como Greenwich Mean Time (GMT). O UTC é o fuso horário padrão global. Todos os outros fusos horários se relacionam com ele como deslocamentos, que estão à frente ou antes do UTC.

## V

**variável de ambiente**   Variável definida no shell do sistema operacional que pode ser usada pelo aplicativo e pelos scripts de shell.

**variável de bind**   Valor transferido de um processo de usuário para uma instrução SQL, quando da execução dessa instrução.

**visões do dicionário de dados**   Visões das tabelas dos dicionários de dados que permitem que o DBA consulte o estado do banco de dados.

## X

**X**   Como no X Window System, o ambiente GUI padrão utilizado na maioria dos computadores que não utilizam o Microsoft Windows.

**XML**   *Extensible Markup Language*. Padrão de intercâmbio de dados que usa documentos, nos quais o formato dos dados é definido por tags (marcas) dentro do documento.

# Índice

@, comando, *99-100t*

## A

ações, regra de encadeamento, 584-585
ACTIVE, estado, 271
ACTIVE, grupo de redo log, recuperando a partir de perda de, 271
ACTIVE, status de arquivo de log, *267-268t*
ADR. *Consulte* Automatic Diagnostic Repository
ADRCI (Automatic Diagnostic Repository Command Interpreter), ferramenta, 532-536
Advanced Options, seção, Recommendation Options, página, Supervisor de Acesso SQL (SQL Access Advisor), 453
Advanced Scheduler, 590-595
ADVISE FAILURE, comando, *99-100t*, 551-553, 555
Advisor Central, página, EM, 443, 445, *445-446f*, 451, *503-504f*
ajustando
  componentes, 427-428
  componentes da SGA, 427-428
  origens de atualizações, 451, *452f*
  RMAN
    ajustando canais do, 348-349
    ajustando comando BACKUP, 348-350
    configurando LARGE_POOL_SIZE, parâmetro, 349-350
    identificando etapas de backup e recuperação, 345-346
    multiplexação do, 346-348
    paralelizando conjuntos de backup, 345-347
    visão geral, 344-346
AL16UTFI6, conjunto de caracteres, 616-617
Alert, seção, homepage, EM, 477, *478f*
alertas, área de recuperação flash, 101-102, 112-113
alertas de erro, EM, *537-538f*
alias, nomes de arquivo
  com modelos, 59-61
  visão geral, 59-60
ALL, opção, LIST FAILURE, comando, 551-553
ALLOCATE CHANNEL, comando, *99-100t*, 348-349
alocação de espaço retomável, 472
  configurando, 473-476

DDL, comandos, 473-474
DML, comandos, 473-474
para usuário HR, 476-479
SELECT, instruções, 473-474
SQL *Loader, operações, 473-474
visão geral, 473-474
alocações da CPU, 513-514
alocando canais, 345-347
alta redundância, 66
ALTER DATABASE, comando, 39-40, 188-189, 244-245, 379-380
ALTER DATABASE BACKUP CONTROLFILE TO TRACE, comando, 37-38, 58-59
ALTER DATABASE BEGIN BACKUP, comando, 290-292
ALTER DATABASE CHARACTER SET, comando, 618-619
ALTER DATABASE CLEAR LOGFILE, comando, 269-270
alter database enable block change tracking, comando, 187-188
ALTER DATABASE FLASHBACK OFF, comando, 396-397
ALTER DATABASE MOUNT, comando, 251-252
ALTER DATABASE NATIONAL CHARACTER SET, comando, 618-619
ALTER DATABASE OPEN, comando, 228-229
ALTER DATABASE RENAME, comando, 188-189, 249-250
ALTER DATABASE RENAME FILE, comando, 179-180, 236-237
ALTER DISKGROUP ADD ALIAS, comando, 59-60
ALTER DISKGROUP ALL MOUNT, comando, 56-57
ALTER DISKGROUP, comandos, 71t
ALTER FLASHBACK ARCHIVE, comando, 391-393
ALTER SESSION, comando, 363, 474-476, 621
ALTER SESSION SET SQL_TRACE = TRUE, comando, 39-40
ALTER SYSTEM, comando, 38-40, 363
ALTER TABLE, comando, 392-393, 498-499
ALTER TABLESPACE, comando, 225-226, 264-265, 373-374, 396-397
ALTER TABLESPACE... BEGIN BACKUP, comando, 291-292
AMM. *Consulte* Automatic Memory Management
análise estrutural, 440-441
análises de estáticas, 440-441
aninhando cadeias, 583-584
ARCHIVED, coluna, 269-270
ARCHIVELOG, modelo do sistema, 61-62t
ARCHIVELOG, modo, 37-39, 46-47, 92, 95-96, 224, 249-250, 288-289, 549-550
backups gerenciados pelo usuário, 287-288
configurando, 101-103
fazendo backup de arquivo de controle em, 291-294
fazendo backup de banco de dados em, 290-291
área de código de software, 44-46, 417-419
área de recuperação flash, 152-154
configurando, 107-111, 394-395
consultando localização, conteúdo e tamanho de, 111-113
utilizando, 110-113
áreas pendentes, 511-512
arquitetura do banco de dados
estruturas de memória
área de código de software, 44-46
processos em segundo plano, 44-48
program global area (PGA), 43-46
system global area (SGA), 40-44
estruturas físicas de armazenamento
arquivos de backup, 40-41
arquivos de controle, 37-38
arquivos de dados, 36-37
arquivos de log arquivados, 37-39
arquivos de log de alerta e rastreamento, 39-41
arquivos de parâmetros de inicialização, 38-40
arquivos de redo log, 36-38
visão geral, 35-37
estruturas lógicas de armazenamento
blocos, 33-34
extensões, 34-35
segmentos, 34-36
tablespaces, 32-34
visão geral, 32-33
arquivo de dados críticos, executando recuperação completa de, 227-229
arquivo de dados não críticos, executando recuperação completa de, 224-228
arquivo de parâmetros do servidor (SPFILE), 38-40
criando backup com o comando asmcmd, 76-77
restaurando a partir de backup automático, 245-246
suscetibilidade a perdas, 245-246
utilizando instância auxiliar para criar, 313-315
arquivo de rastreamento do Oracle, 343-344
arquivo temporário
inicializando o banco de dados sem, 266-267
perdendo, 264-266

arquivos RMAN, 108-109
arquivos de backup, 40-41
arquivos de configuração de rede, localização e senhas, *321f*
arquivos de controle, 37-38, *61t,* 108
   backup automáticos, 156-157
   cópias, 136-137
   fazendo backup no modo ARCHIVELOG, 291-294
   recuperando, 293-296
   restaurando a partir de backup automático, 245-249
   usando para metadados do RMAN, 126-127
arquivos de controle multiplexados, 293-294
arquivos de dados, 32-33, 36-37, *61t*
arquivos de dados válidos para todas as plataformas, *61t*
arquivos de log arquivados, 37-39
arquivos de log de rastreamento, 39-41
arquivos de parâmetros de inicialização, 38-40
   configurando para instâncias do ASM e do banco de dados
      acessando, 55-56
      formatos de nome de arquivo, 58-61
      modelos, 60-62
      parâmetros de inicialização, 55-57
      tipos de arquivos, 60-62
      visão geral, 54-56
      visões de desempenho dinâmicas, 57-58
   criando, 312-314
arquivos de rastreamento, 185-188, 343-344, *532-533t*
arquivos de rastreamento de mudanças, 185-187
arquivos de rastreamento do fornecedor, 343-344
arquivos de rastreamento do RMAN, especificados pelo usuário, 343-344
arquivos de redo log, 36-38, 46-48, 101-102, 278-282
arquivos de redo log arquivados, 108, 136-137
arquivos de redo log online, 37-38, 94-95, 108, 289
arquivos de senha
   métodos de autenticação, 271-274
   recriando, 272-276
arquivos de senha compartilhado, 274-275
arquivos relacionados à recuperação, 277-279
AS OF, cláusula, 390-391, 393-394
ASM. *Consulte* Automatic Storage Management
ASM_DISKGROUPS, parâmetro, 55-57
ASM_DISKSTRING, parâmetro, 56-57
ASM_POWER_LIMIT, parâmetro, 56-57, 66-67
ASM_PREFERRED_READ_FAILURE_GROUPS, parâmetro, 57

asmcmd, utilitário, 71-77, 187-188
ASMM. *Consulte* Automatic Shared Memory Management
ASSM. *Consulte* Automatic Segment Space Management
atualizando o catálogo de recuperação, 145-147
autenticação do sistema operacional, 271-273
AUTO_DROP, argumento, 570-571
AUTOBACKUP, modelo do sistema, *61-62t*
AUTOEXTEND, parâmetro, 36-37
Automated Maintenance Tasks Configuration, página, EM, 497-498, *498-499f*
AUTOMATIC, palavra-chave, 283-284
   RECOVER, comando, 279-280
   recuperação incompleta, 284-285
Automatic Diagnostic Repository (ADR)
   ADR Command Interpreter (ADRCI), ferramenta, 532-536
   visão geral, 530-533
Automatic Diagnostic Repository (ADR)
   diretório-base, 530-531
   estrutura de diretórios home, 530-531, *531-532f*
Automatic Diagnostic Repository Command Interpreter (ADRCI), ferramenta, 532-536
Automatic Memory Management (AMM)
   alternando para, a partir de ASMM, 425-426
   configurando, 418-422
   estruturas de memória
      área de código de software, 417-419
      Program Global Area (PGA), 417-418
      System Global Area (SGA), 414-418
   monitorando, 421-423
   visão geral, 414-415
Automatic Segment Space Management (ASSM), 495-497
Automatic Shared Memory Management (ASMM), alternando para, 424-427
   a partir de AMM, 425-426
   a partir do gerenciamento de memória manual, 424-426
   desativando, 425-426
   identificando parâmetros ajustados manualmente, 426-427
   modificando parâmetro SGA_TARGET, 426-427
   modificando parâmetros ajustados automaticamente, 426-427
   visão geral, 423-425
Automatic Storage Management (ASM), 71-74, 318-319
   arquitetura de, 48-52

arquivos de parâmetros de inicialização, configurando, 54-62
    acessando instâncias, 55-56
    formatos de nome de arquivo, 58-61
    modelos, 60-62
    parâmetros de inicialização, 55-57
    tipos de arquivos, 60-62
    visão geral, 54-56
    visões de desempenho dinâmicas, 57-58
grupos de discos, 491-492
    alterando, 69-71
    arquitetura de, 65-66
    asmcmd, comando, 71-77
    espelhamento e grupos de falha, 65-66
    fast mirror resync, 68-70
    rebalanceamento dinâmico, 66-68
    visão geral, 64-65
instâncias
    criando, 51-55
    desligando, 63-65
    inicializando, 62-65
    localizando novos processos relacionados ao ASM em, 49-52
visão geral, 47-49

## B

BACKGROUND_DUMP_DEST, parâmetro de inicialização, 39-41
BACKUP, comando, *99-100t*, 138-139, 156-157, 182-183, 347-350
BACKUP AS COPY, comando, 151-152, 179-180
backup automático, *61t*
    restaurando arquivo de controle a partir de, 245-249
    restaurando SPFILE a partir de, 245-246
BACKUP CURRENT CONTROLFILE, comando, 291-292
backup de nível 0, 184, 234-235
backup de nível 1, 234-236
backup do arquivo de controle, 245-249
BACKUP DURATION, parâmetro, BACKUP, comando, 344-345, 348-350
backup manual, identificando arquivos para, 288-289
backup offline, 94-96
backup via sistema de arquivos, 93-94
BACKUP... BACKUPSET, comando, 193-194
BACKUP...KEEP FOREVER, comando, 127-128
BACKUP...KEEP UNTIL TIME, comando, 127-128
BACKUP_TAPE_IO_SLAVES, parâmetro de inicialização, 350-352

backups, 92-93
    arquivo de dados, 549-550
    copiando em backup o SPFILE com o comando asmcmd, 76-77
    criando para comando DUPLICATE, 314-315
    fazendo backup do catálogo de recuperação, 142-144
    otimização da configuração, 156-158
backups ativos, 94-95, 290
backups atualizados no modo incremental, 175, 182-183
    implementando estratégia de cópias-imagem, 233-236
    recuperando cópias-imagem, 233-234
backups compactados, 152-153
backups completos, 151-152
    de dois tablespaces, 182-183
    visão geral, 181-183
backups consistentes, 150-151
backups de arquivamento
    executando, 195-196
    gerenciando, 196-197
    visão geral, 194-195
backups de banco de dados aberto, 175
backups de cópias-imagem
    conjuntos de backup
        compactado, 177-180
        criando, 176-180
    cópias-imagem, criando, 179-181
backups diferenciais, 184-186
    incrementais, 184-185
backups duplex
    configurando vários locais do disco para, 191-194
    criando, 191-194
    tablespaces somente leitura, 193-194
    visão geral, 190
backups expirados, 208-209
backups físicos, 92
    backups offline, 94-96
    backups online, 95-97
    visão geral, 93-95
backups gerenciados pelo servidor
    fazendo backup do banco de dados no modo ARCHIVELOG, 290-291
    fazendo backup do banco de dados no modo NOARCHIVELOG, 289
    identificando arquivos para backup manual, 288-289
    visão geral, 287-289
backups inativos, 94-95
backups incrementais, 151-152
    cumulativos, 184-186

diferenciais, 184-185
nível 0, 184
rápidos
   ativando, 187-190
   rastreamento de mudança de bloco, 186-187, 190
   visão geral, 185-186
visão geral, 183-184
backups integrais do banco de dados
   backups completos, 181-183
   backups incrementais
      cumulativos, 184-186
      diferenciais, 184-185
      nível 0, 184
      visão geral, 183-184
   visão geral, 180-182
backups lógicos, 92-94
backups multisseção
   tamanho de seção
      especificando, 197-199
      validando backups com, 198-200
   visões do dicionário de dados, 199-201
backups online, 95-97, 101
BACKUPSET, modelo do sistema, *61-62t*
banco de dados de origem, 311, 314-315
banco de dados duplicado, 310-311
   criando no RMAN
      alocando canais auxiliares, 314-316
      configurando instância auxiliar, 311-312
      criando arquivo de parâmetros de inicialização, 312-314
      criando backups para comando DUPLICATE, 314-315
      Enterprise Manager (EM), 317-323
      estabelecendo conectividade de rede, 311-312
      executando o comando DUPLICATE do RMAN, 315-318
      inicializando banco de dados de origem no modo MOUNT ou OPEN, 314-315
      inicializando instância auxiliar no modo NOMOUNT, 313-315
      visão geral, 310-311
   utilizando, 323-325
banco de dados. *Consulte também* backups; arquitetura do banco de dados; diagnósticos de bancos de dados; globalização do banco de dados; supervisores de ajuste do banco de dados
   executando recuperação integral do banco de dados, 250-252
   inicializando sem arquivo temporário, 266-267
   restaurando em novo host, 242-245
BEGIN BACKUP, modo, 287-288

bitmaps de rastreamento de mudanças, *61t*
blocos, 32-34, 175
blocos fraturados, 290-291
blocos sujos, 46-47
buffer de flashback, 393-394
buffer de redo log, 43-44, 416-417
BZIP2, algoritmo, 200-201

## C

cache de biblioteca, 42-43, 416-417
caches de buffer, 41-43, 415-417, 427-428
cadeias de job, 568
   criando objetos de cadeia, 583-584
   definindo etapas de cadeia, 583-585
   definindo regras de encadeamento, 584-585
   iniciando cadeia, 585-586
   monitorando, 585-587
   visão geral, 583
caminhos de acesso, 440-441
CAN_UNDROP, coluna, 364-365
canais, 98-99, 156-157, 345-347
canais auxiliares, alocando, 314-316
canais de I/O, 175-176
CANCEL, recuperação incompleta baseada em, 284-285
CANCEL_REPLAY, procedure, 462
cancelando o registro de bancos de dados, 135-137
captura de carga de trabalho, 459-461
   pré-processamento, 460-462
   repetição, 461-462
   utilizando o Supervisor de Acesso SQL (SQL Access Advisor) para ajustar
      com DBMS_ADVISOR, 456-459
   visão geral, 450-451
carga de trabalho, ajustando, 451-457
CASCADE, opção, DBMS_FLASHBACK_TRANSACTION_BACKOUT, procedure, 386
CATALOG START WITH, comando, 144-145
catalogando, 175-176
catálogo de recuperação, 207, *208f*
   alocando canais para serem utilizados ao fazer backup, 156-157
   atualizando, 145-147
   catálogos privados virtuais
      criando, 148-149
      proprietários, 147-148
      utilizando, 148-150
      visão geral, 146-148
   configurações
      backup automático de arquivo de controle, 156-157

configurações persistentes, 153-156
destinos, 152-154
tipos de backups do RMAN, 150-153
criando
configurando banco de dados, 128-129
inicializando, 130-132
proprietário, 129-130
visão geral, 127-128
eliminando, 145-146
exportando e importando, 144-145
fazendo backup, 142-144
metadados
utilizando arquivo de controle para, 126-127
utilizando catálogo de recuperação para, 126-128
visão geral, 126-127
otimização do backup, configurando, 156-158
recuperando os perdidos, 143-145
scripts armazenados
criando, 139-142
executando, 139-142
gerenciando, 142-143
recuperando metadados, 141-142
sincronizando
cancelando o registro do banco de dados, 135-137
catalogando arquivos de backup adicionais, 136-139
Database Identifier (DBID), mudando, 132-136
registrando bancos de dados, 130-133
ressincronizando manualmente, 138-139
catálogos privados virtuais
criando, 148-149
proprietários
concedendo permissões a, 148
criando, 147-148
utilizando, 148-150
visão geral, 146-148
catálogos-base, 146-147
cd, comando, *74-75t*
CD que acompanha este livro, 643
chamadas recursivas, 43-44, 416-417
CHANGE, comando, *99-100t*, 194-197
CHANGE FAILURE, comando, 551-554
CHANGETRACKING, modelo do sistema, *61-62t*
CHANNEL, comandos, 348-349
chaves de problema, 537-538
CHGTRK, tablespace, 279-281
CKPT (processo checkpoint), 47-48
classes de job, criando com o Scheduler, 588-590
classificação binária, 611-612, 623-624

CLEARING, status de arquivo de log, *267-268t*
CLEARING_CURRENT, status de arquivo de log, *267-268t*
Clone Database, link, 318-319
CLOSED, opção, LIST FAILURE, comando, 551-553
cmdfile, opção de linha de comando, 97-98
comando de catálogo, 97-98, *99-100t*, 136-137
COMMIT, instruções, 461-462
COMMIT_SCN, coluna, FLASHBACK_TRANSACTION_QUERY, *379-380t*
COMMIT_TIMESTAMP, coluna, FLASHBACK_TRANSACTION_QUERY, *379-380t*
COMPACT, palavra-chave, 498-499
compactação, 495-497
compactando backups, 200-201
COMPATIBLE, parâmetro de inicialização, 479-481
COMPLETED, opção, 193-194
comportamento dependente da linguagem, personalizando
configurações de ambiente para clientes, 619-621
configurações de globalização de instruções, 622-624
configurações de globalização no nível de sessão, 621-622
configurações do NLS, 614-615
conjuntos de caracteres, 608-610, 615-619
dentro do banco de dados, 618-619
nível de instância, 619-620
suporte à linguagem, 609-613
suporte a território, 612-614
condições, regra de encadeamento, 584-585
conectividade de rede, estabelecendo, 311-312
configuração de servidor compartilhado, 44-46, 417-418
configuração de servidor dedicado, 44-46, 417-418
configurações da globalização no nível de sessão, 621-622
configurações de ambiente do lado cliente, 619-621
configurações de globalização de instruções, 622-624
configurações persistentes do RMAN
políticas de retenção, 154-156
tipo de dispositivo, 155-156
visão geral, 153-155
CONFIGURE, comando, *99-100t*, 156-158, 191-192, 200-201, 346-347
CONFIGURE CHANNEL, comando, 348-349
conjunto auxiliar, 325-326

conjunto de recuperação, definição, 325-326
conjuntos de backup, 40-41, 108-109, 151-152
   compactado, 177-180
   criando, 176-180
   duplexado
      configurando vários locais do disco para, 191-194
      criando, 191-194
conjuntos de backup, paralelizando, 345-347
conjuntos de caracteres, *610-611t*, 615-619
conjuntos de caracteres de byte único, 608-609, *610-611t*
conjuntos de caracteres de largura variável, 608-609, *610-611t*
conjuntos de caracteres de sete bits, 609-610
conjuntos de caracteres de tamanho fixo, 608-609
conjuntos de caracteres do banco de dados, 615-616
conjuntos de caracteres multibytes, 608-610
conjuntos de caracteres multibytes de tamanho fixo, *610-611t*
conjuntos de caracteres multibytes de largura variável, *610-611t*
conjuntos de caracteres Unicode, 609-610, 616-617
CONNECT TARGET, comando, 250-251
consultando
   Flashback Data Archive, 393-394
   grupos de disco e dispositivos raw disponíveis, 57-58
   localização, conteúdo e tamanho da área de recuperação flash, 111-113
   políticas de retenção, 106-107
CONTROL_FILE_RECORD_KEEP_TIME, parâmetro de inicialização, 106-107, 126-127, 135-136, 229-230
CONTROL_FILES, parâmetro, 246, 249-250, *312-313t*
CONTROLFILE, modelo do sistema, *61-62t*
CONVERT, comando, *99-100t*
cópias de arquivo de dados, 108-109
cópias de arquivos de dados, 136-137
cópias-imagem, 151-152
   alternando para recuperação rápida, 235-241
   criando, 179-181
   recuperando, 233-234
COPIES, parâmetro, 191
cp, comando, *74-75t*, 76, 151-152
CREATE ANY JOB, privilégio, 574
CREATE CATALOG, comando, *99-100t*, 130-131, 144-145
Create Chain, página, Scheduler, EM, *583-584f*
CREATE DATABASE, comando, 616-617

CREATE FLASHBACK ARCHIVE, comando, 390-392
CREATE GLOBAL SCRIPT, comando, 139-140
Create job, página, Scheduler, EM, 578, 580
CREATE JOB, privilégio, 574
Create job Class, página, EM, 588-590
Create Program, página, Scheduler, EM, 576-578
Create Resource Consumer Group, página, EM, *511-512f*
Create Resource Plan, página, EM, *510-511f*
Create Schedule, página, Scheduler, EM, *578-579*
CREATE SCRIPT, comando, *99-100t*, 139-140
Create Table As Select (CTAS), 374-375
Create Window, página, EM, 586-588
CREATE.JOB, procedure, 569-571, 575
CREATE.JOB_CLASS, procedure, 572-573
CREATE_CHAIN, procedure, 583
CREATE_FILE, procedure, 456-458
CREATE_LAN_DIRECTIVE, procedure, 513-514
CREATE_OBJECT, procedure, 499-500
CREATE_PENDING_AREA, procedure, 511-512
CREATE_PROGRAM, procedure, 570-572, 578-582
CREATE_SCHEDULE, procedure, 571-572
CREATE_TASK, procedure, 499-500
CREATE_TUNING_TASK, procedure, 447
CREATE_WINDOW, procedure, 573-574, 594-595
credenciais do destino, 318, *320-321f*
credenciais do repositório, persistindo, *130-131f*
criptografando backups
   utilizando criptografia de modo duplo, 203-204
   utilizando criptografia por senha, 202-203
   utilizando criptografia transparente, 200-202
criptografia baseada em wallet, 200-202
CRITICAL, opção, LIST FAILURE, comando, 551-553
CROSSCHECK, comando, *99-100t*, 203-204, 208-210
CTAS (Create Table As Select), 374-375
CURRENT, grupo de redo log, recuperando a partir de perda de, 271-272
CURRENT, status de arquivo de log, *267-268t*
cursores, 428-429

## D

Data Definition Language (DDL), 280-281, 325-326, 378-379, 387-388, 473-474
Data Manipulation Language (DML), 290
Data Pump Export, 92-94
Data Pump Import, 92-94

Data Recovery Advisor, 551-558
Database Character Set Scanner, 617-618
Database Control, *225-226f*
Database Creation Assistant (DBCA), 39-40, 273-274, 616-617
Database installation Recovery Configuration and Locations, janela, *108f*
Database Replay, 440-441
  análise e relatório, 462
  captura de carga de trabalho, 459-461
  pré-processamento de carga de trabalho, 460-462
  repetição de carga de trabalho, 461-462
  visão geral, 458-460
Database Resource Manager
  DEFAULT_PLAN, 508-511
  grupos de consumidores, 511-513
  métodos, 512-514
  métodos de alocação, 507-508
  monitorando, 517-518
  planos de recursos, 510-516
  terminologia, 505-507
  visões, 516-517
Database Writer (DBWR), 290-291
DATAFILE, modelo, 60-61, *61-62t*
DATAFILE, parâmetro, 237-238
Datafile Destination, página, Integrate Transportable Tablespaces, EM, *488f*
DATAGUARDCONFIG, modelo do sistema, *61-62t*
DB_BLOCK_CHECKING, parâmetro, 547-549
DB_BLOCK_SIZE, parâmetro, 33-34, *312-313t*, 615-616
DB_CREATE_FILE_DEST, parâmetro de inicialização, 108-110, *312-313t*
DB_CREATE_ONLINE_LOG_DEST_n, parâmetro de inicialização, 108-110, *312-313t*
DB_FILE_NAME_CONVERT, parâmetro de inicialização, *312-313t*
DB_FLASHBACK_RETENTION_TARGET, parâmetro de inicialização, 394-395
DB_NAME, coluna, DBINC view, 147-148
DB_NAME, parâmetro de inicialização, *312-313t*
DB_RECOVERY_FILE_DEST, parâmetro de inicialização, 101, 108-109, *312-313t*
DB_RECOVERY_FILE_DEST_SIZE, parâmetro de inicialização, 110-113
DB_UNIQUE_NAME, parâmetro, 56-57
DB_WRITER_PROCESSES, parâmetro, 46-47
DBA.../USER_ADVISOR_TASKS, visão do dicionário de dados, 447-449

DBA_ADVISOR_FINDINGS, visão do dicionário de dados, 499-500
DBA_ADVISOR_LOG, visão do dicionário de dados, 447-448
DBA_ADVISOR_RECOMMENDATIONS, visão do dicionário de dados, 499-501
DBA_DATA_FILES, visão do dicionário de dados, 290
DBA_FLASHBACK_ARCHIVE_TABLES, visão do dicionário de dados, 393
DBA_FLASHBACK_ARCHIVE_TS, visão do dicionário de dados, 391-393
DBA_RECYCLEBIN, visão do dicionário de dados, 363-365
DBA_RESUMABLE, visão do dicionário de dados, 474-475
DBA_RSRC_CONSUMER_GROUP_PRIVS, visão do dicionário de dados, *516-517t*
DBA_RSRC_GROUP_MAPPINGS, visão do dicionário de dados, *516-517t*
DBA_RSRC_LAN_DIRECTIVES, visão do dicionário de dados, *516-517t*
DBA_RSRC_LANS, visão do dicionário de dados, *516-517t*
DBA_RSRC_MANAGER_SYSTEM_PRIVS, visão do dicionário de dados, *516-517t*
DBA_RSRC_MAPPING_PRIORITY, visão do dicionário de dados, *516-517t*
DBA_SCHEDULER_JOB_RUN_DETAILS, visão, 593-594
DBA_TABLESPACES, visão do dicionário de dados, 373-374
DBA_USERS, visão do dicionário de dados, *516-517t*
DBCA (Database Creation Assistant), 39-40, 273-274, 616-617
DBID (identificador do banco de dados), 132-136, 242, 310-311
DBINC, visão dinâmica de desempenho, 149-150
DBMS_ADVISOR, pacote PL/SQL, 499-500
DBMS_ADVISOR, utilizando o Supervisor de Acesso SQL (SQL Access Advisor) para ajustar a carga de trabalho, 456-459
DBMS_ADVISOR.CREATE_OBJECT, procedure, 500
DBMS_ADVISOR.CREATE_TASK, procedure, 500
DBMS_ADVISOR.EXECUTE_TASK, procedure, 500
DBMS_ADVISOR.QUICK_TUNE, procedure, 456-458
DBMS_ADVISOR.SET_TASK_PARAMETER, procedure, 500

ÍNDICE **671**

DBMS_FILE_TRANSFER, pacote PL/SQL, 490
DBMS_FILE_TRANSFER, procedure, 491-493
DBMS_FLASHBACK.TRANSACTION_BACKOUT, procedure, 386
DBMS_HM, pacote PL/SQL, 544-545
DBMS_RESOURCE_MANAGER, pacote PL/SQL, 510-512
DBMS_SCHEDULE.CREATE_JOB, procedure, 569-571
DBMS_SCHEDULER.CREATE_JOB_CLASS, procedure, 572-573
DBMS_SCHEDULER.CREATE_PROGRAM, procedure, 570-572
DBMS_SCHEDULER.CREATE_SCHEDULE, procedure, 571-572
DBMS_SCHEDULER.CREATE_WINDOW, procedure, 573-574
DBMS_SQLTUNE, 447-451
DBMS_TTS.TRANSPORT_SET_CHECK, procedure, 491-492
DBMS_WORKLOAD_CAPTURE, pacote PL/SQL, 460-461
DBMS_WORKLOAD_REPLAY, pacote PL/SQL, 461-462
dbnames, 58-59
DBNEWID, comando, 132-133, 135-136
DBWR (Database Writer), 290-291
DBWR_IO_SLAVES, parâmetro de inicialização, 349-350
DDL (Data Definition Language), 280-281, 325-326, 378-379, 387-388, 473-474
DEBUG OFF, comando, 344
DEBUG ON, comando, 344
DEFAULT, palavra-chave, 390-391
DEFAULT_PLAN, Database Resource Manager, 508-511
DEFINE_CHAIN_RULE, procedure, 584-585
DEFINE_CHAIN_STEP, procedure, 583-585
DELETE, comando, 99-100t, 208
DELETE EXPIRED, comando, 203-204, 209-210
DELETE INPUT, opção, 193-194
DELETE OBSOLETE, comando, 155-156, 203-204, 208
DELETE SCRIPT, comando, 142-143
dependência de MEMORY_TARGET diferente de zero, 418-419t
dependências de MEMORY_TARGET zero, 419-420t
depurando RMAN, 343-344
Destination Characteristics, página, Generate Transport Tablespaces, EM, 483-485F
destino auxiliar, definição, 325-326
    configurando, 311-312

inicializando no modo NOMOUNT e criando SPFILE, 313-315
instância auxiliar, 311
destinos de arquivos de log arquivados
  alavancando vários
    definindo destinos mínimos bem-sucedidos, 104-105
    destinos locais e remotos, 104-105
    destinos locais, 102-105
    ARCHIVELOG, modo, configurando, 101-103
    identificando, 102-105
destinos de backup, RMAN, 152-154
destinos locais, 102-105
destinos remotos, 104-105
DIAGNOSTIC_DEST, parâmetro de inicialização, 40-41, 530-531
diagnósticos de banco de dados
  Automatic Diagnostic Repository (ADR)
    ADR Command Interpreter (ADRCI), ferramenta, 532-536
    visão geral, 530-533
  recuperação de mídia em bloco
    bloco danificado, 547-548
    Data Recovery Advisor, 551-558
    DB_BLOCK_CHECKING, parâmetro, 547-549
    usando recuperação de mídia em bloco, 548-551
  Support Workbench
    conhecendo alertas, problemas e incidentes, 536-538
    gerenciando solicitações de serviço, 538-542, 544
    utilizando o Health Monitor, 542, 544-547
dicionário de dados (data dictionary), 42-43, 112-113, 416-417, 568-569
  cache, 42-44, 416-417
dimensionamento de buffer, arquivo de dados, 347-348t
dimensionamento de buffer de arquivo de dados, RMAN, 347-348t
diretivas para planos de recursos, 506-507
diretório de destino, 101-102
diretório de transferência do Data Pump, 323-324
diretório-base, ADR, 530-531
diretório-raiz, ADR, 530-531
DISCRETE_BYTES_PER_SECOND, coluna, 351
dispositivos sbt, 155-156
distinção de maiúsculas/minúsculas, senhas de banco de dados, 274-275
DML, comandos, alocação de espaço retomável, 473-474
DML. *Consulte* Data Manipulation Language

DROP ANY TABLE, privilégio de sistema, 370
DROP CATALOG, comando, 145-146
DROP DATABASE, comando, *99-100t*
DROP TABLE... PURGE, comando, 370-371
DROP TABLESPACE, comando, 370-371
DROP USER... CASCADE, comando, 370-371
DSS (decision support systems), 429
du, comando, *74-75t,* 74-76
dumps de incidentes, 532-533
dumps de memória, 532-533
DUMPSET, modelo do sistema, *61-62t*
dumpset do Data Pump, *61t*
DUPLICATE, comando, *99-100t,* 242, 312-313
   criando backups para, 314-315
   visão geral, 316-318
DURATION, argumento, 573-574

# E

Edit Resource Plan, página, EM, *512-513f*
ENABLED, argumento, 570-571
END BACKUP, opção, 287-288
Enterprise Manager (EM), 311
   Alert, seção, homepage, 477, *478f*
   clonando banco de dados em execução, 322
   configurando o Supervisor de Ajuste SQL (SQL Tuning Advisor), 441-443
   Create Program, página, Scheduler, 576-578
   Create Window, página, 586-588
   criando banco de dados duplicado com, 317-323
   Memory Advisors, página, 430, *430-431f*
   monitorando o AMM, 421-422
   Scheduler Windows, página, *587-588f*
   utilizando com o Flashback Transaction Query, 381-385
   utilizando o Supervisor de Acesso SQL (SQL Access Advisor) para ajustar a carga de trabalho, 451-457
   utilizando para recuperar espaço em disco, 501-505
   utilizando para transportar tablespace, 482-490
Enterprise Manager (EM) Database Control
   configurando destino do backup, 156
   consultando o catálogo de recuperação, 207, *208f*
   grupos de discos e, 71-74
   parâmetros persistentes do RMAN, *154-155f*
   persistindo credenciais de repositório, *130-131f*
   Recovery Catalog Settings, página, 132-133, *133-134f*
   Recovery Settings, janela, 109-110, *110-111f*

espaço de undo, 507-508
espaço em disco
   alocação de espaço retomável, configurando, 473-476
      DDL, comandos, 473-474
      DML, comandos, 473-474
      para usuário HR, 476-479
      SELECT, instruções, 473-474
      SQL *Loader, operações, 473-474
      visão geral, 473-474
   recuperando de tabelas e índices utilizando a funcionalidade de compressão de segmentos
      automatizando o Supervisor de Segmento (Segment Advisor), 497-498
      utilizando o EM, 501-505
      utilizando SQL, 497-502
      visão geral, 495-498
   tablespaces transportáveis, configurando, 479-483
      utilizando o EM para transportar tablespace, 482-490
      utilizando SQL para transportar tablespace, 490-495
   visão geral, 472
espelhando grupos
   alta redundância, 66
   redundância externa, 65-66
   redundância normal, 65-66
estatísticas, tabela, 387-388
estratégia de cópias-imagem, 233-236
estrutura de diretórios, ADR, 530-531, *531-532f*
estruturas de acesso, Supervisor de Acesso SQL (SQL Access Advisor), 453
estruturas de armazenamento, *32-33f, 35-36f*
estruturas de armazenamento físico, *35-36f*
   arquivos de backup, 40-41
   arquivos de controle, 37-38
   arquivos de dados, 36-37
   arquivos de log arquivados, 37-39
   arquivos de log de alerta, 39-41
   arquivos de log de rastreamento, 39-41
   arquivos de parâmetros de inicialização, 38-40
   arquivos de redo log, 36-38
   visão geral, 35-37
estruturas de memória
   área de código de software, 44-46, 417-419
   processos em segundo plano
      checkpoint process (CKPT), 47-48
      database writer process (DBWn), 46-47
      Log Writer (LOWR), 46-47
      monitor de processos (PMON), 45-47
      processo archiver (ARC*n*), 46-48
      recoverer process (RECO), 47-48

ÍNDICE **673**

system monitor process (SMON), 45-46
    visão geral, 44-46
Program Global Area (PGA), 43-46, 417-418
System Global Area (SGA)
    buffer de redo log, 43-44, 416-417
    caches de buffer, 41-43, 415-417
    Java pool, 43-44, 417-418
    large pool, 43-44, 417-418
    shared pool, 42-44, 416-417
    streams pool, 43-44, 417-418
    visão geral, 40-42, 414-416
estruturas de memória compartlhada, 40-42
estruturas de memória lógica, *41-42f, 415-416f*
estruturas do armazenamento lógico, *32-33f*
    blocos, 33-34
    extensões, 34-35
    segmentos, 34-36
    tablespaces, 32-34
etapas da cadeia, 583-585
EVENT_CONDITION, parâmetro, 576-578
EXCLUSIVE, valor, REMOTE_LOGIN_
 PASSWORDFILE, parâmetro, 274-275
EXECUTE, privilégio, 574
EXECUTE_TASK, procedure, 499-500
EXECUTE_TUNING_TASK, procedure, 447-449
exit, comando, *74-75t*
expdp, utilitário, 144-145, 490-493
exportando
    catálogo de recuperação, 144-145
    dados, 93-94
exportar arquivo de dump, 93-94
extensões, 32-35

---

**F**

Failure#, opção, LIST FAILURE, comando, 551-553
falhas críticas, definição, 264
falhas de dados, EM, 551-552
falhas de membro de grupo de log, recuperando a partir de, 267-270
falhas não críticas, definição, 264
fase da gravação, 345-346
fase de cópia, 345-346
fase de leitura, 345-346
fast mirror resync, 68-70
file. incarnation, par, 59-60
Files, página
    Generate Transportable Tablespaces, EM, *485f*
    Integrate Transportable Tablespaces, EM, *488f*

FILESPERSET, parâmetro, BACKUP, comando, 347-349
find, comando, *74-75t*, 74-76
FLASHBACK, modelo do sistema, *61-62t*
FLASHBACK ANY TABLE, privilégio, 387-388
FLASHBACK ARCHIVE, privilégio de objeto, 392-393
FLASHBACK ARCHIVE ADMINISTER, privilégio de sistema, 392-393
Flashback Data Archive
    atribuindo permissões, 392-393
    atribuindo tabelas a, 392-393
    consultando, 393-394
    criando arquivos, 390-392
    gerenciando, 392-393
    visão geral, 389-391
    visões do dicionário, 391-393
Flashback Database, 325-326, 362
    configurando, 394-395
    funcionalidade, 283
    monitorando, 397-399
    recuperação incompleta, 271
    utilizando, 394-398
        excluindo tablespaces de, 396-397
        executando, 395-397
        utilizando pontos de restauração garantidos, 396-398
        visão geral, 394-395
    visão geral, 393-395
FLASHBACK DATABASE, comando, 96-97, *100t*, 395-397
Flashback Query
    configurando parâmetros de flashback, 372-374
    Flashback Version Query, 375-379
    utilizando, 373-375
FLASHBACK TABLE, comando, 386-388
Flashback Table, operações,
    configurando, 387-388
    utilizando, 387-389
    visão geral, 386-387
FLASHBACK TABLE... TO BEFORE DROP, comando, 366-368, 371-372
Flashback Transaction, assistente, 382-385, *386f*
Flashback Transaction Query, 381-385
    escolhendo opções de reversão, 385-387
    utilizando, 380-381
    visão geral, 378-381
Flashback Version Query, 375-379
FLASHBACK_TRANSACTION_QUERY, visão do dicionário de dados, 378-381
fluxo de redo log, 379-380
fluxograma de método de autenticação, *272-273f*

FORMAT, parâmetro, 179-180, 195-196
formatos de nome de arquivo
  alias, 59-61
  incompleto, 60-61
  numérico, 59-60
  totalmente qualificado, 58-60
FROM, palavra-chave, RECOVER, comando, 279-280
funcionalidade de compressão de segmento, 472, 501-505
  recuperando espaço em disco de tabelas e índices usando
    automatizando Supervisor de Segmento (Segment Advisor), 497-498
    utilizando SQL, 497-502
    visão geral, 495-498
fusos horários, 626-630

## G

gargalos da taxa de transferência, 345-346
GENERIC_BASELETTER, ordem de classificação, 624-626
gerenciamento de memória
  Automatic Memory Management (AMM), configurando, 418-422
    estruturas de memória, 414-419
    monitorando, 421-423
    visão geral, 414-415
  gerenciamento automático de memória PGA, 427-431
    configurando, 428-429
    conhecendo os componentes da PGA, 427-429
    gerenciando memória PGA, 429-431
  parâmetros da SGA
    ajustando componentes da SGA, 427-428
    alternando para o ASMM, 424-427
    noções básicas sobre o ASSM (Automatic Shared Memory Management), 423-425
    visão geral, 414
gerenciamento de recursos, Database Resource Manager, métodos de alocação, 507-508
  DEFAULT_PLAN, 508-511
  grupos de consumidores, 511-513
  métodos, 512-514
  monitorando, 517-518
  planos de recursos, 510-516
  terminologia, 505-507
  visões, 516-517
GLOBAL, parâmetro, 139-140
GLOBAL_BACKUP_DB, script, 139-140, 142

globalização do banco de dados
  NLS - conjuntos de caracteres
    classificação linguística e seleção, 623-626
    fusos horários, 626-630
    Locale Builder, 625-627
  personalizando o comportamento dependente do idioma
    configurações da globalização no nível de sessão, 621-622
    configurações de ambiente para clientes, 619-621
    configurações de globalização de instruções, 622-624
    configurações do NLS, 614-615
    conjuntos de caracteres, 608-610, 615-619
    dentro do banco de dados, 618-619
    nível de instância, 619-620
    suporte à linguagem, 609-613
    suporte a território, 612-614
GRANT CATALOG, comando, 148
grânulos, 41-42, 415-416
grau de paralelismo, 507-508
Grid Control, 311
grupo de redo logs, 266-272
  recuperando a partir de perda de, 269-272
    perdido, ACTIVE, grupo de redo log, 271
    perdido, CURRENT, grupo de redo log, 271-272
    perdido, INACTIVE, grupo de redo log, 269-271
  recuperando de falhas de membro de grupo de log, 267-270
  status de redo log, 266-268
grupos, 58-59
grupos de consumidores, 511-513, 592-593
grupos de consumidores de recursos, 505-506
grupos de discos, 47-49
  alterando, 69-71
  arquitetura de, 65-66
  asmcmd, comando, 71-77
  consultando, 57-58
  Enterprise Manager (EM) Database Control, 71-74
  espelhamento e grupos de falha
    alta redundância, 66
    redundância externa, 65-66
    redundância normal, 65-66
  estatísticas, *73-74f*
  fast mirror resync, 68-70
  rebalanceamento dinâmico, 66-68
  visão geral, 64-65
grupos de falha
  alta redundância, 66

redundância externa, 65-66
redundância normal, 65-66
grupos de sistemas operacionais, 53-54
guia Disk Groups, ASM administration, página, *71-74f*

## H

Health Monitor, 530, 542, 544-547
help, comando, *74-75t*
HIGH, opção, LIST FAILURE, comando, 551-553
high water mark (HWM), 495-497
host, restaurando banco de dados em novo, 242-245

## I

I/O assíncrono, 350-351
I/O síncrono, 351-352
identificador do banco de dados (DBID), 132-136, 242, 310-311
IMMEDIATE, comando, 250-251
impdp, utilitário, 144-145, 490, 493-494
importando
    catálogo de recuperação, 144-145
    dados, 93-94
    tablespace transportáveis, 485, 487-490, *491f*
INACTIVE, grupo de redo log, recuperando a partir de perda de
    limpando grupo de redo log inativo arquivado, 269-271
    limpando grupo de redo log inativo não arquivado, 270-271
INACTIVE, status de arquivo de log, *267-268t*
inativo arquivado, grupo de redo log, limpando, 269-271
inativo não arquivado, grupo de redo log, limpando, 270-271
INCLUDING CONTENTS, cláusula, DROP TABLESPACE, comando, 370-371
independência de plataforma, 175-176
índices, 32-33, 501-505
    compressão, 495-497
    recuperando espaço em disco de, com a funcionalidade compressão de segmento
        automatizando o Supervisor de Segmento (Segment Advisor), 497-498
        utilizando SQL, 497-502
        visão geral, 495-498
    segmentos de índice, 34-35
Inherit Options, caixa de seleção, Advisor Central, página, EM, 451

init<SID>.ora, arquivo, 38-39
INSTANCE_TYPE, parâmetro, 55-56
instância de origem, 311
Integrate Transportable Tablespaces, EM, 485, 487-490, *491f*
INTERVAL DAY TO SECOND, sintaxe de coluna, 573-574
IO_COUNT, coluna, 351
ls, comando, *74-75t*, 74-76
lsct, comando, *74-75t*
lsdg, comando, *74-75t*, 74-76
lsdsk, comando, *74-75t*
isolados, comandos, 97-99

## J

janelas, 573-574, 586-588
janelas de recuperação, 105-107, 154-155
janelas de tempo, 66-67
Java pool, 43-44, 417-418
Java Virtual Machine (JVM), 43-44
Jnnn, processos, 568-569
job, comandos, 98-99
job PURGE_LOG, 594-595
JOB_ACTION, argumento, 570-571
JOB_CLASS, argumento, 572-573
JOB_TYPE, argumento, 570-571
jobs, Scheduler, 572-573
jobs auxiliares, 568-569
jobs baseados em eventos, 576-578
jobs baseados em tempo, Scheduler, 575-576
jobs leves, Scheduler, 579-582
jobs leves persistentes, 579-581
jobs pré-configurados, Scheduler, 589-592
JVM (Java Virtual Machine), 43-44

## K

KEEP, pool de buffer, 42-43, 415-417
KEEP UNTIL, cláusula, 195

## L

Language and Character Set File Scanner, 617-618
large pool, 43-44, 417-418
LARGE_POOL_SIZE, parâmetro, 43-44, 56-57, 349-350
LearnKey Technical Support, 643
LGWR (Log Writer), 43-44, 46-47, 267-268, 416-417
limites de tempo da CPU, 507-508
limites de tempo ocioso, 507-508

linhas agregadas, 341-342
linhas de detalhes, 341-342
LIST, comando, *100t*, 141-142, 203-206
LIST FAILURE, comando, 551-553
LIST SCRIPT NAMES, comando, 141-142
livro eletrônico, 643
lixeira, 362
   acessando tabelas na, 370-372
   consultando, 363-367
   ignorando, 370-371
   movendo objetos para, 364-367
   recuperação de espaço
     automática, 369
     manual, 369-370
   restaurando tabelas de
     mantendo objeto dependente original
     nomes, 367-369
     visão geral, 366-368
   visão geral, 363-364
Locale Builder, 625-627
localizações de diretórios de dados de diagnóstico, ADR, *532-533t*
localizações do arquivo de dump
   ADR, *532-533t*
   tablespace transportável, 483-485, *485f*
LOCK_SGA, parâmetro de inicialização, 427-428
log, opção de linha de comando, 97-98
Log Writer (LGWR), 43-44, 46-47, 267-268, 416-417
LOG_ARCHIVE_DEST_*n*, parâmetro de inicialização, 101-102, 104-105, 152-153
LOG_ARCHIVE_MAX_PROCESSES, parâmetro de inicialização, 47-48
LOG_ARCHIVE_MIN_SUCCEED_DEST, parâmetro, 104-105
LOG_FILE_NAME_CONVERT, parâmetro de inicialização, *312-313t*
LOGON, trigger, 475-476
LOGON_USER, coluna, FLASHBACK_TRANSACTION_QUERY, *379-380t*
logs de alerta, 39-41, 343-344, 535-536
logs de arquivo, *61t*
logs de flashback, *61t*, 108, 362, 549-550
logs online, *61t*
LONG_WAIT_TIME_TOTAL, coluna, 351
LONG_WAITS, coluna, 351
LOW, opção, LIST FAILURE, comando, 551-553

## M

MANAGE SCHEDULER, privilégio, 574
MANDATORY, parâmetro, 104-105
MasterExam, 640-641

MAXOPENFILES, parâmetro, 347-349
MAXPIECESIZE, parâmetro, 348-349
MAXSIZE, parâmetro, 36-37
md_backup, comando, *74-75t*
md_restore, comando, *74-75t*
Mean Time to Recovery (MTTR), 47-48
mecanismos de armazenamento, *51-52f*
memória da sessão, 428-429
Memory Manager (MMAN), processo em segundo plano, 423-424
MEMORY_MAX_TARGET, parâmetro de inicialização, 418-419, 421-422
MEMORY_TARGET, parâmetro, 41-42, 44-46, 418-421
mensagens de erro
   identificando saída de mensagem, 343-344
   utilizando o comando DEBUG do RMAN, 343-345
metadados, RMAN
   recuperando, 141-142
   utilizando arquivo de controle para, 126-127
   utilizando catálogo de recuperação para, 126-128
   visão geral, 126-127
mkalias, comando, *74-75t*
mkdir, comando, *74-75t*
MMAN (Memory Manager), processo em segundo plano, 423-424
modelos
   alias, nomes de arquivo com, 59-61
   ASM, 60-62
   nomes de arquivo incompletos com, 60-61
modo de backup, identificando necessidade de, 290-292
monitor de processos (PMON), 45-47
monitor de processos do sistema (SMON), 45-46
monitorando
   Automatic Memory Management (AMM), 421-423
   backup, 92-93
   Flashback Database, 397-399
   RMAN, sessões e jobs
     alavancando logs e mensagens de erro, 343-345
     utilizando a visão V$SESSION_LONOOPS, 341-344
     utilizando as visões V$SESSION e V$PROCESS, 338-342
MOUNT, modo, 224-226
   aplicando arquivos de redo log, 279-280
   inicializando o banco de dados de origem em, 314-315
   limpando arquivos de redo log, 270-271

movimentação de linhas, 387-388
MTTR (Mean Time to Recovery), 47-48
MULTI_SECTION, coluna, 199-200
multiplexação, 36-38

## N

National Character Set, 615-617
National Language Support (NLS), 608
   conjuntos de caracteres
      classificação linguística e seleção, 623-626
      fusos horários, 626-630
      Locale Builder, 625-627
nid, comando, 132-133
níveis de registro em log, 593-594
NLS_CALENDAR, variável, 614
NLS_COMP, variável, 614
NLS_CURRENCY, variável, 614
NLS_DATABASE_PARAMETERS, visão, 618-619
NLS_DATE_FORMAT, variável, 614
NLS_DUAL_CURRENCY, variável, 614
NLS_INSTANCE_PARAMETERS, visão, 619-620
NLS_ISO_CURRENCY, variável, 614
NLS_LANG, variável de ambiente, 619-620
NLS_LENGTH_SEMANTICS, variável, 614
NLS_NCHAR_CONV_EXCP, variável, 614
NLS_NUMERIC_CHARACTERS, variável, 614
NLS_SORT, parâmetro, 624-626
NLS_TERRITORY, variável, 614
NLS_TIMESTAMP_FORMAT, variável, 614
NLS_TIMESTAMP_TZ_FORMAT, variável, 614
NOARCHIVELOG, modo, 37-38, 224, 248-250, 288-289
   executando recuperação em, 249-250
   fazendo backup de banco de dados em, 289
   utilizando backups incrementais em, 249-251
NOCASCADE, opção, DBMS_FLASHBACK.TRANSACTION_BACKOUT, procedure, 385-386
NOCASCADE_FORCE, opção, DBMS_FLASHBACK.TRANSACTION_BACKOUT, procedure, 386
nocatalog, opção de linha de comando, 97-98
NOFILENAMECHECK, opção, 317-318
NOKEEP, parâmetro, 196-197
nomes de arquivo incompletos, 60-61
nomes de arquivo totalmente qualificados, 58-60
nomes de arquivos numéricos, 59-60
NOMOUNT, modo, 313-315
NONCONFLICT_ONLY, opção, DBMS_FLASHBACK.TRANSACTION_BACKOUT, procedure, 386-387

NONE, valor, REMOTE_LOGIN_PASSWORDFILE, parâmetro, 274-275
NOREDO, comando, 250-251
NORMAL, comando, 250-251
numeração de dia da semana, 613-614
número de máscaras de formatação, 623-624

## O

objetos de cadeia, 583-584
OLTP (online transaction processing), 423-424, 429
OMF (Oracle Managed Files), 33-34, 152-153, 318, 320-321
ONLINELOG, modelo do sistema, 61-62t
OPEN, inicializando banco de dados de origem no modo, 314-315
OPEN RESTRICTED, opção, 317-318
operação de avanço, 36-37
operação de backup e recuperação gerenciada pelo usuário
   arquivo de controle
      fazendo backup no modo ARCHIVELOG, 291-294
      recuperando, 293-296
   arquivo de senhas
      métodos de autenticação, 271-274
      recriando, 272-276
   arquivo temporário
      inicializando o banco de dados sem, 266-267
      perdendo, 264-266
   backups gerenciados pelo usuário e pelo servidor
      fazendo backup do banco de dados no modo ARCHIVELOG, 290-291
      fazendo backup do banco de dados no modo NOARCHIVELOG, 289
      identificando arquivos para backup manual, 288-289
      visão geral, 287-289
   grupo de redo logs
      recuperando a partir de falhas em membros de grupo de log, 267-270
      recuperando a partir de perda de, 269-272
      status de grupo de log, 266-268
   identificando necessidade do modo de backup, 290-292
   recuperação completa do banco de dados
      recuperação de banco de dados aberto, 282-283
      recuperação de banco de dados fechado, 277-282
      visão geral, 276-277

recuperação incompleta de banco de dados
  baseada em tempo, 284-288
  método de recuperação pontual (PIT), 283-285
  visão geral, 283-284
OPERATION, coluna, FLASHBACK_TRANSACTION_QUERY, *379-380t*
Options, página, Integrate Transportable Tablespaces, EM, *489f*
ORA$AUTOTASK_SUB_PLAN, 508-510
ORA$DIAGNOSTICS, 508-509
ORA_ROWSCN, pseudocoluna, 395-396
ORA-1578, erros, 547-548
ORA-598, mensagens de erro, 536-538
Oracle Data Guard, 38-39
Oracle Database Resource Manager, 472
Oracle Managed Files (OMF), 33-34, 152-153, 318, 320-321
Oracle Support, 530
Oracle Universal Installer (OUI), *52-53f*, 273-274
ORACLE_SID, variável, 313-314
orapwd, comando, 273-274
ordens de classificação, 611-613
origens, Supervisor de Acesso SQL (SQL Access Advisor), 451, *452f*
origens de carga de trabalho, Supervisor de Acesso SQL (SQL Access Advisor), 451, *452t*
OTHER_GROUPS, 508-509

## P

pacotes PL/SQL
  DBMS_ADVISOR, 499-500
  DBMS_FILE_TRANSFER, 490
  DBMS_HM, 544-545
  DBMS_RESOURCE_MANAGER, 510-512
  DBMS_WORKLOAD_CAPTURE, 460-461
  DBMS_WORKLOAD_REPLAY, 461-462
página de login, ASM instance, *72f*
paralelismo, 198-199, 507-508
paralelizando conjuntos de backup, 345-347
PARAMETERFILE, modelo do sistema, *61-62t*
parâmetros de flashback, 372-374
parâmetros de inicialização, *61t*
  ASM_DISKGROUPS, 56-57
  ASM_DISKSTRING, 56-57
  ASM_POWER_LIMIT, 56-57, 66-67
  ASM_PREFERRED_READ_FAILURE_GROUPS, 57
  BACKGROUND_DUMP_DEST, 39-41
  BACKUP_TAPE_IO_SLAVES, 350-352

  COMPATIBLE, 479-481
  CONTROL_FILE_RECORD_KEEP_TIME, 106-107, 126-127, 135-136
  DB_BLOCK_SIZE, 33-34
  DB_CREATE_FILE_DEST, 108-110
  DB_CREATE_ONLINE_LOG_DEST_$n$, 108-110
  DB_FLASHBACK_RETENTION_TARGET, 394-395
  DB_RECOVERY_FILE_DEST, 101, 108-109
  DB_RECOVERY_FILE_DEST_SIZE, 110-113
  DB_UNIQUE_NAME, 56-57
  DBWR_IO_SLAVES, 349-350
  DIAGNOSTIC_DEST, 530-531
  DIAGNOSTIC_DEST; USER_DUMP _DEST, 40-41
  INSTANCE_TYPE, 55-56
  LARGE_POOL_SIZE, 43-44, 56-57
  LOCK_SGA, 427-428
  LOG_ARCHIVE_DEST_$n$, 101-102, 104-105, 152-153
  LOG_ARCHIVE_MAX_PROCESSES, 47-48
  MEMORY_MAX_TARGET, 418-419, 421-422
  MEMORY_TARGET, 418-421
  PGA_AGGREGATE_TARGET, 419-420, 427-429
  RECYCLEBIN, 363
  RESOURCE_MANAGER_PLAN, 510-511, 513-514
  RESUMABLE_TIMEOUT, 473-475
  SGA_TARGET, 419-420, 423-427
  SHARED_POOL_SIZE, 42-43
  STATISTICS_LEVEL, 341-342
  STREAMS_POOL_SIZE, 43-44
  UNDO_MANAGEMENT, 372-373
  UNDO_RETENTION, 372-373
  WORKAREA_SIZE_POLICY, 44-46
parte da versão, nomes de lixeira, 363-364
parte unique_id, nomes de lixeira, 363-364
partes do backup, 136-137, 151-152, 176-177
PARTIAL, opção, BACKUP DURATION, parâmetro, BACKUP, comando, 349-350
PAUSE_REPLAY, procedure, 462
perda de dados por erro de aplicativo, 264
perda de dados por erro do usuário, 264
perda de dados por falha de mídia, 264
Perfil SQL, 440-441
permissões, Flashback Data Archive, 392-393
PFILEs, 38-39
PGA agregada, 428-429
PGA. *Consulte* Program Global Área
PGA_AGGREGATE_TARGET, parâmetro, 44-46, 419-420, 427-429
planos de recursos, 505-507, 510-516, 592-593
plataformas de hardware, 479-481

PMON (monitor de processos), 45-47
política de retenção de redundância, 105-106, 154-155
políticas de retenção, 154-156
  consultando e alterando, 106-107
  visão geral, 105-107
pontos de restauração, 228-230
  garantidos, 394-395
precedência, configurações de globalização, 615-616
pressão para resgate de espaço, 370-371
PRINT, comando, 141-142
prioridade de jobs, 568
PRIORITY, argumento, 574
privilégios, Scheduler, 574
Problem Details, página, EM, 538, *539f,* 541
processo archiver (ARC*n*), 46-48
processo checkpoint (CKPT), 47-48
processos em segundo plano, *45-46f*
  Log Writer (LGWR), 46-47
  monitor de processos (PMON), 45-47
  processo archiver (ARC*n*), 46-48
  processo checkpoint (CKPT), 47-48
  processo database writer (DBW*n*), 46-47
  processo monitor do sistema (SMON), 45-46
  processo recoverer (RECO), 47-48
  visão geral, 44-46
Program Global Area (PGA), 43-46, 414-415
  componentes do gerenciamento automático de memória, 427-429
    configurando, 428-429
    gerenciando, 429-431
  visão geral, 417-418
programas, Scheduler, 570-572
proprietários
  catálogo de recuperação, criando, 129-130
  catálogo privado virtual
    concedendo permissões a, 148
    criando, 147-148
pseudocolunas, Flashback Version Query, *376-377t*
purge, cláusula, 392-393
PURGE, comando, 369-370
PURGE, opção, 325-326
PURGE DBA_RECYCLEBIN, comando, 366-367, 370
PURGE RECYCLEBIN, comando, 366-367
pwd, comando, *74-75t*

## Q

QUEUE_SPEC, parâmetro, 576-578
Quick Packaging, EM, 538-541
QUOTA, palavra-chave, 390-391
quota de disco, 390-391

## R

RAC (Real Application Cluster), 48-49
rastreamento, histórico, 389-390
rastreamento de mudança de bloco, 185-186
  monitorando, 190
  realocando arquivo, 188-190
  visão geral, 186-187
rastreamento histórico, 389-390
RATE, parâmetro, CHANNEL, comando, 348-349
RBAL (rebalancer), 49
RDBMS, instâncias, localizando novos processos relacionados ao ASM em, 49-52
READ ONLY, modo, 230
Real Application Cluster (RAC), 48-49
rebalanceador (RBAL), 49
rebalanceamento, 48-49, 69-71
rebalanceamento automático, 48-49
rebalanceamento dinâmico, 66-68
RECO (recoverer process), 47-48
Recommendation Details for Tablespace, página, Supervisor de Segmento (Segment Advisor), *503-504f*
recommendations, Supervisor de Ajuste SQL (SQL Tuning Advisor), *445-447f*
Recommendations Options, página, Supervisor de Acesso SQL (SQL Access Advisor), 453
RECOVER, comando, *100t,* 224-226
RECOVER DATABASE, comando, 251-252
RECOVER DATABASE UNTIL CANCEL, comando, 249-250
recoverer process (RECO), 47-48
Recovery Advice, página, Recovery Advisor, EM, *555-556f*
Recovery Catalog Settings, página, EM, 132-133, *133-134f*
Recovery Manager (RMAN), 317-323
  ajustando
    ajustando canais do RMAN, 348-349
    ajustando o comando BACKUP, 348-350
    configurando LARGE_POOL_SIZE, parâmetro, 349-350

identificando etapas de backup e
    recuperação, 345-346
  multiplexação do RMAN, 346-348
  paralelizando conjuntos de backup, 345-347
  visão geral, 344-346
alternar para cópias-imagem para agilizar a
  recuperação, 235-241
área de recuperação flash, 108-109
  configurando, 107-111
  consultando localização, conteúdo e
    tamanho de, 111-113
  utilizando, 110-113
arquivos de backup, 40-41
arquivos de controle, 37-38
backups atualizados no modo incremental
  implementando estratégia de cópias-imagem,
    233-236
  recuperando cópias-imagem, 233-234
backups de arquivamento
  executando, 195-196
  gerenciando, 196-197
  visão geral, 194-195
backups de cópias-imagem
  conjuntos de backup, criando, 176-180
  cópias-imagem, criando, 179-181
backups de múltiplas seções
  especificando o tamanho da seção, 197-199
  validando com o tamanho da seção, 198-200
  visões do dicionário de dados, 199-201
backups duplex
  configurando vários locais do disco para,
    191-194
  criando, 191-194
  tablespaces somente leitura, 193-194
  visão geral, 190
backups físicos
  backups offline, 94-96
  backups online, 95-97
  visão geral, 93-95
backups incrementais rápidos
  ativando, 187-190
  rastreamento de mudança de bloco, 186-
    187, 190
  visão geral, 185-186
backups integrais do banco de dados
  backups completos, 181-183
  backups incrementais, 183-186
  visão geral, 180-182
backups lógicos, 92-94
backups online, 95-97
canais, 339-341, 348-349
catálogo de recuperação
  alocando canais para serem utilizados ao
    fazer backup, 156-157

atualizando, 145-147
  catálogos privados virtuais, 146-150
  configurações, 150-157
  criando, 127-132
  eliminando, 145-146
  exportando e importando, 144-145
  fazendo backup, 142-144
  metadados, 126-128
  otimização do backup, configurando, 156-158
  recuperando os perdidos, 143-145
  scripts armazenados, 139-143
  sincronizando, 130-139
chamando, 97-98
comandos, 97-100
compactando backups, 200-201
configurando para I/O assíncrono
  monitorando, 351-352
  visão geral, 350
cópias de arquivo de dados, *61t*
criando banco de dados duplicados com
  alocando canais auxiliares, 314-316
  configurando instância auxiliar, 311-312
  criando arquivo de parâmetros de
    inicialização, 312-314
  criando backups para o comando
    DUPLICATE, 314-315
  estabelecendo a conectividade de rede, 311-
    312
  executando o comando DUPLICATE do
    RMAN, 315-318
  inicializando banco de dados de origem no
    modo MOUNT ou OPEN, 314-315
  inicializando instância auxiliar no modo
    NOMOUNT, 313-315
  visão geral, 310-311
criptografando backups
  utilizando criptografia de modo duplo, 203-
    204
  utilizando criptografia por senha, 202-203
  utilizando criptografia transparente, 200-202
destinos de arquivo de log de arquivamento
  alavancando vários, 102-105
  ARCHIVELOG, modo, configurando, 101-
    103
  identificando, 102-105
executando recuperação completa com
  arquivo de dados crítico, 227-229
  arquivo de dados não crítico, 224-228
  RMAN RESTORE e RECOVER, comandos,
    224-226
  visão geral, 224
executando recuperação de desastres
  executando recuperação do banco de dados
    inteiro, 250-252

ÍNDICE **681**

executando recuperação no modo NOARCHIVELOG, 249-250
    utilizando backups incrementais no modo NOARCHIVELOG, 249-251
    visão geral, 248-250
fazer recuperação incompleta com
    criando pontos de restauração, 228-230
    USERS, tablespace, 231-233
fazer recuperação pontual e automatizada de tablespace (TSPITR), 326-330
    executando TSPITR automatizada, 328-330
    identificando objetos perdidos após TSPITR, 327-329
    verificando dependências de tablespace, 327-328
identificar situações que exigem a recuperação pontual do tablespace (TSPITR), 325-327
mantendo backups
    utilizando CROSSCHECK, comando, 208-210
    utilizando DELETE, comando, 208
    visão geral, 203-204
monitorando sessões e jobs
    acionando logs e mensagens de erro, 343-345
    utilizando a visão V$SESSION_LONGOPS, 341-344
    utilizando as visões V$SESSION e V$PROCESS, 338-342
multiplexando, 346-348
parte de backup de log de arquivamento, *61t*
partes de backup de arquivos de dados, *61t*
partes do backup incremental, *61t*
políticas de retenção
    consultando e alterando, 106-107
    visão geral, 105-107
recuperar com backup do arquivo de controle
    restaurando arquivo de controle a partir de backup automático, 245-249
    restaurando SPFILE em backup automático, 245-246
relatório sobre backups
    utilizando LIST, comando, 204-206
    utilizando REPORT, comando, 205-208
    visão geral, 203-204
restaurando banco de dados em novo host, 242-245
utilizando banco de dados duplicado, 323-325
utilizando para criar backups, 175-177
visão geral, 92-93, 338
Recovery Settings, janela, 109-110, *110-111f*
Recovery Writer (RVWR), processo em segundo plano, 393-394

recovery. *Consulte* operação de backup e recuperação gerenciada pelo usuário
RECOVERY_CATALOG_OWNER, atribuição, 146-147
recuperação, banco de dados, 92-93
recuperação completa
    executando no RMAN
        arquivo de dados crítico, 227-229
        arquivo de dados não crítico, 224-228
        RESTORE e RECOVER, comandos do RMAN, 224-226
    visão geral, 224
recuperação de banco de dados aberto, 282-283
recuperação de banco de dados fechado
    aplicando arquivos de redo log, 278-282
    identificando arquivos relacionados à recuperação, 277-279
    recuperando tabela eliminada usando, 323-325
    restaurando arquivos relacionados à recuperação, 278-279
    visão geral, 277-278
recuperação de cache, 277
recuperação de desastres
    executando no modo NOARCHIVELOG, 249-250
    recuperação integral do banco de dados, 250-252
    utilizando backups incrementais no modo NOARCHIVELOG, 249-251
    visão geral, 248-250
recuperação de mídia em bloco
    bloco danificado, 547-548
    Data Recovery Advisor, 551-558
    DB_BLOCK_CHECKING, parâmetro, 547-549
    visão geral, 548-551
recuperação de transações, 277
recuperação incompleta
    definição, 264-265
    executando no RMAN
        criando pontos de restauração, 228-230
        USERS, tablespace, 231-233
recuperação incompleta baseada em tempo, 283-284
recuperação incompleta baseada no SCN, 284-285
recuperação incompleta do banco de dados
    baseada em tempo, 284-288
    método de recuperação pontual (PIT — point-in-time), 283-285
    visão geral, 283-284
recuperação no nível de bloco, 175-176
recursos de flashback. *Consulte também*
Flashback Data Archive; Flashback Database;

Flashback Query; Flashback Transaction Query,
visão geral, 362
   restaurando tabelas eliminadas da lixeira
      acessando tabelas, 370-372
      consultando a lixeira, 363-367
      ignorando a lixeira, 370-371
      movendo objetos para a lixeira, 364-367
      processo, 366-369
      recuperação de espaço, 369-370
      visão geral, 363-364
RECYCLE, pool de buffer, 42-43, 415-416
RECYCLEBIN, parâmetro de inicialização, 363
redefinição online de tabela, 495-496
redundância externa, 65-66
redundância normal, 65-66
REGISTER DATABASE, comando, *100t*
regra de encadeamentos, 584-585
relação entre componentes, Resource Manager, *506-507f*
relatório sobre backups
   utilizando LIST, comando, 204-206
   utilizando REPORT, comando, 205-208
   visão geral, 203-204
remap, comando, *74-75t*
remapeando objetos, 487
REMOTE_LOGIN_PASSWORDFILE, parâmetro, 274-275
RENAME TO, cláusula, 367-368
Repair Advisor, SQL, 541, *541-542f*
REPAIR FAILURE, comando, *100t*, 551-553
REPEAT_INTERVAL, argumento, 571-573
REPLACE [GLOBAL] SCRIPT, comando, 142
REPORT, comando, *100t*, 203-208
REPORT NEED BACKUP, comando, 203-204
REPORT OBSOLETE, comando, 203-204
REPORT SCHEMA...AT, comando, 127-128
REPORT_TUNING_TASK, procedure, 447
requisitos de ordenação de bytes, 480-483
RESETLOGS, comando, 230, 251-252, 271-272
RESETLOGS, opção, 284-285, 326-327, 396-397
Resource Manager, 472, 568-569
Resource Manager Statistics, página, EM, 517-518
Resource Plans, EM, *508-509f*
RESOURCE_CONSUMER_GROUP, argumento, 572-573
RESOURCE_MANAGER_PLAN, parâmetro de inicialização, 510-511, 513-514
RESOURCE_PLAN, argumento, 573-574
ressincronizando manualmente o catálogo de recuperação, 138-139
restauração, 92-93
restauração fora do lugar, 375
RESTORE, comando, *100t*, 224-226
RESTORE CONTROLFILE FROM AUTOBACKUP, comando, 251-252
RESTORE DATABASE, comando, 251-252
RESTORE SPFILE FROM AUTOBACKUP, comando, 250-251
RESUMABLE, privilégio de sistema, 474-475
RESUMABLE_TIMEOUT, parâmetro de inicialização, 473-475
RESUME_REPLAY, procedure, 462
resumo de recomendações, Supervisor de Acesso SQL (SQL Access Advisor), 455-457
RESYNC CATALOG, comando, 138-139
RETENTION, cláusula, 390-391
retomáveis, instruções, 473
Review, página
   Generate Transport Tablespaces, EM, *486f*
   Integrate Transportable Tablespaces, EM, *490f*
Review, página, Supervisor de Acesso SQL (SQL Access Advisor), 453-456
REVOKE, comando, 54-55
rm, comando, *74-75t*
rmalias, comando, *74-75t*
RMAN, tablespace padrão, 128-129
RMAN BACKUP, comando, 152-153
RMAN CATALOG START WITH, comando, 144-145
RMAN DEBUG, comando, 343-345
RMAN DUPLICATE, comando, 312-318
RMAN RECOVER, comando, 225-226
RMAN RECOVER... BLOCK, comando, 549-551
RMAN RESTORE, comando, 225-226
RMAN SET NEWNAME, utilizando com alternação rápida, 241
RMAN. *Consulte* Recovery Manager
ROW_ID, coluna, FLASHBACK_TRANSACTION_QUERY, *379-380t*
ROWID, valores, 497-499
RUN, comando, *100t*
Run Checkers, página de recomendações, EM, *545-546f*
RUN_CHAIN, procedure, 585-586
RUNJOB, procedure, 578-581
RVWR (Recovery Writer), processo em segundo plano, 393-394

## S

SAVEFOREVER, tag, 196-197
Schedule, página
   Generate Transport Tablespaces, EM, *483-484f*
   Integrate Transportable Tablespaces, EM, *489f*
Schedule, página, Supervisor de Acesso SQL (SQL Access Advisor), 453, *453-454f*

ÍNDICE **683**

Schedule SQL Tuning Advisor, página, EM, 442-443, 443, *445-444f*
Scheduler
 agendas, 571-573
 cadeias de jobs
  criando objetos de cadeia, 583-584
  definindo etapas de cadeia, 583-585
  definindo regras de encadeamento, 584-585
  iniciando a cadeia, 585-586
  monitorando, 585-587
  visão geral, 583
 criando classes de job, 588-590
 criando janelas, 586-588
 janelas, 573-574
 jobs, 572-573
 jobs baseados em eventos, 576-578
 jobs baseados em tempo, 575-576
 jobs leves, 579-582
 jobs pré-configurados, 589-592
 privilégios, 574
 programas, 570-572
 programas e agendas, 576-578, 580
 utilizando o Advanced Scheduler para priorizar os jobs, 590-595
 visão geral, 568-571
Scheduler Job Classes, página, EM, *589f*
Scheduler Jobs, página, EM, *590-591f*
Scheduler Windows, página, EM, *587-588f*
SCHEDULER_ADMIN, atribuição, 574
Schema objects, página, Supervisor de Segmento (Segment Advisor), EM, *502-503f*
SCNs (System Change Numbers), 47-48, 150-151, 224-226, 250-251, 270-271, 374-375, 416-417
Scope, página, Supervisor de Segmento (Segment Advisor), EM, 501-502
scripts, RMAN, 175-176
scripts armazenados, RMAN
 criando, 139-142
 executando, 139-142
 gerenciando, 142-143
 recuperando metadados, 141-142
SECTION SIZE, parâmetro, 197-200
SECTION_SIZE, coluna, 199-200
segmentos, 32-36
segmentos de dados, 34-35
segmentos de rollback, 34-35
segmentos de rollback manuais, 34-36
segmentos de undo, 34-36
segmentos de undo automático, 34-36
segmentos temporários, 34-35
SELECT, instruções, 370-372, 390-391, 473-474
Select Tablespaces, página, Generate Transport Tablespaces, EM, *483-484f*

separadores de decimais, 613-614
SERVICE, argumento, 572-573
servidor de origem, credenciais do host para, *319-320f*
sessões ativas, número de, 507-508
SET, comando, *100t,* 241
SET COMMAND, opção, 340-341
SET COMMAND ID, comando, 340-341
SET DBID, comando, 250-251
SET ENCRYPTION, comando, 202-204
SET NEWNAME, comando, 235-236, 241, 244-245
SET SQLPROMPT, comando, 323
SET_ATTRIBUTE, procedure, 592-594
SET_TASK_PARAMETER, procedure, 499-500
SET_TUNING_TASK_PARAMETER, procedure, 448-449
SGA. *Consulte* System Global Area
SGA_MAX_SIZE, parâmetro, 41-42
SGA_TARGET, parâmetro, 41-42, 419-420, 423-427
SHARED, valor, REMOTE_LOGIN_PASSWORDFILE, parâmetro, 274-275
shared pool, 42-44, 416-417
SHARED_POOL_SIZE, parâmetro, 426-427
SHARED_POOL_SIZE, parâmetro de inicialização, 42-43
SHORT_WAIT_TIME_TOTAL, coluna, 351
SHOW, comando, *100t,* 153-154
SHOW ALL, comando, 156-157
show hm_run, comando, 545-547
SHOW PARAMETER TARGET, comando, 420-421
Show SQL, botão, página Review, SQL Access Advisor, 453-456
SHUTDOWN, comando, 62-63, *100t*
SHUTDOWN ABORT, comando, 62-63
sincronizando o catálogo de recuperação
 cancelando o registro do banco de dados, 135-137
 catalogando arquivos de backup adicionais, 136-139
 Database Identifier (DBID), mudando, 132-136
 registrando bancos de dados, 130-133
 ressincronizando manualmente, 138-139
sistemas big-endian, 480-481
sistemas de suporte a decisões (DSS — decision support systems), 429
sistemas little-endian, 480-481
SKIP READONLY, opção, BACKUP, comando, 193-194
SKIP READONLY, opção, DUPLICATE, comando, 317-318
SKIP TABLESPACE, opção, 317-318

SMON (system monitor process), 45-46
snapshots, banco de dados, 194-195
SOFAR, coluna, 342-344
solicitações de cliente, 459-461
solicitações de serviço
   criando e rastreando o SR, 538-541
   implementando reparos, 541-542
   usando empacotamento personalizado, 541-542, 544
SPFILE. *Consulte* arquivo de parâmetros do servidor
SQL
   utilizando para recuperar espaço em disco, 497-502
   utilizando para transportar tablespace, 490-495
SQL *Loader, operações, 473-474
SQL, comando, *100t*
SQL, instruções, 416-417, 428-429, 622-623
SQL Advisors, página, EM, 441-443, *442-443f*
SQL Repair Advisor, 541, *541-542f*
START WITH, opção, 136-137
START_SCN, coluna, FLASHBACK_TRANSACTION_QUERY, *379-380t*
START_TIMESTAMP, coluna, FLASHBACK_TRANSACTION_QUERY, *379-380t*
STARTUP, comando, *100t*
STARTUP FORCE NOMOUNT, comando, 251-252
STARTUP NOMOUNT, comando, 62-63, 250-251
STARTUP RESTRICT, comando, 62-63
STATISTICS_LEVEL, parâmetro de inicialização, 341-342
status de grupo de log, 266-268
streams pool, 43-44, 417-418
STREAMS_POOL_SIZE, parâmetro de inicialização, 43-44
striping, 65-66
striping no modo coarse, 65-66
striping no modo fine, 65-66
subplanos, 505-506, 510
Supervisor de Acesso SQL (SQL Access Advisor), 440, 451-457
   noções básicas, 450-451
   utilizando com o DBMS_ADVISOR, 456-459
Supervisor de Ajuste SQL (SQL Tuning Advisor), 440, 451
   configurando, 441-443, 445
   DBMS_SQLTUNE, 447-451
   executando, 443, 445
   exibindo recomendações, 443, 445-447
   visão geral, 440-443

Supervisor de Segmento (Segment Advisor), automatizando, 497-498
Supervisor de Segmento (Segment Advisor), EM, 495-496, 501-503, *503-505f*
supervisores de ajuste do banco de dados
   Database Replay
      análise e relatório, 462
      captura de carga de trabalho, 459-461
      pré-processamento de carga de trabalho, 460-462
      repetição de carga de trabalho, 461-462
      visão geral, 458-460
   Supervisor de Acesso SQL (SQL Access Advisor), 450-459
   Supervisor de Ajuste SQL (SQL Tuning Advisor)
      configurando, 441-443, 445
      DBMS_SQLTUNE, 447-451
      executando, 443, 445
      exibindo recomendações, 443, 445-447
      visão geral, 440-443
   visão geral, 440-441
suporte ao gerenciador de fita, 175-176
Support Workbench
   conhecendo alertas, problemas e incidentes, 536-538
   gerenciando solicitações de serviço
      criando e rastreando SR, 538-541
      implementando reparos, 541-542
      usando empacotamento personalizado, 541-542, 544
   utilizando o Health Monitor, 542, 544-547
Support Workbench, homepage, *543f*
suspensas, instruções, 473
SWITCH, comando, 179-180, 244-245, 326-327
SYS_GROUP, 508-509
SYSASM, privilégio, 53-56, 273-275
SYSAUX, recomendações, Supervisor Automático de Segmento (Segment Advisor), *504-505f*
SYSDBA, privilégios, 53-56, 73-74, 273-274
SYSOPER, privilégios, 55-56, 273-275
SYSTEM, tablespace, 32-34, 128-129, 277-278
System Change Numbers (SCNs), 47-48, 150-151, 224-226, 250-251, 270-271, 374-375, 416-417
System Global Area (SGA), 38-39, 96-97
   buffer de redo log, 43-44, 416-417
   caches de buffer, 41-43, 415-417
   configurando parâmetros manualmente
      ajustando componentes, 427-428
      alternando para, 424-427
      Automatic Shared Memory Management (ASSM), 423-425

ÍNDICE **685**

Java pool, 43-44, 417-418
large pool, 43-44, 417-418
shared pool, 42-44, 416-417
streams pool, 43-44, 417-418
visão geral, 40-42, 414-416

## T

tabelas, 32-33
   recuperando espaço em disco de, com funcionalidade de compressão de segmento, 501-505
      automatizando Supervisor de Segmento (Segment Advisor), 497-498
      utilizando SQL, 497-502
      visão geral, 495-498
   restaurando as eliminadas da lixeira
      acessando tabelas, 370-372
      consultando a lixeira, 363-367
      ignorando a lixeira, 370-371
      movendo objetos para a lixeira, 364-367
      processo, 366-369
      recuperação de espaço, 369-370
      visão geral, 363-364
TABLE_NAME, coluna, FLASHBACK_TRANSACTION_QUERY, *379-380t*
TABLE_OWNER, coluna, FLASHBACK_TRANSACTI0N_QUERY, *379-380t*
TABLESPACE, parâmetro, 237-238
tablespace point-in-time-recovery (TSPITR)
   executando automatizadas, 326-330
   identificando situações que exigem, 325-327
tablespaces, 32-34
   autoextensível, 369
   backups completos de dois, 182-183
   bigfile, 196-198
   dependências, verificando, 327-328
   excluindo do Flashback Database, 396-397
   modo backup e, 290-291
   modo de backup, 94-95
   padrão do RMAN, 128-129
   para mover esquemas do catálogo de recuperação, 144-145
   somente leitura, fazendo o backup, 193-194
   transportáveis, 472
   UNDO, 128-129
   visão geral, 39-40
tablespaces gerenciados localmente, 33-34
tablespaces gerenciados pelo dicionário, 33-34
tablespaces somente leitura, 193-194, 494-495

tablespaces temporários, 33-34
tablespaces transportáveis, 144-145, 472, 482-490
   configurando
      determinando requisitos de compatibilidade, 479-481
      determinando requisitos de ordenação de bytes, 480-483
   utilizando SQL e PL/SQL, 491-495
   utilizando SQL para transportar tablespace, 490-495
tags (marcas), 58-59, 235-236
tamanho de seção
   especificando, 197-199
   validando backups com, 198-200
TARGET, argumento, 311
target, opção de linha de comando, 97-98
taxas de acesso, cache de buffer, 427-428
TEMP, tablespace, 128-129, 265-266
TEMPFILE, modelo do sistema, *61-62t*
tempo almejado, definição, 325-326
testando, plano de backup, 92-93
TIMESTAMP WITH LOCAL TIME ZONE, tipo de dado, 626-628
TIMESTAMP WITH TIME ZONE, tipo de dado, 626-628
timestamps, 374-375, 459-460
tipos de arquivos, 58-62
TO_CHAR, função, 622-623
TO_DATE, função, 622-623
TO_NCHAR, função, 622-623
TO_NUMBER, função, 622-623
Top Activity, página, EM, 442-443, *444f*
TOTALWORK, coluna, 342-344
transações com commit, 186-187
transações dependentes, 385-386
TRANSACTIONAL, comando, 250-251
TRANSPORT TABLESPACE, comando, *100t*
Transport Tablespaces, página inicial, EM, 482-483, *483-484f, 487f*
triggers, 475-476
TRUNCATE TABLE, instrução, 310-311
TS_PITR_CHECK, visão do dicionário de dados, 327-328
TS_PITR_OBJECTS_TO_BE_DROPPED, visão do dicionário de dados, 327-328
TSPITR. *Consulte* recuperação pontual de tablespace
TUNE_MVIEW procedure, 450-451

## U

UNDO, tablespace, 128-129, 277-278
UNDO_CHANGE#, coluna, FLASHBACK_
TRANSACTION_QUERY, *379-380t*
UNDO_MANAGEMENT, parâmetro, 372-373
UNDO_RETENTION, parâmetro, 372-373
UNDO_SQL, coluna, FLASHBACK_
TRANSACTION_QUERY, *379-380t*, 381
Universal Installer, tela, *51-52f*
UNRECOVERABLE DATAFILE, palavras-chave, 271
UNREGISTER, comando, 135-136
UNUSED, status, 270-271
UNUSED, status de arquivo de log, *267-268t*
UPGRADE CATALOG, comando, 145-147
Use Database Area And Flash Recovery Área, botão de opção, 318, 320-321
USER_RECYCLEBIN, visão do dicionário de dados, 363-365
USER_RESUMABLE, visão do dicionário de dados, 474-475
USERS, tablespace
   recuperação incompleta no RMAN, 231-233
   restaurar e recuperar, 226-228
USING FILE, cláusula, 187-188
uso da CPU, 507-508
usuário HR, alocação de espaço retomável, 476-479
UTF8, conjunto de caracteres, 616-617

## V

V$ADVISOR_PROGRESS, visão do dicionário de dados, 447-449
V$ASM_ALIAS, visão dinâmica de desempenho, *57t*
V$ASM_CLIENT, visão dinâmica de desempenho, *57t*
V$ASM_DISK, visão dinâmica de desempenho, *57t*
V$ASM_DISKGROUP, visão dinâmica de desempenho, *57t*
V$ASM_FILE, visão dinâmica de desempenho, *57t*
V$ASM_OPERATION, visão dinâmica de desempenho, *57t*
V$ASM_TEMPLATE, visão dinâmica de desempenho, *57t*
V$BACKUP_ASYNC_IO, visão dinâmica de desempenho, 351
V$BACKUP_DATAFILE, visão dinâmica de desempenho, 190
V$BACKUP_SYNC_IO, visão dinâmica de desempenho, 351
V$BLOCK_CHANGE_TRACKING, visão dinâmica de desempenho, 190
V$DATABASE_BLOCK_CORRUPTION, visão dinâmica de desempenho, 549-551
V$DATAFILE, visão dinâmica de desempenho, 58-59, 290
V$DIAG_INFO, visão dinâmica de desempenho, 530-532
V$FLASH_RECOVERY_AREA_USAGE, visão dinâmica de desempenho, 111-112
V$FLASHBACK_DATABASE_LOG, visão, 397-398
V$HM_CHECK, visão dinâmica de desempenho, 544-545
V$IR_FAILURE, visão dinâmica de desempenho, 556-557
V$IR_MANUAL_CHECKLIST, visão dinâmica de desempenho, 556-557
V$IR_REPAIR, visão dinâmica de desempenho, 556-557
V$IR_REPAIR_SET, visão dinâmica de desempenho, 556-557
V$LOG, visão dinâmica de desempenho, 101-102, *267-268t*, 269-270
V$LOGFILE, visão dinâmica de desempenho, 268-270
V$MEMORY_DYNAMIC_COMPONENTS, visão dinâmica de desempenho, 423
V$MEMORY_RESIZE_OPS, visões dinâmicas de desempenho, 423
V$MEMORY_TARGET _ADVICE, visões dinâmicas de desempenho, 423
V$NLS_VALID_VALUES, visão, 609-614
V$PARAMETER, visão dinâmica de desempenho, 428-429
V$PGA_STAT, visão dinâmica de desempenho, 429-430
V$PROCESS, visão, 338-342
V$PWFILE_USERS, visão dinâmica de desempenho, 275-276
V$RECOVER_FILE, visão dinâmica de desempenho, 277-278, 282
V$RECOVERY_FILE_DEST, visão dinâmica de desempenho, 111-112, 152-153

ÍNDICE **687**

V$RECOVERY_LOG, visão dinâmica de desempenho, 277-278, 282
V$RSRC_CONSUMER_GROUP, visão dinâmica de desempenho, 517-518
V$SESSION, visão, 338-342
V$SESSION_LONGOPS, visão, 341-344
V$SESSION_LONGOPS, visões dinâmicas de desempenho, 338-339
V$SESSTAT, visão dinâmica de desempenho, 517-518
V$SYSSTAT, visão dinâmica de desempenho, 517-518
V$TRANSPORTABLE_PLATFORM, visão dinâmica de desempenho, 480-483
validação, 345-346
VALIDATE, comando, *100t*, 197-200
VALIDATE_PENDING_AREA, procedure, 511-512
variáveis, de substituição, 177-178
verificação de bloco de dados, 546-548
VERSION_END{SCN I TIME}, pseudocoluna, *376-377t*
VERSIONS, cláusula, 377-379
VERSIONS BETWEEN, cláusula, 376-377
VERSIONS_OPERATION, pseudocoluna, *376-377t*
VERSIONS_START{SCN I TIME}, pseudocoluna, *376-377t*
VERSIONS_XID, pseudocoluna, *376-377t*
View Alert Log Contents, página, EM, *535-536f*
View and Manage Failures, página, EM, *551-552f, 554f*
View Resource Plan, página, EM, *516f*
visão do dicionário, Flashback Data Archive, 391-393
visões dinâmicas de desempenho
  associadas a instâncias do ASM, 57-58
  V$ASM_ALIAS, *57t*
  V$ASM_CLIENT, *57t*
  V$ASM_DISK, *57t*
  V$ASM_DISKGROUP, *57t*
  V$ASM_FILE, *57t*
  V$ASM_OPERATION, 57t
  V$ASM_TEMPLATE, *57t*
  V$BACKUP_ASYNC_IO, 351
  V$BACKUP_DATAFILE, 190
  V$BACKUP_SYNC_IO, 351
  V$BLOCK_CHANGE_TRACKING, 190
  V$DATABASE_BLOCK_CORRUPTION, 549-551

V$DATAFILE, 58-59
V$DIAG_INFO, 530-532
V$FLASH_RECOVERY_AREA_USAGE, 111-112
V$HM_CHECK, 544-545
V$IR_FAILURE, 556-557
V$IR_MANUAL_CHECKLIST, 556-557
V$IR_REPAIR, 556-557
V$IR_REPAIR_SET, 556-557
V$LOG, 101-102
V$MEMORY_DYNAMIC_COMPONENTS, 423
V$MEMORY_RESIZE_OPS, 423
V$MEMORY_TARGET_ADVICE, 423
V$PARAMETER, 428-429
V$PGA_STAT, 429-430
V$PROCESS, 338-339
V$RECOVERY_FILE_DEST, 111-112, 152-153
V$RSRC_CONSUMER_GROUP, 517-518
V$SESSION, 338-339
V$SESSION_LONGOPS, 338-339
V$SESSTAT, 517-518
V$SYSSTAT, 517-518
V$TRANSPORTABLE_PLATFORM, 480-483
visões do dicionário de dados
  cadeias de job, 585-587
  DBA_/USER_ADVISOR_TASKS, 447-448
  DBA_ADVISOR_FINDINGS, 499-500
  DBA_ADVISOR_LOG, 447-448
  DBA_ADVISOR_RECOMMENDATIONS, 499-501
  DBA_FLASHBACK_ARCHIVE_TABLES, 393
  DBA_FLASHBACK_ARCHIVE_TS, 391-393
  DBA_FLASHBACK_ARCHIVE_TS. DBA_FLASHBACK_ARCHIVE, 391-392
  DBA_RECYCLEBIN, 363-365
  DBA_RESUMABLE, 474-475
  DBA_TABLESPACES, 373-374
  FLASHBACK_TRANSACTION_QUERY, 378-381
  multisseção, 199-201
  Resource Manager, 516-517
  USER_RECYCLEBIN, 363-365
  USER_RESUMABLE, 474-475
  V$ADVISOR_PROGRESS, 447-448
visões RC-, 126-127

# W

WORKAREA_SIZE_POLICY, parâmetro de inicialização, 44-46

## X

XID, coluna, FLASHBACK_TRANSACTION_QUERY, *379-380t*
XTRANSPORT, modelo do sistema, *61-62t*

## Z

ZLIB, algoritmo, 200-201